Adolf Buse

Der römische Katechismus

Adolf Buse

Der römische Katechismus

ISBN/EAN: 9783742859877

Hergestellt in Europa, USA, Kanada, Australien, Japan

Cover: Foto ©Lupo / pixelio.de

Manufactured and distributed by brebook publishing software
(www.brebook.com)

Adolf Buse

Der römische Katechismus

CATECHISMUS ROMANUS

EX DECRETO

CONCILII TRIDENTINI

AD PAROCHOS

PII V. PONTIFICIS MAXIMI

IUSSU EDITUS.

Textum ad fidem editionis principis Manutianae anni 1566 collatis
pluribus antiquissimis editionibus recognovit atque

edidit

Adolphus Buse,

S S. Theologiae Doctor, ejusque Professor extraordinarius et Inspector Convictorii theo-
logorum catholicorum in Universitate Rhenana.

Editio tertia.

TOMUS I.

CUM PERMISSU SUPERIORUM.

BIELEFELDIAE et LIPSIAE.

VELHAGEN & KLASING.

1867.

Der

Römische Katechismus,

nach dem Beschlusse des

Concils von Trient

für die Pfarrer auf Befehl

Papstes Pius des Fünften

herausgegeben.

———

Unter Zugrundelegung der Uebersetzung von Canonicus Dr. Smets

neu herausgegeben von

Adolf Buse,

ehem. Doktor der Theol., außerordentl. Professor und Inspektor des katholisch-theo-
logischen Convicts zu Bonn.

Dritte revidirte Auflage.

Erster Band.

Bielefeld und Leipzig.

Verlag von Velhagen und Klasing.

1867.

Vorwort.

Dem Wunsche der Verlagshandlung, die lateinische und deutsche Ausgabe des Römischen Katechismus von Canonicus Dr. Smets behufs einer neuen Auflage einer durchgreifenden Revision zu unterwerfen, habe ich ohne Anstand entsprechen zu sollen geglaubt, da ich die große Wichtigkeit der Arbeit erkannte. Schon wegen der edlen Einfalt der Anordnung, der Gründlichkeit der Auseinandersetzung, der Klarheit der Beweisführung, der Salbung und klassischen Vollendung der Sprache ist der Römische Katechismus jedem Theologen lieb und theuer. Was ihm aber einen über alle jene Vorzüge erhabenen Werth gibt, ist die Art seines Ursprungs. Denn auf Veranlassung der allgemeinen Kirchenversammlung von Trient begonnen, wurde er auf ihr ausdrückliches Geheiß von dem heiligen Stuhle vollendet und herausgegeben. Trägt er demnach auch nicht den Charakter der Bekenntnißschriften im engeren Sinne des Wortes an sich, so reiht er sich ihnen doch in erster Linie an, und bietet die kirchliche Lehre in ihrer vollen, ungetrübten Reinheit dar. Darum forderte der h. Karl Borromäus, und mit ihm viele Concilien, daß der Römische Katechismus in den Händen der Pfarrer und Aller derer sich befinden solle, die sich auf das Seelsorge-Amt vorbereiteten.

Gott sei Dank, hat sich bei uns das Studium der Theologie der positiven Lehre der Kirche wieder in höherem Maße zugewandt, weil man mit Recht allein in ihr die genügende Nahrung für die Bedürfnisse des Geistes zu finden glaubte. Um so nöthiger ist es, gerade die Schriften, in welche der kirchliche Lehrstoff niedergelegt ist, in zuverlässigen Ausgaben und Uebersetzungen weiteren Kreisen zugänglich zu machen.

Diese Rücksichten haben mich bewogen, der Durcharbeitung allen Fleiß zuzuwenden. Die lateinische Ausgabe von Smets, welche Nichts anders, als ein Abdruck des Ritter'schen Textes war, habe ich durch Vergleichung mehrerer der ältesten Ausgaben auf seine ursprüngliche Reinheit zu bringen gesucht. Besonders sind verglichen worden die Ausgabe von Paris, 1567, bei Jakob Kerver, mit der Approbation des Nuntius Michael Turrianus versehen; die von Köln, 1567, bei Henricus Aquensis; endlich die unter den Auspicien Johannes von Hoya, Bischofs von Münster und Administrators der Diöcesen Osnabrück und Paderborn, auf Grund specieller päpstlicher Erlaubniß, Köln, bei Gervinus Calenius und Erben Quentel, 1572 erschienene.

In der deutschen Uebersetzung sind durchgehends so viele sprachliche und sachliche Veränderungen gemacht, daß ich kein Bedenken tragen darf, sie eine neue Uebersetzung auf Grundlage der vorhandenen zu nennen.

Köln, am heiligen Frohnleichnamsfeste den 3. Juni 1858.

B.

Vorwort zur dritten Auflage.

Der Herausgeber der zweiten Auflage dieses Werkes ist unterdeß auch schon gestorben — für die Wissenschaft und noch mehr für seine zahlreichen Freunde und Schüler ein großer Verlust. Die gediegensten Kenntnisse, ein klares gesundes Urtheil und ein warm katholisches, ächt priesterliches Herz in ihm vereint, bildeten einen ganzen Mann, wie deren unsere Zeit nicht zu viele besitzt! Dem Unterzeichneten, der sich rühmt, zur Zahl seiner Schüler gehört zu haben, ward von der Verlagshandlung der Antrag gemacht, die dritte Auflage zu besorgen. Leider mußte dieselbe so eilig ausgegeben werden, daß nur sehr wenig Zeit zu einer genauen Revision übrig blieb; es konnte deshalb auch in Bezug auf den lateinischen Text keine weitere Vergleichung älterer Ausgaben angestellt werden; in der Uebersetzung, die von Herrn Prof. Buse ohnehin mit der größten Sorgfalt revidirt worden, habe ich nur einzelne Härten beseitigt. Die Kapiteleintheilung, welche in den verschiedenen Ausgaben des Catechismus Romanus eine verschiedene ist, mußte der Gleichförmigkeit mit der zweiten Auflage wegen beibehalten werden. Auch hielt ich es für zweckdienlich, die Marginal=Summarien, obgleich dieselben häufig mit der Inhaltsangabe der Capitel fast gleichlautend sind, beizubehalten, indem durch dieselben häufig auf eine im Contexte liegende theologische Frage aufmerksam gemacht wird.

Paderborn, am heil. Osterfeste 1867.

Ruland,
Prof. und Geistl. Rath.

Geſchichtliche Einleitung.

Unter den Mitteln, das kirchliche Leben zu ſichern und zu heben, erkannte es der Kirchenrath von Trient als eines der wichtigſten, ja der nothwendigſten, ein Lehrbuch abzufaſſen, deſſen ſich die Pfarrer und die übrigen Seelſorger beim Re= ligions=Unterrichte des Volkes bedienen könnten. Nicht nur in umfangreichen Werken, ſondern in tauſend und aber tauſend kleineren Schriften und Flugblättern hatten die Gegner der Kirche das Gift der Irrlehre unter das Volk zu verbreiten geſucht, indem ſie mit großem Eifer von der neu erfundenen Buchdruckerkunſt zu ihren Zwecken Gebrauch machten. (Siehe die Vorrede des Römiſchen Katechismus.) Luther, Melanch= thon, Brenzius und eine Schaar von Andern überſchwemmten das Land mit kleinen und großen Katechismen.

Freilich hatte man auch katholiſcher Seits ſich bemüht, dem andringenden Irrthum einen Wall entgegenzuſetzen; und es wurde die Summa religionis Christianae, welche Petrus Caniſius 1554 herausgab, wie der Katechismus von Caranza, Erzbiſchof von Toledo (1558) mit Recht gerühmt und gebraucht. Aber dies ſchien dem Kirchenrathe nicht zu genügen. Er hielt es für nöthig, unter ſeiner Auctorität ſelbſt ein Religions= Handbuch herauszugeben, „damit, wie Ein Herr und Ein Glaube, ſo auch Eine Regel für die Lehre des Glaubens und den Unterricht des chriſtlichen Volks" da ſei. (Siehe die Vor= rede zum Römiſchen Katechismus.)

Der Gedanke, ein ſolches Lehrbuch abzufaſſen, wurde, wie aus einem Briefe des päpſtlichen Legaten an den Kardinal Karl Borromäo erhellt, Anfangs 1562 zur Ausführung ge= bracht. In derſelben Sitzung (den 26. Februar 1562), der achtzehnten, der zweiten unter dem Pontificate Pius IV., in welcher man die Anfertigung des Index beſchloß, wurde auch beſtimmt, eine Kommiſſion der frömmſten und gelehrteſten Männer zur Anfertigung eines Katechismus niederzuſetzen.

Um des Stoffes Meiſter zu werden, wurde derſelbe in Arti=
keln unter die zur Kommiſſion gehörigen Theologen vertheilt.
Es ſind ſowohl über die Perſonen, welche an dieſer Kom=
miſſion Theil nahmen, als auch über die Vertheilung des Stoffs
nur ungenaue Nachrichten auf uns gekommen*). Nach dem
Bericht des Chriſtophorus de Sanctotis, eines Auguſtiner=
Eremiten, wurde dem Karbinal Hieronymus Seripando aus
demſelben Orden der Artikel: „und eine heilige, allgemeine
apoſtoliſche Kirche" zugewieſen. Michaël de Medina, ein ſpa=
niſcher Minorit, bearbeitete den vierten Artikel des Symbo=
lums, wie er ſelbſt in der Vorrede zu der Abhandlung über
dieſen Artikel ſagt, welche einem von ihm verfaßten Werke
über den Ablaß hinzugefügt iſt. Peter Galeſini übernahm nach
dem Zeugniſſe Poſſevins die zehn Gebote; auch der ſpätere Kar=
dinal Silvius Antonianus, obgleich damals noch ſehr jung,
ſoll ſich an der Ausarbeitung des Symbolums betheiligt haben.
Karl Borromäus gehörte ebenfalls zu der Kommiſſion.
Eine ſo ſchwierige Arbeit konnte nur langſam voran=
ſchreiten. Das Bedürfniß nach einem von dem Concil ſelbſt
herausgegebenen Katechismus wurde aber unterbeß immer fühl=
barer. Im Auguſt 1563 ließen der Kaiſer Ferdinand und der
König Karl IX. von Frankreich noch einmal eigens den An=
trag auf Abfaſſung deſſelben beim Concil ſtellen.
Indeß war im November deſſelben Jahres die Arbeit ſo=
weit vorgerückt, daß die Kirchenverſammlung mit Sicherheit
auf ihre Vollendung hinweiſen konnte. „Es ſollen die Bi=
ſchöfe" heißt es in der 24ſten Sitzung (7. November 1563),
„das Volk nach der Form belehren, welche der heilige Kir=
chenrath den einzelnen Sakramenten in Katecheſe voranſetzen
wird, und welche die Biſchöfe treu in die Volksſprache werden
überſetzen, und von allen Pfarrern dem Volke erklären laſſen".
Allein die Zeit brängte, und das Concil ging ſeinem
Schluſſe entgegen. Der Katechismus war noch unvollendet.
So blieb nichts übrig, als die Anfertigung deſſelben, ebenſo
wie die übrigen noch rückſtändigen Arbeiten in die Hände des
Papſtes zu legen. In der letzten, 25ſten Sitzung (3. und 4.
Dezember 1563) beſchloß die Verſammlung: daß die Arbeiten
der Kommiſſion des Index, die beinahe vollendet waren, dem
heil. Vater ſollten übergeben werden, damit ſie nach ſeinem
Urtheil und unter ſeinem Anſehn veröffentlicht würden. Glei=
cherweiſe ſollten es mit dem Katechismus die Väter machen,

---

*) Siehe darüber die Vorrede zu der Ausgabe des Catechismus Ro-
manus von Ritter.

welche mit der Verfertigung desselben beauftragt waren, wie auch mit dem Missal und Brevier".

Jetzt trat ein neuer Abschnitt in der Entstehungsgeschichte des Katechismus ein. Pius IV. verordnete sogleich auf Veranlassung des Kardinals Karl Borromäus, daß die vom Concil begonnenen Arbeiten aufgenommen und zu Ende geführt werden sollten.

Die Männer, welche zu diesem Geschäfte ausersehn wurden, waren: Mutius Calini, Erzbischof von Zara, der auf dem Concil thätig gewesen, und mehrere Reden gehalten hatte († 1570). Er soll den ersten und zweiten Theil des Katechismus, über das Symbolum und die Sakramente verfaßt haben. Aegidius Foscarari, Bischof von Modena, welcher (1564) zwei Jahre vor der endlichen Herausgabe des Katechismus starb. Ihm war auf dem Concil die Redaktion der Kanonen und die Durchsicht der Reden, welche gehalten werden sollten, übertragen. Leonardus Marini, Erzbischof von Lanciano. Er bearbeitete auf der Kirchenversammlung die Lehre vom heiligen Meßopfer. Endlich Franziskus Forerio oder Foricrio (Furicrius), Gesandter des Königs von Portugal zu dem trienter Concil, aus Portugal gebürtig. Der Kardinal Borromäus erbat sich eigens vom Könige, ihn behufs der Anfertigung des Katechismus noch einige Zeit in Rom, wo er auf seiner Rückreise vom Concil eingetroffen war, zurückhalten zu dürfen.

Man sieht, mit welcher Umsicht der heilige Stuhl bei dieser Wahl zu Werke gegangen war. Alle für die Arbeit Auserwählten waren Männer der größten Gelehrsamkeit und Frömmigkeit. Marini zeichnete sich durch seine Kenntniß der Moral, Foscararius durch patristische Gelehrsamkeit, Forerio durch Sprach- und Schriftkunde aus. Ueberdies waren sie insgesammt auf der Kirchenversammlung gegenwärtig und thätig gewesen, und hatten während der 18 Jahre, die sie in Mitte der Väter des Concils zubrachten, Gelegenheit genug gehabt, sich über den wahren Sinn der kirchlichen Lehre in allen einzelnen Punkten zu unterrichten. Daß Marini, Foscarari und Forerio dem Prediger-Orden angehörten, konnte nicht Ursache sein, Schulmeinungen in den Katechismus einzutragen, da die Arbeit unter den Augen des heiligen Stuhles vor sich ging. Um dem Buche auch die äußere stylistische Vollendung zuzusichern, wurden den Theologen einige der berühmtesten Philologen der damaligen Zeit beigegeben: Julius Pogiano, Sekretär des Kardinals Karl Borromäus (er starb 1568, als er eben zum magister epistolarum bei Pius V. ernannt

war,), Cornelius Amaltheo und vielleicht auch Paul Ma=
nutius.

Gegen Ende 1564 scheint das Werk zum größten Theile,
vielleicht ganz vollendet gewesen zu sein.

Jetzt sollte aber die Arbeit von Neuem beginnen. Pius IV.
ernannte Anfangs 1565 abermals und zwar eine neue
Kommission, um die Revision des Werks vorzunehmen, also
zwar, daß in gemeinsamen Sitzungen alle Theile desselben durch=
gegangen werden sollten. An die Spitze derselben stellte er
Kardinal Wilhelm Sirleti († 1585) aus dem Augustiner=Or=
den, einen sehr gelehrten und tugendhaften Mann, der auch
an der Correktur der Bulgata betheiligt war, und variae
lectiones für die Plantinische Polyglotte gesammelt hatte. Zu
Mitgliedern wurden Mutius Calini, Leonardus Marini und
Julius Pogiano erwählt, welche auch der frühern Kommission
angehört hatten. Pogiano verfaßte den letzten Theil des Ka=
techismus. An die Stelle des verstorbenen Aegidius Fosca=
rari trat Curtius Franco.

Schon vor Juli 1566 war die Durchsicht geschehen, und
im September der Druck bereits so weit zu Ende geführt,
daß Pius V., der inzwischen dem Papst Pius IV. auf dem
Throne gefolgt war, dem Bischof Hosius von Ermeland ein
Exemplar schicken konnte. Den 8. Oktober war jedoch das
Werk in Rom noch nicht im Buchhandel. Man zögerte mit
der Herausgabe bis Ende 1566, wo es in der Druckerei des
Paulus Manutius, des Sohnes des Aldus, unter dem Titel
erschien:

Catechismus ex decreto Concilii Tridentini ad Parochos,
Pii V. Pontificis Max. jussu editus, Romae in aedibus
Populi Roman. apud Aldum Manutium 1566. Cum
privilegio Pii V. Pont. Maxim. et Philippi Hispania-
rum regis per universam regni Neapolitani ditionem.

Die Ausgabe war in Folio, Octav, vielleicht auch Quart
veranstaltet.

Pius V. begleitete dieselbe mit einem Motu proprio, in
welchem er auf das Ansehn des Concils hinwies, auf dessen
Veranlassung der Katechismus entstanden sei, die große Sorg=
falt hervorhob, welche bei der Ausarbeitung desselben verwen=
det worden sei, und endlich dem Paulus Manutius ein Pri=
vilegium verlieh, vermöge welches Niemanden unter Strafe
der Excommunication verstattet sein sollte, innerhalb 5 Jahr
den Katechismus nachzudrucken.

Der Hauptgrund dieſer Maßregel war offenbar, wie der
Papſt ſelbſt ihn auch in dem Breve und in der Zuſchrift an
Hoſius (28. September 1566) angibt, daß durch die Fahrläſ=
ſigkeit anderer, minder zuverläſſiger Buchdrucker nicht gleich
Fehler in den Text kämen. Wo dieſe Gefahr wegfiel, durfte
der heil. Stuhl keinen Anſtand nehmen, von dem Privilegium
Ausnahmen zu erlauben, um ſo mehr, da die Manutianiſche
Druckerei nicht im Stande war, die ganze chriſtliche Welt mit
Exemplaren zu verſehn.

Schon im Mai folgenden Jahres (1567) wurde beßhalb
bei J. Kerver in Paris ein Abdruck unter „Approbation des
päpſtlichen Nuntius Michael Turrianus“ veranſtaltet; und
ebenſo verſtattete Pius V. dem Biſchof Johannes Hoya von
Münſter, und Adminiſtrator von Paderborn und Osnabrück
(3. November 1571), eine neue Ausgabe für die Bedürfniſſe
ſeines Sprengels anfertigen zu laſſen, was dieſer auch zu
Cöln bei Gervinus Calenius und Erben Quentel 1572 that.
Auch ohne ſolche Approbation erſchienen ſogleich andere Aus=
gaben zu Cöln bei Henricus Aquenſis, (1567) zu Dillingen
und zu Lüttich.

Dieſe letzte war durch Andreas Fabricius, ſpäter Pro=
feſſor der Philoſophie in Löwen († 1581) in Folio gemacht,
und zeichnete ſich dadurch aus, daß ſie einem ſchon von Pius
V. in dem Schreiben an Hoſius bemerkten Uebelſtande abhalf.
Sie enthielt nämlich die Abtheilung in Kapitel ſammt der
Inhaltsanzeige der jedesmal in denſelben behandelten Gegen=
ſtände. Leider wurde der Theilung in dem Text hin und
wieder ein Opfer gebracht. Die Baieriſchen Fürſten Albrecht
und Ernſt, deren Rath Fabricius war, nahmen dieſe Ausgabe
in einem derſelben beigegebenen Schreiben (1570) in ihren
beſonderen Schutz. Sie erſchien bereits 1602 in zweiter Auf=
lage, und wurde auch anderweitig, z. B. in der Plantiniſchen
Officin 1587 zu Antwerpen abgedruckt.

Da im Laufe des folgenden Jahrhunderts nun viele Aus=
gaben veröffentlicht wurden, die nicht immer auf die Korrekt=
heit des Drucks Rückſicht nahmen, ſo gab 1761 Clemens XIII.
die urſprüngliche Manutianiſche von Pius V. zu Rom von
Neuem heraus, und begleitete dieſelbe mit einem ausführlichen
Rundſchreiben, in welchem er den Werth des Katechismus
gebührend hervorhob.

In dem Jahre darauf (1762) publicirte Rieger in Augs=
burg die ſchon früher (1756) bei ihm erſchienene Ausgabe
wieder. Er folgte darin der Ausgabe des Andreas Fabri=

cius, nur erlaubte er ſich noch mehr Veränderungen, als
dieſer.

Seit dem ſind ſich denn eine große Anzahl von Ausgaben
gefolgt, die faſt alle der Abdruck der einen von der andern
ſind: zu Luxemburg 1763; ſie zeichnet ſich durch Schönheit
des Drucks aus; zu Paris 1831, Mecheln 1831, Mainz 1834,
Göttingen 1838, Leipzig (ſtereotypirt) 1840. Den meiſten
Namen haben ſich mit Recht wegen ihrer Selbſtſtändigkeit die
von Ritter in Breslau 1837, und die in der Druckerei der
Congregatio de propaganda fide 1845 erſchienene, erwor=
ben. Erſtere iſt jedoch bei aller darauf verwandten Sorgfalt
nicht ganz frei von kleinen Fehlern in dem Text und den Ci=
taten, letztere enthält noch zahlreichere Ungenauigkeiten im Drucke.

Schon in der 24. Sitzung (de Reform. c. 7) hatte das
Concil den Wunſch ausgeſprochen, daß der von ihm verfaßte
Katechismus in die Landesſprachen überſetzt würde, damit die
Pfarrer und das Volk ein Unterrichtsbuch in Händen hät=
ten. Dieſem Wunſche gemäß ließ Pius V. deßhalb zugleich
mit der lateiniſchen Ausgabe in der Manutianiſchen Officin
eine italieniſche Ueberſetzung drucken, welche Aleſſio Figliucci
aus dem Dominikaner=Orden in ſeinem Auftrage angefertigt
hatte. Zu gleicher Zeit (den 28. September 1566) forderte
der Papſt den Kardinal Hoſius auf, eine polniſche Ueberſetzung
zu veranſtalten.

Die Uebertragung in die Landesſprachen wurde haupt=
ſächlich dem Orden der Jeſuiten übergeben.

Eine franzöſiſche erſchien von N. Baret.

Die erſte deutſche Ueberſetzung wurde zu Dillingen bei
Sebaldus Maier 1568 gedruckt. Sie war von dem Jeſuiten
Paul Hoffaeus verfertigt, und wurde zu Neiße 1570 und
Augsburg 1576 wieder aufgelegt.

Eine andere wurde auf Veranlaſſung des Kardinals Marx
Sittich, Biſchof von Conſtanz, zu Ingolſtadt 1577 herausge=
geben, beide in Quart. 1763 veranſtaltete Erzbiſchof Chri=
ſtoph von Wien eine neue Ueberſetzung faſt gleichzeitig mit
einer revidirten Ausgabe des lateiniſchen Textes.

Aus der neueſten Zeit ſind folgende Ueberſetzungen zu
bemerken: Eine in Paſſau (mit lateiniſchen Lettern) 1839;
die von Ignaz Felner 1820 und 1838; verbeſſert von Frick,
Mainz 1841. Endlich iſt eine Ueberſetzung in die fünf Bände
Katecheſe von Iren. Haid eingelegt.

Dieſe ſo große Verbreitung konnte dem Buche nur ſein
innerer großer Werth geben; wie denn auch die Päpſte, die

Bischöfe und Partikular-Concilien sich bemühten, das Ansehen, welches dasselbe schon seiner Entstehung wegen mit Recht genoß, zu bestätigen, und seine möglichst weite Verbreitung zu bewirken.

Pius V. ließ es nicht bei der Empfehlung, die er dem Katechismus in dem Motu proprio vorangeschickt hatte, sondern, so oft sich ihm eine Gelegenheit darbot, erneuerte er dieselbe. So in den Bullen über die Reformation des Cistercienser-Ordens, über die Verbesserung der Congregation der Diener Mariens und die Korrektur des Breviers, welche er im Jahre 1570 erließ.

Der Nachfolger Pius V., Gregor XIII., bestätigte und bekräftigte das Urtheil seines Vorgängers in einem eigenen Breve 1583, welches er einer neuen Ausgabe des Katechismus voranschickte.

Wie großes Gewicht er dem Buche beilegte, sieht man daraus, daß er den Rechtsgelehrten Franciscus Gratianus de Garzatoribus, welcher in seinem Auftrage einen Auszug aus dem Kirchenrechte verfaßte, die Weisung gab, Alles aus demselben zu entfernen, was entweder von den Päpsten oder dem Concil von Trient oder dem Römischen Katechismus abrogirt worden wäre.

Auch Clemens XIII., der den Katechismus 1761 neu drucken ließ, und ihn auch seinerseits mit einem empfehlenden Breve (14. Januar 1761) versah, äußerte sich über denselben ganz in dem Geiste seiner Vorgänger. „Er enthalte," so heißt es, „die Lehre, wie sie in der Kirche allgemein, und von jeder Gefahr des Irrthums entfernt sei;" durch den Gebrauch desselben solle die Einheit im Unterricht hervorgebracht werden, und ihm gebühre der Vorzug vor allen übrigen Katechismen.

Bei so offenen Aussprüchen des heiligen Stuhles konnte es nicht fehlen, daß auch die Bischöfe, die Einzelkirchen, und Concilien sich die Anempfehlung und Verbreitung des Buches angelegen sein ließen. Am lebhaftesten wirkte dafür der heilige Karl Borromäus. Auf fünf Mailändischen Synoden (1565, 1569, 1573, 1576, 1579) rühmte er seinen Werth und forderte das Studium desselben von den Pfarrern und den Alumnen seiner Seminare. Mit ihm stimmten eine Menge von Synoden überein, unter andern die von Ravenna 1568, von Salzburg 1569, von Genua 1574, von Melun 1579, Rouen 1581, Bordeaux 1582, Tours 1583, Aix 1585, Toulouse 1590, Avignon 1594, Aquileja 1594, der sich noch eine große Anzahl anderer, und eine nicht minder größere Zahl von Bischöfen anschlossen.

Durch diese Uebereinstimmung der lehrenden Kirche in der Gutheißung des Katechismus ist das Ansehen, welches ihm sein Ursprung gibt, noch erhöht worden.

Können wir auch in ihm keine symbolische Schrift im engeren Sinne des Wortes erblicken, da er nicht im ausdrück=lichen Gegensatze gegen die Irrlehren und unter specieller Er=klärung seines Inhalts als dogmatisch=declarirter Lehre der Kirche abgefaßt ist: so besitzt er doch eine so große Auctorität, daß er den symbolischen Schriften zunächst steht, und bei der Bestimmung dessen, was kirchliche Lehre ist, mit Sicherheit zu Rathe gezogen werden kann. (Möhler Symbolik S. 15. 16.)

Denn abgesehen davon, was indeß schon hinreichend ent=scheidend ist, daß er durch die allgemeine Kirchenversammlung von Trient veranlaßt, und theilweise unter ihren Augen ent=standen, sodann durch den päpstlichen Stuhl vollendet und herausgegeben worden ist: so hat Clemens XIII., wie wir ge=hört haben, ganz in Uebereinstimmung mit seinen Vorgängern erklärt: daß der Römische Katechismus die in der Kirche all=gemeine Lehre enthalte, und von jeder Gefahr des Irrthums entfernt sei. Besonders in den Lehrstücken, welche in der Ent=scheidung des Concils von Trient entweder zu wenig ausführ=lich, oder zu dunkel sind: gibt der Katechismus, wie er es selbst in der Vorrede von sich sagt, eine zuverlässige Erklärung, theils, weil er eben deßhalb von den Vätern des Concils in Arbeit genommen wurde, theils, weil die Theologen, welche ihn abfaß=ten, als Mitglieder, und zwar sehr thätige Mitglieder des Con=cils am besten mit den Ansichten desselben bekannt sein konnten.

Daß vorzugsweise Dominikaner zur Bearbeitung desselben gewählt wurden, konnte dem Inhalte des Katechismus nicht schädlich sein; denn einmal waren nicht ausschließlich Domi=nikaner in den Kommissionen, Michael de Medina, Seripando und Sirleti gehörten nämlich andern Orden an, und da der heilige Stuhl die ganze Arbeit leitete und übernahm, so war, wie wir bereits gesagt haben, keine Gefahr vorhanden, daß die besonderen Ansichten einer einzelnen Schule in das Werk eindrangen.

Selbst die Vorwürfe, welche man dem Buche gemacht hat, z. B. daß die Lehre vom Ablaß ganz darin fehle, be=weisen nur die Umsicht, mit welcher es verfaßt ist. Man wollte den Pfarrern ein Buch in die Hände geben, welches die ausdrückliche Lehre der Kirche enthielte, dagegen die noch von den Theologen besprochenen Punkte auseinanderzusetzen vermeiden.

Die angeführten und ähnliche, auf Mißverſtändniſſen be=
ruhende Einwände haben Antonius Reginaldus und Michael
Serrai in ihren Diſſertationen über die Auctorität des Rö=
miſchen Katechismus widerlegt, welche auch einen erheblichen
Beitrag zu der Geſchichte des Katechismus enthalten.

Will man ein Urtheil über den Werth des Buches, ſo
wird man kaum ein zuverläſſigeres, als das Bellarmins in
ſeinen Controverſen finden:

„Der Römiſche Katechismus,“ ſagt dieſer große Gelehrte,
„hat eine größere Auctorität, als irgend ein Lehrer der Kirche,
ſei es der heilige Auguſtinus, oder der heilige Hieronymus,
oder der heilige Thomas. Und ich glaube, daß ſeine Lehre
von ſo großem Gewicht iſt, daß ihr offen zu widerſprechen,
Vermegenheit wäre, und zwar aus dem doppelten Grunde:
erſtens, weil die Lehre des Katechismus gewiſſermaßen die
Lehre des Tridentiner Concils iſt; denn der Katechismus iſt
zur Zeit des Concils ausgearbeitet, von Bätern, welche das
Concil ſelbſt gewählt hatte, die auf dem Concil gegenwärtig
waren, und von denen das Concil meinte, daß ſie die von ihm
erörterte Lehre verſtanden hätten, und endlich iſt der Katechis=
mus in vielen Sakramenten gleichſam der Commentar des
Concils. Der zweite Grund iſt, weil der Katechismus unter
der doppelten Auctorität ſowohl des allgemeinen Concils, als
des Papſtes herausgegeben iſt, wie man aus dem Titel des
Katechismus ſehen kann. Deßhalb ſcheint man mit Recht be=
haupten zu müſſen, daß der heilige Geiſt auf eine beſondere
Weiſe bei Abfaſſung deſſelben thätig geweſen ſei (eine Behaup=
tung, in welcher der gelehrte Poſſevin und Andere Bellarmin
beiſtimmen); und deßhalb iſt ſein Anſehen aufs Höchſte zu ach=
ten und ſeine Lehre für die wahrhaft katholiſche zu halten.“

B.

Inhalt des ersten Bandes.

CATECHISMUS AD PAROCHOS

EX DECRETO

CONCILII TRIDENTINI.

Katechismus für die Pfarrer

nach dem Beschlusse

des Concils von Trient.

PROŒMIUM

Agens de Pastorum in Ecclesia necessitate, auctoritate, officio et praecipuis doctrinae christianae capitibus.

—

Quaestio I.

Homo non potest, suis relictus viribus, veram sapientiam et obtinendae beatitudinis certas rationes consequi.

Homo sibi relictus verae sapientiae fastigium conscendere non potuit cf. art. 1 Symb. Quæst. 6 et Cap. 12 de Or. dom. Quæst. 3.

I. Ea est humanae mentis et intelligentiae ratio, ut, quum alia multa, quae ad divinarum rerum cognitionem pertinent, ipsa per se, magno adhibito labore et diligentia, investigaverit ac cognoverit, maximam tamen illorum partem, quibus aeterna salus comparatur, cuius rei in primis causa homo conditus, atque ad imaginem et similitudinem Dei creatus est, naturae lumine illustrata, cognoscere aut cernere nunquam potuerit. „Invisibilia quidem Dei", ut docet Apostolus, „a creatura mundi, per ea, quae facta sunt, intellecta conspiciuntur; sempiterna quoque eius virtus et divinitas." [1]

Dei gratia fideique munere homo veram sapientiam consequitur.

II. Verum „mysterium illud, quod absconditum est a saeculis et generationibus [2]," ita humanam intelligentiam superat, ut, nisi manifestum fuisset sanctis, quibus voluit Deus fidei munere notas facere divitias gloriae Sacramenti huius in gentibus, quod est Christus, nullo studio homini ad eam sapientiam aspirare licuisset.

Quaestio II.

Unde tam praeclarum fidei munus concipitur.

Prophetae. Deus ministerio docentium fidem animis hominum instillat. S. Aug. de doctr. Christ. Praef.

I. Quum autem „fides ex auditu" [3] concipiatur, perspicuum est, quam necessaria semper fuerit ad aeternam salutem con-

[1] Rom. 1, 20. [2] Coloss. 1, 26. [3] Rom. 10, 17.

Vorwort,

welches von der Nothwendigkeit, dem Ansehen und Amte der Seelsorger in der Kirche, und von den vorzüglichsten Hauptstücken der christlichen Lehre handelt.

Erste Frage.

Der Mensch kann, seinen eignen Kräften überlassen, die wahre Weisheit und den zuverlässigen Weg, zur Seligkeit zu gelangen, nicht finden.

Der Mensch konnte sich selbst überlassen zur Höhe der wahren Weisheit nicht hinansteigen. Vgl. den Art. 1 des Symb. Fr. 6 und das 12. Hauptstück des P. II. Fr. 3.

1. Des Menschen Vernunft und Verstand sind so beschaffen, daß sie zwar manches Andere, was zur Erkenntniß der göttlichen Dinge gehört, aus sich selbst mit Anwendung großer Mühe und Thätigkeit erforschen und erkennen können, allein den größten Theil dessen, wodurch das ewige Heil erlangt wird, weshalb doch der Mensch vorzüglich gemacht und nach dem Ebenbilde und Gleichniß Gottes erschaffen ist, durch das natürliche Licht erleuchtet, niemals zu erkennen oder einzusehen vermögen. „Das Unsichtbare an Gott ist," wie der Apostel lehrt, „seit Erschaffung der Welt in den erschaffenen Dingen erkennbar und sichtbar, nämlich seine ewige Kraft und Gottheit;"

Durch Gottes Gnade und die Hülfe des Glaubens gelangt der Mensch zur wahren Weisheit.

2. Aber „das Geheimniß, welches von Ewigkeit und von Geschlechtern her verborgen war," übersteigt die menschliche Fassungskraft so sehr, daß, wenn dasselbe nicht den Heiligen geoffenbaret worden wäre, denen Gott den Reichthum der Herrlichkeit dieses Geheimnisses unter den Heiden, welches Christus ist, durch das Geschenk des Glaubens bekannt machen wollte, es dem Menschen durch keine Anstrengung möglich gewesen wäre, sich zu dieser Weisheit zu erheben.

Zweite Frage.

Wer es ist, durch den wir das so vortreffliche Geschenk des Glaubens empfangen.

Die Propheten. Gott gießt den Glauben mittelst der Lehrenden in die Seelen der Menschen aus.

1. Da aber „der Glaube vom Anhören kommt", so ist es einleuchtend, wie nothwendig zur Erlangung des ewigen Heiles das

1*

sequendam doctoris legitimi fidelis opera ac ministerium; siquidem dictum est: „Quomodo audient sine praedicante? quomodo vero praedicabunt, nisi mittantur?"[1] Et quidem ab ipsius mundi origine, clementissimus ac benignissimus Deus suis nunquam defuit, sed multifarie,[2] multisque modis locutus est Patribus in Prophetis, eisque pro temporum conditione ad coelestem beatitudinem certum ac directum iter monstravit.

Christus, Apostoli et Discipuli, quorum legitimi successores sunt Ecclesiae Pastores. cf. Conc. Trid. Sess. V. in princip.

II. Sed quoniam praedixerat, daturum se doctorem iustitiae in lucem gentium,[3] ut esset salus eius usque ad extremum terrae, novissime locutus est nobis in Filio,[4] quem etiam, voce e coelo delapsa a magnifica gloria,[5] iussit, ut omnes audirent eiusque praeceptis obtemperarent. Deinde vero Filius alios dedit Apostolos, alios Prophetas, alios Pastores et Doctores, qui verbum vitae annuntiarent.[6]

Quaestio III.

Cur externa Pastorum opera in tradendis fidei mysteriis uti voluit Deus?

Ne circumferremur tanquam parvuli, fluctuantes omni vento doctrinae, sed firmo fidei fundamento adhaerentes,[7] coaedificaremur in habitaculum Dei, in Spiritu Sancto.

Quaestio IV.

Quomodo verba Pastorum Ecclesiae sint recipienda.

Quanta sit auctoritas Evangelizantium. cf. Conc. Tr. Sess. 23 c. 4 Decr. de Sacr. Ordin.

Ac ne quis verbum auditus Dei ab Ecclesiae ministris,[8] tanquam verbum hominum, sed, sicut vere est, verbum Christi acciperet, ille ipse Salvator noster tantam auctoritatem eorum magisterio tribuendam esse statuit, ut diceret: „Qui vos audit, me audit; et qui vos spernit, me spernit;"[9] quod quidem non de iis tantum, quibuscum sermo habebatur, intelligi voluit, verum de omnibus etiam, qui legitima successione docendi munus obirent, quibus se omnibus diebus usque ad consummationem saeculi affuturum esse pollicitus est.[10]

Quaestio V.

Veritate iam manifestata, hodie etiam necessarium est, Pastores verbum Dei praedicare.

Verbi Dei perpetua in Ecclesia praedicatio cf. infra de sacrament. Ord. Quaest. 3 et 4.

I. At vero, quum haec divini verbi praedicatio nunquam intermitti in Ecclesia debeat, tum certe hoc tempore maiori

1) Rom. 10. 14. 15. 2) Hebr. 1, 2. 3) Isa. 49, 6. 4) H. br. 1, 2. 5) 2 Petr. 1, 17. 6) Ephes. 4, 11. 14. 7) Eph. 2, 22. 8) 1 Thess. 2, 13. 9) Luc. 10, 16. 10) Matth. 28. 20.

Wirken und das Amt eines rechtmäßigen, glaubenstreuen Lehrers immer gewesen ist; wie denn auch geschrieben steht: „Wie werden sie hören ohne Prediger? Wie aber können sie predigen, wenn sie nicht gesandt werden?" Und in der That hat sich vom Anfange der Welt an der überaus milde und gütige Gott den Seinigen niemals entzogen, sondern „mehrmals und auf vielerlei Weise hat einst Gott zu den Vätern durch die Propheten geredet," und ihnen nach Beschaffenheit der Zeiten den sichern und geraden Weg zur himmlischen Glückseligkeit gezeigt.

Christus, die Apostel und deren Schüler, deren rechtmäßige Nachfolger die Seelsorger in der Kirche sind.

2. Allein weil Gott vorhergesagt hatte, daß er „einen Lehrer der Gerechtigkeit" senden wolle „zum Lichte der Heiden, auf daß er sein Heil bis an der Erde Gränzen bringe:" „hat er zuletzt zu uns durch den Sohn geredet," und hat durch eine vom Himmel von seiner erhabenen Herrlichkeit herabgekommene Stimme Allen befohlen, ihn zu hören und seinen Geboten zu gehorchen. Darnach aber verordnete der Sohn „Einige zu Aposteln, Einige zu Propheten, Einige zu Hirten und Lehrern, welche das Wort des Lebens verkündigen sollten."

Dritte Frage.

Warum hat Gott bei der Mittheilung der Geheimnisse des Glaubens der äußern Hülfe der Seelsorger sich bedienen wollen?

Damit wir nicht mehr Kinder seien, die hin und her fluthen und von jedem Winde der Lehre hin und her getrieben werden, sondern fußend auf der unerschütterlichen Grundfeste des Glaubens, zu einer Wohnung Gottes im heiligen Geiste mit erbauet seien.

Vierte Frage.

Wie die Worte der Kirchenhirten aufzunehmen seien.

Wie groß die Auttorität derer sei, welche das Evangelium verkündigen.

Und damit nicht jemand, der das Wort Gottes von den Dienern der Kirche vernommen hat, dasselbe als Menschenwort, sondern als das, was es wirklich ist, als das Wort Christi aufnehme: hat eben unser Heiland ihrem Lehramte ein so großes Ansehen beizulegen verordnet, daß er sagte: „Wer euch höret, der höret mich, und wer euch verachtet, der verachtet mich", und zwar wollte er dieses nicht allein von denen verstanden wissen, zu welchen er redete, sondern auch von Allen, welche in rechtmäßiger Nachfolge das Lehramt übernehmen würden, denen er verheißen hat, daß er bis zum Ende der Welt bei ihnen sein werde.

Fünfte Frage.

Nachdem die Wahrheit bereits geoffenbaret ist, ist es auch heute noch nothwendig, daß die Seelsorger das Wort Gottes verkündigen.

Die beständige Predigt des Wortes Gottes in der Kirche.

1. Wenn inzwischen diese Verkündigung des göttlichen Wortes

studio et pietate elaborandum est, ut sana et incorrupta doctrina, tanquam pabulo vitae, fideles nutriantur et confirmentur;[1] exierunt enim falsi Prophetae in mundum, de quibus dixit Dominus: „Non mittebam Prophetas, et ipsi currebant; non loquebar ad eos, et ipsi prophetabant,"[2] ut variis doctrinis et peregrinis Christianorum animos depravarent.[3]

Quo astu haeretici sint usi ad impia dogmata infundenda.

II. Qua in re illorum impietas, omnibus satanae artibus instructa, tam longe progressa est, ut nullis fere certis finibus contineri posse videatur, ac nisi Salvatoris nostri praeclara illa promissione niteremur,[4] qui se adeo stabile Ecclesiae suae fundamentum posuisse affirmavit, ut portae inferi adversus eam praevalere nunquam possint: maxime verendum esset, ne hoc tempore tot undique hostibus obsessa, tot machinis tentata et oppugnata, concideret. Nam, ut omittamus nobilissimas provincias, quae olim veram et Catholicam religionem, quam a maioribus acceperant, pie et sancte retinebant, nunc autem, derelinquentes viam rectam, erraverunt, atque in eo se maxime pietatem colere palam profitentur, quod a patrum suorum doctrina quam longissime recesserunt; nulla tam remota regio, aut tam munitus locus, nullus Christianae reipublicae angulus inveniri potest, quo haec pestis occulte irrepere non tentarit.

Quaestio VI.

Catechismis potissimum haeretici Christianorum animos depravare studuerunt.

Catechismorum apud haereticos pernicies.

Qui enim fidelium mentes corrumpere sibi proposuerunt, quum fieri nullo modo posse intelligerent, ut cum omnibus coram colloquerentur et in eorum aures venenatas voces infunderent: idem alia ratione aggressi, multo facilius ac latius impietatis errores disseminarunt. Nam praeter illa ingentia volumina, quibus Catholicam fidem evertere conati sunt (a quibus tamen cavere, quum apertam haeresim continerent, non magni fortasse laboris ac diligentiae fuit), infinitos etiam libellos conscripserunt, qui quum pietatis speciem prae se ferrent, incredibile est, quam facile incautos simplicium animos deceperint.

1) 1 Ioan. 4, 1. 2) Ier. 23, 22. 3) Hebr. 13, 9. 4) Matth. 16, 18.

in der Kirche niemals unterlassen werden darf; so muß gewiß zu
dieser gegenwärtigen Zeit mit größerem Eifer und Frömmigkeit dahin
gearbeitet werden, daß die Gläubigen mit der gesunden und unver=
dorbenen Lehre, wie mit einer Speise des Lebens, ernährt und ge=
kräftiget werden, denn es sind falsche Propheten in die Welt ausge=
gangen, von welchen der Herr gesagt hat: „Ich sandte diese Pro=
pheten nicht, und doch waren sie geschäftig; ich sprach nicht zu
ihnen, und doch weissagten sie," um durch „allerlei fremde Lehren"
die Gemüther der Christen zu verderben.

Welcher List sich die Ketzer bedient haben, ihre gottlosen Lehrsätze zu verbreiten.

2. Ihre mit allen Kunstgriffen des Satans ausgerüstete Gott=
losigkeit ist hierin soweit fortgeschritten, daß es fast scheint, sie könne
in keine bestimmte Gränzen mehr zurückgehalten werden, und dürf=
ten wir nicht auf jene herrliche Verheißung unseres Erlösers vertrauen,
welcher versichert hat, er habe die Grundlage seiner Kirche so fest
gelegt, daß „die Pforten der Hölle sie niemals überwältigen könn=
ten"; so stände sehr zu fürchten, daß sie in dieser Zeit, von so vie=
len Feinden ringsum belagert, von so vielen Sturmwerkzeugen an=
gegriffen und bekämpft, zusammenstürzen würde. Denn, um davon
zu schweigen, daß die angesehensten Provinzen, die ehedem die wahre
und katholische Religion, welche sie von ihren Voreltern empfangen
hatten, gottesfürchtig und heilig bewahrten, nun aber den rechten
Weg verlassen haben und dem Irrthum verfallen sind, und gerade
das öffentlich als Gottesfurcht rühmen, daß sie sich von der Lehre
ihrer Väter so weit wie möglich entfernt haben: so ist keine Gegend
so fern gelegen, kein Platz so befestigt, und kann in der Christenheit
kein Winkel aufgefunden werden, wohin diese Pest sich heimlich
einzuschleichen nicht versucht hätte.

Sechste Frage.

Die Irrlehrer suchten vorzüglich durch Katechismen die Gemüther der Chri=
sten zu verderben.

Das Verderben der Katechismen bei den Häretikern.

Da nämlich diejenigen, die sich vorgesetzt hatten, die Gemüther
der Gläubigen zu verderben, einsahen, daß es in keiner Weise mög=
lich sei, sich mit Allen mündlich zu besprechen und ihren Ohren die
vergifteten Reden einzuflößen; so griffen sie die Sache in anderer
Weise an, und streueten so viel leichter und weiter hin die Irrthü=
mer der Gottlosigkeit aus. Denn außer jenen ungeheuren Bän den,
durch welche sie den Versuch machten den katholischen Glauben zu
vernichten (vor denen sich jedoch zu hüten eben nicht viel Mühe
und Fleiß kostete, da sie die Irrlehre offen enthielten), haben sie
auch zahllose kleine Bücher zusammengeschrieben, welche dadurch,
daß sie den Schein der Gottesfurcht an sich trugen, unglaublich
leicht die arglosen Gemüther der Einfältigen betrogen haben.

Quaestio VII.

Pestilentibus pseudo-prophetarum vocibus et scriptis occurrendum S. Synodus recte statuit.

Duplex antidotum pestis grassantis.

Quamobrem Patres oecumenicae Tridentinae Synodi, quum tanto et tam pernicioso huic malo salutarem aliquam medicinam adhibere maxime cuperent, non satis esse putarunt, graviora Catholicae doctrinae capita contra nostri temporis haereses decernere, sed illud praeterea sibi faciendum censuerunt, ut certam aliquam formulam, et rationem Christiani populi ab ipsis fidei rudimentis instituendi traderent, quam in omnibus Ecclesiis illi sequerentur, quibus legitimi Pastoris et Doctoris munus obeundum esset.

Quaestio VIII.

Necesse fuit, etiam oecumenici Concilii studio summique Pontificis auctoritate, post tot doctrinae Christianae conscriptas institutiones, novum Catechismum Pastoribus proponere.

Comparatio huius Catechismi cum aliis Catholicorum Catechismis. Editionis hujus Catechismi ratio. cf. Quaest. 2 Cap. 1 de Symb.

Multi quidem adhuc in hoc scriptionis genere cum magna pietatis et doctrinae laude versati sunt, sed tamen Patribus visum est maxime referre, si liber sanctae Synodi auctoritate ederetur, ex quo Parochi, vel omnes alii, quibus docendi munus impositum est, certa praecepta petere atque depromere ad fidelium aedificationem possint: ut, quemadmodum unus est Dominus, una fides, ita etiam una sit tradendae fidei, ad omniaque pietatis officia populum Christianum erudiendi, communis regula atque praescriptio.

Quaestio IX.

Non sunt exacte universa nostrae religionis dogmata hic discussa.

Pastoribus, praecipue servit haec instructio et per eorum ministerium omnibus Christianis. Multa, quae ad Pastoris officium pertinent, tractantur fere posteriori parte cuj.sque Sess. Conc. Trident., ubi agitur de Reform.

Ergo, quum multa sint, quae ad hanc rationem pertinere videantur, nemo existimet, illud sanctae Synodo propositum fuisse, ut omnia Christianae fidei dogmata, uno libro comprehensa, subtiliter explicarentur; quod ab iis fieri solet, qui se profitentur, universae religionis institutionem et doctrinam tradere; id enim et infiniti paene operis fuisset, et instituto minus convenire, perspicuum est; sed quoniam Parochos Sacerdotesque, animarum curatores, earum rerum cognitione instruendos suscepit, quae

Siebente Frage.

Der heilige Kirchenrath hat mit Recht beschlossen, daß den pestartigen Reden und Schriften der falschen Propheten entgegen zu treten sei.

Ein doppeltes Gegengift gegen die herrschende Pest.

Die Väter des ökumenischen Kirchenrathes von Trient erachteten es daher, indem sie gegen dieses so große und verderbliche Uebel eine heilsame Arznei anzuwenden sehnlichst wünschten, nicht für genügend, die wichtigeren Hauptstücke der katholischen Lehre gegen die Irrlehre unserer Zeit festzustellen, sondern sie hielten sich auch noch dazu ver= pflichtet, irgend eine bestimmte Form und Weise, wie das christliche Volk in den Anfangsgründen des Glaubens zu unterrichten sei, vor= zuschreiben, welche diejenigen in allen Kirchen beobachten sollten, die das Amt eines rechtmäßigen Seelsorgers und Lehrers übernehmen würden.

Achte Frage.

Es war nothwendig, daß trotz der vielen Unterrichtsbücher, die über die christ= liche Lehre bereits verfaßt waren, auf Betrieb des ökumenischen Concils und auf Befehl des Papstes ein Katechismus den Seelsorgen in die Hand gegeben wurde.

Vergleich dieses Katechismus mit andern Katechismen der Katholiken. Zweck der Herausgabe dieses Katechismus.

Zwar haben bereits Viele mit sehr rühmlicher Frömmigkeit und Gelehrsamkeit derartige Schriften verfaßt; nichts destoweniger schien es den Vätern sehr nützlich zu sein, wenn auf Anordnung des hei= ligen Kirchenrathes ein Buch herausgegeben würde, woraus die Pfar= rer oder sonst Alle, denen das Lehramt obliegt, zur Erbauung der Gläubigen bestimmte Vorschriften entnehmen und schöpfen könnten, damit, so wie Ein Herr ist, und Ein Glaube, so auch für den Unter= richt im Glauben und die Unterweisung des christlichen Volkes in allen Pflichten der Gottseligkeit Eine gemeinsame Regel und Vorschrift sei.

Neunte Frage.

Es sind hier nicht alle Glaubenslehren unserer Religion ausführlich besprochen.

Den Seelsorgern vorzüglich dient dieses Unterrichtsbuch und durch ihre Vermit= telung allen Christen. Vieles, was zum seelsorgerlichen Amt gehört, wird jedesmal im zweiten Theile der Satzungen des Concils von Trient behandelt.

Da es indeß Vieles gibt, was hieher gehörig scheinen möchte, so glaube Niemand, der heilige Kirchenrath habe die Absicht gehabt, alle christlichen Glaubenslehren zusammenzufassen und genau zu erklären, wie es von denen zu geschehen pflegt, die sich damit be= schäftigen, einen vollständigen Religionsunterricht vorzutragen; denn das wäre eine fast endlose Arbeit gewesen und hätte augenscheinlich dem Vorhaben wenig entsprochen. Weil der heilige Kirchenrath aber die Pfarrer und die Priester, welche sich mit der Seelsorge beschäf= tigen, in der Kenntniß derjenigen Dinge zu unterweisen sich vorge= setzt hat, die vorzugsweise zum seelsorgerlichen Amte gehören und

pastoralis muneris maxime propriae sunt et ad fidelium captum accommodatae: ea tantum in medium afferri voluit, quae hac in re pium Pastorum studium, si in difficilioribus divinarum rerum disputationibus non ita versati fuerint, adiuvare possent. Quae quum ita sint, antequam ad ea singillatim tractanda accedamus, quibus huius doctrinae summa continetur: institutae rei ordo postulat, ut pauca quaedam exponantur, quae Pastores considerare sibique ante oculos proponere in primis debent, ut sciant, quonam, veluti ad finem, omnia eorum consilia, labores, studia referenda sint, quovc pacto id, quod volunt, facilius consequi et efficere possint.

Quaestio X.

Quum Pastores animarum hic instituendi suscipiantur, quid illis potissimum, ut rite suo fungantur munere, sit considerandum.

Pastores omnem suam doctrinam eo debent primum referre, ut omnes intelligant, quantum benefici .m Deus generi humano per Christum praestiterit.

I. Illud igitur primum videtur esse, ut semper meminerint, omnem Christiani hominis scientiam hoc capite comprehendi, vel potius, quemadmodum Salvator noster ait [1]: „Haec est vita aeterna, ut cognoscant te solum verum Deum, et quem misisti Iesum Christum.“

Quo Pastores docendo debent respicere, sunt mandata Christi, ad quae subditi sunt excitandi. Opera esse fidei adiungenda, nec quemquam in hac sola sibi debere blandiri, clare ostenditur. Concil. Trident. Sess. 6 Cap. 11 et 20.

II. Quamobrem in eo praecipue Ecclesiastici Doctoris opera versabitur, ut fideles scire ex animo cupiant Iesum Christum, et hunc crucifixum;[2] sibique certo persuadeant, atque intima cordis pietate et religione credant, aliud nomen non esse datum hominibus sub coelo, in quo oporteat nos salvos fieri;[3] siquidem ipse propitiatio est pro peccatis nostris.[4] At vero quia in hoc scimus, quoniam cognovimus eum, si mandata eius observemus, proximum est, et cum eo, quod diximus, maxime coniunctum, ut simul etiam ostendat, vitam a fidelibus non in otio et desidia degendam esse, verum oportere, ut quemadmodum ipse ambulavit, ita et nos ambulemus,[5] sectemurque omni studio iustitiam, pietatem, fidem, charitatem, mansuetudinem;[6] dedit enim semetipsum pro nobis, ut nos redimeret ab omni iniquitate, et mundaret sibi populum acceptabilem, sectatorem bonorum operum, quae Apostolus Pastoribus praecipit,[7] ut loquantur et exhortentur.

1) Ioan. 17, 8. 2) 1 Cor. 2, 3, 3) Act. 4, 12. 4) 1 Ioan. 2, 2. 5) 1 Ioan. 2, 6. 6) 2 Tim. 2, 22. 7) Tit. 2, 14. 15.

der Fassungskraft der Gläubigen angemessen sind: so wollte er auch nur das öffentlich zur Sprache bringen, was in dieser Hinsicht dem frommen Eifer der Hirten, die in den schwierigeren Untersuchungen über die göttlichen Dinge etwa nicht so sehr geübt sein möchten, förderlich sein könnte. Da sich dies nun so verhält, so fordert es die Ordnung des vorliegenden Gegenstandes, bevor wir zur Behandlung dessen im Einzelnen schreiten, was den Gesammtbegriff dieser Lehre ausmacht, einiges Wenige auseinanderzusetzen, welches die Seelsorger vorzugsweise beachten und sich vor Augen halten müssen, damit sie wissen, wohin sie, als Zielpunkt, alle ihre Rathschläge, Arbeiten und Bemühungen hinzuwenden haben, und in welcher Weise sie das, was sie beabsichtigen, leichter zu erreichen und zu erwirken vermögen.

Zehnte Frage.

Was die Seelsorger, deren Unterweisung hier bezweckt wird, vor allem beachten sollen, um ihr Amt recht zu verwalten.

Die Seelsorger haben zuerst alle ihre Lehre dahin zu richten, daß Alle erkennen, eine wie große Wohlthat Gott dem menschlichen Geschlechte durch Christus verliehen hat.

1. Das scheint nun die Hauptsache zu sein, daß sie sich stets daran erinnern, die ganze Wissenschaft eines Christen sei in diesem Hauptsatze enthalten, oder vielmehr wie unser Heiland es ausspricht: „das ist das ewige Leben, daß sie Dich, den allein wahren Gott, erkennen, und den Du gesandt hast, Jesum Christum."

Worauf die Seelsorger bei ihrem Unterricht zu sehen haben, sind die Gebote Christi, zu denen die Untergebenen angefeuert werden müssen. Daß mit dem Glauben die Werke verbunden sein müssen und sich in ihm allein Niemand schmeicheln dürfe, wird klar gezeigt.

2. Darum wird das Bemühen des kirchlichen Lehrers vorzugsweise darauf gerichtet sein, daß die Gläubigen von Herzen verlangen, „Jesum Christum, und diesen als den Gekreuzigten" kennen zu lernen, und sich fest überzeugt halten und mit innigster Frömmigkeit des Herzens und Furcht Gottes glauben, „kein anderer Name sei den Menschen unter dem Himmel gegeben, wodurch wir selig werden sollen", „da Er die Versöhnung für unsere Sünden ist." Allein, weil wir daran ersehen, daß wir ihn erkannt haben, wenn wir seine Gebote halten, so ist dies das Nächste und mit dem, was wir eben erwähnten, auf's engste verbunden, daß er zugleich auch zeige, wie die Gläubigen ihr Leben nicht in Müßiggang und Trägheit hinbringen dürfen, sondern daß auch wir „sollen wandeln, wie er gewandelt ist," und mit allem Eifer trachten nach Gerechtigkeit, Glauben, Liebe, Sanftmuth; „denn er gab sich selbst für uns hin, damit er uns von aller Ungerechtigkeit erlöse und sich ein Volk rein darstelle, das er sich zu eigen nehmen könne, das guten Werken nachstrebt"; wie der Apostel den Seelsorgern zu verkünden und einzuschärfen befiehlt.

Paulus praecipit Pastoribus, ut fideles excitent ad pietatis opera. Solida felicitas hominis est, Deo integre per amorem adhaerere. Omnis doctrina Catholico Doctori ad charitatem dirigenda. Declaratur, quomodo plenitudo legis sit dilectio. Virtus nulla perfecta sine charitate.

III. Quum autem Dominus ac Salvator noster non solum dixerit, sed etiam exemplo suo demonstrarit, legem et Prophetas [1] ex dilectione pendere, Apostolus deinde confirmarit, charitatem esse finem praecepti ac legis plenitudinem:[2] dubitare nemo potest, hoc tanquam praecipuum munus omni diligentia curandum esse, ut fidelis populus ad immensam Dei erga nos bonitatem amandam excitetur, ac divino quodam ardore incensus, ad summum illud et perfectissimum bonum rapiatur, cui adhaerere, solidam et veram felicitatem esse, is plane sentiet, qui illud Prophetae dicere poterit:[3] „Quid enim mihi est in coelo, et a te quid volui super terram?" Haec nimirum est via illa excellentior, quam idem Apostolus demonstravit,[4] quum omnem doctrinae et institutionis suae rationem ad charitatem, quae nunquam excidit, dirigeret. Sive enim credendum, sive sperandum, sive agendum aliquid proponatur, ita in eo semper charitas Domini nostri commendari debet, ut quivis perspiciat, omnia perfectae Christianae virtutis opera, non aliunde, quam a dilectione, ortum habere, neque ad alium finem, quam ad dilectionem, referenda esse.

Quaestio XI.

Non satis est, Pastores ad duos illos fines inter docendum respicere, sed se ad captum cuiusque debent accommodare.

Pastori auditorum circumstantiae considerandae, et inter docendum captum cujusque respiciendum.

I. Quum autem in omni re tradenda plurimum intersit, utrum hoc, an illo modo aliquid doceas, tum vero hoc in Christiani populi institutione maximi momenti existimandum est. Observanda est enim audientium aetas, ingenium, mores, conditio, ut qui docendi munus exercet, omnia omnibus efficiatur, ut et omnes Christo lucrifaciat [5], et seipsum fidelem ministrum et dispensatorem probare possit,[6] ac veluti servus bonus et fidelis dignus sit, qui super multa constituatur a Domino.[7] Neque vero unius tantum generis homines fidei suae commissos esse arbitretur, ut praescripta quadam et certa docendi formula erudire, atque ad veram pietatem instituere aeque omnes fideles possit; sed quum alii, veluti modo geniti infantes sint,[8] alii in Christo adolescere incipiant, nonnulli vero quodam modo confirmata sint aetate: ne-

1) Matth. 22, 40. 2) 1 Tim. 1, 5. et Rom. 13, 11. 3) Ps. 72, 25. 4) 1 Cor. 13. 5) 1 Cor. 9, 19. 22. 6) 1 Cor. 4, 2. 1. 7) Matth. 25, 23. 8) 1. Petr. 2. 2.

Paulus befiehlt den Seelsorgern, daß sie die Gläubigen zu Werken der Frömmigkeit auffordern sollen. Die wahre Glückseligkeit des Menschen besteht darin, Gott vollkommen durch die Liebe anzuhangen. Seinen ganzen Unterricht muß ein kath. Lehrer auf die Liebe hinrichten. Es wird erklärt, wie die Liebe die Erfüllung des Gesetzes sei. Es giebt keine vollkommne Tugend ohne die Liebe.

3. Da aber unser Herr und Heiland nicht bloß gelehret, sondern auch durch sein Beispiel erwiesen, daß „das Gesetz und die Prophe= ten" an der Liebe hangen, und darauf der Apostel es bestätigt hat, daß „die Liebe sei der Endzweck des Gebotes und die Erfüllung des Gesetzes", so kann Niemand zweifeln, dafür sei, wie für das Haupt= geschäft, mit allem Fleiße zu sorgen, daß das gläubige Volk zur Liebe der gränzenlosen Güte Gottes gegen uns ermuntert, und wie von göttlicher Glut entflammet, zu diesem höchsten und vollkommen= sten Gute hingerissen werde, dem anzugehören, vollkommene und wahre Glückseligkeit ist, wie es derjenige gewiß erkennen wird, der mit dem Propheten sagen kann: „Was hab' ich doch im Himmel, und was lieb' ich auf Erden außer Dir?" Dies ist nämlich „jener vorzüglichere Weg", welchen derselbe Apostel gezeigt hat, da er den ganzen Zweck seiner Lehre und Unterweisung auf die Liebe richtete, „die nie aufhört." Möge daher Etwas zu glauben, oder zu hoffen, oder zu handeln vorgetragen werden, so muß dabei immer die Liebe unseres Herrn dergestalt empfohlen werden, daß Jedermann einsieht, alle Werke einer vollkommenen christlichen Tugend haben nirgendwo anders ihren Ursprung, als aus der Liebe, und seien auf kein anderes Ziel und Ende, als auf die Liebe, zu beziehen.

Eilfte Frage.

Es ist nicht genug, daß die Seelsorger beim Unterrichte auf diesen doppelten Zweck ihr Augenmerk richten, sondern sie müssen sich auch der Fassungskraft eines Jeden anbequemen.

Der Seelsorger muß die Verhältnisse der Zuhörer beachten und beim Lehren auf die Fassungskraft eines Jeden Rücksicht nehmen.

1. Da aber beim Vortrage eines jeden Gegenstandes sehr viel daran liegt, ob man ihn auf diese oder jene Weise lehre, so muß man dies beim Unterrichte des christlichen Volkes für äußerst wichtig hal= ten. Man hat nämlich auf das Alter, die Fassungskraft, die Sit= ten und die Lage der Zuhörer zu achten, damit derjenige, welcher dem Lehramte obliegt, „Allen Alles werde, damit er Alle für Chri= stus gewinne, und sich selbst als einen treuen Diener und Ausspen= der der Gnadenmittel bewähren könne, und als ein guter und ge= treuer Knecht würdig gefunden werde, vom Herrn über Vieles ge= setzt zu werden." Er soll daher nicht wähnen, es wären nur Men= schen von gleicher Art seiner treuen Sorge übergeben, so daß er alle Gläubigen nach irgend einer vorgeschriebenen und festgesetzten Lehrformel unterrichten und zur wahren Frömmigkeit anleiten könne;

cesse est diligenter considerare,[1] quibus lacte, quibus solidiore
cibo opus sit,[2] ac singulis ea doctrinae alimenta praebere,[3] quae
spiritum augeant, „donec occurramus omnes in unitatem fidei,
et agnitionis Filii Dei, in virum perfectum, in mensuram aetatis plenitudinis Christi.“

Paulus veri Pastoris exemplar.

II. Id vero Apostolus in seipso omnibus observandum indicavit,[4] quum dixit, se graecis et barbaris, sapientibus et insi-
pientibus debitorem esse: ut videlicet intelligerent, qui ad hoc
ministerium vocati sunt, ita in tradendis fidei mysteriis ac vitae
praeceptis doctrinam ad audientium sensum atque intelligentiam
accommodari oportere, ut, quum eorum animos, qui exercitatos
sensus habent, spirituali cibo expleverint, ne interim parvulos
fame perire patiantur,[5] ut qui panem petant, et non sit, qui
frangat eis. Neque vero cuiusquam studium in docendo retardari debet, propterea quod interdum necesse sit, auditorem earum
rerum praeceptis instrui, quae leviores et humiliores videntur,
nec sine molestia ab iis potissimum tractari solent, quorum animus in sublimium rerum contemplatione versatur ac conquiescit.

Ab exemplo Christo.

III. Nam si ipsa aeterni Patris sapientia in terras descendit,
ut in carnis nostrae humilitate coelestis vitae praecepta nobis
traderet: quem non compellat charitas Christi, ut parvulus fiat
in medio fratrum suorum, et tanquam nutrix,[6] fovens filios suos,
ita cupide proximorum salutem desideret, ut, quod de seipso
Apostolus testatur[7], eis velit non solum Evangelium Dei, sed
etiam animam tradere?

Quaestio XII.

Quum Deus visibilem sui praesentiam nobis subduxerit, Pastores eius
verbum haurient ex Scriptura et Traditionibus.

. Doctrina fidei Catholica continetur Scriptura et Traditionibus; tum de Symbolo,
Sacramentis, Decalogo, Oratione Dominica. De verbo scripto et non scripto
exstat peculiare Decret. Conc. Tr. Sess. IV. Traditionum Ecclesiae varietas.
Traditiones in quatuor capita distributae. Haec quatuor capita sunt veluti communes Scripturae loci, ad quorum aliquid omnis labor docentis respicere debet.

Omnis autem doctrinae ratio, quae fidelibus tradenda sit, verbo
Dei continetur, quod in Scripturam Traditionesque distributum
est; itaque in harum rerum meditatione Pastores dies noctesque

1) Hebr. 5, 12. 2) 1 Cor. 3, 2. 3) Ephes. 4, 13, 4) Rom. 1, 14. 5) Thren. 4, 4. 6
1 Thess. 2, 7. 7) 1 Thess. 2, 8.

sondern da Einige gleichsam wie „neugeborne Kinder" sind, Andere
Jünglinge in Christo zu werden anfangen, Andere aber gleichsam
im Mannesalter sich befinden, so muß man sorgfältig darauf Acht
nehmen, welche aus ihnen Milch, welche festere Speise bedürfen·
und einem jeden diejenige Nahrung der Lehre reichen, welche den
Geist stärket, „bis wir Alle zusammen gelangen zur Einheit des
Glaubens und der Erkenntniß des Sohnes Gottes, zur vollkomme=
nen Mannheit und zum Maße des vollen Alters Christi."

Paulus, Bild eines wahren Seelsorgers.

2. Das aber hat der Apostel an sich selbst Allen zu beobachten
vorgestellt, indem er sagt, er sei den Griechen und Nichtgriechen,
den Weisen und Thoren verpflichtet: damit nämlich die zu diesem
Amte Berufenen erkennen sollen, daß sie bei Auseinandersetzung
der Glaubensgeheimnisse und Lebensvorschriften den Unterricht so
dem Verstande und der Fassungskraft der Zuhörer anpassen müssen,
daß sie nicht, während sie die Seele derer, die geübteren Geistes
sind, mit geistiger Nahrung erfüllen, die Kinder unterdessen vor
Hunger umkommen lassen, und es so nicht für die, welche Brod
verlangen, an Jemandem fehle, der es ihnen breche. Auch soll Nie=
mand seinen Eifer für den Unterricht sich dadurch hemmen lassen,
daß es zuweilen nothwendig ist, den Zuhörer in solchen Dingen zu
unterrichten, die geringfügiger und niedriger scheinen, und beson=
ders von Denen nicht ohne Mißvergnügen behandelt zu werden
pflegen, deren Geist sich gerne mit der Betrachtung erhabener Ge=
genstände beschäftigen und dabei verweilen mag.

Nach dem Beispiele Christi.

3. Denn wenn die Weisheit des ewigen Vaters selbst auf die Erde
herabstieg, um in der Niedrigkeit unseres Fleisches uns die Lehren des
himmlischen Lebens mitzutheilen, wen sollte da nicht die Liebe Christi
antreiben, ein Kind zu werden mitten unter seinen Brüdern, und, wie
eine Mutter, die ihre Kinder pflegt, so eifrig das Heil des Nächsten zu
verlangen, daß er, was der Apostel von sich selbst bezeugt, ihnen nicht nur
das Evangelium Gottes, sondern auch sein Leben gern dargeben möchte?

Zwölfte Frage.

Da uns Gott seine sichtbare Gegenwart entzogen hat, so müssen die Seel=
sorger sein Wort aus der Schrift und Erblehre schöpfen. ·

Die Lehre des kath. Glaubens ist in der Schrift und mündlichen Ueberlieferung
enthalten; dann vom Symbolum, den Sakramenten, den zehn Geboten und
dem Vater unser. Ueber das geschriebene und nicht geschriebene Wort ist ein
besonderes Dekret des Kirchenraths von Trient vorhanden. (4. Sitz.) Die Ver=
schiedenheit der Ueberlieferungen der Kirche. Die Ueberlieferung in 4 Haupt=
stücke getheilt. Diese vier Hauptstücke sind gleichsam die Hauptgegenstände
der h. Schrift, auf deren eins sich deshalb jedesmal alle Bemühung des Un=
terrichtenden beziehn muß.

Der Inhalt der ganzen Lehre aber, die den Gläubigen vorge=
tragen werden soll, ist im Worte Gottes enthalten, welches in die

versabuntur, memores illius divi Pauli admonitionis, quam ad Timotheum scriptam, omnes, quicumque animarum curae praepositi sunt, ad se pertinere existimabunt. Est autem haec admonitio in hunc modum:[1] „Attende lectioni, exhortationi et doctrinae;“ „est enim[2] omnis Scriptura divinitus inspirata, utilis ad docendum, ad arguendum, ad corripiendum, ad erudiendum in iustitia, ut perfectus sit homo Dei, ad omne opus bonum instructus.“ Sed quoniam, quae divinitus tradita fuerunt, multa sunt et varia, ut nec ita facile aut animo comprehendi, aut etiam mente comprehensa memoria teneri possint, ut quum se obtulerit docendi occasio, eorum parata sit et prompta explicatio: sapientissime maiores nostri totam hanc vim et rationem salutaris doctrinae in quatuor haec capita redactam, distribuerunt: Apostolorum Symbolum, Sacramenta, Decalogum, Dominicam orationem; nam omnia, quae Christianae fidei disciplina tenenda sunt, sive ad Dei cognitionem, sive ad mundi creationem et gubernationem, sive ad humani generis redemptionem spectent, sive ad bonorum praemia, et malorum poenas pertineant, Symboli doctrina continentur. Quae autem signa sunt et tanquam instrumenta ad divinam gratiam consequendam, haec septem Sacramentorum doctrina complectitur. Iam vero, quae ad leges referuntur, quorum finis est charitas, Decalogo descripta sunt. Quidquid denique ab hominibus optari, sperari, ac salutariter peti possit, id Dominica precatione comprehenditur. Quare sequitur, ut, explanatis quatuor his, quasi communibus sacrae Scripturae locis, nihil fere ad eorum intelligentiam, quae Christiano homini discenda sunt, desiderari possit.

Quaestio XIII.

Qua methodo Parochi explicationem Evangelii cum Catechismi explicatione coniungent.

Pastores Ecclesiarum debere suas conciones iuxta huius Catechismi doctrinam instituere, statuitur Conc. Trident. Sess. 24 c. 7 de Reform.

I. Itaque visum est, monere parochos, ut quoties usu venerit, ut aliquem interpretentur Evangelii, vel quemvis alium divinae Scripturae locum, intelligant, eius loci, quicumque is fuerit, sententiam cadere sub unum aliquod quatuor illorum capitum, quae diximus, quo, tanquam ad eius doctrinae fontem, quod explicandum sit, confugient. Exempli causa, si explanandum sit illud Evangelium primae Dominicae Adventus, „erunt signa in sole et luna etc.,“ quae ad eam rationem pertinent, tradita sunt illo

1) 1 Timoth. 4, 13. 2) 2 Timoth. 3, 16. 17.

heilige Schrift und Erblehre eingetheilt ist. Deshalb sollen die Seelsorger sich mit der Betrachtung dieser Gegenstände Tag und Nacht beschäftigen, eingedenk jener Ermahnung des h. Paulus im Briefe an den Timotheus, welche Alle, denen die Seelsorge obliegt, auch auf sich beziehen sollen. Diese Ermahnung lautet aber so: „Halte an mit Vorlesen, mit Ermahnen, mit Lehren; denn jede von Gott eingegebene Schrift ist nützlich zur Belehrung, zur Zurechtweisung, zur Besserung, zur Unterweisung in der Gerechtigkeit, damit der Mensch Gottes vollkommen werde, zu jedem guten Werke geschickt." Weil aber des göttlich Geoffenbarten so Vieles und Mannigfaltiges ist, daß man es weder so leicht im Geiste auffassen, noch auch das im Gemüthe Aufgefaßte im Gedächtniß behalten kann, um die Erklärung desselben, wenn sich Gelegenheit zum Unterrichte darbietet, sogleich in Bereitschaft zu haben; so haben unsere Vorfahren sehr weislich den ganzen Gehalt und Inhalt der Heilslehre in folgende vier Hauptstücke gebracht und eingetheilt: in das apostolische Glaubensbekenntniß, die Sakramente, die zehn Gebote und das Gebet des Herrn, denn Alles, was als christliche Glaubenslehre anzunehmen ist, mag es sich auf die Erkenntniß Gottes, oder auf die Erschaffung und Regierung der Welt, oder auf die Erlösung des Menschengeschlechtes beziehen, oder die Belohnungen der Guten und die Strafen der Bösen betreffen, ist in der Lehre des Glaubensbekenntnisses enthalten. Die Zeichen aber und die Werkzeuge gleichsam zur Erlangung der göttlichen Gnade umfasset die Lehre von den sieben Sakramenten. Was dann die Gesetze betrifft, deren Endzweck die Liebe ist, wird in den zehn Geboten beschrieben. Alles endlich, was von den Menschen gewünscht, gehofft und zu ihrem Heile erbeten werden kann, enthält das Gebet des Herrn. Daraus folgt, daß nach Erklärung dieser vier, gleichsam allgemeinen Hauptstücke der heiligen Schrift, kaum noch Etwas zum Verständnisse dessen, was einem Christen zu lernen Noth thut, verlangt werden könne.

Dreizehnte Frage.

In welcher Weise die Seelsorger die Erklärung des Evangeliums mit der Erklärung des Katechismus verbinden sollen.

Daß die Seelsorger nach der Lehre dieses Katechismus ihre Predigten einrichten sollen, wird vom Kirchenrath v. Trient in der 24. Sitzung festgestellt.

1. Demnach hat es zweckmäßig geschienen, die Pfarrer zu erinnern, daß sie bei jedem Fall, in dem eine Stelle des Evangeliums oder irgend eine andere Stelle der h. Schrift zu erklären ist, darauf merken, daß der Lehrsatz einer jeden Stelle unter einem jener vorerwähnten vier Hauptstücke begriffen sei, und daß sie dahin, als zur Quelle der Lehre, die sie zu erklären haben, ihre Zuflucht nehmen

2

Symboli articulo: „Venturus est iudicare vivos et mortuos;‟ quibus inde assumptis Pastor una eademque opera fidelem populum et Symbolum et Evangelium docebit.

A fidei doctrina incipiendum.

II. Quare in omni docendi et interpretandi munere hanc consuetudinem tenebit dirigendi omnia ad prima illa quatuor genera, ad quae referri universam divinae Scripturae vim atque doctrinam diximus. Docendi autem ordinem eum adhibebit, qui et personis et tempori accommodatus videbitur; nos Patrum auctoritatem secuti, qui initiandis Christo Domino, et in eius disciplina instituendis hominibus, a fidei doctrina initium fecerunt, operae pretium duximus, quae ad fidem pertinent, prius explicare.

sollen. Wenn z. B. das Evangelium des ersten Adventsonntages erklärt werden sollte: „Es werden Zeichen geschehn an Sonne und Mond rc." so ist das dahin Gehörige in dem Artikel des Glaubens= bekenntnisses enthalten: „Der kommen wird zu richten die Leben= bigen und die Todten." Nimmt dies nun der Seelsorger dorther, so kann er mit einer und derselben Mühe das gläubige Volk über jenen Glaubensartikel und über das Evangelium belehren.*)

Es muß mit der Lehre vom Glauben der Anfang gemacht werden.

2. Deßhalb soll er in seinem Amte der Unterweisung und Aus= legung immer die Gewohnheit festhalten, Alles auf jene vier Haupt= stücke zurückzuführen, auf welche sich, wie gesagt, der ganze Gehalt und Inhalt der göttlichen Schrift bezieht. Beim Unterrichte halte er aber die Ordnung ein, welche ihm hinsichtlich der Personen und der Zeit die angemessenste zu sein scheint. Dem Ansehen der Väter folgend, die mit der Glaubenslehre den Anfang machten, wenn sie die Menschen Christo dem Herrn zuführen, und in seiner Lehre unterweisen wollten, hielten wir es für das Gerathenste, zuerst dasjenige zu erklären, was auf den Glauben Bezug hat.

---

*) Eine Anweisung, wie dieß für das ganze Kirchenjahr geschehen könne, findet sich am Ende des zweiten Bandes.

PARS PRIMA.

CAPUT I.
DE FIDE ET SYMBOLO FIDEI.

Quaestio I.
Quid sit fides hoc loco, et quae eius ad salutem necessitas.

Quam sit fides ad justificationem et salutem consequendam necessaria, repetatur ex Conc. Trident. Sess. 6 praesertim Cap. 6—8.

I. Sed quoniam in divinis litteris multiplex est fidei significatio, hic de ea loquimur, cuius vi omnino assentimur iis, quae tradita sunt divinitus. Hanc autem ad salutem consequendam esse necessariam, nemo iure dubitabit, praesertim quum scriptum sit: [1] „Sine fide impossibile est, placere Deo." Quum enim finis, qui ad beatitudinem homini propositus est, altior sit, quam ut humanae mentis acie perspici possit: necesse ei erat, ipsius a Deo cognitionem accipere. Haec vero cognitio nihil aliud est, nisi fides, cuius virtus efficit, ut id ratum habeamus, quod a Deo traditum esse sanctissimae matris Ecclesiae auctoritas comprobarit. Nulla enim fidelibus potest accidere dubitatio in iis,[2] quorum Deus auctor est, qui est ipsa veritas.

Fidei definitio illustratur. Quod autem sit Ecclesiae, de vero sensu scripturarum et verbi Dei judicare Conc. Tr. Sess. 14 Decr. de ed. et usu sacr. libr. osten ditur. Fides Catholica, etsi una sit, tamen ex personarum qualitate diversos gradus habet. Matth. 14, 31; Luc. 17, 5; Jac. 2, 20; Gal. 5, 6.

II. Ex quo intelligimus, quantum inter hanc fidem, quam Deo habemus, intersit et illam, quam humanae historiae scriptoribus adhibemus. Fides autem, quamquam late pateat, et magnitudine ac dignitate differat (est enim sic in sacris litteris: [3] „Modicae fidei, quare dubitasti?" et, „Magna est fides tua;" et [4] „Adauge nobis fidem;" item [5] „Fides sine operibus mortua;" et [6] „Fides quae per charitatem operatur"): tamen est idem genere, et diversis fidei gradibus eadem definitionis vis et ratio convenit. Quam vero fructuosa sit, et quantam ex ea utilitatem capiamus, in articulorum explicatione dicetur.

1) Hebr. 11, 6. 2) Ioan. 14, 6. 3) Matth. 14, 31. 15, 28. 4) Luc. 17, 5. 5) Iac. 2 20. 6) Galat. 5, 6.

Erster Theil.

Erstes Hauptstück.
Vom Glauben und dem apostolischen Glaubensbekenntnisse.
Erste Frage.
Was an dieser Stelle der Glaube bedeute, und welches seine Nothwendigkeit zum Heile sei.

Wie nothwendig der Glaube zur Erlangung der Rechtfertigung und des Heiles sei.

1. Da jedoch in der h. Schrift die Bedeutung des Glaubens eine vielfache ist, so reden wir hier von jenem, kraft dessen wir dem, was von Gott geoffenbaret worden ist, unbedingt beistimmen. Daß dieser aber zur Erlangung des Heiles nothwendig sei, wird Niemand mit Recht bezweifeln, zumal da geschrieben steht: „Ohne Glauben ist es unmöglich, Gott zu gefallen." Da nämlich das Ziel, welches dem Menschen zur Seligkeit gesetzt worden, zu erhaben ist, als daß der menschliche Scharfsinn es zu erfassen vermöge, so war es für ihn nothwendig, von Gott die Kenntniß desselben zu erlangen. Diese Kenntniß ist aber nichts anders, als der Glaube, kraft dessen wir Alles für wahr halten, was das Ansehen der heiligsten Mutter, der Kirche, als von Gott geoffenbaret bestätiget. Denn es kann den Gläubigen kein Zweifel aufstoßen in dem, was Gott zum Urheber hat, „welcher die Wahrheit selbst ist."

Der Begriff des Glaubens wird erklärt. Es ist Sache der Kirche, über den Sinn der Schrift und des Wortes Gottes zu urtheilen. Der kath. Glaube, obgleich an und für sich derselbe, hat dennoch nach der Beschaffenheit der Gläubigen verschiedene Grade.

2. Wir ersehen hieraus, wie groß der Unterschied zwischen dem Glauben ist, welchen wir zu Gott haben, und jenem, den wir den Geschichtsschreibern der menschlichen Geschichte schenken. Obgleich nun der Glaube einen weiten Umfang hat, und an Größe und Würde verschieden ist, (denn wir lesen in der h. Schrift also: „Du Kleingläubiger, warum hast Du gezweifelt?" und: „Groß ist dein Glaube," und: „Vermehre uns den Glauben," ferner: „Der Glaube ohne die Werke ist todt," und: „der Glaube, der durch Liebe wirksam ist"): so ist er seiner Gattung nach doch derselbe, und den verschiedenen Graden des Glaubens kommt dieselbe Begriffsbestimmung zu. Wie fruchtbringend er aber ist, und welchen großen Gewinn wir daraus schöpfen, wird bei der Erklärung der einzelnen Artikel nachgewiesen werden.

Quaestio II.

Quando et qua de causa duodecim fidei capita ab Apostolis sint tradita.

Quae igitur primum Christiani homines tenere debent, illa sunt, quae fidei duces doctoresque, Sancti Apostoli, divino Spiritu afflati, duodecim Symboli articulis distinxerunt. Nam quum mandatum a Domino accepissent,[1] ut pro ipso legatione fungentes, in universum mundum proficiscerentur, atque omni creaturae Evangelium praedicarent: Christianae fidei formulam componendam censuerunt, ut scilicet id ipsum omnes sentirent ac dicerent, neque ulla essent inter eos schismata, quos ad fidei unitatem vocassent,[2] sed essent perfecti in eodem sensu et in eadem sententia.

Quaestio III.

Symbolum unde sit dictum.

Hanc autem Christianae fidei et spei professionem a se compositam Apostoli Symbolum appellarunt, sive quia ex variis sententiis, quas singuli in commune contulerunt, conflata est, sive quia ea veluti nota et tessera quadam uterentur, qua desertos et subintroductos falsos fratres, qui Evangelium adulterabant, ab iis, qui vere Christi militiae sacramento se obligarent, facile possent internoscere.

Quaestio IV.

Quae Symboli huius necessitas, et quot in partes dividatur.

Christiano praecipue credendum est, quod Deus sit trinus et unus.

I. Quum multa in Christiana religione fidelibus proponantur, quorum singillatim vel universe certam et firmam fidem habere oportet, tum vero illud primo ac necessario omnibus credendum est, quod veluti veritatis fundamentum ac summa de divinae essentiae unitate et trium personarum distinctione, earumque actionibus, quae praecipua quadam ratione illis attribuuntur, Deus ipse nos docuit. Huius mysterii doctrinam breviter in Symbolo Apostolorum comprehensam esse, Parochus docebit.

Symboli apostolici tres partes tribus personis divinis sunt accommodatae; singulae Symboli sententiae, quae sunt veluti fidei Apostolicae decreta, cur articuli vocati? Quid articulus?

II. Nam, ut maiores nostri, qui in hoc argumento pie et accurato versati sunt, observaverunt, in tres potissimum partes ita distributum videtur, ut in una divinae naturae prima persona

---

1) Matth. 28, 19. et Marc. 16, 15.   2) 1 Cor. 1, 10.

Zweite Frage.

Wann und warum die zwölf Hauptſtücke des Glaubens von den Apoſteln verfaßt worden ſind.

Was alſo die Chriſten vor Allem feſthalten ſollen, iſt eben das, was die Leiter und Lehrer des Glaubens, die heil. Apoſtel, aus Eingebung des göttlichen Geiſtes in zwölf Artikel des Glaubens-bekenntniſſes eingetheilt haben. Denn nachdem ſie vom Herrn den Befehl erhalten hatten, als Geſandte an ſeiner Statt „in die Welt zu gehen“ und „das Evangelium allen Geſchöpfen zu predigen;“ hielten ſie es für nöthig, eine Formel für den chriſtlichen Glauben zu verfaſſen, damit nämlich Alle daſſelbe dächten und ſprächen, und keine Spaltungen unter denen ſeien, welche ſie zur Einheit des Glaubens berufen hätten, ſondern daß ſie „vollkommen Eines Sinnes und Einer Meinung ſeien.“

Dritte Frage.

Woher der Name Symbolum komme.

Die Apoſtel nannten nun das von ihnen verfaßte Bekenntniß des chriſtlichen Glaubens und der Hoffnung Symbolum, entweder, weil es aus verſchiedenen Sätzen beſteht, die ſie einzeln gemeinſchaftlich zuſammengetragen haben, oder weil ſie ſich deſſelben gleichſam als eines Merkmals und Zeichens bedienten, an dem ſie die abgefallenen und eingeſchlichenen falſchen Brüder, welche das Evangelium ver-fälſchten, von denen, die ſich in Wahrheit durch einen Eid zur Fahne Chriſti verbänden, leicht unterſcheiden könnten.

Vierte Frage.

Die Nothwendigkeit dieſes Symbolums und in wie viel Theile es zerfällt.

Der Chriſt muß vorzüglich glauben, daß Gott dreiperſönlich und einer iſt.

1. Obgleich in der chriſtlichen Religion Vieles den Gläubigen vorgehalten wird, von dem ſie im Beſonderen oder im Allgemeinen einen zuverſichtlichen und feſten Glauben haben müſſen; ſo müſſen doch Alle zuerſt und nothwendig dasjenige glauben, was Gott uns ſelbſt, gleichſam als die Grundfeſte und den Geſammtinhalt der Wahrheit, von der Einheit des göttlichen Weſens und der Unter-ſcheidung der drei Perſonen, und den Werken, die dieſen vorzugs-weiſe zugeſchrieben werden, gelehret hat. Daß die Lehre dieſes Ge-heimniſſes im apoſtoliſchen Glaubensbekenntniſſe in Kürze enthalten ſei, wird der Seelſorger demnach auseinanderſetzen.

Die drei Theile des apoſtoliſchen Symbolums ſind den drei göttlichen Perſonen angepaßt. Warum die einzelnen Sätze des Symbolums, die da gleichſam Ausſprüche des apoſtoliſchen Glaubens ſind, Artikel genannt werden? Was man unter Artikel verſteht?

2. Denn es ſcheint, wie unſere Vorfahren, die ſich mit dieſem Gegenſtande gottesfürchtig und ſorgfältig beſchäftigten, bemerkt haben, vornehmlich in drei Theile dergeſtalt abgetheilt zu ſein, daß in dem

et mirum creationis opus describatur; in altera, secunda persona et humanae redemptionis mysterium; in tertia, tertia item persona, caput et fons sanctitatis nostrae, variis et aptissimis sententiis concludatur. Eas autem sententias, similitudine quadam a Patribus nostris frequenter usurpata, articulos appellamus. Ut enim corporis membra articulis distinguuntur, ita etiam in hac fidei confessione, quidquid distincte et separatim ab alio nobis credendum est, recte et apposite articulum dicimus.

CAPUT II.

DE PRIMO SYMBOLI ARTICULO.

Credo in Deum Patrem omnipotentem, creatorem coeli et terrae.

Quaestio I.

Explicatur breviter primus articulus.

Primi articuli brevis explicatio, quae postea minutim examinatur.

I. His verbis ea sententia subiecta est: certo credo, ac sine ulla dubitatione profiteor Deum Patrem, primam scilicet Trinitatis personam, qui sua omnipotenti virtute coelum ipsum et terram, et omnia, quae coeli et terrae ambitu continentur, ex nihilo condidit, et condita tuetur ac regit: neque solum eum corde credo, et ore confiteor, verum summo studio ac pietate ad illum, veluti summum et perfectissimum bonum, contendo.

Singula Symboli verba diligenter sunt expendenda.

II. Haec igitur sit brevis quaedam primi huius articuli comprehensio. Sed quoniam magna mysteria in singulis fere verbis latent, ea nunc diligentius Parocho perpendenda sunt, ut, quantum Dominus permiserit, ad eius maiestatis gloriam contemplandum cum timore et tremore fidelis populus accedat.

Quaestio II.

Credendi verbum quid significet.

Verbi hujus: Credo in materia fidei Evangelicae acceptio et professio. Cf. Cap. I. Quaest. I.

I. Igitur credendi vox hoc loco putare, existimare, opinari non significat, sed, ut docent sacrae litterae, certissimae assensionis vim habet, qua mens Deo, sua mysteria aperienti, firme constanterque assentitur. Quamobrem is credit (quod ad huius loci explicationem attinet), cui aliquid sine ulla haesitatione certum et persuasum est.

erſten Theile die erſte Perſon der göttlichen Natur und das wun=
derbare Werk der Schöpfung beſchrieben wird; im zweiten die zweite
Perſon und das Geheimniß der menſchlichen Erlöſung; dann im
dritten die dritte Perſon, der Urſprung und die Quelle unſerer
Heiligung in verſchiedene und ſehr angemeſſene Sätze gefaßt iſt.
Dieſe Sätze aber nennen wir nach einem von unſeren Vätern
häufig gebrauchten Gleichniſſe Artikel. Denn wie die Glieder des
Körpers durch Gelenke abgetheilt werden, ſo nennen wir auch bei
dieſem Glaubensbekenntniſſe Alles, was wir abgeſondert und ge=
trennt von Anderem glauben ſollen, Artikel (d. h. Glieder).

Zweites Hauptſtück.

Vom erſten Artikel des apoſtoliſchen Glaubensbekenntniſſes. —
„Ich glaube an Gott den Vater, den Allmächtigen, den Schö=
pfer Himmels und der Erde.“

Erſte Frage.
Kurze Erklärung des erſtes Artikels.
Kurze Erklärung des erſten Artikels, die ſpäter im Einzelnen beſprochen wird.

1. Dieſe Worte haben folgenden Sinn: Ich glaube gewiß und
bekenne ohne allen Zweifel Gott den Vater, nämlich die erſte Per=
ſon der Dreifaltigkeit, der durch ſeine allmächtige Kraft den Him=
mel und die Erde, und Alles, was im Bereiche des Himmels und
der Erde enthalten iſt, aus Nichts erſchaffen hat, und das Erſchaffene
erhält und regiert; und ich glaube ihn nicht nur mit dem Herzen,
und bekenne ihn mit dem Munde, ſondern ich ſtrebe auch mit dem
größten Eifer und kindlicher Liebe nach ihm als dem höchſten und
vollkommenſten Gute.

Die einzelnen Worte des Symbolums muß man genauer erwägen.

2. Dieſes iſt alſo in Etwa der kurze Inbegriff dieſes erſten Ar=
tikels. Da aber faſt in jedem einzelnen Worte große Geheimniſſe
verborgen liegen, ſo ſoll der Pfarrer ſie nun ſorgfältiger in Er=
wägung ziehen, damit das gläubige Volk, ſo weit der Herr es ge=
ſtattet, zur Betrachtung der Herrlichkeit ſeiner Majeſtät mit Furcht
und Zittern nahe.

Zweite Frage.
Was das Wort „Glauben“ bedeutet.
Bedeutung des Wortes: „Ich glaube“ in der Materie des evangeliſchen Glaubens.

1. Das Wort „Glauben“ bedeutet alſo hier nicht „Meinen, für
wahr Halten, Wähnen,“ ſondern es hat, wie die h. Schrift lehrt,
die Bedeutung der zuverſichtlichſten Zuſtimmung, womit das Ge=
müth Gott, der ſeine Geheimniſſe offenbart, feſt und beharrlich zu=
ſtimmt. Demnach glaubt derjenige, (und dies gehört zur Erklärung

II. Neque vero existimare quisquam debet, fidei notitiam minus certam esse, quod ea non cernantur, quae nobis credenda fides proponit; etenim divinum lumen, quo ea percipimus, tametsi rebus perspicuitatem non afferat, nos tamen de his dubitare non sinit. „Deus enim, qui dixit de tenebris lucem splendescere, ipse illuxit in cordibus nostris,"[1] ut non sit nobis opertum Evangelium, sicut iis, qui pereunt.

Quaestio III.

Quae in symbolo proponuntur non curiose scrutanda, sed simpliciter asserenda sunt.

Curiosus veritatis indagator est modicae fidei.

I. Iam vero ex iis, quae dicta sunt, consequitur, eum, qui coelesti hac fidei cognitione praeditus est, inquirendi curiositate liberum esse. Deus enim, quum iussit nos credere, non divina iudicia scrutanda, eorumque rationem et causam perquirendam nobis proposuit, sed immutabilem fidem praecepit, quae efficit, ut animus in aeternae veritatis notitia conquiescat.

A minori ad maius. Fides non fert ambiguitatem, nec demonstrationem requirit.

II. Ac profecto quum Apostolus testetur: „Deus verax est, omnis autem homo mendax,"[2] si arrogantis et impudentis hominis est, gravi ac sapienti viro aliquid affirmanti fidem non habere, sed praeterea urgere, ut, quod dixerit, rationibus aut testibus probetur: cuius temeritatis, atque adeo stultitiae fuerit, Dei voces audientem, coelestis ac salutaris doctrinae rationes requirere? Fides itaque, seclusa omni non solum ambiguitate, sed etiam demonstrandi studio, tenenda est.

Quaestio IV.

Non sufficit ad salutem credere, sed etiam fidem profiteri necessarium est.

Fidei actus interior. Actio fidei interior voce declaranda.

Verum illud praeterea doceat Parochus, eum, qui dicit, „Credo", praeterquam quod intimum mentis suae assensum declarat, qui interior fidei actus est, debere id, quod animo inclusum habet,

---

1) 2 Cor. 4, C. 3.   2) Rom. 3, 4. Ps. 115, 11.

dieser Stelle;) der Etwas ohne alles Schwanken für gewiß und ausgemacht annimmt.

> Die Kenntniß des Glaubens ist wegen der untrüglichen Wahrheit, welche von Gott unserm Geiste mitgetheilt wird, gewiß.

2. Es darf aber auch Niemand wähnen, die Kenntniß des Glaubens sei darum minder gewiß, weil wir das nicht sehen, was uns der Glaube zu glauben vorstellt; denn wenn auch das göttliche Licht, wodurch wir dasselbe wahrnehmen, von den Dingen keine deutliche Anschauung verschafft, so läßt es uns doch darüber nicht im Zweifel. „Denn Gott, welcher befahl, daß aus Finsterniß Licht leuchtete, derselbe hat unsere Herzen erleuchtet,“ damit nicht auch uns das Evangelium verhüllt sei, wie denen, die verloren gehen.

Dritte Frage.

Was im Glaubensbekenntnisse vorgestellt wird, muß man nicht vorwitzig untersuchen, sondern man muß ihm einfach beipflichten.

> Wer neugierig die Wahrheit erforscht, hat geringen Glauben.

1. Aus dem Gesagten folgt aber schon, daß der, welcher mit dieser himmlischen Kenntniß des Glaubens begabt ist, frei sei von vorwitzigen Untersuchungen. Denn da uns Gott zu glauben befohlen hat, so hat er uns nicht auferlegt, die Gerichte Gottes zu erforschen, und Grund und Ursache derselben auszuspähen, sondern er gebot uns einen unwandelbaren Glauben, welcher bewirkt, daß das Gemüth in der Erkenntniß der ewigen Wahrheit seine Ruhe findet.

> Vom Geringern wird auf das Größere geschlossen. Der Glaube läßt keinen Zweifel zu, noch fordert er einen Beweis.

2. Und wahrlich, da der Apostel bezeugt: „Gott ist wahrhaft, jeder Mensch aber Lügner,“ und da es einen anmaßenden und unverschämten Menschen verräth, einem angesehenen und weisen Manne auf seine Versicherung keinen Glauben zu schenken, sondern überdies darauf zu bestehen, daß er seine Aussage durch Gründe und Zeugen beweise: wie groß müßte die Vermessenheit und Thorheit dessen sein, der, wenn er die Stimme Gottes vernimmt, noch Gründe für die himmlische und heilsame Lehre verlangte? Der Glaube ist daher nicht allein mit Ausschließung jeglichen Zweifels, sondern auch mit Ausschließung der Sucht zu Beweisen, festzuhalten.

Vierte Frage.

Das bloße Glauben ist zur Seligkeit nicht genügend, sondern man muß den Glauben auch äußerlich bekennen.

> Der innere Akt des Glaubens. Der innere Akt des Glaubens ist mit dem Munde zu bekennen.

Der Pfarrer aber lehre auch noch ferner, daß der, welcher sagt: Ich glaube, außer dem, daß er die innere Zustimmung seines Gemüthes, welches die innere Thätigkeit des Glaubens ist, zu er-

aperta fidei professione prae se ferre, summaque alacritate palam fateri ac praedicare. Oportet enim fideles eum spiritum habere, quo fretus Propheta dixit: „Credidi, propter quod locutus sum;"[1] imitari Apostolos, qui ad Principes populi responderunt: „Non possumus, quae vidimus et audivimus, non loqui;"[2] divi Pauli praeclara illa voce excitari; „Non erubesco Evangelium; virtus enim Dei est in salutem omni credenti;"[3] item, quo maxime huius sententiae veritas confirmatur: „Corde creditur ad iustitiam, ore autem confessio fit ad salutem.[4]

Quaestio V.
Fidei Christianae excellentia.
Christianae sapientiae, quae fide, spe et charitate perficitur, dignitas.

Hinc Christianae sapientiae dignitatem et praestantiam, ex eaque, quantum divinae bonitati debeamus, cognoscere, licet, quibus datum est, statim ad rei praestantissimae maximeque expetendae cognitionem quasi fidei gradibus ascendere.

Quaestio VI.
Quantum differat Christiana de Deo sapientia a philosophica rerum divinarum notitia.
Profuerit haec conferre cum iis, quae de coelesti et perfectiori Dei cognitione art. 12. Quaest. 6 explicantur. Obscuram quandam Dei cognitionem philosophia vix praestat; Christiana sapientia ad certam Dei notitiam adducit.

I. In hoc enim multum inter se differunt Christiana philosophia et huius saeculi sapientia, quod haec quidem naturalis tantum luminis ductu ab effectibus et ab iis, quae sensibus percipiuntur, paulatim progressa, non nisi post longos labores, vix tandem invisibilia Dei contemplatur, primamque omnium rerum causam, et auctorem agnoscit atque intelligit; contra vero illa humanae mentis aciem ita exacuit, ut in coelum nullo labore penetrare possit, atque divino splendore collustrata, primum quidem aeternum ipsum luminis fontem, deinde, quae infra ipsum posita sunt, intueri, ut nos vocatos esse de tenebris „in admirabile lumen,"[5] quod est apud Apostolorum principem, cum summa animi iucunditate experiamur, et „credentes exultemus laetitia inenarrabili."[6] Recte igitur fideles primo se in Deum credere profitentur, cuius maiestatem, ex Ieremiae sententia, „incomprehensibilem"[7] esse dicimus. „Lucem enim, ut ait Apostolus, inhabitat inaccessibilem, quem nullus hominum vidit, sed

---

1) Ps. 115, 10.   2) Act. 4, 20.   3) Rom. 1, 16.   4) Rom. 10, 10.   5) 1 Petr. 2, 9.   6) 1 Petr. 1, 8.   7) Ier. 32, 19.

kennen gibt, auch das, was er in seinem Herzen verschlossen hält, durch ein offenes Bekenntniß des Glaubens an den Tag legen und mit der größten Freudigkeit öffentlich bekennen und verkündigen müsse. Denn die Gläubigen sollen den Geist haben, auf welchen der Prophet sich stützend sagte: „Ich glaubte, darum redete ich,“ und sie sollen die Apostel nachahmen, die den Fürsten des Volkes erwiderten: „Nicht vermögen wir's, nicht zu reden, was wir gesehen und gehört haben;“ und sich durch jenen herrlichen Ausspruch des h. Paulus ermuntern lassen: „Ich schäme mich des Evangeliums nicht, indem es eine Kraft Gottes ist zum Heile für einen Jeden, der daran glaubt;“ ferner, wodurch vorzüglich die Wahrheit dieses Satzes bekräftigt wird: „Mit dem Herzen glaubt man zur Gerechtigkeit, und mit dem Munde geschieht das Bekenntniß zur Seligkeit.“

Fünfte Frage.
Vortrefflichkeit des christlichen Glaubens.
Die Würde der christlichen Weisheit, die sich in dem Glauben, der Hoffnung und der Liebe beschließt.

Hieraus läßt sich die Würde und Vortrefflichkeit der christlichen Weisheit erkennen, und eben daraus, wie viel wir der göttlichen Güte verdanken, da es uns vergönnt ist, sogleich, wie auf den Stufen des Glaubens zu der Erkenntniß des herrlichsten und wünschenswerthesten Gegenstandes emporzusteigen.

Sechste Frage.
Wie sehr die christliche Wissenschaft von Gott sich von der philosophischen Erkenntniß der göttlichen Dinge unterscheidet.
Es wird nützlich sein, Nachfolgendes mit dem zu vergleichen, was Art. 12, Fr. 6 von der himmlischen und vollkommenen Erkenntniß Gottes gesagt werden wird. Die Philosophie gibt kaum eine dunkle Kenntniß Gottes, die christliche Weisheit führt zu einer sichern Kunde Gottes.

1. Denn darin sind die christliche Weisheit und die Wissenschaft dieser Welt weit von einander unterschieden, daß diese unter der Leitung des bloß natürlichen Lichtes von den Wirkungen und den in die Sinne fallenden Dingen allmälig fortschreitend, nur nach langwieriger Anstrengung endlich kaum das, was an Gott unsichtbar ist, betrachtet, und die erste Ursache und den Schöpfer aller Dinge anerkennt und einsieht; jene aber hingegen die Sehkraft des menschlichen Geistes dergestalt schärft, daß er ohne Mühe in den Himmel vordringen, und, von göttlichem Glanze erleuchtet, zuerst die ewige Quelle des Lichtes selbst, darauf was unter ihr ist, anschauen kann, so daß wir, wie dies bei dem Apostelfürsten zu lesen ist, uns mit der höchsten Herzenslust „aus der Finsterniß zum wunderbaren Lichte berufen“ fühlen, und „glaubend, uns mit unaussprechlicher Freude freuen.“ Mit Recht bekennen mithin die Gläubigen zuerst, daß sie an Gott glauben, dessen Majestät wir

nec videre potest;[1] quum enim ad Moysen loqueretur: „Non videbit me, inquit, homo et vivet.“[2]

Deus suam excellentiam et bonitatem Ethnicis, quo se magis a terrenis sensibus abducerent, per ea, quae facta sunt, ostentavit.

II. Nam ut mens nostra ad Deum, quo nihil est sublimius, perveniat, necesse est, eam omnino a sensibus abstractam esse, cuius rei facultatem in hac vita naturaliter non habemus. Sed quamvis haec ita sint, „non reliquit tamen Deus,“[3] ut inquit Apostolus, „semetipsum sine testimonio, benefaciens, de coelo dans pluvias et tempora fructifera, implens cibo et laetitia corda hominum.“ Quae causa fuit Philosophis, nihil abiectum de Deo sentiendi, et quidquid corporeum, quidquid concretum et admixtum est, ab eo longissime removendi; cui etiam bonorum · omnium perfectam vim et copiam tribuerunt, ut ab eo, tanquam a perpetuo quodam et inexhausto fonte bonitatis ac benignitatis, omnia ad omnes creatas res atque naturas perfecta bona dimanent; quem sapientem, veritatis auctorem et amantem, iustum, benificentissimum, et aliis nominibus appellaverunt, quibus summa et absoluta perfectio continetur; cuius immensam et infinitam virtutem, omnem complentem locum, et per omnia pertingentem esse dixerunt.

Certius et clarius se Deus hominibus cognoscendum praebuit suo verbo.

III. Hoc ex divinis litteris longe melius constat et illustrius, ut illo loco: „Spiritus est Deus;“[4] item, „Estote vos perfecti, sicut et Pater vester coelestis perfectus est;“[5] tum, „Omnia nuda et aperta sunt oculis eius;“[6] et illud, „O altitudo divitiarum sapientiae et scientiae Dei;“[7] deinde, „Deus verax est;“[8] et, „Ego sum via et veritas et vita;“[9] praeterea, „Iustitia plena est dextera tua;“[10] denique, „Aperis tu manum tuam, et imples omne animal benedictione;“[11] postremo, „Quo ibo a spiritu tuo, et quo a facie tua fugiam?“ et, „Si ascendero in coelum, tu illic es; si descendero in infernum, ades. Si sumpsero pennas meas diluculo, et habitavero in extremis maris etc.;“[12] Et, „Numquid non coelum et terram ego impleo?“[13] dicit Dominus.

Ad philosophicam de Deo notitiam cur necessaria fuerit fidei doctrina?

IV. Magna et praeclara haec sunt, quae de Dei natura, sacrorum librorum auctoritati consentanea et consequentia, ex rerum effectarum investigatione Philosophi cognoverunt; quamquam in eo etiam coelestis doctrinae necessitatem cognoscimus, si ani-

---

1) 1 Tim. 6, 16. 2) Exod. 33, 20. 3) Act. 14, 16. 4) Ioan. 4, 24. 5) Matth. 5, 48. 6) Hebr. 4, 13. 7) Rom. 11, 33. 8) Rom. 3, 4. 9) Ioan. 14. 6. 10) Ps. 47, 11. 11) Ps. 144, 16. 12) Ps. 138, 8. 9. 13) Ierem. 23, 24.

nach dem Ausſpruche des Jeremias „unbegreiflich" nennen. „Denn," wie der Apoſtel ſagt, „bewohnt er ein unzugängliches Licht, den kein Menſch geſehen hat, noch ſehen kann;" denn da er zu Moſes redete, ſprach er: „Kein Menſch wird mich ſehen und leben."

Gott hat den Heiden, um ſie weiter von dem irdiſchen Sinn wegzuführen, ſeine Erhabenheit und Güte durch das, was gemacht iſt, gezeigt.

2. Damit nämlich unſer Geiſt zu Gott, dem erhabenſten Weſen, gelange, muß er nothwendig von allem Sinnlichen abgelöſt ſein, wozu wir in dieſem Leben auf natürlichem Wege nicht die Kraft beſitzen. Aber deſſen ungeachtet, „hat ſich Gott," wie der Apoſtel ſagt, „doch nicht unbezeugt gelaſſen, indem er Wohlthaten ſpendete, vom Himmel aus Regen und fruchtbare Zeiten gab, und mit Speiſe und Freude erfüllte unſere Herzen." Dies veranlaßte auch die Weltweiſen, nichts Niedriges von Gott zu denken, und was immer körperlich zuſammengeſetzt, und was immer gemiſcht iſt, möglichſt weit von ihm zu entfernen; auch ſchrieben ſie ihm eine vollkommene Macht und Fülle aller Güter zu, ſo daß von ihm, als aus einer ewigen und unerſchöpflichen Quelle der Güte und Wohlthätigkeit, zu allen erſchaffenen Dingen und Naturen hin alle vollkommenen Güter ausſtrömen; und ſie nannten ihn den Weiſen, den Urquell und Freund der Wahrheit, den Gerechten, den Allerwohlthätigſten, und bezeichneten ihn mit noch anderen Namen, durch welche die höchſte und unbedingte Vollkommenheit ausgedrückt wird; und ſagten, daß ſeine unermeßliche und unbegränzte Macht jeden Ort erfülle und durch Alles hin ſich ausdehne.

Gewiſſer und klarer hat ſich Gott durch ſein Wort den Menſchen zu erkennen gegeben.

3. Dies erhellet aus der göttlichen Schrift weit beſſer und deutlicher; ſo aus jener Stelle: „Gott iſt ein Geiſt;" dann: „Ihr ſollet vollkommen ſein, wie auch euer Vater im Himmel vollkommen iſt;" ferner: „Alles iſt nackt und offenbar vor ſeinen Augen;" und dies: „O Tiefe des Reichthums der Weisheit und Erkenntniß Gottes!" Ferner: „Gott iſt wahrhaft;" und: „Ich bin der Weg und die Wahrheit und das Leben;" außerdem: „Von Gerechtigkeit voll iſt deine Rechte;" dann: „Du thuſt auf deine Hand, und ſättigſt alles Lebendige mit Segen;" endlich: „Wo ſoll ich hingehen vor deinem Geiſte, und wohin fliehen vor deinem Angeſicht?" Und: „Stieg' ich gen Himmel, ſo wäreſt Du da; ſtieg ich in die Hölle, ſo wäreſt Du da. Nähme ich Flügel von der Morgenröthe, und wohnt' ich am äußerſten Ende des Meeres ꝛc.;" und: „Erfülle ich nicht Himmel und Erde? ſpricht der Herr."

Warum zur philoſophiſchen Erkenntniß Gottes die Lehre des Glaubens nothwendig ſei.

4. Groß und herrlich iſt dies, was die Weltweiſen über die Natur Gottes in Uebereinſtimmung und Gemäßheit mit dem Anſehen

madvertamus, fidem non solum hoc praestare, quemadmodum
supra dictum est, ut quae viri tantum sapientes longo studio
consecuti sunt, ea rudibus quoque et imperitis hominibus statim
pateant, atque in promptu sint: verum ut rerum notitia, quae
fidei disciplina comparatur, multo certior, atque ab omni errore
purior in mentibus nostris insideat, quam si eas ipsas res, humanae scientiae rationibus comprehensas, animus intelligeret.
Sed quanto praestantior divini Numinis cognitio censenda est,
ad quam non communiter omnibus naturae contemplatio, sed
proprio credentibus fidei lumen aditum patefecit?

Fidei summa Symbolo comprehensa.

V.. Haec autem Symboli articulis continetur, qui nobis divinae
essentiae unitatem et trium personarum distinctionem, tum vero
ipsum Deum esse ultimum hominis finem aperiunt, a quo coelestis aeternaeque beatitudinis possessio exspectanda sit; si quidem a divo Paulo didicimus, Deum inquirentibus se remunera-
torem esse.[1] Haec quanta sint, et an eius generis sint bona,
ad quae humana cognitio adspirare potuerit, multo ante eundem
Apostolum Isaias Propheta his verbis ostendit; „A saeculo non
audierunt, neque auribus perceperunt; oculus non vidit, Deus,
absque te, quae praeparasti exspectantibus te."[2]

Quaestio VII.
Unum Deum esse, non plures Deos confitendum est;

Sed ex iis, quae diximus, unum etiam Deum esse, non plures deos, confitendum est. Nam quum Deo summam bonitatem
et perfectionem tribuamus, fieri non potest, ut id, quod summum
atque absolutissimum est, inveniatur in pluribus. Quod si cui
aliquid ad summum deest, eo ipso imperfectus est; quare nec
Dei natura illi convenit. Hoc autem multis sacrarum litterarum
locis comprobatur, scriptum est enim: „Audi Israel, Dominus
Deus noster, Deus unus est;"[3] praeterea est Domini iussum:
„Non habebis Deos alienos coram me,"[4] deinde per Prophetam
saepe admonet: „Ego primus, et ego novissimus, et absque me
non est Deus."[5] Apostolus etiam palam testatur: „Unus Dominus, una fides, unum Baptisma."[6]

1) Hebr. 11, 6. 2) 1 Cor. 2, 9. Isaias 64, 4. 3) Deut. 6, 4. 4) Exol. 20, 3. Isaias
44, 6. 6) Eph. 4, 5.

der heiligen Schrift aus der Erforschung der erschaffenen Dinge erkannten; obwohl wir auch hieraus die Nothwendigkeit der himm= lischen Lehre erkennen, wenn wir wahrnehmen, der Glaube bewirke, wie oben gesagt wurde, nicht allein, daß dasjenige, was weise Männer nur durch langes Nachdenken erlangt haben, auch ung e= bildeten und unerfahrnen Menschen sogleich einleuchtend und faßlich werde, sondern daß die Kenntniß der Dinge, welche man sich durch den Unterricht des Glaubens erwirbt, viel gewisser und reiner von jeglichem Irrthume in unserer Seele hafte, als wenn unser Geist diese nämlichen Dinge, durch die Gründe menschlicher Wissenschaft erfasset, einsähe.   Allein, um wie viel vorzüglicher ist nicht die Erkenntniß des göttlichen Wesens zu erachten, zu welcher nicht in gleicher Weise Allen die Betrachtung der Natur, sondern nur den wahrhaft Gläubigen das Licht des Glaubens den Zugang eröffnet hat?

Die Summe des Glaubens ist im Symbolum zusammengefaßt.

5. Dieser Glaube ist aber in den Artikeln des Symbolums ent= halten, die uns nicht nur die Einheit des göttlichen Wesens und den Unterschied der drei Personen, sondern auch Gott selbst als den letzten Endzweck des Menschen kennen lehren, von dem wir den Besitz der himmlischen und ewigen Seligkeit zu erwarten haben; lernen wir ja doch von dem h. Paulus, daß „Gott denjenigen, die ihn suchen, ein Belohner sei." Wie groß diese Güter, und ob sie der Art seien, daß sie durch menschliche Erkenntniß hätten erlangt werden können, hat lange vor demselben Apostel der Prophet Je= saias in diesen Worten erwiesen: „Von Alters her hörte man's nicht, noch vernahmen es Ohren; kein Auge hat es gesehen, außer Dir, o Gott, was Du denen bereitet hast, die auf Dich harren."

Siebente Frage.

Man muß bekennen, daß Ein Gott und nicht mehrere Götter seien.

Man muß nun dem Gesagten zufolge bekennen, daß es Einen Gott und nicht mehrere Götter gibt. Denn, da wir Gott die höchste Güte und Vollkommenheit zuschreiben, so ist es unmöglich, daß das, was das Höchste und Vollendetste ist, bei Mehren gefunden werde. Denn, wenn Jemandem Etwas am Höchsten mangelt, so ist er eben deßhalb unvollkommen, und es kommt ihm folglich auch die Natur Gottes nicht zu. Dies wird aber durch viele Stellen der h. Schrift bewiesen, denn es steht geschrieben: „Höre, Israel, der Herr unser Gott ist ein einiger Herr;" außerdem ist es des Herrn Gebot: „Du sollst keine fremden Götter neben mir haben;" überdies er= mahnet er oft durch den Propheten: „Ich bin der Erste, und der Letzte, und außer mir ist kein Gott." Auch der Apostel bezeugt es laut: „Ein Gott, Ein Glaube, Eine Taufe."

Quaestio VIII.
Creatis naturis Dei nomen interdum tribuitur, sed improprie.

Prophetae et Judices interdum Dei vocati propter excellentem quandam virtutem,
quae in illis elucebat. Cf. art. XII. 9. 6.

Neque vero nos moveat, quod interdum sacrae litterae Dei
nomen creatis etiam naturis imponunt. Nam quod prophetas
et iudices Deos appellarunt, non gentium more factum est, quae
sibi plures Deos stulte et impie finxerunt; sed quadam loquendi
consuetudine significare voluerunt excellentem aliquam virtutem
vel functionem, quae Dei munere illis concessa sit. Deum igitur natura, substantia, essentia unum, quemadmodum ad confirmandam veritatem in Symbolo Nicaeni Concilii dictum est, Christiana fides credit et profitetur; sed altius etiam ascendens ita
unum intelligit, ut unitatem in Trinitate, et Trinitatem in unitate veneretur: de quo nobis mysterio nunc dicere incipiendum est.

Quaestio IX.
Deus generali ratione omnium hominum, peculiari autem Christia-
norum Pater dicitur.

Deus primaria et generali ratione dicitur hominum Pater, quia eos, ut res creatas,
produxit, et singulari providentia gubernat. cf. c. 9. de Orat. Dom.

I. Sequitur enim in Symbolo: „Patrem;" sed quoniam Patris
vox non una ratione Deo tribuitur, illud prius declarandum erit,
quae sit magis propria huius loci significatio. Deum nonnulli
etiam, quorum tenebris fides lucem non attulit, aeternam substantiam esse intellexerunt, a qua res ortae essent, et cuius
providentia omnia gubernarentur, suumque ordinem et statum
conservarent. Ex humanis igitur rebus ducta similitudine, quemadmodum eum, a quo familia propagata est, cuiusque consilio
et imperio regitur, patrem vocabant; ita hac ratione factum
est, ut Deum, quem omnium rerum opificem et rectorem agno-
scebant, Patrem appellari voluerint; eodem nomine sacrae etiam
litterae usae sunt, quum de Deo loquentes, universorum creationem, potestatem admirabilemque providentiam ei tribuendam
indicarent; legimus enim: „Numquid non ipse est Pater tuus,
qui possedit te, et fecit, et creavit te?" [1] et alibi: „Numquid
non Pater unus omnium nostrum? Numquid non Deus unus creavit nos?" [2]

1) Deut. 32, 6. 2) Mal. 2, 10.

Achte Frage.

Der Name Gottes wird zuweilen erschaffenen Wesen beigelegt, aber
uneigentlich.

Die Propheten und Richter werden mitunter Götter genannt wegen der ausgezeich=
neten Macht, die in ihnen hervorleuchtete. vergl. Art. XII. 9. 6.

Es soll uns indeß nicht irre machen, wenn die h. Schrift auch
zuweilen erschaffenen Wesen den Namen Gottes beilegt. Denn
wenn sie die Propheten und Richter Götter genannt hat, so geschah
dies nicht nach Art der Heiden, welche in ihrer Thorheit und Gott=
losigkeit mehrere Götter erdichteten, sondern sie wollte durch diese
auch sonst gewöhnliche Redensart eine gewisse ausgezeichnete Macht
oder Wirksamkeit anzeigen, welche durch Gottes Gnade ihnen ver=
liehen worden sei. Der christliche Glaube glaubt und bekennt daher,
daß Gott seiner Natur, Substanz, Wesenheit nach Einer ist, wie
dies zur Bekräftigung der Wahrheit im Glaubensbekenntnisse des
Nicänischen Concils ausgesprochen worden; aber noch höher sich
erhebend macht er sich von dem Einen einen solchen Begriff, daß
er die Einheit in der Dreiheit und die Dreiheit in der Einheit ver=
ehret: von welchem Geheimnisse wir jetzt zu reden beginnen wollen.

Neunte Frage.

Gott wird der Vater aller Menschen überhaupt, insbesondere aber der Vater
der Christen genannt.

Gott wird zunächst und im Allgemeinen der Vater der Menschen genannt, weil er
sie, wie seine Geschöpfe hervorgebracht hat, und durch seine besondere Vor=
sehung regiert.

1. Denn es folgt nun eben im Symbolum: Den Vater; weil
jedoch das Wort „Vater" in mehr als Einer Beziehung Gott bei=
gelegt wird, so muß zuerst erklärt werden, was für eine Bedeutung
es vorzugsweise an dieser Stelle habe. Gott wurde selbst von
Einigen, in deren Finsterniß der Glaube noch kein Licht gebracht
hat, als eine ewige Substanz erkannt, von welcher die Dinge ihren
Ursprung hätten, und durch deren Fürsehung Alles regiert und in
seiner Ordnung und seinem Zustande erhalten würde. So wie sie
nun nach einem den menschlichen Dingen entnommenen Gleichnisse
denjenigen einen Vater nannten, von welchem eine Familie abstammt,
und durch dessen Rath und Befehl sie regiert wird; so geschah es
ebenfalls, daß sie Gott, den sie als Schöpfer und Lenker aller Dinge
anerkannten, Vater genannt wissen wollten; derselben Benennung
bediente sich auch die h. Schrift, da sie, von Gott redend, darauf
hinwies, daß ihm die Erschaffung aller Dinge, die Oberherrschaft
und die wunderbare Fürsehung zugeschrieben werden müsse. Denn
wir lesen: „Ist er nicht dein Vater, der dich erworben, der dich ge=
macht und erschaffen?" Und anderswo: „Haben wir denn nicht Alle
Einen Vater? Hat uns nicht Ein Gott erschaffen?"

3*

II. At vero multo frequentius et peculiari quodam nomine, praesertim in Novi Testamenti libris, Deus pater Christianorum dicitur, qui non acceperunt „spiritum servitutis in timore,"[1] sed acceperunt Spiritum adoptionis filiorum Dei, in quo clamant: „Abba, Pater;"[2] eam enim „charitatem dedit nobis Pater, ut filii Dei nominemur et simus:[3] quod si filii, et haeredes, haeredes quidem Dei, cohaeredes autem Christi, qui est primogenitus in multis fratribus;[4] nec confunditur vocare nos fratres."[5] Sive igitur communem creationis et providentiae, sive praecipuum spiritualis adoptionis causam spectes, merito fideles Deum Patrem se credere profitentur.

.

Quaestio X.

Ex hac voce Patris quae colligenda mysteria, et de distinctione personarum in divinis.

I. Verum practer eas notiones, quas explicavimus, Patris nomine audito ad altiora mysteria mentem erigendam esse, Parochus docebit. Quod enim in luce illa inaccessibili, quam inhabitat Deus, magis reconditum et abstrusum est, quodque humana ratio et intelligentia non consequi, aut ne suspicari quidem poterat, id Patris vocabulo divina oracula nobis aperire incipiunt.

II. Indicat autem hoc nomen, in una divinitatis essentia non unam tantum personam, sed personarum distinctionem credendam esse. Tres enim sunt in una divinitate personae: Patris, qui a nullo genitus est; Filii, qui ante omnia saecula a Patre genitus est; Spiritus sancti, qui itidem ab aeterno ex Patre et Filio procedit. Atqui Pater est in una divinitatis substantia prima persona, qui cum unigenito Filio suo et Spiritu sancto unus est Deus, unus est Dominus; non in unius singularitate personae, sed in unius Trinitate substantiae.

III. Iam vero hae tres personae, quum in iis quidquam dissimile aut dispar cogitare nefas sit; suis tantummodo proprieta-

---

1) Rom. 8, 15. 2) 1 Ioan. 3, 1. 3) Rom. 8, 17. 4) Rom. 8, 29. 5) Hebr. 2, 11.

Gott wird zweitens im beſonderen Sinne Vater der Gläubigen genannt wegen ihrer Annahme an Kindesſtatt.

2. Viel häufiger aber und in einem beſonderen Sinne wird vorzüglich in den h. Schriften des neuen Teſtamentes Gott der Vater der Chriſten genannt, welche nicht den „Geiſt der Knechtſchaft empfangen haben, um ſich zu fürchten," ſondern die den Geiſt der Annahme zur Kindſchaft der Kinder Gottes empfangen haben, in welchem ſie rufen: „Abba, Vater!" Denn „ſolche Liebe hat uns der Vater erwieſen, daß wir Gottes Kinder heißen und ſind: wenn aber Kinder, auch Erben, nämlich Erben Gottes und Miterben Chriſti, der der Erſtgeborene unter vielen Brüdern iſt, welche er ſich auch nicht ſchämt Brüder, zu nennen."

3. Mögen wir alſo entweder auf die gemeinſame Urſache der Schöpfung und Fürſehung oder auf die beſondere der geiſtlichen Annahme an Kindesſtatt ſehn, ſo bekennen die Gläubigen mit Recht, daß ſie glauben an Gott, den **Vater**.

Zehnte Frage.

Welche Geheimniſſe aus dieſem Worte Vater zu entnehmen ſind, und von dem Unterſchiede der Perſonen in der Gottheit.

Fromme Erwägung über den Namen: Vater bei den göttlichen Perſonen und von dem Unterſchiede der Perſonen.

1. Der Seelſorger ſoll nun aber auch lehren, wie man außer jenen Begriffen, die wir erklärt haben, wenn man den Namen des Vaters hört, den Geiſt zu höheren Geheimniſſen erheben müſſe. Denn was in jenem unzugänglichen Lichte, welches Gott bewohnt, am meiſten verborgen und verhüllt iſt, und was die menſchliche Vernunft und Faſſungskraft nicht erreichen, ja, nicht einmal muthmaßen konnte, das beginnen die heiligen Offenbarungen durch das Wort Vater uns zu eröffnen.

Drittens zeigt der Name Vater an, daß bei e i n e r Eſſenz mehrere Perſonen ſind.

2. Dieſer Name aber zeigt an, man müſſe in dem **Einen** göttlichen Weſen nicht eine Perſon allein, ſondern eine Verſchiedenheit der Perſonen glauben. Denn in der Einen Gottheit ſind drei Perſonen: die des Vaters, der von keinem gezeugt iſt; die des Sohnes, der von Ewigkeit her vom Vater gezeugt iſt; die des heiligen Geiſtes, der gleichfalls von Ewigkeit her vom Vater und Sohne ausgeht. Mithin iſt der Vater in der Einen Weſenheit der Gottheit die erſte Perſon, der mit ſeinem eingebornen Sohne und dem heiligen Geiſte Ein Herr iſt und Ein Gott iſt, nicht in der Einzelheit Einer Perſon, ſondern in der Dreieinigkeit der Einen Weſenheit.

Die Dreifaltigkeit muß man ſich nicht aus der Verſchiedenheit des Weſens, ſondern aus der Unterſchiedenheit der Eigenthümlichkeiten, welche ſich in den göttlichen Perſonen finden, hervorgegangen denken. In der Dreifaltigkeit gibt es nichts Größeres oder Kleineres.

3. Dieſe drei Perſonen werden aber nun, da es gottlos wäre,

tibus distinctae intelliguntur. Pater siquidem ingenitus est;
Filius a Patre genitus; Spiritus sanctus ab utroque procedit.
Atque ita trium personarum eandem essentiam, eandem substantiam confitemur, ut in confessione verae sempiternaeque
Deitatis, et in personis proprietatem, et in essentia unitatem,
et in Trinitate aequalitatem pie et sancte colendam credamus.
Nam quod Patris primam esse personam dicimus, hoc non ita
accipiendum est, perinde ac si aliquid in Trinitate prius aut
posterius, maius aut minus cogitemus; absit enim haec a fidelium mentibus impietas, quum eandem aeternitatem, eandem gloriae maiestatem in tribus personis Christiana religio praedicet.

Prima Trinitatis personae cur Patris nomen tribuatur? Ut Deus aeternus, ita prima
Trinitatis persona, Patris proprietas aeterna. Divinitatis unitas ex essentia,
Trinitas ex personis metienda.

IV. Sed Patrem propterea, quod ipse sit principium sine
principio, primam esse personam, vere et sine ulla dubitatione affirmanus; quae quidem uti Patris proprietate distincta est, ita in unam illam praecipue hoc convenit, quod Filium ab aeterno genuerit; semper enim Deum simul et Patrem
fuisse nobis significatur, quum Dei et Patris nomina coniuncta
in hac confessione pronunciamus. Verum quoniam in nullius
rei, quam huius omnium altissimae ac difficillimae notitia atque
xplicatione, aut periculosius versari, aut gravius errare possumus: doceat Parochus, religiose retinenda esse essentiae et personae propria vocabula, quibus hoc mysterium significatur, et
sciant fideles, unitatem esse in essentia, distinctionem autem in
personis. Sed haec subtilius exquirere nihil oportet, quum me-
minerimus illius vocis: „Qui scrutator est maiestatis, opprime-
tur a gloria."[1] Satis enim videri debet, quod fide certum et
exploratum habeamus, nos a Deo (cuius oraculis non assentiri,
extremae stultitiae atque miseriae est) ita edoctos esse: „Docete," inquit, „omnes gentes, baptizantes eos in nomine Patris,
et Filii, et Spiritus Sancti."[2] Rursus: „Tres sunt, qui testimonium dant in coelo, Pater, Verbum, et Spiritus Sanctus; et
hi tres unum sunt."[3]

Precibus agendum apud Deum, ut altissimum Trinitatis mysterium fide hic tantum
comprehensum aliquando re ipsa degustemus.

V. Oret tamen assidue, ac precetur Deum et Patrem, qui
universa ex nihilo condidit, disponitque omnia suaviter,[4] qui
dedit nobis potestatem filios Dei fieri, qui Trinitatis mysterium
humanae menti patefecit; oret, inquam, sine intermissione, qui

1) Prov, 25, 27. 2) Matth. 28, 19. 3) 1. Ioan. 5, 7. 4) Sapient. 8, 1. Ioan. 1, 12.

in ihnen etwas Unähnliches oder Ungleiches zu denken, nur durch ihre beſonderen Eigenthümlichkeiten von einander unterſchieden gedacht. Der Vater nämlich iſt ungezeugt; der Sohn vom Vater gezeugt; der heilige Geiſt geht von beiden aus. Wir bekennen alſo einerlei Weſenheit, einerlei Subſtanz der drei Perſonen, ſo daß wir in dem Bekenntniſſe der wahren und immerwährenden Gottheit ſowohl in den Perſonen die Eigenthümlichkeit, als in der Weſenheit die Einheit, und in der Dreieinigkeit die Gleichheit fromm und gottesfürchtig verehren zu müſſen glauben. Denn daß wir den Vater die erſte Perſon nennen, iſt nicht ſo zu verſtehen, als wenn wir uns deßhalb in der Dreieinigkeit ein Früheres oder Späteres, ein Mehr oder Minder dächten; fern ſei eine ſolche Gottloſigkeit von den Gemüthern der Gläubigen, da die chriſtliche Religion dieſelbe Ewigkeit, dieſelbe Majeſtät der Herrlichkeit von den drei Perſonen ausſagt.

Warum der erſten Perſon der Dreifaltigkeit der Name: Vater beigelegt wird? Wie Gott ewig, ſo iſt auch die erſte Perſon der Dreifaltigkeit, die Eigenthümlichkeit des Vaters ewig. Die Einheit der Gottheit kommt von dem Weſen, die Dreiheit von den Perſonen.

4. Wir behaupten aber vom Vater wahrhaft und ohne allen Zweifel, daß er deshalb, weil er ſelbſt die Urſache ohne Urſache iſt, die erſte Perſon ſei, und wie dieſelbe durch die Eigenthümlichkeit des Vaters unterſchieden iſt, ſo kommt gerade ihr beſonders dieſes zu, daß ſie den Sohn von Ewigkeit gezeugt hat; denn daß Gott zugleich allzeit Vater geweſen ſei, wird uns bedeutet, wenn wir in dieſem Bekenntniſſe die Namen Gott und Vater verbunden ausſprechen. Weil wir aber in Nichts einer größeren Gefahr ausgeſetzt ſein, oder ſchwerer irren können, als bei der Erkenntniß und Erklärung dieſes allererhabenſten und ſchwierigſten Gegenſtandes, ſo lehre der Seelſorger darüber, daß man die eigenthümlichen Benennungen von Weſenheit und Perſon, wodurch dieſes Geheimniß ausgedrückt wird, gewiſſenhaft beibehalten müſſe, und daß die Gläubigen wiſſen ſollen, in der Weſenheit ſei die Einheit, der Unterſchied aber in den Perſonen. Es iſt indeß unzuläſſig, dieſes genauer zu erforſchen, da wir jenes Wortes eingedenk ſein ſollen: „Der, ſo die Majeſtät erforſcht, wird von der Herrlichkeit erdrückt.“ Denn es muß uns als hinreichend erſcheinen, durch den Glauben es für gewiß und ausgemacht zu halten, daß wir von Gott, (deſſen Ausſprüchen nicht beizuſtimmen die höchſte Thorheit und Erbärmlichkeit iſt), auf dieſe Weiſe belehret ſind. „Lehret“ ſpricht er, „alle Völker und taufet ſie im Namen des Vaters und des Sohnes und des heiligen Geiſtes.“ Wiederum: „Drei ſind, die Zeugniß geben im Himmel: der Vater, das Wort und der heilige Geiſt, und dieſe drei ſind Eins.“

Wir müſſen durch unſre Gebete bei Gott erwirken, daß wir das allerhöchſte Geheimniß der Dreifaltigkeit, welches wir hier nur im Glauben erfaſſen, einſt in der That genießen.

5. Es bete jedoch und ſlehe unabläſſig zu Gott und dem Vater,

divino beneficio haec credit, ut aliquando in aeterna tabernacula receptus[1], dignus sit, qui videat, quae tanta sit Dei Patris foecunditas, ut se ipsum intuens atque intelligens, parem et aequalem sibi Filium gignat; quoque modo duorum idem plane et par charitatis amor, qui Spiritus Sanctus est, a Patre et Filio procedens, genitorem et genitum aeterno atque indissolubili vinculo inter se connectat; atque ita divinae Trinitatis una sit essentia et trium personarum perfecta distinctio.

Quaestio XI.

OMNIPOTENTEM. — Nomine omnipotentis quid hic intelligamus.

Dei majestas multis nominibus in scripturis exponitur.   Omnipotentia Deo frequentius tribuitur.

I. Solent sacrae litterae multis nominibus Dei summam vim et immensam maiestatem explicare, ut ostendant, quanta religione et pietate illius sanctissimum numen colendum sit; sed in primis doceat Parochus, illi omnipotentem vim frequentissime tribui. Ipse enim de se dicit: „Ego Dominus omnipotens;"[2] et rursus Iacob, quum filios ad Ioseph mitteret, ita illis precatus est: „Deus autem meus omnipotens faciat vobis eum placabilem;"[3] deinde vero in Apocalypsi scriptum est: „Dominus Deus, qui est, et qui erat, et qui venturus est, omnipotens;"[4] et alibi „Dies magnus Dei omnipotentis" appellatur.[5] Nonnunquam etiam pluribus verbis illud idem significari solet. Atque huc pertinet, quod dicitur: „Non erit impossibile apud Deum omne verbum.[6] Numquid manus Domini invalida est?"[7] item: „Subest tibi, quum volueris, posse,"[8] et alia generis eiusdem. Ex quibus variis dicendi formis id percipitur, quod uno omnipotentis verbo comprehendi perspicuum est.

Omnipotens ideo Deus censeatur, quia omnia potest, quae summae ejus perfectioni non repugnant.

II. Intelligimus autem hoc nomine, nihil esse, nihil animo et cogitatione fingi posse, quod Deus efficere nequeat. Etenim non solum haec, quae tametsi maxima sunt, aliquo tamen modo in cogitationem nostram cadunt, efficiendi potestatem habet, nimirum ut omnia ad nihilum recidant, atque ut plures mundi ex

---

1) Luc. 16, 9. 2) Gen. 17, 1. 3) Gen. 43, 14. 4) Apoc. 1, 8. 5) Apoc. 16, 14. 6) Luc. 1, 37. 7) Num. 11, 23. 8) Sap. 12, 18.

welcher Alles aus Nichts erschaffen hat und Alles lieblich anordnet, „der uns Macht gab, Kinder Gottes zu werden," der das Geheim=niß der Dreieinigkeit dem menschlichen Geiste geoffenbaret hat, es bete, sage ich, ohne Unterlaß, wer durch die Gnade Gottes dieses glaubt, auf daß er einst, „in die ewigen Wohnungen aufgenommen," würdig sei zu schauen, wie die Fruchtbarkeit Gottes des Vaters so groß ist, daß er sich selbst schauend und erkennend den ihm gleichen und mit ihm einigen Sohn zeugte; und auf welche Weise die Beider völlig nämliche und gleiche Liebe, welche der heilige Geist ist, aus=gehend von dem Vater und dem Sohne, den Erzeuger und den Er=zeugten durch ein ewiges und unauflösliches Band untereinander vereinigt, und so in der göttlichen Dreifaltigkeit Eine Wesenheit und zwischen den drei Personen ein vollkommener Unterschied ist.

Eilfte Frage.

Den Allmächtigen. — Was man hier unter dem Namen „Allmächtiger" verstehe.

Gottes Majestät wird durch viele Namen in der heil. Schrift bezeichnet. Die All=macht wird Gott häufiger zugeschrieben.

1. Es pflegt die h. Schrift Gottes höchste Macht und unermeß=liche Majestät mit vielen Benennungen auszudrücken, um anzu=zeigen, mit wie großer Andacht und Frömmigkeit wir seine heiligste Gottheit verehren sollen; der Seelsorger lehre aber vornehmlich, daß ihm am häufigsten die allmächtige Kraft beigelegt werde. Denn er sagt selbst von sich: Ich bin der allmächtige Herr;" und wiederum, als Jakob seine Söhne zu Joseph schickte, betete er so für sie: „Mein Gott aber, der Allmächtige, mache ihn euch gewogen;" so=dann steht in der Apokalypse geschrieben: „Gott der Herr, der da ist, und der da war, und der da kommen wird, der Allmäch=tige;" und an einem andern Orte ist die Rede vom „großen Tage des allmächtigen Gottes." Zuweilen pflegt das Nämliche auch durch mehrere Worte ausgedrückt zu werden. Und hierher gehört, wenn es heißt: „Bei Gott ist kein Ding unmöglich." „Ist die Hand des Herrn ohnmächtig?" Ebenso: „Die Macht steht dir zu Gebot, wenn du willst," und ähnliches Anderes. Aus diesen ver=schiedenen Redeweisen erhellet, was in dem Einen Worte „allmäch=tig" begriffen ist.

Allmächtig muß Gott deshalb gelten, weil Er Alles vermag, was seiner unend=lichen Vollkommenheit nicht widerstreitet.

2. Wir verstehen aber unter dieser Benennung, daß es Nichts gebe, Nichts im Geist und Gedanken ersonnen werden könne, was Gott nicht zu bewirken vermöchte. Denn nicht allein dies, was allerdings sehr groß ist, in irgend einer Weise jedoch in den Be=reich unserer Gedanken fällt, hat er Macht zu bewirken, nämlich daß Alles in Nichts zurücksinkt, und daß mehrere Welten plötzlich

nihilo repente existant; verum etiam multa maiora in illius potestate sita sunt, quae humanae menti et intelligentiae suspicari
non licet.

Quaestio XII.

Quum Deus sit omnipotens, peccare tamen vel falli non potest.

Mentiri, fallere, ignorare vel peccare sunt actiones imbecillitatis, non potentiae.

Neque vero, quum omnia Deus possit, mentiri tamen, aut
fallere, aut falli, aut peccare, aut interire, aut ignorare aliquid
potest. Haec enim in eam naturam cadunt, cuius imperfecta
actio est; Deus vero, cuius perfectissima semper est actio, ideo
haec non posse dicitur, quia posse ea, infirmitatis est, non summae et infinitae omnium rerum potestatis, quam ille habet. Ita
igitur Deum omnipotentem esse credimus, ut ab eo tamen longe
omnia abesse cogitemus, quae perfectae eius essentiae maxime
coniuncta et convenientia non sunt.

Quaestio XIII.

Cur aliis nominibus, quae de Deo dicuntur, praetermissis, solius omnipotentiae in Symbolo fiat mentio, quaeque eius fidei sit utilitas.

Omnipotentiae vox quam multa suo ambitu concludat. Omnipotentiae persuasio fidem
et spem maxime confirmat.

I. Recte autem sapienterque factum parochus ostendat, ut,
praetermissis aliis nominibus, quae de Deo dicuntur, hoc unum
nobis credendum in symbolo proponeretur. Nam quum Deum
omnipotentem agnoscimus, simul etiam fateamur necesse est, eum
omnium rerum scientiam habere; omnia item eius ditioni et imperio subiecta esse. Quum vero omnia ab eo fieri posse non
dubitemus, consequens omnino est, ut caetera etiam explorata
de illo habeamus; quae si desint, quo modo omnipotens sit,
prorsus intelligere non possumus. Praeterea nulla res tam ad
fidem et spem nostram confirmandam valet, quam si fixum in
animis nostris teneamus, nihil non fieri a Deo posse. Quidquid
enim deinceps credere oporteat, quamvis magnum et admirabile
sit, rerumque ordinem ac modum superet, illi tamen facile humana ratio, postquam Dei omnipotentis notitiam perceperit, sine
ulla haesitatione assentitur; quin potius quo maiora sint, quae
divina oracula doceant, eo libentius fidem eis habendam esse
existimat. Quod si boni etiam aliquid expectandum sit, nunquam

aus Nichts entstehen; sondern es steht noch viel Größeres in seiner
Macht, was dem Geiste und Verstande des Menschen nicht zu ahnen
verstattet ist.

Zwölfte Frage.

Da Gott allmächtig ist, so kann er doch nicht sündigen oder sich täuschen.

Lügen, irren, nicht wissen oder sündigen sind Aeußerungen der Schwäche, nicht der
Macht.

Obwohl nun Gott allmächtig ist, so kann er doch nicht lügen,
oder betrügen oder betrogen werden, oder sündigen, oder aufhören
zu sein, oder Etwas nicht wissen. Denn dies kommt nur einem
Wesen zu, dessen Thun ein unvollkommenes ist; von Gott aber,
dessen Thun immer ein ganz vollkommenes ist, heißt es deswegen,
er könne dies nicht, weil, Solches zu können, ein Zeichen der
Schwäche ist, nicht aber der höchsten und unbegränzten Macht über
alle Dinge, die er besitzt. Wir glauben demnach, Gott sei allmäch=
tig, jedoch so daß wir uns Alles von ihm weit entfernt denken,
was nicht mit seinem vollkommenen Wesen in der innigsten Ver=
bindung und Uebereinstimmung steht.

Dreizehnte Frage.

Warum mit Uebergehung anderer Bezeichnungen, welche Gott beigelegt werden, im apostolischen Glaubensbekenntnisse nur der Allmacht Erwähnung
geschieht, und welches der Nutzen dieses Glaubens sei.

Wie Vieles das Wort Allmacht in sich begreife. Die Ueberzeugung von der All=
macht bekräftigt am meisten den Glauben und die Hoffnung.

1. Der Seelsorger möge aber nachweisen, wie es recht und
weislich angeordnet sei, daß im Symbolum, mit Uebergehung der
andern Bezeichnungen, die Gott beigelegt werden, nur dieses Eine
uns zu glauben vorgehalten werde. Denn, wenn wir Gott als
den Allmächtigen anerkennen, so müssen wir auch zugleich bekennen,
daß er Alles wisse, und ebenso daß Alles seiner Botmäßigkeit und
Herrschaft unterworfen sei. Da wir aber nicht zweifeln, daß er
Alles zu thun vermag, so ist es durchaus folgerichtig, daß wir das
Uebrige ebenfalls von ihm als gewiß annehmen, ohne welches wir
gar nicht einzusehen vermöchten, wie er allmächtig sein könnte.
Außerdem vermag nichts so sehr unsern Glauben und unsere Hoff=
nung zu stärken, als wenn wir in unserm Herzen fest daran halten,
daß Gott Alles zu bewirken vermöge. Denn, was immer wir noch
hernach zu glauben haben, wie groß und wunderbar es auch sei,
und so sehr es die gewöhnliche Ordnung und Weise übersteige, so
wird die menschliche Vernunft, nachdem sie die Erkenntniß des all=
mächtigen Gottes erfaßt hat, ihm doch leicht ohne alles Zögern
beipflichten, ja, sie hält vielmehr dafür, daß, je erhabener dasjenige
sei, was uns die göttlichen Offenbarungen lehren, sie ihm desto

animus rei magnitudine, quam exoptat, frangitur, sed erigit sese,
atque confirmat, saepe illud cogitans, nihil esse quod ab omnipotenti Deo effici non possit.

Fides omnipotentiae quando sit maxime necessaria.

II. Quare hac fide praecipue munitos nos esse oportet, vel
quum admiranda aliqua opera ad proximorum usum et utilitatem
edere cogimur, vel quum a Deo precibus impetrare aliquid volumus.   Alterum enim ipse Dominus docuit, quum Apostolis incredulitatem obiiciens diceret: „Si habueritis fidem sicut granum sinapis, dicetis monti huic: transi hinc illuc, et transibit,
et nihil impossibile erit vobis.“ [1]   De altero autem sanctus Iacobus ita testatus est: „Postulet in fide nihil haesitans; qui
enim haesitat, similis est fluctui maris, qui a vento movetur et
circumfertur.   Non ergo aestimet homo ille, quod accipiat aliquid
a Domino.“ [2]

Omnipotentiae fides humilitatem et confidentiam bonam praestat.

III. Multa praeterea haec fides commoda atque utilitates nobis praebet, in primis vero ad omnem animi modestiam et humilitatem nos instituit: sic enim inquit Princeps Apostolorum:
„Humiliamini sub potenti manu Dei.“ [3]   Monet etiam non esse
trepidandum, ubi non sit timor, sed unum Deum timendum esse,
in euius potestate nos ipsi nostraque omnia posita sunt; inquit
enim Salvator noster: „Ostendam vobis, quem timeatis. Timete
eum, qui, postquam occiderit, habet potestatem mittere in ge-
hennam.“ [4]

Omnipotentiae opinio ad laudandum Deum fideles excitat.

IV. Utimur deinde hac fide ad immensa erga nos Dei beneficia cognoscenda et celebranda. Nam qui Deum omnipotentem
cogitat, tam ingrato animo esse non potest, quin saepius. excla-
met: „Fecit mihi magna, qui potens est.“ [5]

Quaestio XIV.

Omnipotentiae vox non ita Patri hic tribuitur, ut de Filio vel Spiritu
Sancto etiam non dicatur.

Sed quod Patrem omnipotentem in hoc articulo vocamus,
neminem eo errore duci oportet, ut arbitretur, ita illi hoc nomen tributum esse, ut Filio etiam et Spiritui Sancto commune

---

1) Matth. 17, 19.   2) Iacob. 1, 6, 7.   3) 1 Petr. 5, 6.   4) Luc. 12, 5.   5) Luc. 1, 49.

bereitwilliger Glauben schenken müsse. Auch wenn man etwas Gutes zu erwarten hat, wird das Gemüth nie durch die Größe dessen, was es wünscht, entmuthigt, sondern es richtet sich auf und stärket sich, indem es häufig daran denkt, es gebe nichts, was von dem allmächtigen Gotte nicht verwirklicht werden könne.

Wann der Glaube an die Allmacht am meisten nothwendig sei.

2. Daher müssen wir mit diesem Glauben vorzüglich bewaffnet sein, wenn wir angetrieben werden, zum Besten und Frommen unserer Mitmenschen irgend welche bewunderungswürdige That zu vollbringen, oder wenn wir von Gott durch unser Gebet Etwas erlangen wollen. Denn das Eine hat uns der Herr selbst gelehret, da er den Aposteln ihren Unglauben mit den Worten vorwarf: „Wenn ihr einen Glauben wie ein Senfkörnlein habet, so könnet ihr zu diesem Berge sagen: Geh' von da dorthin, und er wird dahin gehen, und Nichts wird euch unmöglich sein." Von dem Anderen aber zeuget der heilige Jakobus also: „Er bitte im Glauben, ohne zu zweifeln; denn wer zweifelt, gleichet der Meereswelle, die vom Winde bewegt und umhergetrieben wird. Daran denke ein solcher Mensch nicht, daß er Etwas von dem Herrn empfangen werde."

Der Glaube an die Allmacht verleiht Demuth und ein gutes Vertrauen.

3. Manchen Vortheil und Nutzen gewährt uns überdies dieser Glaube; vornehmlich aber leitet er uns zu aller Bescheidenheit des Gemüthes und zur Demuth an; denn so spricht der Apostelfürst: „Demüthiget euch unter die gewaltige Hand Gottes." Er erinnert uns auch, da nicht zu zittern, wo nichts zu fürchten ist, sondern daß man allein Gott zu fürchten habe, in dessen Macht wir selbst mit all' dem Unsrigen stehen; denn unser Heiland spricht: „Ich will euch zeigen, wen ihr fürchten sollet. Fürchtet den, welcher, nachdem er getödtet hat, auch Macht hat, in die Hölle zu werfen."

Die Erkenntniß der Allmacht treibt die Gläubigen zum Lobe Gottes an.

4. Sodann dient uns auch dieser Glaube dazu, die unermeßlichen Wohlthaten Gottes gegen uns zu erkennen und zu lobpreisen. Denn wer sich Gott als den Allmächtigen denkt, der kann so undankbar nicht sein, daß er nicht oftmals ausrufe: „Großes hat an mir gethan, der da mächtig ist."

Vierzehnte Frage.

Das Wort **Allmächtig** *wird hier dem Vater nicht so beigelegt, daß es nicht auch vom Sohne und heiligen Geiste ausgesagt würde.*

Wenn wir indeß in diesem Artikel den Vater allmächtig nennen, so darf dies Niemand zu dem Irrthume verleiten, zu meinen, dieser Name werde ihm so beigelegt, daß er nicht auch dem Sohne und

non sit. Nam quemadmodum Deum Patrem, Deum filium, Deum
Spiritum Sanctum, neque tamen tres Deos, sed unum Deum esse
dicimus: ita aeque Patrem, ac Filium et Spiritum Sanctum omnipotentem, neque tamen tres omnipotentes, sed unum omnipotentem esse confitemur.   At vero praecipua quadam ratione Patrem, quia omnis originis fons est, hoc nomine vocamus, uti
etiam Filio, qui aeternum Patris verbum est, sapientiam, et Spiritui Sancto, quia utriusque amor est, bonitatem tribuimus;
quamvis haec et alia huiusmodi nomina communiter in tribus
personis, ex Catholicae fidei regula, dicantur.

Quaestio XV.

CREATOREM COELI ET TERRAE. — Quo pacto quaque de causa
Deus coelum et terram creaverit.

Deus, ut suam bonitatem aliis communicaret, mundum ex nihilo creavit.

I. Quam necessarium fuerit, omnipotentis Dei cognitionem paulo
ante fidelibus tradi, ex iis, quae nunc de universorum creatione
explicanda erunt, perspici potest.   Tanti enim operis miraculum
facilius creditur, quod nullus de immensa creatoris potestate dubitandi locus relinquitur.   Deus enim non ex materia aliqua
mundum fabricatus est, sed ex nihilo creavit; idque nulla vi
aut necessitate coactus, sed sua sponte et voluntate instituit.
Neque vero ulla alia fuit causa, quae illum ad opus creationis
impelleret, nisi ut rebus, quae ab ipso effectae essent, bonitatem suam impertiretur.   Nam Dei natura, ipsa per se beatis-
sima, nullius rei indigens est, ut inquit David: „Dixi Domino,
Deus meus es tu, quoniam bonorum meorum non eges."[1]

Deus in rerum creatione nulla idea extrinseca usus est, sed ex seipso exemplar sumsit.

II. Quemadmodum autem sua bonitate adductus, quaecunque
voluit, fecit:[2] ita non exemplum aliquod, aut formam, quae extra se posita esset, quum universa conderet, secutus est; verum,
quia rerum omnium exemplar divina intelligentia continetur, id
summus artifex in seipso intuens, ac veluti imitatus, summa sapientia et infinita virtute, quae ipsius propria est, rerum uni-
versitatem initio procreavit.   „Ipse" enim „dixit, et facta sunt;
ipse mandavit, et creata sunt."[3]

1) Ps. 15, 2.   2) Ps. 113, 3.   3) Ps. 148, 5.

dem heiligen Geiste gemeinsam sei. Denn so wie wir sagen: Der Vater sei Gott, der Sohn sei Gott, der heilige Geist sei Gott, und es seien doch nicht drei Götter, sondern Ein Gott; so bekennen wir auch, daß der Vater, und der Sohn, und der heilige Geist allmächtig ist, und doch nicht drei Allmächtige, sondern Ein Allmächtiger. Wir legen aber dem Vater deshalb vorzugsweise diese Benennung bei, weil er die Quelle alles Ursprunges ist, wie wir auch dem Sohne, der das ewige Wort des Vaters ist, die Weisheit, und dem heiligen Geiste, weil er die Liebe Beider ist, die Güte zuschreiben, obgleich diese und andere ähnliche Benennungen, der Richtschnur des kath. Glaubens gemäß, den drei Personen gemeinschaftlich beigelegt werden.

Fünfzehnte Frage.

Schöpfer Himmels und der Erden. — Wie und warum Gott Himmel und Erde erschaffen hat.

Gott hat, um seine Güter Andern mitzutheilen, die Welt aus Nichts geschaffen.

1. Wie nothwendig es gewesen, den Gläubigen im Vorstehenden die Kenntniß von der Allmacht Gottes zu verschaffen, läßt sich aus dem abnehmen, was nun von der Erschaffung des Weltalls erklärt werden soll. Denn das Wunder eines so großen Werkes glaubt man deshalb leichter, weil über die unermeßliche Macht des Schöpfers keinem Zweifel mehr Raum gelassen ist. Gott hat nämlich die Welt nicht aus irgend einem Stoffe gemacht, sondern er hat sie aus Nichts erschaffen; und dies that er nicht durch irgend eine Gewalt oder Nothwendigkeit gezwungen, sondern aus seinem eignen freien Willen. Es trieb ihn auch keine andere Ursache zum Schöpfungswerke an, als die, daß er die Dinge, welche er erschaffen würde, seiner Güte theilhaftig mache. Denn die durch sich selbst seligste Natur Gottes bedarf keines Dinges, wie David sagt: „Ich sprach zu dem Herrn: Mein Gott bist du; denn meiner Güter bedarfst du nicht."

Gott hat bei der Schöpfung sich keiner äußern Idee bedient, sondern aus sich selbst das Musterbild genommen.

2. Wie er aber durch seine Güte bewogen, „Alles that, was er wollte," so folgte er auch, da er Alles erschuf, keinem Muster oder Vorbilde, welches außer ihm bestanden hätte; sondern, weil das Vorbild zu allen Dingen in dem göttlichen Verstande begriffen ist, so hat der höchste Werkmeister, dasselbe in sich anschauend und gleichsam nachahmend, in höchster Weisheit und unendlicher Macht, wie sie ihm eigen ist, das All der Dinge im Anfange erschaffen, „denn er sprach, und sie sind geworden; er befahl, und sie wurden erschaffen."

Quaestio XVI.

Quid per coelum et terram hoc loco intelligendum sit.

Verum coeli et terrae nomine, quidquid coelum et terra complectitur, intelligendum est. Nam praeter coelos, quos „opera digitorum" eius Propheta appellavit, [1] solis etiam splendorem lunaeque, et caeterorum siderum ornatum addidit atque, ut „essent in signa et tempora et dies et annos," [2] ita coelorum orbes certo et constanti cursu temperavit, ut nihil perpetua eorum conversione mobilius, nihil mobilitate illa certius videri possit.

Quaestio XVII.

De creatione coelorum spiritualium, id est, Angelorum.

De creatione Angelorum, mundi visibilis et ipsius hominis. Angeli omnes in gratia creati.

I. Praeterea Spiritualem naturam innumerabilesque Angelos, qui Deo ministrarent atque assisterent, ipse ex nihilo creavit, quos deinde admirabili gratiae suae et potestatis munere auxit atque ornavit. Nam quum illud sit in divinis litteris, diabolum „in veritate non stetisse:" [3] perspicuum est, cum reliquosque desertores angelos ab ortus sui initio gratia praeditos fuisse. De quo ita est apud sanctum Augustinum: [4] „Cum bona voluntate, id est, cum amore casto, quo illi adhaerent, Angelos creavit, simul in eis et condens naturam et largiens gratiam. Unde sine bona voluntate, hoc est, Dei amore, nunquam sanctos Angelos fuisse credendum est."

Sapientes Angeli. Cur virtutes vel exercitus Domini dicantur? Angeli apostatae in aeternas poenas conjecti.

II. Quod autem ad scientiam attinet, exstat illud sacrarum litterarum testimonium: „Tu domine, mi Rex, sapiens es, sicut habet sapientiam Angelus Dei, ut intelligas omnia super terram." [5] Potestatem denique eis tribuit divinus David illis verbis: „Potentes virtute, facientes verbum illius." [6] Atque ob eam rem saepe in sacris litteris virtutes et exercitus domini appellantur. [7] Sed quamvis omnes ii coelestibus donis ornati fuerint, plurimi tamen, qui a Deo parente et creatore suo defecerunt, ex altissimis illis sedibus deturbati, atque in obscurissimum terrae carcerem inclusi, aeternas superbiae suae poenas luunt; de quibus princeps Apostolorum scribit in hunc modum: „Angelis peccantibus non pepercit, sed rudentibus inferni detractos in tartarum tradidit cruciandos, in iudicium reservari. [8]

1) Ps. 8, 4. 2) Gen. 1, 14. 3) Ioan. 8, 44. 4) August. de Civitate Dei lib. 12, 9.
5) 2. Reg. 14, 20. 6) Ps. 102, 20. 7) Ps. 23, 10. 45, 8. 58, 6. Ies. 6, 3. 8) 2 Petr. 2, 4.

Sechszehnte Frage.
Was hier unter Himmel und Erde verſtanden werden muß.

Unter den Worten „Himmel und Erde" muß man aber Alles verſtehen, was Himmel und Erde umfaßt. Denn außer den Him=meln, die der Prophet das „Werk ſeiner Finger" genannt hat, fügte er auch den Glanz der Sonne und des Mondes und die Zier der übrigen Geſtirne hinzu, und ordnete, auf daß „ſie ſeien zu Zeichen und zu Zeiten, und zu Tagen und zu Jahren," die Kreiſe der Himmel durch eine beſtimmte und unwandelbare Bahn dergeſtalt, daß nichts Beweglicheres als ihr immerwährender Kreis=lauf, und nichts Zuverläſſigeres als dieſe Beweglichkeit erſchaut werden kann.

Siebenzehnte Frage.
Von der Schöpfung des geiſtigen Himmels, das iſt: der Engel.
Ueber die Schöpfung der Engel, der ſichtbaren Welt und der Menſchen. Alle En-gel ſind in der Gnade geſchaffen.

1. Außerdem hat Gott eine Geiſterwelt und unzählbare Engel, die ihm dienen und beiſtehen ſollten, aus Nichts erſchaffen, welche er dann mit dem wundervollen Geſchenke ſeiner Gnade und Macht ausgeſtattet und geſchmückt hat. Denn da es in der göttlichen Schrift heißt, „der Teufel ſei nicht in der Wahrheit beſtanden," ſo iſt offenbar, daß er und die übrigen abtrünnigen Engel vom An=fange ihres Entſtehens an mit der Gnade begabt waren. Hierüber heißt es beim h. Auguſtinus ſo: „Mit einem guten Willen, d. h. mit einer keuſchen Liebe, mit der ſie ihm anhangen, hat er die Engel erſchaffen, indem er zugleich ihre Natur erſchuf und die Gnade ihnen verlieh. Daher muß man glauben, daß die heiligen Engel nie ohne guten Willen, d. h. ohne Liebe zu Gott geweſen ſind."

Weisheit der Engel. Warum ſie Gewalten oder Heer Gottes genannt werden? Die abtrünnigen Engel ſind in die ewigen Strafen geſtürzt.

2. Was aber die Erkenntniß anlangt, ſo iſt darüber jenes Zeugniß der h. Schrift vorhanden: „Du, Herr, mein König, biſt weiſe, wie ein Engel Gottes weiſe iſt, und merkeſt Alles auf Erden." Die Macht ſchreibt ihnen endlich der h. David in dieſen Worten zu: „Die ihr, gewaltig an Kraft, vollziehet ſeinen Willen." Und eben deshalb werden ſie in der h. Schrift häufig Kräfte und Heer=ſchaaren des Herrn genannt. Allein obgleich ſie alle mit himm=liſchen Gaben geſchmückt waren, ſo ſind doch ihrer ſehr viele, welche von Gott, ihrem Vater und Schöpfer, abfielen, von ihren erhabenen Sitzen herabgeſtürzt, und in dem finſteren Kerker der Erde ein=geſchloſſen, ihren Hochmuth durch ewige Strafen büßen; von ihnen ſchreibt der Apoſtelfürſt alſo: „Der Engel, die ſich verſündigten, hat er nicht geſchont, ſondern ſie mit Ketten der Hölle in den Ab=grund gezogen, und der Pein übergeben, um ſie zum Gerichte auf=zubewahren."

Quaestio XVIII.

De terrae creatione.

Terra.

I. At vero terram etiam super stabilitatem suam fundatam [1] Deus verbo suo iussit in media mundi parte consistere, effecitque, ut ascenderent montes et descenderent campi in locum, quem fundavit eis; ac ne aquarum vis illam inundaret, terminum posuit, quem non transgredientur, neque convertentur operire terram.

Terrae ornatus in plantis et animantibus.

II. Deinde non solum arboribus omnique herbarum et florum varietate convestivit atque ornavit, sed innumerabilibus etiam animantium generibus, quemadmodum antea aquas et aëra, ita etiam terras complevit.

Homo immortalis et impatibilis creatus etiam secundum corpus. Anima eius liberi arbitrii particeps creata, et in illa ratio domina sensitivi appetitus instituta. Originalis iustitia. An, amissa post Adae peccatum iustitia, etiam liberum hominis arbitrium sit exstinctum? Conc. Trid. Sess. 6 can. 4. 5. 6.

III. Postremo ex limo terrae hominem sic corpore effectum et constitutum effinxit, ut non quidem naturae ipsius vi, sed divino beneficio immortalis esset et impassibilis. Quod autem ad animam pertinet, cum ad imaginem et similitudinem suam formavit, liberumque ei arbitrium tribuit; omnes praeterea motus animi atque appetitiones ita in eo temperavit, ut rationis imperio nunquam non parerent. Tum originalis iustitiae admirabile donum addidit, ac deinde caeteris animantibus praeesse voluit; quae quidem facile erit Parochis ad fidelium institutionem ex sacra Genesis historia cognoscere.

Coeli et terrae nomine visibilia omnia et invisibilia denotantur.

IV. Haec igitur de universorum creatione, coeli et terrae verbis, intelligenda sunt, quae omnia breviter quidem propheta complexus est illis verbis: „Tui sunt coeli, et tua est terra; orbem terrae et plenitudinem eius tu fundasti."[2] Sed multo etiam brevius Patres Nicaeni Concilii, additis in Symbolo duobus illis verbis, „visibilium et invisibilium," significarunt. Quaecunque enim rerum universitate comprehenduntur, atque a Deo creata esse confitemur, ea vel sub sensum cadunt, et visibilia dicuntur, vel mente et intelligentia percipi a nobis possunt, quae invisibilium nomine significantur.

1) Ps. 103, 5. 8. 2) Ps. 83, 12.

Achtzehnte Frage.
Von der Erschaffung der Erde.

Die Erde.

1. Gott befahl aber auch auf sein Wort, daß „die auf ihre Grundfeste gegründete Erde," in Mitten der Welt Stand nehme, und bewirkte, daß „die Berge emporstiegen und die Thäler hinabsanken zu dem Orte, den er ihnen gegründet; und damit nicht die Menge der Gewässer sie überschwemme, setzte er eine Gränze, auf daß sie diese nicht überschreiten, noch zurückkehren sollten, die Erde zu bedecken."

Der Schmuck der Erde in Pflanzen und Thieren.

2. Darnach bekleidete und schmückte er sie nicht nur mit Bäumen und mit den mannigfaltigsten Kräutern und Blumen, sondern er erfüllte auch, wie zuvor Gewässer und Luft, so auch die Erde mit unzähligen Gattungen von Thieren.

Der Mensch ist unsterblich und leidensunfähig auch dem Körper nach geschaffen. Seine Seele wurde der Freiheit theilhaftig geschaffen und in ihr die Vernunft zur Herrin des niedern Begehrungsvermögens eingesetzt. Die ursprüngliche Gerechtigkeit. Ob, nachdem die Gerechtigkeit nach der Sünde Adams verloren war, auch die Freiheit des Menschen vernichtet worden sei, s. Trib. Syn. 6. Sitzung 4. 5 und 6. Canon.

3. Zuletzt bildete er den Menschen aus Lehm der Erde, seinem Körper nach so beschaffen und eingerichtet, daß er zwar nicht kraft seiner Natur, sondern durch göttliche Wohlthat unsterblich und leidensunfähig war. Was aber die Seele betrifft, so erschuf er ihn nach seinem Bilde und Gleichniß, und verlieh ihm einen freien Willen; außerdem ordnete er in ihm alle Gemüthsbewegungen und Begierden so, daß sie dem Gebote der Vernunft immerdar gehorchten. Dann fügte er die wunderbare Gabe der ursprünglichen Gerechtigkeit hinzu, und wollte darnach, daß er die Herrschaft über die übrigen lebenden Geschöpfe besitze; was den Seelsorgern leicht sein wird, zur Unterweisung der Gläubigen aus der heiligen Geschichte der Genesis zu entnehmen.

Mit dem Namen Himmel und Erde wird alles Sichtbare und Unsichtbare bezeichnet.

4. Das also hat man bei der Schöpfung des Weltalls unter den Worten: „Himmel und Erde" zu verstehen, was alles der Prophet kurz in folgenden Worten zusammengefaßt hat: „Dein sind die Himmel, und dein ist die Erde; den Erdkreis und was ihn erfüllt, hast du gegründet." Viel kürzer jedoch haben es die Väter des nicänischen Concils bezeichnet, indem sie im Glaubensbekenntnisse jene zwei Worte hinzufügten: „des Sichtbaren und Unsichtbaren." Denn Alles, was das Weltall in sich begreift, und was, wie wir bekennen, von Gott erschaffen ist, fällt entweder unter die Sinne und heißt „das Sichtbare", oder es kann nur mit dem Geiste und dem Verstande erfasset werden und wird mit dem Namen des „Unsichtbaren" bezeichnet.

4*

Quaestio XIX.

Res Dei virtute conditae citra ipsius gubernationem et providentiam subsistere non possunt.

Res conditae Dei virtute et providentia subsistunt et gubernantur. Plura de Dei providentia dicentur Quaest. 16 c. 9 de Orat. Dom. et Q. 4 Petit. 2.

Nec vero ita Deum creatorem atque effectorem omnium credere oportet, ut existimemus, perfecto absolutoque opere, ea quae ab ipso effecta sunt, deinceps sine infinita eius virtute constare potuisse. Nam quemadmodum omnia ut essent, creatoris summa potestate, sapientia et bonitate effectum est; ita etiam, nisi conditis rebus perpetua eius providentia adesset, atque eadem vi, qua ab initio constitutae sunt, illas conservaret, statim ad nihilum reciderent. Atque id Scriptura declarat, quum inquit: „Quomodo posset aliquid permanere, nisi tu voluisses; aut quod a te vocatum non esset, conservaretur.“ [1]

Quaestio XX.

Deus sua gubernatione secundarum causarum vim non evertit.

Deus ita res a se conditas gubernat, ut tantum secundarum causarum virtutem non evertat, sed quod hanc etiam praevertat. Cf. Q. 3 de Orat. Dom. Pet. 1.

Non solum autem Deus universa, quae sunt, providentia sua tuetur atque administrat: verum etiam, quae moventur et agunt aliquid, intima virtute ad motum atque actionem ita impellit, ut, quamvis secundarum causarum efficientiam non impediat, praeveniat tamen, quum eius occultissima vis ad singula pertineat, et quemadmodum Sapiens testatur, „attingat a fine usque ad finem fortiter, et disponat omnia suaviter.“ [2] Quare ab Apostolo dictum est, quum apud Athenienses annuntiaret Deum, quem ignorantes colebant: „Non longe est ab unoquoque nostrum; in ipso enim vivimus, et movemur, et sumus.“ [3]

Quaestio XXI.

Rerum creatio soli Patri tribuenda non est.

Creationis opus toti Trinitati commune est. Cf. Art. 3. Q. 3.

Atque haec de primi articuli explicatione satis fuerint, si tamen illud etiam admonuerimus creationis opus omnibus sanctae et individuae Trinitatis personis commune esse. Nam hoc loco ex Apostolorum doctrina,[4] Patrem creatorem coeli et terrae confitemur; in Scripturis sacris legimus de Filio[5]: „Omnia per ipsum facta sunt,“ et de Spiritu Sancto,[6] „Spiritus Domini ferebatur super aquas“; et alibi,[7] „verbo Domini coeli firmati sunt, et spiritu oris eius omnis virtus eorum.“

---

1) Sap. 11, 26. 2) Sap. 8, 1. 3) Act. 17, 27. 28. 4) Act. 17, 27. 5) Ioan. 1, 3. 6) Gen. 1. 2. 7) Ps. 32. 6.

Neunzehnte Frage.

Die durch Gottes Kraft erschaffenen Dinge können ohne dessen Leitung und Fürsehung nicht bestehen.

Die geschaffenen Dinge bestehn und werden regiert durch Gottes Macht und Vorsehung.

Man darf aber nicht so an Gott als den Schöpfer und Urheber aller Dinge glauben, daß man meine, das von ihm Erschaffene hätte nach vollendetem Schöpfungswerke nun forthin auch ohne seine unendliche Macht bestehen können. Denn wie Alles durch die höchste Macht, Weisheit und Güte des Schöpfers in's Dasein trat, so würde es auch sogleich in Nichts versinken, wofern nicht die ewige Fürsehung über den erschaffenen Dingen waltete und sie mit der nämlichen Kraft erhielte, womit sie im Anfange erschaffen wurden. Dies bezeuget auch die Schrift, wenn sie sagt: „Wie könnte aber etwas bestehen ohne deinen Willen, oder wie könnte Etwas, das du nicht in's Dasein gerufen, erhalten werden?"

Zwanzigste Frage.

Gott hebt durch seine Regierung nicht die Wirksamkeit der Mittelursachen auf.

Gott regiert die von ihm geschaffene Welt so, daß er die Wirksamkeit der Mittelursachen nicht nur nicht aufhebt, sondern ihr vielmehr zuvorkommt.

Gott schützt und leitet durch seine Fürsehung nicht nur Alles, was da ist; sondern er treibt auch das, was sich bewegt und Etwas wirkt, durch eine tief innere Kraft zur Bewegung und Thätigkeit dergestalt, daß, obschon er die Wirksamkeit der Mittelursachen nicht hindert, er ihnen dennoch zuvorkommt, indem seine verborgenste Kraft sich auf jedes Einzelne ausdehnt, und, wie der Weise bezeugt: „vom einen Ende zum andern mächtig fortwirket und Alles lieblich anordnet." Deßwegen sagt auch der Apostel, da er den Athenern den Gott verkündigte, welchen sie, ohne ihn zu kennen, verehrten: „Er ist nicht ferne von Jedem aus uns; denn in ihm leben wir und bewegen wir uns und sind wir."

Einundzwanzigste Frage.

Die Erschaffung der Dinge muß dem Vater nicht allein zugeschrieben werden.

Das Werk der Schöpfung ist der ganzen Dreifaltigkeit gemeinsam.

Und dies wird zur Erläuterung des ersten Artikels genug sein, wenn wir nur dies noch erinnern, daß das Schöpfungswerk allen Personen der heiligen und untheilbaren Dreieinigkeit gemeinsam ist. Denn an dieser Stelle bekennen wir nach der Lehre der Apostel den Vater als den Schöpfer Himmels und der Erde; in der h. Schrift lesen wir vom Sohne: „Alles ist durch dasselbe (Wort) gemacht worden," und vom heiligen Geiste: „Der Geist des Herrn schwebte über den Wassern", und anderswo: „Durch des Herrn Wort sind die Himmel gefestigt, und durch den Geist seines Mundes all ihre Kraft."

CAPUT III.

DE SECUNDO ARTICULO.

Et in Iesum Christum, Filium eius unicum, Dominum nostrum.

Quaestio I.

De secundo articulo et de professionis eius utilitate.

Confessio aeternae Christi nativitatis est nostrae salutis fundamentum.

Mirificam et uberrimam esse utilitatem, quae ex huius articuli fide et confessione confluxit ad humanum genus, et illud sancti Ioannis testimonium ostendit [1]: „Quisquis confessus fuerit, quoniam Iesus est Filius Dei, Deus in eo manet, et ipse in Deo," et beatitudinis praeconium declarat, quod a Christo Domino tributum est Principi Apostolorum [2]: „Beatus es, Simon Bar-Iona, quia caro et sanguis non revelavit tibi, sed Pater meus, qui in coelis est." Hoc enim fundamentum firmissimum est nostrae salutis ac redemptionis.

Quaestio II.

Unde magnitudo beneficii hoc articulo propositi potissimum cognoscatur.

Iustitia originalis deperdita per solum Dei Filium recuperatur. De peccato originali pluribus disseretur Pet. 3. Qr. Dom. et Pet. 4 sub init.

Sed quoniam admirabilis huius utilitatis fructus maxime ex felicissimi illius status ruina intelligitur, in quo Deus primos homines collocarat: incumbat in hanc curam Parochus, ut fideles communium miseriarum et aerumnarum causam cognoscant. Quum enim a Dei obedientia descivisset Adam, interdictumque violasset illud:[3] „Ex omni ligno Paradisi comede, de ligno autem scientiae boni et mali ne comedas, in quocunque enim die comederis ex eo, morte morieris;" in summam illam incidit calamitatem, ut sanctitatem et iustitiam, in qua constitutus fuerat, amitteret, et reliqua subiret mala, quae sancta Tridentina Synodus uberius explicavit. Propterea vero peccatum et peccati poenam in uno Adam non constitisse commemorabunt, sed ex eo, tanquam ex semine et causa, ad omnem posteritatem iure permanasse.

[1] 1 Ioan. 4, 15. [2] Matth. 16, 17. [3] Genes. 2, 16. 17.

Drittes Hauptstück.

Vom zweiten Glaubensartikel.

Und an Jesum Christum, seinen eingeborenen Sohn, unsern Herrn.

Erste Frage.

Vom zweiten Glaubensartikel und dem Nutzen seines Bekenntnisses.

Das Bekenntniß der ewigen Geburt Christi ist das Fundament unsers Heils.

Wie wunderbar und ungemein fruchtbringend der Nutzen sei, welcher aus dem Glauben und dem Bekenntnisse dieses Artikels dem Menschengeschlechte zuströmte, das beweiset sowohl jenes Zeugniß des heiligen Johannes: „Wer immer bekennet, daß Jesus, der Sohn Gottes ist, in dem bleibet Gott und er in Gott" als es auch die Seligpreisung kundgibt, die Christus der Herr dem Apostelfürsten ertheilte: „Selig bist du Simon, Sohn des Jonas; denn Fleisch und Blut hat dir das nicht geoffenbaret, sondern mein Vater, der im Himmel ist." Denn dies ist die stärkste Grundfeste unseres Heiles und unserer Erlösung.

Zweite Frage.

Woraus man die Größe der in diesem Artikel erwähnten Wohlthat am besten erkennen kann.

Die verlorne ursprüngliche Gerechtigkeit wird allein durch den Sohn Gottes wieder erworben.

Weil man aber die Frucht dieses bewunderungswürdigen Nutzens vorzüglich aus dem Verluste jenes überaus glückseligen Zustandes erkennt, in welchen Gott die ersten Menschen versetzt hatte, so verwendete der Pfarrer darauf seine Sorge, daß die Gläubigen die Ursache des gemeinsamen Elendes und Jammers kennen lernen. Als nämlich Adam von dem Gehorsam gegen Gott abgefallen war und jenes Verbot übertreten hatte: „Von jedem Baume des Gartens magst du essen, aber von dem Baume der Erkenntniß des Guten und des Bösen sollst du nicht essen; denn an welchem Tage du davon issest, wirst du des Todes sterben," da sank er in jenes äußerste Elend hinab, daß er die Heiligkeit und Gerechtigkeit, in welche er versetzet war, verlor, und von den andern Uebeln betroffen wurde, welche der heilige Kirchenrath von Trient ausführlicher erklärt hat. Deßhalb aber sollen sie wohl daran erinnern, daß die Sünde und die Strafe der Sünde nicht bei Adam stehen geblieben, sondern von ihm aus, wie aus einem Samen und einer Ursache, sich mit Recht auf die ganze Nachkommenschaft verbreitet habe.

Quaestio III.

Nullus praeter Christum genus humanum potuit restaurare.

Genus humanam non potuit ullius creaturae viribus restitui.

Quum igitur ex altissimo dignitatis gradu concidisset nostrum genus, sublevari inde, et in pristinum locum restitui nullo modo poterat hominum aut Angelorum viribus. Quare reliquum erat illud ruinae et malorum subsidium, ut Dei Filii infinita virtus, assumpta carnis nostrae imbecillitate, infinitam tolleret peccati vim, et nos reconciliaret Deo in sanguine suo.

Quaestio IV.

Citra redemptionis fidem nullus unquam salvari potuit, et propterea Christus a mundi initio saepe praenuntiatus est.

Redemptionis fides ad salutem semper necessaria et mox post hominis lapsum divinitus fuit ostentata, primum sub lege naturae.

I. Huius autem redemptionis fides et confessio hominibus ad salutem consequendam necessaria est, semperque fuit, quam Deus initio praemonstravit; nam in illa damnatione humani generis, quae statim peccatum consecuta est, ostensa etiam fuit spes redemptionis illis verbis, quibus proprium diabolo damnum, quod ex liberatione hominum facturus erat, denunciavit [1]: „Inimicitias ponam inter te et mulierem, semen tuum et semen illius; ipsa conteret caput tuum, et tu insidiaberis calcaneo eius;" et deinceps eandem promissionem saepe confirmavit, maioremque sui consilii significationem iis praesertim hominibus dedit, quibus voluit singularem benevolentiam praestare; inter caeteros vero, quum Patriarchae Abrahae saepenumero hoc mysterium significasset, tum eo tempore apertius declaravit, quum ille Dei iussis obediens, filium suum unicum Isaac immolare voluit; inquit enim [2]: „Quia fecisti hanc rem, et non pepercisti filio tuo unigenito, benedicam tibi, et multiplicabo semen tuum sicut stellas coeli, et velut arenam, quae est in littore maris; possidebit semen tuum portas inimicorum tuorum, et benedicentur in semine tuo omnes gentes terrae, quia obedisti voci meae." Ex quibus verbis facile colligi poterat, ex progenie Abrahae futurum, qui omnibus ab immanissima Satanae tyrannide libertatis salutem afferret. Illum autem Dei Filium, natum ex semine Abrahae secundum carnem, fore necesse erat. Non ita multo post Dominus, ut eiusdem pro-

1) Genes. 3, 15. 2) Gen. 22, 16. 17.

Dritte Frage.

Niemand, außer Christus, konnte das Menschengeschlecht wieder herstellen.

Das menschliche Geschlecht konnte durch die Kräfte keines Geschöpfes wieder hergestellt werden.

Da demnach unser Geschlecht von der höchsten Stufe der Würde herabgesunken war, konnte es von da durch die Kräfte der Menschen oder der Engel auf keine Weise emporgehoben und in den vorigen Stand zurückversetzt werden. Daher blieb als Rettungsmittel von jenem Falle und Elende nur übrig, daß die u n e n d l i c h e Kraft des Sohnes Gottes nach Annahme der Schwachheit unseres Fleisches die u n e n d l i c h e Gewalt der Sünde hinwegnahm und uns durch sein Blut mit Gott wieder versöhnte.

Vierte Frage.

Ohne den Glauben an die Erlösung konnte Niemand jemals selig werden, und deßwegen ist Christus vom Anfange der Welt oftmals vorher verkündigt worden.

Der Glaube an die Erlösung war stets zum Heile nothwendig und wurde bald nach dem Falle der Menschen von Gott geoffenbart, zuerst unter dem Gesetze der Natur.

Der Glaube und das Bekenntniß dieser Erlösung ist aber den Menschen zur Erlangung des Heiles nothwendig, und ist es zu jeder Zeit gewesen, wie Gott denn auch von Anfang an dieselbe vorher verkündigt hat; denn bei jener Verurtheilung des menschlichen Geschlechtes, welche sogleich auf die Sünde folgte, wurde auch die Hoffnung der Erlösung mit den Worten angedeutet, mit welchen Gott dem Teufel den eigenen Schaden, den er durch die Befreiung der Menschen erleiden würde, ankündigte: „Ich will Feindschaft setzen zwischen dir und dem Weibe und zwischen deinem Samen und ihrem Samen; sie wird deinen Kopf zertreten, und du wirst ihrer Ferse nachstellen;" und dieselbe Verheißung hat er späterhin oftmals bekräftigt und die deutlichere Kundmachung seines Rathschlusses vorzugsweise denjenigen Menschen ertheilt, welchen er sein besonderes Wohlwollen erweisen wollte. Nachdem er unter Andern dem Patriarchen Abraham dieses Geheimniß oftmals angedeutet hatte, erklärte er es offenbarer zu der Zeit, als derselbe, dem Befehle Gottes gehorsam, seinen einzigen Sohn Isaak opfern wollte. Denn er spricht: „Weil du das gethan, und deines einzigen Sohnes nicht geschonet hast, so will ich dich segnen, und deinen Samen mehren, wie die Sterne, und wie den Sand, der am Ufer des Meeres ist; dein Same soll besitzen die Thore deiner Feinde, und in deinem Samen sollen gesegnet werden alle Völker der Erde, weil du meiner Stimme gehorchet hast." Aus welchen Worten sich leicht abnehmen ließ, daß von Abraham derjenige abstammen werde, der Allen das Heil der Befreiung von der schrecklichsten Tyrannei des Satans bringen werde. Dieser mußte aber auch der Sohn

missionis memoria conservaretur, idem foedus cum Iacob, Abrahae nepote, sancivit; nam quum ille in somnis vidit scalam stantem super terram, et cacumen illius tangens coelos, Angelos quoque Dei ascendentes, et descendentes per eam, ut testatur Scriptura, audivit etiam Dominum innixum scalae, dicentem sibi [1]: „Ego sum Dominus Deus Abraham Patris tui, et Deus Isaac: terram, in qua dormis, tibi dabo, et semini tuo; eritque semen tuum quasi pulvis terrae. Dilataberis ad orientem, et occidentem, et septentrionem, et meridiem: et benedicentur in te et in semine tuo cunctae tribus terrae."

Sub lege scripta saepius memoria redemptionis humanae renovata per sacrificia, typos et praedictiones Prophetarum. Patriarcharum, Prophetarum et Apostolorum fides sola temporis circumstantia differt. Cl. Q. 1 de Fid. et Symb. cap. 1.

II. Neque postea destitit Deus eadem sui promissi memoria renovanda, et generi Abraham, et multis praeterea hominibus Salvatoris expectationem commovere; siquidem Iudaeorum republica et religione constituta, notior populo suo fieri coepit. Nam et mutae res significarunt, et homines praedixerunt, quae et quanta nobis bona Salvator ille et Redemptor noster Christus Iesus allaturus esset. Ac Prophetae quidem, quorum mens coelesti lumine illustrata fuit, Filii Dei ortum, admirabilia opera, quae homo natus effecit, doctrinam, mores, consuetudinem, mortem, resurrectionem, caeteraque eius mysteria, haec omnia, quasi tum adessent, palam docentes, populo praenunciarunt: ita ut, si futuri et praeteriti temporis tollatur diversitas, nihil iam inter Prophetarum praedicta et Apostolorum praedicationem, nihil inter veterum Patriarcharum fidem et nostram interesse videamus. Sed iam de singulis articuli partibus dicendum videtur.

Quaestio V.

De IESU nomine, et quod Christo proprie conveniat.

Jesus nomen humani generis Redemptori, Dei praecepto, fuit impositum.

IESUS proprium est nomen eius, qui Deus et homo est, quod Salvatorem significat; non quidem fortuito, aut hominum iudicio et voluntate, sed Dei consilio et praecepto illi impositum.

[1] Genes. 28, 13. 14.

Gottes sein, nach dem Fleische aus dem Samen Abrahams geboren. Nicht lange darauf hat der Herr, damit das Andenken an diese Verheißung bewahret würde, den nämlichen Bund mit Jakob, dem Enkel Abrahams, feierlichst bestätigt; denn als dieser im Traume eine Leiter auf der Erde stehen und ihre Spitze bis an die Himmel reichen, auch die Engel Gottes daran auf= und absteigen sah, wie die Schrift bezeugt, vernahm er zugleich, wie der Herr, über der Leiter stehend, zu ihm sagte: „Ich bin der Herr, der Gott Abrahams, deines Vaters und der Gott Isaaks: das Land, auf dem du schläfst, will ich dir und deinem Samen geben. Und dein Same soll werden wie der Staub der Erde, und du sollst dich aus= breiten gegen Abend und Morgen, gegen Mitternacht und Mittag: und in dir und in deinem Samen sollen gesegnet werden alle Völker der Erde."

Unter dem geschriebenen Gesetze wurde häufig die Erinnerung an die Erlösung durch die Opfer, Vorbilder und Vorhersagungen der Propheten erneuert. Der Glaube der Patriarchen, Propheten und Apostel unterscheidet sich aber durch die Verhältnisse der Zeit.

2. Auch nachher hörte Gott nicht auf, dasselbe Andenken seiner Verheißung zu erneuern, und in dem Geschlechte Abrahams und auch noch sonst in vielen Menschen die Erwartung des Erlösers rege zu machen; nach Gründung des Staates und der Religion der Juden nämlich fing er an, seinem Volke bekannter zu werden. Denn sowohl stumme Geschöpfe kündigten es an, als auch Menschen sagten es vorher, welche und wie große Güter jener unser Heiland und Erlöser, Jesus Christus, uns bringen würde. Und zwar haben die Propheten, deren Geist von himmlischem Lichte erleuchtet war, die Geburt des Sohnes Gottes, die Wunderwerke, die er, als Mensch geboren, verrichtete, seine Lehre, seine Sitten, seinen Wandel, seinen Tod, und die übrigen, ihn betreffenden Geheimnisse, dieses Alles haben sie, als wenn sie dabei zugegen gewesen wären, dem Volke öffentlich lehrend, vorher verkündigt, dergestalt, daß wir, wofern man von der Verschiedenheit zwischen zukünftiger und gegenwär= tiger Zeit absieht, keinen Unterschied zwischen den Weissagungen der Propheten und der Predigt der Apostel, noch auch zwischen dem Glauben der alten Patriarchen und dem unsrigen bemerken. Doch wir haben nun von den einzelnen Theilen dieses Artikels zu reden.

Fünfte Frage.

Vom Namen Jesus, und daß er Christus eigenthümlich zukomme.

Der Name Jesus wurde dem Erlöser des menschlichen Geschlechts auf Befehl Gottes beigelegt.

Jesus, welches Heiland bedeutet, ist der eigentliche Name dessen, welcher Gott und Mensch ist; er wurde ihm nicht etwa von ungefähr, oder nach Urtheil und Willen der Menschen, sondern

Angelus enim Mariae Matri ita annunciavit [1]: „Ecce concipies in utero, et paries filium, et vocabis nomen eius IESUM." Ac deinde Ioseph, Virginis sponso, non solum, ut eo nomine puerum appellaret, praecepit, sed etiam, cur ita nominandus esset, declaravit; inquit enim [2]: „Ioseph, Fili David, noli timere accipere Mariam coniugem tuam, quod enim in ea natum est, de Spiritu Sancto est: pariet autem filium, et vocabis nomen eius IESUM; ipse enim salvum faciet populum suum a peccatis eorum."

Quaestio VI.

Non est eadem ratio, cur aliis quibusdam hominibus idem nomen sit tributum.

Jesu nomen propriissime Christo convenit: Jesu nomen sua amplitudine, quidquid aliis nominibus per Prophetas Christo fuit attributum, complectitur.

Ac multi quidem hoc nomine fuerunt in divinis litteris; nam idem nomen Nave Filio fuit, qui Moysi successit, et populum a Moyse ex Aegypto liberatum in terram promissionis, quod illi negatum fuerat, deduxit. Eodem etiam nomine Josedech, Sacerdotis filius, appellatus est. Sed quanto verius Salvatorem nostrum hoc nomine appellandum existimabimus, qui non uni alicui populo, sed universis omnium aetatum hominibus, non quidem fame, aut Aegyptiaco vel Babylonico dominatu oppressis, sed in umbra mortis sedentibus, et durissimis peccati et diaboli vinculis obstrictis, lucem, libertatem et salutem dederit: qui eis coelestis regni ius et haereditatem acquisiverit; qui eos Deo Patri reconciliaverit. In illis Christum Dominum adumbratum videmus, a quo iis beneficiis, quae diximus, cumulatum est genus humanum. Quae praeterea nomina praedicta sunt Dei Filio divinitus imponenda, ad unum hoc Iesu nomen referuntur; quum enim caetera salutem, quam nobis daturus erat, aliqua ex parte attingerent, hoc ipsum universae salutis humanae vim rationemque complexum est.

Quaestio VII.

Quid sibi velit Christi nomen, et quot rationibus Iesu nostro conveniat.

Christus est officii et dignitatis nomen. Sacerdotum officium. Regum officium. Sacerdotes et reges quare soliti sunt inungi. Prophetae inuncti.

I. IESU nomini Christi etiam nomen additum est, quod

---

1) Luc. 1, 31. 2) Matth. 1, 20, 21.

nach dem Rathschlusse und Befehle Gottes beigelegt. Denn so verkündigte der Engel der Mutter Maria: „Siehe, du wirst empfangen in deinem Leibe, und einen Sohn gebären, und du sollst seinen Namen Jesus heißen." Und darauf gebot er nicht allein dem Joseph, dem Bräutigam der Jungfrau, den Knaben mit diesem Namen zu benennen, sondern erklärte auch, warum er so genannt werden sollte; denn er spricht: „Joseph, Sohn Davids, fürchte dich nicht, Maria, dein Weib, zu dir zu nehmen; denn, was in ihr erzeuget worden, das ist vom heiligen Geiste: und sie wird einen Sohn gebären, dem sollst du den Namen Jesus geben, denn er wird sein Volk e r l ö s e n von dessen Sünden."

Sechste Frage.

Es ist nicht der nämliche Grund, warum einigen andern Menschen derselbe Name beigelegt worden ist.

Der Name Jesu kommt im eigentlichsten Sinne Christo zu: Der Name Jesus begreift Alles in sich, was in andern Namen durch die Propheten Christo zugeschrieben ist.

Zwar kommen Viele dieses Namens in der h. Schrift vor; denn denselben Namen führte auch Nave's Sohn, der Moses nachfolgte und das von Moses aus Aegypten geführte Volk in das Land der Verheißung führte, was jenem versagt war. Auch Josedech, eines Priesters Sohn, hatte denselben Namen. Aber mit welch' größerem Rechte sollen wir nicht dafür halten, daß dieser Name unserem Heiland gebühre, der nicht irgend einem einzelnen Volke, sondern allen Menschen aller Zeiten, die nicht etwa von Hungersnoth oder von ägyptischer und babylonischer Gewaltherrschaft bedrückt waren, sondern die im Schatten des Todes saßen, und in den härtesten Banden der Sünde und des Teufels verstrickt waren, Licht, Freiheit und Heil gebracht hat; der ihnen auf das himmlische Reich ein Anrecht und die Erbschaft desselben erwarb; der sie mit Gott, dem Vater, wieder aussöhnte. In Jenen sehen wir Christus, den Herrn, angedeutet, der das menschliche Geschlecht mit den vorgenannten Wohlthaten überhäuft hat. Ueberdies beziehen sich die durch göttliche Eingebung vorher verkündigten, dem Sohne Gottes beizulegenden Namen auf diesen Einen Namen Jesus; denn indem die übrigen das Heil, welches er uns geben sollte, nur zum Theil andeuteten, umfaßt eben dieser Name die Kraft und Beschaffenheit des gesammten Heiles der Menschheit.

Siebente Frage.

Was der Name Christus bedeute, und aus wie vielen Gründen er unserm Jesus zukomme.

Christus ist der Name des Amts und der Würde. Das Amt der Priester. Das Amt der Könige. Warum Priester und Könige gesalbt zu werden pflegten. Salbung der Propheten.

1. Dem Namen Jesus ist auch der Name Christus beigefügt, was einen Gesalbten bedeutet, und ein Ehren- und Amtsname ist,

unctum significat, et honoris et officii nomen est, nec unius rei
proprium, sed commune multorum; nam veteres illi patres
nostri Christos appellabant Sacerdotes et Reges, quos Deus
propter muneris dignitatem ungi praeceperat. Sacerdotes enim
ii sunt, qui populum assiduis precibus Deo commendant, qui
sacrificia Deo faciant, qui pro populo deprecantur; Regibus
autem populorum gubernatio commissa est, ad eosque pertinet
maxime legum auctoritatem, innocentium vitam tueri, et no-
centium audaciam ulcisci. Quoniam igitur utraque harum functionum Dei maiestatem referre in terris videtur, ideo, qui vel
ad regium, vel ad sacerdotale munus obeundum delecti erant,
unguento ungebantur. Prophetas etiam ungendi mos fuit, qui
Dei immortalis interpretes et internuncii coelestia arcana nobis
aperuerunt, atque ad emendandos mores salutaribus praeceptis
et futurorum praedictione hortati sunt.

Filius Dei incarnatus trium personarum officia quia suscepit, ideo Christus dictus est.
Christus non humano auxilio ad ternas illas dignitates est evectus, nec terreno
unguento inunctus.

II. At vero quum Iesus Christus, Salvator noster, in mundum
venit, trium personarum partes et officia suscepit, Prophetae,
Sacerdotis ac Regis, atque ob eas causas Christus dictus est,
et unctus ad illorum munerum functionem, non quidem alicuius
mortalis opera, sed coelestis Patris virtute, non terreno unguento, sed spirituali oleo; quippe quum in sanctissimam eius
animam Spiritus Sancti plenitudo gratiaque, et omnium donorum uberior copia effusa sit, quam ulla alia creata natura capere potuerit. Atque id praeclare Propheta ostendit, quum
redemptorem ipsum affatus diceret[1]: „Dilexisti iustitiam et odisti iniquitatem: propterea unxit te Deus, Deus tuus, oleo laetitiae prae consortibus tuis." Idem etiam ac multo apertius
Isaias iis verbis demonstravit[2]: „Spiritus Domini super me, eo
quod unxerit Dominus me, ad annuntiandum mansuetis misit
me."

Christus Prophetarum summus. Christus Sacerdos. Christus juxta utramque naturam est Rex.

III. Itaque Iesus Christus summus Propheta et magister fuit,
qui nos Dei voluntatem docuit, et a cuius doctrina orbis terrarum Patris coelestis cognitionem accepit; quod ei nomen
praeclarius ac praestantius convenit, quod omnes, quicumque
Prophetae nomine dignati sunt, eius discipuli fuerunt, atque
ob illam praecipue causam missi, ut Prophetam hunc, qui ad
salvandos omnes venturus erat, praenuntiarent. Christus item
Sacerdos fuit, non quidem ex ordine, ex quo in veteri lege

1) Ps. 44, 8. 2) Is. 61, 1.

welcher nicht einem Gegenstande allein eigen, sondern vielen gemein ist. Denn unsere Altväter nannten Priester und Könige Gesalbte, weil sie Gott wegen der Würde ihres Amtes zu salben befohlen hatte.   Priester nämlich sind diejenigen, welche in beständigen Gebeten das Volk Gott anempfehlen, welche Gott Opfer darbringen und für das Volk bitten; den Königen aber ist die Regierung der Völker anvertraut, und ihnen kommt es vorzugsweise zu, das Ansehen der Gesetze, das Leben der Unschuldigen zu schützen, und die Verwegenheit der Schuldigen zu bestrafen.   Weil nun jedes dieser beiden Aemter als Darstellung der Majestät Gottes auf Erden erscheint, so wurden eben deßwegen diejenigen gesalbt, welche zur Uebernahme des königlichen oder priesterlichen Amtes auserwählt waren. Auch war es Sitte, die Propheten zu salben, weil sie als Dolmetscher und Botschafter des unsterblichen Gottes die himmlischen Geheimnisse uns offenbarten, und zur Verbesserung der Sitten durch heilsame Vorschriften und die Vorherverkündigung zukünftiger Dinge ermahnten.

Weil der menschgewordene Sohn Gottes die Aemter jener drei Personen übernahm, deßhalb wurde er Christus genannt. Christus wurde nicht durch menschlichen Beistand zu jener dreifachen Würde erhoben, noch mit irdischem Oele gesalbt.

2. Als aber Jesus Christus, unser Heiland, in die Welt kam, übernahm er Amt und Pflicht dieser drei Personen, eines Propheten, eines Priesters und Königs, und darum wurde er Christus genannt und zur Ausübung jener Aemter gesalbt, nicht durch Beihülfe irgend eines Sterblichen, sondern durch die Kraft des himmlischen Vaters, nicht mit irdischer Salbe, sondern mit geistlichem Oel, weil nämlich in seine heiligste Seele die Fülle des h. Geistes, die Gnade, und ein reicheres Maß aller Gaben ausgegossen wurde, als irgend ein anderes erschaffenes Wesen in sich aufzunehmen im Stande war. Und das zeigt der Prophet auf's deutlichste an, indem er, den Erlöser selbst anredend, spricht: „Du liebst Gerechtigkeit und hassest das Unrecht; darum hat dich Gott, dein Gott, mehr mit Freude gesalbet, als deine Genossen." Dasselbe hat auch, und noch viel deutlicher Isaias mit diesen Worten nachgewiesen: „Der Geist des Herrn ist über mir; denn der Herr hat mich gesalbet, um zu predigen den Sanftmüthigen, sandte er mich."

Christus ist der vorzüglichste Prophet. Christus ist Priester. Christus ist seiner zweifachen Natur nach König.

3. So war Jesus Christus denn der höchste Prophet und Lehrer, der uns den Willen Gottes lehrte, und durch dessen Lehre der Erdkreis die Kenntniß des himmlischen Vaters empfing; dieser Name gebührt ihm aber um so vornehmlicher, und um so mehr, als Alle, welche mit dem Namen eines Propheten beehrt worden sind, seine Schüler, und vorzüglich deßwegen gesandt waren, diesen Propheten, welcher zur Erlösung Aller kommen sollte, vorher zu verkündigen.

Leviticae tribus Sacerdotes extiterunt; verum ex illo, de quo David Propheta cecinit [1]: „Tu es Sacerdos in aeternum secundum ordinem Melchisedec." Cuius rei argumentum Apostolus [2] ad Hebraeos scribens, accurate prosecutus est.

Christi regnum spirituale est. Cf. Art. 6. Q. 5. Christus, quibus modis Regis officium obeat? Cf. Pet. 2. Or. Domin.

IV. Sed Christum non solum ut Deus, verum ut homo ac nostrae naturae particeps est, Regem etiam agnoscimus; de quo Angelus testatus est [3]: „Regnabit in domo Iacob in aeternum, et regni eius non erit finis." Quod quidem Christi regnum spirituale est atque aeternum, in terrisque inchoatur, in coelo perficitur. Ac regis quidem officia admirabili providentia suae praestat Ecclesiae. Ipse eam regit; ipse ab hostium impetu atque insidiis tuetur; ipse ei leges praescribit; ipse non solum sanctitatem, iustitiam largitur, verum etiam ad perseverandum facultatem et vires praebet.

Omnes homines ad Christi regnum generali quidem ratione pertinent, peculiarius tamen soli boni. Christus jure divino, secundum humanam etiam naturam totius mundi Rex.

V. Quamquam autem huius regni finibus tam boni quam mali contineantur, atque adeo omnes homines iure ad illud pertineant: ii tamen prae caeteris summam Regis nostri bonitatem et beneficentiam experiuntur, qui ex eius praeceptis integram atque innocentem vitam degunt. Neque vero hoc illi regnum haereditario aut humano iure obtigit, tametsi genus a clarissimis Regibus duceret; sed Rex fuit propterea, quod Deus in illum hominem contulit, quidquid potestatis, amplitudinis, dignitatis, hominis natura capere posset. Illi igitur totius mundi regnum tradidit, eique omnia, quod iam fieri coeptum est, plene perfecteque in die iudicii, subiicientur.

Quaestio VIII.

FILIUM EIUS UNICUM. — Quo pacto Iesum Christum, Filium Dei unicum, nos credere et confiteri conveniat.

Filius Dei verus Deus est, aliis duabus Personis omnino aequalis.

I. His verbis altiora mysteria de Iesu credenda et contemplanda fidelibus proponuntur: nimirum Filium Dei esse, et verum Deum, sicuti Pater est, qui eum ab aeterno genuit. Praeterea illum divinae Trinitatis secundam personam, aliis duabus omnino aequalem, confitemur; nihil enim impar et dissimile in divinis personis aut esse aut fingi animo debet, quum unam omnium essentiam, voluntatem, potestatem agnoscamus; quod

1) Ps. 109, 4. 2) Hebr. 5, 17. 3) Luc. 1, 32. 33.

Christus war auch ein Priester; zwar nicht nach der Ordnung, nach welcher im alten Bunde die Priester aus dem Stamme Levi waren, sondern nach jener, von welcher der Prophet David gesungen: „Du bist der Priester ewiglich nach der Ordnung Melchisedechs;" ein Gegenstand, welchen der Apostel in dem Briefe an die Hebräer genauer behandelt hat.

4. Wir erkennen aber Christus nicht allein, insofern er Gott, sondern auch insofern er Mensch und unserer Natur theilhaftig ist, als König an; da von ihm der Engel bezeugte: „Er wird herrschen im Hause Jakobs ewiglich, und seines Reiches wird kein Ende sein." Dieses Reich Christi ist ein geistiges und ewiges, und beginnt auf der Erde, vollendet sich aber im Himmel. Und zwar leistet er die Pflichten eines Königs durch wunderbare Fürsorge seiner Kirche. Er regieret sie; er schützet sie wider die Anfälle und Nachstellungen ihrer Feinde; er schreibt ihr Gesetze vor; er ertheilt ihr nicht nur Heiligkeit und Gerechtigkeit, sondern verleiht ihr auch zur Ausdauer Vermögen und Kräfte.

5. Obgleich nun aber von den Gränzen dieses Reiches sowohl Gute als Böse umschlossen werden, und demnach alle Menschen mit Recht zu demselben gehören; so erfahren doch diejenigen vor allen Andern die höchste Güte und Gnade unsers Königs, welche nach seinen Geboten ein unbescholtenes und unschuldiges Leben führen. Dieses Reich ist ihm aber nicht durch ein Erb= oder menschliches Recht zu Theil geworden, obgleich er sein Geschlecht von den berühmtesten Königen herleitet: sondern deswegen war er König, weil Gott auf ihn, als Mensch, so viel Macht, Hoheit und Würde über=trug, als eines Menschen Natur fassen konnte. Ihm übergab er also die Herrschaft der ganzen Welt, und ihm wird Alles, wie es bereits zu geschehn begonnen hat, am Tage des Gerichts ganz und gar unterworfen werden.

Achte Frage.

Seinen eingeborenen Sohn. — Wie wir Jesum Christum als den einge-borenen Sohn glauben und bekennen sollen.

Der Sohn Gottes ist wahrer Gott, den beiden andern Personen ganz und gar gleich.

1. In diesen Worten werden den Gläubigen höhere Geheimnisse zu glauben und zu betrachten vorgestellt: nämlich, daß er der Sohn Gottes ist, und wahrer Gott, wie der Vater, der ihn von Ewig=keit gezeugt hat. Ueberdies bekennen wir, daß er die zweite Per-son der göttlichen Dreieinigkeit, und den andern beiden durchaus gleich sei; denn in den göttlichen Personen darf etwas Ungleiches oder Unähnliches weder sein, noch im Geiste erdacht werden, da wir in ihnen Allen Eine Wesenheit, Einen Willen, Eine Macht anerkennen; was sowohl aus vielen Aussprüchen der h. Schrift er-

quum multis pateat divinae Scripturae oraculis, tum praecla-
rissime illud ostendit sancti Ioannis testimonium[4]: „In principio erat Verbum, et Verbum erat apud Deum, et Deus erat
Verbum."

Spiritualis Filii Dei ex Patre nativitas admiranda potius, quam inscrutanda.

II. Sed quum Iesum Filium Dei esse audimus, nihil terrenum aut mortale de eius ortu cogitandum est: verum ortum
illum, quo ab omni aeternitate Pater Filium genuit, quem ratione percipere, atque perfecte intelligere nullo modo possumus, constanter credere, et summa animi pietate colere debemus; ac veluti mysterii admiratione obstupefacti, illud cum
Propheta dicere[2]: „Generationem eius quis enarrabit? „Hoc
igitur credendum est, Filium eiusdem esse naturae, eiusdem potestatis et sapientiae cum Patre, ut in Symbolo Nicaeno explicatius confitemur; inquit enim: „Et in Iesum Christum Filium eius unigenitum, et ex Patre natum ante omnia saecula,
Deum de Deo, lumen de lumine, Deum verum de Deo vero,
genitum, non factum, consubstantialem Patri, per quem omnia
facta sunt."

Modus aeternae Christi generationis similitudine declaratur.

III. Ex omnibus autem, quae ad iudicandum modum rationemque aeternae generationis similitudines afferuntur, illa propius ad rem videtur accedere, quae ab animi nostri cogitatione
sumitur; quamobrem sanctus Ioannes Filium eius „Verbum"
appellat. Ut enim mens nostra, se ipsam quodam modo intelligens, sui effingit imaginem, quam „Verbum" Theologi dixerunt:
ita Deus (quantum tamen divinis humana conferri possunt), se
ipsum intelligens, Verbum aeternum generat; etsi praestat contemplari, quod fides proponit, et sincera mente Iesum Christum verum Deum et verum hominem credere et confiteri, genitum quidem ut Deum ante omnium saeculorum aetates ex
Patre, ut hominem vero natum in tempore ex matre Maria
Virgine.

Quaestio IX.
Duplex Christi nativitas non facit duos Filios.

Et quanquam duplicem eius nativitatem agnoscamus, unum
tamen filium esse credimus. Una enim persona est, in quam
divina et humana natura convenit.

---

1) Ioan. 1, 1. 2) Is. 53, 8.

bellet, als es auch auf's deutlichſte jenes Zeugniß des h. Johannes beweiſet: „Im Anfang war das Wort, und das Wort war bei Gott, und Gott war das Wort."

Die geiſtige Geburt des Sohnes Gottes aus dem Vater iſt vielmehr anzuſtaunen, als neugierig zu erforſchen.

2. Wenn wir aber hören, Jeſus ſei der Sohn Gottes, ſo dürfen wir nichts Irdiſches oder Sterbliches von ſeiner Geburt denken: ſondern wir müſſen jene Geburt, durch welche der Vater von aller Ewigkeit den Sohn gezeuget hat, die wir auf keine Weiſe mit unſerer Vernunft begreifen und vollkommen erkennen können, ſtand= haft glauben und mit der höchſten Andacht verehren und vor Be= wunderung dieſes Geheimniſſes gleichſam außer uns, mit dem Propheten ſprechen; „Wer kann ſein Geſchlecht erklären?" Dies alſo muß man glauben, daß der Sohn mit dem Vater derſelben Natur, derſelben Macht und Weisheit ſei, wie wir es im nicäni= ſchen Symbolum ausführlicher bekennen, denn da heißt es: „Und an Jeſum Chriſtum ſeinen eingeborenen Sohn, der aus dem Vater geboren iſt von Ewigkeit, Gott von Gott, Licht vom Lichte, wahrer Gott vom wahren Gotte, gezeugt, nicht erſchaffen, von gleicher Weſenheit mit dem Vater, durch welchen Alles erſchaffen iſt."

Die Weiſe der ewigen Geburt Chriſti wird durch ein Gleichniß erklärt.

3. Von allen Gleichniſſen aber, die zur Erklärung der Art und Weiſe dieſer ewigen Zeugung angeführt werden, ſcheint jenes der Sache am nächſten zu kommen, welches von der Denkthätigkeit unſeres Geiſtes entnommen iſt, weshalb der h. Johannes den Sohn Gottes das „Wort" nennt. Wie nämlich unſer Geiſt, ſich ſelbſt einigermaßen erkennend, ſich ein Bild von ſich ſelbſt macht, welches die Gottesgelehrten „Wort" genannt haben: alſo zeugt auch Gott (ſoweit ſich nämlich Menſchliches mit Göttlichem vergleichen läßt), indem er ſich ſelbſt erkennt, das ewige Wort; doch iſt es beſſer, zu betrachten, was der Glaube vorhält, und mit aufrichtigem Gemüthe Jeſum Chriſtum als wahren Gott und wahren Menſchen zu glau= ben und zu bekennen, als Gott nämlich vor aller Zeit vom Vater gezeugt, als Menſch in der Zeit aus der Mutter und Jungfrau Maria geboren.

Neunte Frage.
Die doppelte Geburt Chriſti verurſacht nicht zwei Söhne.

Und obgleich wir eine zweifache Geburt deſſelben annehmen, ſo glauben wir doch, daß nur Ein Sohn ſei. Denn es iſt nur Eine Perſon, zu der die göttliche und menſchliche Natur ſich ver= bindet.

Quaestio X.
Quomodo Christus fratres habere, vel non habere censendus sit.

Pluribus haec explicantur Q. 9. C. 9. de Or. Dom.

Et quod ad divinam generationem attinet, nullos aut fratres aut cohaeredes habet, quum ipse Patris unicus filius, nos vero homines figmentum et opus manuum eius simus.[1] At si humanum ortum consideremus, multos ille non solum fratrum nomine appellat, sed fratrum etiam loco habet,[2] ut una cum eo paternae haereditatis gloriam adipiscantur. Ii sunt, qui fide Christum Dominum receperunt, et fidem, quam nomine protitentur, re ipsa et charitatis officiis praestant; quare „primogenitus in multis fratribus" ab Apostolo vocatur.[3]

Quaestio XI.
DOMINUM NOSTRUM. — Christus secundum utramque naturam Dominus noster dicitur.

Diversae proprietates juxta diversas naturas Christo tribuuntur.

I. Multa sunt, quae de Salvatore nostro in sacris litteris dicuntur, quorum alia ut Deus est, alia ut homo, ipsi convenire perspicuum est, quoniam a diversis naturis diversas earum proprietates accepit. Igitur vere dicimus Christum esse omnipotentem, aeternum, immensum, quod a divina habet. Rursus de illo dicimus, passum, mortuum esse, resurrexisse, quae naturae hominum convenire nemo dubitat.

Christus juxta utramque naturam noster est Dominus.

II. Verum praeter haec, quaedam alia utrique naturae congruunt, ut hoc loco, quum Dominum nostrum dicimus. Igitur si ad utramque naturam hoc nomen referatur, merito Dominus noster praedicandus est. Nam quemadmodum ipse aeternus Deus est, uti Pater; ita etiam omnium rerum aeque Dominus est ac Pater; et quemadmodum ipse et Pater non est alius atque alius Deus, sed idem plane Deus; ita etiam ipse et pater non est alius atque alius Dominus. Sed recte etiam multis rationibus, ut homo est, Dominus noster appellatur. Ac primum quidem, quoniam ipse Redemptor noster fuit, atque a peccatis nos liberavit, iure hanc potestatem accepit, ut vere Dominus noster esset ac diceretur. Ita enim Apostolus docet[4]: „Humiliavit semetipsum, factus obediens usque ad mortem, mortem autem crucis: propter quod et Deus exaltavit illum, et donavit illi nomen, quod est super omne nomen, ut in nomine Iesu

---

1) Is. 64. 8.   2) Hebr 2, 12.   3) Rom. 8. 29.   4) Philipp. 2, 8—11.

Zehnte Frage.

Wie man annehmen muß, daß Chriſtus Brüder hat, oder auch nicht hat.

Und was die göttliche Zeugung anlangt, ſo hat er weder Brüder noch Miterben, da Er des Vaters eingeborner Sohn iſt, wir Menſchen hingegen das Gebild und Werk ſeiner Hände. Sehen wir jedoch auf ſeine menſchliche Geburt, ſo nennt er nicht nur Viele mit dem Namen Brüder, ſondern nimmt ſie auch als Brüder an, ſo daß ſie zugleich mit ihm die Herrlichkeit der väterlichen Erbſchaft erlangen. Dies ſind diejenigen, welche Chriſtus, den Herrn, im Glauben aufnehmen, und den Glauben, den ſie durch den Namen bekennen, durch die That und die Werke der Liebe bethätigen, weshalb er (Chriſtus) von dem Apoſtel „der Erſtgeborene unter vielen Brüdern" genannt wird.

Eilfte Frage.

Unſern Herrn. — Chriſtus wird nach beiden Naturen unſer Herr genannt.

Verſchiedene Eigenthümlichkeiten werden Chriſto je nach den verſchiedenen Naturen beigelegt.

1. In der h. Schrift wird von unſerm Heilande Vieles geſagt, wovon offenbar iſt, daß ihm Einiges als Gott, Anderes als Menſch zukommt, da er von den verſchiedenen Naturen deren Eigenſchaften angenommen hat. Deshalb ſagen wir mit Wahrheit, Chriſtus ſei allmächtig, ewig, unermeßlich, was er von der göttlichen Natur hat. Wiederum ſagen wir von ihm, er habe gelitten, ſei geſtorben und auferſtanden, was, wie Niemand zweifelt, der menſchlichen Natur zukommt.

Chriſtus iſt nach beiden Naturen unſer Herr.

2. Außerdem kommt aber einiges Andere beiden Naturen zugleich zu, wie hier, wenn wir ihn unſern Herrn nennen. Wenn mithin dieſe Benennung ſich auf beide Naturen erſtreckt, ſo muß er mit Recht unſer Herr genannt werden. Denn, gleichwie er ſelbſt Gott iſt, wie der Vater, ſo iſt er auch, eben ſo ſehr, Herr aller Dinge, wie der Vater, und gleichwie er und der Vater nicht dieſer und jener Gott iſt, ſondern ganz derſelbe Gott, ſo iſt auch er und der Vater nicht ein anderer Herr. Allein er wird auch als Menſch in vieler Beziehung mit Recht unſer Herr genannt. Und zwar zunächſt hat er, weil er unſer Erlöſer iſt, und uns von den Sünden befreiet hat, dieſe Gewalt mit Recht empfangen, wahrhaft unſer Herr zu ſein und zu heißen. Denn ſo lehret der Apoſtel: „Er erniedrigte ſich ſelbſt, und ward gehorſam bis zum Tode, ja bis zum Tode am Kreuze. Darum hat ihn Gott auch erhöht, und ihm einen Namen gegeben, der über alle Namen iſt, daß in dem Namen Jeſu ſich beugen ſollen alle Kniee derer, die im Himmel, auf Erden und unter der Erde ſind, und daß alle Zungen bekennen,

omne genu flectatur coelestium, terrestrium, et infernorum, et omnis lingua confiteatur, quia Dominus Iesus Christus in gloria est Dei Patris." Atque ipse de se post resurrectionem: „Data est," inquit, „mihi omnis potestas in coelo et in terra."[1] Ob eam quoque rem Dominus dicitur, quod in una persona duae naturae, divina et humana, coniunctae sint; hac enim admirabili conjunctione meruit, ut quamvis pro nobis mortuus non esset, tamen Dominus constitueretur, communiter quidem omnium rerum, quae conditae sunt, praecipue autem fidelium, qui illi parent, atque summo animi studio inserviunt.

Quaestio XII.

Christiani se totos Iesu Christo, Principe tenebrarum conculcato, tradere debent.

Quantum homo Christianus Christo debeat.

Quod igitur reliquum est, Parochus fidelem populum ad eam rationem cohortabitur, ut sciat, aequissimum esse, prae ceteris hominibus, nos, qui ab eo nomen invenimus, Christianique vocamur, et quanta ille in nos beneficia contulerit, ignorare non possumus, ob id maxime, quod eius munere haec omnia fide intelligimus, aequum esse, inquam, nos ipsos, non secus ac mancipia, Redemptori nostro et Domino in perpetuum addicere et consecrare. Et quidem quum Baptismo initiaremur, ante Ecclesiae fores id professi sumus; declaravimus enim, nos Satanae et mundo renunciare, et Iesu Christo totos nos tradere.

Quanta sit indignitas, postquam nos Deo addiximus, servire diabolo. Dominatus Christi in redemptos quam sit pius.

II. Quodsi, ut Christianae militiae adscriberemur, tam sancta et solemni professione nos ipsos Domino nostro devovimus: quo supplicio digni erimus, si, postquam ecclesiam ingressi sumus, Dei voluntatem et leges cognovimus; postquam Sacramentorum gratiam percepimus, ex mundi et diaboli praeceptis ac legibus vixerimus, perinde ac si, quum Baptismo abluti sumus, mundo et diabolo, non Christo Domino ac Redemptori nomen dedissemus? sed cuius animum amoris facibus non incendat tanti Domini tam benigna et propensa in nos voluntas, qui tametsi nos in potestate sua et dominatu, veluti servos sanguine suo redemptos habeat, ea tamen charitate complectitur, „ut non servos" vocet, „sed amicos, sed fratres".[2] Haec profecto iustissima causa est, atque haud scio, an non omnium sit maxima,

---

1) Matth. 28, 18. 2) Ioan. 15, 15.

daß der Herr Jesus Christus in der Herrlichkeit Gottes des Vaters ist". Und er selbst sagt nach der Auferstehung von sich: „Mir ist alle Gewalt gegeben im Himmel und auf Erden". Auch deshalb wird er Herr genannt, weil in Einer Person zwei Naturen, die göttliche und die menschliche, vereinigt sind; denn vermöge dieser bewunderungswürdigen Verbindung verdiente er, daß, selbst wenn er nicht für uns gestorben wäre, er dennoch als der Herr aller Dinge insgesammt, die geschaffen sind, besonders aber der Gläubigen, welche ihm gehorchen, und ihm mit größestem Seeleneifer dienen, aufgestellt werde.

Zwölfte Frage.

Die Christen sollen sich, nachdem der Fürst der Finsternisse überwunden ist, gänzlich Jesu Christo ergeben.

Wie Vieles der Christ Christo verschuldet.

1. Im Uebrigen also wird der Seelsorger das gläubige Volk dazu ermahnen, daß es wisse, wie höchst billig es sei, daß vor den übrigen Menschen gerade wir, die wir von ihm den Namen erhalten haben und Christen genannt werden, und nicht unkundig der großen Wohlthaten sein können, die er uns erwiesen hat, zumal wir dies Alles durch seine Gabe, den Glauben, erkennen; wie billig es sei, sage ich, daß wir uns selbst unserm Erlöser und Herrn nicht anders als Leibeigene für immer hingeben und weihen. Und zwar haben wir dies, als wir durch die Taufe aufgenommen wurden, vor dem Eingange der Kirche bekannt; denn wir erklärten, daß wir dem Satan und der Welt entsagten und uns gänzlich Jesu Christo ergäben.

Wie groß die Unwürdigkeit sei, dem Teufel zu dienen, nachdem wir uns Gott versprochen haben. Wie mild die Herrschaft Christi über die Erlösten ist.

2. Wenn wir also, um den christlichen Kriegern beigezählt zu werden, durch ein so heiliges und feierliches Bekenntniß uns selbst unserm Herrn geweihet haben, welcher Strafe würden wir da nicht werth sein, wenn wir, eingetreten in die Kirche, nachdem wir den Willen und die Gesetze Gottes erkannt, und die Gnade der Sacramente empfangen haben, nach der Welt und des Teufels Vorschriften und Gesetzen leben würden, gleichsam als hätten wir bei der Abwaschung durch die Taufe der Welt und dem Teufel, nicht Christo dem Herrn und Erlöser Treue versprochen? Welches Menschen Seele sollte aber nicht durch den so gnädigen und wohlgeneigten Willen eines so großen Herrn von Flammen der Liebe entzündet werden, der uns als Knechte, die er durch sein Blut erlöst, in seiner Gewalt und Herrschaft hat, dennoch aber uns mit solcher Liebe umfaßt, daß er uns nicht „Knechte", sondern „Freunde und Brüder nennt". Das ist wahrlich die gerechteste Ursache, und ich weiß nicht, ob

cur cum perpetuo debeamus Dominum nostrum agnoscere, venerari et colere.

CAPUT IV.

DE TERTIO ARTICULO.

Qui conceptus est de Spiritu sancto, natus ex Maria Virgine.

Quaestio I.

Tertius fidei articulus quid credendum fidelibus proponat.

Quo consilio et qua ratione Christus genus humanum liberaverit?

Maximo quidem et singulari beneficio humanum genus a Deo affectum esse, qui nos e durissimi tyranni servitute in libertatem vindicarit, ex iis, quae superiori articulo declarata sunt, intelligere fideles possunt. At vero si consilium etiam et rationem, qua potissimum id efficere voluit, nobis ante oculos ponamus, profecto nihil divina in nos beneficentia ac bonitate illustrius, nihil magnificentius esse videbitur. Eius igitur mysterii magnitudinem, quod nobis tanquam salutis nostrae praecipuum caput sacrae litterae considerandum saepissime proponunt, Parochus a tertii articuli explicatione ostendere incipiet, cuius hanc esse sententiam docebit, nos credere et confiteri, eum ipsum Iesum Christum, unicum Dominum nostrum, Dei filium, quum pro nobis humanam carnem suscepit in utero Virginis, non ex virili semine, ut alii homines, sed supra omnem naturae ordinem Spiritus Sancti virtute conceptum esse, ita ut eadem persona Deus permanens, quod ex aeternitate erat, homo fieret, quod ante non erat. Ea autem verba ita accipienda esse, ex sacri Concilii Constantinopolitani confessione plane perspicitur; inquit enim: „Qui propter nos homines, et propter nostram salutem descendit de coelis; et incarnatus est de Spiritu Sancto ex Maria Virgine, et homo factus est.“ Atque id etiam S. Ioannes Evangelista explicavit, ut qui ex ipsius Domini Salvatoris pectore altissimi huius mysterii cognitionem hausisset; nam quum divini Verbi naturam declarasset illis verbis: „In principio erat Verbum, et Verbum erat apud Deum, et Deus erat Verbum,“ [1] ad extremum conclusit: „Et Verbum caro factum est, et habitavit in nobis.“

---

1) Ioan. 1, 1. 14.

nicht von allen die größeste, weshalb wir ihn beständig als unsern Herrn anerkennen, verehren und anbeten müssen.

Viertes Hauptstück.
Vom dritten Glaubensartikel.

Der empfangen ist vom heiligen Geiste, geboren aus Maria der Jungfrau.

Erste Frage.

Was der dritte Glaubensartikel den Gläubigen zu glauben vorstellt.

In welcher Absicht und welcher Weise Christus das Menschengeschlecht erlöst hat?

Daß Gott dem menschlichen Geschlechte eine überaus große und ganz besondere Wohlthat erwiesen habe, da er uns aus der Knecht=schaft des grausamsten Tyrannen befreit hat, können die Gläubigen schon aus dem abnehmen, was im vorigen Artikel erklärt worden ist. Wenn wir aber auch noch die Absicht und Art und Weise, weshalb und wie er dies hauptsächlich hat bewirken wollen, uns vor Augen stellen, so wird uns Nichts erhabener, Nichts herrlicher erscheinen, als diese göttliche Wohlthätigkeit und Güte gegen uns. Die Größe dieses Geheimnisses, welches uns die h. Schrift als das vornehmste Hauptstück unseres Heiles häufig zur Betrachtung vor=hält, soll demnach der Pfarrer bei der Erklärung des dritten Ar=tikels nachzuweisen anfangen, und lehren, das sei dessen Sinn: daß wir glauben und bekennen, dieser Jesus Christus, unser einziger Herr, der Sohn Gottes, sei, da er im Schooße der Jungfrau um unseretwillen das menschliche Fleisch angenommen, nicht aus männ=lichem Samen, wie die anderen Menschen, sondern über alle Ord=nung der Natur durch die Kraft des heiligen Geistes empfangen, so daß dieselbe Person Gott blieb, was sie von Ewigkeit war, und Mensch ward, was sie vorher nicht war. Daß aber diese Worte so verstanden werden müssen, erhellt aus dem Bekenntnisse des hei=ligen Concils von Constantinopel, wo es heißt: „Der wegen uns Menschen und wegen unserer Erlösung vom Himmel herabstieg, und Fleisch annahm durch den heiligen Geist aus Maria der Jung=frau, und Mensch ward". Und dasselbe hat auch der h. Evangelist Johannes erklärt, der doch aus der eigenen Brust des Herrn und Heilandes die Erkenntniß dieses tiefsten Geheimnisses schöpfte; denn, nachdem er das Wesen des göttlichen Wortes in diesen Worten erklärt hat: „Im Anfang war das Wort, und das Wort war bei Gott, und Gott war das Wort", schließt er zuletzt: „und das Wort ist Fleisch geworden und hat unter uns gewohnt".

Quaestio II.

Per temporariam nativitatem nulla facta fuit in Christo naturarum confusio.

Quae naturae in una persona retinent utrasque proprietates. Cf. Q. 2 a. 4.

Verbum enim, quod divinae naturae hypostasis est, ita humanam naturam assumpsit, ut una et eadem esset divinae et humanae naturae hypostasis ac persona; quo factum est, ut tam admirabilis coniunctio utriusque naturae actiones et proprietates conservaret: atque, ut est apud S. Leonem,[1] magnum illum Pontificem, nec inferiorem consumeret glorificatio, nec superiorem minueret assumptio.

Quaestio III.

Solus Spiritus S. incarnationis opus non perfecit.

Quidquid extra trium Personarum Trinitatis proprietates sit, divinitus omnibus Personis est commune.

I. Sed quoniam praetermittenda non est verborum explanatio, doceat Parochus, quum dicimus, Dei Filium Spiritus Sancti virtute conceptum esse, unam hanc divinae Trinitatis personam incarnationis mysterium non confecisse. Quamvis enim unus Filius humanam naturam assumpserit, tamen omnes divinae Trinitatis personae, Pater, Filius et Spiritus Sanctus huius mysterii auctores fuerunt; siquidem illa Christianae fidei regula tenenda est: omnia, quae Deus extra se in rebus creatis agit, tribus personis communia esse, neque unam magis, quam aliam, aut unam sine alia agere.

Proprietates, quae in tribus Personis inveniuntur, non sunt omnibus communes. Incarnatio Patri et Spiritui sancto etiam tribuenda.

II. Quod autem una persona ab alia procedat, hoc unum omnibus commune esse non potest; nam Filius a Patre tantum generatur, Spiritus Sanctus a Patre et Filio procedit. Quidquid vero extra illas ab ipsis proficiscitur, tres personae sine ullo discrimine agunt. atque ex hoc genere Filii Dei incarnatio censenda est. Quamquam vero haec ita se habeant, solent tamen sacrae litterae earum rerum, quae omnibus personis communes sunt, aliam aliis tribuere; quemadmodum summam omnium rerum potestatem Patri, sapientiam Filio, Spiritui sancto amorem adscribunt. Et quoniam divinae incarnationis mysterium singularem atque immensam Dei erga nos benignitatem

---

1) Serm. 1. de Nativ. Dom.

Zweite Frage.

Durch die zeitliche Geburt entstand in Christus keine Vermischung der Naturen.

Wie beide Naturen in der einen Person ihre Eigenthümlichkeiten bewahren.

Das Wort, welches eine Hypostase (Person) der göttlichen Natur ist, nahm die menschliche Natur dergestalt an, daß dieselbe zugleich ein und dieselbe Hypostase und Person der göttlichen und menschlichen Natur war, woher es kam, daß die so wunderbare Vereinigung die Thätigkeiten und Eigenthümlichkeiten jeder von beiden Naturen beibehielt, und, wie der h. Leo, jener große Papst, sagt: „weder die Verherrlichung die niedere (Natur) zerstörte, noch die Annahme (der niedern Natur) von Seiten der höhern diese verringerte.

Dritte Frage.

Der h. Geist allein hat nicht das Werk der Menschwerdung vollbracht.

Was außer den Eigenthümlichkeiten der drei Personen der Dreifaltigkeit sich findet, ist allen Personen gemeinsam.

1. Weil aber die Erläuterung der Worte nicht versäumt werden darf, so lehre der Pfarrer, daß, wenn wir sagen, der Sohn Gottes sei durch die Kraft des heiligen Geistes empfangen, diese Eine Person der göttlichen Dreieinigkeit das Geheimniß der Menschwerdung nicht allein vollbracht habe. Denn obwohl nur der Sohn die menschliche Natur angenommen hat, so sind doch alle Personen der göttlichen Dreieinigkeit, der Vater, der Sohn und der heilige Geist die Urheber dieses Geheimnisses gewesen, da man jene Regel des christlichen Glaubens festhalten muß, daß Alles, was Gott außer sich in den geschaffenen Wesen wirkt, den drei Personen gemeinsam ist, und weder die Eine mehr als die Andere, noch auch die Eine ohne die Andere thätig ist.

Die Eigenthümlichkeiten, welche sich in den drei Personen finden, sind nicht allen gemein. Die Menschwerdung ist auch dem Vater und dem heil. Geiste zuzuschreiben.

2. Daß aber eine Person von der andern ausgeht, dies allein kann nicht allen gemeinsam sein; denn der Sohn wird nur vom Vater gezeugt, der heilige Geist geht vom Vater und Sohne aus. Was aber nach außen hin von denselben ausgeht, das wirken die drei Personen ohne allen Unterschied, und hierzu ist auch die Menschwerdung des Sohnes Gottes zu rechnen. Obgleich sich dies nun so verhält, so pflegt die h. Schrift doch von den Dingen, welche allen Personen gemeinsam sind, der einen dies, der andern ein anderes zuzueignen; so schreiben sie die höchste Macht über alle Dinge dem Vater, die Weisheit dem Sohne, die Liebe dem heiligen Geiste zu. Und weil das Geheimniß der göttlichen Menschwerdung eine ganz besondere und unermeßliche Güte Gottes gegen

declarat. ob eam rem peculiari quadam ratione hoc opus Spiritui Sancto tribuitur.

Quaestio IV.

Omnia supra naturae ordinem in Christi conceptione facta non sunt, sed plurima.

In incarnatione Christi quaedam secundum naturam, quaedam supra naturam facta inveniuntur.

I. In hoc mysterio quaedam supra naturae ordinem, quaedam naturae vi effecta esse animadvertimus. Nam quod ex purissimo Virginis matris sanguine Christi corpus formatum credimus, in eo naturam humanam agnoscimus; quum illud omnium hominum corporibus commune sit, ut ex matris sanguine formentur.

Quo temporis articulo credatur Christi corpus formatum in utero Virginis?

II. Quod vero et naturae ordinem et humanam intelligentiam superat, illud est, simul atque beata Virgo Angeli verbis assentiens, dixit: „Ecce ancilla Domini, fiat mihi secundum verbum tuum“;[1] statim sanctissimum Christi corpus formatum, eique, anima rationis compos coniuncta est, atque ita in ipso temporis articulo perfectus Deus et perfectus homo fuit. Hoc autem novum fuisse atque admirabile Spiritus Sancti opus, nemo dubitare potest, quum, servato naturae ordine, nullum corpus, nisi intra praescriptum temporis spatium, hominis anima informari queat.

Quando Divinitas sit humanitati conjuncta? Eodem momento Maria Deum et hominem concepit.

III. Deinde vero illud accedit maxima admiratione dignum, quod, ut primum cum corpore anima coniuncta fuit, ipsa etiam divinitas cum corpore et anima copulata est; quare simul ac corpus formatum atque animatum est, corpori et animae divinitas coniuncta. Ex quo fit, ut eodem temporis puncto perfectus Deus et perfectus homo esset, et Virgo sanctissima vere et proprie mater Dei et hominis diceretur, quod eodem momento Deum et hominem concepisset. Hoc autem ab Angelo ei significatum est, quum ait: „Ecce concipies in utero, et paries filium, et· vocabis nomen eius Iesum: hic erit magnus, et Filius altissimi vocabitur“.[2] Et eventu comprobatum est, quod Isaias praedixit: „Ecce Virgo concipiet, et pariet filium“.[3] Idem quoque Elisabeth; quum Spiritu Sancto repleta Filii Dei

---

1) Luc. 1, 38. 2) Luc. 1, 31. 32. 3) Ies. 7, 14.

uns beweiset, so wird eben deswegen dieses Werk in besonderer Weise dem heiligen Geiste zugeschrieben.

Vierte Frage.

Bei der Empfängniß Christi ist nicht Alles, aber das Meiste nach über die natürlicher Ordnung geschehen.

Bei der Menschwerdung sehen wir Etwas nach der Natur, Etwas über die Natur sich begeben.

1. Bei diesem Geheimnisse bemerken wir, daß Einiges über die Ordnung der Natur, Einiges durch die Kraft der Natur gewirkt ist. Denn daß wir aus dem reinsten Blute der jungfräulichen Mutter den Leib Christi gebildet glauben, darin erkennen wir die menschliche Natur an, da dies den Leibern aller Menschen gemein ist, daß sie aus dem Blute der Mutter gebildet werden.

In welchem Augenblicke man glauben muß, daß der Leib Christi im Schoße der Jungfrau gebildet sei.

2. Was aber sowohl die Ordnung der Natur, als den menschlichen Verstand übersteigt, ist dies, daß, sobald die heilige Jungfrau den Worten des Engels zustimmend, sagte: „Siehe, ich bin eine Magd des Herrn, mir geschehe nach deinem Worte", sofort der heiligste Leib Christi gebildet, und die vernünftige Seele mit ihm vereinigt ward, und er so in demselben Augenblicke vollkommen Gott und vollkommen Mensch war. Daß dieses aber ein neues und wunderbares Werk des heiligen Geistes gewesen sei, kann Niemand bezweifeln, da nach der gewöhnlichen Ordnung der Natur kein Leib anders, als innerhalb eines bestimmten Zeitraumes von einer menschlichen Seele beseelt werden kann.

Wann die Gottheit sich der Menschheit geeint habe? In demselben Augenblick empfing Maria Gott und den Menschen.

3. Dazu kommt nun noch dies als das Bewunderungswürdigste hinzu, daß, sobald die Seele mit dem Leibe vereinigt wurde, auch die Gottheit selbst mit dem Leibe und der Seele verbunden ward, weshalb zu gleicher Zeit der Leib gebildet und beseelt und die Gottheit mit dem Leibe und der Seele vereinigt ward. Hieraus folgt, daß in demselben Augenblicke der vollkommene Gott und vollkommene Mensch da war, und die heiligste Jungfrau wahrhaftig und eigentlich die Mutter Gottes und des Menschen genannt wurde, weil sie in demselben Augenblicke Gott und den Menschen empfangen hatte. Dies ward ihr aber auch durch den Engel bedeutet, indem er sprach: „Siehe, du wirst empfangen in deinem Leibe und einen Sohn gebären, und du sollst seinen Namen Jesus heißen; dieser wird groß sein und der Sohn des Allerhöchsten genannt werden". Auch bestätigte sich durch den Erfolg, was Isaias vorhergesagt hat: „Siehe, die Jungfrau wird empfangen, und einen Sohn gebären" Dasselbe erklärte auch Elisabeth, als sie, erfüllt vom heiligen Geiste,

conceptionem intellexisset, his verbis declaravit: „Unde hoc
mihi, ut veniat Mater Domini mei ad me"?[1]

In Christi anima fuit plenitudo omnis gratiae.

IV. Sed quemadmodum Christi corpus ex purissimis integer-
rimae Virginis sanguinibus, sine ulla viri opera, ut antea diximus, verum sola Spiritus Sancti virtute formatum est: ita etiam,
ut primum conceptus est, illius anima uberrimam Spiritus Dei
copiam, atque omnem charismatum abundantiam accepit. Neque
enim ut aliis hominibus, qui sanctitate et gratia ornantur, „ipsi
ad mensuram",[2] ut testatur S. Ioannes, „dat Deus Spiritum:"
sed omnem gratiam tam affluenter in eius animam infudit, ut
„de plenitudine eius nos omnes acceperimus.[3]

Quaestio V.
Christus dici non potest Filius Dei adoptivus.

Neque tamen filium Dei adoptivum appellare licet, quamvis
spiritum illum habuerit, quo sancti homines filiorum Dei adop-
tionem consequuntur; nam quum natura Filius Dei sit, adoptionis gratiam aut nomen in eum convenire nullo modo existimandum est.

Quaestio VI.
Quid circa primam articuli partem praecipue meditandum sit.

Cur Deus incarnatus?

Haec sunt, quae de admirabili conceptionis mysterio explicanda visa sunt, ex quibus ut salutaris fructus ad nos redundare
possit, illa in primis fideles memoria repetere, ac saepius cogitare cum animis suis debent, Deum esse, qui humanam carnem
assumpsit; ea vero ratione hominem factum, quam mente nobis
assequi non licet, nedum verbis explicare; ob eum denique finem
hominem fieri voluisse, ut nos homines filii Dei renasceremur.
Haec quum attente consideraverint, tum vero omnia mysteria,
quae hoc articulo continentur, humili ac fideli animo credant
et adorent; nec curiose, quod sine periculo vix unquam fieri
potest, illa investigare ac perscrutari velint.

1) Luc 1. 43.   2) Ioan. 3. 34.   3) Ioan. 1, 16.

die Empfängniß des Sohnes Gottes erkannt hatte, in diesen Worten: „Woher geschieht mir dies, daß die Mutter meines Herrn zu mir kommt?"

In der Seele Chriſti war die Fülle aller Gnade.

4. Aber gleichwie der Leib Christi aus dem reinsten Blute der unbeflecktesten Jungfrau, ohne alles Zuthun eines Mannes, wie wir oben sagten, allein durch die Kraft des heiligen Geistes gebil= det ward, so empfing auch seine Seele, sobald er empfangen ward, die reichste Fülle des Geistes Gottes und das ganze Uebermaß der Gnadengaben. Denn nicht wie andere Menschen, welche mit Hei= ligkeit und Gnade geziert werden, „gibt ihm Gott", wie der heilige Johannes bezeugt, „den Geist nach dem Maße", sondern er goß alle Gnade in solchem Ueberflusse in seine Seele, daß „wir von seiner Fülle Alle empfangen haben".

Fünfte Frage.

Chriſtus kann nicht der angenommene Sohn Gottes genannt werden.

Man darf ihn jedoch nicht einen angenommenen Sohn Gottes nennen, obgleich er jenen Geist besaß, woburch heilige Menschen die Annahme zur Kindschaft Gottes erlangen; denn da er von Natur der Sohn Gottes ist, so darf man auf keine Weise annehmen, daß ihm die Gnade oder der Name der Annahme an Kindesstatt zukomme.

Sechste Frage.

Was beim erſten Theile dieſes Artikels hauptſächlich zu erwägen iſt.

Warum Gott Menſch geworden?

Das Gesagte schien zur Erklärung des wunderbaren Geheim= nisses der Empfängniß nothwendig zu sein. Damit hieraus eine heilsame Frucht für uns hervorgehn könne, müssen sich die Gläu= bigen dies vorzüglich in's Gedächtniß zurückrufen, und häufig in ihrem Gemüthe erwägen, daß Gott es ist, der das menschliche Fleisch annahm, aber auf eine Weise Mensch geworden ist, die wir mit unserm Verstande nicht zu begreifen, geschweige denn mit Worten auszusprechen vermögen; daß er endlich zu dem Ende Mensch werden wollte, damit wir Menschen zu Kindern Gottes wiedergeboren würden. Wenn sie dies aufmerksam betrachtet haben, dann sollen sie aber auch alle Geheimnisse, welche in diesem Artikel enthalten sind, mit demüthigem und aufrichtigem Herzen glauben und anbeten, und nicht neugierig, was kaum ohne Gefahr jemals geschehen kann, dieselben ergrübeln und erforschen wollen.

Quaestio VII.

NATUS EX MARIA VIRGINE. — Christum ex Maria Virgine natum quid sit.

Nativitas Christi quantae laetitiae causa.

1. Haec altera est huius articuli pars, in qua explicanda Parochus diligenter versabitur, quum fidelibus credendum sit, Iesum Dominum non solum conceptum Spiritus Sancti virtute, sed etiam ex Maria Virgine natum et in lucem editum esse. Cuius mysterii fides quanta cum laetitia et iucunditate animi meditanda sit, Angeli vox, qui primus felicissimum nuntium mundo attulit, declarat; inquit enim: „Ecce evangelizo vobis gaudium magnum, quod erit omni populo;" tum ex illius coelestis militiae cantico: „Gloria in altissimis Deo, et in terra pax hominibus bonae voluntatis [1]," quod Angeli cecinerunt, facile est intelligere.

Promissio seminis aeterni Abrahae facta in Christo impletur. Maria quando Deipara.

II. Hinc etiam amplissimum illud Dei promissum ad Abraham impleri incepit, cui dictum est, fore aliquando, ut in eius „semine omnes gentes benedicerentur [2]." Maria enim, quam vere Matrem Dei praedicamus et colimus, quod eam personam, quae simul Deus et homo erat, peperit, a Davide Rege originem duxit.

Quaestio VIII.

Christus secundum communem naturae cursum non est natus.

Christi ortus quam fuerit admirabilis.

I. Sed quemadmodum conceptio ipsa naturae ordinem prorsus vincit: ita in ortu nihil non divinum licet contemplari. Praeterea, quo nihil admirabilius dici omnino aut cogitare potest, nascitur ex matre sine ulla maternae virginitatis diminutione; et quo modo postea ex sepulcro clauso et obsignato egressus est, atque „ad discipulos clausis ianuis introivit;" [3] vel, ne a rebus etiam, quae natura quotidie fieri videmus, discedatur, quo modo solis radii concretam vitri substantiam penetrant, neque frangunt tamen, aut aliqua ex parte laedunt: simili, inquam, et altiori modo, Iesus Christus ex materna alvo, sine ullo maternae virginitatis detrimento editus est, ipsius enim incorruptam et perpetuam virginitatem verissimis laudibus celebramus.

1) Luc. 2, 10. 14   2) Gen. 22, 18   3) Ioan. 20, 19.

Siebente Frage.

Geboren aus Maria der Jungfrau. — Was es heißt, Christus sei aus
Maria der Jungfrau geboren.

Von wie großer Freude die Geburt Christi Ursache ist.

1. Dies ist der zweite Theil dieses Artikels, bei dessen Erklä=
rung der Pfarrer sorgfältig zu verweilen hat, da die Gläubigen
glauben müssen, daß Jesus der Herr nicht allein durch die Kraft
des heiligen Geistes empfangen, sondern auch, daß er aus der
Jungfrau Maria geboren und an's Licht gebracht sei. Mit wie
großer Freude und Fröhlichkeit des Gemüthes der Glaube dieses
Geheimnisses erwogen werden müsse, bezeugt das Wort des Engels,
der zuerst diese glückseligste Botschaft der Welt verkündigte; er sagt
nämlich: „Siehe, ich verkündige euch eine große Freude, die allem
Volke widerfahren wird"; sodann ist dies auch leicht aus dem Ge=
sange jener himmlischen Heerschaaren zu entnehmen, welchen die
Engel sangen: „Ehre sei Gott in der Höhe, und Friede den Men=
schen auf Erden, die eines guten Willens sind".

*Die Verheißung, die dem Abraham von einem ewigen Samen gemacht worden,
wird in Christo erfüllt. Wann wurde Maria Gottesgebärerin?*

2. Hier begann auch jene herrlichste Verheißung Gottes an
Abraham sich zu erfüllen, welchem gesagt wurde, es werde einstens
geschehen, daß in seinem „Samen sollen alle Völker gesegnet wer=
den". Denn Maria, die wir in Wahrheit als die Mutter Gottes
preisen und verehren, weil sie die Person gebar, welche zugleich
Gott und Mensch war, leitete ihren Ursprung vom Könige Da=
vid her.

Achte Frage.

Christus ist nicht nach dem gemeinen Laufe der Natur geboren.

Wie wunderbar Christi Geburt war.

1. Wie aber die Empfängniß selbst die Ordnung der Natur
weit übersteigt, so läßt sich auch bei der Geburt Nichts als Gött=
liches wahrnehmen. Ueberdies, — und Wunderbareres kann wahr=
lich nicht ausgesprochen, noch gedacht werden, — wird er von einer
Mutter, ohne alle Verminderung der Jungfräulichkeit seiner Mutter
geboren; und so wie er späterhin aus dem verschlossenen und ver=
siegelten Grabe hervorging und zu den Jüngern bei verschlossenen
Thüren eintrat, oder, um nicht einmal von den Gegenständen ab=
zugehn, die wir täglich in der Natur sich begeben sehen, so wie die
Sonnenstrahlen die dichte Masse des Glases durchdringen, ohne es
zu zerbrechen oder irgendwie zu verletzen: so, sage ich, und auf
eine noch erhabenere Weise, ging Christus aus dem mütterlichen
Schooße ohne den geringsten Nachtheil der Jungfräulichkeit seiner
Mutter hervor; denn ihre unverletzte und beständige Jungfrau=
schaft feiern wir mit den wahrhaftigsten Lobsprüchen.

Mariae perpetua Virginitas Spiritus sancti virtute fuit conservata.

II. Quod quidem Spiritus Sancti virtute effectum est, qui in Filii conceptione et partu matri ita affuit, ut ei et foecunditatem dederit, et perpetuam virginitatem conservarit.

Quaestio IX.

Christus secundus Adam, et Maria altera Eva recte dicitur.

Christus Adamo frequenter comparatus et secundus Adam dictus.

I. Solet interdum Apostolus Christum Iesum „novissimum Adam[1]" appellare, eumque primo Adam conferre;[2] nam ut in primo omnes homines moriuntur, ita in secundo omnes ad vitam revocantur, atque ut Adam, quod ad naturalem conditionem pertinet, humani generis parens fuit, ita Christus gratiae et gloriae auctor est.

Mariae cum Eva comparatio et quo modo sit illa altera Eva. ·

II. Ad eum modum nobis etiam licet Virginem matrem cum Eva ita conferre, ut priori Evae secunda Eva, quae est Maria, respondeat; quemadmodum secundum Adam, hoc est, Christum, primo Adam respondere ostendimus. Eva enim, quia serpenti fidem habuit, maledictum et mortem in humanum genus invexit; et Maria, postquam Angelo credidit, Dei bonitate effectum est, ut benedictio et vita ad homines perveniret. Propter Evam nascimur filii irae:[3] a Maria Iesum Christum accepimus, per quem filii gratiae regeneramur. Evae dictum est: „In dolore paries Filios;[4]" Maria hac lege soluta est, ut quae, salva virginalis pudicitiae integritate, sine ullo doloris sensu, ut antea dictum est, Iesum Filium Dei peperit.

Quaestio X.

Quibus praecipue figuris ac Prophetiis conceptionis et nativitatis Christi sacramenta adumbrata sint.

Prophetiae et figurae Conceptionis et Nativitatis Iesu Christi.

Quum igitur tanta et tam multa sint admirandae huius conceptionis et nativitatis sacramenta, divinae providentiae consentaneum fuit, ut ea multis figuris et oraculis significarentur. Quare huc pertinere sancti Doctores intellexerunt multa, quae in variis sacrae Scripturae locis legimus; praecipue vero portam illam sanctuarii, quam Ezechiel clausam vidit;[5] item: „lapidem de monte sine manibus abscissum," ut est apud Danielem, „qui factus est magnus mons, et implevit universam terram;"[6] deinde,

1) 1 Cor. 15, 45. 2) Rom. 5, 14. 3) Eph. 2, 3. 4) Genes. 3, 16. 5) Ezech. 44, 2. 6) Dan. 2, 35, 45.

Mariä immerwährende Jungfrauschaft wurde durch die Kraft des heiligen Geistes bewahrt.

2. Und dieses wurde durch die Kraft des heiligen Geistes bewirkt, welcher der Mutter bei der Empfängniß und Geburt des Sohnes so beistand, daß er ihr sowohl die Fruchtbarkeit verlieh, als auch die beständige Jungfräulichkeit bewahrte.

Neunte Frage.

Christus wird mit Recht der zweite Adam und Maria die zweite Eva genannt.

. Christus wird häufig Adam verglichen und der zweite Adam genannt.

1. Zuweilen pflegt der Apostel Christum Jesum den letzten Adam zu nennen, und ihn mit dem ersten Adam zu vergleichen; wie näm=lich durch den ersten alle Menschen sterben, so werden durch den zweiten Alle in's Leben zurückgerufen, und wie Adam, was den natürlichen Stand betrifft, der Vater des menschlichen Geschlechtes war, so ist Christus der Urheber der Gnade und Herrlichkeit.

Vergleich Mariä mit Eva und wie sie die zweite Eva ist.

2. In derselben Weise können wir auch die jungfräuliche Mutter mit Eva so vergleichen, daß der ersten Eva die zweite Eva, welche Maria ist; entspricht, gleichwie wir gezeigt haben, daß der zweite Adam, d. i. Christus, dem ersten Adam entspricht. Denn, weil Eva der Schlange Glauben schenkte, brachte sie Fluch und Tod über das menschliche Geschlecht, und durch Maria, nach dem sie dem Engel glaubte, ist es durch Gottes Güte geschehen, daß sich Segen und Leben über die Menschen verbreitete. Wegen Eva werden wir als Kinder des Zorns geboren; von Maria empfingen wir Jesum Christum, durch den wir zu Kindern der Gnade wieder=geboren werden. Eva ward gesagt: „In Schmerzen sollst du Kinder gebären;“ Maria ward von diesem Gesetze befreit, da sie, wie vor=hin gesagt ist, bei völliger Unverletztheit ihrer jungfräulichen Scham, ohne alles Gefühl eines Schmerzes, Jesum, den Sohn Gottes, geboren hat.

Zehnte Frage.

Durch welche Bilder und Vorhersagungen die Geheimnisse der Empfängniß und Geburt Christi vorzüglich sind angedeutet worden.

Vorherverkündigungen und Bilder der Empfängniß und Geburt Christi.

Da nun die Geheimnisse dieser wunderbaren Empfängniß und Geburt so groß und zahlreich sind, so war es der göttlichen Vor=sehung angemessen, sie durch viele Bilder und Aussprüche anzeigen zu lassen. Deßhalb haben die heiligen Lehrer geglaubt, Vieles, was wir an verschiedenen Stellen der heil. Schrift lesen, sei hierher zu beziehen, vorzüglich aber jene Pforte des Heiligthums, welche Ezechiel verschlossen sah; desgleichen bei Daniel „der Stein, der sich vom Berge losriß ohne Menschenhände, und zu einem großen

„Aaron virgam, quae una inter virgas Principum Israëlis germinavit; [1] et rubum, quem Moyses vidit ardere, et non comburi [2].“ Multis verbis sanctus Evangelista Christi nativitatis historiam descripsit; qua de re nihil est, quod plura a nobis dicantur, cum ea lectio Parocho in promptu sit.

Quaestio XI.
Incarnationis mysterium saepius populo est inculcandum, quidque utilitatis ex eius meditatione capiatur.

Incarnationis mysterium saepius populo inculcandum, ut sit gratus tanto benefactori et ejus humilitatem imitetur.

I. Danda autem illi est opera, ut haec mysteria, quae „ad doctrinam nostram scripta sunt [3],“ infixa animo et mentibus fidelium haereant; primum quidem ut tanti beneficii commemoratione aliquam gratiam eius auctori Deo referant; deinde, ut eximium hoc et singulare humilitatis exemplum eis ante oculos ad imitandum proponat. Quid enim nobis utilius, atque ad animorum nostrorum superbiam et elationem comprimendam accommodatius esse potest, quam saepius cogitare, Deum ita sese humiliare, ut cum hominibus gloriam suam communicet et hominum infirmitatem fragilitatemque assumat; Deum hominem fieri, summamque illam et infinitam maiestatem homini ministrare, „ad cuius nutum columnae coeli,“ ut inquit Scriptura, „contremiscunt et pavent“, [4] eumque in terra nasci, quem in coelis Angeli adorant? [5] Quid igitur, quum haec Deus nostra causa faciat, quid, inquam, nos, ut illi obsequamur, facere oportet? quam libenti atque alacri animo debemus omnia humilitatis officia amare, amplecti, praestare? Videant fideles, quam salutari doctrina Christus nascens nos instituat, antequam vocem aliquam emittere incipiat. Nascitur egenus; nascitur ut peregrinus in diversorio; nascitur in vili praesepio; nascitur media hieme. Ita enim scribit sanctus Lucas: „Factum est, quum essent ibi, impleti sunt dies, ut pareret, et peperit filium suum primogenitum, et pannis eum involvit; et reclinavit eum in praesepio, quia non erat ei locus in diversorio“. [6] Potuitne Evangelista humilioribus verbis omnem coeli et terrae maiestatem et gloriam includere? Neque vero scribit, non fuisse locum in diversorio, sed ei non fuisse, qui dicit: „Meus est orbis terrae,

---

1) Num. 17. 8. 2) Exod. 3, 2. 3) Rom. 15, 4. 4) Iob 26, 11. 5) Ps. 96, 8. 6) Luc. 2, 6. 7.

Berge ward und die ganze Erde erfüllte;" ferner „der Stab Aa=
rons, welcher allein unter den Stäben der Fürsten Israels grünte",
und „der Dornbusch, den Moses brennen sah, und der nicht ver=
zehrt wurde". Der heilige Evangelist hat die Geschichte der Ge=
burt Christi ausführlich beschrieben, weshalb es nicht nöthig ist,
noch Mehreres hierüber zu sagen, da dem Pfarrer jene Stelle zur
Hand ist.

Eilfte Frage.

Das Geheimniß der Menschwerdung muß dem Volke oft eingeprägt werden,
und welcher Nutzen aus dessen Betrachtung geschöpft wird.

Das Geheimniß der Menschwerdung muß dem Volk häufig vorgetragen werden, da=
mit es einem solchen Wohlthäter dankbar sei, und seine Demuth nachahme.

I. Er muß sich aber Mühe geben, daß diese Geheimnisse, die
„zu unserer Belehrung geschrieben sind", dem Gemüthe und Geiste
der Gläubigen tief eingeprägt bleiben, zunächst, damit sie beim An=
denken an eine so große Wohlthat Gott, dem Urheber derselben,
einigen Dank zurückerstatten; sodann, damit er ihnen dieses aus=
gezeichnete und ganz besondere Beispiel der Demuth zur Nachah=
mung vor Augen stelle. Denn was kann uns wohl nützlicher und
zur Unterdrückung des Stolzes und Hochmuthes unserer Seelen
geeigneter sein, als öfter zu bedenken, daß Gott sich so erniedrige,
daß er seine Glorie mit den Menschen theilt und die menschliche
Schwäche und Gebrechlichkeit annimmt; daß Gott Mensch werde
und jene höchste und unendliche Majestät dem Menschen diene, „auf
deren Wink die Säulen des Himmels", wie die Schrift sagt, „zit=
tern und beben", und daß derjenige auf Erden geboren werde, den
die Engel im Himmel anbeten? Was also, da Gott dieses unseret=
wegen that, was, sage ich, werden wir ihm müssen, um seinem
Willen zu entsprechen? Mit welch' bereitwilligem und freudigem
Gemüthe müssen wir alle Pflichten der Demuth lieben, umfassen,
erfüllen? Mögen die Gläubigen es einsehen, welche heilsame Lehre
Christus durch seine Geburt uns gibt, noch ehe er irgend ein Wort
zu reden beginnt! Er wird arm geboren; wird geboren als ein
Fremdling in der Herberge; wird geboren in einer elenden Krippe;
wird geboren mitten im Winter. Denn, so schreibt der heilige
Lucas: „Es begab sich, als sie daselbst waren, kam die Zeit, daß
sie gebären sollte, und sie gebar ihren erstgeborenen Sohn, wickelte
ihn in Windeln, und legte ihn in eine Krippe, weil in der Herberge
kein Platz für ihn war". Konnte der Evangelist wohl die ganze
Majestät und Herrlichkeit des Himmels und der Erde in schlichtere
Worte zusammenfassen? Denn er schreibt nicht etwa, es sei kein
Platz in der Herberge gewesen, sondern für Den sei keiner da
gewesen, der da sagt: „Mein ist der Erdkreis und was ihn er=

et plenitudo eius".[1] Quod etiam alius Evangelista testatus est:
„In propria venit, et sui eum non receperunt".[2]

Incarnationis Filii Dei mysterium qua te pietatis studio recolere ! am? Hominis quan'a dignitas?

II. Haec quum fideles sibi ante oculos proposuerint, tum
vero cogitent, Deum carnis nostrae humilitatem et fragilitatem
subire voluisse, ut humanum genus in altissimo dignitatis gradu
collocaretur. Nam illud unum satis declarat excellentem hominis dignitatem et praestantiam, quae illi divino beneficio tributa est, quod homo fuerit, qui idem verus et perfectus Deus
sit; ut iam gloriari nobis liceat, Filium Dei os nostrum, et
carnem nostram esse, quod beatissimis illis spiritibus non licet.
„Nusquam enim," ut est apud Apostolum [3], „Angelos apprehendit."

*Domicilium Christo in cordibus nostris parandum. Filii Dei Nativitatis imago quo-
modo in nobis ipsis exprimi possit?*

III. Praeterea cavendum est, ne maximo nostro malo eveniat,
ut quemadmodum illi in diversorio Bethleem locus, ubi nasce-
retur, defuit: ita etiam, quando iam in carne non nascitur,
locum in cordibus nostris invenire non possit, ubi in spiritu
nascatur. Hoc enim, quum salutis nostrae cupidissimus sit,
vehementer optat; nam ut ille Spiritus Sancti virtute supra
naturae ordinem homo factus et natus est, sanctusque atque
adeo sanctitas ipsa fuit: ita nos oportet, „non ex sanguinibus,
neque ex voluntate carnis, sed ex Deo nasci [4]," ac deinde, „veluti novam creaturam [5] in novitate spiritus ambulare [6]," sanctitatem illam ac mentis integritatem custodire, quae homines
spiritu Dei regeneratos maxime decet. Hac enim ratione sanctae
huius Filii Dei conceptionis et nativitatis imaginem aliquam in
nobis ipsis exprimemus, quam fideli animo credimus. et credentes, „Dei sapientiam in mysterio, quae abscondita est [7],"
suspicimus et adoramus.

CAPUT V.

DE QUARTO ARTICULO.

Passus sub Pontio Pilato, crucifixus, mortuus, et sepultus.

Quaestio I.

Articuli quarti cognoscendi necessitas et eius sententia

Quantam habeat necessitatem huius articuli cognitio, et quam
diligenter Parochus curare debeat, ut fideles Dominicae passionis

1) Ps. 49, 12. 2) Ioan. 1. 11. 3) Hebr. 2. 16. 4) Ioan. 1. 13. 5) Gal. 6. 15. 6)
Rom. 6, 4. 7) 1 Cor. 2. 7.

füllet"; was auch ein anderer Evangelist bezeugt: „Er kam in sein Eigenthum, und die Seinigen nahmen ihn nicht auf".

Mit wie großer Andacht man das Geheimniß der Menschwerdung des Sohnes Gottes erwägen soll? Wie groß die Würde des Menschen?

2. Wenn die Gläubigen sich dies vor Augen gestellt haben, dann mögen sie aber auch bedenken, daß Gott die Niedrigkeit und Gebrechlichkeit unseres Fleisches deswegen habe annehmen wollen, um das menschliche Geschlecht zur höchsten Stufe der Würde zu erheben. Denn schon dies Eine beweiset hinlänglich die ausgezeichnete Würde des Menschen und den Vorzug, der ihm durch Gottes Wohlthat verliehen ist, daß derjenige Mensch gewesen ist, der zugleich wahrer und vollkommener Gott ist, so daß wir uns nun rühmen dürfen, der Sohn Gottes sei unser Gebein und unser Fleisch, dessen jene seligen Geister sich nicht rühmen dürfen. „Denn", wie der Apostel sagt, „nirgends kommt er Engeln zur Hülfe".

Wir haben Christo in unserm Herzen eine Herberge zu bereiten. Wie die Geburt des Sohnes Gottes in uns selbst ausgeprägt werden könne?

3. Ueberdies müssen wir uns hüten, daß es nicht zu unserm größten Unglück geschehe, daß, wie für ihn in der Herberge zu Bethlehem kein Platz war, wo er geboren werden konnte, er so auch jetzt, wo er nicht mehr im Fleische geboren wird, in unsern Herzen keinen Platz finden könne, um im Geiste geboren zu werden. Denn das wünscht er überaus sehnlich, da er so inbrünstig nach unserm Heile verlangt. Wie nämlich er selbst durch die Kraft des heiligen Geistes über die Ordnung der Natur Mensch geworden ist und geboren wurde, und heilig, ja die Heiligkeit selbst war; so müssen auch wir „nicht aus dem Geblüte, nicht aus dem Willen des Fleisches, sondern aus Gott geboren werden", und sodann, „als eine neue Schöpfung in einem neuen Geiste wandeln", und jene Heiligkeit und Reinheit des Herzens bewahren, die den durch den Geist Gottes wiedergeborenen Menschen überaus geziemt. Denn auf diese Weise werden wir das Bild dieser heiligen Empfängniß und Geburt des Sohnes Gottes in uns ausprägen, welche wir mit treuem Herzen glauben, und glaubend „die geheimnißvolle, verborgene Weisheit Gottes betrachten und anbeten".

Fünftes Hauptstück.
Vom vierten Glaubensartikel.
Gelitten unter Pontius Pilatus, gekreuziget, gestorben und begraben.
Erste Frage.
Nothwendigkeit der Kenntniß des vierten Glaubensartikels und sein Inhalt.

Wie nothwendig die Kenntniß dieses Artikels sei, und wie sorgfältig der Pfarrer darauf Bedacht nehmen müsse, daß die Gläu-

memoriam saepissime animo repetant, docet Apostolus [1], qui
„nihil aliud“ se scire testatus est, „nisi Iesum Christum, et
hunc crucifixum.“ Quare in hoc argumento omne studium et
opera adhibenda est, ut quam maxime illustretur, fidelesque,
tanti beneficii commemoratione excitati, totos se ad Dei erga
nos amorem et bonitatem suspiciendam convertant. Fides itaque
priore articuli parte (nam altera postea dicetur) illud nobis
credendum proponit, Christum Dominum, quum Pontius Pilatus
Tiberii Caesaris iussu Iudaeam provinciam administraret, cruci
affixum esse; nam captus, irrisus, variis iniuriarum et cruciatuum
generibus affectus, demum in crucem sublatus est.

Quaestio II.

PASSUS — Anima Christi cruciatus sensit

Anima Christi, qu d ad partem sensitivam attinet, varios experta est dolo es. Cf. Q.
12 huj. art.

I. Nec vero cuiquam dubitandum est, eius animam, quod ad
inferiorem partem attinet, ab iis cruciatibus liberam non fuisse;
nam quod humanam naturam vere assumpsit, necesse est fateri,
animo etiam gravissimum dolorem sensisse; quare inquit [2]:
„Tristis est anima mea usque ad mortem“.

In una Christi Persona duarum naturarum proprietates sunt servatae. Cf. Q. 2. art. 3.

II. Nam etsi personae divinae humana natura coniuncta fuit,
tamen propter eam coniunctionem nihilominus passionis acerbitatem sensit, quam si ea coniunctio facta non fuisset; quum
in una Iesu Christi persona utriusque naturae, divinae et humanae, proprietates servatae sint: atque idcirco, quod erat passibile et mortale, passibile et mortale permansit; rursus vero
quod impassibile et immortale erat, qualem esse divinam naturam intelligimus, suam proprietatem retinuit.

Quaestio III.

SUB PONTIO PILATO — Cur in Symbolo exprimatur, sub quo Iu-
daeae praeside Christus sit passus.

Quod autem hoc loco tam diligenter observari videmus, Iesum
Christum eo tempore passum esse, quo Pontius Pilatus Iudaeam
provinciam procuraret, id ea re factum esse docebit Parochus,
quia tantae rei et tam necessariae cognitio exploratior omnibus
esse poterat, si rei gestae certum, quod et ab Apostolo Paulo
factum legimus, tempus describeretur; [3] tum etiam, quia iis ver-

---

1) 1 Cor. 2, 2. 2) Matth. 26. 38. 3) 1 Tim. 6, 13.

bigen das Andenken an das Leiden des Herrn recht oft im Herzen erwägen, lehrt der Apostel, welcher bezeugt, „er wisse nichts, als Jesum Christum und diesen als den Gekreuzigten". Deshalb muß auf diesen Satz aller Eifer und Fleiß angewendet werden, damit er so viel wie möglich in's Licht trete und die Gläubigen durch die Er= wähnung einer so großen Wohlthat angefeuert, sich ganz der Be= trachtung der Liebe und Güte Gottes gegen uns zuwenden. Der Glaube hält uns also im ersten Theile des Artikels vor, (denn vom zweiten wird späterhin gehandelt werden), Christus der Herr sei gekreuziget worden, als Pontius Pilatus auf Befehl des Kaisers Tiberius die Provinz Judäa verwaltete; denn, gefangen genommen, verspottet, mit mancherlei Arten von Unbilden und Martern über= häuft, wurde er zuletzt an's Kreuz erhöht.

Zweite Frage.

Gelitten. — Die Seele Christi empfand die Martern.

Die Seele Christi hat, was ihren empfindenden Theil angeht, die verschiedenen Schmerzen empfunden.

1. Es darf indeß Niemand zweifeln, daß seine Seele, was den niederen Theil anbelangt, von jenen Martern nicht frei gewesen sei; denn da er die menschliche Natur wahrhaft angenommen hat, so muß man nothwendig bekennen, daß er den heftigsten Schmerz auch in seiner Seele empfunden habe; weshalb er auch sagt: „Meine Seele ist betrübt bis in den Tod".

In der einen Person Christi sind die Eigenthümlichkeiten der beiden Naturen be= wahrt.

2. Denn obgleich die menschliche Natur mit der göttlichen Person verbunden war, so empfand sie doch bei dieser Vereinigung die Bitterkeit des Leidens nichts desto weniger, als wenn diese Verei= nigung nicht stattgefunden hätte, da in der einen Person Jesu Christi die Eigenschaften der beiden Naturen, der göttlichen und der mensch= lichen, geblieben sind: und deshalb blieb dann auch leidensfähig und sterblich, was leidensfähig und sterblich war; wohingegen das, was unleidensfähig und unsterblich war, als wofür wir die göttliche Natur ansehen, ebenfalls seine Eigenschaft behielt.

Dritte Frage.

Unter Pontius Pilatus. — Warum im Glaubensbekenntniß ausgedrückt ist, unter welchem Landpfleger Judäa's Christus gelitten hat.

Daß wir aber hier so genau angegeben sehen, Jesus Christus habe zu der Zeit gelitten, als Pontius Pilatus die Provinz Judäa verwaltete, das ist, wie der Pfarrer lehren soll, deswegen geschehn, weil die Kenntniß einer so großen und wichtigen Begebenheit Allen offenkundiger werden konnte, wenn die bestimmte Zeit dieser Be= gebenheit genau angegeben wurde, was auch der Apostel Paulus,

bis declaratur, illam Salvatoris praedictionem exitu comprobatam esse: „Tradent, inquit, eum gentibus ad illudendum, et flagellandum, et crucifigendum [1]."

Quaestio IV.

CRUCIFIXUS. — Non temere accidit, quod Christus in ligno crucis mortem est perpessus.

Crucis supplicium apud Gentiles et Judaeos fuit execrandum.

Sed quod potissimum in ligno crucis mortem pertulit, hoc etiam divino consilio tribuendum est, ut scilicet, unde mors oriebatur, inde vita resurgeret. Serpens enim, qui in ligno primos parentes vicerat, victus est a Christo in ligno crucis. Plures eius rei afferri rationes possunt, quas sancti Patres latius persecuti sunt, ut ostendamus consentaneum fuisse, Redemtorem nostrum mortem crucis potissimum subire. Verum satis esse, Parochus admoneat, si fideles credant, illud genus mortis a Salvatore delectum esse, quod quidem ad humani generis redemptionem aptius atque accommodatius videretur; quemadmodum certe nullum turpius atque indignius esse potuit. Non solum enim apud Gentiles crucis supplicium execrandum et dedecoris ignominiaeque plenissimum semper existimatum est; verum etiam in lege Moysis [2] „maledictus homo" appellatur, „qui pendet in ligno."

Quaestio V.

Historia passionis Christi frequentius populo est refricanda.

Quam necessaria huius articuli professio et fides mysterii absconditi in cruce.

I. Neque vero Parochus huius articuli historiam praetermittet, quae diligentissime a sanctis Evangelistis exposita est, ut saltem summa eius mysterii capita, quae ad confirmandam fidei nostrae veritatem magis necessaria videntur, fideles cognita habeant. Hoc enim articulo, veluti fundamento quodam, Christiana religio et fides nititur; eoque posito, reliqua omnia recte constituta sunt. Nam si quid aliud humanae menti et intelligentiae difficultatem affert, certe crucis mysterium omnium difficillimum existimandum est; vixque percipi a nobis potest, salutem nostram ex cruce ipsa, et ex eo, qui pro nobis ligno illi affixus est, pendere. Sed in hoc, ut docet Apostolus, summam Dei providentiam licet admirari.

---

1) Matth. 20, 19. 2) Deutr. 21, 23. et Gal. 3. 13.

wie wir bei ihm lesen, gethan hat; dann auch, weil durch diese Worte angezeigt wird, es habe sich durch den Erfolg bewährt jene Weissagung des Erlösers, die er aussprach: „Sie werden ihn den Heiden ausliefern, daß sie ihn verspotten, geißeln und kreuzigen".

Vierte Frage.

Gekreuzigt. — Es geschah nicht zufällig, daß Christus am Kreuzesstamme den Tod erlitt.

Die Strafe des Kreuzestodes war bei Heiden und Juden schmachvoll.

Daß er aber gerade am Stamme des Kreuzes den Tod erlitt, das müssen wir gleichfalls dem göttlichen Rathschlusse zuschreiben, damit nämlich von daher das Leben seinen Ursprung nähme, woher der Tod gekommen war. Denn die Schlange, welche am Holze die ersten Eltern überwunden hatte, wurde am Holze des Kreuzes von Christus überwunden. Man kann hierfür noch mehrere Gründe anführen, welche die heiligen Väter weitläufiger besprochen haben, um zu zeigen, wie angemessen es gewesen sei, daß unser Erlöser gerade den Kreuzestod erlitt. Der Pfarrer erinnere indeß, es genüge für den Gläubigen, zu glauben, der Heiland habe diese Todesart gewählt, weil sie zur Erlösung des Menschengeschlechtes am geeignetsten und passendsten schien, wie auch gewiß keine unwürdiger, schimpflicher sein konnte. Denn nicht nur bei den Heiden galt die Strafe des Kreuzestodes allzeit für fluchwürdig und von Schmach und Schande voll, sondern auch im Gesetze Mose's wird der Mensch „verflucht" genannt, „der am Holze hängt".

Fünfte Frage.

Die Geschichte des Leidens Christi muß dem Volke öfters im Andenken erneuert werden.

Wie nothwendig das Bekenntniß des Glaubens und der Glaube an das Geheimniß sei, welches im Kreuz verborgen ist.

1. Der Pfarrer soll aber den geschichtlichen Inhalt dieses Artikels, der von den h. Evangelisten auf das sorgfältigste dargestellt ist, nicht übergehen, damit die Gläubigen wenigstens mit den vorzüglichsten Hauptstücken dieses Geheimnisses bekannt werden, welche zur Bekräftigung der Wahrheit unseres Glaubens nothwendig erscheinen. Denn auf diesem Artikel ruht die christliche Religion und der Glaube, wie auf einem Fundamente, und wenn dieses gelegt ist, so befindet sich alles Uebrige in gehörigem Bestande. Denn wenn irgend Etwas der menschlichen Vernunft und Fassungskraft Schwierigkeit macht: so ist das Geheimniß des Kreuzes gewiß für das schwierigste von allen zu halten; und wir können es kaum fassen, daß unser Heil vom Kreuze, und von Dem abhängt, der für uns an dieses Holz geheftet ist. Aber man kann hierin, wie der Apostel lehrt, die höchste Vorsehung Gottes bewundern.

II. Nam[1] „quia in Dei sapientia non cognovit mundus per
sapientiam Deum, placuit Deo per stultitiam praedicationis salvos facere credentes." Quare mirandum non est, si Prophetae
ante Christi adventum, Apostoli post eius mortem et resurrectionem tantopere laborarunt, ut hominibus persuaderent, hunc
esse mundi Redemptorem, eosque in crucifixi potestatem atque
obedientiam redigerent. Quare Dominus, quum nihil tam ab
humana ratione remotum esset, quam crucis mysterium, statim
post peccatum nunquam destitit, tum figuris, tum Prophetarum
oraculis, Filii sui mortem significare. Atque ut de figuris pauca
quaedam attingamus, Abel primum, qui fratris invidia occisus
est, deinde Isaac sacrificium; praeterea agnus, quem
Iudaei, quum e terra Aegypti egrederentur, immolarunt, tum
serpens aeneus, quem Moyses in deserto exaltavit, Christi
Domini passionis ac mortis figuram praemonstrabant. Quod
autem ad Prophetas pertinet, quam multi extiterint, qui de
ea vaticinati sunt, id vero multo notius est, quam ut explicari
hoc loco oporteat. Sed prae caeteris, ut Davidem omittamus,
qui omnia praecipua redemptionis nostrae mysteria in Psalmis
complexus est, Isaiae oracula tam aperta et clara sunt, ut recte
dici queat, eum potius rem gestam exposuisse, quam futuram
praedixisse.

Quaestio VI.

MORTUUS ET SEPULTUS. — Quid haec clausula, „mortuus et sepultus", credendum significet.

Christus vere in cruce fuit mortuus.

1. His verbis Parochus credendum explicabit, Iesum Christum,
postquam crucifixus est, vere mortuum ac sepultum esse. Neque vero sine causa hoc separatim fidelibus credendum proponitur, quum non defuerint, qui eum in cruce mortuum negarent.
Illi igitur errori hanc fidei doctrinam sancti Apostoli merito
opponendam censuerunt, de cuius articuli veritate dubitandi
nullus nobis locus relinquitur; nam omnes Evangelistae consentiunt, „Iesum spiritum emisisse." Praeterea quum Christus
verus et perfectus homo fuerit, vere etiam mori potuit; moritur autem homo, quum anima separatur a corpore.

1) 1 Cor. 1, 21.

2. „Denn weil in der Weisheit Gottes die Welt durch (ihre)
Weisheit Gott nicht erkannt hat, ſo gefiel es Gott, durch eine
thörichte Predigt diejenigen ſelig zu machen, welche glauben“. Daher
darf man ſich nicht wundern, daß die Propheten vor der Ankunft
Chriſti, die Apoſtel nach ſeinem Tode und ſeiner Auferſtehung, ſich
ſo große Mühe gaben, die Menſchen zu überzeugen, dieſer ſei der
Erlöſer der Welt, und ſie unter die Botmäßigkeit und zum Gehorſam des Gekreuzigten zu bringen. Und weil Nichts der menſchlichen Vernunft ſo fern liegt, als das Geheimniß des Kreuzes,
darum hat der Herr gleich nach dem Sündenfalle niemals abgelaſſen,
ſowohl durch Vorbilder, als durch die Ausſprüche der Propheten
den Tod ſeines Sohnes anzudeuten. Und um von den Vorbildern
nur einige wenige zu berühren, ſo zeigte zuerſt Abel, der durch den
Neid des Bruders getödtet wurde, dann das Opfer des Iſaak, ferner
das Lamm, welches die Juden beim Auszuge aus Aegypten opferten,
dann die eherne Schlange, die Moſes in der Wüſte aufrichtete, das
Leiden und den Tod Chriſti, des Herrn, vorbildlich an. Was aber
die Propheten betrifft, ſo iſt es viel zu bekannt, wie viele ihrer waren, die davon geweiſſagt haben, als daß es nöthig wäre, dies hier
näher auseinander zu ſetzen. Von allen aber, um David nicht zu
erwähnen, der die vornehmſten Geheimniſſe unſerer Erlöſung ins-
geſammt in den Pſalmen zuſammengefaßt hat, ſo ſind die Weiſſagungen des Iſaias ſo deutlich und klar, daß man mit Wahrheit ſagen
kann, er habe mehr eine ſchon geſchehene Thatſache berichtet, als eine
zukünftige vorhergeſagt.

Sechste Frage.

Geſtorben und begraben. — Was der Abſatz „geſtorben und begraben“
zu glauben enthalte.

Chriſtus iſt wirklich am Kreuze geſtorben.

1. Bei dieſen Worten wird der Pfarrer erklären, daß man
glauben müſſe, Jeſus Chriſtus ſei, nachdem er gekreuzigt, wahrhaft geſtorben und begraben. Und ſicher wird dies nicht ohne Grund
den Gläubigen noch beſonders zu glauben vorgehalten, da es Einige gegeben hat, die leugneten, daß er am Kreuze geſtorben ſei.
Dieſem Irrthum glaubten daher mit Recht die heil. Apoſtel dieſe
Glaubenslehre entgegenſetzen zu müſſen, und es bleibt uns an der
Wahrheit dieſes Artikels zu zweifeln nicht der geringſte Raum;
denn alle Evangeliſten ſtimmen darin überein, daß „Jeſus ſeinen
Geiſt aufgegeben habe“. Da überdies Chriſtus wahrhaft und vollkommen Menſch war, ſo konnte er auch wirklich ſterben; der Menſch
ſtirbt aber, wenn die Seele ſich vom Körper trennt.

Morte Christi Divinitas a corpore et anima non fuit separata.

II. Quare quum Iesum mortuum esse dicimus, id significamus, eius animam a corpore divisam esse; neque tamen concedimus divinitatem seiunctam a corpore; quin potius constanter credimus et confitemur, anima eius a corpore divisa, divinitatem tum corpori in sepulcro, tum animae apud inferos coniunctam semper fuisse. Decebat autem Filium Dei mori[1], „ut per mortem destrueret eum, qui habebat mortis imperium, id est, diabolum, et liberaret eos, qui timore mortis per totam vitam obnoxii erant servituti".[2]

Quaestio VII.
Invitus et coactus mortem Christus non subiit.

Mors Christi fuit voluntaria.

I. Sed illud in Christo Domino singulare fuit, quod tunc mortuus est, quum ipse mori decrevit, et mortem non tam aliena vi illatam, quam voluntariam obiit. Nec vero mortem solum, sed locum etiam et tempus, in quo moreretur, ipse sibi constituit. Ita enim Isaias scripsit: „Oblatus est, quia ipse voluit[3]." Atque idem Dominus de se ante passionem dixit: „Ego pono animam meam, ut iterum sumam eam.[4] Nemo tollit eam a me, sed ego pono eam a me ipso; potestatem habeo, ponendi eam et potestatem habeo, iterum sumendi eam." Quod autem ad tempus et ad locum attinet, quum Herodes eius vitae insidiaretur, ipse inquit: „Dicite vulpi illi, ecce eiicio daemonia et sanitates perficio hodie et cras, et tertia die consumor, verum tamen oportet me hodie et cras et sequenti die ambulare: quia non capit Prophetam perire extra Hierusalem[5]." Ille igitur nihil invitus aut coactus fecit, sed ipse sese volens obtulit, atque inimicis suis obviam procedens, dixit: „Ego sum;[6]" et sponte sua ea omnia supplicia pertulit, quibus illum iniuste et crudeliter affecerunt; quo quidem nihil ad commovendos animi nostri sensus maiorem vim habere potest, quum poenas tormentaque eius omnia cogitatione perpendimus.

Magnitudo beneficii passionis ex eo, quod fuit ultronea, considerari debet.

II. Nam si quispiam nostra causa omnes dolores patiatur, non quos ipse sua voluntate suscipiat, sed quos vitare nequeat: hoc vero haud magni beneficii loco a nobis ponetur. Verum si nostro tantum nomine mortem, quam defugere poterat, liben-

1) Hebr. 2, 10. 2) Ib. 2, 14. 15. 3) Is. 53. 7. 4) Ioan. 10, 17. 18. 5) Luc. 13, 32. 33. 6 Ioan. 18, 3.

Durch den Tod Christi wurde die Gottheit nicht von dem Leibe und der Seele getrennt.

2. Wenn wir also sagen, Jesus sei gestorben, so geben wir dadurch zu erkennen, seine Seele sei vom Körper getrennt, aber wir geben nicht damit zu, daß die Gottheit sich vom Körper getrennt habe; wir glauben und bekennen vielmehr standhaft, daß nach der Trennung der Seele vom Leibe die Gottheit sowohl mit dem Leibe im Grabe, als mit der Seele in der Vorhölle fortwährend vereinigt gewesen sei. Es ziemte sich aber, daß der Sohn Gottes starb, „damit er durch den Tod dem die Macht nähme, der des Todes Gewalt hatte, das ist, dem Teufel, und diejenigen erlös'te, welche in der Furcht des Todes durch das ganze Leben der Knechtschaft unterworfen waren".

Siebente Frage.
Christus ging nicht unfreiwillig und gezwungen in den Tod.
Der Tod Christi war ein freiwilliger.

1. Dies war aber bei Christo dem Herrn ganz eigenthümlich, daß er da starb, als er selbst zu sterben beschlossen hatte, und daß er nicht sowohl einen durch fremde Gewalt ihm angethanen, als vielmehr einen freiwilligen Tod erlitt. Ja, er hat nicht allein den Tod, sondern auch den Ort und die Zeit, wo er sterben wollte, sich selbst bestimmt. Denn also schrieb Isaias: „Er wird geopfert, weil er selbst wollte". Und der Herr selbst sagt von sich vor seinem Leiden: „Ich gebe mein Leben hin, um es wieder zu nehmen. Niemand nimmt es von mir, sondern ich gebe es von mir selbst hin; ich habe Macht, es hinzugeben, und ich habe Macht, es wieder zu nehmen". Was aber die Zeit und den Ort betrifft, so sagt er selbst, da Herodes ihm nach dem Leben trachtete: „Saget diesem Fuchse: Siehe, ich treibe den Teufel aus und mache gesund heute und morgen, und am dritten Tage werde ich enden. Aber heute, morgen und an dem folgenden Tage muß ich noch wandeln; denn es geht nicht an, daß ein Prophet außerhalb Jerusalem umkomme". Er that also nichts wider Willen oder gezwungen, sondern er bot sich freiwillig dar, und seinen Feinden entgegengehend sprach er: „Ich bin's"; und ertrug freiwillig alle jene Strafen, die man ihm ungerechter und grausamer Weise zufügte. In der That kann wohl nichts mächtiger im Stande sein, unsere Herzen zu rühren, als eben dies, wenn wir alle seine Leiden und Marter im Gemüthe erwägen.

Die Größe der Wohlthat des Leidens muß man daraus abnehmen, daß es ein freiwilliges war.

2. Denn wenn Jemand um unsertwillen alle Qualen erduldete, nicht, weil er sie selbst freiwillig übernommen hätte, sondern weil er ihnen nicht entgehen könnte, so würde uns dies für eine nicht besonders große Wohlthat gelten. Wenn er sich aber lediglich statt

ter occumbat; profecto hoc beneficii genus tantum est, ut omnem non solum referendae, sed etiam habendae gratiae facultatem vel gratissimo cuique eripiat. Ex quo Iesu Christi summa et eximia charitas, eiusque divinum et immensum in nos meritum perspici potest.

Quaestio VIII.

Cur Christum non modo mortuum, sed etiam sepultum esse dicamus

Sepulturae Christi cur expressa mentio, et quid de illius passione meditandum.

I. Iam vero, quod sepultum esse confitemur, hoc quidem veluti articuli pars non constituitur, quod novam aliquam difficultatem habeat, praeter ea, quae iam de morte dicta sunt. Nam si Christum mortuum credimus, facile etiam nobis persuaderi potest, eum sepultum esse. Verum hoc additum est, primum ut minus dubitare de morte liceat, quum maximo argumento sit, aliquem mortuum esse, si eius corpus sepultum probemus; deinde ut resurrectionis miraculum magis declaretur atque eluceat.

Deum esse mortuum et sepultum, qua ratione affirmetur.

II. Neque vero hoc solum credimus, Christi corpus sepultum esse, sed illud praecipue his verbis credendum proponitur, Deum sepultum esse, quemadmodum ex fidei Catholicae regula verissime etiam dicimus, Deum mortuum, et ex Virgine natum esse. Nam quum divinitas nunquam divisa fuerit a corpore, quod in sepulcro conditum est, recte confitemur Deum sepultum esse.

Quaestio IX.

Quae circa mortem et sepulturam Christi sint maxime observanda.

Circa mortem et sepulturam Christi duo maxime observanda.

I. Ac de genere quidem et loco sepulturae illa Parocho satis erunt, quae a sanctis Evangelistis dicta sunt. Duo vero in primis observanda sunt: alterum, Christi corpus in sepulcro nulla ex parte corruptum esse; de quo Propheta ita vaticinatus erat: „Non dabis Sanctum tuum videre corruptionem" [1].

Quomodo Deus nec patitur nec moritur et tamen recte dicitur: Deus passus et mortuus.

II. Alterum est, quod ad omnes huius articuli partes attinet, sepulturam scilicet, passionem etiam et mortem Christo Iesu, ut homini, non ut Deo convenire; nam pati et mori, in humanam tantum naturam cadunt; quamvis Deo etiam haec omnia

---

1) Ps. 15. 10. Act. 2. 27.

unſer dem Tode, dem er entgehen könnte, mit Freuden unterzöge, dann iſt dies wahrlich eine ſo großartige Wohlthat, daß dafür den Dank, ich ſage nicht zurückzuerſtatten, ſondern auch nur zu empfin= den, auch dem Dankbarſten die Möglichkeit geraubt wird. Hieraus läßt ſich die ungemeine und außerordentliche Liebe Jeſu Chriſti und ſein unermeßliches Verdienſt um uns abnehmen.

Achte Frage.

Warum wir von Chriſtus ſagen, er ſei nicht blos geſtorben, ſondern auch begraben.

Warum des Begräbniſſes Chriſti ausdrücklich Erwähnung gethan wird, und was man von ſeinem Leichen erwägen ſoll?

1. Wenn wir aber bekennen, daß er begraben ſei, ſo wird dies nicht als ein Theil dieſes Artikels hingeſtellt, weil er eine neue Schwierigkeit darböte außer demjenigen, was bereits vom Tode ge= ſagt worden iſt. Denn, wenn wir glauben, Chriſtus ſei geſtorben, können wir auch leicht begreifen, er ſei begraben. Indeß iſt dies hin= zugefügt, zuerſt, daß man um ſo weniger an ſeinem Tode zweifeln dürfe, da es der größte Beweis dafür iſt, daß Jemand geſtorben ſei, wenn wir nachweiſen, ſein Leib ſei begraben; ſodann, damit das Wunder der Auferſtehung um ſo mehr erſcheine und an's Licht trete.

In welcher Weiſe geſagt wird, Gott ſei geſtorben und begraben.

2. Uebrigens glauben wir nicht dies allein, der Leib Chriſti ſei begraben, ſondern es wird uns in dieſen Worten beſonders zu glau= ben vorgehalten, Gott ſei begraben, ſo wie wir nach der Richtſchnur des katholiſchen Glaubens mit aller Wahrheit ſagen: Gott ſei ge= ſtorben und aus der Jungfrau geboren. Denn da die Gottheit nie= mals von dem Körper getrennt ward, ſo bekennen wir mit Recht, Gott ſei begraben worden.

Neunte Frage.

Was vom Tode und Begräbniſſe Chriſti vorzüglich zu bemerken iſt.

In Betreff des Todes und Begräbniſſes Chriſti ſind zwei Dinge vorzüglich zu be= achten.

1. Ueber die Art und den Ort des Begräbniſſes wird das für den Pfarrer genügen, was von den h. Evangeliſten erzählt worden iſt. Zweierlei iſt jedoch hauptſächlich zu bemerken; erſtlich: der Leib Chriſti ſei im Grabe durchaus nicht verweſet, wovon der Prophet ſo geweiſſaget hatte: „Du wirſt deinem Heiligen nicht zu ſehen ge= ben die Verweſung".

Wie Gott weder leidet noch ſtirbt, und doch mit Recht geſagt wird: Gott habe gelitten und ſei geſtorben.

2. Das zweite iſt, was ſich auf alle Theile dieſes Artikels bezieht, daß nämlich das Begräbniß, wie auch das Leiden und der Tod Chriſto Jeſu als Menſch, nicht als Gott zukomme; denn zu leiden

7

tribuantur, quoniam de illa persona, quae simul perfectus Deus, perfectus homo fuit, recte dici perspicuum est.

Quaestio X.

Qua ratione contemplari oporteat passionis Christi beneficium.

Hic cognitis, ea de Christi passione et morte Parochus explicabit, ex quibus tanti mysterii immensitatem, si non comprehendere, contemplari saltem fideles possint. Ac primum quidem considerandum est, quis ille sit, qui haec omnia patitur. Et quidem nullis verbis eius dignitatem explicare, aut mente comprehendere possumus. S. Ioannes, „Verbum" esse dicit, „quod erat apud Deum".[1] Apostolus magnificis verbis describit in hunc modum: „Esse eum, quem Deus constituit haeredem universorum, per quem fecit et saecula, qui est splendor gloriae, et figura substantiae eius, qui portat omnia verbo virtutis suae"[2]. Hic igitur „purgationem peccatorum faciens, sedet ad dexteram maiestatis in excelsis". Atque, ut uno verbo complectamur, patitur Iesus Christus, Deus et homo; patitur Creator pro iis, quos ipse condidit; patitur Dominus pro servis; patitur is, per quem Angeli, homines, coeli, elementa facta sunt, ille, inquam, „in quo, per quem, et ex quo sunt omnia".[3] Quare mirandum non est, si, eo tot passionum tormentis commoto, totum etiam aedificium concussum est;[4] nam, ut inquit scriptura „Terra mota est et petrae scissae sunt: tenebrae etiam factae per universam terram, et sol obscuratus est".[5] Quod si mutae etiam res et sensu carentes Creatoris sui passionem luxerunt, cogitent fideles,[6] quibus lacrimis ipsi, tamquam vivi lapides huius aedificii, dolorem suum declarare debeant.

Quaestio XI.

Cur Christus voluerit extrema pati, quidque sentiendum de his sit, qui, Christianismum professi, in peccatis sordescunt.

Passionis Christi causa et de gravitate relabentium.

I. Iam vero causae etiam passionis exponendae sunt, ut eo magis divinae erga nos charitatis magnitudo et vis appareat. Si quis igitur quaerat, quae causa fuerit, cur Filius Dei acerbissimam passionem subierit, hanc potissimum fuisse inveniet,

1) Ioan. 1, 1. 2) Hebr. 1. 2. 3. 3) Röm. 11, 36. 4) Matth. 27, 51. 5) Luc. 23, 44. 45. 6) 1 Pet. 2. 5.

und zu sterben ist nur die menschliche Natur fähig, obgleich dieses Alles auch Gott zugeschrieben wird, weil es einleuchtend ist, daß man es mit Recht von derjenigen Person aussagt, welche zugleich vollkommener Gott und vollkommener Mensch ist.

Zehnte Frage.
Wie man die Wohlthat des Leidens Christi betrachten müsse.

Nachdem man sich hierüber klar geworden ist, hat der Pfarrer dasjenige über das Leiden und den Tod Christi zu erklären, aus dem die Gläubigen die Unermeßlichkeit eines so großen Geheimnisses, wo nicht begreifen, doch betrachten können. Und zwar muß zuerst betrachtet werden, wer der sei, der dies Alles leidet. In der That vermögen wir seine Würde mit keinem Worte auszudrücken, oder mit dem Verstande zu erfassen. Der h. Johannes sagt, er sei „das Wort, das bei Gott war". Der Apostel schildert ihn mit herrlichen Worten auf folgende Weise: er sei derjenige, „welchen Gott zum Erben über Alles gesetzt, durch den er auch die Welt gemacht hat, der der Abglanz seiner Herrlichkeit und das Ebenbild seines Wesens ist, und durch das Wort seiner Kraft Alles trägt, und welcher daher, nachdem er uns von Sünden gereinigt hat, sitzet zur Rechten der Majestät in der Höhe". Und um es mit einem Worte zusammenzufassen: Jesus Christus leidet als Gott und Mensch; der Schöpfer leidet für die, welche er selber erschaffen; der Herr leidet für die Knechte; es leidet der, durch welchen die Engel, die Menschen, die Himmel, die Elemente gemacht sind; der, sage ich, „in welchem, durch welchen, von welchem Alles ist". Man soll sich daher nicht wundern, wenn das ganze Weltgebäude erschüttert wurde, als er von den Qualen so vieler Leiden bewegt war; denn, wie die Schrift sagt: „bebte die Erde und die Felsen spalteten sich, und es ward eine Finsterniß über die ganze Erde, und die Sonne ward verfinstert". Wenn nun selbst stumme und empfindungslose Dinge über das Leiden ihres Schöpfers trauerten, so mögen die Gläubigen bedenken, mit welchen Thränen sie selbst, als „lebendige Steine" dieses Baues, ihren Schmerz an den Tag legen müssen.

Eilfte Frage.
Warum Christus das Aeußerste leiden wollte, und was von denen zu halten sei, welche sich zum Christenthume bekennen, aber im Schlamme der Sünde sich wälzen.
Ursache des Leidens Christi und Schwere des Rückfalls.

1. Nun müssen wir aber auch die Ursachen des Leidens auseinander setzen, damit um so deutlicher die Größe und Kraft der göttlichen Liebe gegen uns erscheine. Wenn demnach Jemand fragt, aus welcher Ursache der Sohn Gottes das bitterste Leiden übernommen

praeter haereditariam labem primorum parentum, vitia et peccata, quae homines a mundi origine usque ad hanc diem admiserunt, ac deinceps usque ad consummationem saeculi admis-
suri sunt.

Christus pro peccatis totius mundi satisfecit et ideo passus est.

II. Hoc enim in passione et morte Filius Dei Salvator noster
spectavit, ut omnium aetatum peccata redimeret ac deleret, et
pro iis Patri abunde cumulateque satisfaceret. Illud etiam
accedit ad augendam rei dignitatem, quod non solum Christus
pro peccatoribus passus est, sed etiam poenarum omnium, quas
pertulit, peccatores et auctores et ministri fuerunt; de quo
Apostolus admonet, ita ad Hebraeos scribens: „Recogitate eum,
qui talem sustinuit a peccatoribus adversus semetipsum contra-
dictionem, ut ne fatigemini animis vestris deficientes".[1]

Relabentes saepius in scelera Deum iterum crucifigunt et gravius plerumque offendunt, quam Iudaei.

III. Atque hac culpa omnes teneri iudicandum est, qui in
peccata saepius prolabuntur; nam quum peccata nostra Christum Dominum impulerint, ut crucis supplicium subiret: profecto qui in flagitiis et sceleribus volutantur, rursus, quod in
ipsis est, crucifigunt in „semetipsis Filium Dei, et ostentui
habent.[2] Quod quidem scelus eo gravius in nobis videri potest, quam fuerit in Iudaeis, quod illi, eodem Apostolo teste,
„si cognovissent, nunquam Dominum gloriae crucifixissent",[3] nos
autem et nosse eum profitemur, tamen factis negantes, quodammodo violentas ei manus videmur inferre.

Christus a Patre et a semetipso etiam traditus.

IV. Sed a Patre etiam, et a semetipso Christum Dominum
traditum esse, sacrae litterae testantur; inquit enim apud Isaiam: „Propter scelus populi percussi eum;"[4] et paulo ante idem
Propheta, quum Dominum plagis et vulneribus affectum, Spiritu
Dei plenus, videret, dixit: „Omnes nos quasi oves erravimus;
unusquisque in viam suam declinavit et posuit Dominus in eo
iniquitatem omnium nostrum".[5] De Filio autem scriptum est:
„Si posuerit pro peccato animam suam, videbit semen longae-
vum".[6] Sed eandem rem Apostolus gravioribus etiam verbis
expressit, quum tamen ex altera parte vellet ostendere, quantum nobis de immensa Dei misericordia et bonitate sperare liceat; inquit enim: „Qui etiam proprio filio suo non pepercit,

1) Hebr. 12, 3. 2) Hebr. 6. 6. 3) 1 Cor. 2, 8. 4) Is. 53, 8. 5) Ibid. v. 6. 6) Ibid.
v. 10.

habe, ſo wird er finden, daß es außer dem von unſern erſten Eltern
ererbten Verderben, vorzüglich die Laſter und Sünden waren, welche
die Menſchen vom Anbeginne der Welt bis auf dieſen Tag began=
gen haben, und welche ſie fortan bis an's Ende der Welt begehen
werden.

Chriſtus hat für die Sünden der ganzen Welt genug gethan und iſt deßhalb ge=
ſtorben.

2. Denn das bezweckte der Sohn Gottes, unſer Heiland, durch
ſein Leiden und Sterben, daß er die Sünden aller Zeiten ſühne und
tilge, und für dieſelben dem Vater reichlich und überflüſſig genug
thue. Dazu kommt noch, um die Würde der Sache zu erhöhen, daß
Chriſtus nicht allein für die Sünder gelitten hat, ſondern daß die
Sünder auch die Urheber und Vermittler der Qualen waren, die er
ertrug, worauf der Apoſtel aufmerkſam macht, wenn er ſo an die
Hebräer ſchreibt: „Gedenket an ihn, der ſolchen Widerſpruch von
den Sündern gegen ſich erduldet hat, damit ihr nicht ermüdet und
euern Muth nicht ſinken laſſet".

Diejenigen, welche häufig in dieſelben Sünden zurückfallen, kreuzigen Gott wie=
derum und beleidigen ihn häufig ſchwerer, als die Juden.

3. Und es müſſen dieſer Schuld Alle theilhaftig erachtet werden,
die öfters in Sünden fallen; denn da unſere Sünden Chriſtus den
Herrn bewogen haben, den Kreuzestod auf ſich zu nehmen, ſo kreu=
zigen in der That die, welche in Laſtern und Schandthaten ſich wäl=
zen, ſo viel an ihnen iſt, „ein jeder für ſich den Sohn Gottes auf's
neue und verſpotten ihn". Und dieſes Verbrechen muß bei
uns um ſo ſchwerer erachtet werden, als bei den Juden, weil dieſe,
wie derſelbe Apoſtel bezeugt: „wenn ſie dieſelbe (Weisheit Gottes)
erkannt hätten, den Herrn der Herrlichkeit nie gekreuzigt haben wür=
den", wir aber ſprechen das Bekenntniß aus, daß wir ihn kennen,
und wenn wir ihn doch durch die That verleugnen, ſcheinen wir ſo
gleichſam gewaltſame Hand an ihn zu legen".

Chriſtus wurde vom Vater und auch von ſich ſelbſt hingegeben.

4. Aber die h. Schrift bezeugt, daß Chriſtus der Herr ſowohl
vom Vater, als von ſich ſelbſt überliefert worden ſei; denn ſo ſagt
er bei Iſaias: „Um der Sünde meines Volkes willen ſchlug ich
ihn;" und kurz zuvor ſagt derſelbe Prophet, als er, voll des Geiſtes
Gottes, den Herrn voller Striemen und Wunden ſah: „Wir Alle
gingen in der Irre wie Schafe, ein Jeglicher wich ab von ſeinem
Wege, aber unſer Aller Miſſethat hat der Herr auf ihn gelegt".
Vom Sohne hingegen ſteht geſchrieben: „Wenn er für die Sünde
ſein Leben gegeben, ſchauet er ewigen Samen". Der Apoſtel hat
jedoch daſſelbe mit noch nachdrücklicheren Worten ausgedrückt, da er
dabei auf der andern Seite zeigen wollte, wie viel wir von der un=
ermeßlichen Barmherzigkeit und Güte Gottes hoffen dürften; er ſagt

sed pro nobis omnibus tradidit illum; quomodo non etiam cum
illo omnia nobis donavit? [1]

Quaestio XII.

Christus tormentorum acerbitatem corpore et animo vere sensit.

Acerbitas passionis.

I. Sequitur nunc, ut quanta fuerit passionis acerbitas Parochus doceat: quamquam si memoria teneamus „sudorem Domini
factum, ut guttas sanguinis decurrentis in terram", [2] quum ille
tormenta et cruciatus animo perciperet, quibus paulo post affi-
ciendus erat: facile ex eo unusquisque intelliget, nihil ad illum
dolorem addi potuisse. Nam si malorum imminentium cogitatio
tam acerba fuit, id quod sanguinis sudor declaravit: quid ipsam
perpessionem fuisse existimandum est? Sed tamen Christum
Dominum summis, tum animi, tum corporis doloribus affectum
esse constat. Ac primum quidem nulla fuit eius corporis pars,
quae gravissimas poenas non senserit; nam et pedes et manus
clavis cruci affixae, caput spinis compunctum, et arundine per-
cussum, facies sputis foedata, alapis caesa, totum corpus flagellis
verberatum est. Praeterea omnium et generum et ordinum
homines „convenerunt in unum adversus Dominum, et adversus
Christum eius". [3] Gentes enim et Iudaci, passionis suasores,
auctores, ministri fuerunt. Iudas eum prodidit, Petrus negavit,
caeteri omnes descruerunt. Iam vero in cruce ipsa acerbita-
temne, an ignominiam, an utrumque simul queremur? Ac profecto nullum aut turpius genus mortis, aut acerbius excogitari
co potuit, quo affici non nisi nocentissimi et sceleratissimi homines consueverunt, et in quo summi doloris et cruciatus sensum mortis diuturnitas vehementiorem efficiebat.

Corpus Christi perfectissimum et temperantissimum fuit.

II. Augebat autem poenarum magnitudinem ipsa Christi Iesu
corporis constitutio et habitus; quod quidem quum Spiritus Sancti
virtute formatum esset, multo perfectius et temperantius fuit,
quam aliorum hominum corpora esse possunt; atque ideo acri-
orem quoque sentiendi vim habuit, et gravius tormenta illa
omnia perpessum est.

An sancti Martyres tantam vim poenarum in tormentis senserint, quantam Christus.

III. Quod vero ad intimum animi dolorem pertinet, nemo

1) Rom. 8. 32.   2) Luc. 22, 41.   3) Ps. 2, 2.

nämlich: „Der selbst seines eigenen Sohnes nicht geschont, sondern ihn für uns Alle hingegeben hat: wie sollte er uns nicht Alles mit ihm geschenkt haben?"

Zwölfte Frage.

Christus hat die Bitterkeit der Leiden an Leib und Seele wirklich gefühlt.

Bitterkeit des Leidens.

1. Es folgt nun, daß der Pfarrer lehre, wie groß die Bitterkeit des Leidens gewesen sei; obgleich, wenn wir uns erinnern, „daß der Schweiß des Herrn ward wie Tropfen Bluts, das auf die Erde rann", als er die Marter und Qualen in seiner Seele erwog, mit denen er nun bald angethan werden sollte: ein Jeder leicht daraus abnehmen wird, daß man zu diesem Schmerze Nichts habe mehr hinzufügen können. Denn wenn schon der Gedanke an die bevorstehenden Leiden so bitter war, was ja der blutige Schweiß darthat, was soll man dann von den Leiden selbst denken? Indeß ist es auch gewiß, daß Christus der Herr sowohl mit den größten Seelen= als Körperschmerzen behaftet gewesen sei. Und zwar zunächst ist kein Theil seines Körpers gewesen, der nicht die schwersten Qualen empfunden hätte; denn sowohl Füße als Hände waren mit Nägeln an's Kreuz geheftet, sein Haupt mit Dornen durchstochen und mit einem Rohre geschlagen, das Angesicht durch Speichel verunstaltet, mit Backenstreichen geschlagen, der ganze Leib mit Geißelhieben zerfleischt. Ueberdies sind die Menschen aller Gattungen und Stände „zusammen gekommen wider den Herrn und seinen Gesalbten". Denn die Heiden und Juden waren die Anstifter, Urheber und Mithelfer seines Leidens. Judas hat ihn verrathen, Petrus verleugnet, alle Uebrigen ihn verlassen. Und am Kreuze erst, sollen wir da sein bitteres Leiden, seine Schmach, oder Beides zugleich beklagen? Denn wahrlich, es kann keine schmachvollere und schmerzlichere Todesart ersonnen werden, als die, mit der man nur die schuldbeladensten und verbrecherischsten Menschen zu züchtigen pflegte, und bei welcher das Gefühl der höchsten Pein und Qual den nur langsam nahenden Tod um so heftiger machte.

Christi Leib war der vollkommenste und zarteste.

2. Aber auch selbst der Bau und die Beschaffenheit des Körpers Christi vermehrte noch die Größe der Schmerzen; denn da er durch die Kraft des heiligen Geistes gebildet war, so war er viel vollkommener und zarter, als die Leiber anderer Menschen sein können; und eben deshalb hatte er auch ein schärferes Vermögen der Empfindung und litt alle jene Qualen stärker.

Ob die heiligen Märtyrer eine so große Heftigkeit der Strafen in ihren Martern gefühlt haben, als Christus.

3. Was aber den innersten Schmerz der Seele betrifft, so kann

dubitare potest, quin summus in Christo fuerit. Sanctis enim
hominibus, quicunque supplicia et cruciatus pertulerunt, non defuit animae solatium divinitus datum, quo recreati tormentorum
vim aequo animo ferre possent; immo vero in cruciatibus plerique intima laetitia efferebantur; inquit enim Apostolus: „Gau-
deo in passionibus pro vobis, et adimpleo ea, quae desunt passionum Christi, in carne mea pro corpore eius, quod est Ecclesia;"[1] et alibi: „Repletus sum consolatione, superabundo gaudio
in omni tribulatione nostra".[2]

> Calix Christi nulla externa suavitate fuit permixtus.

IV. Verum Christus Dominus amarissimae passionis calicem,
quem bibit, nulla suavitate permixta temperavit. Humanae
enim naturae, quam assumpserat, sentire omnia tormenta permisit, non secus ac si homo, non etiam Deus fuisset.

Quaestio XIII.

Quae potissimum commoda et bona Christiano generi Christi passio pepererit

> Fructus passionis varii.

I. Reliquum modo est, ut commoda etiam et bona, quae ex
passione Domini percepimus, a Parocho accurate explicentur.
Primum igitur Domini passio peccati liberatio fuit; nam ut est
apud S. Ioannem: „Dilexit nos, et lavit nos a peccatis nostris
in sanguine suo";[3] et Apostolus inquit: „Convivificavit vos, do-
nans vobis omnia delicta, delens, quod adversus nos erat,
chirographum decreti, quod erat contrarium nobis, et ipsum tulit
de medio, affigens illud cruci".[4] Deinde a daemonis tyrannide
nos eripuit: ipse enim Dominus inquit: „Nunc iudicium est
mundi, nunc princeps huius mundi eicietur foras, et ego, si
exaltatus fuero a terra, omnia traham ad me ipsum".[5] Poenam praeterea peccatis nostris debitam persolvit. Tum vero
quia nullum gratius et acceptius Deo sacrificium afferri potuit,
Patri nos reconciliavit, eumque nobis placatum et propitium
reddidit. Postremo quoniam peccata sustulit, coelorum etiam
aditum, communi humani generis peccato interclusum, nobis
patefecit. Atque · id Apostolus significavit illis verbis: „Habemus fiduciam in introitu Sanctorum in sanguine Christi".[6] Neque vero in veteri lege huius mysterii figura et imago quaedam
defuit. Nam illi, quibus interdictum erat, ne in patriam ante
summi Sacerdotis mortem reverterentur, hoc significabant,[7] ne-

---

1) Coloss. 1, 24. 2) 2 Cor. 7, 4. 3) Apoc. 1, 5. 4) Col. 2, 13. 14. 5) Ioan. 12. 31.
32. 6) Hebr. 10, 19. 7) Num. 35, 25.

Niemand zweifeln, daß er bei Christus der allergrößte gewesen sei. Denn den Heiligen, so viele ihrer Todespeinen und Martern erduldeten, fehlte doch nicht ein von Gott verliehener Trost der Seele, durch welchen sie so erquickt wurden, daß sie die Heftigkeit der Qualen mit Gleichmuth ertragen konnten; ja die meisten wurden sogar in ihren Martern von der innersten Freude emporgehoben; denn der Apostel sagt: „Ich freue mich in den Leiden für euch und ersetze das an meinem Fleische, was an den Leiden Christi für seinen Leib, welcher die Kirche ist, mangelt;" und anderswo: „Erfüllt bin ich mit Trost, bin überreich an Freude bei aller unserer Trübsal."

Der Kelch Christi war mit keiner äußern Süßigkeit vermischt.

4. Christus aber, der Herr, milderte den Kelch des bittersten Leidens, den er trank, durch keine beigemischte Süßigkeit; denn er ließ die menschliche Natur, die er angenommen hatte, alle Marter empfinden, nicht anders, als wenn er nur Mensch und nicht auch Gott gewesen wäre.

Dreizehnte Frage.
Welche Vortheile und Güter vorzüglich das Leiden Christi dem christlichen Volke gebracht hat.
Die verschiedenen Früchte des Leidens.

1. Nun bleibt noch übrig, daß von dem Pfarrer auch die Vortheile und Güter, die wir aus dem Leiden des Herrn geschöpft haben, sorgfältig erklärt werden. Zunächst also war das Leiden des Herrn die Befreiung von der Sünde; denn wie es beim heil. Johannes heißt: „Er hat uns geliebt und uns gewaschen von unsern Sünden mit seinem Blute;" und der Apostel sagt: „Er hat euch mitbelebet mit ihm, indem er euch alle Sünden vergeben hat, da er die Handschrift des Urtheils, die uns entgegen war, auslöschte, sie wegnahm und an's Kreuz heftete." Dann entriß er uns der Thrannei des Teufels; denn der Herr selbst sagt: „Jetzt ergeht das Gericht über die Welt, jetzt wird der Fürst dieser Welt hinausgestoßen, und ich, wenn ich von der Erde erhöht bin, werde Alles an mich ziehen." Dann lös'te er die Strafe, welche wir für unsre Sünden verschuldeten. Ferner hat er uns, weil Gott kein angenehmeres und wohlgefälligeres Opfer dargebracht werden konnte, mit dem Vater versöhnt, und ihn uns wieder gnädig und geneigt gemacht. Endlich hat er, weil er unsere Sünden hinwegnahm, uns auch den Zugang zum Himmel geöffnet, welcher durch die dem ganzen Menschengeschlechte gemeinsame Sünde geschlossen war. Das hat der Apostel mit folgenden Worten bezeichnet: „Wir haben zuversichtliche Hoffnung, in das Heiligthum durch das Blut Christi einzugehen." Doch fehlte es auch im Alten Bunde nicht an einer Vorbereitung und einem Vorbilde dieses Geheimnisses. Denn jene, denen es unter-

mini, quamvis iuste et pie vixisset, aditum in coelestem patriam patere, antequam summus ille atque aeternus Sacerdos
Christus Iesus mortem obiret: qua quidem obita, statim coeli
fores patuerunt iis, qui sacramentis expiati, fideque, spe et
charitate praediti, passionis eius participes fiunt.

**Perfectissima pro omnium peccatis Christi fuit satisfactio. Pretium persolutum a
Christo majus etiam fuit debito. Christi passio verum sacrificium.**

II. Haec autem omnia maxima et divina bona Parochus docebit, ex Domini passione ad nos pervenisse; primum quidem,
quia est integra atque omnibus numeris perfecta satisfactio,
quam admirabili quadam ratione Iesus Christus pro peccatis
nostris Deo Patri persolvit. Neque vero pretium, quod pro
nobis persolvit, debitis nostris par solum et aequale fuit, verum
ea longe superavit. Deinde sacrificium Deo acceptissimum fuit,
quod quum illi Filius in ara crucis obtulit, Patris iram atque
indignationem prorsus mitigavit. Atque hoc nomine Apostolus
usus est, quum inquit: „Christus dilexit nos, et tradidit semetipsum pro nobis oblationem et hostiam, Deo in odorem suavitatis". [1] Praeterea redemptio, de qua est apud Apostolorum
Principem: „Non corruptibilibus auro vel argento redempti
estis de vana vestra conversatione paternae traditionis; sed pretioso sanguine quasi agni immaculati Christi et incontaminati"; [2]
et Apostolus docet: „Christus nos redemit de maledicto legis,
factus pro nobis maledictum". [3]

In Christi passione sunt omnium virtutum exempla.

III. Verum praeter haec immensa beneficia illud etiam vel
maximum consecuti sumus, ut in hac una passione omnium
virtutum clarissima exempla habeamus; nam et patientiam, et
humilitatem, et eximiam charitatem, et mansuetudinem, et obedientiam, et summam animi constantiam, non solum in perfe-
rendis propter iustitiam doloribus, sed etiam in morte oppe-
tenda, ita ostendit, ut vero dicere possimus: Salvatorem nostrum,
quaecunque vitae praecepta toto praedicationis suae tempore
verbis nos docuit, ea omnia uno passionis die in se ipso ex-
pressisse. Atque haec breviter de Christi Domini saluberrima
passione et morte dicta sunt. Utinam vero haec mysteria in
animis nostris assidue versentur, et una cum Domino pati et

) Ephes. 5, 2. 2) 1 Petr. 1, 18. 3) Gal. 3, 13.

sagt war, vor dem Tode des Hohenpriesters in's Vaterland zurück=
zukehren, deuteten dieses an, daß Niemand, wie gerecht und fromm
er auch gelebt haben möge, der Zugang in das himmlische Vater=
land offen stehe, bevor jener höchste und ewige Priester, Christus
Jesus, gestorben wäre: nach seinem Tode aber standen sogleich die
Pforten des Himmels denen offen, die durch die Sakramente ver=
söhnt, und ausgerüstet mit Glaube Hoffnung und Liebe, seines Lei=
dens theilhaftig werden.

> Christi Genugthuung war die vollkommenste für Aller Sünden. Das Lösegeld,
> welches Christus einsetzte, war größer, als die Schuld. Christi Leiden war
> ein wahres Opfer.

2. Der Pfarrer lehre daher, daß uns alle diese überaus hohen
und göttlichen Güter aus dem Leiden des Herrn zugeflossen sind;
und zwar erstens, weil es eine vollständige und nach allen Bezie=
hungen vollkommene Genugthuung ist, welche Jesus Christus Gott
dem Vater auf eine wunderbare Weise für unsere Sünden geleistet
hat. Ja, der Preis, den er für uns bezahlte, war nicht allein unsern
Sünden entsprechend und gleich, sondern er ging weit über sie
hinaus. Ferner war es auch das Gott wohlgefälligste Opfer, welches
der Sohn ihm auf dem Altare des Kreuzes darbrachte, wodurch er
den Zorn und Unwillen des Vaters völlig besänftigte. Dieses
Ausdruckes bediente sich auch der Apostel, wenn er sagt: „Christus
hat uns geliebt und sich für uns als Gabe und Opfer hingegeben,
Gott zum lieblichen Geruche." Außerdem heißt es von der Erlö=
sung bei dem Apostelfürsten: „Ihr seid nicht mit vergänglichem
Golde oder Silber erlöset von dem eitlen Wandel, der sich von den
Vätern auf euch vererbt hat, sondern mit dem kostbaren Blute
Christi, als eines unbefleckten und tadellosen Lammes;" und der
Apostel lehrt: „Christus hat uns erlöset vom Fluche des Gesetzes,
da er zum Fluche für uns geworden."

> In Christi Leiden sind die Beispiele aller Tugenden.

3. Uebrigens haben wir außer diesen unermeßlichen Wohlthaten
auch jene allergrößte erlangt, daß wir in diesem einzigen Leiden die
erhabensten Beispiele aller Tugenden besitzen; denn sowohl Geduld,
als Demuth, als die ausgezeichnetste Liebe, als Sanftmuth und
Gehorsam, und die höchste Standhaftigkeit der Seele, nicht nur in
Ertragung der Schmerzen um der Gerechtigkeit willen, sondern
auch in Uebernahme des Todes, hat er dergestalt bewiesen, daß wir
in Wahrheit sagen können, unser Heiland habe alle Vorschriften des
Lebens, welche er uns während der ganzen Zeit seines Lehramtes
mit Worten lehrte, an dem einzigen Tage seines Leidens an sich
selbst dargestellt. Soviel in Kürze von dem heilsamsten Leiden und
Tode Christi des Herrn. Möchten aber diese Geheimnisse in unserm
Herzen fleißig erwogen werden, und wir lernen, zugleich mit dem

inori et sepeliri discamus; ut deinde, abiecta omni sorde peccati, ad novam vitam cum illo resurgentes, aliquando tandem ipsius gratia et misericordia digni simus, qui coelestis regni et gloriae participes efficiamur!

CAPUT VI.

DE QUINTO ARTICULO.

Descendit ad inferos, tertia die resurrexit a mortuis.

Quaestio I.

Pars prima huius articuli quomodo sit intelligenda.

Triumphus Christi de Inferis.

I. Maxime quidem refert nosse gloriam sepulturae Domini nostri Iesu Christi, de qua proxime dictum est; sed plus interest fidelis populi cognoscere illustres triumphos, quos ex devicto diabolo et spoliatis inferorum sedibus deportavit; de quibus simulque de resurrectione dicendum est. Qui locus, etsi separatim per se recte tractari possit, nos tamen, sanctorum Patrum auctoritatem secuti, eum cum descensu ad inferos coniungendum putavimus.

Prioris partis 5. art. sententia. Christus eodem tempore in sepulcro et apud inferos fuit.

II. Eius igitur priori parte hoc nobis credendum proponitur, Christo iam mortuo, eius animam ad inferos descendisse, ibique tamdiu mansisse, quamdiu eiusdem corpus in sepulcro fuit. His autem verbis simul etiam confitemur, eandem Christi personam eodem tempore et apud inferos fuisse, et in sepulcro iacuisse. Quod quidem quum dicimus, nemini mirum videri debet, propterea quod, ut saepe iam docuimus, quamvis anima a corpore discesserit, nunquam tamen divinitas vel ab anima, vel a corpore separata est.

Quaestio II.

Quid hic inferorum vocabulo intelligendum sit.

De multiplici vocis: „inferi" significatione.

Sed quoniam articuli explanationi plurimum lucis afferre potest, si Parochus prius doceat, quid hoc loco inferorum voca-

Herrn zu leiten, zu sterben und begraben zu werden; damit wir alsdann, nach Entfernung alles Schmutzes der Sünde, mit ihm zu einem neuen Leben auferstehen und dereinst endlich durch seine Gnade und Barmherzigkeit würdig sein mögen, des himmlischen Reiches und der Gerechtigkeit theilhaftig zu werden.

Sechstes Hauptstück.
Vom fünften Glaubensartikel.

Hinabgestiegen zur Hölle, am dritten Tage wieder auferstanden von den Todten.

Erste Frage.
Wie der erste Theil dieses Artikels zu verstehen ist.

Triumph Christi über die Unterwelt.

1. Es liegt zwar sehr viel daran, die Herrlichkeit des Begräbnisses unseres Herrn Jesu Christi zu kennen, wovon so eben die Rede gewesen ist; aber es ist für das gläubige Volk noch viel wichtiger, die glänzenden Siege kennen zu lernen, welche er durch die Besiegung des Teufels und die Beraubung der unterirdischen Aufenthaltsorte davon getragen hat; hiervon und zugleich von der Auferstehung soll jetzt geredet werden. Obgleich dieser Punkt mit Recht auch für sich besonders abgehandelt werden könnte, so hielten wir doch dafür, nach dem Beispiele der heiligen Väter, ihn mit dem Hinabsteigen zur Hölle zu verbinden.

Sinn des ersten Theils des fünften Artikels. Christus war zu gleicher Zeit im Grabe und in der Unterwelt.

2. Im ersten Theile dieses Artikels wird uns also dies zu glauben vorgehalten: nach dem Tode Christi sei seine Seele zur Hölle hinabgestiegen, und daselbst so lange geblieben, als sein Leib im Grabe war. Mit diesen Worten bekennen wir aber auch zugleich, daß dieselbe Person Christi während derselben Zeit sowohl in der Hölle gewesen sei, als im Grabe gelegen habe. Was wir hier aussprechen, darf Niemand befremdend vorkommen, weil, wie wir schon oft gelehrt haben, wenngleich die Seele vom Leibe geschieden war, dennoch die Gottheit weder sich jemals von der Seele noch vom Leibe getrennt hat.

Zweite Frage.
Was man hier unter dem Worte Hölle verstehe.

Ueber die vielfache Bedeutung des Wortes: „Hölle."

Weil es aber zur Erklärung dieses Artikels sehr viel Licht verschaffen kann, wenn der Pfarrer zuvor lehrt, was hier unter dem

bulo intelligendum sit, monere oportet, inferos hoc loco pro
sepulcro non accipi, ut quidam non minus impie quam imperite
putaverunt. Superiori enim articulo Christum Dominum sepultum esse, edocti sumus; nec ulla causa erat, cur in fide tradenda alio et quidem obscuriori loquendi genere idem a sanctis
Apostolis repeteretur; verum inferorum nomen abdita illa receptacula significat, in quibus animae detinentur, quae coelestem
beatitudinem non sunt consecutae. Ita vero sacrae litterae
hanc vocem multis in locis usurparunt. Nam apud Apostolum
legimus, „In nomine Iesu omne genu flecti, coelestium, terrestrium et infernorum"; [1] et in Actis Apostolorum D. Petrus testatur, Christum Dominum suscitatum, „solutis doloribus inferni".[2]

Quaestio III.

Quot sint loca, quibus animae extra beatitudinem constitutae, post
mortem detinentur.

Receptacula inferni animarum non sunt unius generis. Primus locus damnatorum.
Secundus locus animarum est purgationis, de quo 5 Q. post. petit. Orat. Domin. quaedam dicentur. Scriptum etiam est peculiare decretum de Purgatorio
Concil. Trid. Sess. 25 sub init. Cf. Sess. 6 c. 14 et S ss. 22 c. 2. Tertium
animarum receptaculum est sinus Abrahae.

Neque tamen ea receptacula unius et eiusdem generis sunt
omnia. Est enim teterrimus et obscurissimus carcer, ubi perpetuo et inexistinguibili igne damnatorum animae simul cum
immundis spiritibus torquentur, qui etiam gehenna, abyssus, et
propria significatione infernus vocatur. Praeterea est purgato-
rius ignis, quo piorum animae ad definitum tempus cruciatae
expiantur, ut eis in aeternam patriam ingressus patere possit,
in quam nihil coinquinatum ingreditur. Ac de huius quidem
doctrinae veritate, quam et Scripturarum testimoniis, et Apostolica traditione confirmatam esse sancta Concilia declarant, eo
diligentius et saepius Parocho disserendum erit, quod in ea
tempora incidimus, quibus homines sanam doctrinam non susti-
nent. Tertium postremo receptaculi genus est, in quo animae
Sanctorum ante Christi Domini adventum excipiebantur, ibique
sine ullo doloris sensu, beata redemptionis spe sustentati, quieta
habitatione fruebantur. Horum igitur piorum animas, qui in
sinu Abrahae Salvatorem exspectabant, Christus Dominus ad
inferos descendens liberavit.

1) Phil. 2, 10. 2) Act. 2, 24.

Worte Hölle zu verstehen sei, so muß er erinnern, daß Hölle hier nicht für Grab zu nehmen sei, wie Einige ebenso gottlos als unwissend dafür gehalten haben. Wir wurden ja schon im vorigen Artikel belehrt, daß Christus der Herr begraben worden sei; und es war kein Grund vorhanden, warum von den heiligen Aposteln bei der Ueberlieferung des Glaubens das Nämliche in anderer und zwar dunklerer Redeweise wiederholt sein sollte; sondern das Wort Hölle bedeutet jene verborgenen Behausungen, in denen die Seelen aufbehalten wurden, welche die himmlische Seligkeit (noch) nicht erlangt hatten. So hat die heil. Schrift dies Wort an vielen Stellen gebraucht. Denn wir lesen bei dem Apostel: „daß in dem Namen Jesu sich beugen sollen alle Kniee derer, die im Himmel, auf der Erde und unter der Erde sind;" und der h. Petrus bezeugt in der Apostelgeschichte, daß Christus der Herr auferweckt sei „befreit von den Schmerzen der Unterwelt".

Dritte Frage.

Wie viele Orte es gebe, in welchen die der Seligkeit nicht theilhaftig gewordenen Seelen nach dem Tode aufbehalten werden.

Die Aufenthaltsorte der Seelen in der Unterwelt sind nicht Einer Art. Der erste Ort ist der der Verdammten. Der zweite Ort ist für die Seelen des Reinigungsortes. Der dritte Aufenthaltsort ist der Schoß Abrahams.

Diese Behausungen sind jedoch nicht alle ein und derselben Art. Es gibt nämlich einen furchtbar grausenhaften und finstern Kerker, wo in ewigem und unauslöschlichem Feuer die Seelen der Verdammten zugleich mit den unreinen Geistern gequält werden, welcher auch Gehenna, der Abgrund, und in eigentlicher Bedeutung die Hölle genannt wird. Außerdem gibt es ein Reinigungsfeuer, durch welches die Seelen der Frommen eine bestimmte Zeit lang gepeinigt und dadurch geläutert werden, auf daß ihnen der Eingang in das ewige Vaterland geöffnet werden kann, in welches nichts Beflecktes eingeht. Und von der Wahrheit dieser Lehre, welche, wie die heiligen Concilien es aussprechen, sowohl durch die Zeugnisse der Schrift als durch die apostolische Ueberlieferung bestätigt ist, soll der Pfarrer um so sorgfältiger und öfter reden, weil wir in solche Zeiten gerathen sind, in denen die Menschen die gesunde Lehre nicht aufnehmen wollen. Die dritte Art der Behausung ist endlich die, in welche die Seelen der Heiligen vor der Ankunft Christi, des Herrn, aufgenommen wurden, und wo sie ohne irgend ein Gefühl des Schmerzes durch die selige Hoffnung der Erlösung aufgerichtet, eines ruhigen Aufenthaltes genossen. Die Seelen dieser Frommen eben, welche im Schoße Abrahams den Heiland erwarteten, befreite Christus der Herr, indem er zur Hölle hinabstieg.

Quaestio IV.

Anima Christi non potentia tantum, sed re ipsa ad inferos descendit.

Anima Christi re ipsa descendit ad inferos.

Nec vero existimandum est, eum sic ad inferos descendisse, ut eius tantummodo vis ac virtus, non etiam anima eo pervenerit; sed omnino credendum est, ipsam animam re et praesentia ad inferos descendisse, de quo exstat firmissimum illud Davidis testimonium: „Non derelinques animam meam in inferno". [1]

Quaestio V.

Aliquid dignitati Christi descensu ad inferos detractum non est.

Alia fuit Christo causa descendendi ad inferos, quam aliis hominibus.

Verum etsi Christus ad inferos descendit, nihil de eius summa potestate detractum est; neque eius sanctitatis splendor macula aliqua adspersus: quum potius hoc facto verissima esse omnia, quae de illius sanctitate celebrata erant, eumque Filium Dei esse, quemadmodum antea tot prodigiis declaraverat, apertissime comprobatum sit. Id quod facile intelligemus, si causas, cur Christus et alii homines in ea loca venerint, inter se conferamus. Caeteri enim omnes captivi descenderant; ipse vero „inter mortuos liber", [2] et victor, ad profligandos daemones, a quibus illi ob noxam inclusi et constricti tenebantur, descendit. Praeterea alii omnes, qui descenderunt, partim poenis acerbissimis torquebantur, partim vero, ut alio doloris sensu carerent, tamen Dei aspectu privati, et spe beatae gloriae, quam exspectabant, suspensi torquebantur. At Christus Dominus descendit, non ut aliquid pateretur, verum ut sanctos et iustos homines ex misera illius custodiae molestia liberaret, eisque passionis suae fructum impertiret. Quod igitur ad inferos descendit, nulla prorsus de summa eius dignitate et potestate diminutio facta est.

1) Ps. 15, 10.   2) Ps. 87, 5.

Vierte Frage.

Die Seele Chriſti iſt nicht nur der Wirkſamkeit nach, ſondern in Wirklichkeit zur Hölle hinabgeſtiegen.

Die Seele Chriſti ſtieg wirklich in die Vorhölle hinab.

Man darf aber ſich nicht die Vorſtellung bilden, er ſei ſo zur Hölle hinabgeſtiegen, daß nur ſeine Macht und Kraft, und nicht auch ſeine Seele dahin gelangt ſei, ſondern man muß durchaus glauben, daß die Seele ſelbſt mit ihrer wirklichen Gegenwart zur Hölle hinabgeſtiegen ſei, wofür jenes unumſtößliche Zeugniß David's vorhanden iſt: „Du wirſt meine Seele nicht in der Hölle laſſen."

Fünfte Frage.

Der Würde Chriſti iſt durch das Hinabſteigen zur Hölle kein Abbruch geſchehen.

Es war für Chriſtus ein anderer Grund, warum er zur Hölle hinabſtieg, als für andre Menſchen.

Obwohl aber Chriſtus zur Hölle hinabgeſtiegen iſt, ſo iſt doch dadurch ſeiner höchſten Macht kein Abbruch geſchehen, noch auch iſt der Glanz ſeiner Heiligkeit durch irgend einen Flecken verdunkelt worden; da vielmehr durch dieſe That auf das deutlichſte erwieſen iſt, daß Alles vollkommen wahr ſei, was von ſeiner Heiligkeit verkündigt worden war, und daß er Gottes Sohn ſei, wie er dies zuvor durch ſo viele Wunder kund gethan hatte. Wir werden dies leicht ein= ſehen, wenn wir die Gründe, warum Chriſtus und andere Menſchen zu dieſem Orte kamen, mit einander vergleichen. Alle übrigen Menſchen waren nämlich als Gefangene hinabgeſtiegen, er ſelbſt aber iſt „unter den Todten frei" und als Sieger hinabgeſtiegen, um die böſen Geiſter zu überwältigen, von welchen jene wegen ihrer Schuld eingeſchloſſen und gefeſſelt gehalten wurden. Außerdem wurden alle Andern, die hinabgeſtiegen ſind, theils durch die bit= terſten Qualen gefoltert, theils aber waren ſie, wenn auch von der Empfindung eines jeden andern Schmerzes frei, dennoch der An= ſchauung Gottes beraubt, und wurden, hingehalten in der Hoffnung der erwarteten ſeligen Herrlichkeit, gequält. Chriſtus, der Herr, aber ſtieg hinab, nicht um irgend Etwas zu leiden, ſondern, damit er die heiligen und gerechten Menſchen von dem kläglichen Drucke jener Gefangenſchaft befreite und ſie der Früchte ſeines Leidens theil= haftig machte. Seiner höchſten Würde und Macht wurde ſomit nicht der geringſte Abbruch dadurch gethan, daß er zur Hölle hin= abſtieg.

Quaestio VI.

Quibus de causis Christus ad inferos descendere voluerit.

Christus animas inferno extractas mox effecit beatas   Quomodo latroni promissa
eodem die beatitudo sit praestita.

I. His expositis docendum erit, propterea Christum Dominum
ad inferos descendisse, ut, ereptis daemonum spoliis sanctos
illos Patres, caeterosque pios e carcere liberatos secum addu-
ceret in coelum: quod ab eo admirabiliter summaque cum gloria perfectum est. Statim enim illius aspectus clarissimam
lucem captivis attulit, eorumque animas immensa laetitia gaudio-
que implevit; quibus etiam optatissimam beatitudinem, quae in
Dei visione consistit, impertivit. Quo facto id comprobatum
est, quod latroni promiserat illis verbis: „Hodie mecum eris
in paradiso“.[1] Hanc vero piorum liberationem Oseas tanto
ante praedixerat in hunc modum: „Ero mors tua, o mors!
morsus tuus ero, inferne!“[2] Hoc etiam significavit Zacharias
Propheta, quum ait: „Tu quoque in sanguine testamenti tui
emisisti vinctos tuos de lacu, in quo non est aqua“.[3] Id
ipsum denique expressit Apostolus illis verbis: „Exspolians
principatus et potestates, traduxit confidenter, palam triumphans
illos in semetipso“.[4]

Passionis Christi fructus ad omnium temporum fideles est diffusus.

II. Verum ut huius mysterii vim melius intelligamus, saepe
illud memoria repetere debemus, pios homines, non solum qui
post adventum Domini in lucem editi erant, sed qui illum post
Adam antecesserant, vel qui usque ad finem saeculi futuri sunt,
eius passionis beneficio salutem consecutos esse. Quamobrem,
antequam ille moreretur ac resurgeret, coeli portae nemini unquam patuerunt; sed piorum animae, quum e vivis excessissent,
vel in sinum Abrahae deferebantur, vel, quod etiam nunc iis
contingit, quibus aliquid diluendum et persolvendum est, pur-
gatorii igne expiabantur. Est illa praeterea causa, cur descen-
derit ad inferos Christus Dominus, ut ibi etiam, quemadmodum
in coelo et in terris, vim suam potestatemque declararet, et
omnino, „ut in nomine eius omne genu flecteretur, coelestium,
terrestrium et infernorum“.[5] Quo loco quis summam Dei benignitatem in genus humanum non admiretur et obstupescat,

1) Luc. 23, 43. 2) Oseae 13. 14. 3) Zach. 9. 11. 4) Col. 2. 15. 5) Phil. 2, 10.

Sechste Frage.
Warum Christus zur Hölle hinabsteigen wollte.

Christus machte die Seelen, welche er aus der Hölle befreite, sogleich selig. Wie dem Schächer die Seligkeit, welche ihm an demselben Tage verheißen wurde, verliehen worden sei.

1. Nach dieser Erklärung muß nun gelehrt werden, Christus, der Herr, sei deswegen zur Hölle hinabgestiegen, daß er den bösen Geistern ihre Beute entreiße und jene heiligen und aus dem Kerker befreiten Väter und übrigen Frommen mit sich in den Himmel einführe; was von ihm auf wunderbare Weise und mit der höchsten Herrlichkeit vollzogen wurde. Denn sein Anblick gewährte den Gefangenen sogleich das hellste Licht und erfüllte ihre Seelen mit unermeßlicher Freude und Jubel, und er ertheilte ihnen die so sehr ersehnte Seligkeit, die in der Anschauung Gottes besteht. Dadurch wurde bestätigt, was er dem Schächer mit diesen Worten verheißen hatte: „Du wirst heute mit mir im Paradiese sein." Diese Befreiung der Frommen aber hat Hoseas lange vorher in der Weise verkündigt: „O Tod, ich will dein Tod sein! Hölle, ich will dein Biß sein!" Auch der Prophet Zacharias deutet dies an, wenn er sagt: „Auch du wirst entlassen im Blute deines Bundes deine Gefangenen aus der wasserleeren Grube." Eben dasselbe drückte endlich der Apostel in diesen Worten aus: „Er entwaffnete die Oberherrschaften und die Gewalten, führte sie muthvoll einher und triumphirte über sie öffentlich durch sich selbst."

Die Frucht des Leidens Christi hat sich über die Gläubigen aller Zeiten ergossen.

2. Aber damit wir die Größe dieses Geheimnisses besser verstehen lernen, müssen wir uns öfter in's Gedächtniß zurückrufen, daß nicht allein die frommen Menschen, welche nach der Ankunft des Herrn das Licht der Welt erblickten, sondern auch diejenigen, die nach Adam vor ihm da waren oder bis an der Welt Ende noch sein werden, durch die Wohlthat seines Leidens die Seligkeit erlangt haben. Deshalb standen die Pforten des Himmels, bevor er starb und auferstand, Niemanden jemals offen; sondern die Seelen der Frommen wurden, wenn sie von den Lebendigen ausgeschieden waren, entweder in Abrahams Schooß getragen, oder, was auch jetzt noch denen widerfährt, welche noch Etwas abzubüßen und zu entrichten haben, durch das Fegfeuer gereinigt. Es ist außerdem auch noch dies eine Ursache, warum Christus, der Herr, zur Hölle hinabgestiegen ist, damit er, gleichwie im Himmel und auf Erden, so auch dort seine Macht und Gewalt bekundete, und überhaupt, auf „daß in seinem Namen sich beugten alle Kniee derer, die im Himmel, auf der Erde und unter der Erde sind." Wer sollte hier nicht die höchste Güte Gottes gegen das menschliche Geschlecht bewundern und anstaunen,

8*

qui non modo pro nobis acerbissimam mortem subire, sed infimas etiam terrae partes penetrare voluerit, ut sibi charissimas animas, inde ereptas, ad beatitudinem traduceret?

Quaestio VII.

Alterius partis quinti articuli sensus.

De glorioso resurrectionis Christi mysterio.

Sequitur altera articuli pars, in qua explicanda quantum laborare Parochus debeat, declarant illa Apostoli verba „Memor esto, Dominum Iesum Christum resurrexisse a mortuis". [1] Quod enim Timotheo praecipit, idem etiam reliquis animarum curatoribus praeceptum esse, dubitandum non est. Ea autem articuli est sententia: Postquam Christus Dominus sexta feria, hora diei nona, in cruce spiritum emisit, et eadem die vespere sepultus est ab eius discipulis, qui Pilati Praesidis permissu corpus Domini e cruce depositum in propinqui horti monumentum novum intulerunt: tertio a morte die, qui fuit Dominicus, summo mane illius anima corpori iterum coniuncta est, atque ita is, qui triduum illud mortuus fuerat, ad vitam, ex qua moriens discesserat, rediit et surrexit.

Quaestio VIII.

Non aliena virtute, ut caeteri homines, sed propria vi Christus resurrexit.

Sed resurrectionis voce non illud solum intelligendum est, Christum a mortuis excitatum esse, quod multis aliis commune fuit; sed sua vi ac virtute resurrexisse, quod proprium in illo fuit et singulare. Neque enim natura patitur, nec ulli homini concessum est, ut se ipsum possit virtute sua a morte ad vitam revocare. Hoc vero summae Dei potestati tantummodo reservatum est, ut ex illis Apostoli verbis intelligimus: „Etsi crucifixus est ex infirmitate, sed vivit ex virtute Dei. [2] Quae quoniam neque a Christi corpore in sepulcro, neque ab anima, quum ad inferos descendisset, seiuncta unquam fuit, divina vis tum in corpore inerat, qua animae iterum coniungi, tum in anima, qua ad corpus denuo reverti posset, qua et licuit sua virtute reviviscere atque a mortuis resurgere. Id vero David, spiritu Dei plenus, praedixit his verbis: „Salvavit sibi dextera

---

1) 1 Tim. 2. 8.   2) 2 Cor. 13, 4.

da er für uns nicht allein den bitterſten Tod erleiden, ſondern auch
in die unterſten Theile der Erde dringen wollte, um die daraus befreiten, ihm überaus theuren Seelen zur Seligkeit zu führen?

Siebente Frage.
Bedeutung des zweiten Theiles des fünften Artikels.
Ueber das glorwürdige Geheimniß der Auferſtehung Chriſti.

Es folgt der zweite Theil des Artikels. Wie viel Mühe ſich der
Pfarrer bei der Erklärung deſſelben geben müſſe, beweiſen die Worte
des Apoſtels: „Denke daran, daß der Herr Jeſus Chriſtus auferſtanden iſt von den Todten.“ Denn was er dem Timotheus befiehlt, daſſelbe iſt ohne Zweifel auch den übrigen Seelſorgern befohlen. Der Sinn des Artikels iſt aber dieſer: Nachdem Chriſtus
der Herr am Freitage, um die neunte Stunde des Tages, am Kreuze
den Geiſt aufgegeben, und an dem nämlichen Tage Abends von
ſeinen Jüngern, die mit Erlaubniß des Landpflegers Pilatus den
Leib des Herrn vom Kreuze herabgenommen und in ein neues Grab-
mal eines nahe gelegenen Gartens getragen hatten, begraben worten war, wurde ſeine Seele am dritten Tage nach ſeinem Tode,
welches ein Sonntag war, Morgens ganz in der Frühe wieder mit
dem Körper vereinigt, und ſo iſt der, welcher während dieſer drei
Tage todt geweſen war, zum Leben, aus welchem er ſterbend geſchieden, zurückgekehrt und auferſtanden.

Achte Frage.
Nicht durch fremde Macht, wie andere Menſchen, ſondern aus eigener Kraft iſt Chriſtus auferſtanden.

Unter dem Worte Auferſtehung iſt aber nicht bloß dies zu verſtehen, daß Chriſtus von den Todten auferweckt wurde, was bei
vielen Andern gleichfalls geſchah, ſondern, daß er aus eigener Macht
und Kraft auferſtand, was bei ihm eigenthümlich und beſonders iſt.
Denn es liegt nicht in der Natur, noch auch iſt es einem Menſchen
gegeben, ſich ſelbſt aus eigener Kraft vom Tode zum Leben zurückzurufen. Dies iſt in der That der höchſten Gewalt Gottes allein
vorbehalten, wie wir aus jenen Worten des Apoſtels erſehen: „Denn
obwohl er aus Schwachheit gekreuziget worden, ſo lebt er doch aus
Gottes Kraft.“ Weil aber dieſe göttliche Kraft nie, weder vom
Körper Chriſti im Grabe, noch von ſeiner Seele, als er zur Hölle
hinabfuhr, getrennt war; ſo war ſie ſowohl im Körper, wodurch
dieſer wieder mit der Seele vereinigt werden, als auch in der Seele,
wodurch dieſe auf's neue zum Körper zurückkehren konnte. Eben
dadurch war es ihm vergönnt, aus eigener Macht wieder lebendig
zu werden, und von den Todten aufzuerſtehen. Dieſes hat David,
vom Geiſte Gottes erfüllt, mit folgenden Worten vorhergeſagt: „Es

eius et brachium sanctum eius". [1] Deinde ipse Dominus divino oris sui testimonio confirmavit: „Ego pono animam meam, ut iterum sumam eam... et potestatem habeo ponendi eam, et iterum sumendi eam". [2] Iudaeis etiam ad confirmandam doctrinae veritatem dixit: „ Solvite templum hoc, et in tribus diebus excitabo illud". [3] Quod quidem tametsi de templo illo magnifice ex lapidibus structo intelligerent: ille tamen, ut Scripturae verbis eodem in loco declaratum est, dicebat de templo corporis sui. Quamvis autem in Scripturis interdum legamus [4], Christum Dominum a Patre suscitatum esse, hoc ad eum, ut ad hominem, referendum est; quemadmodum illa rursus ad eundem, ut Deum, spectant, quibus significatur, eum sua virtute resurrexisse. [5]

Quaestio IX.

Quomodo Christus primogenitus mortuorum dicatur, quum alii ante ipsum resuscitati noscantur.

Quomodo Christus primus censendus est resurrexisse.

Sed illud etiam praecipuum Christi fuit, quod ipse primus omnium hoc divino resurrectionis beneficio affectus est; nam in Scripturis et „primogenitus ex mortuis", et „primogenitus mortuorum" vocatur. [6] Atque, ut est apud Apostolum: „Christus resurrexit a mortuis, primitiae dormientium; quoniam quidem per hominem mors, et per hominem resurrectio mortuorum; et sicut in Adam omnes moriuntur, ita et in Christo omnes vivificabuntur. Unusquisque autem in suo ordine: primitiae Christus, deinde ii, qui sunt Christi". [7] Quae quidem verba de perfecta resurrectione interpretanda sunt, qua ad immortalem vitam omni prorsus moriendi necessitate sublata, excitamur. Atque in eo genere Christus Dominus primum locum obtinet. Nam si de resurrectione loquimur, hoc est, de reditu ad vitam, cui iterum moriendi necessitas adiuncta est: ante Christum multi alii a mortuis excitati sunt, qui omnes tamen ea conditione revixerunt, ut eis iterum moriendum esset; at Christus Dominus ita resurrexit, morte subacta et oppressa, ut mori amplius non posset; quod quidem apertissimo illo testimonio confirmatur: „Christus resurgens ex mortuis iam non moritur; mors illi ultra non dominabitur". [8]

---

1) Ps. 97, 1. 2) Ioan. 10, 17. 18. 3) Ioan. 2, 10. 4) Act. 2, 24. 3, 15. 5) Rom. 8, 11. 6) Col. 1, 18. Apoc. 1, 5. 7) 1 Cor. 15, 20—23. 8) Rom. 6, 9.

hat ihm geholfen seine Rechte und sein heiliger Arm." Darauf hat es der Herr selbst durch das göttliche Zeugniß seines Mundes bekräftigt: „Ich gebe mein Leben hin, um es wieder zu nehmen ... und ich habe Macht, es hinzugeben, und ich habe Macht, es wieder zu nehmen." Auch den Juden sagte er zur Bekräftigung der Wahrheit dieser Lehre: „Löset diesen Tempel, so will ich ihn in drei Tagen wieder aufrichten." Obgleich sie dies von jenem prachtvoll aus Steinen erbauten Tempel verstanden, so redete er doch, wie es durch die Worte der Schrift an demselben Orte erklärt ist, von dem Tempel seines Leibes. Wenngleich wir daher in der Schrift mitunter lesen, Christus, der Herr, sei vom Vater auferweckt worden, so ist dies auf ihn nur, in so fern er Mensch war, zu beziehen, gleichwie hingegen da, wo gesagt wird, daß er aus eigener Kraft auferstanden sei, dies auf ihn selbst, als Gott, zu beziehen ist.

Neunte Frage.

Wie Christus der Erstgeborene aus den Todten genannt wird, da doch bekannt ist, daß Andere vor ihm auferweckt wurden.

In welchem Sinne Christus zuerst vor Allen auferstanden ist.

Aber auch das war ein Vorzug Christi, daß ihm vor Allen zuerst diese göttliche Wohlthat der Auferstehung zu Theil wurde; denn er wird in der Schrift „der Erstgeborne aus den Todten" und „der Erstgeborne der Todten" genannt. Und wie es bei dem Apostel heißt: „Christus ist von den Todten auferstanden, der Erstling der Entschlafenen; denn durch einen Menschen ist der Tod und durch einen Menschen die Auferstehung von den Todten; und gleichwie in Adam Alle sterben, so werden auch in Christo Alle lebendig gemacht werden. Ein Jeder aber in seiner Ordnung: der Erstling ist Christus, darnach die, welche Christo angehören." Diese Worte sind von der vollkommenen Auferstehung zu erklären, durch welche wir so zum unsterblichen Leben erweckt werden, daß die Nothwendigkeit zu sterben aufgehoben wird. Und in dieser Weise behauptet Christus, der Herr, den ersten Platz. Denn wenn wir von der Auferstehung reden, d. h. von der Rückkehr zum Leben, mit welcher die Nothwendigkeit, auf's neue zu sterben verbunden ist, so sind viele Andere vor Christus von den Todten auferweckt worden, welche jedoch Alle unter der Bedingung wieder auflebten, daß sie abermals sterben müßten; Christus, der Herr, aber ist dergestalt auferstanden, daß er nach Ueberwindung und Unterjochung des Todes nicht weiter sterben konnte; was auf's deutlichste durch jenes Zeugniß bestätigt wird: „Christus, nachdem er von den Todten auferstanden ist, stirbt nicht mehr; der Tod wird nicht mehr über ihn herrschen."

Quaestio X.

Quomodo et qua ex causa Christus in tertiam diem suam resurrectionem distulerit

Quod vero articulo additur: „tertia die" Parocho explanandum erit, ne fideles arbitrentur, totos ipsos tres dies Dominum in sepulcro fuisse; nam quod integrum naturalem diem, partemque tum antecedentis, tum consequentis diei in sepulcro conditus est, ob eam rem verissime dicitur, triduo in sepulcro iacuisse, ac tertia die a mortuis surrexisse; ut enim divinitatem suam declararet, resurrectionem ad finem saeculi differre noluit; rursus vero, ut eum vere hominem, vereque mortuum esse crederemus, non statim post mortem, sed tertio die revixit; quod temporis spatium ad veram mortem comprobandam satis esse videbatur.

Quaestio XI.

Quare Patres Constantinopolitanae Synodi huic articulo clausulam adiecerint: secundum Scripturas.

Patres primae Constantinopolitanae Synodi huic loco addiderunt, „secundum scripturas", quod quidem ab Apostolo acceptum in fidei Symbolum propterea transtulerunt, quod resurrectionis mysterium maxime necessarium esse, idem Apostolus docuerit iis verbis: „Si Christus non resurrexit, inanis est ergo praedicatio nostra, inanis est et fides vestra";[1] et, „si Christus non resurrexit, vana est fides vestra; adhuc enim estis in peccatis vestris". Quare D. Augustinus, quum huius articuli fidem admiraretur, ita scripsit:[2] Non magnum est credere, quia mortuus est Christus: hoc et Pagani et Iudaei et omnes iniqui credunt; hoc omnes credunt, quia mortuus est. Fides Christianorum, resurrectio Christi est; hoc pro magno habemus, quia credimus, eum resurrexisse. Ex quo factum est, ut frequentissime Dominus de sua resurrectione locutus sit; ac nunquam fere de passione sua cum discipulis collocutus est, quin de resurrectione loqueretur. Quare quum dixisset: „Filius hominis tradetur gentibus, et illudetur, et flagellabitur, et conspuetur; et postquam flagellaverint, occident eum", ad extremum addidit: „et tertia die resurget".[3] Et quum Iudaei ab eo peterent, ut aliquo signo et miraculo doctrinam suam comprobaret, respondit: „Nullum aliud signum eis datum iri, quam Ionae Prophetae

---

J) 1 Cor. 15. 14, 17.   2) In Ps. 120.   3) Luc. 18, 32. 33.

Zehnte Frage.

Wie und aus welcher Ursache Christus seine Auferstehung auf den dritten Tag verschob.

Daß aber in dem Artikel hinzugefügt wird: „am dritten Tage," wird der Pfarrer erklären müssen, damit die Gläubigen nicht meinen, der Herr sei drei ganze Tage lang im Grabe gewesen; denn, weil er einen ganzen natürlichen Tag und einen Theil sowohl des vorhergehenden, als auch des nachfolgenden Tages im Grabe zubrachte, sagt man mit aller Wahrheit, er sei drei Tage im Grabe gelegen und am dritten Tage von den Todten auferstanden; denn damit er seine Gottheit bewiese, wollte er seine Auferstehung nicht bis an's Ende der Welt verschieben, und wiederum, damit wir gewiß würden, daß er wahrhaft Mensch und wahrhaft gestorben sei, ist er nicht sogleich nach dem Tode, sondern am dritten Tage in's Leben zurückgekehrt, welche Zeitfrist hinreichend schien, seinen wahren Tod zu beweisen.

Eilfte Frage.

Deshalb die Väter der constantinopolitanischen Synode diesem Artikel die Worte beifügten: „nach der Schrift."

Die Väter der ersten constantinopolitanischen Synode fügten dieser Stelle hinzu: „nach der Schrift." Diesen, dem Apostel entlehnten Ausdruck haben sie deswegen in das Glaubensbekenntniß übertragen, weil derselbe Apostel die höchste Nothwendigkeit des Geheimnisses der Auferstehung in folgenden Worten gelehrt hat: „Ist aber Christus nicht auferstanden, so folgt, daß unsere Predigt vergeblich ist, vergeblich auch euer Glaube," und: „Ist aber Christus nicht auferstanden, so ist euer Glaube vergeblich; denn ihr seid noch in euern Sünden." Daher schrieb auch der h. Augustin, als er den Glauben dieses Artikels bewunderte: Es ist nichts Großes, zu glauben, daß Christus gestorben ist; das glauben sowohl die Heiden, als die Juden und alle Gottlosen; sie Alle glauben, daß er gestorben ist. Der Glaube der Christen ist aber die Auferstehung Christi; das erachten wir für etwas Großes, daß wir glauben, er sei auferstanden. Darum auch sprach der Herr sehr häufig von seiner Auferstehung und redete fast nie mit den Jüngern von seinem Leiden, ohne von der Auferstehung zu sprechen. Als er daher gesagt hatte: „Der Menschensohn wird den Heiden überliefert, mißhandelt, gegeißelt und angespieen werden, und nachdem sie ihn werden gegeißelt haben, werden sie ihn tödten," fügte er schließlich hinzu: „und am dritten Tage wird er wieder auferstehen." Und da die Juden von ihm begehrten, daß er seine Lehre durch irgend ein Zeichen oder Wunder bekräftige, erwiderte er: „es werde ihnen kein anderes Zeichen gegeben werden, als das Zeichen Jonas, des

signum, sicut enim fuit Ionas in ventre ceti tribus diebus et
tribus noctibus: sic" futurum affirmavit „filium hominis in corde
terrae tribus diebus et tribus noctibus".[1] Verum ut huius
articuli vim et sensum melius perspiciamus, tria nobis investiganda et cognoscenda sunt. Primum quidem, quare necesse
fuerit Christum resurgere; deinde, qui resurrectionis finis et
scopus sit, et quae ab ea utilitates et commoda in nos sint
profecta.

Quaestio XII.

Quas ob causas necesse fuerit Christum resurgere.

Quod igitur ad primum attinet, necesse fuit eum resurgere,
ut Dei iustitia ostenderetur, a quo maxime decebat eum extolli,
qui, ut illi obtemperaret, depressus, atque omni ignominia
affectus erat. Hanc Apostolus causam attulit, quum ad Philip-
penses inquit: „Humiliavit semetipsum, factus obediens usque
ad mortem, mortem autem crucis, propter quod et Deus exaltavit illum".[2] Praeterea ut fides nostra confirmaretur, sine qua
hominis iustitia constare non potest. Illud enim maximo argumento esse debet, Christum Filium Dei fuisse, quod sua virtute a mortuis resurrexit. Deinde ut spes nostra aleretur atque sustentaretur. Quum enim Christus resurrexerit, certa spe
nitimur, fore ut nos etiam resurgamus; siquidem membra capitis
sui conditionem consequantur necesse est. Ita enim Apostolus
argumentationem concludere videtur, quum ad Corinthios[3] et
ad Thessalonicenses[4] scribit. Et a Principe Apostolorum Petro
dictum est: „Benedictus Deus et Pater Domini nostri Iesu
Christi, qui secundum misericordiam suam magnam regeneravit
nos in spem vivam per resurrectionem Iesu Christi ex mortuis
in haereditatem incorruptibilem".[5] Postremo ob eam etiam
rem Domini resurrectionem necessariam fuisse docendum est,
ut salutis et redemptionis nostrae mysterium absolveretur.
Christus enim morte sua nos a peccatis liberavit; resurgens
vero praecipua nobis bona restituit, quae peccando amiseramus.
Quare est apud Apostolum dictum: „Christus traditus est propter delicta nostra, et resurrexit propter iustificationem nostram."[6]
Ne quid igitur humani generis saluti deesset, quemadmodum
illum mori, ita resurgere etiam oportuit.

---

1) Matth. 12, 39. 40.   2) Phil. 2, 8. 9.   3) 1 Cor. 15. 20. 22.   4) 1 Thess. 4. 14   5)
1 Petr. 1. 3. 4.   6) Rom. 4. 25.

Propheten. Denn gleichwie Jonas drei Tage und drei Nächte in dem Bauche des Fisches gewesen, also," erklärte er, „werde auch der Sohn des Menschen drei Tage und drei Nächte im Herzen der Erde sein." Damit wir aber die Bedeutung und den Sinn dieses Artikels besser einsehen, müssen wir dreierlei näher erforschen und kennen lernen. Zuerst, warum es nothwendig war, daß Christus auferstand; dann, welches der Zweck und das Ziel der Auferstehung sei, und welcher Nutzen und Vortheil uns daraus erwachsen ist.

Zwölfte Frage.
Weshalb es nothwendig war, daß Christus auferstand.

Was also das Erste anbelangt, so war es nothwendig, daß Christus auferstand, damit die Gerechtigkeit Gottes offenbar würde, für den es sich gar sehr ziemte, denjenigen zu erhöhen, der, um ihm zu gehorchen, unterdrückt und mit aller Schmach überhäuft worden war. Diesen Grund führte der Apostel an, wenn er zu den Philippern sprach: „Er erniedrigte sich selbst und ward gehorsam bis zum Tode, ja bis zum Tode am Kreuze. Darum hat ihn Gott auch erhöht." Zudem, damit unser Glaube gekräftigt würde, ohne welchen des Menschen Gerechtigkeit nicht bestehen kann. Denn dafür, daß Christus der Sohn Gottes gewesen ist, muß dies der stärkste Beweis sein, daß er aus eigener Kraft von den Todten auferstand. Ferner, damit unsere Hoffnung genährt und gestützt würde. Denn da Christus auferstanden ist, so geben wir uns der gewissen Hoffnung hin, daß auch wir auferstehen werden, da die Glieder nothwendiger Weise der Beschaffenheit ihres Hauptes folgen. Diesen Schluß scheint auch der Apostel bei seiner Beweisführung in den Briefen an die Corinther und Thessalonicher zu ziehen. Und der Apostelfürst Petrus hat gesagt: „Gelobt sei Gott und der Vater unsers Herrn Jesu Christi, der uns nach seiner großen Barmherzigkeit wiedergeboren hat zu einer lebendigen Hoffnung durch die Auferstehung Jesu Christi von den Todten zu einem unverwelklichen Erbe." Endlich ist zu lehren, daß auch darum die Auferstehung des Herrn nothwendig gewesen sei, damit das Geheimniß unseres Heiles und unserer Erlösung vollendet würde. Denn Christus hat durch seinen Tod uns von den Sünden befreit, durch seine Auferstehung aber die vorzüglichen Güter, welche wir durch die Sünde verloren hatten, uns wieder zugestellt. Daher heißt es auch bei dem Apostel: „Christus ist unserer Sünden wegen überantwortet und um unserer Rechtfertigung willen auferstanden." Damit also an dem Heile des Menschengeschlechtes Nichts mangelte, mußte er, wie er starb, so auch auferstehen.

Quaestio XIII.

Quae commoda ex resurrectione Christi ad homines redeant

Utilitas resurrectionis Christi.

Ex iis vero, quae hactenus dicta sunt, perspicere possumus, quantum utilitatis Christi Domini resurrectio fidelibus attulerit. In resurrectione enim Deum esse immortalem, plenum gloria, mortis et diaboli victorem agnoscimus; quod de Christo Iesu sine ulla dubitatione credendum et confitendum est. Deinde Christi resurrectio nobis etiam corporis resurrectionem peperit, tum quia eius mysterii efficiens causa fuit, tum quia ad Domini exemplum resurgere omnes debemus. Nam quod ad corporis resurrectionem attinet, Apostolus ita testatur: „Per hominem mors et per hominem resurrectio mortuorum“. [1] Quaecunque enim Deus in redemptionis-nostrae mysterio egit, ad omnia Christi humanitate, tamquam efficienti instrumento, usus est. Quare eius resurrectio instrumentum quoddam fuit ad resurrectionem nostram efficiendam; exemplar vero dici potest, quoniam Christi Domini resurrectio omnium est perfectissima; ac quemadmodum Christi corpus resurgens ad immortalem gloriam immutatum est: ita nostra etiam corpora, quae prius imbecilla et mortalia fuerant, gloria et immortalitate ornata restituentur. Ut enim Apostolus docet: „Salvatorem exspectamus Dominum nostrum Iesum Christum, qui reformabit corpus humilitatis nostrae configuratum corpori claritatis suae“. [2] Hoc etiam de anima in peccatis mortua dici potest, cui quo pacto Christi resurrectio exemplar proponatur, idem Apostolus iis verbis ostendit: „Quomodo Christus surrexit a mortuis per gloriam Patris, ita et nos in novitate vitae ambulemus. Si enim complantati facti sumus similitudini mortis eius, simul et resurrectionis erimus“. [3] Et paucis interjectis inquit: „scientes quod Christus resurgens ex mortuis, iam non moritur; mors illi ultra non dominabitur. Quod enim mortuus est peccato, mortuus est semel: quod autem vivit, vivit Deo. Ita et vos existimate, vos mortuos quidem esse peccato, viventes autem Deo in Christo Iesu“. [4]

Quaestio XIV.

Quae ex Christi resurrectione exempla sint sumenda.

Christi resurrectio corporalis nos ad spiritualem hortatur resurrectionem.

Duo igitur a Christi resurrectione exempla petere debemus.

1) 1 Cor. 15, 21. 2) Phil. 3, 20. 21. 3) Rom. 6, 4. 4) Rom. 6, 9—11.

Dreizehnte Frage.

Welche Vortheile für die Menschen aus der Auferstehung Christi fließen.

Nutzen der Auferstehung Christi.

Aus demjenigen aber, was bisher gesagt ist, können wir deutlich ersehen, welch' großen Nutzen die Auferstehung des Herrn den Gläubigen gebracht hat. Denn durch die Auferstehung erkennen wir, daß er ein unsterblicher Gott, voll Herrlichkeit, der Sieger über Tod und Teufel sei, was wir von Christo Jesu ohne allen Zweifel glauben und bekennen müssen. Ferner hat Christi Auferstehung auch uns die Auferstehung des Leibes erworben, theils, weil sie die bewirkende Ursache dieses Geheimnisses war, theils, weil wir nach dem Beispiele des Herrn Alle auferstehen sollen. Denn was die Auferstehung des Leibes anbelangt, so bezeugt der Apostel: „Durch einen Menschen ist der Tod, und durch einen Menschen ist die Auferstehung von den Todten." Denn zu Allem, was Gott irgendwie bei dem Geheimnisse unserer Erlösung gethan hat, bediente er sich der Menschheit Christi als des bewirkenden Werkzeuges. Seine Auferstehung war daher ein Werkzeug, um unsere Auferstehung zu bewirken; sie kann aber auch ein Vorbild genannt werden, weil die Auferstehung Christi, des Herrn, die allervollkommenste ist; und wie der auferstandene Leib Christi zu unsterblicher Herrlichkeit umgewandelt ist, so werden auch unsere Leiber, welche zuvor schwach und sterblich waren, mit Herrlichkeit und Unsterblichkeit geschmückt, wieder hergestellt werden. Ferner wie der Apostel lehret: „Wir erwarten den Heiland, unsern Herrn Jesum Christum, welcher den Leib unserer Niedrigkeit umgestalten wird, daß er gleichgestaltet sei dem Leibe seiner Herrlichkeit." Dies kann auch von der in Sünden erstorbenen Seele gesagt werden. In welcher Weise die Auferstehung Christi als ihr Muster aufgestellt werde, das zeigt derselbe Apostel in folgenden Worten: „Gleichwie Christus auferstanden ist von den Todten durch die Herrlichkeit des Vaters, also sollen auch wir in einem neuen Leben wandeln." Wenn wir nämlich zusammengepflanzet sind zur Aehnlichkeit seines Todes, so werden wir es auch zur Aehnlichkeit der Auferstehung sein." Und kurz darauf sagt er: „Wir wissen, daß Christus, nachdem er von den Todten auferstanden ist, nicht mehr stirbt, der Tod nicht mehr über ihn herrschen wird. Denn da er der Sünde gestorben, ist er einmal gestorben; und da er lebt, lebt er für Gott. Also sollet auch ihr dafür halten, daß ihr zwar der Sünde abgestorben seid, für Gott aber lebet in Christo Jesu, unserm Herrn."

Vierzehnte Frage.

Welche Beispiele wir aus der Auferstehung Christi entnehmen sollen.

Christi leibliche Auferstehung mahnt uns zur geistigen Auferstehung.

Zwei Beispiele sollen wir demnach aus der Auferstehung Christi

Alterum est, ut, postquam peccati maculas eluimus, novum vitae genus instituamus, in quo morum integritas, innocentia, sanctitas, modestia, iustitia, beneficentia, humilitas eluceant. Alterum est, ut in eo vitae instituto ita perseveremus, ut, adiuvante Domino, a iustitiae via, quam semel ingressi fuerimus, non excidamus. Neque vero Apostoli verba id solum demonstrant, Christi resurrectionem ad resurrectionis exemplum nobis proponi: verum etiam resurgendi virtutem nobis praebere, viresque et spiritum largiri, quo in sanctitate et iustitia permaneamus, ac Dei praecepta servemus, declarant. Nam quemadmodum ex eius morte non solum peccatis moriendi exemplum capimus, sed virtutem etiam haurimus, qua peccatis moriamur: ita eius resurrectio ad iustitiam consequendam nobis vires affert, ut deinde pie et sancte Deum colentes, in novitate vitae ambulemus, ad quam resurgimus. Hoc enim maxime resurrectione sua Dominus effecit, ut qui antea una cum illo peccatis, et huic saeculo mortui eramus, cum illo etiam ad novam vitae institutionem et disciplinam resurgeremus.

Quaestio XV.

Quibus indiciis colligatur, aliquem secundum spiritum cum Christo resurrexisse.

Quae sint signa resurrectionis nostrae spiritualis.

Cuius resurrectionis quae potissimum signa observanda sint, Apostolus nos admonet; nam quum inquit: „Si consurrexistis cum Christo, quae sursum sunt, quaerite, ubi Christus est in dextera Dei sedens“:[1] plane ostendit, eos, qui vitam, honores, otium, divitias, ibi maxime, ubi Christus est, habere cupiunt, vere cum Christo surrexisse; quum vero addit: „Quae sursum sunt, sapite, non quae super terram“:[2] alteram etiam hanc veluti notam apposuit, qua perspicere possimus, num vere cum Christo surreximus. Ut enim corporis affectionem et valetudinem gustus indicare solet, ita, si „quaecunque sunt vera, quaecunque pudica, quaecunque iusta, quaecunque sancta“[3] alicui sapiant, isque coelestium rerum iucunditatem intimo mentis sensu percipiat: hoc maximo argumento esse potest, eum, qui ita affectus sit, ad novam et spiritualem vitam una cum Christo Iesu surrexisse.

1) Col. 3, 1. 2) Ibid. 2. 3) Phil. 4, 8.

entnehmen. Das eine iſt, daß wir nach Abwaſchung des Makels der Sünde eine neue Art zu leben beginnen, aus welcher Sitten= reinheit, Unſchuld, Heiligkeit, Beſcheidenheit, Gerechtigkeit, De= muth hervorleuchten. Das andere iſt, in dem begonnenen Leben alſo zu verharren, daß wir, mit Hülfe des Herrn, von dem einmal betretenen Wege der Gerechtigkeit nie abweichen. Denn die Worte des Apoſtels beweiſen nicht nur, daß uns Chriſti Auferſtehung als ein Beiſpiel der Auferſtehung vorgehalten werde: ſondern ſie er= klären auch, daß ſie uns das Vermögen zur Auferſtehung ver= leihe, und die Kräfte und den Geiſt ertheile, wodurch wir in der Heiligkeit und Gerechtigkeit zu verharren und Gottes Gebote zu erfüllen vermögen. Denn wie wir aus ſeinem Tode nicht allein das Beiſpiel entnehmen, den Sünden abzuſterben, ſondern auch die Kraft ſchöpfen, durch die wir den Sünden abſterben mögen: ſo ver= leiht uns ſeine Auferſtehung auch die Kräfte zur Erlangung der Gerechtigkeit, damit wir darnach, Gott fromm und heilig dienend, in dem neuen Leben wandeln, zu dem wir auferſtehen. Denn dies hat der Herr vorzüglich durch ſeine Auferſtehung bewirkt, daß wir, nachdem wir zuvor mit ihm zugleich den Sünden und dieſer Welt geſtorben waren, mit ihm nun auch zu einem neuen Leben und Wandel auferſtehen.

Fünfzehnte Frage.
Aus welchen Kennzeichen man erſieht, daß Jemand mit Chriſto dem Geiſte nach auferſtanden iſt.

Welches die Zeichen unſerer geiſtigen Auferſtehung ſind.

Was hauptſächlich als Zeichen dieſer Auferſtehung zu beachten ſei, legt uns der Apoſtel nahe; denn wenn er ſagt: „Wenn ihr nun mit Chriſto auferſtanden ſeid, ſo ſuchet, was droben iſt, wo Chriſtus iſt, der zur Rechten Gottes ſitzt," ſo zeigt er offenbar an, daß die= jenigen, welche Leben, Ehre, Ruhe, Reichthum dort vorzüglich, wo Chriſtus iſt, zu beſitzen wünſchen, wahrhaft mit Chriſtus aufer= ſtanden ſind; wenn er aber hinzufügt: „Was droben iſt, habet im Sinne, nicht was auf Erden," ſo fügt er damit auch das zweite, man möchte es Merkzeichen nennen, hinzu, woran wir erkennen können, ob wir wahrhaft mit Chriſtus auferſtanden ſind. Denn wie der Geſchmack das körperliche Befinden und den Geſundheits= zuſtand anzuzeigen pflegt, eben ſo kann auch, wenn Jemand an dem, „was wahr iſt, was ehrbar, was gerecht, was heilig", Geſchmack findet, und die Lieblichkeit der himmliſchen Dinge im Innerſten ſeines Herzens empfindet, dies zum ſtärkſten Beweiſe dienen, daß, der, welcher ſo beſchaffen iſt, zu einem neuen und geiſtigen Leben zugleich mit Chriſtus auferſtanden ſei.

CAPUT VII.

DE SEXTO ARTICULO.

**Ascendit ad coelos, sedet ad dexteram Dei, Patris omni-
potentis.**

Quaestio I.
Huius articuli excellentia et primae partis sententia.

David Propheta, quum beatam et gloriosam Domini ascensionem spiritu Dei plenus contemplaretur, omnes ad eum trium-
phum summa laetitia et gaudio celebrandum illis verbis hortatur, quum inquit: „Omnes gentes plaudite manibus, iubilate
Deo in voce exultationis: ascendit Deus in iubilatione“. [1] Ex
quo intelliget Parochus, maximo studio hoc mysterium explicandum esse, sibique diligenter curandum, ut fideles illud non
solum fide et mente percipiant, sed, quoad eius fieri poterit,
iuvante Domino, factis etiam et vita exprimere studeant. Quod
igitur ad sexti articuli explanationem attinet, in quo potissimum
de divino hoc mysterio agitur, a priori eius parte incipiendum
est, et quae eius sit vis atque sententia, aperiendum.   De
Christo enim Iesu illud etiam fideles sine ulla dubitatione credere oportet, cum, perfecto iam et absoluto redemptionis nostrae
mysterio, ut homo est, in coelum corpore et anima ascendisse.
Nam ut Deus est, nunquam ab eo abfuit, ut qui divinitate sua
loca omnia compleat.

Quaestio II.
Non solum divinitatis virtute Christus ascendit, sed vi etiam humani-
tatis.

Ascendisse autem sua virtute doceat, non aliena vi sublatum,
quemadmodum Elias, qui „igneo curru in coelum evectus est“: [2]
vel Abacuc Propheta, [3] vel Philippus Diaconus, [4] qui divina virtute per aërem delati, longinqua terrarum spatia permearunt.
Neque vero solum ut Deus, praepotenti divinitatis virtute, in
coelos ascendit, sed etiam ut homo est. Quamvis enim naturali vi id fieri non potuerit, tamen virtus illa, qua beata Christi
anima praedita erat, corpus, ut libuit, movere potuit; corpus
vero, quod iam gloriam adeptum erat, moventis animae imperio

---

1) Ps. 46. 2. 6. 2) 4 Reg. 2. 11. 3) Dan. 14. 35. 4) Act. 8. 39.

Siebentes Hauptstück.

Vom sechsten Artikel.

Aufgefahren gen Himmel, sitzet zur rechten Hand Gottes des allmächtigen Vaters.

Erste Frage.

Von der Vorzüglichkeit dieses Artikels und von dem Sinne des ersten Theiles.

Als der Prophet David, voll des Geistes Gottes, die selige und glorreiche Himmelfahrt des Herrn betrachtete, ermahnt er Alle, diesen Triumph mit dem höchsten Jubel und Frohlocken zu feiern, indem er spricht: „Klatschet mit Händen, alle Völker, jauchzet Gott mit Jubelschall: Gott ist aufgefahren mit Jubelklange." Daraus kann der Pfarrer sehen, daß er dieses Geheimniß mit dem emsigsten Eifer erklären und mit Fleiß darauf bedacht sein müsse, daß die Gläubigen es nicht allein mit dem Glauben und Verstande erfassen, sondern dasselbe auch, so viel es geschehen kann, mit Gottes Hülfe durch die That und im Leben auszudrücken sich beeifern. Was also die Er= klärung des sechsten Artikels anbelangt, in dem vorzüglich von die= sem göttlichen Geheimniß gehandelt wird; so muß man mit dem ersten Theile desselben beginnen und über dessen Sinn und Bedeu= tung Aufschluß ertheilen. Denn die Gläubigen müssen von Jesu Christo auch dies ohne allen Zweifel glauben, daß er nach Vollen= dung und Abschluß des Geheimnisses unserer Erlösung, in wie weit er Mensch ist, mit dem Leibe und der Seele gen Himmel aufgefah= ren sei. Denn, in wie weit er Gott ist, war er niemals daraus fern, da er mit seiner Gottheit alle Orte erfüllt.

Zweite Frage.

Christus ist nicht allein durch die Kraft seiner Gottheit, sondern auch durch die Kraft seiner Menschheit hinaufgefahren.

Er lehre aber, daß er aus eigener Macht aufgefahren, und nicht durch fremde Kunst erhoben sei, wie Elias, „der in einem feurigen Wagen gen Himmel fuhr," oder der Prophet Habakuk, oder der Diakon Philippus, welche, durch göttliche Kraft durch die Luft ge= tragen, über weite Länderstriche hingegangen sind. Jedoch ist er nicht allein als Gott durch die allmächtige Kraft seiner Gottheit gen Himmel aufgefahren, sondern auch in wie weit er Mensch ist. Denn obgleich dies nicht aus natürlicher Kraft geschehen konnte, so ver= mochte doch jene Kraft, mit welcher die begnadigte Seele Christi ausgestattet war, den Körper nach Belieben zu bewegen; der Körper hingegen, welcher schon der Verherrlichung theilhaftig geworden, gehorchte bereitwillig dem Gebote der ihn bewegenden Seele. Und

9

facile parebat. Atque hac ratione, ut Deus et ut homo est, Christum in coelum sua virtute ascendisse credimus.

Quaestio III.

Quo sensu Christus posteriore articuli parte dicatur, sedere ad dexteram Dei Patris.

Quid sedere denotet? Sedere ad dexteram Dei, soli Christo est tributum.

In altera articuli parte haec sunt: „Sedet ad dexteram Patris". Quo loco tropum, id est, verbi immutationem licet animadvertere, frequentem in divinis litteris, quum humanas affectiones et membra, ad nostram intelligentiam accommodantes, Deo tribuimus; neque enim, quum spiritus sit, quidquam in eo corporeum cogitari potest. Sed quoniam in humanis rebus ei maiorem honorem tribui existimamus, qui ad dexteram collocatus est, eandem rem ad coelestia etiam transferentes, ad explicandam Christi gloriam, quam ut homo prae caeteris omnibus adeptus est, cum in Patris dextera esse confitemur. Sedere autem hoc loco non situm et figuram corporis significat, sed eam regiae summaeque potestatis ac gloriae firmam et stabilem possessionem, quam a Patre accepit, declarat; de quo ait Apostolus: „Suscitans illum a mortuis, et constituens ad dexteram suam in coelestibus supra omnem principatum, et potestatem, et virtutem, et dominationem, et omne nomen, quod nominatur non solum in hoc saeculo, sed etiam in futuro, et omnia subiecit sub pedibus eius".[1] Ex quibus verbis apparet, hanc gloriam adeo propriam et singularem Domini esse, ut cuivis alii creatae naturae convenire non possit. Quare alio loco testatur: „Ad quem autem Angelorum dixit aliquando: Sede a dextris meis?"[2]

Quaestio IV.

Quare ascensionis Christi historia frequentius apud populum sit repetenda.

Sed articuli sensum Parochus latius explanabit, ascensionis historiam persequens, quam sanctus Lucas Evangelista in Actis Apostolorum admirabili ordine descripsit. In cuius explicatione illud primum observare oportebit, caetera omnia mysteria ad ascensionem, tamquam ad finem referri, in eoque omnium perfectionem et absolutionem contineri. Nam, ut ab incarnatione Domini omnia religionis nostrae mysteria initium habent, ita

---

1) Ephes 1, 20—22. 2) Hebr. 1, 13.

auf diese Weise glauben wir, daß Christus, in wie weit er Gott und in wie weit er Mensch ist, aus eigener Kraft gen Himmel aufgefahren sei.

Dritte Frage.

In welchem Sinne im letzten Theile des Artikels gesagt wird, Christus sitze zur Rechten des Vaters.

. Was: „sitzen" bedeutet. Zur Rechten Gottes sitzen, ist allein Christo beigelegt.

Im zweiten Theile des Artikels heißt es so: „Er sitzet zur Rechten des Vaters." An dieser Stelle hat man die uneigentliche Redeweise, d. h. die Andeutung im Ausdrucke zu beachten, wie er in der heiligen Schrift häufig vorkommt, wenn wir, indem wir unserer Auffassungsweise uns anbequemen, Gott menschliche Gemüthsbewegungen und Glieder beilegen; denn da er ein Geist ist, so kann man sich nichts Körperliches an ihm denken. Weil wir aber in menschlichen Verhältnissen glauben, dem werde eine größere Ehre erwiesen, welcher zur Rechten gestellet ist, so bekennen wir auch, dasselbe Verhältniß auf himmlische Dinge übertragend, um die Herrlichkeit Christi, die er als Mensch vor allen Uebrigen erlangt hat, zu erklären, daß er zur Rechten des Vaters sei. Das Sitzen bedeutet aber hier nicht die Lage und Stellung des Körpers, sondern es bezeichnet vielmehr den unbeweglichen und unveränderlichen Besitz der königlichen und höchsten Macht und Herrlichkeit, den er vom Vater empfangen hat; hierüber sagt der Apostel: „Da er ihn von den Todten auferweckt, und zu seiner Rechten im Himmel gesetzt hat über jede Oberherrschaft, und Gewalt, und Macht, und Herrschaft, und jede Würde, die nicht nur in dieser Welt, sondern auch in der zukünftigen genannt wird, hat er Alles unter seine Füße gelegt." Aus diesen Worten erhellt, daß diese Herrlichkeit dem Herrn so eigenthümlich und einzig zukommt, daß sie keinem andern erschaffenen Wesen irgend beigelegt werden könne. Darum bezeugt er an einem andern Orte: „Zu welchem Engel hat er je gesagt: setze dich zu meiner Rechten?"

Vierte Frage.

Warum man die Geschichte der Himmelfahrt Christi dem Volke öfters wiederholen solle.

Indeß wird der Pfarrer den Sinn dieses Artikels ausführlicher erklären, indem er die Geschichte der Himmelfahrt verfolgt, welche der heilige Evangelist Lukas in der Apostelgeschichte in bewunderungswürdiger Ordnung beschrieben hat. Er wird bei der Erklärung derselben dieses besonders beachten müssen, daß sich alle übrige Geheimnisse auf die Himmelfahrt, als auf ihr Ziel, beziehen, und daß darin die Vollendung und der Abschluß von allen enthalten ist. Denn wie von der Menschwerdung des Herrn alle Geheimnisse un-

ascensione eius peregrinatio concluditur. Praeterea alia Symboli capita, quae ad Christum Dominum pertinent, summam eius humilitatem et contemptionem ostendunt; neque enim abiectius aut humilius quidquam cogitari potest, quam quod Filius Dei pro nobis humanam naturam et imbecillitatem assumpserit, patique et mori voluerit. At vero, quod tum superiori articulo a mortuis resurrexisse, nunc vero in coelum ascendisse, et ad Dei Patris dexteram sedere confitemur, nihil ad eius summam gloriam, divinamque maiestatem declarandam magnificentius dici aut admirabilius potest.

Quaestio V.

Cur Christus in coelum ascenderit, nec in terra potius regnum suum constituerit.

Christi in coelum ascensionis causae, et quae nobis inde beneficia?

I. Iam his expositis accurate docendum est, cuius rei causa Christus Dominus in coelos ascenderit. Primum enim ascendit propterea, quod eius corpori, quod immortalitatis gloria in resurrectione donatum fuerat, non terrenae huius et obscurae habitationis locus, sed altissimum et splendidissimum coeli domicilium conveniret, nec vero solum ut eius gloriae et regni solio potiretur, quod sanguine meruerat; verum etiam ut ea, quae ad salutem nostram pertinebant, curaret, deinde ut „regnum suum non esse ex hoc mundo"[1] re ipsa comprobaret; nam mundi regna terrena et fluxa sunt, magnisque opibus et carnis potentia nituntur.

Christi regnum non terrenum. Qui ex hominibus sint in regno Christi ditiores?

II. Christi vero regnum non terrenum, quale Iudaei exspectabant, sed spirituale et aeternum; itemque eius opes et divitias spirituales esse ipse ostendit, quum suam sedem in coelis collocavit. In quo quidem regno illi ditiores, et omnium bonorum copia affluentiores existimandi sunt, qui ea, quae Dei sunt, diligentius quaerunt.. Nam et S. Iacobus testatur, Deum elegisse „pauperes in hoc mundo, divites in fide, et haeredes regni, quod promisit Deus diligentibus se".[2] Sed illud etiam Dominus noster in coelum ascendens efficere voluit, ut nos cum ascendentem mente et desiderio prosequeremur. Nam quemadmodum morte et resurrectione sua moriendi et resurgendi spiritu exemplum nobis reliquerat: ita ascensu nos docet atque

1) Ioan. 18. 36. 2) Iac. 2. 5.

serer Religion ihren Anfang nehmen, so wird seine Pilgerfahrt durch die Himmelfahrt beschlossen. Ueberdies zeigen die andern Haupt= stücke des Glaubensbekenntnisses, die sich auf Christum, den Herrn, beziehen, seine tiefste Erniedrigung und Verachtung; denn es kann nichts Verächtlicheres und Erniedrigenderes gedacht werden, als daß der Sohn Gottes für uns die menschliche Natur und Schwachheit angenommen hat, und leiden und sterben wollte. Wenn wir nun aber, was im vorhergehenden Artikel geschehen, bekennen, daß er von den Todten auferstanden, jetzt aber, daß er gen Himmel auf= gefahren sei, und zur Rechten des Vaters sitze, so kann nichts Groß= artigeres und Wunderbareres gesagt werden, um seine höchste Herr= lichkeit und göttliche Majestät zu erklären.

Fünfte Frage.

Warum Christus in den Himmel hinaufgefahren ist, und nicht vielmehr sein Reich auf Erden gegründet hat.

Gründe der Himmelfahrt Christi, und welche Wohlthaten uns daraus erwachsen.

1. Nachdem dies nun auseinander gesetzt ist, so hat man einen genauen Unterricht darüber zu geben, weshalb Christus in den Himmel aufgefahren sei. Erstlich ist er nämlich deswegen hinauf= gefahren, weil seinem Leibe, der bei der Auferstehung mit der Glorie der Unsterblichkeit begabt war, nicht die Stätte dieser irdischen und dunkeln Wohnung, sondern der höchste und glanzvollste Wohnsitz des Himmels gebührte, und zwar nicht darum allein, daß er den Thron seiner Herrlichkeit und seines Reiches in Besitz nähme, den er durch sein Blut verdient hatte, sondern auch, damit er für das, was unser Heil betrifft, Sorge trage, dann auch, um durch die That zu beweisen, daß „sein Reich nicht von dieser Welt sei;" denn die Reiche der Welt sind irdisch und vergänglich, und stützen sich auf große Reichthümer und die Macht des Fleisches.

Christi Reich ist kein irdisches. Welche unter den Menschen in Christi Reich die reicheren sind?

2. Christi Reich hingegen ist nicht irdisch, wie die Juden es er= warteten, sondern geistig und ewig; und so zeigte er selbst, daß seine Macht und Reichthümer geistig seien, indem er seinen Sitz in den Himmel verlegte. In diesem Reiche sind diejenigen für die Reicheren und mit der Fülle aller Güter Begabteren zu erachten, welche am sorgfältigsten das suchen, was Gottes ist. Denn auch der heilige Jakobus bezeugt, Gott habe auserwählt „die Armen in dieser Welt zu Reichen im Glauben und zu Erben des Reiches, welches Gott denen, die ihn lieben, verheißen hat." Allein auch dies wollte der Herr durch sein Auffahren gen Himmel bewirken, daß wir ihm, dem Hinaufgefahrenen, mit unsern Gedanken und Wünschen nachfolgen sollten. Denn, wie er uns durch seinen Tod und seine Auferstehung

instruit, ut in terris positi, in coelum nos cogitatione conferamus, confitentes, nos peregrinos et hospites esse super terram ac patriam inquirentes,[1] cives esse sanctorum, et domesticos Dei:[2] „nostra" enim, ut idem inquit Apostolus, „conversatio in coelis est".[3]

Quaestio VI.
Quae beneficia ex Christi ascensione hominibus sint collata.

Quanta redeant ad nos commoda ex ascensione Domini? Primo: mittit Spiritum Sanctum.

I. Iam vero vim et magnitudinem inexplicabilium bonorum, quae in nos Dei benignitas effundit, divinus David, Apostolo interprete,[4] multo ante cecinerat illis verbis: „Ascendens in altum captivam duxit captivitatem, dedit dona hominibus";[5] nam decimo die Spiritum sanctum dedit, cuius virtute atque ubertate complevit praesentem illam fidelium multitudinem, et vere tum magnifica illa promissa persolvit: „Expedit vobis, ut ego vadam; si enim non abiero, Paraclitus non veniet ad vos; si autem abiero, mittam eum ad vos".[6]

Secundo: Advocatum agit.

II. Ascendit etiam in coelum, ex Apostoli sententia, „ut appareat nunc vultui Dei pro nobis",[7] et apud Patrem advocati officio fungatur. „Filioli mei", inquit S. Ioannes „haec scribo vobis, ut non peccetis, sed et si quis peccaverit, advocatum habemus apud Patrem, Iesum Christum iustum, et ipse est propitiatio pro peccatis nostris".[8]

Tertio: spem nostram erigit de remissione peccatorum. Quarto: locum amicis parat et viam ad coelum praestruit. Quinto: captivam abducit captivitatem.

III. Nec vero quidquam est, unde fideles maiorem laetitiam et animi iucunditatem capere debeant, quam Iesum Christum patronum causae ac deprecatorem salutis nostrae constitutum esse, cuius sit apud aeternum Patrem summa gratia et auctoritas. „Paravit denique nobis locum",[9] quod etiam se facturum promiserat, atque omnium nostrum nomine caput, ipse Iesus Christus venit in coelestis gloriae possessionem. Nam in coelum abiens, portas, quae Adami peccato interclusae fuerant, patefecit, nobisque viam munivit, qua ad coelestem beatitudinem perveniremus; quemadmodum ipse in Coena discipulis futurum

1) Hebr. 11, 13. 2) Ephes. 2, 19. 3) Phil. 3, 20. 4) Ephes. 4, 8. 5) Ps. 67, 19. 6) Ioan. 16, 7. 7) Hebr. 9, 24. 8) 1 Ioan. 2, 1. 2. 9) Ioan. 14, 2.

ein Beispiel hinterlassen hat, wie wir im Geiste sterben und aufer=
stehen sollen: so lehrt und unterweiset er uns durch seine Himmel=
fahrt, daß wir, obgleich auf der Erde verweilend, mit dem Gedanken
uns in den Himmel erheben, als Fremdlinge und Pilger auf Erden
uns bekennen, und als Mitbürger der Heiligen und Hausgenossen
Gottes nach unserm Vaterlande trachten sollen, denn, wie derselbe
Apostel sagt: „ist unser Wandel im Himmel.‟

Sechste Frage.
**Welche Wohlthaten den Menschen durch die Himmelfahrt Christi zu Theil
geworden sind.**

**Wie große Wohlthaten uns aus der Himmelfahrt des Herrn zufließen? Erstens
sendet er den heil. Geist.**

1. Die Wichtigkeit und Größe der unaussprechlichen Güter aber,
welche Gottes Güte über uns ausschüttet, hatte der heilige David
nach der Auslegung des Apostels lange zuvor in diesen Worten be=
sungen: „Er ist aufgefahren in die Höhe, hat gefangen geführt die
Gefangenschaft und Gaben den Menschen ausgetheilt;‟ denn am
zehnten Tage verlieh er den heiligen Geist, mit dessen Kraft und
Reichthum er jene anwesende Menge der Gläubigen erfüllte und in
Wahrheit damals jene herrliche Verheißung verwirklichte: „Es ist
euch gut, daß ich hingehe; denn wenn ich nicht hingehe, so wird der
Tröster nicht zu euch kommen; gehe ich aber hin, so werde ich ihn
euch senden.‟

Zweitens führt er das Amt eines Sachwalters für uns.

2. Er fuhr auch, nach dem Ausspruche des Apostels, deswegen
gen Himmel, „um jetzt vor dem Angesichte Gottes für uns zu er=
scheinen,‟ und bei dem Vater das Amt eines Fürsprechers zu ver=
walten. „Meine Kindlein,‟ sagt der heilige Johannes, „dies schreibe
ich euch, damit ihr nicht sündiget. Wenn aber Jemand gesündigt
hat, so haben wir einen Fürsprecher beim Vater, Jesum Christum,
den Gerechten, und dieser ist die Versöhnung für unsere Sünden.‟

**Drittens richtet er unsre Hoffnung auf Nachlassung der Sünden auf. Viertens
bereitet er seinen Freunden den Platz und bahnt ihnen den Weg zum Him=
mel. Fünftens führt er die Gefangenschaft gefangen hinweg.**

3. Es gibt aber auch nichts, woraus die Gläubigen eine größere
Freude und Seelenergötzung schöpfen könnten, als daraus, daß Je=
sus Christus zu unserem Sachwalter und zum Fürsprecher unseres
Heils eingesetzt ist, der bei dem ewigen Vater in höchster Gnade
und Ansehn steht. Endlich „hat er uns den Ort bereitet,‟ wie er
auch zu thun verheißen, und im Namen unser aller kam er selbst als
unser Haupt, Jesus Christus, in den Besitz der himmlischen Herr=
lichkeit. Denn da er in den Himmel einging, öffnete er uns die
Pforten, die durch Adams Sünde verschlossen waren, und bahnte
uns den Weg, auf welchem wir zur himmlischen Seligkeit gelangen

praedixerat. Quod quidem ut rei etiam eventu aperte comprobaret, piorum animas, quas ab inferis eripuerat, secum in aeternae beatitudinis domicilium introduxit.

Sexto: fidem nostram confirmat et merito auget.

IV. Hanc coelestium munerum admirabilem copiam salutaris illa commodorum series consecuta est: primum enim fidei nostrae merito maximus cumulus accessit; nam fides earum rerum est, quae sub aspectum non cadunt, atque ab hominum ratione ac intelligentia remotae sunt. Quare si Dominus a nobis non discessisset, fidei nostrae meritum minueretur; siquidem a Christo Domino „beati" praedicantur, „qui non viderunt et crediderunt".[1]

Septimo: beatitudinis nostrae exspectationem certam facit.

V. Praeterea Christi in coelum ascensus ad confirmandam spem in cordibus nostris magnum momentum habet. Nam quoniam Christum hominem in coelum ascendisse, et humanam naturam in dextera Dei Patris collocasse credimus, magna in spe sumus, fore ut nos etiam, eius membra, illuc ascendamus, atque ibi cum capite nostro coniungamur. Quod ipse Dominus his verbis testatus est: „Pater, quos dedisti mihi, volo, ut, ubi sum ego, et illi sint mecum".[2]

Octavo: charitatem nostram promovet et affectum a terrenis ad coelestia sustollit.

VI. Deinde hoc quoque vel maximum beneficium consecuti sumus, quod amorem nostrum ad coelum rapuit, ac divino Spiritu inflammavit; nam verissime dictum est, „ibi cor nostrum esse, ubi thesaurus noster est."[3] Ac profecto, si Christus Dominus in terris versaretur, omnis nostra cogitatio in ipso hominis aspectu et consuetudine defixa esset, et illum dumtaxat hominem spectaremus, qui nos tantis beneficiis afficeret, cumque terrena quadam benevolentia prosequeremur. Verum in coelum ascendens, amorem nostrum spiritualem reddidit, effecitque, ut quem nunc absentem cogitamus, cum ut Deum veneremur et diligamus. Id autem partim Apostolorum exemplo intelligimus, quibus dum praesens affuit Dominus, humano fere sensu de illo indicare videbantur; partim vero ipsius Domini testimonio confirmatum est, quum inquit: „Expedit vobis, ut ego vadam".[4] Nam imperfectus ille amor, quo Christum Iesum praesentem diligebant, divino amore perficiendus erat, idque Spiritus Sancti

1) Ioan. 20, 29. 2) Ioan. 17, 24. 3) Matth. 6, 21. 4) Ioan. 16, 7.

könnten, so wie er es selbst beim Abendmahle den Jüngern voraus-
gesagt hatte. Und damit er dies auch deutlich durch den Erfolg
bestätige, so führte er die Seelen der Frommen, welche er der Hölle
entrissen, mit sich in die Wohnungen der ewigen Seligkeit.

Sechstens stärkt er unsern Glauben und mehrt ihn an Verdienst.

4. Auf diese wunderbare Menge himmlischer Gaben folgte eine
Reihe heilsamer Vortheile: zuerst nämlich erhielt unser Glaube mit
Recht den größten Zuwachs; denn der Glaube bezieht sich auf solche
Dinge, die nicht unter die Sinne fallen und dem Verstande und der
Vernunft der Menschen ferne liegen. Wäre daher der Herr nicht
von uns gegangen, so würde das Verdienst unseres Glaubens ge-
mindert; wie denn von Christo dem Herrn diejenigen „selig" ge-
priesen werden, „die nicht sehen und geglaubt haben".

Siebentens macht er die Erwartung unserer Glückseligkeit gewiß.

5. Außerdem ist die Himmelfahrt Christi zur Befestigung der
Hoffnung in unsern Herzen von großer Bedeutung. Denn da wir
glauben, Christus sei als Mensch aufgefahren gegen Himmel, und
habe die menschliche Natur zur Rechten Gottes des Vaters gesetzt,
so hegen wir die zuversichtliche Hoffnung, daß auch wir, seine Glieder, dorthin hinauffahren, und daselbst mit unserm Haupte vereinigt werden. Was der Herr selbst mit diesen Worten bezeugt
hat: „Vater, ich will, daß, wo ich bin, auch die bei mir seien, die
du mir gegeben hast".

Achtens befördert er unsre Liebe und erhebt unsre Neigung von dem Irdischen zum
Himmlischen.

6. Endlich haben wir auch dieses, gewiß die größte Wohlthat,
erlangt, daß er unsere Liebe zum Himmel emporgezogen, und mit
dem göttlichen Geiste entflammt hat; denn vollkommen wahr heißt
es, daß unser Herz da sei, wo unser Schatz ist. Und wahrlich, wenn
Christus, der Herr, noch auf Erden weilte, würde all unser Denken
auf den bloßen Anblick und Umgang eines Menschen gerichtet sein,
und wir würden in ihm nur den Menschen sehen, welcher uns so
große Wohlthaten erwiesen, und würden ihm nur ein irdisches Wohlwollen schenken. Indem er aber auffuhr gegen Himmel, hat er
unsere Liebe geistig gemacht, und bewirkt, daß wir ihn, den wir jetzt
abwesend uns vorstellen, als Gott verehren und lieben. Dies ersehen wir aber theils aus dem Beispiele der Apostel, die, so lange
der Herr bei ihnen gegenwärtig war, fast auf menschliche Weise von
ihm zu denken schienen, theils aber ist es durch das Zeugniß des
Herrn selbst bestätigt, indem er sagt: „Es ist euch gut, daß ich hingehe". Denn jene unvollkommene Liebe, mit welcher sie Jesum
Christum, so lange er gegenwärtig war, liebten, mußte durch die
göttliche Liebe vollendet werden, und zwar durch die Ankunft des

adventu; quare statim addit: „Si enim non abiero, Paraclitus non veniet ad vos".

Nono: Ecclesiam suam magis dilatavit. Petrus universae Ecclesiae pastor relictus. Christus quotidie Ecclesiam suis donis auget.

VII. Accedit etiam, quod in terris domum suam, id est, Ecclesiam amplificavit, quae Spiritus Sancti virtute et ductu gubernaretur. Eius vero universae inter homines Pastorem et summum Antistitem Petrum, Apostolorum Principem, reliquit; tum vero „dedit quosdam quidem Apostolos, quosdam autem Prophetas, alios vero Evangelistas, alios autem Pastores et Doctores";[1] atque ita ad dexteram Patris sedens, aliis atque aliis diversa dona semper impertitur. Nam testatur Apostolus: „unicuique nostrum datam esse gratiam secundum mensuram donationis Christi".[2]

Decimo: Ascensio Christi nobis ascendendi virtutem praestat.

VIII. Ad extremum vero, quod antea de mortis et resurrectionis mysterio docuimus, idem etiam de ascensu fidelibus cogitandum est. Quamvis enim Christi passioni salutem et redemptionem nostram debeamus, qui merito suo aditum iustis ad coelum aperuit: tamen eius ascensus non solum veluti exemplar nobis propositus est, quo alte spectare, et spiritu in coelum ascendere discamus, sed divinam etiam virtutem, qua id efficere possimus, largitus est.

CAPUT VIII.

DE SEPTIMO ARTICULO.

Inde venturus est iudicare vivos et mortuos.

Quaestio I.

Christi tria in suam Ecclesiam beneficia et articuli septimi sententia.

Tria sunt Domini nostri Iesu Christi ad suam Ecclesiam decorandam et illustrandam insignia officia et munera: redemptionis, patrocinii et iudicii. Quum autem superioribus articulis ab eo genus humanum passione et morte redemptum esse, ascensu etiam in coelum nostram causam et patrocinium in perpetuum susceptum constet: sequitur, ut eius iudicium hoc articulo declaretur; cuius articuli ea vis est et ratio, summo illo

---

1) Eph. 4, 11.   2) Ephes. 4, 7.

heil. Geistes; weshalb er zugleich hinzufügt: „Denn, wenn ich nicht hingehe, so wird der Tröster nicht zu euch kommen".

Neuntens erweiterte er dadurch mehr seine Kirche. Petrus ist als das Haupt der ganzen Kirche zurückgelassen. Christus mehrt die Kirche täglich durch seine Gaben.

7. Hierzu kommt noch, daß er auf Erden sein Haus, d. h. die Kirche, erweiterte, die durch die Kraft und Leitung des heil. Geistes regiert werden sollte. Als Hirten und obersten Vorsteher der ganzen Kirche unter den Menschen ließ er aber den Apostelfürsten Petrus zurück; darauf aber „hat er Einige zu Aposteln, Einige zu Propheten, Einige zu Evangelisten, Einige aber zu Hirten und Lehrern verordnet"; und so verleiht er, zur Rechten des Vaters sitzend, den Einen diese und den Andern andere verschiedene Gaben. Denn der Apostel bezeugt: „Einem Jeden unter uns ist Gnade verliehen nach dem Maße, wie Christus sie verliehen hat".

Zehntens gibt die Auferstehung Christi uns Kraft zur eigenen Auferstehung.

8. Endlich aber haben die Gläubigen, was wir vorhin von dem Geheimnisse des Todes und der Auferstehung gelehrt haben, nicht minder auch von der Himmelfahrt anzunehmen. Denn obgleich wir das Heil und unsere Erlösung dem Leiden Christi verdanken, der durch sein Verdienst den Gerechten den Eingang zum Himmel eröffnet hat: so ist uns doch seine Himmelfahrt nicht bloß als ein Vorbild aufgestellt, an dem wir lernen sollen, aufwärts zu schauen und im Geiste gegen Himmel aufzufahren, sondern sie hat uns auch die göttliche Kraft, durch welche wir dies zu bewerkstelligen vermögen, mitgetheilt.

Achtes Hauptstück.
Vom siebenten Artikel.

Von dannen er kommen wird, zu richten die Lebendigen und die Todten.

Erste Frage.
Die drei Wohlthaten Christi gegen seine Kirche und der Inhalt des siebenten Artikels.

Es giebt drei ausgezeichnete Verrichtungen und Aemter unseres Herrn Jesu Christi, seine Kirche zu schmücken und zu verherrlichen: das der Erlösung, der Obhut und des Gerichtes. Da aber aus den obigen Artikeln erhellt, daß das menschliche Geschlecht durch sein Leiden und seinen Tod von ihm erlöset, durch seine Himmelfahrt ferner unsere Sache und Vertheidigung für immer übernommen ist, so folgt, daß in diesem Artikel sein Gericht erklärt werden muß. Die Wichtigkeit und Bedeutung dieses Artikels ist diese, daß Chri-

die Christum Dominum de universo hominum genere iudicaturum esse.

Quaestio II.

Duplex est Christi adventus.

Sacrae enim litterae duos Filii Dei adventus esse testantur: alterum, quum salutis nostrae causa carnem assumpsit, et homo in Virginis alvo effectus est; alterum, quum in consummatione saeculi ad iudicandos omnes homines veniet. Hic adventus in sacris litteris dies Domini appellatur, de quo Apostolus ait: „Dies Domini, sicut fur in nocte ita veniet“.[1] Et Salvator ipse: „De die autem illa et hora nemo scit“.[2] Ac de summo iudicio satis sit illa auctoritas Apostoli: „Omnes nos manifestari oportet ante tribunal Christi, ut referat unusquisque propria corporis, prout gessit, sive bonum, sive malum[3].“ Plena enim est sacra Scriptura testimoniorum, quae passim Parochis occurrent, ad rem non solum comprobandam, sed etiam fidelium oculis subiiciendam: ut, quemadmodum a mundi initio dies ille Domini, quo humanam carnem induit, omnibus optatissimus semper fuit, quod in eo mysterio liberationis suae spem positam haberent: ita deinceps post Filii Dei mortem, et ascensum in coelum, alterum diem Domini vehementissimo studio desideremus, „exspectantes beatam spem et adventum gloriae magni Dei.“[4]

Quaestio III.

Quoties quilibet homo Christi iudicis sententiam coram subire debeat.

Duplex cuiusque iudicium, privatum et generale.

Sed duo tempora Parochis ad rei explicationem observanda sunt, in quibus unicuique necesse est in conspectum Domini venire, et singularum cogitationum, actionum, verborum denique omnium rationem reddere, demumque iudicis praesentem subire sententiam. Primum est, quum unusquisque nostrum migrat e vita; nam statim ad Dei tribunal sistitur, ibique de omnibus iustissima quaestio habetur, quaecunque aut egerit, aut dixerit, aut cogitarit unquam. Atque hoc privatum iudicium vocatur. Alterum vero, quum uno die, atque uno in loco, omnes simul homines ad tribunal iudicis stabunt, ut omnibus omnium saeculorum hominibus inspectantibus et audientibus, singuli, quid

---

1) 1 Thess. 5, 2. 2) Matth. 24, 36. 3) 2 Cor. 5, 10. 4) Tit. 2, 13.

stus, der Herr, an dem jüngsten Tage das ganze menschliche Geschlecht richten wird.

Zweite Frage.
Die Ankunft Christi ist eine zweifache.

Die heil. Schrift bezeugt nämlich, daß es eine zweifache Ankunft des Sohnes Gottes gibt: die eine, da er um unsers Heiles willen Fleisch annahm und im Schooße der Jungfrau Mensch ward; die andere, da er am Ende der Welt kommen wird, alle Menschen zu richten. Diese Ankunft wird in der heil. Schrift der Tag des Herrn genannt, von dem der Apostel sagt: „Wie ein Dieb in der Nacht, also wird der Tag des Herrn kommen". Und der Heiland selbst: „Jenen Tag aber und die Stunde weiß Niemand". Und in Bezug auf das jüngste Gericht genüge dieser Ausspruch des Apostels: „Wir Alle müssen erscheinen vor dem Richterstuhle Christi, damit ein Jeder, je nachdem er in seinem Leibe Gutes oder Böses gethan hat, darnach empfange". Denn die heil. Schrift ist voll von Zeugnissen, welche den Pfarrern überall begegnen werden, nicht allein, um die Sache zu beweisen, sondern auch, um sie den Gläubigen anschaulich zu machen: damit, wie von Anbeginn der Welt her jener Tag des Herrn, an welchem er das menschliche Fleisch annahm, immer Allen der erwünschteste war, weil sie auf dieses Geheimniß die Hoffnung ihrer Befreiung gründeten, wir eben so nach dem Tode und der Himmelfahrt des Sohnes Gottes, nach dem zweiten Tage des Herrn mit dem sehnsüchtigsten Verlangen begehren, „indem wir die selige Hoffnung und die Ankunft der Herrlichkeit des großen Gottes erwarten".

Dritte Frage.
Wie oft ein jeder Mensch den Urtheilsspruch seines Richters Christi vernehmen muß.
Das Gericht eines jeden ist ein doppeltes: ein besonderes und allgemeines.

Zwei Zeitpunkte muß aber der Pfarrer zur Erklärung dieses Gegenstandes bemerken, in denen ein Jeder vor das Angesicht des Herrn kommen, und Rechenschaft von allen Gedanken und Werken, ja sogar von allen Worten im Besonderen ablegen und zuletzt den Urtheilsspruch des Richters vernehmen soll. Der erste ist, wenn Jeder von uns aus dem Leben scheidet; denn dann wird er sofort vor den Richterstuhl Gottes gestellt, und daselbst wird über Alles die gerechteste Untersuchung gehalten, was er je entweder gethan, oder geredet, oder gedacht hat. Und dies wird das besondere Gericht genannt. Der andere Zeitpunkt aber ist, wenn an Einem Tage und an Einem Orte alle Menschen zugleich vor dem Richterstuhle des Richters stehen werden, damit jeder Einzelne im Angesichte und vor den

de ipsis decretum et iudicatum fuerit, cognoscant; cuius sententiae pronuntiatio impiis et scelestis hominibus non minima futura est poenarum et suppliciorum pars; rursus vero pii et
iusti non parvum ex ea praemium fructumque percepturi sunt,
quum, qualis quisque in hac vita fuerit, apparebit. Hoc autem
generale iudicium appellatur.

Quaestio IV.

Cur necesse fuerit, privato iudicio generale subiicere.

Causae, ob quas privato iudicio universale subiiciatur. Mortuorum praemia vel poenae augentur virtutibus et vitiis suorum sectatorum.

De quo illud necessario ostendendum est, quae causa fuerit,
cur, praeter privatum de singulis, alterum etiam de universis
hominibus iudicium exerceretur. Nam quum vel ipsis hominibus mortuis interdum superstites sint filii parentum imitatores,
reliqui sint liberi, discipuli, exemplorum, orationum, actionum
amatores ac propugnatores, quibus rebus ipsorum mortuorum
praemia et poenas augeri necesse est, quum haec vel utilitas,
vel calamitas, ad plurimos pertinens, non prius finem habitura
sit, quam extremus veniat mundo dies: aequum erat, de universa hac recte aut perperam factorum dictorumque ratione
perfectam quaestionem haberi; quod fieri non poterat, nisi facto
communi omnium hominum iudicio. Accedit etiam, quod quum
piorum fama saepe laedatur, impii vero innocentiae laude com-
mendentur, divinae iustitiae ratio postulat, ut pii ereptam iniuria apud homines existimationem, in publico universorum hominum conventu et iudicio recuperent. Deinde vero boni et
mali homines, quaecumque in vita egerunt, quum non sine corporibus egerint, omnino sequitur, ut benefacta sive malefacta ad
corpora etiam pertineant, quae actionum ipsarum instrumentum
fuerunt. Maxime igitur conveniebat, corporibus una cum eorum
animis debita aeternae gloriae praemia aut supplicia impertiri;
quod quidem neque sine omnium hominum resurrectione, neque
sine generali iudicio fieri poterat. Postremo quoniam in ad-
versis et secundis hominum rebus, quae promiscue nonnunquam
bonis et malis eveniunt, probandum erat, nihil non infinita Dei
sapientia et iustitia geri ac gubernari: par fuit, non solum bonis praemia, improbis supplicia in futuro saeculo constitui, verum etiam publico ac generali iudicio decerni, quo omnibus
notiora et illustriora fierent, atque ut Deo iustitiae et provi-

Ohren aller Menſchen aller Jahrhunderte vernehme, was über ihn beſchloſſen und abgeurtheilt iſt. Für die gottloſen und laſterhaften Menſchen wird die Verkündigung dieſes Urtheilsſpruches nicht der geringſte Theil der Strafen und Martern ſein; hingegen werden die Frommen und Gerechten keine geringe Belohnung und Frucht daraus ſchöpfen, indem es jetzt an den Tag kommen wird, wie ein Jeder ſich in dieſem Leben verhalten hat. Dies aber wird das allge = meine Gericht genannt.

Vierte Frage.

Weshalb es nothwendig war, dem beſondern Gerichte das allgemeine noch hinzuzufügen.

Gründe, warum dem beſonderen Gerichte das allgemeine hinzugefügt wird. Die Belohnungen oder die Strafen der Abgeſtorbenen werden durch die Tugenden und Laſter ihrer Anhänger vermehrt.

Hierbei muß nothwendig gezeigt werden, aus welcher Urſache außer dem beſondern Gerichte über jeden Einzelnen, auch noch ein anderes über alle Menſchen gehalten wird. Da nämlich die Menſchen bei ihrem Tode zuweilen Kinder hinterlaſſen, die die Nachahmer der Eltern ſind, da von ihnen Söhne, Schüler zurückbleiben, welche Anhänger und Vertheidiger ihrer Beiſpiele, Reden und Handlungen ſind, wodurch die Belohnungen oder Strafen der Verſtorbenen nothwendig vermehrt werden; da dieſer Nutzen oder Nachtheil, der ſich auf ſo Viele erſtreckt, nicht eher ſein Ende erreichen wird, als bis der jüngſte Tag der Welt anbricht: ſo war es billig, über dieſe allgemeine Beziehung der guten oder böſen Werke und Worte eine vollkommene Unterſuchung zu halten, was nicht geſchehen konnte, wenn nicht ein allgemeines Gericht über alle Menſchen abgehalten wurde. Dazu kommt noch, daß, weil der gute Name der Frommen oft verletzt wird, die Gottloſen aber als Unſchuldige geprieſen werden, die Weiſe der göttlichen Gerechtigkeit es fordert, daß die Frommen, die ihnen bei den Menſchen mit Unrecht entzogene Ehre in der öffentlichen Verſammlung und dem Gerichte aller Menſchen wiedererlangen. Da aber ferner die guten und böſen Menſchen das, was immer ſie im Leben gethan haben mögen, nicht ohne den Körper thaten, ſo folgt unumgänglich, daß die guten oder böſen Thaten auch die Körper angehen, da dieſe das Werkzeug der Handlungen ſelbſt waren. Es war daher ſehr angemeſſen, den Leibern zugleich mit ihren Seelen die verdienten Belohnungen der ewigen Herrlichkeit oder die Strafen zu ertheilen, was aber ohne die Aufterſtehung aller Menſchen und ohne das allgemeine Gericht unmöglich war. Weil endlich bewieſen werden mußte, daß in unglücklichen und glücklichen Begegniſſen der Menſchen, wie ſie mitunter den Guten und Böſen ohne Unterſchied widerfahren, Nichts ohne Gottes

dentiae laus ab omnibus tribueretur, pro iniusta illa querela,
qua sancti etiam viri deplorare interdum, ut homines, solebant,
quum improbos valentes opibus et honoribus florentes animad-
verterent. Nam Propheta: „Mei“, inquit, „pene moti sunt pedes, pene effusi sunt gressus mei, quia zelavi super iniquos,
pacem peccatorum videns;[1] et paulo post: „Ecce ipsi peccatores et abundantes in saeculo, obtinuerunt divitias; et dixi: Ergo
sine causa iustificavi cor meum, et lavi inter innocentes manus
meas, et fui flagellatus tota die, et castigatio mea in matutinis“.[2]
Atque haec frequens querela multorum fuit. Ergo necesse erat,
ut generale iudicium exerceretur, ne forte homines dicerent:
Deum, circa cardines coeli perambulantem non curare terrena.[3]
Haec autem veritatis formula iure una ex duodecim fidei Christianae articulis constituta est, ut, si quorum animi in providentia et iustitia Dei nutarent, huius doctrinae ratione confir-
marentur. Praeterea proposito iudicio pios recreari, impios
terreri oportebat, ut, cognita Dei iustitia, illi ne deficerent, hi
a malis aeterni supplicii metu atque exspectatione revocarentur.
Quare Dominus et Salvator noster, quum de extremo die loqueretur, declaravit futurum aliquando generale iudicium, sig-
naque adventantis eius temporis descripsit, ut, quum illa vide-
rimus, finem saeculi prope esse intelligamus; ac deinde in coelum ascendens Angelos misit, qui Apostolos, eius absentia moe-
rentes, his verbis consolarentur: „Hic Iesus, qui assumptus est
a vobis in coelum, sic veniet, quemadmodum vidistis eum eun-
tem in coelum“.[4]

Quaestio V.

**Iuxta utramque naturam Christo tributa est potestas iudicandi genus
humanum.**

Christus, etiam ut homo, iudex omnium constitutus est.

Verum Christo Domino non solum ut Deo, sed etiam ut homini hoc iudicium datum esse, sacrae litterae declarant. Quamvis enim iudicandi potestas omnibus sanctae Trinitatis personis
communis sit, praecipue tamen Filio eam tribuimus, quod ipsi
quoque sapientiam convenire dicimus. Quod autem ut homo
mundum iudicaturus sit, Domini testimonio confirmatur, qui in-

unendliche Weisheit und Gerechtigkeit geleitet und regiert werde: ſo war es billig, daß nicht nur den Guten die Belohnungen, den Böſen die Strafen in jener Welt beſtimmt, ſondern auch in einem öffent= lichen und allgemeinen Gerichte zuerkannt würden, damit ſie Allen bekannter und offenbarer würden, und damit der Gerechtigkeit und Fürſehung Gottes von Allen Lob geſpendet werde, ſtatt jener unge= rechten Klage, mit der zuweilen ſelbſt fromme Männer, in menſch= licher Weiſe, zu beweinen pflegten, wenn ſie die Gottloſen mächtig an Gütern und gefeiert in Ehren erblickten. Denn der Prophet ſagt: „Meine Füße wären bald geſtrauchelt, meine Schritte wären bald ausgewichen, denn ich eiferte über die Ungerechten, da ich den Frieden der Sünder ſah"; und kurz darauf: „Siehe, es ſind Sün= der, und haben doch Ueberfluß in der Welt, Reichthümer an ſich ge= bracht; und ich ſprach: Alſo hab' ich umſonſt gerecht gemacht mein Herz, und unter den Unſchuldigen gewaſchen meine Hände, und bin geſtraft den ganzen Tag, und gezüchtigt ſchon am frühen Morgen?" Und dies war eine häufige Klage Vieler. Es war daher nothwendig, daß ein allgemeines Gericht gehalten werde, damit die Menſchen nicht etwa ſagen möchten: Gott „durchwandele den Umkreis des Himmels, und achte nicht der Erde." Dieſer Wahrheitsanſpruch iſt aber mit Recht als einer unter den zwölf Artikeln des chriſtlichen Glaubens aufgeſtellt, damit, wenn etwa das Gemüth Einiger in Betreff der Fürſehung und Gerechtigkeit Gottes wankte, es durch den Begriff dieſer Lehre geſtärkt würde. Außerdem mußten durch die Vorſtellung von dieſem Gerichte die Frommen erquickt, die Gott= loſen geſchreckt werden, damit, nach der Erkenntniß von Gottes Ge= rechtigkeit, jene nicht nachläſſig, dieſe aber durch die Furcht und Er= wartung der ewigen Strafe vom Böſen zurückgehalten würden. Als daher unſer Herr und Heiland vom jüngſten Tage redete, erklärte er, daß einſt ein allgemeines Gericht ſein werde, und beſchrieb die Zeichen des Herannahens dieſer Zeit, damit wir, wenn wir ſie wahrnähmen, erkennen möchten, das Ende der Welt ſei nahe; und als er darnach gegen Himmel hinauffuhr, ſandte er Engel, um die über ſeine Abweſenheit bekümmerten Apoſtel mit dieſen Worten zu tröſten: „Dieſer Jeſus, der von euch weg in den Himmel aufge= nommen worden, wird eben ſo wiederkommen, wie ihr ihn ſahet hin= gehen in den Himmel".

Fünfte Frage.

Chriſto iſt nach beiden Naturen die Gewalt ertheilt, das Menſchengeſchlecht zu richten.

Chriſtus iſt auch als Menſch zum Richter Aller geſetzt worden.

Die heilige Schrift erklärt aber, daß Chriſto dem Herrn nicht allein, inſofern er Gott, ſondern auch, inſofern er Menſch iſt, dieſes Gericht übergeben ſei. Denn obgleich die Richtergewalt allen Per=

quit: „Sicut Pater habet vitam in semetipso, sic dedit et filio habere vitam in semetipso, et potestatem dedit ei iudicium facere, quia filius hominis est[1].“

Quaestio VI.

Cur perinde Patri, vel Spiritui Sancto hoc iudicium non adscribatur.

Index Christus corporis oculis videbitur.

Decebat autem maxime a Christo Domino hoc iudicium exerceri, ut, quum de hominibus decernendum esset, illi corporeis oculis iudicem videre, et auribus sententiam, quae proferebatur, audire possent, et omnino iudicium illud sensibus percipere. Ac praeterea aequissimum erat, ut homo ille, qui iniquissimis hominum sententiis condemnatus fuerat, omnium deinde index sedere ab omnibus conspiceretur. Quamobrem Apostolorum Princeps, quum in Cornelii domo summa Christianae religionis capita exposuisset, docuissetque Christum a Iudaeis in ligno suspensum atque occisum, tertia vero die ad vitam resurrexisse, subiunxit: „Et praecepit nobis praedicare populo et testificari, quia ipse est, qui constitutus est a Deo index vivorum et mortuorum[2].“

Quaestio VII.

Quibus indiciis extremum iudicium imminere agnoscetur.

Signa iudicium praecessura.

Sed tria haec praecipua signa iudicium antecessura esse, sacrae litterae declarant: praedicationem Evangelii per universum orbem, discessionem, Antichristum; inquit enim dominus: „Praedicabitur hoc Evangelium regni in universo orbe in testimonium omnibus gentibus; et tunc veniet consummatio“.[3] Et Apostolus nos admonet, ne ab aliquo seducamur, „quasi instet dies Domini; quoniam nisi venerit discessio primum, et revelatus fuerit homo peccati,“[4] iudicium non fiet.

Quaestio VIII.

Quomodo fiet iudicium, quaque ratione de omnibus feretur sententia.

Iudicii forma.

I. Quae autem iudicii forma et ratio futura sit, Parochis ex

---

1) Ioan 5, 26. 27. 2) Act. 10, 42. 3) Matth. 21, 14. 4) 2 Thess. 2, 3.

ſonen der heiligen Dreieinigkeit gemeinſam zukommt, ſo legen wir ſie doch vorzugsweiſe dem Sohne bei, wie wir auch ſagen, daß ihm die Weisheit eigenthümlich zukomme. Daß er aber als Menſch die Welt richten werde, wird durch das Zeugniß des Herrn bekräftigt, da er ſagt: „Gleichwie der Vater das Leben in ſich hat, ſo hat er auch dem Sohne gegeben, das Leben in ſich ſelbſt zu haben, und er hat ihm Macht gegeben, auch Gericht zu halten, weil er der Men=ſchenſohn iſt".

Sechſte Frage.

Warum nicht auch dem Vater oder dem heiligen Geiſte dieſes Gericht beige-legt wird.

Chriſtus wird als Richter mit den leiblichen Augen geſehn werden.

Es war aber höchſt angemeſſen, daß dieſes Gericht von Chriſto, dem Herrn gehalten werde, damit die Menſchen, wenn über ſie ent=ſchieden werden ſoll, ihren Richter mit leiblichen Augen ſehen, und das Urtheil, das gefällt wird, mit Ohren hören, und überhaupt jenes Gericht durch die Sinne wahrnehmen könnten. Und außerdem war es höchſt billig, daß jener Menſch, der durch den ungerechteſten Ur=theilsſpruch der Menſchen verurtheilt worden war, ſpäterhin von Allen geſehen werde, wie er als Richter Aller zu Gerichte ſitze. Als daher der Apoſtelfürſt im Hauſe des Cornelius die vorzüglichſten Haupt=ſtücke der chriſtlichen Religion vorgetragen, und gelehrt hatte, Chri=ſtus ſei von den Juden an's Kreuz geheftet und getödtet, am dritten Tage aber wieder zum Leben auferſtanden, fügte er hinzu: „Und er hat uns geboten, dem Volke zu predigen und zu bezeugen, daß er es ſei, der von Gott verordnet worden zum Richter der Lebendigen und der Todten".

Siebente Frage.

An welchen Zeichen man erkennen wird, daß das jüngſte Gericht nahet.

Die Zeichen, welche dem Gerichte vorangehn werden.

Die heilige Schrift erklärt aber, daß hauptſächlich dieſe drei Zei=chen dem Gerichte vorangehen werden: die Verkündigung des Evan=geliums in der ganzen Welt, der Abfall und der Antichriſt. Denn der Herr ſpricht: „Es wird dieſes Evangelium vom Reiche in der ganzen Welt allen Völkern zum Zeugniſſe geprediget werden, und alsdann wird das Ende kommen". Und der Apoſtel ermahnt uns, von Niemand uns verführen zu laſſen, „als ob der Tag des Herrn nahe bevorſtehe; denn, wenn der Abfall nicht zuvor komme und der Menſch der Sünde offenbar werde", werde das Gericht nicht ſein.

Achte Frage.

Wie das Gericht vor ſich gehn, und auf welche Weiſe über Alle das Urtheil gefällt werden wird.

Weiſe des Gerichts.

1. Welcher Art und Geſtalt aber das Gericht vor ſich gehen wird,

Danielis oraculis, tum ex sanctorum Evangeliorum et Apostoli doctrina facile erit cognoscere. Praeterea sententia, quae a iudice pronuntianda sit, diligentius hoc loco expendenda erit.

II. Christus enim Salvator noster, laetis oculis pios a dextera stantes intuens, ita de illis iudicium summa cum benignitate pronuntiabit: „Venite, benedicti Patris mei: possidete regnum, quod paratum est vobis a constitutione mundi [1]." Quibus verbis nihil iucundius audiri posse illi intelligent, qui ea cum impiorum damnatione contulerint, ac cum animo suo cogitaverint, iis verbis pios et iustos homines a laboribus ad quietem, a lacrymarum valle ad summum gaudium, a miseriis ad perpetuam beatitudinem, quam illi charitatis officiis promeriti fuerint. vocari. Deinde ad eos, qui a sinistra stabunt, conversus, suam iustitiam in eos effundet his verbis: „Discedite a me, maledicti, in ignem aeternum, qui paratus est diabolo et angelis eius [2]."

Quaestio IX.

Quibus poenarum generibus impii a sinistris constituti afficientur

I. Prioribus illis verbis: „Discedite a me," maxima poena significatur, qua impii plectendi erunt, quum a Dei aspectu quam longissime eiicientur; neque ulla spes eos consolari poterit, fore aliquando, ut tanto bono perfruantur. Atque haec quidem a Theologis poena damni appellata est, quod scilicet impii apud inferos divinae visionis luce perpetuo carituri sint. Quod vero additur, „Maledicti", mirum in modum auget illorum miseriam et calamitatem. Si enim, quum a divina praesentia expellendi essent, aliqua saltem benedictione digni haberentur, hoc profecto magno eis solatio esse potuisset; at quoniam nihil eiusmodi ipsis exspectandum est, quod calamitatem leviorem faciat: iure optimo, quum expellentur, divina iustitia eos omni maledictione persequetur. Sequitur deinde; „in ignem aeternum;" quod quidem alterum poenarum genus poenam sensus Theologi vocarunt; propterea quod sensu corporis percipiatur, ut in verberibus et flagellis, aliove graviore suppliciorum genere, inter

---

1) Matth. 25, 34   2) Matth. 25, 41.

können die Pfarrer leicht aus den Weiſſagungen Daniels, ſo wie aus
der Lehre der heiligen Evangelien und des Apoſtels entnehmen.
Außerdem wird der Urtheilsſpruch, der vom Richter gefällt werden
wird, hier noch genauer zu erwägen ſein.

Der Urtheilſpruch des Richters iſt den Frommen erfreulich, den Gottloſen er-
ſchrecklich.

2. Chriſtus nämlich, unſer Heiland, wird mit freudigen Augen
die Frommen, die zu ſeiner Rechten ſtehen, anblicken, und mit der
größten Güte auf dieſe Weiſe das Urtheil über ſie ausſprechen:
„Kommet, ihr Geſegnete meines Vaters, beſitzet das Reich, welches
ſeit Grundlegung der Welt euch bereitet iſt“. Daß man aber nichts
Erfreulicheres zu vernehmen vermöge, als dieſe Worte, werden Diejenigen erkennen, welche dieſelben mit der Verbannung der Gottloſen vergleichen, und in ihrem Herzen bedenken, daß mit dieſen
Worten die frommen und gerechten Menſchen von der Arbeit zur
Ruhe, aus den Trübſalen zur ewigen Glückſeligkeit, welche ſie durch
ihre Liebeswerke verdient haben, berufen werden. Dann wird er,
zu Denen hingewandt, die zu ſeiner Linken ſtehen, ſeine Gerechtigkeit
gegen ſie in dieſen Worten ſich ergießen laſſen: „Weichet von mir,
ihr Verfluchte, in das ewige Feuer, welches dem Teufel und ſeinen
Engeln bereitet worden iſt“.

Neunte Frage.

Mit welchen Arten von Strafen die zur Linken geſtellten Gottloſen werden
belegt werden.

Strafe des Verluſtes, Strafe der Empfindung.

1. Durch jene ernſten Worte: „Weichet von mir“, wird die
größte Strafe bezeichnet, mit welcher die Gottloſen beſtraft werden
können, da ſie von dem Angeſichte Gottes auf das weiteſte verſtoßen
werden; überdies kann ſie keine Hoffnung tröſten, daß ſie je ſich noch
eines ſo hohen Gutes erfreuen dürften. Die Gottesgelehrten haben
dies die Strafe des Verluſtes genannt, daß nämlich die Gottloſen
in der Hölle des Lichtes der göttlichen Anſchauung auf ewig beraubt
ſein würden. Der Zuſatz aber: „Ihr Verfluchte!“ vermehrt ihren
Jammer und Elend auf unausſprechliche Weiſe. Denn wenn ſie
bei der Verbannung aus der Gegenwart Gottes wenigſtens irgend
eines Segens werth erachtet würden, ſo hätte ihnen dies gewiß zum
großen Troſte gereichen können; aber weil ſie nichts dergleichen zu
erwarten haben, was ihr Elend erträglicher machte: ſo wird ſie bei
ihrer Verſtoßung die göttliche Gerechtigkeit mit vollſtem Rechte mit
allem Fluche verfolgen. Es folgt ſodann: „in das ewige Feuer“;
welche zweite Art von Strafen die Gottesgelehrten die Strafe der
Empfindung genannt haben, weil ſie durch das Gefühl des Körpers empfunden wird, wie bei Schlägen und Geißelſtreichen, oder

quae dubitari non potest ignis tormenta summum doloris sensum efficere. Cui malo quum accedat, ut perpetuum tempus duraturum sit, ex eo ostenditur, damnatorum poenam omnibus suppliciis cumulandam esse. Atque hoc magis declarant verba illa, quae in extrema sententiae parte posita sunt: „qui paratus est diabolo et angelis eius“.

Socii poenarum non lenient poenas inferni.

II. Quum enim ita comparatum sit, ut omnes molestias levius feramus, si calamitatis nostrae socium aliquem et consortem habeamus, cuius prudentia atque humanitate aliqua ex parte iuvari possimus: quae tandem erit damnatorum miseria, quibus in tantis aerumnis a perditissimorum daemonum societate divelli nunquam licebit!

Sententiae illius acerbissimae aequitas.

III. Et haec quidem sententia in impios iustissimo a Domino Salvatore nostro feretur, ut qui omnia verae pietatis opera neglexerint, et esurienti ac sitienti nec cibum, nec potum ministraverint, hospitem non exceperint, nudum non operuerint, aut in carcere inclusum aegrumque non visitarint.

Quaestio X.

Iudicii materia saepius fidelis populi auribus inculcari debet.

Haec sunt, quae Pastores fidelis populi auribus saepissime inculcare debent. Nam huius articuli veritas fide concepta maximam vim habet ad fraenandas pravas animi cupiditates, atque a peccatis homines abstrahendos. Quare in Ecclesiastico dictum est: „In omnibus operibus tuis memorare novissima tua, et in aeternum non peccabis“.[1] Ac profecto vix quisquam adeo praeceps in scelera feratur, quem illa cogitatio ad pietatis studium non revocet, fore aliquando, ut ei apud iustissimum iudicem, omnium non solum factorum dictorumque, sed occultissimarum etiam cogitationum ratio reddenda, et pro meritis poena persolvenda sit. Iustus vero ad colendam iustitiam magis ac magis incitetur, ac summa laetitia efferatur necesse est, quamvis etiam in egestate, infamia, cruciatibus vitam degat, quum animum ad eum diem refert, quo post aerumnosae huius vitae certamina victor universis hominibus audientibus declarabitur, et divinis, atque illis quidem aeternis honoribus, in coelestem patriam receptus, afficietur. Quod igitur reliquum est,

---

1) Eccles. 7. 40.

bei andern Arten schwerer Leibesstrafen, unter welchen die Martern des Feuers ohne Zweifel das größte Schmerzgefühl verursachen. Da nun zu diesem Uebel noch hinzukommt, daß es durch immerwährende Zeit hindurch fortdauern wird, so erhellt daraus, daß die Strafe der Verdammten mit allen Qualen überhäuft sein müsse. Noch deutlicher erklären dies jene Worte, welche im letzten Theile des Urtheilsspruches vorkommen: „welches dem Teufel und seinen Engeln bereitet worden ist".

Die Genossen der Strafen werden die Strafen der Hölle nicht lindern.

2. Denn da es sich findet, daß wir alle Beschwerden leichter ertragen, wenn wir einen Gefährten und Mitgenossen unseres Elends haben, durch dessen Umsicht und Freundlichkeit wir einige Erleichterung erhalten können: wie groß muß demzufolge das Elend der Verdammten sein, die sich in ihren so schweren Drangsalen niemals von der Gesellschaft der verworfensten Teufel loszureißen vermögen!

Billigkeit jenes überaus herben Richterspruchs.

3. Und doch wird dieses Urtheil wider die Gottlosen auf die gerechteste Weise von dem Herrn unserm Heilande gefällt, indem sie alle Werke der wahren Gottseligkeit vernachlässigt, dem Hungrigen und Durstigen weder Speise noch Trank gereicht, den Fremdling nicht beherbergt, den Nackten nicht gekleidet, den Gefangenen und Kranken nicht besucht haben.

Zehnte Frage.

Die Lehre vom Gerichte muß dem gläubigen Volke öfter eingeschärft werden.

Dies ist es, was die Seelsorger dem gläubigen Volke sehr häufig einschärfen sollen. Denn die Wahrheit dieses Artikels hat, wenn sie im Glauben ergriffen wird, die größte Kraft, die bösen Begierden des Herzens zu zügeln und die Menschen von Sünden loszureißen. Daher heißt es beim Ecclesiasticus: „In allen deinen Werken gedenke an deine letzten Dinge, so wirst du in Ewigkeit nicht sündigen". Und wahrlich, es wird kaum Jemand so jählings sich in Laster stürzen, daß ihn der Gedanke, er werde einst vor dem gerechtesten Richter nicht allein von allen Werken und Worten, sondern auch von den verborgensten Gedanken Rechenschaft ablegen, und die verdiente Strafe dafür leiden müssen, nicht wieder zum Streben nach der Tugend zurückrufen sollte. Der Gerechte hingegen muß immer mehr und mehr zur Ausübung der Gerechtigkeit angetrieben und von der höchsten Freude ergriffen werden, wenn er auch in Armuth, Schande und Leiden sein Leben zubringen mag, wenn er seine Gedanken auf jenen Tag hinwendet, an welchem er nach dem Kampfe dieses mühseligen Lebens in Gegenwart aller Menschen

hortari fideles oportet, ut optime vivendi rationem comparent, ad omne pietatis studium se exerceant, quo possint adventantem magnum illum diem Domini maiore cum securitate animi exspectare, atque adeo, ut filios decet, cum summa cupiditate expetere.

CAPUT IX.

DE OCTAVO ARTICULO.

Credo in Spiritum Sanctum.

Quaestio I.

Quanta sit fidei in Spiritum Sanctum necessitas et fructus.

Fructus huius articuli.

Hactenus, quae ad primam et secundam sanctae Trinitatis personam pertinebant, quantum proposti argumenti ratio postulare videbatur, exposita sunt: sequitur nunc, ut illa etiam, quae in Symbolo de tertia persona, hoc est, de Spiritu Sancto traduntur, explicentur. Qua in re declaranda omne studium et diligentiam Pastores adhibebunt, quum homini Christiano non magis liceat hanc partem ignorare, vel de ea minus recte sentire, quam de aliis superioribus articulis existimandum sit. Quare Apostolus non permisit Ephesios quosdam Spiritus Sancti personam ignorare; a quibus quum quaesisset: „An Spiritum Sanctum accepissent, quum illi, ne si Spiritus Sanctus quidem esset, se scire respondissent," statim rogavit: „In quo ergo baptizati estis?"[1] Quibus verbis significavit, distinctam huius articuli notitiam fidelibus maxime necessariam esse; ex qua eum praecipue fructum capiunt, quod quum attente cogitant, se, quidquid habent, Spiritus Sancti munere et beneficio consecutos esse, tum vero de seipsis modestius et humilius sentire, et in Dei praesidio omnem spem ponere incipiunt; qui primus homini Christiano gradus ad summam sapientiam et felicitatem esse debet.

1) Act 19. 2. 3.

als Sieger erklärt, und ihm, nachdem er in das himmlische Vater=
land aufgenommen worden, jene göttlichen, und zwar ewig wäh=
renden, Ehren werden erwiesen werden. Man muß die Gläubigen
also schließlich ermahnen, sich der frömmsten Lebensweise zu beflei=
ßigen und sich eifrigst in aller Gottseligkeit zu üben, damit sie die
Ankunft jenes großen Tages des Herrn mit desto größerer Ge=
müthsruhe erwarten, und sogar, wie es Kindern geziemt, mit dem
innigsten Verlangen herbeiwünschen können.

Neuntes Hauptstück.

Vom achten Artikel.

Ich glaube an den heiligen Geist.

Erste Frage.

Wie groß die Nothwendigkeit und der Nutzen des Glaubens an den heiligen Geist ist.

Frucht dieses Artikels.

Bisher ist das, was die erste und zweite Person der heiligen
Dreifaltigkeit betraf, so viel es der Zweck der vorliegenden Aus=
einandersetzung zu erfordern schien, dargelegt, und es folgt nun, daß
auch dasjenige erklärt werde, was im Glaubensbekenntnisse von der
dritten Person, d. h. vom heiligen Geiste, gelehrt wird. Auf die
Erklärung dieses Gegenstandes werden die Seelsorger alle Mühe
und Sorgfalt verwenden, da der Christgläubige mit diesem Theile
eben so wenig unbekannt sein, oder davon eine weniger richtige Vor=
stellung haben darf, wie man von den andern obigen Artikeln glau=
ben muß. Deswegen ließ es der Apostel nicht zu, daß einigen
Ephesern die Person des heiligen Geistes unbekannt sei; denn da er
dieselben gefragt hatte, „ob sie den heiligen Geist empfangen hätten?"
sie ihm aber antworteten: „sie hätten nicht einmal gehört, ob ein
heiliger Geist sei", fragte er sogleich: „Auf wen seid ihr denn ge=
tauft worden?" Durch diese Worte gab er zu verstehen, daß den
Gläubigen eine deutliche Erkenntniß dieses Artikels höchst nothwen=
dig sei; da sie hieraus vorzüglich den Nutzen schöpfen, daß sie, auf=
merksam erwägend, wie Alles, was sie immer haben, ihnen durch
das Geschenk und die Wohlthat des heiligen Geistes zu Theil ge=
worden ist, dann auch von sich selbst bescheidener und demüthiger
denken, und alle ihre Hoffnung auf Gottes Beistand zu setzen be=
ginnen, was für den Christgläubigen der erste Schritt zur höchsten
Weisheit und Glückseligkeit sein muß.

Quaestio II.

Spiritus Sancti verbum non ita tertiae personae Trinitatis convenit,
ut etiam aliis tribui non possit.

Pater et Filius etiam dicuntur Spiritus Sanctus: quin omnes spiritus coelestes, sanctorumque animae.

I. Huius igitur articuli explanationem a vi et notione, quae
hoc loco Spiritus Sancti vocabulo subiecta est, exordiri oportebit; nam quum illud aeque de Patre et Filio rectissime dicatur (uterque enim spiritus est, et sanctus, si quidem Deum
spiritum esse confitemur), deinde vero hac voce Angeli etiam,
et piorum animae significentur, cavendum est, ne populus verbi
ambiguitate in errorem inducatur.

Tertia Trinitatis persona proprie dicitur Spiritus Sanctus.

II. Quare docendum est, in hoc articulo Spiritus Sancti
nomine tertiam Trinitatis personam intelligi, quomodo in sacris
litteris, tum veteris nonnunquam, tum novi Testamenti frequenter accipitur; nam David precatur: „et Spiritum Sanctum
tuum ne auferas a me;" [1] in libro Sapientiae legimus: „Sensum tuum quis sciet, nisi tu dederis sapientiam, et miseris
Spiritum Sanctum tuum de altissimis?" [2] et alibi: „Ipse creavit illam in Spiritu Sancto." [3] In novo vero Testamento iubemur „baptizari in nomine Patris, et Filii, et Spiritus Sancti;" [4]
et sanctissimam Virginem „de Spiritu Sancto concepisse" legimus; tum vero a sancto Ioanne ad Christum mittimur, „qui
nos Spiritu Sancto baptizat;" ac plurimis praeterea aliis in
locis ea vox legentibus occurrit.

Quaestio III.

Quare tertiae personae Trinitatis, perinde ac aliis duabus. proprium
nomen non sit tributum.

Mens humana non aliam essentiae communicandae rationem agnoscit. quam per generandi virtutem.

I. Verum nemo mirari debet, tertiae personae quemadmodum
primae et secundae, proprium nomen tributum non esse. Nam
secunda persona ideo proprium nomen habet, et Filius dicitur,
quia eius aeternus a Patre ortus proprie generatio vocatur; ut
in superioribus articulis explicatum est. Ut igitur ortus ille
generationis nomine significatur, ita personam, quae emanat,
proprie Filium appellamus, et a qua emanat, Patrem. Nunc
quum tertiae personae productioni proprium nomen impositum

---

1) Ps. 50. 13. 2) Sap. 9. 17. 3) Eccles. 1, 9. 4) Matth. 28, 20.

Zweite Frage.

Die Benennung: heiliger Geist, kommt der dritten Person der Dreieinigkeit nicht dergestalt zu, daß sie nicht auch den andern beigelegt werden könnte.

Der Vater und der Sohn werden auch ein heil. Geist genannt; ja sogar alle himmlischen Geister und die Seelen der Heiligen.

1. Die Erklärung dieses Artikels wird mithin von der Bedeutung und dem Begriffe, welcher hier mit dem Worte „heiliger Geist" verbunden ist, ausgehen müssen; denn da dasselbe mit vollem Rechte gleichfalls vom Vater und Sohne gebraucht wird (jeder von beiden ist nämlich Geist und heilig, wie wir ja bekennen, daß Gott ein Geist ist), ferner auch mit diesem Ausdrucke die Engel und die Seelen der Frommen bezeichnet werden, so muß man sich hüten, daß das Volk durch den Doppelsinn des Wortes nicht in Irrthum geführt werde.

Die dritte Person der Dreifaltigkeit wird besonders heiliger Geist genannt.

2. Es muß daher gelehrt werden, daß in diesem Artikel unter der Benennung: heiliger Geist, die dritte Person der Dreieinigkeit verstanden werde, wie es sowohl in der heiligen Schrift des Alten Testamentes zuweilen, als auch der des Neuen Testamentes häufig vorkommt; denn David flehet: „Und deinen heiligen Geist nimm nicht von mir;" im Buche der Weisheit lesen wir: „Wer wird deinen Sinn erkennen, wenn du ihm nicht Weisheit gibst, und deinen heiligen Geist aus der Höhe sendest?" Und anderswo: „Er schuf sie durch den heiligen Geist". Im Neuen Testamente aber wird uns befohlen „uns taufen zu lassen im Namen des Vaters und des Sohnes und des heiligen Geistes"; und von der seligsten Jungfrau lesen wir, daß sie „vom heiligen Geist empfangen habe"; dann werden wir vom heil. Johannes zu Christo geschickt, der uns mit dem heiligen Geiste tauft"; und an noch sehr vielen andern Stellen begegnet den Lesern dieser Ausdruck.

Dritte Frage.

Warum der dritten Person der Dreieinigkeit nicht gleichfalls wie den andern beiden ein eigener Name beigelegt worden ist.

Der menschliche Geist kennt keine andere Weise, das Wesen mitzutheilen, als Kraft der Zeugung.

1. Es darf aber Niemand Wunder nehmen, daß nicht auch der dritten Person, wie der ersten und der zweiten, ein eigener Name beigelegt worden ist. Denn die zweite Person hat deswegen einen eigenen Namen, und heißt der Sohn, weil ihr ewiger Ursprung vom Vater eigentlich Zeugung genannt wird, wie dies in den obigen Artikeln erläutert ist. Wie daher jener Ursprung mit dem Namen Zeugung bezeichnet wird, so nennen wir die Person, welche hervorgeht, mit eigentlichem Namen Sohn, und die, woraus sie hervorgeht, Vater. Weil nun der Hervorbringung der dritten Person ein eigener Name nicht beigelegt ist, sondern sie Hauch und Ausgang heißt: so

non sit, sed spiratio et processio appelletur: sequitur, ut etiam persona, quae producitur, suo nomine careat. Nullum autem proprium nomen eius emanatio habet, propterea quod nomina, quae Deo tribuuntur, a rebus creatis mutuari cogimur; in quibus quoniam nullam aliam naturae et essentiae communicandae rationem, quam generandi virtute agnoscimus: ob eam causam fit, ut rationem, qua seipsum totum Deus vi amoris communicat, proprio vocabulo exprimere non possimus.

Tertia Persona cur dicatur Spiritus Sanctus?

II. Quare communi Spiritus Sancti nomine tertia persona appellata est, quod quidem illi maxime convenire ex eo intelligimus, quia spiritualem vitam in nos infundit, ac sine eius sanctissimi Numinis afflatu nihil aeterna vita dignum efficere possumus.

Quaestio IV.
Spiritus Sanctus Deus est, eiusdem omnino cum Patre et Filio potentiae et naturae.

Spiritum Sanctum omnino Patri et Filio in omnibus aequalem.

I. Verum explicata vocabuli significatione, docendus imprimis erit populus, Spiritum Sanctum aeque ac Patrem et Filium Deum esse, eidem aequalem, aeque omnipotentem, aeternum, et infinitae perfectionis, summum bonum ac sapientissimum, eiusdemque cum Patre et Filio naturae.

Quae sit hoc Symbolo particulae „in" energia?

II. Quod quidem illius vocis „in", quum dicimus, „Credo in Spiritum Sanctum", proprietas satis indicat, quae ad exprimendam fidei nostrae vim singulis Trinitatis personis apposita est. Atque id etiam aperta sacrarum litterarum testimonia confirmant. Nam quum S. Petrus in Actis Apostolorum dixisset: „Anania, cur tentavit Satanas cor tuum, mentiri te Spiritui Sancto? [1]" mox inquit: „non es mentitus hominibus, sed Deo." Quem prius Spiritum Sanctum appellaverat, eundem statim Deum vocat.

Spiritus Sancti Divinitas pulcherrime confirmatur.

III. Apostolus etiam ad Corinthios, quem Deum dixerat, Spiritum Sanctum esse interpretatur: „Divisiones", inquit, „operationum sunt: idem vero Deus, qui operatur omnia in omnibus;" [2] deinde subiungit: „Haec autem omnia operatur unus atque idem Spiritus, dividens singulis, prout vult." Praeterea in Actis Apostolorum, quod uni Deo Prophetae tribuunt, ille Spiritui Sancto

1) Act. 5, 3, 4.   2) 1 Cor. 12, 6. 11.

folgt, daß auch die Perſon, welche hervorgeht, ihres eigenen Namens ermangelt. Ihr Hervorgehen hat aber keinen eigenen Namen, weil wir genöthigt ſind, die Namen, welche Gott beigelegt werden, von den erſchaffenen Dingen zu entlehnen; und da wir nun bei dieſen keine andere Weiſe kennen, ihre Natur und Weſenheit mitzutheilen, als Kraft der Zeugung: ſo ergibt ſich, daß wir die Art, wie Gott ſich ſelbſt ganz durch die Kraft der Liebe mittheilt, durch einen eigenen Namen nicht auszudrücken vermögen.

Warum die dritte Perſon heiliger Geiſt genannt wird.

2. Darum wurde die dritte Perſon mit dem gemeinſchaftlichen Namen des heiligen Geiſtes benannt. Daß ihr derſelbe aber vorzugsweiſe zukommt, erſehen wir daraus, weil ſie das geiſtige Leben uns eingießt, und wir ohne den Anhauch ihrer heiligſten Gottheit nichts des ewigen Lebens Würdiges zu vollbringen vermögen.

Vierte Frage.
Der heilige Geiſt iſt Gott und mit dem Vater und dem Sohn, von durchaus gleicher Macht und Natur.

Daß der heilige Geiſt ganz und gar dem Vater und Sohne in Allem gleich ſei.

1. Wenn aber die Bedeutung des Wortes erläutert iſt, ſo muß das Volk vor Allem belehrt werden, daß der heilige Geiſt ebenſo, wie der Vater und der Sohn, Gott ſei, demſelben gleich, ebenſo allmächtig, ewig und von unendlicher Vollkommenheit, das höchſte Gut und allweiſe, und mit dem Vater und dem Sohne derſelben Natur.

Was im Symbolum die Bedeutung der Partikel: „an" iſt?

2. Dies beweiſt auch zur Genüge die eigentliche Bedeutung des Wortes „an", wenn wir ſagen: „Ich glaube an den heiligen Geiſt", welches, um den Sinn unſeres Glaubens auszudrücken, einer jeden Perſon der Dreieinigkeit beigeſetzt iſt. Dies beſtätigen auch die deutlichen Zeugniſſe der heil. Schrift. Denn als der heil. Petrus in der Apoſtelgeſchichte geſagt hatte: „Ananias, warum hat der Satan dein Herz verſucht, daß du logeſt dem heiligen Geiſte?" ſagt er ſogleich: „Nicht Menſchen haſt du belogen, ſondern Gott". Welchen er vorher den heiligen Geiſt genannt hatte, eben denſelben nennt er gleich darauf Gott.

Die Gottheit des heiligen Geiſtes wird herrlich bewieſen.

3. Auch der Apoſtel erklärt den Corinthern, daß derjenige, den er Gott genannt hatte, der heilige Geiſt ſei, indem er ſagt: „Es ſind verſchiedene Wirkungen, aber es iſt derſelbe Gott, der Alles in Allem wirket;" und dann hinzufügt: „Dieſes Alles aber bewirkt ein und derſelbe Geiſt, der einem Jeden zutheilt, wie er will". Ueberdies ſchreibt er in der Apoſtelgeſchichte, was die Propheten Gott beilegen, dem heiligen Geiſte zu. Iſaias hatte nämlich geſagt: „Ich hörte die Stimme des Herrn, welcher ſprach: Wen ſoll ich ſenden? Und er

adscribit. Dixerat enim Isaias, „Audivi vocem Domini dicentis:
Quem mittam? et dixit mihi: Vade, et dices populo huic: ex-
caeca cor populi huius, et aures eius aggrava, et oculos eius
claude, ne forte videat oculis suis, et auribus suis audiat.“[1]
Quae verba quum Apostolus citaret: „Bene,“ inquit, „Spiritus
Sanctus locutus est per Isaiam Prophetam.[2]“ Deinde vero,
quum Scriptura Spiritus Sancti personam cum Patre et Filio
coniungit, ut quum Patris, et Filii, et Spiritus Sancti nomen in
baptismo adhiberi praecipit, nullus nobis de huius mysterii veritate dubitandi locus relinquitur. Nam si Pater Deus est, et
Filius Deus, omnino fateri cogimur, etiam Spiritum Sanctum,
qui cum eis pari honoris gradu coniungitur, Deum esse. Accedit autem, quod is, qui in nomine cuiusvis rei creatae baptizatur, nullum ex eo fructum consequi potest. „Numquid in
nomine Pauli,“ inquit, „baptizati estis?“[3] ut ostenderet, hoc eis
nihil ad comparandam salutem profuturum esse. Quum igitur
baptizemur in nomine Spiritus Sancti, eum esse Deum fateri
oportet. Sed hunc eundem trium personarum ordinem, quo
Spiritus Sancti divinitas comprobatur, licet animadvertere, tum
in epistola Ioannis: „Tres sunt, qui testimonium dant in coelo,
Pater, Verbum et Spiritus Sanctus, et hi tres unum sunt;“[4]
tum ex praeclaro illo sanctae Trinitatis elogio, quo divinae
laudes et Psalmi concluduntur: „Gloria Patri, et Filio, et Spiritui Sancto“. Postremo, quod ad eam veritatem confirmandam
maxime pertinet, quaecunque Dei propria esse credimus, ea
Spiritui Sancto convenire, sacrae litterae testantur. Quare illi
templorum honorem tribuunt, ut quum Apostolus ait: „An
nescitis, quoniam membra vestra templum sunt Spiritus Sancti?“[5]
Item: „sanctificationem et vivificationem, et scrutari profunda
Dei, et per Prophetas loqui, et ubique esse“,[6] quae omnia
divino tantum Numini tribuenda sunt.

Quaestio V.

Certo credendum est, Spiritus Sancti vocabulum tertiam divinitatis
personam per se subsistentem significare.

Deus est vita animae.

I. Sed illud praeterea fidelibus accurate explanandum est,
Spiritum Sanctum ita Deum esse, ut eum tertiam personam,
in divina natura a Patre et Filio distinctam, et voluntate pro-
ductam, confiteri oporteat; nam, ut alia Scripturarum testi-

---

1) Is. 6, 8—10. 2) Act. 28. 25. 3) 1 Cor. 1. 13. 4) 1 Ioan. 5, 7. 5) 1 Cor. 6, 19.
6) 1 Petr. 1, 2. Ioan. 6, 64. 1 Cor. 2, 10. 2 Petr. 1, 21.

sprach zu mir: Geh' hin und sage diesem Volke: Verblende das
Herz dieses Volkes, verstopfe seine Ohren, und schließ' ihm die Au=
gen, daß es nicht sehe mit seinen Augen, noch höre mit seinen Ohren".
Als der Apostel diese Worte anführte, sagte er: „Richtig hat der
heilige Geist durch den Propheten Isaias gesprochen". Weil sodann
die Schrift die Person des heiligen Geistes mit dem Vater und
Sohne verbindet, da sie den Namen des Vaters und des Sohnes
und des heiligen Geistes bei der Taufe zu gebrauchen befiehlt, bleibt
für uns kein Raum zum Zweifel an der Wahrheit dieses Geheim=
nisses zurück. Denn wenn der Vater Gott ist, und der Sohn Gott,
so müssen wir nothwendig bekennen, daß der heilige Geist, der mit
ihnen auf derselben Stufe der Ehre verbunden wird, gleichfalls Gott
sei. Dazu kommt aber auch noch, daß derjenige, der im Namen ir=
gend eines erschaffenen Dinges getauft wird, keinen Nutzen daraus
erlangen kann. „Seid ihr im Namen des Paulus getauft worden?"
sagt er, um zu zeigen, daß ihnen dieses zur Erlangung der Selig=
keit Nichts nützen würde. Wenn wir also im Namen des heiligen
Geistes getauft werden, so müssen wir auch bekennen, daß er Gott
sei. Aber dieselbe Ordnung der drei Personen, wodurch die Gottheit
des heiligen Geistes bewiesen wird, kann man auch sowohl in dem
Briefe des Johannes bemerken: „Drei sind, die Zeugniß geben im
Himmel: der Vater, das Wort und der heilige Geist, und diese Drei
sind Eins", als auch in jenem herrlichen Lobspruche der heil. Drei=
einigkeit, womit die göttlichen Lobgesänge und Psalmen geschlossen
werden: „Ehre sei dem Vater und dem Sohne und dem heiligen
Geiste!" Was endlich zur Bekräftigung dieser Wahrheit noch beson=
ders gehört, ist dies, daß Alles, wovon wir glauben, daß es Gott
eigenthümlich zukomme, nach dem Zeugnisse der heiligen Schrift,
auch dem heiligen Geiste zukommt. Daher schreibt sie ihm die Ehre
der Tempel zu, wie denn der Apostel sagt: „Wisset ihr nicht, daß
euere Glieder ein Tempel des heiligen Geistes sind?" Ebenso „die
Heiligung und Belebung, das Erforschen der Tiefen der Gottheit,
und das Reden durch die Propheten, und Allgegenwart", was Alles
nur dem göttlichen Wesen zugeschrieben werden kann.

Fünfte Frage.
Man muß gewiß glauben, daß die Benennung „der heilige Geist" die dritte,
für sich selbst bestehende Person der Gottheit bedeute.
Gott ist das Leben der Seele.

1. Es muß aber außerdem dieses den Gläubigen sorgfältig er=
klärt werden, der heilige Geist sei dergestalt Gott, daß wir bekennen
müssen, er sei die dritte Person in der göttlichen Natur, unterschieden
von dem Vater und dem Sohne und durch ihren Willen hervorge=
gangen; denn, um andere Zeugnisse der heiligen Schrift unerwähnt

monia omittantur, baptismi forma, quam Salvator noster docuit,
apertissime ostendit, Spiritum Sanctum tertiam esse personam,
quae in divina natura per se constet, et ab illis distincta sit.
Quod etiam Apostoli verba declarant, quum inquit: „Gratia
Domini nostri Iesu Christi, et charitas Dei, et communicatio
Sancti Spiritus sit cum omnibus vobis, Amen".[1] Idem vero
multo apertius demonstrant, quae Patres in Constantinopolitano
primo Concilio hoc loco ad confutandam impiam Macedonii
amentiam addiderunt: „Et in Spiritum Sanctum, Dominum et
vivificantem, qui ex Patre Filioque procedit; qui cum Patre et
Filio simul adoratur et conglorificatur; qui locutus est per
Prophetas." Quod igitur Spiritum Sanctum Dominum confitentur,
in eo declarant, quantum Angelis antecellat, qui tamen nobi-
lissimi spiritus a Deo conditi sunt. Illos enim omnes S. Paulus
testatur esse „administratorios spiritus, in ministerium missos,
propter eos, qui haereditatem capiunt salutis[2]." Vivificantem
vero appellant, quod anima cum Deo coniuncta magis vivit,
quam corpus animae coniunctione alitur ac sustinetur. Quoniam
vero Spiritui Sancto sacrae litterae hanc animae cum Deo
coniunctionem tribuunt, rectissime vivificantem Spiritum Sanctum
vocari perspicuum est.

Spiritus Sancti processio demonstratur.

II. Iam vero, quod sequitur, „Qui ex Patre Filioque procedit," docendi sunt fideles, Spiritum Sanctum a Patre et Filio,
tanquam ab uno principio, aeterna processione procedere. Id
enim Ecclesiastica regula, a qua Christiano non licet aberrare,
credendum nobis proponit, et divinarum litterarum et conciliorum auctoritate confirmatur. Nam Christus Dominus,
quum de Spiritu Sancto loqueretur, dixit: „Ille me clarifi-
cabit, quia de meo accipiet".[3] Hoc idem ex eo colligitur,
quod in Scripturis sacris Spiritus Sanctus nonnunquam Spiritus Christi, interdum Spiritus Patris appellatur; modo a Patre,
modo a Filio mitti dicitur, ut aeque a Patre et Filio procedere, non obscure significetur. „Qui Spiritum Christi non
habet," inquit S. Paulus, „hic non et eius:"[4] et idem Spiritum
Christi vocat, quum ad Galatas inquit: „Misit Deus Spiritum
Filii sui in corda vestra, clamantem Abba, Pater".[5] Apud
sanctum Matthaeum Spiritus Patris appellatur: „Non vos estis,
qui loquimini, sed Spiritus Patris vestri:"[6] et Dominus in coena
inquit: „Paraclitus, quem ego mittam vobis, Spiritum veritatis,

---

1) 2 Cor. 13, 13. 2) Hebr. 1, 14. 3) Ioan. 16. 14. 4) Rom. 8, 9 5) Gal. 4.
6) Matth. 10, 20.

zu lassen, die Taufformel, welche unser Heiland gelehrt hat, zeigt auf das deutlichste, daß der heil. Geist die dritte Person sei, welche in der göttlichen Natur für sich selbst besteht, und von den andern unterschieden ist. Dies beweisen auch die Worte des Apostels, wenn er sagt: „die Gnade unseres Herrn Jesu Christi, und die Liebe Gottes und die Gemeinschaft des heiligen Geistes sei mit euch Allen. Amen". Viel deutlicher zeigt dies aber dasjenige, was die Väter im ersten constantinopolitanischen Concil zur Widerlegung des gottlosen Unverstandes des Macedonius hier beigefügt haben: „Und an den heiligen Geist, den Herrn und Lebendigmacher, der aus dem Vater und dem Sohne hervorgeht; der mit dem Vater und dem Sohne zugleich angebetet und verherrlicht wird; der durch die Propheten geredet hat". Indem sie also den heiligen Geist Herr nennen, erklären sie dadurch, wie weit er die Engel übertreffe, die doch die edelsten von Gott erschaffenen Geister sind. Denn von ihnen allen bezeugt der heil. Paulus, daß sie „dienende Geister sind, ausgesandt zum Dienste um derer willen, welche die Seligkeit ererben sollen". Den Lebendigmacher nennen sie ihn aber, weil die Seele, mit Gott vereinigt, mehr lebt, als der Körper durch seine Vereinigung mit der Seele genähret und erhalten wird. Weil aber die heilige Schrift diese Vereinigung der Seele mit Gott dem heiligen Geiste zuschreibt, so ist offenbar, daß der heilige Geist mit vollstem Rechte ein Lebendigmacher genannt wird.

Der Ausgang des heil. Geistes wird bewiesen.

2. Was nun aber folgt: „Der aus dem Vater und dem Sohne hervorgeht", so müssen die Gläubigen darüber belehret werden, daß der heilige Geist vom Vater und vom Sohne, als von einem einzigen Prinzipe durch ewige Hervorgehung ausgehe. Denn dies stellt uns die kirchliche Glaubensregel, von welcher der Christ nicht abweichen darf, zu glauben vor, und wird dasselbe auch durch das Ansehen der heiligen Schrift und der Concilien bestätigt. Denn da Christus, der Herr, vom heil. Geiste redete, sagte er: „Derselbe wird mich verherrlichen, denn er wird von dem Meinigen nehmen". Dasselbe folgt auch daraus, daß der heilige Geist zuweilen in der heiligen Schrift der Geist Christi, und manchmal der Geist des Vaters genannt wird; auch bald gesagt wird, er werde vom Vater, bald, er werde vom Sohne gesandt, so daß nicht undeutlich zu erkennen gegeben wird, er gehe eben sowohl vom Vater als vom Sohne aus. Der h. Paulus sagt: „Wenn aber Jemand den Geist Christi nicht hat, der ist nicht sein"; und so nennt er ihn auch den Geist Christi, wenn er an die Galater schreibt: „Gott sandte den Geist seines Sohnes in euere Herzen, der da ruft: Abba, Vater!" Beim heil. Matthäus wird er der Geist des Vaters genannt: „Nicht ihr seid es, die da reden, sondern der

qui a Patre procedit, ille testimonium perhibebit de me". [1] Tum
alibi eundem Spiritum Sanctum a Patre mittendum affirmat his
verbis: „Quem mittet Pater in nomine meo". [2] Ex quibus verbis quum processionem Spiritus Sancti intelligamus, perspicuum
est, eundem ab utroque procedere. Haec sunt, quae de Spiritus Sancti persona tradenda erunt.

Quaestio VI.

Quum opera Trinitatis sint indivisa, quare peculiariter quidam effec-
tus et dona Spiritui S. tribuantur.

De admirandis Spiritus Sancti effectibus et donis.

I. Docere praeterea oportebit, quosdam esse Spiritus Sancti
admirabiles effectus, et amplissima quaedam munera, quae ab
ipso, tanquam a perenni bonitatis fonte, oriri et manare dicuntur. Quamvis enim sanctissimae Trinitatis opera, quae extrinsecus fiunt, tribus personis communia sint: ex iis tamen
multa Spiritui Sancto propria tribuuntur, ut intelligamus, illa in
nos a Dei immensa charitate proficisci; nam quum Spiritus
Sanctus a divina voluntate, veluti amore inflammata, procedat,
perspici potest, eos effectus, qui proprie ad Spiritum Sanctum
referuntur, a summo erga nos Dei amore oriri.

Spiritus Sanctus cur Donum vocetur.

II. Quare ex eo consequitur, ut Spiritus Sanctus donum appelletur; nam doni vocabulo significatur id, quod benigne et
gratuito, nulla spe remunerationis proposita, donatur. Ac proinde
quaecumque bona et beneficia a Deo in nos collata sunt („quid
autem habemus, quod a Deo," ut inquit Apostolus, „non acceperimus?" [3]) eo nobis Spiritus Sancti concessu et munere data
esse, pio et grato animo agnoscere debemus.

Plures sunt Spiritus Sancti effectus.

III. Eius autem plures effectus sunt; nam, ut mundi creationem, creatarumque rerum propagationem et gubernationem
omittamus, de quibus in primo articulo commemoravimus, vivificationem Spiritui Sancto proprie tribui, paulo ante demonstratum est, et Ezechielis testimonio confirmatur: „Dabo", inquit, „vobis Spiritum et vivetis [4]."

Spiritus Sancti dona.

IV. Praecipuos tamen et maxime proprios Spiritus Sancti

---

1) Ioan. 15, 26. 2) 1 Ioan. 4, 26. 3) 1 Cor. 4, 7. 4) Ezech. 37, 14.

Geist eueres Vaters"; und der Herr sagt beim letzten Abendmahle: „Der Tröster, den ich euch senden werde, der Geist der Wahrheit, der vom Vater ausgeht, derselbe wird von mir Zeugniß geben". Dann versichert er an einer andern Stelle, daß derselbe heilige Geist vom Vater gesandt werden soll, in folgenden Worten: „Den der Vater in meinem Namen senden wird". Da wir nun aus diesen Worten das Hervorgehen des heiligen Geistes erkennen, so ist klar, daß er von beiden ausgehe. Dies ist es, was von der Person des heiligen Geistes zu lehren sein wird.

Sechste Frage.

Warum gewisse Wirkungen und Gaben insbesondere dem heiligen Geiste beigelegt werden, da doch die Werke der Dreieinigkeit untheilbar sind.

Von den wunderbaren Wirkungen und Gaben des heiligen Geistes.

1. Außerdem muß man lehren, daß es einige wunderbare Wirkungen und überaus herrliche Gaben des heiligen Geistes gibt, von denen man sagt, daß sie von ihm, als der unversiegbaren Quelle der Güte, entspringen und ausströmen. Denn obgleich die Werke der heiligsten Dreieinigkeit, die nach außen hin vollbracht werden, den drei Personen gemein sind: so werden doch viele derselben dem heiligen Geiste insbesondere zugeeignet, damit wir erkennen, daß uns diese durch Gottes unermeßliche Güte zufließen. Denn da der heilige Geist aus dem von Liebe gleichsam entflammten göttlichen Willen hervorgeht, so mag man daraus ersehen, daß die Wirkungen, welche insbesondere dem heiligen Geiste beigelegt werden, aus der höchsten Liebe Gottes gegen uns entspringen.

Warum der heil. Geist Gabe genannt wird.

2. Hieraus folgt also, daß der heilige Geist Gabe genannt wird; denn durch das Wort Gabe wird dasjenige bezeichnet, was aus Güte und freiwillig, ohne irgend eine Hoffnung der Wiedervergeltung geschenkt wird. Folglich müssen wir mit andächtigem und dankbarem Gemüthe anerkennen, daß alle Güter und Wohlthaten, die uns von Gott verliehen worden sind, („was haben wir aber", sagt der Apostel, „das wir nicht von Gott empfangen hätten?") uns durch die Vergünstigung und Gabe des heiligen Geistes verliehen sind.

Die Wirkungen des heil. Geistes sind mannigfach.

3. Seine Wirkungen aber sind vielfältig; denn um nicht zu gedenken der Erschaffung der Welt, der Fortpflanzung und Regierung der erschaffenen Dinge, wovon wir im ersten Artikel Erwähnung gethan haben, so ist kurz vorher gezeigt worden, daß die Lebendigmachung insbesondere dem heiligen Geiste zugeschrieben wird, was durch das Zeugniß Ezechiels bestätigt wird, indem er sagt: „Ich will meinen Geist in euch geben, daß ihr lebet".

Gaben des heil. Geistes.

4. Die vorzüglichsten und ganz besonders eigenthümlichen Wir-

effectus Propheta enumerat: „Spiritum sapientiae et intellectus, Spiritum consilii et fortitudinis, Spiritum scientiae et pietatis, et Spiritum timoris Domini;"[1] quae dona Spiritus Sancti vocantur; interdum autem Spiritus Sancti nomen eis tribuitur. Quare sapienter divus Augustinus monet: animadvertendum esse, quum in sacris litteris huius vocis Spiritus Sancti mentio fit, ut diiudicare possimus, tertiamne Trinitatis personam, an eius effectus atque operationes significet;[2] nam haec duo eodem intervallo distinguenda sunt, quo etiam creatorem a rebus creatis differre credimus.

Argumentum in nobis ha'-itantis Spiritus Sancti. Iustificatio nostra est Spiritus Sancti signaculum; cf. Conc. Trid. Sess. 6.

V. Atque haec eo diligentius explicanda sunt, quod ex hisce Spiritus Sancti donis Christianae vitae praecepta haurimus, sentireque possumus an Spiritus Sanctus in nobis sit. Verum prae caeteris eius amplissimis muneribus gratia illa praedicanda est, quae nos iustos facit, signatque Spiritu promissionis sancto, qui est pignus haereditatis nostrae.[3] Haec enim mentem nostram arctissimo amoris vinculo Deo iungit; ex quo fit, ut summo pietatis studio accensi, novam vitam instituamus, ac „naturae divinae consortes effecti",[4] Filii Dei nominemur et vere simus.[5]

CAPUT X.

DE NONO ARTICULO.

Credo sanctam Ecclesiam Catholicam, Sanctorum communionem.

Quaestio I.

Quibus de causis nonus articulus omnium frequentissime populo inculcandus.

Cur Prophetae planius de Ecclesia, quam de Christo sint locuti?

I. Quanta diligentia curare Pastores debeant, ut huius noni articuli veritatem fidelibus explicent, si duo potissimum considerantur, facile cognosci poterit. Primum enim, teste S. Augustino,[6] Prophetae planius et apertius de Ecclesia, quam de

1) Is. 11, 2. 3. 2) De Trinitat. c. 18, 19. 3) Eph. 1, 13. 14. 4) 2 Petr. 1. 4. 5) 1 Ioan. 3, 1. 6) In Ps. 30.

kungen des heiligen Geiſtes aber zählt der Prophet auf: „den Geiſt der Weisheit und des Verſtandes, den Geiſt des Rathes und der Stärke, den Geiſt der Wiſſenſchaft und der Frömmigkeit, und den Geiſt der Furcht des Herrn". Sie werden die Gaben des heiligen Geiſtes genannt; bisweilen wird ihnen aber auch der Name des heiligen Geiſtes beigelegt. Darum ermahnet der heilige Auguſtin ſehr weislich, man müſſe wohl darauf merken, wenn in der heiligen Schrift vom Namen des heiligen Geiſtes Erwähnung geſchieht, um unterſcheiden zu können, ob die dritte Perſon der Dreieinigkeit, oder deren Wirkungen und Thätigkeiten damit gemeint ſei; denn dieſe beiden müſſen eben ſo weit auseinander gehalten werden, als wir glauben, daß der Schöpfer ſich von den erſchaffenen Dingen unter=ſcheide.

Zeugniß des in uns wohnenden heiligen Geiſtes. Unſere Rechtfertigung iſt das Siegel des heil. Geiſtes.

5. Und es iſt dies um ſo ſorgfältiger zu erörtern, weil wir aus dieſen Gaben des heiligen Geiſtes die Vorſchriften des chriſtlichen Lebens ſchöpfen, und wahrnehmen können, ob der heilige Geiſt in uns ſei. Aber vor allen andern überaus herrlichen Gaben deſſelben iſt jene Gabe zu preiſen, welche uns gerecht macht, „und uns beſie=gelt mit dem verheißenen heiligen Geiſte, der das Unterpfand unſerer Erbſchaft iſt". Denn dieſe vereinigt unſer Herz durch das feſteſte Band der Liebe mit Gott; woher es kommt, daß wir, vom höchſten Eifer zur Tugend entbrannt, ein neues Leben beginnen, und „dadurch in die Gemeinſchaft mit der göttlichen Natur kommen", und Gottes Kinder heißen und wahrhaft ſind.

Zehntes Hauptſtück.

Vom neunten Artikel.

Ich glaube eine heilige, katholiſche Kirche, die Gemeinſchaft der Heiligen.

Erſte Frage.

Aus welchen Gründen der neunte Artikel von allen am häufigſten dem Volke eingeſchärft werden muß.

Warum die Propheten deutlicher von der Kirche, als von Chriſtus geredet haben?

1. Mit wie vielem Fleiße die Seelſorger darauf bedacht ſein müſ=ſen, daß ſie den Gläubigen die Wahrheit dieſes neunten Artikels erklären, läßt ſich leicht einſehn, wenn man nur ein Zweifaches in Erwägung zieht. Erſtens nämlich haben die Propheten, nach dem Zeugniſſe des heil. Auguſtin, verſtändlicher und deutlicher über die

Christo locuti sunt, quum in eo multo plures errare ac decipi posse, quam in incarnationis Sacramento, praeviderent. Neque enim defuturi erant impii, qui ad simiae imitationem, quae se hominem esse fingit, solos se Catholicos esse profiterentur, et Catholicam Ecclesiam apud se tantum, non minus nefarie quam superbe affirmarent. Deinde si quis hanc veritatem firmo animo conceptam habuerit, facile horrendum haeresis periculum effugiet.

Quis dicendus sit haereticus? Verus noni articuli professor i.equit dici haereticus. Nonus articulus ab octavo pendet.

II. Non enim, ut quisque primum in fide peccarit, haereticus dicendus est; sed qui, Ecclesiae auctoritate neglecta, impias opiniones pertinaci animo tuetur. Quum igitur fieri non possit, ut aliquis se haeresis peste commaculet, si iis fidem adhibeat, quae in hoc articulo credenda proponuntur: curent omni studio Pastores, ut fideles, cognito hoc mysterio, contra adversarii artes muniti, in fidei veritate perseverent. Pendet autem hic articulus a superiori, quia quum iam demonstratum sit, Spiritum Sanctum omnis sanctitatis fontem et largitorem esse, nunc ab eodem Ecclesiam sanctitate donatam confitemur.

Quaestio II.

Quid peculiari ratione nomine Ecclesiae, quidque generatim denotetur.

Ecclesia generatim coetum significat: ex quo hominum genere ille sit conflatus, non refert.

I. Ac quoniam Ecclesiae vocem Latini a Graecis mutuati, post divulgatum Evangelium ad res sacras transtulerunt: quam vim habeat hoc vocabulum, aperiendum est. Significat autem Ecclesia evocationem; verum scriptores postea usurparunt pro concilio et concione. Neque vero refert, utrum populus ille veri Dei, an falsae religionis cultor exstiterit: in Actis enim de Ephesino populo scriptum est, quum Scriba turbas sedasset, dixisse: Si quid autem alterius rei quaeritis, in legitima Ecclesia poterit absolvi". [1] Legitimam vocat ecclesiam populum Ephesinum, Dianae cultui addictum. Neque solum gentes, quae Deum non noverunt, sed etiam malorum hominum concilia in-

1) Act. 19, 39.

Kirche, als über Chriſtus geredet, da ſie voraus ſahen, daß in Bezug auf jene viel Mehrere in Irrthum gerathen und betrogen werden könnten, als in Bezug auf das Geheimniß der Menſchwerdung. Denn es würde nicht an Gottloſen gefehlt haben, welche, nach Art des Affen, der ſich einbildet, ein Menſch zu ſein, ſich für die alleinigen Katholiken ausgaben, und eben ſo ruchlos als hochmüthig behaupteten, bei ihnen allein ſei die katholiſche Kirche. Zweitens wird Jemand, wenn er dieſe Wahrheit mit ſeinem Gemüthe feſt ergriffen hat, der ſchrecklichen Gefahr der Ketzerei leicht entfliehen.

> Wer ein Häretiker zu nennen iſt? Jemand, der aufrichtig den neunten Artikel bekennt, kann kein Häretiker genannt werden. Der neunte Artikel hängt mit dem achten zuſammen.

2. Denn nicht ein Jeder iſt ein Ketzer zu nennen, ſobald er im Glauben irrt, ſondern derjenige, welcher unter Hintanſetzung des Anſehens der Kirche gottloſe Meinungen hartnäckig vertheidigt. Da es nun nicht geſchehen kann, daß einer ſich mit der Peſt der Ketzerei befleckt, wenn er dem Glauben ſchenkt, was in dieſem Artikel zu glauben vorgeſtellt wird: ſo müſſen die Seelſorger mit allem Ernſte darauf bedacht ſein, daß die Gläubigen, durch die Erkenntniß dieſes Geheimniſſes gegen die Kunſtgriffe des Widerſachers geſchützet, in der Wahrheit des Glaubens verharren. Dieſer Artikel hängt aber von dem vorhergehenden ab, denn da bereits erwieſen iſt, daß der heilige Geiſt die Quelle und der Spender aller Heiligkeit ſei, ſo bekennen wir jetzt, daß von ihm auch die Kirche mit Heiligkeit beſchenkt worden iſt.

Zweite Frage.

Was mit dem Namen „Kirche" insbeſondere, und was damit überhaupt, bezeichnet werde.

> Kirche im Allgemeinen bedeutet eine Genoſſenſchaft. Es verſchlägt Nichts, aus welcher Art von Leuten ſie zuſammengeſetzt iſt.

1. Und weil die Lateiner das Wort Kirche von den Griechen entlehnt und nach der Ausbreitung des Evangeliums auf heilige Gegenſtände übertragen haben: ſo muß erklärt werden, welche Bedeutung dieſes Wort habe. Das Wort Kirche bedeutet aber ein Zuſammenberufen, ſpäterhin jedoch gebrauchten es die Schriftſteller für Zuſammenkunft und Volksverſammlung. Es kommt aber nicht darauf an, ob jenes Volk dem wahren Gott, oder einer falſchen Religion diente; denn in der Apoſtelgeſchichte heißt es vom Volke zu Epheſus, nachdem der Schreiber das Volk beſänftigt, habe er geſagt: „Habt ihr aber ein anderes Geſuch, ſo kann es in einer geſetzlichen Verſammlung entſchieden werden". Er nennt eine geſetzmäßige Verſammlung das Volk zu Epheſus, obwohl es dem Dienſte der Diana zugethan war. Aber nicht nur die Heiden, welche Gott nicht kennen, ſondern auch die Verſammlungen böſer und gottloſer Menſchen wer-

terdum Ecclesia nominantur. „Odivi“, inquit Propheta, „Ecclesiam malignantium, et cum impiis non sedebo“. [1]

Ecclesia peculiari et usitata consuetudine significat omnium fidelium multitudinem. cf. Quaest. 9. huius articuli.

II. Communi vero deinde sacrarum Scripturarum consuetudine haec vox ad rempublicam Christianam, fideliumque tantum congregationes significandas usurpata est; qui scilicet ad lucem veritatis et Dei notitiam per fidem vocati sunt, ut, reiectis ignorantiae et errorum tenebris, Deum verum et vivum pie et sancte colant, illique ex toto corde inserviant: atque, ut unico verbo haec res tota absolvatur, „Ecclesia,“ ut ait S. Augustinus, „est populus fidelis per universum orbem dispersus“.[2]

Quaestio III.

Quae potissimum mysteria in vocabulo Ecclesiae contemplanda offerantur.

Ecclesia quomodo a caeteris gentilium politiis differat? Deus quomodo suam Ecclesiam vocat? Duplex Ecclesiae vocatio. Finis vocationis utriusque est aeternarum rerum post cognitionem possessio. Ecclesia quomodo differat a Iudaeorum republica?

Nec vero levia mysteria in hoc vocabulo continentur. Etenim in evocatione, quam Ecclesia significat, statim divinae gratiae benignitas et splendor elucet, intelligimusque, Ecclesiam ab aliis rebus publicis maxime differre. Illae enim humana ratione et prudentia nituntur, haec autem Dei sapientia et consilio constituta est. Vocavit enim nos intimo quidem Spiritus Sancti afflatu, qui corda hominum aperit, extrinsecus autem Pastorum et Praedicatorum opera ac ministerio. Praeterea ex hac vocatione, quis nobis finis propositus esse debeat, nimirum aeternarum rerum cognitio et possessio, is optime perspiciet, qui animadverterit, cur olim fidelis populus sub lege positus, Synagoga, id est, congregatio, diceretur. Nam, ut docet sanctus Augustinus,[3] hoc nomen ei impositum est, quia pecudum more, quibus magis congregari convenit, terrena et caduca tantum bona spectaret. Quare merito Christianus populus non Synagoga, sed Ecclesia dicitur, quia terrenis et mortalibus rebus contemptis, coelestes et aeternas tantummodo consectatur.

1) Ps. 25, 5. 2) in Ps. 140. 3) in Ps. 77 et 81.

ten zuweilen Kirche genannt. Der Prophet sagt: „Ich hasse die Versammlung der Bösen, und bei den Gottlosen will ich nicht sitzen".

Kirche in besonderem und gewöhnlichem Gebrauche bedeutet die Menge aller Gläubigen.

2. Der allgemeinen Gewohnheit der heiligen Schrift jedoch zufolge, wurde dieses Wort nachmals nur zur Bezeichnung der christlichen Gemeinde und der Versammlungen der Gläubigen gebraucht: welche nämlich zum Lichte der Wahrheit und zur Erkenntniß Gottes durch den Glauben berufen sind, damit sie, nach Ablegung der Finsternisse der Unwissenheit und der Irrthümer, den wahren und lebendigen Gott in Frömmigkeit und Heiligkeit verehren, und ihm von ganzem Herzen dienen; und, um die ganze Sache mit Einem Worte zusammen zu fassen, „die Kirche ist", wie der heilige Augustin sagt, „das über den ganzen Erdkreis verbreitete gläubige Volk".

Dritte Frage.

Welche Geheimnisse uns in dem Worte „Kirche" besonders zur Betrachtung dargeboten werden.

Wie die Kirche sich von den übrigen Staatsverbindungen der Heiden unterscheidet? Wie Gott seine Kirche beruft. Zweifache Berufung der Kirche. Der Zweck der zweifachen Berufung ist der Besitz der ewigen Güter nach ihrer Erkenntniß. Wie die Kirche sich von dem jüdischen Staate unterscheidet?

Es sind aber nicht geringe Geheimnisse in diesem Worte enthalten. Denn aus der Zusammenberufung, welche die Kirche bedeutet, leuchtet sofort die Güte und der Glanz der göttlichen Gnade hervor, und wir erkennen daraus, daß die Kirche von andern Gemeinwesen gar sehr unterschieden sei. Diese nämlich stützen sich auf menschliche Vernunft und Klugheit, jene aber ist durch Gottes Weisheit und Rath gegründet. Denn er berief uns innerlich durch das Wehen des heiligen Geistes, welcher die Herzen der Menschen öffnet, äußerlich aber durch die Vermittelung und den Dienst der Hirten und Prediger. Außerdem wird durch diese Berufung jemand am besten erkennen, welches Ziel uns vorgesetzt sein muß, nämlich die Erkenntniß und der Besitz der ewigen Dinge, wenn er beachtet, warum ehedem das gläubige Volk, welches unter dem Gesetze stand, die Synagoge, d. h. die Versammlung genannt wurde. Denn dieser Name wurde ihm, wie der heil. Augustin lehrt, deswegen beigelegt, weil es, nach Weise der Thiere, für welche das Zusammengetriebenwerden mehr paßt, nur die irdischen und vergänglichen Güter vor Augen hatte. Darum wird mit Recht das christliche Volk nicht Synagoge, sondern Kirche genannt, weil es mit Verachtung der irdischen und sterblichen Dinge, nur nach den himmlischen und ewigen trachtet.

Quaestio IV.

Quibus nominibus Christianorum universitas in sacris litteris descripta inveniatur.

Domus Dei cur sit dicta Ecclesia? Grex ovium? Sponsa Christi?

I. Multa praeterea nomina, quae plena sunt mysteriis, ad Christianam rempublicam significandam traducta sunt; nam et domus et aedificium Dei ab Apostolo vocatur. „Si tardavero". inquit ad Timotheum, „ut scias, quo modo oporteat te in domo Dei conversari, quae est Ecclesia Dei vivi, columna et firmamentum veritatis".[1] Domus autem Ecclesia idcirco appellatur, quia sit veluti una familia, quam unus pater familias moderatur, et in qua est bonorum omnium spiritualium communio. Dicitur etiam grex ovium Christi, quarum ille ostium est et Pastor.[2] Vocatur et sponsa Christi: „Despondi vos uni viro virginem castam exhibere Christo",[3] inquit Apostolus ad Corinthios. Idem ad Ephesios: „Viri, diligite uxores vestras, sicut et Christus dilexit Ecclesiam".[4] Ac de matrimonio: „Sacramentum hoc," inquit, „magnum est; ego autem dico, in Christo et in Ecclesia".[5]

Corpus Christi?

II. Dicitur denique Ecclesia „corpus Christi", ut ad Ephesios et Colossenses licet videre.[6] Et haec singula plurimum valent ad fideles excitandos, ut se dignos immensa Dei clementia et bonitate praebeant, qui eos, ut populus Dei esset, elegit.

Quaestio V.

Duae praecipue Ecclesiae partes recensentur, triumphans una, militans altera.

De Ecclesia militante et triumphante. Triumphans Ecclesia.

I. His vero explicatis, necesse erit, singulas Ecclesiae partes enumerare, earumque differentias docere, quo magis Deo dilectae Ecclesiae naturam, proprietates, dona et gratias populus percipiat, et ob eam causam sanctissimum Dei numen laudare nunquam intermittat. Ecclesiae autem duae potissimum sunt partes, quarum altera triumphans, altera militans vocatur. Triumphans est coetus ille clarissimus et felicissimus beatorum spirituum, et eorum, qui de mundo, de carne, de iniquissimo daemone triumpharunt, et ab huius vitae molestiis liberi ac tuti, aeterna beatitudine fruuntur.

---

1) 1 Tim. 3, 15. 2) Ioan. 10, 1. 3) 2 Cor. 11, 2. 4) Ephes. 5, 25. 5) Ibid. 5, 32. 6) Ibid. 1, 23. Coloss. 1, 24.

Vierte Frage.

Unter welchen Benennungen man die Gesammtheit der Christen in der heiligen Schrift beschrieben findet.

Warum die Kirche Haus Gottes genannt sei? Warum Heerde der Schafe, Braut Christi?

1. Außerdem sind noch viele Namen, welche voll von Geheimnissen sind, zur Bezeichnung der christlichen Gemeinde eingeführt; denn sie wird von dem Apostel auch Haus und Gebäude Gottes genannt. Zu Timotheus sagt er: „Wenn ich aber verziehen sollte, damit Du wissest, wie Du wandeln sollst im Hause Gottes, welches ist die Kirche des lebendigen Gottes, eine Säule und eine Grundfeste der Wahrheit". Die Kirche wird aber deshalb ein Haus genannt, weil sie gleichsam Eine Familie ist, die Ein Familienvater regiert, und in welcher die Gemeinschaft aller geistigen Güter Statt findet. Sie heißt auch Heerde der Schafe Christi, welcher Thür und Hirt derselben ist. Eben so wird sie auch die Braut Christi genannt: „Ich habe euch verlobt einem Manne, euch als keusche Jungfrau Christi darzustellen", spricht der Apostel zu den Korinthern, und zu den Ephesern: „Männer, liebet eure Weiber, wie auch Christus die Kirche liebt". Und von der Ehe: „Dieses Geheimniß ist groß; ich sage aber: in Christo und in der Kirche".

Leib Christi.

2. Endlich heißt die Kirche „der Leib Christi", wie man in den Briefen an die Epheser und Colosser sehen kann. Und dieses Alles ist sehr geeignet, die Gläubigen zu ermuntern, daß sie sich der unermeßlichen Milde und Güte Gottes würdig zeigen, welcher sie erwählet hat, das Volk Gottes zu sein.

Fünfte Frage.

Es werden vorzüglich zwei Abtheilungen der Kirche aufgezählt, die triumphirende und die streitende.

Von der streitenden und triumphirenden Kirche. Die triumphirende Kirche.

1. Nach dieser Erklärung aber wird es nöthig sein, die einzelnen Theile der Kirche aufzuzählen, und ihre Unterschiede anzugeben, damit das Volk die Beschaffenheit, die Eigenschaften, die Gaben und Gnaden der von Gott geliebten Kirche desto besser erkenne, und deswegen niemals unterlasse, das heiligste Wesen Gottes zu preisen. Es gibt aber hauptsächlich zwei Theile der Kirche, deren einer die triumphirende, der andere hingegen die streitende genannt wird. Die triumphirende ist jene überaus herrliche und glückselige Versammlung der seligen Geister, und derer, welche über die Welt, über das Fleisch, über den allerniederträchtigsten Satan triumphirt haben und von den Mühseligkeiten dieses Lebens frei und sicher die ewige Seligkeit genießen.

Militans Ecclesia.

II. Militans vero Ecclesia est coetus omnium fidelium, qui
adhuc in terris vivunt; quae ideo militans vocatur, quod illi
cum immanissimis hostibus, mundo, carne, Satana perpetuum
sit bellum. Neque idcirco tamen duas esse Ecclesias censendum
est; sed eiusdem Ecclesiae, ut antea diximus, partes duae sunt,
quarum una antecessit, et coelesti patria iam potitur, altera in
dies sequitur, donec aliquando cum Salvatore nostro coniuncta,
in sempiterna felicitate conquiescat.

Quaestio VI.

In Ecclesia militanti duo hominum sunt genera, boni scilicet et mali.

Electorum Ecclesia est incerta. cf. Conc. Trid. Sess. 6. C. 12.

I. Iam in Ecclesia militanti duo sunt hominum genera, bonorum et improborum; et improbi quidem eorumdem Sacramentorum participes, eandem quoque, quam boni, fidem profitentur,
vita ac moribus dissimiles; boni vero in Ecclesia dicuntur ii,
qui non solum fidei professione, et communione Sacramentorum,
sed etiam spiritu gratiae, et charitatis vinculo inter se coniuncti et colligati sunt; de quibus dicitur: „Cognovit Dominus,
qui sunt eius".[1] Possunt vero etiam homines aliquibus coniec-
turis opinari, quinam sint, qui ad hunc piorum hominum numerum pertineant, certo autem scire minime possunt.

Ecclesia militans bonos et malos complectitur.

II. Quare existimandum non est, Christum Salvatorem de
hac Ecclesiae parte locutum esse, quum ad Ecclesiam nos re-
misit, eique ut pareamus, praecepit.[2] Nam quum illa sit in-
cognita, cui certum esse poterit, ad cuius iudicium confugien-
dum, et cuius auctoritati obtemperandum sit? Bonos igitur et
improbos Ecclesia complectitur, quemadmodum et divinae litterae et sanctorum virorum scripta testantur. In quam sententiam scriptum est illud Apostoli: „Unus corpus, et unus spiritus".[3]

Quaestio VII.

Ecclesia visibilis est, et bonos et malos suo sinu concludit.

Ecclesia quibus figuris et similitudinibus designata?

I. Haec autem Ecclesia nota est, urbique supra montem
sitae comparata, quae undique conspicitur; nam quum illi ab

1) 2 Tim. 2, 19. 2) Matth. 18, 17. 3) Ephes. 4. 4.

Die streitende Kirche.

2. Die streitende Kirche aber ist die Versammlung aller Gläubigen, welche noch auf Erden leben; sie wird deswegen die streitende genannt, weil sie mit den wüthendsten Feinden, der Welt, dem Fleische, dem Satan, einen immerwährenden Krieg zu bestehen hat. Man darf jedoch darum keineswegs annehmen, es gebe zwei Kirchen; sondern es sind dies, wie wir oben gesagt haben, zwei Theile der einen und derselben Kirche, deren einer vorangegangen ist, und das himmlische Vaterland bereits besitzt, der andere täglich nachfolgt, bis er einst, mit unserm Heilande vereinigt, in ewiger Glückseligkeit ausruhen wird.

Sechste Frage.

In der streitenden Kirche befinden sich zwei Gattungen Menschen, nämlich gute und böse.

Die Kirche der Auserwählten ist ungewiß.

1. In der streitenden Kirche gibt es nun aber zwei Arten Menschen, der Guten und der Bösen; und zwar nehmen die Bösen an denselben Sakramenten Theil, und bekennen auch den nämlichen Glauben, wie die Guten, sind ihnen aber in ihrem Lebenswandel und in ihren Sitten unähnlich; die Guten in der Kirche werden hingegen diejenigen genannt, die nicht allein durch das Bekenntniß des Glaubens und die Gemeinschaft der Sakramente, sondern auch durch den Geist der Gnade und das Band der Liebe unter einander verbunden und vereinigt sind; von ihnen heißt es: „Es kennt der Herr die Seinen". Die Menschen können nun zwar aus einigen Anzeigen muthmaßen, welche es seien, die zu dieser Anzahl der frommen Menschen gehören, gewiß können sie es aber keineswegs wissen.

Die streitende Kirche umfaßt Gute und Böse.

2. Man darf daher nicht etwa glauben, Christus, der Heiland, habe von dieser Abtheilung der Kirche geredet, da er uns an die Kirche verwies und uns befahl, ihr zu gehorchen. Denn da diese unbekannt ist, wer würde gewiß sein können, an wessen Entscheidung wir uns wenden, und wessen Ansehen wir gehorchen sollen? Die Kirche umfaßt daher die Guten und die Bösen, wie die h. Schrift und die Schriften heil. Männer bezeugen. In diesem Sinne schreibt auch der Apostel: „Ein Leib und Ein Geist".

Siebente Frage.

Die Kirche ist sichtbar und schließt in ihrem Schooß Gute und Böse ein.

Mit welchen Bildern und Gleichnissen die Kirche bezeichnet ist?

1. Diese Kirche aber ist bekannt, und zu vergleichen einer auf einem Berge gelegenen Stadt, die von allen Seiten gesehen wird;

omnibus parendum sit, cognoscatur necesse est. Neque bonos
tantum, sed malos etiam complectitur, ut multis parabolis Evangelium docet; veluti quum regnum coelorum, id est, militantem
Ecclesiam, „simile esse sagenae in mare missae [1] commemorat;
vel „agro, in quo zizania superseminata sunt“; [2] vel „areae,
in qua frumentum paleis continetur“; vel „decem virginibus,
partim fatuis, partim prudentibus“. [3] Sed multo ante etiam
„in arca Noë“, qua non solum „munda“ sed etiam „immunda
animantia“ [4] concludebantur, huius Ecclesiae figuram et similitudinem licet intueri.

Duarum Ecclesiae partium diversissimam esse sortem.

II. Quamvis autem bonos et malos ad Ecclesiam pertinere,
Catholica fides vere et constanter affirmet: ex iisdem tamen
fidei regulis fidelibus explicandum est, utriusque partis diversam
admodum rationem esse. Ut enim paleae cum frumento in
area confusae sunt, vel interdum membra varie intermortua
corpori coniuncta: ita etiam mali in Ecclesia continentur.

Quaestio VIII.

Quinam Ecclesiae militantis finibus non contineantur.

Tria hominum genera ab Ecclesia excluduntur.

I. Ex quo fit, ut tria tantummodo hominum genera ab ea
excludantur; primo infideles, deinde haeretici et schismatici,
postremo excommunicati. Ethnici quidem, quod in Ecclesia
nunquam fuerunt, neque eam unquam cognoverunt, nec ullius
Sacramenti participes in populi Christiani societate facti sunt;

Haeretici et schismatici sunt in potestate Ecclesiae. Cf. Conc. Trid. Sess. 14. c. 2.

II. Haeretici vero atque schismatici, quia ab Ecclesia desci-
verunt. Neque enim illi magis ad Ecclesiam spectant, quam
transfugae ad exercitum pertineant, a quo defecerunt. Non
negandum tamen, quin in Ecclesiae potestate sint, ut qui ab
ea in iudicium vocentur, puniantur et anathemate damnentur.
Postremo etiam excommunicati, quod Ecclesiae iudicio ab ea
exclusi, ad communionem non pertineant, donec resipiscant.

*Scelerati fideles in Ecclesia persever nt. Conc. Trident. Sess. 6. c. 16. Antistites
improbi suam potestatem non amittunt.*

III. De caeteris autem, quamvis improbis et sceleratis hominibus, adhuc eos in Ecclesia perseverare dubitandum non est;
idque fidelibus tradendum assidue, ut, si forte Ecclesiae An-

---

1) Matth. 13, 47. 2) Ibid. 3, 12. 3) Ibid. 25, 1. 4) Gen. 7, 1. 8.

denn da ihr Alle gehorchen sollen, so muß sie auch nothwendig er=
kennbar sein. Auch begreift sie nicht nur die Guten, sondern auch
die Bösen in sich, wie das Evangelium in vielen Gleichnissen lehrt;
z. B. wenn es erwähnt, das Himmelreich, d. h. die streitende Kirche,
„sei gleich einem Netze, das in's Meer geworfen wird"; oder „einem
Acker, auf welchem Unkraut mit eingesäet ist": oder „einer Tenne,
auf welcher der Weizen mit der Spreu zusammenliegt"; oder „den
zehn Jungfrauen, die theils thöricht, theils klug waren". Aber auch
schon viel früher kann man in „der Arche Noah's", in welcher nicht
blos „reine", sondern auch „unreine Thiere" eingeschlossen wurden,
ein Vorbild und Gleichniß dieser Kirche schauen.

Die beiden Theile der Kirche werden das verschiedenste Loos haben.

2. Obgleich aber der katholische Glaube wahrhaft und unerschüt=
terlich versichert, daß Gute und Böse zur Kirche gehören, so muß
dennoch nach denselben Regeln des Glaubens den Gläubigen darge=
than werden, daß es ein sehr verschiedenes Bewandtniß mit beiden
Theilen habe. Denn wie die Spreu auf der Tenne mit dem Weizen
vermischt ist, oder mitunter verschiedenartig abgestorbene Glieder
mit dem Körper noch verbunden sind: also sind auch die Bösen in
der Kirche enthalten.

Achte Frage.
Welche nicht von dem Kreise der streitenden Kirche umschlossen werden.

Drei Arten von Menschen werden von der Kirche ausgeschlossen.

1. Hieraus folgt, daß nur drei Arten von Menschen von ihr aus=
geschlossen werden: erstens die Ungläubigen, dann die Ketzer und
Abtrünnigen, endlich die Excommunicirten. Die Heiden nämlich,
weil sie niemals der Kirche angehörten, noch auch sie jemals erkannt
haben und keines Sakramentes in der Gemeinschaft des christlichen
Volkes theilhaftig geworden sind.

Die Häretiker und Schismatiker sind unter der Gewalt der Kirche.

2. Die Ketzer und Abtrünnigen aber, weil sie von der Kirche ab=
gefallen sind. Denn sie gehören eben so wenig zur Kirche, als Ueber=
läufer noch dem Kriegsheere angehören, von dem sie entflohen sind.
Jedoch ist nicht zu leugnen, daß sie unter der Gewalt der Kirche ste=
hen, um von ihr vor Gericht gefordert, bestraft und mit dem Bann=
fluche belegt zu werden. Zuletzt auch die Excommunicirten, weil sie,
durch das Urtheil der Kirche von ihr ausgeschlossen, nicht eher zu
ihrer Gemeinschaft gehören, bis sie sich bessern.

Die lasterhaften Gläubigen bleiben in der Kirche. Die gottlosen Vorsteher ver=
lieren ihre Würde nicht.

3. Von den übrigen, wenngleich gottlosen und lasterhaften Men=
schen, ist es jedoch keinem Zweifel unterworfen, daß sie noch zur
Kirche gehören; und dies ist den Gläubigen fleißig vorzutragen, da=

tistitum vita flagitiosa sit, eos tamen in Ecclesia esse, nec propterea quidquam de eorum potestate detrahi, certo sibi persuadeant.

Quaestio IX.

Nominis Ecclesiae significationum varietas.

Ecclesiae universalis partes majores etiam Ecclesiae vocantur. Privatae fidelium familiae Ecclesiae appellantur.

I. Verum universae etiam Ecclesiae partes, Ecclesiae nomine significari solent, ut quum Apostolus „Ecclesiam, quae est Corinthi, Galatiae, Laodicensium, Thessalonicensium" nominat; privatas etiam fidelium familias Ecclesias vocat; nam „Priscae et Aquilae domesticam Ecclesiam salutari iubet";[1] item alio in loco: „Salutant vos", inquit, „in Domino multum Aquila et Priscilla cum domestica sua Ecclesia".[2] Ad Philemonem etiam scribens, eandem vocem usurpavit.

Ecclesia pro ipsius praepositis et Pastoribus aliquando usurpatur. Ecclesia pro loco. Hic Ecclesia proprie accipitur pro omnium fidelium tam bonorum quam malorum multitudine.

II. Interdum quoque Ecclesiae nomine eius Praesides ac Pastores significantur: „Si te non audierit", inquit Christus, „dic Ecclesiae"[3]; quo in loco Praepositi Ecclesiae designantur. Sed locus etiam, in quem populus, sive ad concionem, sive alicuius rei sacrae causa convenit, Ecclesia appellatur. Praecipue vero in hoc articulo Ecclesia bonorum simul et malorum multitudinem, nec Praesides solum, sed eos etiam, qui parere debent, significat.

Quaestio X.

De Notis verae Ecclesiae, et primo, cur una dicatur.

Unitas Ecclesiae. Post invisibile Ecclesiae caput necessario statui oportuit visibile caput. Cf. Q. 24 de Sacram. Ordin.

Aperiendae autem sunt fidelibus huius Ecclesiae proprietates, ex quibus licebit agnoscere, quanto beneficio a Deo affecti sint, quibus contigerit in ea nasci atque educari. Prima igitur proprietas in Symbolo Patrum describitur, ut una sit. „Una", enim inquit, „est columba mea, una est speciosa mea".[4] Vocatur autem una tanta hominum multitudo, quae tam longe lateque diffusa est, ob eas causas, quae ab Apostolo ad Ephesios, scriptae sunt: „Unum" enim „Dominum, unam fidem, unum Baptisma"[5] tantum esse praedicat. Unus est etiam eius rector

1) Rom. 16, 3. 5. 2) 1 Cor. 16, 19. 3) Matth. 18, 17. 4) Cant. 6. 8. 5) Ephes. 4, 5.

mit ſie, wenn etwa die Vorſteher der Kirche ein ſchändliches Leben führen ſollten, ſich gewiß überzeugt halten, daß dieſelben dennoch in der Kirche ſind, und ihrer Gewalt deswegen Nichts entzogen wird.

Neunte Frage.

Verſchiedene Bedeutungen des Namens „Kirche".

Die größeren Theile der Kirche werden auch Kirchen genannt. Privatfamilien der Gläubigen werden Kirchen genannt.

1. Aber auch die Theile der geſammten Kirche pflegen mit dem Namen Kirche bezeichnet zu werden, wie wenn der Apoſtel „eine Kirche zu Corinth, Galatien, Laodicea, Theſſalonichi" nennt; auch die einzelnen Familien der Gläubigen nennt er Kirche; denn er befiehlt „die Prisca und den Aquilas ſammt ihrer Hauskirche zu grüßen"; und an einer andern Stelle ſagt er: „Es grüßen euch vielmal im Herrn Aquila und Priscilla ſammt der Kirche in ihrem Hauſe". Auch im Briefe an den Philemon bediente er ſich deſſelben Wortes.

Kirche wird zuweilen für ihre Vorſteher und Hirten gebraucht. Kirche für den Ort. Hier wird die Kirche im eigentlichen Sinne für die Menge aller Gläubigen, Gute ſowohl als Böſe genommen.

2 Zuweilen werden mit dem Namen Kirche auch ihre Vorſteher und Hirten bezeichnet: „Gibt er dir kein Gehör, ſo ſage es der Kirche", ſpricht Chriſtus; hierunter ſind die Vorſteher der Kirche verſtanden. Aber auch der Ort, an welchem das Volk entweder zur Predigt, oder irgend einer andern heiligen Sache wegen zuſammen kommt, wird Kirche genannt. In dieſem Artikel bedeutet aber Kirche vorzüglich die Menge, ſowohl der Guten als Böſen, und zwar nicht allein die Vorſteher, ſondern auch diejenigen, welche gehorchen müſſen.

Zehnte Frage.

Von den Merkmalen der wahren Kirche, und zuerſt, warum ſie „Eine" genannt wird.

Einheit der Kirche. Nach dem unſichtbaren Haupte mußte nothwendig ein ſichtbares Haupt eingeſetzt werden.

Den Gläubigen muß nun Aufſchluß über die Eigenſchaften dieſer Kirche gegeben werden, woraus ſie erkennen können, welche große Wohlthat Gott ihnen erwieſen habe, da ſie das Glück hatten, in ihr geboren und erzogen zu werden. Als die erſte Eigenſchaft alſo wird im Glaubensbekenntniſſe der Väter angegeben, daß ſie „Eine" ſei. Denn es heißt: „Eine iſt meine Taube, Eine meine Vollkommene". „Eine" heißt aber eine ſo große Menge von Menſchen, die ſo weit und breit zerſtreut iſt, aus den Urſachen, welche der Apoſtel in dem Briefe an die Epheſer angibt, indem er lehrt, daß es nur „Einen Herrn, Einen Glauben, Eine Taufe" gebe. Auch iſt nur Einer ihr Leiter und Regierer, und zwar unſichtbar Chri-

ac gubernator, invisibilis quidem Christus, quem aeternus Pater dedit „caput super omnem Ecclesiam, quae est corpus eius".[1] Visibilis autem is, qui Romanam cathedram Petri, Apostolorum Principis, legitimus successor tenet.

Quaestio XI.

Quid de Romano Pontifice, visibili Ecclesiae Christi capite, sentiendum sit.

In Petro omnes Romani Pontifices primatum super omnem Ecclesiam acceperunt.

I. De quo fuit illa omnium Patrum ratio et sententia consentiens, hoc visibile caput ad unitatem Ecclesiae constituendam et conservandam necessariam fuisse. Quod praeclare et vidit et scripsit sanctus Hieronymus contra Iovinianum iis verbis: „Unus eligitur, ut, capite constituto, schismatis tollatur occasio"; et ad Damasum: „facessat invidia, Romani culminis recedat ambitio; cum successore piscatoris et discipulo crucis loquor. Ego nullum primum, nisi Christum, sequens, beatitudini tuae, id est, cathedrae Petri, communione consocior; super illam petram aedificatam Ecclesiam scio. Quicunque extra hanc domum Agnum comederit, profanus est. Si quis in arca Noë non fuerit, peribit regnante diluvio". Quod et longe antea ab Irenaeo[2] probatur, et Cypriano,[3] qui de unitate Ecclesiae loquens ait: „Loquitur Dominus ad Petrum: „„Ego, Petre, dico tibi, quia tu es Petrus, et super hanc petram aedificabo Ecclesiam meam"". Super unum aedificat Ecclesiam; et quamvis Apostolis omnibus post resurrectionem suam parem potestatem tribuat et dicat: „Sicut misit me Pater, et ego mitto vos; accipite Spiritum Sanctum: tamen, ut unitatem manifestaret, unitatis eiusdem originem ab uno incipientem, auctoritate sua disposuit, etc." Optatus deinde Milevitanus ait: „Ignorantia tibi adscribi non potest,[4] scienti in urbe Roma Petro primo cathedram Episcopalem esse collatam, in qua sederit omnium Apostolorum caput, Petrus; in quo uno cathedrae unitas ab omnibus servaretur, ne caeteri Apostoli singulas sibi quisque defenderent; ut iam schismaticus et praevaricator esset, qui contra singularem cathedram alteram collocaret". Post vero Basilius sic scriptum reliquit:[5] „Petrus collocatus est in fundamento; dixit enim:

---

1) Ephes. 1, 22. 2) Adv. haer. 3, 3. 3) Ibid. 3, 2. 4) De schism. Don. 2, 2. 5) Homil. 29. de Poenitent.

stus, welchen der ewige Vater gesetzet hat „zum Haupte über die ganze Kirche, die sein Leib ist"; sichtbar aber der, welcher als der rechtmäßige Nachfolger des Apostelfürsten Petrus den Stuhl zu Rom inne hat.

Eilfte Frage.

Was vom römischen Papste, dem sichtbaren Haupte der Kirche Christi, zu glauben ist.

In Petrus haben alle römischen Päpste die Obergewalt über die ganze Kirche erhalten.

1. Die Meinung und der Ausspruch aller Väter war darin übereinstimmend, daß dieses sichtbare Oberhaupt zur Begründung und Erhaltung der Einheit der Kirche nothwendig gewesen sei. Dies sah und bezeichnete herrlich der heilige Hieronymus mit folgenden Worten gegen Jovinian: „Einer wird erwählt, damit, wenn ein Oberhaupt eingesetzt ist, aller Anlaß zur Trennung beseitigt werde"; und an Damasus: „Es trete zurück der Neid, es weiche der Ehrgeiz nach römischer Hoheit; ich rede mit dem Nachfolger eines Fischers, mit dem Jünger des Kreuzes. Ich, indem ich keinem andern Oberhaupte, als Christo, folge, vereinige mich in Gemeinschaft mit deiner Heiligkeit, d. h. mit dem Stuhle Petri; ich weiß, daß auf diesem Felsen die Kirche erbaut ist. Wer immer außerhalb dieses Hauses das Lamm isset, ist ein Ungeweihter. Wer nicht in der Arche Noah's ist, wird umkommen zur Zeit der Sündfluth". Dies wird auch lange zuvor bestätigt von Irenäus, und Cyprian, der von der Einheit der Kirche handelnd, sagt: „Der Herr spricht zu Petrus: „„Ich sage dir, du bist Petrus (ein Fels), und auf diesen Felsen will ich meine Kirche bauen"". Auf Einen baut er seine Kirche; und obgleich er nach seiner Auferstehung allen Aposteln gleiche Gewalt ertheilt und sagt: „„Wie mich der Vater gesandt hat, so sende ich euch; nehmet hin den heiligen Geist"", so hat er dennoch, um die Einheit zu offenbaren, durch seine Macht verordnet, daß der Ursprung eben dieser Einheit von Einem ausgehe ꝛc." Optatus von Mileve sodann sagt: „Deiner Unwissenheit kann es nicht zugerechnet werden, da du wohl weißt, daß der bischöfliche Sitz in der Stadt Rom dem Petrus zuerst eingeräumt ist, auf welchem Petrus, das Haupt aller Apostel, gesessen hat; auf daß in diesem Einen die Einheit des Stuhles von Allen aufrecht erhalten werde, damit nicht ein jeder der andern Apostel sich einen besondern anmaße; so daß derjenige schon ein Abtrünniger und Pflichtvergessener sein würde, der diesem besonderen Stuhle einen andern entgegenstellen wollte". Später aber hinterließ Basilius Folgendes in seinen Schriften: „Petrus ist in's Fundament gelegt; denn er sprach: „„Du bist Christus, der Sohn des lebendigen Gottes"", und vernahm seinerseits, daß er der Fels sei; obwohl er aber ein Fels

„„Tu es Christus, filius Dei vivi""", et vicissim audivit, se esse petram: licet enim petra esset, non tamen petra erat, ut Christus. Nam Christus vere immobilis petra, „Petrus vero propter petram". Dignitates enim suas Deus largitur aliis: „sacerdos est, et facit sacerdotes; petra est et petram facit; et quae sua sunt, largitur servis suis". Postremo vero sanctus Ambrosius ait: „Si quis obiiciat, Ecclesiam uno capite et sponso Iesu Christo contentam, praeterea nullum requirere: in promptu responsio est. Ut enim Christum Dominum singulorum Sacramentorum non solum auctorem, sed intimum etiam praebitorem habemus (nam ipse est, qui baptizat et qui absolvit, et tamen is homines Sacramentorum externos ministros instituit): sic Ecclesiae, quam ipse intimo Spiritu regit, hominem, suae potestatis vicarium et ministrum, praefecit. Nam quum visibilis Ecclesia visibili capite egeat, ita Salvator noster Petrum universi fidelium generis caput et Pastorem constituit, quum illi oves suas pascendas verbis amplissimis commendavit, ut, qui ei successisset, eandem plane totius Ecclesiae regendae et gubernandae potestatem habere voluerit". „Unus" praeterea „idemque est Spiritus", inquit Apostolus ad Corinthios, qui fidelibus gratiam, perinde atque anima corporeis membris vitam, impertitur [1]. Ad quam unitatem servandam quum Ephesios hortaretur, inquit: „Solliciti servare unitatem spiritus in vinculo pacis, unum corpus et unus spiritus".[2] Quemadmodum enim humanum corpus multis constat membris, eaque ab una anima aluntur, quae oculis visum, auribus auditum, et aliis sensibus diversas vires subministrat: ita corpus Christi mysticum, quod est Ecclesia, ex multis fidelibus compositum est. „Una" quoque „est spes" ut in eodem loco idem Apostolus testatur, „ad quam vocati sumus"; siquidem omnes eandem rem, nempe aeternam et beatam vitam speramus.

Unitas Ecclesiae.

II. Una est denique fides, quae omnibus tenenda est ac prae se ferenda. „Non sint", inquit Apostolus, „in vobis schismata";[3] atque unum baptisma, quod quidem est Christianae fidei sacramentum.

Quaestio XII.
De secunda nota Ecclesiae, qua dicitur Sancta.

Prima ratio, cur Ecclesia Christi inter tot peccatores dicitur sancta. Omnes fideles generatim dicuntur sancti.

I. Altera proprietas Ecclesiae est, ut sit sancta; quod a Principe Apostolorum accepimus eo loco: „Vos autem genus ele-

1) 1 Cor. 12. 11. 2) Ephes. 4, 3. 4. 3) 1 Cor. 1, 10.

war, ſo war er doch kein Fels wie Chriſtus. Denn Chriſtus iſt wahrhaft der unbewegliche Fels, Petrus aber des Felſens wegen. Denn Gott verleiht ſeine Würden Andern: Er iſt ein Prieſter, und macht Prieſter; er iſt ein Fels und macht einen Felſen; und was ſein iſt, theilt er ſeinen Dienern mit". Endlich aber ſagt der heilige Ambroſius: „Sollte Jemand einwenden, die Kirche ſei mit dem Einen Haupte und Bräutigam Jeſu Chriſto zufrieden, und verlange kein anderes, ſo iſt die Antwort leicht. Wie wir nämlich Chriſtum den Herrn nicht allein für den Stifter aller einzelnen Sakramente halten, ſondern auch für den innerſten Spender (denn er ſelbſt iſt es, der tauft und losſpricht, und doch hat er Menſchen zu äußern Dienern der Sakramente eingeſetzt): ſo hat er auch der Kirche, die er ſelbſt durch ſeinen Geiſt innerlich regiert, einen Menſchen als Stellvertreter ſeiner Macht und Diener vorgeſetzt. Denn da die ſichtbare Kirche eines ſichtbaren Oberhauptes bedarf, ſo hat unſer Heiland den Petrus zum Haupte und Hirten für die ganze Schaar der Gläubigen angeordnet, und ihm in den herrlichſten Ausdrücken ſeine Schafe zu weiden befohlen, indem er zugleich wollte, daß ſein Nachfolger ganz dieſelbe Macht, die ganze Kirche zu leiten und zu regieren haben ſollte". Ueberdies ſagt der Apoſtel zu den Corinthern: „es iſt ein und derſelbe Geiſt", der den Gläubigen die Gnade, wie die Seele den Gliedern des Leibes das Leben mittheilt. Als er daher die Epheſer zur Erhaltung dieſer Einheit ermahnt, ſagt er: „Seid befliſſen, Einigkeit des Geiſtes zu erhalten durch das Band des Friedens, Ein Leib und Ein Geiſt". Wie nämlich der menſchliche Leib aus vielen Gliedern beſteht, und dieſelben durch die Eine Seele erhalten werden, die den Augen das Geſicht, den Ohren das Gehör, und den anderen Sinnen die verſchiedenen Kräfte verleiht, ſo iſt auch der geheimnißvolle Leib Chriſti, nämlich die Kirche, aus vielen Gläubigen zuſammengeſetzt. „Eine Hoffnung iſt es auch), wie der Apoſtel an derſelben Stelle bezeugt, zu welcher wir berufen ſind"; da wir Alle Eines und daſſelbe, nämlich das ewige und ſelige Leben hoffen.

Einheit der Kirche.

2. Es iſt endlich nur Ein Glaube, den Alle feſthalten und an den Tag legen müſſen. „Es ſeien keine Spaltungen unter euch", ſagt der Apoſtel, auch nur Eine Taufe, die ja das Sakrament des chriſtlichen Glaubens iſt.

Zwölfte Frage.
Vom zweiten Merkmale der Kirche, wie ſie heilig iſt.

Erſter Grund, warum die Kirche unter ſo vielen Sündern heilig genannt wird. Alle Gläubigen heißen im Allgemeinen heilig.

1. Eine zweite Eigenſchaft der Kirche iſt, daß ſie h e i l i g iſt; was wir aus der Stelle des Apoſtelfürſten entnehmen: „Ihr aber

ctum, gens sancta".[1] Appellatur autem sancta, quod Deo consecrata dedicataque sit; sic enim caetera huiuscemodi, quamquam corporea sint, sancta vocari consueverunt, quum divino
cultui addicta et dedicata sunt. Cuius generis sunt in lege veteri vasa, vestes et altaria; in qua primogeniti quoque, qui
Deo altissimo dedicabantur, sancti sunt appellati. Nec mirum
cuiquam videri debet, Ecclesiam dici sanctam, tametsi multos
peccatores continet. Sancti enim vocantur fideles, qui populus
Dei effecti sunt, quive se, fide et baptismate suscepto, Christo
consecrarunt; quamquam in multis offendunt, et quae polliciti
sunt, non praestant. Quemadmodum etiam, qui artem aliquam
profitentur, etsi artis praecepta non servent, nomen tamen ar-
tificum retinent. Quare D. Paulus Corinthios „sanctificatos et
sanctos"[2] appellat, in quibus nonnullos fuisse perspicuum est,
quos ut carnales, et gravioribus etiam nominibus acriter ob-
iurgat.

Secunda ratio.

II. Sancta etiam dicenda est, quod veluti corpus cum sancto
capite Christo Domino, totius sanctitatis fonte, coniungitur, a
quo Spiritus Sancti charismata, et divinae bonitatis divitiae
diffunduntur. Praeclare sanctus Augustinus, interpretans verba
illa Prophetae: „Custodi animam meam, quoniam sanctus sum",
„Audeat," inquit, „et corpus Christi, audeat et unus ille homo,
clamans a finibus terrae, cum capite suo, et sub capite suo
dicere, Sanctus sum; accepit enim gratiam sanctitatis, gratiam
baptismi, et remissionis peccatorum".[3] Ac paulo post: „Si
Christiani omnes, et fideles in Christo baptizati ipsum induerunt,
sicut Apostolus dicit: „Quotquot in Christo baptizati estis, Christum induistis""[4] si membra sunt facti corporis eius, et dicunt
se sanctos non esse: capiti ipsi faciunt iniuriam, cujus membra
sancta sunt".

Tertia ratio.

III. Accedit etiam, quod sola Ecclesia legitimum sacrificii
cultum et salutarem habet Sacramentorum usum, per quae, tanquam efficacia divinae gratiae instrumenta, Deus veram sanctitatem efficit, ita ut quicunque vere sancti sunt, extra hanc
Ecclesiam esse non possint. Patet igitur, Ecclesiam esse sanctam, ac sanctam quidem, quoniam corpus est Christi, a quo
sanctificatur, cuiusque sanguine abluitur.

---

1) 1 Petr. 2, 9. 2) 1 Cor. 1, 2. 3) in Ps. 85, 2. 4) Gal. 3, 27.

ſeid ein auserwähltes Geſchlecht, ein heiliges Volk". Sie heißt
aber heilig, weil ſie Gott geheiligt und geweiht iſt; denn eben ſo
pflegen wir auch alles Aehnliche, obwohl es körperlich iſt, heilig zu
nennen, wenn es dem Dienſte Gottes geweiht und gewidmet iſt.
Dergleichen ſind im Alten Teſtamente die Gefäße, Gewänder und
Altäre; worin denn auch die Erſtgeborenen, die dem höchſten Gotte
gewidmet wurden, heilig genannt werden. Es darf indeß Nie=
manden Wunder nehmen, daß die Kirche heilig genannt wird, ob=
gleich ſie viele Sünder in ſich faßt. Denn heilig heißen die Gläu=
bigen, da ſie ein Volk Gottes geworden ſind, oder weil ſie ſich durch
die Annahme des Glaubens und der Taufe Chriſto geweihet haben;
obgleich ſie in vielen Stücken ſich vergehen und ihr Verſprechen
nicht erfüllen. So wie auch diejenigen, die ſich zu einer Kunſt be=
kennen, doch den Namen Künſtler behalten, obwohl ſie die Vor=
ſchriften der Kunſt nicht befolgen. Darum nennt auch der heilige
Paulus die Corinther „geheiligte und heilige", obſchon es bekannt=
lich einige unter ihnen gab, die er als „Fleiſchliche", und mit noch
härteren Namen ſcharf tadelt.

Zweiter Grund.

2. Sie muß ferner **heilig** genannt werden, weil ſie wie ein
Leib mit ihrem heiligen Haupte Chriſto, dem Herrn, der Quelle
aller Heiligkeit, verbunden wird, von dem ſich die Gnadengaben
des heiligen Geiſtes und die Reichthümer der göttlichen Güte er=
gießen. Ueberaus herrlich ſpricht deshalb der heilige Auguſtin,
indem er dieſe Worte des Propheten erklärt: „Bewahre meine
Seele, denn ich bin heilig": „So darf auch der Leib Chriſti, ſo
darf auch jener einzelne Menſch von den Gränzen der Erde rufend,
mit ſeinem Haupte und unter ſeinem Haupte ſagen: Ich bin heilig!
Denn er hat die Gnade der Heiligkeit, die Gnade der Taufe und
der Vergebung der Sünden empfangen". Und kurz darauf: „Wenn
alle Chriſten und Gläubigen, die auf Chriſto getauft ſind, ihn an=
gezogen haben, wie der Apoſtel geſagt: „„Ihr Alle, die ihr in
Chriſto getauft ſeid, habt Chriſtum angezogen""", wenn ſie Glieder
ſeines Leibes geworden ſind, und ſagen, ſie ſeien nicht heilig: ſo
thun ſie dem Haupte ſelbſt, deſſen heilige Glieder ſie ſind, Schmach an".

Dritter Grund.

3. Hierzu kommt noch, daß die Kirche allein den rechtmäßigen
Opferdienſt und den heilſamen Gebrauch der Sakramente hat, durch
welche, als kräftige Werkzeuge der göttlichen Gnade, Gott die
wahre Heiligkeit wirkt, ſo daß Alle, die wahrhaft heilig ſind, außer
dieſer Kirche nicht ſein können. Es iſt daher einleuchtend, daß die
Kirche heilig iſt, und zwar heilig, weil ſie der Leib Chriſti iſt, von
dem ſie geheiligt, und durch deſſen Blut ſie abgewaſchen wird.

Quaestio XIII.

Qua ratione Ecclesia Christi sit Catholica.

Ecclesiae universitas.   Ecclesiae verae a falsa dignoscenda certissima regula.

Tertia proprietas Ecclesiae ea est, ut Catholica, nempe universalis, vocetur; quae appellatio vere illi tributa est, quoniam ut testatur sanctus Augustinus, „a solis ortu usque ad occasum unius fidei splendore diffunditur".[1] Neque enim, ut in humanis rebus publicis aut haereticorum conventibus unius tantum regni terminis, aut uno hominum genere Ecclesia definita est; verum omnes homines, sive illi barbari sint, sive Scythae, sive servi, sive liberi, sive masculi, sive feminae, charitatis sinu complectitur. Quare scriptum est: „Redemisti nos Deo in sanguine tuo, ex omni tribu, et lingua, et populo, et natione; et fecisti nos Deo nostro regnum".[2] De Ecclesia dicit David: „Postula a me, et dabo tibi gentes haereditatem tuam, et possessionem tuam terminos terrae".[3] Item, „Memor ero Rahab et Babylonis, scientium me; et homo natus est in ea".[4] Praeterea omnes fideles, qui ab Adam in hunc usque diem fuerunt, quive futuri sunt, quamdiu mundus exstabit, veram fidem profitentes, ad eandem Ecclesiam pertinent, quae „super fundamento Apostolorum" fundata est, „ac Prophetarum",[5] qui omnes „in illo lapide angulari Christo",[6] qui fecit utraque unum, et pacem iis, qui prope, et iis, qui longe, annunciavit, constituti sunt et fundati. Universalis etiam ob eam causam dicitur, quod omnes, qui salutem aeternam consequi cupiunt, eam tenere et amplecti debeant, non secus ac qui „arcam, ne diluvio perirent, ingressi sunt". Haec igitur veluti certissima regula tradenda est, qua vera et falsa Ecclesia indicetur.

Quaestio XIV.

Quo pacto Ecclesia Christi etiam Apostolica dicatur.

Apostolica Ecclesia.   Ecclesia haereticorum non potest esse vera Christi Ecclesia. Symb. Const.

Sed ex origine etiam, quam revelata gratia ab Apostolis ducit, Ecclesiae veritatem agnoscimus; siquidem eius doctrina veritas est, non recens, neque nunc primum orta, sed ab Apostolis iam olim tradita, et in omnem orbem terrarum disseminata. Ex quo fit, ut nemo dubitare possit, impias haereticorum voces longe a verae Ecclesiae fide abesse, quum doctrinae Ec-

---

1) Serm. 131 et 161 de temp.   2) Apoc. 5, 9. 10.   3) Ps 2, 8.   4) Ps 86, 4. 5.   5) Eph. 2, 20.   6) Eph. 2, 10. 17.

Dreizehnte Frage.
Wie die Kirche Chriſti katholiſch ſei.
Allgemeinheit der Kirche. Sicherſte Regel, die wahre Kirche von der falſchen zu unterſcheiden.

Die dritte Eigenſchaft der Kirche iſt dieſe, daß ſie **katholiſch**, d. i. allgemein genannt wird; welche Benennung ihr mit Recht bei= gelegt wird, weil ſie, wie der heilige Auguſtin bezeugt, „vom Auf= gange bis zum Niedergange der Sonne durch den Glanz des Einen Glaubens ſich ausdehnt". Denn die Kirche iſt nicht, wie bei den menſchlichen Gemeinweſen oder den Vereinigungen der Ketzer, auf die Gränzen eines einzigen Reiches oder auf Eine Art von Menſchen beſchränkt; ſondern ſie umfaſſet in dem Schooße ihrer Liebe alle Men= ſchen, ſie mögen Barbaren oder Scythen, Knechte oder Freie, Männer oder Frauen ſein. Deswegen ſteht geſchrieben: „Du haſt uns Gott erkauft mit deinem Blute aus allen Stämmen, und Sprachen, und Völkern, und Nationen, und haſt uns unſerem Gotte zu einem Kö= nigreiche gemacht". Von der Kirche ſagt David: „Begehre von mir, ſo will ich dir geben die Heiden zu deinem Erbe, und zu deinem Ei= genthume die Enden der Erde". Ferner: „Ich will Rahab's geden= ken und Babylon's, daß ſie mich erkennen; Menſch um Menſch iſt darin geboren". Außerdem gehören alle Gläubigen, die von Adam an bis auf dieſen Tag geweſen ſind, oder die ſein werden bis an der Welt Ende, und die den wahren Glauben bekennen, zu eben dieſer Kirche, welche „auf der Grundfeſte der Apoſtel und Propheten", er= baut iſt, da ſie Alle „auf jenem Eckſteine Chriſto", der Beides in Eins verbunden, und Frieden verkündigt hat den Nahen und Fernen, erbauet und gegründet ſind. Allgemein heißt ſie auch deswegen, weil Alle, die das ewige Ziel zu erlangen wünſchen, ſie ebenſo feſthalten und umfaſſen müſſen, wie Jene, die „in die Arche eingingen, um nicht in der Sündfluth umzukommen". Dies muß alſo als die zu= verläſſigſte Richtſchnur aufgeſtellt werden, wornach die wahre und falſche Kirche beurtheilt werden kann.

Vierzehnte Frage.
Auf welche Weiſe die Kirche Chriſti auch apoſtoliſch heißt.
Die Kirche iſt apoſtoliſch. Die Kirche der Ketzer kann nicht die wahre Kirche Chriſti ſein.

Wir erkennen jedoch die Wahrheit der Kirche auch aus dem Ur= ſprunge, welchen die geoffenbarte Gnade von den Apoſteln herleitet; denn ihre Lehre iſt keine neue, noch auch jetzt erſt entſtandene Wahr= heit, ſondern ſchon vorlängſt von den Apoſteln gelehrt und über den ganzen Erdkreis verbreitet. Daher kann Niemand zweifeln, daß die ruchloſen Lehren der Ketzer weit von dem wahren Glauben der Kirche entfernt ſind, da ſie der Lehre der Kirche, die von den Apoſteln bis

clesiae, quae ab Apostolis ad hanc diem praedicata est, adversentur. Quare, ut omnes intelligerent, quaenam esset Ecclesia Catholica, Patres in Symbolo illud divinitus addiderunt „Apostolicam“. Etenim Spiritus Sanctus, qui Ecclesiae praesidet, eam non per aliud genus ministrorum, quam per Apostolicum gubernat, qui Spiritus primum quidem Apostolis tributus est, deinde vero summa Dei benignitate semper in Ecclesia mansit.

Quaestio XV.
Ecclesia in fidei aut morum dogmatibus errare non potest.

Sed quemadmodum haec una Ecclesia errare non potest in fidei ac morum disciplina tradenda, quum a Spiritu Sancto gubernetur: ita caeteras omnes, quae sibi Ecclesiae nomen arrogant, ut quae diaboli spiritu ducantur, in doctrinae et morum perniciosissimis erroribus versari necesse est.

Quaestio XVI.
Quibus praecipue figuris Christi Ecclesia in veteri Testamento adumbrata sit.

Conjungatur haec Quaestio cum 4 et 9. Q. huj. art.

I. Sed quoniam magnam vim habent figurae veteris Testamenti ad excitandos fidelium animos, revocandamque rerum pulcherrimarum memoriam, cuius rei potissimum causa Apostoli his usi sunt; illam quoque doctrinae partem, quae magnas utilitates habet, Parochi non praetermittent. In his autem illustrem significationem habet „Arca Noë“, quae ob eam rem tantum „divino iussu constructa“ est, ut nullus dubitandi locus relinquatur, quin Ecclesiam ipsam significet, quam Deus sic constituit, ut quicunque per baptismum illam ingrederentur, ab omni mortis aeternae periculo tuti esse possent; qui vero extra illam essent, quemadmodum iis evenit, qui in arcam recepti non sunt, suis sceleribus obruerentur.

Civitas Hierusalem. Extra Ecclesiam Catholicam non est verus Dei cultus verumque sacrificium.

II. Alia figura est magna illa civitas Hierusalem, cuius nomine Scripturae saepius sanctam Ecclesiam significant. Nimirum in illa sola offerre Deo sacrificia licebat, quia in sola etiam Dei Ecclesia, neque extra eam usquam, verus cultus verumque sacrificium reperitur, quod Deo placere ullo modo possit.

auf diesen Tag geprebigt ist, zuwider laufen. Damit daher Alle ein=
sehen sollten, welche Kirche die allgemeine (katholische) sei, fügten die
Väter aus göttlicher Eingebung in dem Glaubensbekenntnisse dieses
„apostolisch“ hinzu. Denn der heilige Geist, welcher der Kirche vor=
steht, regiert dieselbe durch keine andere Art von Dienern, als durch
apostolische, welcher Geist zwar zuerst den Aposteln verliehen wurde,
darnach aber durch die überaus große Güte Gottes immer in der
Kirche verblieb.

Fünfzehnte Frage.

Die Kirche kann in Glaubens= und Sittenlehren nicht irren.

Wie aber diese Eine Kirche in der Darlegung der Glaubens= und
Sittenlehre nicht irren kann, weil sie vom heiligen Geiste regiert
wird: ebenso müssen die Uebrigen, die sich den Namen „Kirche“ an=
maßen, als vom Geiste des Teufels geleitet, in den verderblichsten
Irrthümern, bezüglich der Lehre und der Sitten, befangen sein.

Sechszehnte Frage.

Durch welche Bilder vorzüglich die Kirche Christi im Alten Testamente vor=
gestellt worden ist.

Man muß diese Frage mit der vierten und neunten dieses Artikels verbinden.

1. Weil jedoch die Bilder des Alten Testaments eine große Kraft
besitzen zur Anregung der Gemüther der Gläubigen und die schön=
sten Gegenstände ihnen in's Gedächtniß zurückrufen, weshalb sich
auch die Apostel vorzüglich derselben bedient haben: so sollen auch
die Seelsorger diesen Theil des Unterrichts, der so großen Segen
schafft, nicht unbenutzt lassen. Unter diesen hat aber die „Arche No=
ah's“ eine hervorragende Bedeutung, die nur deshalb auf göttlichen
Befehl erbaut wurde, damit kein Raum zum Zweifel übrig bliebe,
daß sie die Kirche selbst bedeute, die Gott so eingerichtet hat, daß
Alle, die durch die Taufe in sie einträten, vor jeder Gefahr des
ewigen Todes gesichert sein könnten; daß aber diejenigen, die außer=
halb derselben sind, durch ihre Laster zu Grunde gerichtet würden,
gleich wie es denen widerfuhr, die nicht in die Arche aufgenommen
wurden.

Die Stadt Jerusalem. Außerhalb der katholischen Kirche ist kein wahrer Gottes=
dienst und kein wahres Opfer.

2. Ein anderes Bild ist die große Stadt Jerusalem, mit deren
Namen die Schrift öfters die heilige Kirche bezeichnet. In ihr allein
war es nämlich erlaubt, Gott Opfer darzubringen, weil ebenfalls
allein in der Kirche Gottes, und sonst nirgends außer derselben, der
wahre Gottesdienst und das wahre Opfer sich findet, welches Gott
auf irgend eine Weise gefallen könnte.

Quaestio XVII.

Qua ratione credere Christi Ecclesiam ad articulos fidei pertineat.

Iam illud etiam extremo loco de Ecclesia docendum erit, quanam ratione, nos credere Ecclesiam, ad articulos fidei pertineat. Nam etsi quivis ratione et sensibus percipit, Ecclesiam, id est, hominum conventum, in terris esse, qui Christo Domino addicti et consecrati sunt; neque ad eam rem animo concipiendam fide opus esse videatur, quum nec Iudaei, nec Turcae quidem de eo dubitent: tamen illa mysteria, quae in sancta Dei Ecclesia contineri partim declaratum est, partim in sacramento Ordinis explicabitur, mens fide tantummodo illustrata, non ullis rationibus convicta, intelligere potest. Quum igitur hic articulus, non minus quam caeteri, intelligentiae nostrae facultatem et vires superet; iure optimo confitemur, nos Ecclesiae ortum, munera et dignitatem non humana ratione cognoscere, sed fidei oculis intueri.

Quaestio XVIII.

Quae, quot, et quanta sint, quae in Ecclesia esse, credere iubemur.

Potestas Ecclesiae a Deo processit. Regni coelorum claves solum in Ecclesia inveniuntu .

Neque enim homines huius Ecclesiae auctores fuerunt, sed Deus ipse immortalis, qui eam super firmissimam petram aedificavit, teste Propheta: „Ipse fundavit eam Altissimus“,[1] quam ob causam haereditas Dei, et Dei populus appellatur. Nec potestas, quam accepit, humana est, sed divino munere tributa. Quare, quemadmodum naturae viribus comparari non potest, ita etiam fide solum intelligimus, in Ecclesia claves regni coelorum esse, eique potestatem, peccata remittendi, excommunicandi, verumque Christi corpus consecrandi traditam; deinde cives, qui in ea morantur, „non habere hic civitatem permanentem, sed futuram inquirere“.[2] Unam igitur Ecclesiam sanctam et Catholicam esse, necessario credendum est.

Quaestio XIX.

Non ut in Deum, ita in Ecclesiam credendum est.

Credimus Ecclesiam, sed non in Ecclesiam.

Tres enim Trinitatis personas, Patrem, et Filium, et Spiritum Sanctum ita credimus, ut in eis fidem nostram collocemus. Nunc autem mutata dicendi forma, sanctam, et non „in“ san-

---

1) Ps. 86, 5. 2) Hebr. 13, 14.

Siebenzehnte Frage.

In wiefern der Glaube an die Kirche Christi zu den Glaubensartikeln gehört.

Endlich muß hier auch dies noch von der Kirche gelehrt werden, in wiefern es zu den Glaubensartikeln gehöre, an die Kirche zu glauben. Denn obgleich ein Jeder durch seine Vernunft und Sinne wahrnimmt, daß es auf Erden eine Kirche, d. h. eine Gemeinschaft von Menschen gebe, die Christo, dem Herrn, geweiht und geheiligt sind, und es des Glaubens nicht zu bedürfen scheint, um dies aufzufassen, da weder Juden noch Türken daran zweifeln, so kann doch nur ein vom Glauben erleuchteter Verstand, ohne irgend durch Vernunftschlüsse dazu genöthigt zu werden, jene Geheimnisse erkennen, von welchen theils schon nachgewiesen ist, theils bei dem Sakramente der Priesterweihe noch erläutert werden wird, daß sie in der heiligen Kirche Gottes enthalten sind. Da also dieser Artikel nicht minder, als die übrigen, das Vermögen und die Kräfte unserer Erkenntniß übersteigt, so bekennen wir mit vollstem Rechte, daß wir den Ursprung, die Aemter und die Würde der Kirche nicht durch menschliche Vernunft erkennen, sondern nur mit den Augen des Glaubens schauen.

Achtzehnte Frage.

Was, wie viel und wie groß das sei, was wir von der Kirche glauben müssen.
Die Macht der Kirche leitet sich von Gott ab. Die Schlüssel des Himmelreichs werden allein in der Kirche gefunden.

Nicht Menschen waren aber die Stifter dieser Kirche, sondern der unsterbliche Gott selbst, der sie auf den festesten Felsen erbaut hat, wie der Prophet bezeugt: „Der Allerhöchste selbst hat sie gegründet," und deswegen wird sie auch das Erbe Gottes und das Volk Gottes genannt. Auch die Gewalt, die sie empfing, ist keine menschliche, sondern ihr durch ein göttliches Geschenk verliehen. Wie sie daher nicht durch die Kräfte der Natur erworben werden kann, so erkennen wir auch allein durch den Glauben, daß die Schlüssel des Himmelreiches in der Kirche sind, und daß ihr die Macht verliehen wurde, die Sünden zu erlassen, in den Bann zu thun, und den wahren Leib Christi zu consecriren; ferner, daß die Bürger, die in ihr verweilen, „keine bleibende Stadt hier haben, sondern die zukünftige suchen." Nothwendig müssen wir also glauben, daß die Kirche eine einige, heilige und katholische ist.

Neunzehnte Frage.

Nicht müssen wir so an die Kirche glauben, wie an Gott.
Wir glauben die Kirche, aber nicht an die Kirche.

Denn die drei Personen der Dreieinigkeit, den Vater, den Sohn und den heiligen Geist, glauben wir dergestalt, daß wir auf sie unsern Glauben gründen. Hier aber bekennen wir, indem wir die Aus-

ctam Ecclesiam credere profitemur, ut hac etiam diversa loquendi ratione, Deus omnium effector a creatis rebus distinguatur, praeclaraque illa omnia, quae in Ecclesiam collata sunt, beneficia divinae bonitati accepta referamus.

Quaestio XX.

De extrema huius articuli clausula: „Sanctorum communionem."

De mutua Christianorum omnium inter se societate et fraternae necessitudinis nexu plura dicentur Q. 9. C. 9. de Orat. Domin. Quanti sit momenti in societatem Sanctorum referri.

I. Quum S. Ioannes Evangelista de divinis mysteriis ad fideles scriberet, cur eos in illis erudiret, hanc rationem attulit: „Ut et vos", inquit, „societatem habeatis nobiscum, et societas nostra sit cum Patre et cum Filio eius Iesu Christo".[1] Haec societas in communione Sanctorum sita est, de qua in hoc articulo sermo habetur. Utinam vero in eo explicando Ecclesiarum praesides Pauli et aliorum Apostolorum diligentiam imitarentur. Est enim non solum quaedam superioris articuli interpretatio, doctrinaque uberrimorum fructuum, sed etiam, quis usus mysteriorum esse debeat, quae Symbolo continentur, declarat. Omnia enim eius rei causa pervestiganda sunt ac percipienda, ut in hanc tam amplam et beatam societatem Sanctorum admittamur, admissique constantissime perseveremus, „cum gaudio gratias agentes Deo Patri, qui dignos nos fecit in partem sortis Sanctorum in lumine".[2]

Christianorum omnia communia. Sacramenta sunt sacra vincula. Sanctorum communio in Sacramentorum communione praecipue spectatur. Symb. Const.

II. In primis igitur fideles docendi sunt, hunc articulum esse illius, qui de una sancta Ecclesia Catholica antea positus est, veluti explicationem quandam. Unitas enim Spiritus, a quo illa regitur, efficit, ut quidquid in eam collatum est, commune sit. Omnium enim Sacramentorum fructus ad universos fideles pertinet; quibus Sacramentis, veluti sacris vinculis, Christo connectuntur et copulantur, et maxime omnium Baptismo, quo tanquam ianua in Ecclesiam ingredimur. Hac autem Sanctorum communione Sacramentorum communionem intelligi debere, Patres in Symbolo significant illis verbis: „Confiteor unum Baptisma". Baptismum vero in primis Eucharistia, et deinceps caetera Sacramenta consequuntur; nam etsi hoc nomen omnibus

1) 1 Ioan. 1, 3. 2) Col. 1, 12.

truckweiſe ändern, daß wir eine heilige, und nicht an eine heilige
Kirche glauben, um auch durch dieſe verſchiedene Redeweiſe Gott,
den Schöpfer aller Dinge, von den erſchaffenen Dingen zu unter-
ſcheiden, und um zu erkennen zu geben, daß wir alle jene herrliche
Wohlthaten, welche der Kirche zu Theil geworden ſind, der göttlichen
Güte zu danken haben.

Zwanzigſte Frage.
Von dem Schlußbeiſatze dieſes Artikels: „Gemeinſchaft der Heiligen.“
Von wie großer Bedeutung es ſei, zur Gemeinſchaft der Heiligen zu gehören.

1. Als der heilige Evangeliſt Johannes von den göttlichen Geheimniſſen an die Gläubigen ſchrieb, fügte er dieſen Grund hinzu,
warum er ſie darin unterweiſe: „damit auch ihr Gemeinſchaft mit
uns habet,“ ſpricht er, „und unſere Gemeinſchaft eine Gemeinſchaft
ſei mit dem Vater und mit ſeinem Sohne Jeſu Chriſto.“ Dieſe
Gemeinſchaft beſteht in der Gemeinſchaft der Heiligen, von der in
dieſem Artikel die Rede iſt. Möchten nur auch bei der Erläuterung
deſſelben die Vorſteher der Kirche die Sorgfalt des Paulus und der
andern Apoſtel nachahmen! Denn er iſt nur eine Art von Erklärung
des vorhergehenden Artikels und eine ungemein fruchtbringende Lehre,
ſondern er belehret auch darüber, welchen Gebrauch man von den
Geheimniſſen machen müſſe, die im Glaubensbekenntniſſe enthalten
ſind. Wir müſſen deshalb Alles erforſchen und erlernen, um in dieſe
ſo herrliche und ſelige Gemeinſchaft der Heiligen aufgenommen zu
werden und aufgenommen ſtandhaft auszuharren, indem wir „mit
Freuden Gott dem Vater Dank ſagen, der uns tüchtig gemacht hat,
Theil zu nehmen am Erbe der Heiligen im Lichte.“

Bei den Chriſten iſt Alles gemeinſam. Die Sakramente ſind heilige Bande.
Die Gemeinſchaft der Heiligen ſtellt ſich vorzugsweiſe in der Theilnahme
an den Sakramenten dar.

2. Vor allen müſſen alſo die Gläubigen belehrt werden, daß dieſer Artikel eine Art von Erklärung des vorhergehenden von der Einen heiligen katholiſchen Kirche iſt. Denn die Einheit des Geiſtes,
von welchem ſie regiert wird, bewirkt, daß Alles, was in ihr hinter-
legt iſt, etwas Gemeinſames iſt. Denn die Frucht aller Sakramente
kommt allen Gläubigen zu gut; und durch dieſe Sakramente werden
ſie, wie durch heilige Bande, mit Chriſto verknüpft und verbunden,
und vor allen zumeiſt durch die Taufe, durch welche wir, wie durch
eine Thür, in die Kirche eintreten. Daß aber unter dieſer Gemeinſchaft der Heiligen die Gemeinſchaft der Sakramente verſtanden werden müſſe, geben die Väter in dem Glaubensbekenntniſſe durch folgende Worte zu verſtehen: „Ich bekenne Eine Taufe.“ Der Taufe
folgt aber zunächſt das Sakrament des Altars und ſodann folgen
die übrigen Sakramente; denn obgleich dieſe Bezeichnung (Gemeinſchaft) allen Sakramenten gebührt, weil ſie uns mit Gott vereinigen,

Sacramentis convenit, quum Deo nos coniungant, illiusque participes, cuius gratiam recipimus, efficiant: magis tamen proprium est Eucharistiae, quae hanc efficit communionem.

Charitate efficimur participes omnium bonorum, quae in Ecclesia fiunt.

III. Sed alia etiam communio in Ecclesia cogitanda est. Quaecunque enim pie sancteque ab uno suscipiuntur, ea ad omnes pertinent, et, ut illis prosint, charitate, quae non quaerit, quae sua sunt, efficitur.[1] Id vero cum S. Ambrosii testimonio comprobatur,[2] qui locum illum Psalmi explanans: „Particeps ego sum omnium timentium te", ita inquit: „Sicut membrum particeps esse dicimus totius corporis, sic coniunctum omnibus timentibus Deum". Quare Christus eam nobis orandi formam praescripsit, ut diceremus, Panem nostrum", non „meum", ac reliqua eius generis, non nobis tantum, sed omnium saluti et commodis prospicientes. At vero haec bonorum communicatio membrorum humani corporis aptissima similitudine in sacris litteris saepe demonstratur. Nam in corpore multa sunt membra; sed etsi multa sunt, unum tamen corpus constituunt, in quo singula proprio, non autem omnia eodem munere funguntur.[3] Nec vero omnia eandem dignitatem habent, aut aeque utiles et decoras functiones exsequuntur, nullique suum, sed totius corporis commodum atque utilitas proposita est. Omnia deinde tam apta inter se et connexa sunt, ut, si unum aliquod dolore afficitur, caetera item naturae cognatione et consensu doleant; si contra bene affectum est, communis sit omnibus ille iucunditatis sensus. Atque haec eadem in Ecclesia licet contemplari, in qua etsi diversa sunt membra, nempe variae nationes, Iudaeorum, Gentium, liberi et servi, pauperes et divites, quum tamen Baptismo initiantur, unum corpus cum Christo fiunt, cuius ille caput est.

Functionum in Ecclesia varietas.

IV. Unicuique praeterea in hac Ecclesia suum munus assignatum est. Ut enim alii in ea Apostoli, alii doctores, omnes vero publicae utilitatis causa sunt constituti: ita aliorum est praeesse ac docere; aliorum item parere, et subiectos esse. At vero tot tantisque muneribus ac bonis divinitus collatis illi fruuntur, qui in charitate vitam Christianam degunt, iustique et chari Deo sunt.

---

1) 1 Cor. 13, 5.   2) in Ps. 118. serm. 8.   3) 1 Cor. 12, 13.

und uns desjenigen theilhaftig machen, dessen Gnade wir empfangen, so ist sie doch der Eucharistie besonders eigen, weil sie diese Gemein= schaft bewirkt.

Durch die Liebe werden wir alles Guten theilhaftig, was in der Kirche geschieht.

3. Man muß sich aber auch noch einer anderen Gemeinschaft in der Kirche erinnern. Denn was irgend Gutes und Heiliges von Einem unternommen wird, das kommt Allen zu gut, und daß es ihnen nützlich ist, wird durch die Liebe bewirkt, die „nicht selbst= süchtig ist." Dieses wird aber auch durch das Zeugniß des heiligen Ambrosius bestätigt, der in der Erklärung jener Stelle des Psalms: „Ich nehme Theil an Allen, die dich fürchten," also sagt: „Wie wir sagen, das Glied sei des ganzen Leibes theilhaftig, so auch: daß Gott mit Allen, die ihn fürchten, vereinigt sei." Darum schrieb uns Christus die Form des Gebetes vor, daß wir sagen sollten: „Unser Brod," und nicht „mein Brod," und Aehnliches der Art, indem wir nicht blos auf uns, sondern auch auf das Heil und Wohl Aller Rücksicht nehmen sollten. Diese Mittheilung der Güter wird aber in der heiligen Schrift oftmals durch das sehr passende Gleichniß von den Gliedern des menschlichen Körpers erwiesen. An dem Kör= per sind nämlich viele Glieder; aber obgleich ihrer Viele sind, so machen sie doch nur Einen Körper aus, an dem sie einzeln ihre ei= gene, nicht aber alle dieselbe Verrichtung haben. Auch haben nicht alle dieselbe Würde, noch auch vollziehen sie gleich nützliche und wohlanständige Verrichtungen, und keinem ist sein eigener, sondern des ganzen Körpers Nutzen und Vortheil aufgegeben. Endlich sind alle so aneinander gefügt und unter sich verbunden, daß, wenn Ein Glied Schmerz empfindet, auch die übrigen, durch ihre natürliche Verwandtschaft und Mitempfindung, ebenfalls leiden; wenn er sich aber wohl fühlt, allen dieses Wohlbehagen gemeinsam ist. Eben= dasselbe läßt sich auch an der Kirche wahrnehmen; denn obgleich verschiedene Glieder in ihr sind, nämlich mancherlei Völker, Juden, Heiden, Freie und Knechte, Arme und Reiche, so werden sie den= noch, wenn sie durch die Taufe in sie aufgenommen werden, mit Christo Ein Körper, dessen Haupt er ist.

Verschiedenheit der Thätigkeiten in der Kirche.

4. Jedem ist überdies in dieser Kirche sein Amt angewiesen. Denn wie Einige in ihr zu Aposteln, Andere zu Lehrern, Alle aber des allgemeinen Nutzens wegen eingesetzt sind: so kommt es Ei= nigen zu, vorzustehen und zu lehren, Andern hingegen, zu gehorchen und unterthan zu sein. Indeß so vieler und großer von Gott ver= liehenen Gaben und Güter erfreuen sich nur diejenigen, die in Liebe ein christliches Leben führen, und gerecht und Gott wohl= gefällig sind.

Sceleribus capitalibus obstricti fructum spiritualem non percipiunt

V. Membra vero mortua, nimirum homines s(
stricti, et a Dei gratia alienati, hoc quidem bono
tur, ut huius corporis membra esse desinant: s(
mortua, fructum spiritualem, qui ad iustos et pios
venit, non percipiunt. Tametsi, quum in Ecclesia si
sam gratiam vitamque recuperandam ab iis adiu
spiritu vivunt, et eos fructus capiunt, quorum e>
dubitari non potest, qui omnino ab Ecclesia sunt]

Gratiae gratis datae in Ecclesia etiam communes.

VI. Nec vero tantum communia sunt ea dona, (
charos Deo, ac iustos reddunt; sed gratiae etiam /
in quibus numerantur scientia, prophetia, donum li
miraculorum, et caetera huius generis; quae dona
hominibus, non privatae, sed publicae utilitatis cau:
ficandam Ecclesiam conceduntur. Nam sanitatis
illius, qui ea praeditus est, sed aegroti curandi c:
est. Ac nihil tandem a vere Christiano homine
quod sibi cum caeteris omnibus commune esse non
debeat; quare ad sublevandam indigentium miseri:
ac parati esse debent. Nam qui huiusmodi bonis (
si viderit fratrem suum egere, nec illi subvenerit,
ritatem non habere plane convincitur.[1] Quae quum
beant, satis constat, eos, qui in hac sancta commu
quadam felicitate perfrui, et vere illud dicere pos
dilecta tabernacula tua, Domine virtutum! concupisci
anima mea in atria Domini; et: Beati, qui habita
tua, Domine".[2]

CAPUT XI.

DE DECIMO ARTICULO.

Remissionem Peccatorum.

Quaestio I.

Quomodo necessarium sit credere, remissionem peccator
Ecclesia.

Sine certa articulorum Symboli fide nemo salvatur.

I. Nemo est, qui quum videat, hunc articulum de :
peccatorum, in caeteris fidei articulis numeratum esse

1) 1 Ioan. 3, 17. 2) Ps. 83, 2. 3. 5.

Diejenigen, welche in Todsünden sich befinden, empfangen die geistige Frucht nicht.

5. Die todten Glieder aber, nämlich die in Laster verstrickten und der Gnade Gottes entfremdeten Menschen, werden zwar dieses Gutes nicht so beraubt, daß sie aufhörten, Glieder dieses Leibes zu sein; da sie aber todt sind, empfangen sie die geistige Frucht nicht, welche den gerechten und frommen Menschen zu Theil wird. Weil sie jedoch in der Kirche sind, so werden sie zur Wiedererlangung der verlornen Gnade und des Lebens von denen unterstützt, die im Geiste leben und jene Früchte genießen, deren zweifelsohne Alle verlustig gehen, welche ganz von der Kirche abgeschnitten sind.

Auch die umsonst gespendeten Gnaden sind in der Kirche gemeinsam.

6. Nicht allein sind aber die Gaben gemeinsam, welche die Menschen Gott wohlgefällig und gerecht machen: sondern auch die Gnaden, welche ohne Verdienst gegeben werden, zu denen man die Wissenschaft, die Weissagung, die Sprachen und Wundergaben und Anderes der Art rechnet. Diese Gaben werden auch bösen Menschen, nicht ihres eigenen, sondern des allgemeinen Nutzens wegen, zur Erbauung der Kirche verliehen. Denn die Gnade der Heilung wird nicht um dessentwillen, der damit begabt ist, sondern um des Kranken willen, welcher der Heilung bedarf, ertheilt. Und endlich besitzt auch ein wahrer Christ Nichts, was er nicht für ein Allgemeingut aller Andern zu halten hat; weshalb man auch geneigt und bereit sein soll, das Elend der Hülfsbedürftigen zu erleichtern. Denn wer mit dergleichen Gütern ausgestattet ist, und seinen Bruder darben sieht, ohne ihm zu Hülfe zu kommen, von dem kann man fest überzeugt sein, daß er die Liebe Gottes nicht habe. Da dies sich nun so verhält, so ist es hinlänglich gewiß, daß diejenigen, welche in dieser heiligen Gemeinschaft sind, eine gewisse Glückseligkeit genießen, und in Wahrheit sagen können: „Wie lieblich sind deine Wohnungen, du Herr der Heerschaaren! Es sehnet sich und schmachtet meine Seele nach den Vorhöfen des Herrn," und „selig sind, die in deinem Hause wohnen, Herr."

Eilftes Hauptstück.
Vom zehnten Artikel.
Nachlaß der Sünden.

Erste Frage.
Wie nothwendig es sei, zu glauben, daß es in der Kirche eine Nachlassung der Sünden gebe.

Ohne den festen Glauben an die Artikel des Symbolums wird Niemand selig.

1. Es kann wohl Niemand, wenn er diesen Artikel von der Vergebung der Sünden den übrigen Glaubensartikeln beigezählt

13*

possit, eo non solum divinum aliquod mysterium, s
salutem comparandam maxime necessarium cont
antea declaratum est, sine certa eorum fide, qu
bolo credenda proponuntur, nemini ad Christianam piet
patere. Verum si id, quod per se omnibus notum
aliquo etiam testimonio confirmandum videatur, sat:
quod Salvator noster, paulo ante ascensum in coelu
testatus est, quum discipulis sensum aperuit, ut
Scripturas: „Oportebat“, inquit, „Christum pati, et
mortuis tertia die, et praedicari in nomine eius]
et remissionem peccatorum in omnes gentes, incip
Hierosolyma“.[1] Quae verba si Parochi animadverte
intelligent, quum caetera, quae ad religionem pert:
libus tradenda sint, tum vero praecipue huius articu
explicandi magnam eis a Domino necessitatem impo

Potestatem peccata remittendi vere esse in Ecclesia.

II. Munus igitur Parochi erit, quod ad hunc loc
docere, non solum peccatorum remissionem in Catholi
reperiri; de qua Isaias praedixerat: „Populus, qui
ea, auferetur ab eo iniquitas:“[2] sed etiam potestat
remittendi in ea esse. Qua si rite, et secundum lege
Domino praescriptas Sacerdotes utantur, vere peccata
condonari credendum est.

Quaestio II.

Qua ratione peccata in Ecclesia remittantur.

Culpa omnis et poena Baptismo remittitur. Baptismo non tollitur c
scentia. Necessarium fuit Ecclesiae relinquere potestatem pec
alia etiam ratione, quam per Baptismi sacramentum, propter r
tatem. Poenitentiae sacramentum in Scripturis manifestissimur

Haec autem venia, quum primum fidem profiter
Baptismo abluimur, adeo cumulate nobis datur, ut
culpae delendum, sive ea origine contracta, sive qu
voluntate omissum vel commissum sit, aut poenae per
relinquatur. Verum per Baptismi gratiam nemo tame
naturae infirmitate liberatur; quin potius, quum unic
versus concupiscentiae motus, quae nos ad peccata in
desinit, pugnandum sit: vix ullum reperias, qui vel ta
resistat, vel tam vigilanter salutem suam tueatur,
plagas vitare possit. Quum igitur necesse fuerit, ii

---

1) Luc. 24. 46. 47. 2) Is. 33. 24.

sieht, daran zweifeln, daß darin nicht nur irgend ein göttliches, sondern auch ein zur Erlangung der Seligkeit höchst nothwendiges Geheimniß enthalten sei. Denn bereits zuvor ist erklärt, daß ohne den festen Glauben an das, was im Glaubensbekenntnisse zu glauben vorgestellt ist, Niemanden der Zugang zur christlichen Frömmigkeit offen stehe. Wenn aber das, was an sich Allen bekannt sein muß, irgend noch der Bekräftigung eines Zeugnisses zu bedürfen scheinen sollte, so wird jenes genügen, welches unser Heiland kurz vor seiner Himmelfahrt darüber abgelegt hat, da er seinen Jüngern zum Verständniß der Schriften den Sinn aufschloß, indem er sprach: „Christus mußte leiden, und am dritten Tage von den Todten auferstehen, und es muß in seinem Namen Buße und Vergebung der Sünden geprediget werden unter allen Völkern, von Jerusalem angefangen." Wenn die Pfarrer diese Worte beherzigen, so werden sie leicht einsehen, daß ihnen vom Herrn die große Verpflichtung auferlegt sei, sowohl das Uebrige, was die Religion betrifft, die Gläubigen zu lehren, als auch vorzüglich diesen Artikel auf das fleißigste zu erklären.

Daß die Gewalt, die Sünden zu erlassen, wahrhaft der Kirche beiwohne.

2. Es wird daher dem Seelsorger obliegen, hinsichtlich dieses Punktes zu lehren, daß in der katholischen Kirche nicht nur die Vergebung der Sünden angetroffen wird, von welcher Jesaias geweissagt hat: „Von dem Volke, das darin wohnet, ist weggenommen die Sünde," sondern daß in ihr auch die Macht vorhanden sei, die Sünden zu erlassen, und daß, wenn sich die Priester derselben rechtmäßig und nach den von Christo, dem Herrn, vorgeschriebenen Gesetzen bedienen, man glauben müsse, die Sünden seien in Wahrheit erlassen und vergeben.

Zweite Frage.
Auf welche Weise in der Kirche die Sünden nachgelassen werden.

Alle Schuld und Strafe wird durch die Taufe nachgelassen. Durch die Taufe wird nicht alle Begierlichkeit weggenommen. Es war nöthig, der Kirche die Gewalt, auch auf eine andere Weise die Sünden zu vergeben, zurückzulassen, als durch das Sakrament der Taufe, wegen der Geneigtheit zum Rückfall. Das Sakrament der Buße ist in der heil. Schrift auf das klarste bezeichnet.

Diese Nachlassung aber wird uns, wenn wir beim ersten Bekenntnisse des Glaubens durch die heilige Taufe abgewaschen werden, so reichlich verliehen, daß durchaus weder eine Schuld, sei es die, welche wir uns durch unsere Abstammung, oder die, welche wir uns durch freiwillige Unterlassungen und Handlungen zugezogen haben, zu tilgen, noch auch eine Strafe abzubüßen übrig bleibt. Indeß wird durch die Gnade der Taufe Niemand von allen Schwächen der Natur befreit; im Gegentheil, da Jeder wider die Regungen der bösen Begierde, welche nie abläßt, uns zur Sünde an-

potestatem esse peccata remittendi, alia etiam ratione,
Baptismi Sacramento: claves regni coelorum illi concre
sunt, quibus possint unicuique poenitenti, etiam si usque a
tremum vitae diem peccasset, delicta condonari. Clari
huius rei testimonia in sacris litteris habemus; nam apud
ctum Matthaeum Dominus ita ad Petrum loquitur: „Tibi
claves regni coelorum: et quodcunque ligaveris super te
erit ligatum et in coelis; et quodcunque solveris super te
erit solutum et in coelis."[1]　Item: „Quaecunque alliga'
super terram, erunt ligata et in coelo; et quaecunque se
tis super terram, erunt soluta et in coelo".[2]　Deinde s
Ioannes testatur, Dominum, quum insufflasset Apostolis, di
„Accipite Spiritum Sanctum; quorum remiseritis peccata,
tuntur eis; et quorum retinueritis, retenta sunt.[3]

Quaestio III.

Nullis certis peccatis et temporibus potestas remittendi peccata (
scribitur.

Potestatis remittendi peccata amplitudo.

Neque vero existimandum est, hanc potestatem certis (
dam peccatorum generibus definitam esse; nullum eni
nefarium facinus vel admitti, vel cogitari potest, cuius
tendi potestatem sancta Ecclesia non habeat; quemad
etiam nemo adeo improbus et scelestus fuerit, quem si err
suorum vere poeniteat, certa ei veniae spes proposita es
debeat.　Sed neque haec eadem potestas ita circumscrib'
praefinito solum aliquo tempore ea uti liceat; nam que
hora peccator ad sanitatem redire voluerit, reiiciendum n
docuit Salvator noster, quum Principi Apostolorum inter
quoties peccatoribus ignoscendum esset, an septies, res
„Non septies, sed usque septuagies septies".[4]

Quaestio IV.

Non omnibus Christianis potestas remittendi peccata est co

Soli sacerdotes, intervenientibus tantum sacramentis, remittunt in Eccles
Christus primaria causa remissionis peccatorum. Sacerdotes autem
menta causae instrumentales.

Verum si ministros divinae huius potestatis specten

---

1) Matth. 16, 19.　2) Matth. 18, 18.　3) Ioan. 20, 22. 23.　4) Matth. 18, 22.

zureizen, kämpfen muß, ſo wird man kaum Jemanden finden, der entweder ſo entſchieden widerſtände, oder ſo wachſam für ſein Heil beſorgt wäre, daß er allen Wunden entgehen könnte.   Da es alſo nöthig war, daß die Kirche die Macht beſitze, auch auf eine andere Weiſe, als durch das Sakrament der Taufe, die Sünden zu vergeben, ſo wurden ihr die Schlüſſel des Himmelreichs anvertraut, um durch ſie einem jeden Bußfertigen, ſelbſt wenn er bis zu ſeinem letzten Lebenstage geſündigt hätte, die Sünden zu vergeben.   Hierfür haben wir die klarſten Zeugniſſe in der heiligen Schrift; denn beim heiligen Matthäus ſpricht der Herr alſo zum Petrus: „Ich will dir die Schlüſſel des Himmelreichs geben.   Was immer du binden wirſt auf Erden, das ſoll auch im Himmel gebunden ſein; und was immer du löſen wirſt auf Erden, das ſoll auch im Himmel gelöſet ſein."   Ferner: „Alles, was ihr auf Erden binden werdet, das wird auch im Himmel gebunden ſein, und Alles, was ihr auf Erden löſen werdet, das wird auch im Himmel gelöſet ſein."   Darnach bezeugt der heilige Johannes, der Herr habe, als er die Jünger angehaucht, geſagt: „Empfanget den heiligen Geiſt; welchen ihr die Sünden nachlaſſen werdet, denen ſind ſie nachgelaſſen, und welchen ihr ſie behalten werdet, denen ſind ſie behalten."

Dritte Frage.

Die Gewalt, die Sünden nachzulaſſen, iſt nicht auf beſtimmte Sünden und Zeiten beſchränkt.

Ausdehnung der Gewalt, die Sünden nachzulaſſen.

Man darf aber nicht meinen, als ob dieſe Gewalt auf einige gewiſſe Arten von Sünden beſchränkt ſei; denn es kann keine ſo verruchte Miſſethat entweder begangen, oder erdacht werden, welche die heilige Kirche nicht Gewalt hätte zu vergeben; ebenſo wird auch Keiner ſo gottlos und laſterhaft ſein, daß er ſich nicht, wofern er ſeine Vergehungen wahrhaft bereut, gewiſſe Hoffnung auf Vergebung machen dürfte.   Dieſe Gewalt iſt aber auch eben ſo wenig der Art eingeſchränkt, daß man ſich derſelben nur zu einer gewiſſen, feſtgeſetzten Zeit bedienen dürfte; denn zu welcher Stunde immer der Sünder zur Beſſerung zurückkehren will, ſoll man ihn nicht zurückweiſen, wie unſer Heiland gelehrt hat, da er auf die Frage des Apoſtelfürſten, wie oft den Sündern verziehen werden müſſe, ob etwa ſieben Mal, erwiderte: „Nicht ſiebenmal, ſondern ſiebenzigmal ſiebenmal."

Vierte Frage.

Nicht allen Chriſten iſt die Gewalt, Sünden nachzulaſſen, verliehen.

Allein die Prieſter laſſen die Sünden und zwar nur mittelſt der Sakramente in der Kirche nach.   Chriſtus iſt die erſte Urſache der Nachlaſſung der Sünden, die Prieſter aber und die Sakramente ſind Mittelurſachen.

Wenn wir nun aber auf die Diener dieſer göttlichen Gewalt

minus late patere videbitur. Dominus enim non omnibus, sed
Episcopis tantum et Sacerdotibus tam sancti muneris potestatem dedit. Idem etiam censendum erit, quod ad rationem eius
potestatis exercendae pertinet; nam per Sacramenta solum, si
eorum forma servetur, peccata remitti possunt; aliter vero nullum
ius a peccatis solvendi Ecclesiae datum est. Ex quo sequitur,
tum Sacerdotes, tum Sacramenta, ad peccata condonanda, veluti instrumenta valere, quibus Christus Dominus, auctor ipse
et largitor salutis, remissionem peccatorum et iustitiam in nobis efficit.

Quaestio V.

Quantum sit munus remittendorum peccatorum Ecclesiae concessum.

Quid sit et quanti sit, peccata remittere?

Ut autem fideles coeleste hoc munus, quod singulari in nos
Dei misericordia Ecclesiae donatum est, magis suspiciant, atque
ad eius usum et tractationem ardentiori pietatis studio accedant, conabitur Parochus huius gratiae dignitatem et amplitudinem demonstrare. Ea autem ex hoc potissimum perspicitur, si, cuius virtutis sit, peccata remittere, et homines ex
iniustis iustos reddere, diligenter expositum fuerit. Constat
enim, infinita et immensa Dei vi hoc effici, quam eandem in
excitandis mortuis, et in mundi creatione necessariam esse credimus. Quod si etiam, ut Augustini sententia confirmatur, [1]
maius opus existimandum est, aliquem ex impio pium facere,
quam coelum et terram ex nihilo creare, quum ipsa creatio
nonnisi ex infinita virtute possit existere: consequens est, ut
multo magis peccatorum remissio infinitae potestati tribuenda sit.

Quaestio VI.

Nullus praeter solum Deum, propria auctoritate peccata remittit.

Solus Deus peccata remittit, quod similitudine declaratur.

Quare verissimas esse priscorum Patrum voces agnoscimus,
quibus confitentur, ab uno Deo peccata hominibus condonari,
neque ad alium auctorem, quam ad summam eius bonitatem et
potentiam, tam mirificum opus referendum esse. „Ego sum“,
inquit ipse Dominus per Prophetam, „ego sum ipse, qui deleo
iniquitates tuas“. [2] Nam scelerum remittendorum eadem ratio

1) Tractat. in Ioan. 72. 2) Is. 43. 25.

ſehen, ſo finden wir, daß ſie nicht ſo weit ausgedehnt iſt. Der
Herr nämlich hat die Gewalt dieſes ſo heiligen Amtes nicht Allen,
ſondern nur den Biſchöfen und Prieſtern verliehen. Ebenſo verhält es ſich, was die Art und Weiſe der Ausübung dieſer Gewalt
anbelangt; denn nur durch die Sakramente, wenn ihre Form beobachtet wird, können die Sünden vergeben werden; anderweitig
aber iſt der Kirche kein Recht verliehen, von Sünden loszuſprechen.
Hieraus folgt, daß ſowohl die Prieſter als die Sakramente gleichſam als Werkzeuge zur Vergebung der Sünden gelten, durch welche
Chriſtus, der Herr, der ſelbſt der Urheber und Spender des Heils
iſt, die Vergebung der Sünden und die Gerechtigkeit in uns bewirkt.

Fünfte Frage.

Welch ein großes Geſchenk durch die Nachlaſſung der Sünden der Kirche
übergeben ſei.

Was es bedeute, und wieviel es bedeute, die Sünden nachzulaſſen?

Damit aber die Gläubigen dieſes himmliſche Geſchenk, welches
aus beſonderer Barmherzigkeit Gottes gegen uns der Kirche verliehen iſt, um ſo höher aufnehmen, und zu ſeinem Gebrauche und
Empfange mit deſto feurigerem Tugendeifer hinzutreten mögen, ſo
wird der Pfarrer ſich bemühen, die Würde und Größe dieſer Gnade
zur Anſchauung zu bringen. Dieſe wird aber daraus vorzüglich
erkannt, wenn man ſorgfältig nachweiſt, wem die Macht zukomme,
die Sünden zu vergeben, und aus ungerechten Menſchen gerechte zu
machen. Denn es ſteht feſt, daß dies durch die unendliche und unermeßliche Macht Gottes bewirkt wird, dieſelbe Macht, die wir auch
zur Erweckung der Todten und zur Erſchaffung der Welt für nothwendig glauben. Und wenn man es ſogar, was durch die Meinung Auguſtins beſtätigt wird, für ein größeres Werk zu halten
hat, aus einem Gottloſen einen Gerechten zu machen, als Himmel
und Erde aus Nichts zu erſchaffen, da doch dieſe Schöpfung nur
durch eine unendliche Macht geſchehen kann: ſo folgt, daß man um
ſo viel mehr die Vergebung der Sünden einer unendlichen Macht
zuſchreiben müſſe.

Sechste Frage.

Niemand läßt aus eigener Gewalt die Sünden nach, als Gott allein.

Gott allein läßt die Sünden nach, was durch ein Gleichniß erklärt wird.

Daher erkennen wir, wie durchaus wahr die Ausſprüche der alten
Väter ſind, indem ſie bekennen, daß von Gott allein den Menſchen
die Sünden vergeben werden, und daß man ein ſo wunderbares
Werk auf keinen andern Urheber, als auf ſeine höchſte Güte und
Macht, zurückführen könne. „Ich bin es," ſagt der Herr ſelbſt
durch den Propheten, „ich ſelbſt bin's, der deine Miſſethat tilget."

videtur esse, quam in pecunia debita servare oportet. Quemad
modum igitur a nemine, nisi a creditore, pecunia, quae debe
tur, remitti potest: ita, quum uni Deo peccatis obstricti simu
(siquidem quotidie oramus: „Dimitte nobis debita nostra“),
perspicuum est, a nemine, praeter illum, debita nobis con
donari posse.

Quaestio VII.

Potestas remittendi peccata ante Christum natum nulli mortalium concessa fuit.

Primus omnium hominum Christus potestatem accepit vere peccata remittendi. e
per illum Sacerdotes,

Hoc vero admirabile et divinum munus, antequam Deus hom(
fieret, nulli creatae naturae impertitum est. Primus omnium
Christus, Salvator noster, ut homo, quum idem verus Deus esset
hoc munus a coelesti Patre traditum accepit. „Ut sciatis“
inquit, „quia Filius hominis habet potestatem in terra dimit
tendi peccata, ait paralytico: Surge, tolle grabatum tuum, e
vade in domum tuam“.[2] Quum igitur homo factus esset, ut
hominibus hanc peccatorum veniam largiretur, priusquam ir
coelum ascenderet, ut ibi ad dexteram Dei in perpetuum sede-
ret, eam potestatem Episcopis et Presbyteris in Ecclesia con-
cessit, quamquam, ut antea docuimus, Christus sua auctoritate
caeteri, ut eius ministri, peccata dimittunt. Quamobrem, si quae
infinita virtute effecta sunt, maxime admirari et suspicere debemus, satis intelligimus, pretiosissimum hoc munus esse, quod
Christi Domini benignitate Ecclesiae donatum est.

Quaestio VIII.

Qua virtute homines peccatorum suorum veniam consequantur.

Christi sanguine peccata remitti.

Sed ipsa etiam ratio, qua Deus, clementissimus Pater, mundi
peccata delere constituit, animos fidelium ad huius beneficii
magnitudinem contemplandam vehementer excitabit; sanguine
enim unigeniti Filii sui scelera nostra expiari voluit, ut poenam,
quam nos pro peccatis commeruimus, ultro ille persolveret,
iustusque pro iniustis damnaretur, innocens pro reis morte acerbissima afficeretur.[3] Quare quum animo cogitabimus, nos non
corruptibilibus auro et argento redemptos esse, sed pretioso
sanguine quasi Agni immaculati Christi et incontaminati:[4] fa-

---

1) Matth. 6, 12. 2) Matth. 9, 6. Marc. 2, 9. 3) 1 Petr. 3, 18. 4) 1 Petr. 1, 18.

Denn bei der Vergebung der Sünden scheint dasselbe Verhältniß obzuwalten, das man bei einer Geldschuld beobachten muß. Wie daher das Geld, das man schuldet, von Niemanden als vom Gläu=biger nachgelassen werden kann, so ist einleuchtend, daß uns die Schuld von Niemanden, außer von Gott, geschenkt werden könne, da wir durch die Sünden ihm allein Schuldner geworden sind; daher wir denn auch täglich beten: „Vergib uns unsere Schulden."

Siebente Frage.

Vor Christi Geburt war keinem Sterblichen die Gewalt, Sünden nachzulassen, verliehen.

Zuerst von allen Menschen hat Christus die Macht erlangt, wahrhaft die Sünden zu erlassen, und durch ihn die Priester.

Dieses wunderbare und göttliche Amt aber war vor der Mensch=werdung Gottes keinem erschaffenen Wesen verliehen. Zuerst unter Allen hat Christus, unser Heiland, als Mensch, da er zugleich wahrer Gott war, dieses Geschenk von seinem himmlischen Vater empfangen. „Damit ihr wisset," sagt er, „daß des Menschen Sohn Macht habe, die Sünden zu vergeben auf Erden, sprach er zu dem Gichtbrüchigen: Steh auf, nimm dein Bett und geh' in dein Haus." Da er also Mensch geworden war, um die Menschen dieser Ver=gebung der Sünden theilhaftig zu machen, so hat er, ehe er gegen Himmel auffuhr, um daselbst in Ewigkeit zur Rechten Gottes zu sitzen, diese Gewalt den Bischöfen und Priestern in der Kirche ver=liehen, obgleich, wie wir oben nachwiesen, Christus aus eigener Machtvollkommenheit, die Uebrigen aber als seine Diener, die Sünden vergeben. Wenn wir demnach das durch eine unendliche Macht Bewirkte am meisten bewundern und verehren müssen, so begreifen wir genugsam, daß dieses das werthvollste Geschenk sei, welches durch die Gnade Christi, des Herrn, der Kirche verliehen ist.

Achte Frage.

Durch welche Kraft die Menschen Verzeihung ihrer Sünden erlangen.

Durch Christi Blut werden die Sünden erlassen.

Aber auch die Art selbst, auf welche Gott, der allbarmherzigste Vater, die Sünden der Welt zu tilgen beschlossen hat, wird die Gemüther der Gläubigen zur Betrachtung der Größe dieser Wohl=that lebhaft anspornen; denn durch das Blut seines eingebornen Sohnes wollte er unsere Sünden gesühnt werden lassen, so daß dieser die Strafe, die wir für die Sünden verdient haben, freiwillig erduldete, der Gerechte für die Ungerechten verdammt wurde, der Unschuldige für die Schuldigen den bittersten Tod erlitt. Wenn wir deshalb in unserm Gemüthe erwägen, daß wir nicht mit ver=gänglichem Golde oder Silber erlöset sind, sondern durch das Blut

cile statuemus, nihil nobis salubrius contingere potuisse ba
remittendi peccata potestate, quae inexplicabilem Dei providen
tiam, summamque erga nos charitatem ostendit. Ex hac auten
cogitatione maximus fructus ad omnes perveniat, necesse est.

•

Quaestio IX.

Quo maxime pacto cernatur amplitudo beneficii, quod in potestat
clavium offertur.

Mortalis peccati enormitas.

I. Nam qui Deum mortali aliquo peccato offendit, quidquic
meritorum ex Christi morte et cruce consecutus est, statin
amittit, et omnino Paradisi aditu, quem prius interclusum Sal
vator noster passione sua omnibus patefecit, prohibetur. Quoc
quidem quum in mentem venit, facere non possumus, quin hu
manae miseriae consideratio vehementer sollicitos nos habeat

Quantum sit Dei beneficium in potestate clavium Ecclesiae concessum.

II. Verum si animum ad hanc admirabilem potestatem refe
ramus, quae Ecclesiae divinitus tributa est, et huius articul:
fide confirmati oblatam unicuique facultatem credamus, ut possit
divina ope adiutus, in pristinum dignitatis statum restitui: tunc
vero cogimur summo gaudio et laetitia exultare, et immortales
Deo gratias agere. Ac profecto, si grata et iucunda medicamenta videri solent, quae nobis medicorum arte et industria
quum gravi aliquo morbo laboramus, parantur: quanto iucun-
diora esse debent ea remedia, quae Dei sapientia ad animorum
curationem, atque adeo ad vitam reparandam instituit; quum
praesertim non quidem dubiam salutis spem, ut medicinae illae.
quae corporibus adhibentur, sed certissimam iis, qui sanari cupiunt, salutem afferant.

Quaestio X.

Cur ac quomodo remedia, in potestate clavium Ecclesiae tributa,
Christiani frequentare debeant.

Frequentandum Poenitentiae Sacramentum.

I. Erunt igitur fideles hortandi, postquam tam ampli et praeclari muneris dignitatem cognoverint, ut illud etiam studeant
ad suum commodum religiose convertere. Vix enim fieri potest, ut, qui re utili et necessaria non utatur, eam contemnere

Christi, als des unbefleckten und tadellosen Lammes, so werden wir leicht zugeben, daß uns nichts Heilsameres hätte zu Theil werden können, als diese Gewalt der Sündenvergebung, welche die unaus= sprechliche Fürsehung und höchste Liebe Gottes gegen uns bekundet. Es muß aber nothwendig aus diesem Gedanken Allen der größte Nutzen erwachsen.

Neunte Frage.

Woraus man vorzüglich die Größe der Wohlthat, welche durch die Schlüssel-gewalt dargeboten wird, ersehe.

Das Ungeheure der Todsünde.

1. Denn wer Gott durch irgend eine Todsünde beleidigt, ver= liert sogleich Alles, was immer er von Verdienst aus dem Tode und Kreuze Christi erlangt hat, und wird an dem Eintritte in das Paradies, das, vorhin verschlossen, unser Heiland durch sein Leiden Allen geöffnet hat, vollständig gehindert. Wenn wir uns dies ver= gegenwärtigen, so können wir nicht umhin, daß die Betrachtung des menschlichen Elendes uns gar sehr bekümmert mache.

Welch eine große Wohlthat Gottes der Kirche in der Schlüsselgewalt verliehen ist.

2. Richten wir aber unsern Geist auf diese wunderbare Macht, welche der Kirche von Gott ertheilt ist, und sind wir, durch den Glauben dieses Artikels versichert, davon überzeugt, daß einem Jeden die Befähigung dargeboten sei, unter Gottes Beistand wieder in den vorigen Stand seiner Würde eingesetzt zu werden, dann werden wir uns gedrungen fühlen, in höchster Freude und Froh= locken aufzujauchzen, und Gott ewigen Dank dafür zu sagen. Und wahrlich, wenn uns die Arzneimittel angenehm und lieblich vorzu= kommen pflegen, die uns, wenn wir an einer schweren Krankheit darnieder liegen, durch die Kunst und Sorgfalt der Aerzte bereitet werden, um wie viel angenehmer müssen uns dann diejenigen Heil= mittel sein, welche Gottes Weisheit zur Heilung unserer Seelen, ja sogar zur Wiederherstellung des Lebens verordnet hat; besonders, da sie nicht etwa, wie jene Arzneien für den Körper, nur eine zweifelhafte Hoffnung zur Genesung, sondern denen, die geheilt zu werden verlangen, auf das zuverlässigste die Genesung gewähren.

Zehnte Frage.

Warum und wie die Christen jene Mittel gebrauchen sollen, welche der Kirche durch die Schlüsselgewalt ertheilt worden sind.

Man muß häufig das Sakrament der Buße empfangen.

1. Die Gläubigen also müssen ermahnt werden, nachdem sie die Würde eines so großen und herrlichen Geschenkes erkannt haben, sich auch zu beeifern, dasselbe gewissenhaft zu ihrem Nutzen anzu= wenden. Denn man kann kaum umhin, von dem zu glauben, er

non existimetur; praesertim vero quum Dominus hanc potesta
tem remittendi peccata ea re tradiderit, Ecclesiae, ut omne
hoc salutari remedio uterentur. Nam quemadmodum nemo sine
Baptismo expiari potest, ita, quicunque Baptismi gratiam, mor·
tiferis sceleribus amissam, recuperare voluerit, ad aliud expia
tionis genus, nimirum Poenitentiae Sacramentum, confugia
necesse est.

Facilitas peccandi et dilatio resipiscendi ex magnitudine gratiae, quae in potestat
clavium Ecclesiae conceditur, non est inducenda.

II. Verum hoc loco admonendi sunt fideles, ne tam ampla
veniae facultate proposita, quam etiam nullius temporis termine
definiri declaravimus, vel ad peccandum faciliores, vel ad resi·
piscendum tardiores reddantur. In altero enim, quum iniuri·
osi et contumeliosi in hanc divinam potestatem manifeste de·
prehendantur, indigni sunt, quibus Deus misericordiam suam
impertiatur; in altero vero magnopere verendum est, ne morte
praeoccupati, frustra peccatorum remissionem confessi fuerint
quam tarditate et procrastinatione merito amiserunt.

CAPUT XII.

DE UNDECIMO ARTICULO.

Carnis resurrectionem.

Quaestio I.

Quantum referat, de hoc articulo explicatam habere cognitionem.

Resurrectionis articulus Scripturis praecipue est confirmatus.

Magnam huius articuli vim esse ad fidei nostrae veritatem
stabiliendam, id maxime ostendit, quod divinis litteris non solum
credendus fidelibus proponitur, sed multis etiam rationibus confirmatur. Quod quidem quum in aliis Symboli articulis vix
fieri videamus, intelligi potest, hoc veluti firmissimo fundamento
salutis nostrae spem nixam esse. Nam ut Apostolus ratiocina-
tur: „Si mortuorum resurrectio non est, neque Christus resurrexit; quod si Christus non resurrexit, inanis est praedicatio
nostra, inanis est et fides vestra".[1] In eo igitur explicando

1) 1 Cor. 15, 13. 14.

rerachte eine nützliche und nothwendige Sache, der von derselben keinen Gebrauch macht; zumal der Herr diese Gewalt der Sündenvergebung deswegen der Kirche übergeben hat, daß sich Alle dieses heilsamen Mittels bedienen möchten. Denn so wie Niemand ohne die Taufe entsündigt werden kann, so muß auch Jeder, der die durch Todsünden verlorene Gnade der Taufe wieder zu erlangen wünscht, zu der andern Art von Sühnung, nämlich zum Sakrament der Buße seine Zuflucht nehmen.

Man darf sich nicht zum leichtfertigen Sündigen und zur Verschiebung der Buße durch die Größe der Gnade, welche der Kirche in der Schlüsselgewalt verliehen ist, bestimmen lassen.

2. Hier muß man jedoch die Gläubigen erinnern, daß sie durch diese ihnen so reichlich dargebotene Gelegenheit, Verzeihung der Sünden zu erlangen, die, wie wir oben sagten, auch durch keine Zeitfrist beschränkt wird, weder leichtsinniger zum Sündigen, noch säumseliger zur Buße werden. Denn im ersten Falle, wenn sie sich offenbar gegen diese göttliche Gewalt mißachtend und geringschätzend zeigen, sind sie unwürdig, daß ihnen Gott seine Barmherzigkeit erweise; im zweiten Falle steht hingegen sehr zu befürchten, daß sie, von dem Tode übereilt, vergeblich bekannt haben, daß es eine Vergebung der Sünden gebe, da sie dieselbe durch Trägheit und steten Aufschub mit Recht verloren haben.

Zwölftes Hauptstück.
Vom eilften Artikel.
Auferstehung des Fleisches.

Erste Frage.
Wie wichtig es sei, eine genaue Kenntniß von diesem Artikel zu haben.

Der Artikel von der Rechtfertigung ist von der heil. Schrift besonders bezeugt.

Daß dieser Artikel von großer Wichtigkeit sei, die Wahrheit unsers Glaubens zu bekräftigen, geht vorzüglich daraus hervor, daß er in der heiligen Schrift nicht allein den Gläubigen zu glauben vorgestellt, sondern auch durch viele Gründe bekräftiget wird. Da wir nun sehen, daß dies bei den andern Artikeln des Glaubensbekenntnisses fast gar nicht geschieht, so kann man daraus entnehmen, daß auf ihm, als der unerschütterlichsten Grundlage, die Hoffnung unsers Heils beruhe. Denn wie der Apostel schließt: „Wenn keine Auferstehung der Todten ist, so ist auch Christus nicht auferstanden; ist aber Christus nicht auferstanden, so folgt, daß unsere Predigt vergeblich ist, vergeblich auch euer Glaube." Auf die Erklärung dieses Artikels hat mithin der Pfarrer nicht weniger Fleiß und

Parochus non minus operae et studii ponet, quam in eo eve tendo multorum impietas laborarit. Magnas enim et praeclar utilitates ex ea cognitione ad fidelium fructum redundare, pau post demonstrabitur.

Quaestio II.

Cur Apostoli resurrectionem hominum hic carnis resurrectionem appellarint.

Animae immortalitas ex Symbolo probatur. Carnis varia acceptio. Corpus sol' corrumpitur. Anima quum non intereat, non resurgit.

Sed hoc in primis attendere oportebit, resurrectionem hon num in hoc articulo carnis resurrectionem appellari. Quod qu dem sine causa factum non est. Nam docere voluerunt Ap stoli id, quod necessario ponendum est, animam esse immortale: Quare ne quis forte eam simul cum corpore interiisse, utrur que vero in vitam revocari existimaret, quum animam plurim sacrarum litterarum locis immortalem esse plane constet: e eam rem carnis tantum suscitandae mentio in articulo facta es Et quanquam saepe etiam in sacris Scripturis caro integru: hominem, ut est apud Isaiam: „Omnis caro foenum“;[1] et apu S. Ioannem: „Et verbum caro factum est“,[2] significet: he tamen loco carnis vox corpus declarat, ut duarum partiur animae et corporis, quibus homo constat, alteram tantum, nem: corpus, corrumpi et in pulverem terrae, ex qua compactum es redire, animam vero incorruptam manere, intelligamus. A vero quum nemo, nisi mortuus fuerit, ad vitam revocetur, anim proprie non dicitur resurgere. Carnis quoque mentio facta e illius „haeresis“ confutandae causa, „quae“, vivo Apostolo, „Hy menaei et Phileti fuit“,[3] qui asserebant, quum de resurrectior in Scripturis sacris ageretur, non de corporea, sed de spiritual qua a morte peccati ad vitam innocentem resurgitur, accipie: dum esse. Itaque his verbis planum fit, eum errorem tolli, e veram corporis resurrectionem confirmari.

Quaestio III.

Quibus potissimum rationibus doctrina de vera corporum resurre ctione stabilienda sit.

Carnis resurrectio exemplis Scripturae et testimoniis comprobatur.

1. Verum Parochi partes erunt, hanc veritatem illustrar exemplis ex veteri novoque Testamento et ex omni Eccle siastica historia depromptis. Alii enim ab Elia et Elisae in veteri Testamento, alii praeter eos, quos Christus Dominu

1) Is. 40, 6. 2) Ioan. 1, 14. 3) 2 Tim. 2. 17. 15.

Mühe zu verwenden, als die Gottlosigkeit Vieler sich bemüht hat, ihn umzustürzen; denn es wird gleich in Folgendem erwiesen werden, daß aus der Erkenntniß desselben zum Heil der Gläubigen sehr große und herrliche Vortheile hervorfließen.

Zweite Frage.

Warum die Apostel hier die Auferstehung der Menschen eine Auferstehung des Fleisches nennen.

Die Unsterblichkeit der Seele wird aus dem Symbolum bewiesen. Verschiedene Bedeutung von Fleisch. Der Körper allein vergeht. Da die Seele nicht untergeht, steht sie auch nicht wieder auf.

Vor Allem muß man nun beachten, daß die Auferstehung der Menschen in diesem Artikel Auferstehung des Fleisches genannt wird; was allerdings nicht ohne Grund geschehen ist. Denn die Apostel wollten dadurch lehren, was man auch nothwendig fest= halten muß, daß die Seele unsterblich sei. Damit nicht etwa Je= mand wähne, sie sei zugleich mit dem Körper zu Grunde gegangen, und beide würden in's Leben zurückgerufen, da doch aus sehr vielen Stellen der heiligen Schrift hervorgeht, daß die Seele unsterblich ist: so ist deshalb nur der Auferweckung des Fleisches in diesem Artikel Erwähnung geschehen. Und obwohl das Fleisch in der hei= ligen Schrift auch oft den ganzen Menschen bezeichnet, wie z. B. bei Isaias: „Alles Fleisch ist Heu;" und beim h. Johannes: „Und das Wort ist Fleisch geworden," so bezeichnet doch hier das Wort Fleisch den Leib, damit wir erkennen sollen, daß von den beiden Theilen, Seele und Leib, woraus der Mensch besteht, nur der Eine, nämlich der Leib, zu Grunde gehe, und zum Staube der Erde, woraus er zusammengefügt ist, zurückkehre, die Seele aber unzerstört bleibe. Da aber Niemand in's Leben zurückgerufen wird, er sei denn gestorben, so sagt man von der Seele nicht im eigentlichen Sinne, sie stehe wieder auf. Des Fleisches geschieht auch deswegen Erwähnung, um jene „falsche Lehre" zu widerlegen, die, noch bei Lebzeiten des Apostels, dem Hymenäus und Philetus angehörte, welche behaupteten, wenn in der heiligen Schrift von der Aufer= stehung die Rede sei, sei dies nicht von der leiblichen, sondern von der geistigen zu verstehen, durch welche man vom Tode der Sünde zu einem unschuldigen Leben auferstehe. Es wird daher aus diesen Worten klar, daß jener Irrthum beseitigt und die wirkliche Aufer= stehung des Leibes bestätigt werde.

Dritte Frage.

Durch welche Gründe die wahre Auferstehung der Leiber hauptsächlich dar= gethan werden müsse.

Die Auferstehung des Fleisches wird durch die Beispiele und Zeugnisse der heil. Schrift erwiesen.

1. Es wird nun dem Seelsorger obliegen, diese Wahrheit durch Beispiele, die aus dem Alten und Neuen Testamente, so wie aus

14

a morte excitavit, a sanctis Apostolis, aliisque permultis a‹
vitam revocati sunt; quae resurrectio multorum huius articul
doctrinam confirmat. Ut enim plures a morte excitatos credimus, ita universos ad vitam revocatum iri credendum est. Quir
etiam praecipuus fructus, quem nos ex huiusmodi miraculi
capere debemus, ille est, ut summam fidem huic articulo tribuamus. Sunt multa testimonia, quae Parochis, qui in sacri‹
litteris mediocriter versati sunt, facile occurrent. Illustriora
vero loca sunt in veteri quidem Testamento, quae leguntur
apud Iob, quum ait: „se in carne sua conspecturum Deum
suum“; [1] et apud Danielem: „de iis, qui in pulvere terrae dormiunt, alios in vitam aeternam, alios in opprobrium sempiternum evigilaturos“; [2] in novo autem Testamento, quae sanctus
Matthaeus refert de disputatione, quam Dominus cum Saddu-
caeis habuit; [3] praeterea, quae Evangelistae narrant de extremo
iudicio. Atque huc etiam referenda sunt, quae Apostolus ad
Corinthios [4] et ad Thessalonicenses [5] scribens, accurata oratione
disseruit.

Fidei ratio non tol it mentis examen naturaeque discursum.   Cf. Q. 3 prim. artic.

II. Sed quamvis hoc fide certissimum sit, multum tamen
proderit, vel exemplis, vel rationibus ostendere, id quod fides
credendum proponit, a natura, aut ab humanae mentis intelligentia non abhorrere. Itaque Apostolus quaerenti, quo modo
resurgerent mortui, sic respondit: „Insipiens tu, quod seminas,
non vivificatur, nisi prius moriatur; et quod seminas, non corpus, quod futurum est, seminas, sed nudum granum, ut puta
tritici, aut alicuius caeterorum: Deus autem dat illi corpus,
sicut vult“; [6] et paulo post inquit: „Seminatur in corruptione,
surget in incorruptione“. Ad eam similitudinem multas praeterea adiungi posse, S. Gregorius ostendit: „Lux enim, inquit,
quotidie quasi moriendo oculis subtrahitur, et rursus quasi resurgendo revocatur, et arbusta viriditatem amittunt, et rursus
quasi resurgendo reparantur, semina putrescendo moriuntur, et
rursum germinando resurgunt“. [7]

Animae praeter naturam perpetuo separantur a corpore.

III. Rationes illae praeterea, quae ab Ecclesiasticis scriptoribus afferuntur, satis ad eam rem probandam accommodatae

---

1) Iob. 19. 26.   2) Dan. 12. 2.   3) Matth. 22, 32.   4) 1 Cor. 15, 12.   5) 1 Thess. 4. 13.
6) 1 Cor. 15, 36. 37. 38.   7) Moral. lib. 14, c. 25, 55.

der geſammten Kirchengeſchichte entnommen ſind, zu beleuchten.
Denn Einige ſind von Elias und Eliſäus im Alten Teſtamente,
Andere, außer denen, die Chriſtus der Herr vom Tode erwecket hat,
von den heiligen Apoſteln und ſehr vielen Andern zum Leben zurückgerufen. Die Auferſtehung ſo Vieler beſtätiget aber die Lehre
dieſes Artikels. Denn ſo wie wir glauben, daß Mehrere vom Tode
erweckt ſind, ſo muß man auch glauben, daß Alle zum Leben werden
zurückgerufen werden. Ja, der hauptſächlichſte Nutzen, den wir aus
dergleichen Wunderwerken ſchöpfen müſſen, iſt dieſer, daß wir dieſem
Artikel unbedingten Glauben ſchenken. Es gibt viele Zeugniſſe,
die den Pfarrern, welche nur einiger Maßen in der heiligen Schrift
bewandert ſind, leicht zu Gebote ſtehen werden. Deutlichere Stellen
finden ſich aber im Alten Teſtamente bei Job, wo man lieſt, daß er
ſagt: „er werde in ſeinem Fleiſche ſeinen Gott ſchauen;" und bei
Daniel: „daß von der Menge derer, die im Staube der Erde ſchla-
fen, Einige zum ewigen Leben und Einige zur ewigen Schmach auf-
wachen werden;" im Neuen Teſtamente aber dasjenige, was der
heilige Matthäus von der Unterredung berichtet, welche der Herr
mit den Sadducäern hatte; außerdem, was die Evangeliſten vom
jüngſten Gerichte erzählen. Hierher iſt auch noch zu rechnen, was
der Apoſtel in den Briefen an die Corinther und Theſſalonicher in
ausführlicher Beſprechung erörtert hat.

Das gläubige Erkennen hebt die Unterſuchung des Verſtandes und die natürliche
Erforſchung nicht auf.

2. Indeß obgleich dies durch den Glauben vollkommen gewiß iſt,
ſo wird es dennoch ſehr fruchten, entweder durch Beiſpiele oder durch
Vernunftgründe nachzuweiſen, daß das, was der Glaube zu glauben
vorhält, der Natur und der Einſicht des menſchlichen Verſtandes
nicht zuwider ſei. Daher antwortet der Apoſtel auf die Frage, wie
die Todten auferſtehen werden, alſo: „Du Thor! was du ſäeſt, lebt
nicht auf, wenn es nicht zuvor ſtirbt; und was du auch ſäeſt, ſo
ſäeſt du nicht den Körper, der werden ſoll, ſondern bloßes Korn,
nämlich etwa des Weizens, oder eines der übrigen: Gott aber gibt
ihm einen Körper, wie er will;" und kurz darauf ſagt er: „Geſäet
wird er in Verweslichkeit, auferſtehen wird er in Unverweslichkeit."
Der heilige Gregor zeigt, daß man dieſem Gleichniſſe noch viele
beifügen könne, indem er ſagt: „Es wird ja das Tageslicht den
Augen täglich wie durch den Tod entzogen, und wird wie durch die
Auferſtehung wieder hervorgerufen; auch die Bäume verlieren ihr
Laub, und werden, als ſtünden ſie wieder auf, verjüngt; die Samen-
körner ſterben in Fäulniß und erſtehen wieder durch das Hervor-
ſproſſen.

Es wäre wider die Natur, wenn die Seelen von den Körpern auf immer getrennt würden.

3. Ueberdies können jene Vernunftgründe, welche von den

14*

videri possunt. Ac primum quidem, quum animae immortale
sint, et tamquam pars hominis ad humana corpora naturalen
propensionem habeant, eas a corporibus seiunctas perpetue
manere, praeter naturam existimandum est. Quoniam vero
quod naturae adversatur, ac violentum est, diuturnum esse no
potest: consentaneum fore videtur, ut denuo cum corporibus
iungantur; ex quo etiam sequitur, ut corporum resurrectio
futura sit. Quo quidem argumentandi genere Salvator ipse
noster usus est, quum adversus Sadducaeos disputans, ex animarum immortalitate corporum resurrectionem conclusit. [1]
Deinde quum malis supplicia, bonis praemia a iustissimo Deo
sint proposita, ex illis vero quam plurimi, antequam debitas
poenas persolvant, ex his magna ex parte nullis affecti virtutis
praemiis e vita decedant: necesse est, iterum animas cum corporibus coniungi, ut pro sceleribus, aut recte factis, corpora
quibus veluti peccati sociis homines utuntur, una cum anima
poena aut praemio afficiantur. Qui locus diligentissime tracta-
tus est a sancto Chrysostomo in Homilia I. ad populum Antio-
chenum. Quare Apostolus, quum de resurrectione dissereret:
„Si in hac vita, inquit, tantum in Christo sperantes sumus,
miserabiliores sumus omnibus hominibus“. [2] Quae quidem verba
nemo ad animae miseriam referri existimabit, quae quum immortalis sit, quamvis corpora non resurgerent, in futura tamen
vita beatitudine frui posset: verum de toto homine intelligenda
sunt. Nisi enim corpori debita pro laboribus praemia reddantur, necesse est, ut qui, quemadmodum Apostoli, tot aerumnas
et calamitates in vita perpessi sunt, omnium sint miserrimi.
Idem vero multo apertius docet ad Thessalonicenses his verbis:
„Gloriamur in Ecclesiis Dei pro patientia vestra, et fide, in
omnibus persecutionibus vestris et tribulationibus, quas sustinetis
in exemplum iusti iudicii Dei, ut digni habeamini in regno
Dei, pro quo et patimini: si tamen iustum est apud Deum re-
tribuere tribulationem iis, qui vos tribulant, et vobis, qui tri-
bulamini, requiem nobiscum in revelatione Domini Iesu de coelo
cum Angelis virtutis eius, in flamma ignis, dantis vindictam iis.

---

1) Matth. 22, 31. 32. 2) 1 Cor. 15, 19.

Kirchenschriftstellern angeführt werden, als zum Beweise dieser Wahrheit wohl passend erscheinen. Und zwar erstens: da die Seelen unsterblich sind, und als ein Theil des Menschen zu den menschlichen Körpern eine natürliche Neigung haben, so muß man es für widernatürlich ansehen, daß sie von den Körpern für immer getrennt bleiben sollten. Weil aber das, was der Natur zuwider und gewaltsam ist, nicht von immerwährender Dauer sein kann, so scheint es ganz entsprechend zu sein, daß sie auf's neue mit den Leibern vereinigt werden, woraus denn auch folgt, daß eine Auferstehung der Leiber Statt finden werde. Auch unser Heiland selbst hat sich dieser Beweisführungsart bedient, da er in seiner Rede wider die Sadducäer aus der Unsterblichkeit der Seelen die Auferstehung der Leiber folgert. Da ferner der allgerechte Gott für die Bösen Strafen, für die Guten Belohnungen bestimmt hat, von jenen aber die meisten, bevor sie die gebührenden Strafen erleiden, von diesen ein großer Theil, ohne Belohnung empfangen zu haben, das Leben verlassen, so müssen nothwendig die Seelen auf's neue mit den Körpern verbunden werden, damit die Körper, deren sich die Menschen gleichsam als Mitgenossen der Sünde bedienen, zugleich mit der Seele für ihre Uebel- oder Gutthaten Strafe oder Belohnung empfangen. Dieser Punkt ist überaus sorgfältig vom heiligen Chrysostomus in der ersten Homilie an das Volk zu Antiochien abgehandelt. Darum sagt auch der Apostel, da er von der Auferstehung redete: „Wenn wir aber nur in diesem Leben auf Christum hoffen, so sind wir elender als alle Menschen." Niemand aber wird diese Worte auf das Elend der Seele beziehen wollen, welche ja, da sie unsterblich ist, in dem zukünftigen Leben dennoch der Seligkeit genießen könnte, wenn auch die Leiber nicht auferständen; sondern sie sind von dem ganzen Menschen zu verstehen. Denn, empfinge der Leib nicht die verdienten Belohnungen für sein Ungemach, so müßten nothwendig diejenigen, welche, gleichwie die Apostel, so viele Mühseligkeiten und Drangsale im Leben erlitten haben, die elendesten von Allen sein. Er lehrt dasselbe aber noch viel deutlicher an die Thessalonicher mit diesen Worten: „Wir rühmen uns euer bei den Gemeinden Gottes, wegen eurer Geduld und eures Glaubens in allen euren Verfolgungen und Trübsalen, die ihr ertraget zum Beweise des gerechten Gerichtes Gottes, daß ihr würdig erachtet werdet des Reiches Gottes, für welches ihr auch leidet: wenn es anders gerecht bei Gott ist, daß er denjenigen, welche euch in Trübsal versetzen, mit Trübsal vergelte, euch aber, die ihr Trübsal leidet, sammt uns mit Ruhe, wann der Herr Jesus vom Himmel aus sich offenbaren wird mit den Engeln seiner Macht in Feuerflammen, da er Rache nimmt an denen, die Gott

qui non noverunt Deum, et qui non obediunt Evangelio Domir nostri Iesu Christi". [1]

IV. Adde etiam, non posse homines, quam diu anima a cor pore seiuncta est, plenam felicitatem et bonis omnibus cumula tam adipisci. Ut enim quaelibet pars a toto separata, imper fecta est: ita etiam anima, quae corpori non est adiuncta. E quo sequitur, ut illi ad summam felicitatem nihil desit, cor porum resurrectionum necessariam esse. His igitur atque alii huiusmodi rationibus Parochus fideles in hoc articulo erudir poterit.

Quaestio IV.

Nullus homo tunc invenietur, qui mortis et resurrectionis sit expers

De varia resurgentium conditione.

I. Explicare praeterea diligenter oportebit ex Apostoli doc trina, quinam ad vitam suscitandi sint. Nam ad Corinthio scribens: „Sicut in Adam", inquit, „omnes moriuntur, ita et i Christo omnes vivificabuntur". [2] Omni itaque malorum bono rumque discrimine remoto, omnes a mortuis, quamquam no omnium par conditio futura est, resurgent: „Qui bona fecerunt in resurrectionem vitae, qui vero mala egerunt, in resurrectio nem iudicii". [3]

Omnes homines morientur, antequam judicio finis imponatur.

II. Quum autem „omnes" dicimus, tam eos intelligimus, qu adventante iudicio mortui iam erunt, quam eos, qui morientur Huic enim sententiae, quae asserit omnes morituros esse, ne mine excepto, Ecclesiam acquiescere, ipsamque sententian magis veritati convenire, scriptum reliquit sanctus Hieronymus; idem sentit et sanctus Augustinus. [5] Neque vero huic senten tiae repugnant Apostoli verba ad Thessalonicenses scripta „Mortui, qui in Christo sunt, resurgent primi: deinde nos, qu vivimus, qui relinquimur, simul rapiemur cum illis in nubibus obviam Christo in aëra". [6] Nam S. Ambrosius, quum ea ex planaret, ita inquit: „In ipso raptu mors praeveniet; et quasi per soporem, ut egressa anima in momento reddatur; cum enim tollentur, morientur: ut pervenientes ad Dominum praesentia

1) 2 Thessal. 1, 4—8. 2) 1 Cor. 15, 22. 3) Ioan. 5, 29 4) Ep. ad Pamach. et ad Min. et Alex. 5) De Civit. Dei 20, 20. 6) 1 Thess. 4, 15.

nicht kennen, und die ·nicht gehorchen dem Evangelium unſers Herrn
Jeſu Chriſti."

**Vollkommen findet die Glückſeligkeit nicht Statt, wenn die Seele nicht mit dem
Körper verbunden wird.**

4. Dazu kommt noch, daß die Menſchen, ſo lange die Seele
vom Leibe getrennt iſt, die volle, mit allen Gütern überhäufte,
Glückſeligkeit nicht erlangen können. Denn wie ein jeder vom
Ganzen abgeſonderter Theil unvollkommen iſt, ſo auch die Seele,
wenn ſie mit dem Leibe nicht vereinigt iſt: woraus folgt, daß,
wenn ihr zur höchſten Glückſeligkeit nichts fehlen ſoll, die Aufer=
ſtehung der Leiber nothwendig iſt. Durch dieſe und andere der=
gleichen Gründe kann alſo der Pfarrer die Gläubigen in dieſem
Artikel unterrichten.

Vierte Frage.

Es wird mithin keinen Menſchen geben, der nicht ſtirbt und nicht auferſteht.

Von dem verſchiedenen Geſchicke der Auferſtehenden.

1. Ueberdies muß er nach der Lehre des Apoſtels ſorgfältig er=
klären, welche zum Leben erweckt werden ſollen. Denn dieſer ſagt
im erſten Briefe an die Corinther: „Gleichwie in Adam Alle ſter=
ben, ſo werden auch in Chriſto Alle lebendig gemacht werden."
Es werden alſo Alle, Böſe und Gute ohne allen Unterſchied, von
den Todten auferſtehen, wiewohl nicht Allen ein gleiches Geſchick
zu Theil werden wird: „Es werden hervorgehen, die Gutes ge=
than haben, zur Auferſtehung des Lebens, die aber Böſes gethan
haben, zur Auferſtehung des Gerichtes."

Alle Menſchen werden ſterben, ehe das Gericht zu Ende geht.

2. Wenn wir aber ſagen „Alle", dann verſtehen wir ſowohl
diejenigen, welche beim Eintritte des Gerichtes bereits geſtorben
ſein werden, als auch diejenigen, die noch ſterben werden. Denn
dieſer Meinung, welche behauptet, daß Alle, Niemanden ausge=
nommen, ſterben werden, ſchreibt der heilige Hieronymus, pflichte
die Kirche bei, auch ſei dieſe Meinung der Wahrheit entſprechender;
der heilige Auguſtin urtheilt ebenſo. Auch widerſtreiten dieſer
Meinung keineswegs die Worte des Apoſtels an die Theſſalonicher:
„Die Todten, die in Chriſto ſind, werden zuerſt auferſtehen; dann
werden wir, die noch leben und übrig geblieben ſind, zugleich mit
ihnen entrückt werden in Wolken, Chriſto entgegen in die Luft."
Denn der heilige Ambroſius ſagt bei ihrer Erklärung alſo: „Wäh=
rend der Entrückung ſelbſt wird der Tod ſie ereilen, gleichſam
wie durch einen tiefen Schlaf, ſo daß die hingeſchiedene Seele
augenblicklich zurückgegeben wird; denn indem ſie hinwegge=
nommen werden, werden ſie ſterben, damit ſie, zum Herrn
gelangt, durch die Gegenwart des Herrn die Seelen wieder er=

Domini recipiant animas, quia cum Domino mortui esse non possunt". Eademque sententia comprobatur sancti Augustini auctoritate in libro de civitate Dei. [1]

Quaestio V.

Idem prorsus corpus anima humana in extremo iudicio recipiet.

Idem omnino corpus resurget.

Quum vero multum referat, nobis certo persuaderi, hoc ipsum atque adeo idem corpus, quod uniuscuiusque proprium fuit, quamvis corruptum sit, et in pulverem redierit, tamen ad vitam suscitandum esse, illud etiam Parochus accurate explicandum suscipiet. Haec Apostoli est sententia, quum inquit: „Oportet corruptibile hoc induere incorruptionem",[2] ea voce hoc proprium corpus aperte demonstrans. Iob etiam de eo clarissime vaticinatus est: „Et in carne mea", inquit, „videbo Deum, quem visurus sum ego ipse, et oculi mei conspecturi sunt, et non alius".[3] Hoc idem colligitur ex ipsius resurrectionis definitione; est enim resurrectio, auctore Damasceno,[4] ad eum statum, unde cecideris, revocatio. Denique, si consideremus, cuius rei causa resurrectionem futuram paulo ante demonstratum est: nihil erit, quod cuiusquam animum hac in re dubium facere possit.

Quaestio VI.

Cuius rei causa resurrectio corporum divinitus sit instituta

Idcirco autem corpora excitanda esse docuimus, „ut referat unusquisque propria corporis, prout gessit, sive bonum, sive malum".[5] Hominem igitur ex ipso corpore, cuius opera vel Deo, vel daemoni servivit, resurgere oportet, ut cum eodem corpore triumphi coronas et praemia consequatur, aut poenas et supplicia miserrime perferat.

Quaestio VII.

Corpora contractam in hac mortali vita deformitatem non resument.

Corporis resurgentis pulchritudo et integritas.

I. Neque vero corpus tantum resurget, sed quidquid ad illius naturae veritatem, atque ad hominis decus et ornamentum pertinet, restituendum est. Praeclarum ea de re S. Augustini testimonium legimus: „Nihil tunc vitii, inquit, in corporibus

---

1) Lib. 20. 20. 2) 1 Cor. 15. 53. 3) Iob. 19, 26. 4) L. 4. 28. de orthodox. fid. 5) 2 Cor. 5, 10.

langen, weil bei dem Herrn keine Todte sein können." Dieselbe
Meinung wird durch das Zeugniß des heiligen Augustin in dem
Buche von der Stadt Gottes bestätigt.

Fünfte Frage.

Die menschliche Seele wird beim jüngsten Gerichte ganz denselben Leib annehmen.

Ganz derselbe Leib wird auferstehen.

Da aber viel daran liegt, gewiß überzeugt zu sein, daß eben
derselbe und nämliche Leib, der einem Jeden eigen war, obwohl er
verweset und in Staub zurückgekehrt ist, dennoch zum Leben erwecket werden soll, so wird der Pfarrer sich bemühen, auch dieses
genau zu erklären. Dies ist des Apostels Meinung, wenn er sagt:
„Dieses Verwesliche muß anziehen die Unverweslichkeit," indem
er so offenbar den eigenen Leib bezeichnet. Auch Job hat davon
auf's klarste geweissagt: „Ich werde in meinem Fleische meinen
Gott schauen, ich selbst werde ihn sehen, und meine Augen werden
ihn anschauen und kein Anderer." Dasselbe läßt sich aus dem Begriffe der Auferstehung selbst abnehmen; denn nach dem Urtheile
des Damascenus ist die Auferstehung eine Zurückberufung in den
Staub, woraus man hinabgesunken ist. Wenn wir endlich erwägen, weshalb die Auferstehung Statt finden werde, wie kurz
zuvor gezeigt worden ist, so wird Nichts mehr das Gemüth irgend
Jemandes hierüber noch in Zweifel lassen können.

Sechste Frage.

Warum von Gott die Auferstehung der Leiber angeordnet worden ist.

Die Leiber aber müssen, wie wir erwiesen haben, deswegen aufer-
wecket werden, „damit ein Jeder, je nachdem er in seinem Leibe
Gutes oder Böses gethan hat, darnach empfange." Folglich muß
der Mensch mit demselben Leibe auferstehen, mit dem er entweder
Gott oder dem Teufel gedient hat, damit er mit eben demselben
Leibe die Siegeskronen und Belohnungen empfange, oder die Strafen und kläglichsten Martern erdulde.

Siebente Frage.

Die Leiber werden die in diesem sterblichen Leben getragene Mißgestalt nicht
wieder annehmen.

Schönheit und Unversehrtheit des auferstandenen Leibes.

1. Aber nicht nur der Leib wird auferstehen, sondern es wird
ihm auch Alles, was zu seiner wahren Natur, und zur Zierde und
zum Schmucke des Menschen gehört, wieder zurückgestellt werden.
Wir lesen hierüber ein herrliches Zeugniß des heiligen Augustin:
„Dann wird an den Leibern", sagt er, „kein Gebrechen sein: wenn

existet;[1] si aliqui plus pinguedine obesi et crassi exstiterint,
non totam corporis molem assument; sed, quod illam habitudi-
nem superabit, reputabitur superfluum; et e diverso, quaecumque vel morbus, vel senium confecit in corpore, reparabitur
per Christum virtute divina, ut, si aliqui propter macrorem
fuerint graciles, quia Christus non solum nobis corpus repara-
bit, sed quidquid per miseriam huius vitae fuerit nobis ademp-
tum". Idem alio loco: „Non resumet homo capillos, quos
habuerit, sed quos decuerit, iuxta illud: „Omnes capilli capitis
vestri numerati sunt",[2] qui secundum divinam sapientiam sunt
reparandi". In primis vero, quoniam membra ad veritatem
humanae naturae pertinent, simul restituentur omnia. Qui
enim vel ab ipso ortu oculis capti sunt, vel ob aliquem morbum
lumina amiserunt, claudi atque omnino manci et quibusvis
membris debiles, integro ac perfecto corpore resurgent. Aliter
enim animae desiderio, quae ad corporis coniunctionem propensa
est, minime satisfactum esset; cuius tamen cupiditatem in resurrectione explendam esse, sine dubitatione credimus. Praeterea satis constat, resurrectionem aeque ac creationem inter
praecipua Dei opera numerari.

Cicatrices Martyrum relinquentur post resurrectionem ad cumulum felicitatis: in improbis autem contra ad miseriam.

II. Quemadmodum igitur omnia a Deo initio creationis perfecta fuerunt, ita etiam in resurrectione futurum omnino affirmare oportet. Neque id de martyribus solum fatendum est,
de quibus sanctus Augustinus ita testatur: „Non erunt absque
illis membris";[3] non enim posset illa mutilatio non esse corporis vitium; alioquin, qui capite truncati sunt, deberent sine
capite resurgere: verumtamen exstabunt in eorundem membrorum articulis gladii cicatrices refulgentes super omne aurum
et lapidem pretiosum, veluti et cicatrices vulnerum Christi
quod de improbis quoque verissime dicitur, etsi illorum culpa
membra amputata fuerint. Nam quo plura membra habebunt,
tanto acerbiori dolorum cruciatu conficientur. Quare illa membrorum restitutio non ad eorum felicitatem, sed calamitatem
ac miseriam est redundatura, quum merita non ipsis membris,
sed personae, cuius corpori coniuncta sunt, adscribantur. Nam

1) De Civit. Dei 22, 19. 21. Enchir 86—90. 2) Matth. 10, 30. 3) Civit. Dei 22. 20.

Einige etwa zu ſtark und dick waren, ſo werden ſie nicht die ganze Körpermaſſe wieder annehmen; ſondern was das Ebenmaß überſchreitet, wird für überflüſſig gehalten werden; und hinwiederum, was entweder Krankheit oder das Alter am Leibe zerſtört hat, wird von Chriſtus durch göttliche Macht wieder hergeſtellt werden, ſo nämlich, wenn Einige wegen Magerkeit zu ſchmächtig waren; denn Chriſtus wird uns nicht allein den Leib wieder herſtellen, ſondern auch Alles, was uns durch das Elend dieſes Lebens genommen war." An einem andern Orte ſagt er: „Der Menſch wird nicht die Haare wieder erlangen, die er gehabt hat, ſondern die, welche ihm zur Zierde gereichten, die gemäß dem Ausſpruche: „„Alle Haare eures Hauptes ſind gezählt,"" nach der göttlichen Weisheit wieder hergeſtellt werden ſollen." Vorzüglich aber werden uns zugleich alle Gliedmaßen wiedergegeben, weil ſie zur wahren menſchlichen Natur gehören. Die nämlich, welche von Geburt an der Augen beraubt geweſen ſind, oder durch Krankheit das Augenlicht verloren haben, die Lahmen und gänzlich Verſtümmelten, und die ſonſt an einigen Gliedern Gebrechen leiden, werden mit einem ganzen und vollkommenen Leibe auferſtehen. Denn in anderer Weiſe würde dem Verlangen der Seele, die ſich zur Vereinigung mit dem Leibe hinneigt, nimmermehr Genüge geleiſtet; und doch glauben wir unbezweifelt, daß ihr Verlangen bei der Auferſtehung erfüllt werden ſolle. Außerdem iſt es bekannt genug, daß die Auferſtehung eben ſo wie die Schöpfung unter die vornehmſten Werke Gottes gezählt werde.

Die Narben der Märtyrer werden zur Fülle ihrer Glückſeligkeit bleiben; bei den Gottloſen aber im Gegentheil zur Strafe.

2. Wie daher von Anbeginn der Schöpfung an Alles von Gott vollkommen gemacht iſt, eben ſo muß man auch entſchieden behaupten, daß es bei der Auferſtehung ſein werde. Keineswegs muß man aber dies allein von den Märtyrern gelten laſſen, von denen der heil. Auguſtin alſo bezeugt: „Sie werden nicht ohne jene Glieder ſein;" denn jene Verſtümmelung könnte nicht umhin, ein Gebrechen des Körpers zu ſein, ſonſt müßten auch die Geköpften ohne Kopf wieder auferſtehen: nichts deſto weniger werden an ihren einzelnen Gliedmaßen die Narben des Schwertſtreiches ſichtbar ſein, und ſchöner glänzen, als alles Gold und Edelgeſtein, gleich den Wundmalen Chriſti. Daſſelbe läßt ſich mit aller Wahrheit auch von den Gottloſen ſagen, obwohl ihre Glieder durch eigene Schuld verſtümmelt ſind. Denn je mehr Glieder ſie haben werden, von um ſo heftigerer Qual von Schmerzen werden ſie gefoltert werden, weßhalb die Wiederherſtellung der Glieder nicht zu ihrer Glückſeligkeit, ſondern zu ihrem Jammer und Elende gereichen wird, da die Verdienſte nicht den Gliedern ſelbſt, ſondern der Perſon,

iis, qui poenitentiam egerunt, ad praemium; illis vero, qui
eandem contempserint, ad supplicium restituentur. Haec vero,
si a Parochis attente considerentur, nunquam eis rerum et
sententiarum copia deerit ad excitandos inflammandosque pietatis studio fidelium animos, ut vitae huius molestias et aerumnas
cogitantes, beatam illam resurrectionis gloriam, quae iustis et
piis proposita est, avide exspectent.

Quaestio VIII.

Corpora hominum, postquam resurrexerint, qualia sint futura.

Corpus juxta substantiam idem prorsus resurget, sed tamen diversa qualitate.

I. Sequitur nunc, ut fideles intelligant, si ea spectemus, quae
corporis substantiam constituunt, quamvis illud ipsum atque idem
corpus a mortuis revocari oporteat, quod antea exstinctum
fuerat: longe aliam tamen et diversam eius conditionem fore.
Ut enim caetera omittamus, in eo maxime resurgentium corpora omnia a se ipsis different, quod, quum antea mortis legibus subiecta essent, posteaquam ad vitam suscitata fuerint, sublato bonorum malorumque discrimine, immortalitatem assequentur. Quam quidem admirabilem naturae restitutionem insignis
Christi victoria meruit, quam de morte reportavit, quemadmodum sacrarum Scripturarum testimonia nos admonent. Scriptum est enim: „Praecipitabit mortem in sempiternum";[1] et
alibi: „Ero mors tua, o mors!"[2] quod explicans Apostolus inquit: „Novissima inimica destruetur mors";[3] et apud sanctum
Ioannem legimus: „mors ultra non erit".[4]

Immortalitas bonis et malis communis justitiae Dei consentaneum.

II. Decebat autem maxime, Christi Domini merito, quo mortis
imperium eversum est, peccatum Adae longo intervallo superari.
Idem etiam divinae iustitiae consentaneum fuit, ut boni beata
vita perpetuo fruerentur, mali vero sempiternas poenas luentes.
„quaererent mortem, et non invenirent; optarent mori, et mors
fugeret ab eis".[5] Atque haec quidem immortalitas bonis ma-
lisque communis erit.

Quaestio IX.

Cuiusmodi dotibus beatorum corpora post resurrectionem erunt ornata.

Quatuor dotes resurgentium corporum in beatis. Primum ornamentum resurgentium
corporum in beatis est impassibilitas.

I. Habebunt praeterea Sanctorum rediviva corpora insignia

---

1) Is. 25, 8.   2) Os. 13, 14.   3) 1 Cor. 15, 26.   4) Apoc. 21, 4.   5) Apoc. 9, 6.

mit deren Körper sie vereinigt sind, zugeschrieben werden. Denn denen, die Buße gethan haben, werden sie zur Belohnung, denen aber, welche dieselbe verachteten, zur Strafe wieder hergestellt. Wenn von den Pfarrern dies mit Aufmerksamkeit erwogen wird, so wird es ihnen nie an Stoff zu Thatsachen und Gedanken fehlen, die Gemüther der Gläubigen zum Tugendeifer zu erwecken und zu entflammen, damit sie, die Mühseligkeiten und Drangsale dieses Lebens erwägend, jene selige Herrlichkeit der Auferstehung, welche den Gerechten und Frommen bevorsteht, mit Begierde erwarten.

Achte Frage.
Wie die Leiber der Menschen nach ihrer Auferstehung beschaffen sein werden.
Der Körper wird seinem Wesen nach ganz derselbe auferstehen, aber doch mit verschiedener Beschaffenheit.

1. Die Gläubigen sollen nun aber auch wissen, daß, wenn wir auf das achten, was das Wesen des Leibes ausmacht, obgleich eben derselbe und nämliche Leib von den Todten auferweckt werden muß, welcher vorhin gestorben war, dennoch seine Beschaffenheit eine ganz andere und verschiedene sein wird. Denn, um alles Uebrige unerwähnt zu lassen, so werden sich alle Leiber der Auferstandenen vorzüglich dadurch von sich selbst unterscheiden, daß sie, während sie zuvor den Gesetzen des Todes unterworfen waren, nach ihrer Auferweckung zum Leben, ohne Unterschied zwischen Guten und Bösen, die Unsterblichkeit erlangen werden. Diese wunderbare Wiederherstellung der Natur hat der herrliche Sieg Christi verdient, den er über den Tod davon getragen, wie die Zeugnisse der heiligen Schrift uns dieses lehren. Denn es steht geschrieben: „Er verschlinget den Tod auf ewig," und anderswo: „O Tod, ich will dein Tod sein!" Was der Apostel also erläutert: „Der letzte Feind aber, der vernichtet wird, ist der Tod;" und bei dem heiligen Johannes lesen wir: „Der Tod wird nicht mehr sein."

Daß die Unsterblichkeit Guten und Bösen gemein, ist der Gerechtigkeit Gottes entsprechend.

2. Es geziemte sich auch gar sehr, daß durch Christi, des Herrn, Verdienst, wodurch das Reich des Todes zerstört wurde, die Sünde Adams weit übertroffen ward. Eben so war es der göttlichen Gerechtigkeit gemäß, daß die Guten das selige Leben ewig genössen, die Bösen hingegen in ihren ewigen Strafen „den Tod suchten, aber nicht fänden, zu sterben begehrten, und der Tod vor ihnen flöhe." Und diese Unsterblichkeit wird den Guten und Bösen gemein sein.

Neunte Frage.
Mit welchen Gaben die Leiber der Seligen nach der Auferstehung geschmückt sein werden.
Die vier Gaben der auferstandenen Leiber bei den Seligen. Der erste Schmuck der auferstandenen Leiber bei den Seligen ist die Leidensunfähigkeit.

1. Zudem werden die wiederbelebten Leiber der Heiligen ge-

quaedam et praeclare ornamenta, quibus multo nobiliora futura sint, quam unquam antea fuerint. Praecipua vero sunt quatuor illa, quae dotes appellantur, ex Apostoli doctrina. Patribus observatae. Earum prima est impassibilitas, munus scilicet et dos, quae efficiet, ne molesti aliquid pati, ullove dolore aut incommodo affici queant. Nihil enim aut frigorum vis, aut flammae ardor, aut aquarum impetus obesse eis poterit. „Seminatur", inquit Apostolus, „in corruptione, surget in incorruptione". [1] Quod autem impassibilitatem potius quam incorruptionem Scholastici appellarint, ea causa fuit, ut, quod est proprium corporis gloriosi, significarent. Non enim impassibilitas illis communis est cum damnatis, quorum corpora, licet incorruptibilia sint, aestuare tamen possunt atque algere, variisque cruciatibus affici.

Secundum ornamentum est claritas.

II. Hanc consequitur claritas, qua Sanctorum corpora tanquam sol fulgebunt; ita enim apud sanctum Matthaeum testatur Salvator noster: „Iusti", inquit, „fulgebunt sicut sol in regno Patris eorum". [2] Ac ne quis de eo dubitaret, suae transfigurationis exemplo declaravit. [3] Hanc interdum Apostolus gloriam modo claritatem appellat: „Reformabit", inquit, „corpus humilitatis nostrae configuratum corpori claritatis suae"; [4] et rursum, „Seminatur in ignobilitate, surget in gloria". [5] Huius etiam gloriae imaginem quandam vidit populus Israël in deserto, quum „facies Moysis ex colloquio et praesentia Dei ita colluceret, ut in eam filii Israël oculos intendere non possent". [6] Est vero claritas haec fulgor quidam ex summa animae felicitate ad corpus redundans, [7] ita, ut sit quaedam communicatio illius beatitudinis, qua anima fruitur, quomodo etiam anima ipsa beata efficitur, quod in eam pars divinae felicitatis derivetur. Hoc vero munere non aeque omnes, perinde ac primo, ornari credendum est; erunt quidem Sanctorum corpora omnia aeque impassibilia, sed eundem splendorem non habebunt; nam, ut testatur Apostolus: „Alia claritas solis, alia claritas lunae, et alia claritas stellarum; stella enim a stella differt in claritate: sic et resurrectio mortuorum". [8]

1) 1 Cor. 15, 42. 2) Matth. 13, 43. 3) Matth. 17. 4) Phil. 3, 21. 5) 1 Cor. 15, 43.
6) Exod. 34, 29. 7) 2 Cor. 3, 7. 8) 1 Cor. 15, 41.

wisse ausgezeichnete und herrliche Zierden haben, wodurch sie viel
edler sein werden, als sie jemals zuvor waren. Vorzüglich aber
sind es jene vier, welche, Gaben genannt, von den Vätern nach der
Lehre des Apostels beobachtet worden sind. Die erste derselben ist
die Leidensunfähigkeit, d. h. das Geschenk und die Gabe, welche
bewirken wird, daß sie nichts Beschwerliches leiden, und von keinem
Schmerze und Ungemache berührt werden können. Denn weder die
Strenge der Kälte noch die Gluth der Flammen, noch der Andrang
der Gewässer wird ihnen zu schaden vermögen. „Er wird gesäet
in Verweslichkeit," sagt der Apostel, „er wird auferstehen in Unverweslichkeit." Daß die Scholastiker es aber lieber Leidensunfähigkeit als Unverweslichkeit genannt haben, geschah deshalb, weil
sie dadurch die Eigenthümlichkeit des verklärten Leibes bezeichnen
wollten. Denn die Leidensunfähigkeit ist ihnen mit den Verdammten
keineswegs gemeinsam, da die Leiber derselben, obgleich sie unver-
weslich sind, dennoch brennen und frieren, und mannigfaltige Qualen erleiden können.

Der zweite Schmuck ist der Glanz.

2. Hierauf folgt die Klarheit, in welcher die Leiber der Heiligen
wie die Sonne erglänzen werden; denn also bezeugt es unser Heiland bei Matthäus, indem er sagt: „Die Gerechten werden leuch-
ten wie die Sonne im Reiche ihres Vaters." Und damit Niemand
hieran zweifeln möchte, hat er es durch das Beispiel seiner Ver-
klärung dargethan. Diese Eigenschaft nennt der Apostel bald Herrlichkeit, bald Klarheit: „Er wird," sagt er, „den Leib unserer Niedrigkeit umgestalten, daß er gleich gestaltet sei dem Leibe seiner
Herrlichkeit," und wiederum: „Gesäet wird er in Unehre, auferstehen wird er in Herrlichkeit." Ein Vorbild dieser Herrlichkeit
gleichsam sah auch das Volk Israel in der Wüste, als „das Angesicht Mose's von der Unterredung und der Gegenwart Gottes so
leuchtete, daß die Kinder Israels auf dasselbe ihr Auge nicht richten konnten". Diese Klarheit ist aber ein gewisser Glanz, der
aus der höchsten Glückseligkeit der Seele in den Körper überfließt,
so daß sie gleichsam eine Mittheilung jener Seligkeit ist, welche die
Seele genießt, wie denn auch die Seele selber selig wird, weil ein
Theil der göttlichen Glückseligkeit auf sie hinübergeleitet wird.
Man darf jedoch nicht glauben, daß Alle auf gleiche Weise mit
diesem Geschenke, wie mit dem ersten, geschmückt werden; die Leiber der Heiligen werden zwar alle in gleicher Weise leidensunfähig
sein, aber nicht einerlei Glanz haben; denn, wie der Apostel bezeugt: „Anders ist die Klarheit der Sonne, anders die Klarheit
des Mondes, anders die Klarheit der Sterne; denn ein Stern ist
von dem andern verschieden an Klarheit: so ist's auch mit der
Auferstehung der Todten."

Tertium ornamentum, agilitas.

III. Cum hac dote coniuncta est illa, quam agilitatem vocant,
qua corpus ab onere, quo nunc premitur, liberabitur, facillime-
que in quamcumque partem anima voluerit, ita moveri poterit,
ut ea motione nihil celerius esse queat: quemadmodum aperte
sanctus Augustinus in libro de civitate Dei, [1] et Hieronymus
in Isaiam docuerunt. [2]   Quare ab Apostolo dictum est: „Seminatur in infirmitate, surget in virtute“.

Quartum ornamentum, subtilitas.

IV. His vero addita est, quae vocatur subtilitas, cuius virtute
corpus animae imperio omnino subiicietur, eique serviet, et ad
nutum praesto erit; quod ex illis Apostoli verbis ostenditur:
„Seminatur“, inquit, „corpus animale, surget corpus spirituale“. [3]
Haec fere sunt praecipua capita, quae in huius articuli explicatione tradenda erunt.

Quaestio X.

Quem fructum ex tantis resurrectionis mysteriis fideles capiant.

Quam salutares ex articulo resurrectionis capiuntur fructus.

Ut autem fideles sciant, quem fructum ex tot tantorumque
mysteriorum cognitione capere possint: primum declarare oportebit, maximas a nobis Deo gratias agendas esse, qui haec
sapientibus absconderit, et revelaverit parvulis. [4]   Quot enim
viri vel prudentiae laude praestantes, vel singulari doctrina
praediti, in hac tam certa veritate caeci plane fuerunt? Quod
igitur nobis illa patefecerit, quibus ad eam intelligentiam adspirare non licebat, est, quod summam eius benignitatem et clementiam perpetuis laudibus celebremus.   Deinde magnus etiam
ille fructus ex huius articuli meditatione consequetur, quod
scilicet in eorum morte, qui nobis necessitudine vel benevolentia
coniuncti sunt, facile tum alios, tum nos ipsos consolabimur.
Quo quidem genere consolationis Apostolum usum esse constat,
quum ad Thessalonicenses de dormientibus scriberet. [5]   Sed in
omnibus etiam aliis aerumnis et in calamitatibus futurae resurrectionis cogitatio summam nobis doloris levationem afferet;
quemadmodum sancti Iob exemplo didicimus, [6] qui una hac spe
afflictum et moerentem animum sustentabat, fore aliquando, ut
in resurrectione Dominum Deum suum conspiceret.   Praeterea

1) Lib. 13, 18. 20. et 20, 21. 2) Hier. in Cap. 40 ff. 3) 1 Cor. 15, 44. 4) Matth. 11.
25. 5) 1 Thess. 4, 13. 6) Iob 19, 27.

Der dritte Schmuck, die Beweglichkeit.

3. Mit dieser Gabe ist die verbunden, die man Beweglichkeit nennt, durch welche der Leib von der Last, die ihn jetzt niederbeugt, wird befreit werden, und ganz leicht, wohin die Seele nur immer will, sich dergestalt bewegen können, daß nichts schneller als diese Bewegung sein kann: wie dies der heilige Augustin im Buche von der Stadt Gottes und Hieronymus in der Erklärung des Isaias deutlich gelehrt haben. Darum sagt der Apostel: „Gesäet wird er in Schwachheit, auferstehen wird er in Kraft."

Der vierte Schmuck, die Feinheit.

4. Zu diesem gesellt sich noch die sogenannte Feinheit, kraft welcher der Leib der Herrschaft der Seele vollständig unterworfen, ihr dienen und jedes Winkes gewärtig sein wird, wie dies aus den Worten des Apostels erhellt, nämlich: „Gesäet wird ein thierischer Leib, auferstehen ein geistiger Leib." Dies sind etwa die Haupt= punkte, welche bei der Auslegung dieses Artikels gelehrt werden müssen.

Zehnte Frage.
Welchen Nutzen die Gläubigen aus diesen so großen Geheimnissen der Auferstehung schöpfen.

Welch' heilsame Früchte aus diesem Artikel von der Auferstehung geschöpft werden

Damit jedoch die Gläubigen wissen, welchen Nutzen sie aus der Erkenntniß so vieler und so großer Geheimnisse schöpfen können, so muß man zunächst erklären, daß wir Gott den innigsten Dank darzubringen schuldig sind, weil er diese Dinge den Weisen ver= bergen und den Kleinen geoffenbaret hat. Denn wie viele ent= weder wegen ihrer Klugheit hochberühmte, oder mit ausgezeichneter Gelehrsamkeit begabte Männer sind nicht in Betreff dieser so ge= wissen Wahrheit völlig blind gewesen! Weil er also dieselben uns geoffenbaret hat, da es auch uns unmöglich war, zu dieser Einsicht zu gelangen, so haben wir Ursache, seine höchste Güte und Huld unablässig zu lobpreisen. Sodann erwächst uns aus der Beherzigung dieses Artikels auch der große Nutzen, daß wir nämlich bei dem Tode derer, welche mit uns durch Verwandtschaft oder Freundschaft verbunden sind, sowohl Andere, als uns selbst leicht trösten werden. Bekanntlich bediente sich auch der Apostel dieser Art des Trostes, als er an die Thessalonicher von den Entschlafenen schrieb. Aber auch in allen andern Trübsalen und Widerwärtigkeiten gewährt uns der Gedanke an die zukünftige Auferstehung die größte Er= leichterung des Schmerzes, wie wir an dem Beispiele des heiligen Job lernen, der sein bekümmertes und trauerndes Herz einzig durch diese Hoffnung aufrichtete, daß er einst bei der Auferstehung Gott seinen Herrn schauen werde. Außerdem wird dieses sehr geeignet

hoc plurimum valebit ad persuadendum fidelibus populis, ut rectam vitam, integram, ab omnique prorsus peccati labe puram agere quam diligentissime curent. Si enim cogitaverint, ingentes illas divitias, quae resurrectionem consequuntur, ipsis propositas esse: facile ad virtutis et pietatis studia allicientur. Contra vero nulla res maiorem vim habitura est ad comprimendas animi cupiditates, hominesque a sceleribus avocandos, quam si saepius admoneantur, quibusnam malis et cruciatibus improbi afficiendi sint, qui extremo illo die procedent in resurrectionem iudicii. [1]

CAPUT XIII.
DE DUODECIMO ARTICULO.
Vitam aeternam.

Quaestio I.

Cur postremo loco hic fidei articulus sit positus, et quantum referat, illum frequenter populo explicari.

Quae ad vitae aeternae materiam pertinent, pluribus explicabuntur secunda petitione Orat. Domin.

Sancti Apostoli, duces nostri, Symbolum, quo fidei nostrae summa continetur, aeternae vitae articulo claudi et terminari voluerunt, tum quia post carnis resurrectionem nihil aliud fidelibus exspectandum est, nisi aeternae vitae praemium, tum vero, ut perfecta illa felicitas et bonis omnibus cumulata nobis semper ante oculos versaretur, doceremurque, in ea mentem et cogitationes nostras omnes defigendas esse. Quare Parochi in erudiendis fidelibus nunquam intermittent, praemiis aeternae vitae propositis, eorum animos accendere; ut quaecumque vel difficillima Christiani nominis causa subeunda esse docuerint, facilia, atque adeo iucunda existiment, promptioresque ad parendum Deo et alacriores reddantur.

Quaestio II.
Quid hic per vitam aeternam significetur.

Vita aeterna praecipue aeternam beatitudinem significat.

Sed quoniam sub his verbis, quae ad beatitudinem nostram

---

1) Ioan. 5, 29,

sein, das gläubige Volk dahin zu vermögen, mit dem äußersten
Fleiße sich zu bestreben, ein tugendhaftes, untsträfliches und von
jeder Sündenmakel unbeflecktes Leben zu führen. Denn wenn die
Gläubigen bedenken, daß jene unermeßlichen Reichthümer, welche
auf die Auferstehung folgen, für sie selbst bestimmt sind, so werden
sie dadurch leicht zum Streben nach Tugend und Frömmigkeit aufgemuntert werden. Dagegen wird auch nichts eine größere Kraft
haben, die Begierden des Herzens zu unterbücken, und die Menschen von Lastern zurückzuhalten, als wenn sie öfter daran erinnert
werden, welche Leiden und Marter die Gottlosen werden erdulden
müssen, die an jenem jüngsten Tage zur Auferstehung des Gerichtes
hervorgehen werden.

Dreizehntes Hauptstück.
Vom zwölften Artikel.
An ein ewiges Leben.

Erste Frage.
Warum dieser Artikel zuletzt gesetzt ist, und wie viel daran liegt, ihn dem
Volke oft zu erklären.

Was auf die Materie vom ewigen Leben Bezug hat, wird des Weiteren bei der
zweiten Bitte des Vaterunsers erklärt werden.

Die heiligen Apostel, unsere Führer, wollten das Symbolum,
welches den Inbegriff unseres Glaubens enthält, mit dem Artikel
vom ewigen Leben schließen und endigen, theils weil die Gläubigen
nach der Auferstehung des Fleisches nichts Anderes mehr zu erwarten haben, als die Belohnung des ewigen Lebens, theils aber,
damit jene vollkommene und mit allen Gütern reichlich aus-
gestattete Glückseligkeit uns immer vor Augen schwebe und wir
belehrt werden möchten, all' unser Dichten und Trachten auf sie
hin zu wenden. Daher sollen die Pfarrer bei der Unterweisung
der Gläubigen nie unterlassen, deren Gemüther durch Hinweisung
auf die Belohnungen des ewigen Lebens anzufeuern, damit sie Alles,
was sie auch noch so Schweres um des christlichen Namens willen
zu ertragen haben werden, selbst für leicht und sogar angenehm
halten werden, und dadurch geneigter und muthiger zum Gehorsam
gegen Gott werden.

Zweite Frage.
Was hier durch das ewige Leben bezeichnet wird.

Das ewige Leben bedeutet vorzugsweise die ewige Seligkeit.

Weil aber unter diesen Worten, welche an dieser Stelle zur

15*

declarandam hoc loco usurpantur, plurima mysteria in occulte latent, ea sic aperienda sunt, ut, quantum cuiusque ingenium ferat, omnibus patere possint. Admonendi igitur sunt fideles his vocibus, „vitam aeternam", non magis perpetuitatem vitae cui etiam daemones sceleratique homines addicti sunt, quam ii perpetuitate beatitudinem, quae beatorum desiderium expleat, significari. Atque ita intelligebat legis peritus ille,[1] qui a Domino Salvatore nostro, quid sibi faciendum esset, ut vitam aeternam possideret, in Evangelio quaesivit; perinde ac si diceret: Quaenam mihi praestanda sunt, ut ad eum locum, ubi perfecta felicitate frui liceat, perveniam? In hunc vero sensum sacrae litterae haec verba accipiunt, ut multis in locis licet animadvertere.

Quaestio III.

Cur vitae aeternae nomine summa illa beatitudo designetur.

Beatitudo non in rebus corporeis consistit.

I. Hoc vero potissimum nomine summa illa beatitudo appellata est, ne quis existimaret, eam in rebus corporeis et caducis, quae aeternae esse non possunt, consistere. Neque enim haec ipsa beatitudinis vox satis explicare poterat, quod quaerebatur: praesertim quum non defuerint homines, inanis cuiusdam sapientiae opinione inflati, qui summum bonum in iis rebus ponerent, quae percipiuntur sensibus. Haec enim pereunt et veterascunt, beatitudo vero nullo temporis termino definienda est; quin potius terrena haec longissime a vera felicitate absunt, a qua is quam maxime recedit, qui mundi amore et desiderio tenetur. Scriptum est enim: „Nolite diligere mundum, neque ea, quae in mundo sunt. Si quis diligit mundum non, est charitas Patris in eo;" et paulo post: „Mundus transit et concupiscentia eius".[2] Haec igitur Parochi fidelium mentibus imprimenda diligenter curabunt, ut mortalia contemnere, nullamque in hac vita, in qua non cives, sed advenae sumus, felicitatem obtineri posse, in animum inducant.[3]

Spe in hac vita inchoari potest nostra beatitudo. Beatitudinem aeternam esse oportere. S. Aug. de Civ. D. XXI, 17. XXII, 20.

II. Quamquam hic etiam spe beati merito dicemur, si „abnegantes impietatem et saecularia desideria, sobrie et iuste et pie vixerimus in hoc saeculo, exspectantes beatam spem, et

1) Luc. 18, 18. 2) 1 Ioan. 2, 15. 17. 3) 1 Petr. 2, 11.

Bezeichnung unserer Glückseligkeit gebraucht werden, sehr viele Geheimnisse verborgen liegen, so muß man dieselben dergestalt erläutern, daß sie, so viel die Fassungsfähigkeit eines Jeden zuläßt, Allen verständlich werden. Die Gläubigen sind daher zu erinnern, durch diese Worte: „Ewiges Leben" werde nicht sowohl die ewige Fortdauer des Lebens, zu welcher auch der Teufel und die lasterhaften Menschen bestimmt sind, als vielmehr die ewige Seligkeit bezeichnet, welche das Verlangen der Seligen erfüllt. Und so verstand es auch jener Gesetzesgelehrte, der im Evangelium den Herrn unsern Heiland befragte, was er zu thun habe, um das ewige Leben zu erlangen, gleich als wollte er sagen: Was muß ich thun, um an den Ort zu gelangen, wo man die vollkommene Glückseligkeit genießen kann? In eben diesem Sinne nimmt die heilige Schrift diese Worte, wie man an vielen Stellen wahrnehmen kann.

Dritte Frage.
Warum jene höchste Glückseligkeit mit den Worten „ewiges Leben" bezeichnet werde.

Die Seligkeit besteht nicht in den leiblichen Dingen.

1. Mit diesem Namen wird aber deswegen jene höchste Glückseligkeit bezeichnet, damit Niemand meine, sie bestehe in körperlichen und vergänglichen Dingen, die nicht ewig sein können. Denn selbst dieses Wort „Glückseligkeit" konnte das nicht zur Genüge erklären, wovon die Rede war; besonders, da es nicht an Menschen fehlte, die, aufgeblasen von dem Wahne einer nichtigen Weisheit, das höchste Gut in Dinge setzten, die man mit den Sinnen wahrnehmen kann. Diese vergehen aber und veralten, die Glückseligkeit hingegen kann durch keinen Zeitraum begränzt werden; dieses Irdische ist vielmehr von der wahren Glückseligkeit unendlich weit entfernt, und der entfernt sich am weitesten davon, der sich von der Liebe und Begierde der Welt fesseln läßt. Denn es steht geschrieben: „Habet nicht lieb die Welt, noch was in der Welt ist. Wenn Jemand die Welt lieb hat, so ist nicht die Liebe des Vaters in ihm," und bald darauf: „Und die Welt vergehet mit ihrer Lust." Dies müssen demnach die Pfarrer den Gemüthern der Gläubigen fleißig einzuprägen suchen, damit sie das Sterbliche verachten, und sich zu Herzen nehmen mögen, daß in diesem Leben, in welchem wir nicht Bürger, sondern Fremdlinge sind, keine Glückseligkeit erlangt werden kann.

Durch die Hoffnung kann unsere Glückseligkeit in diesem Leben begonnen werden. Die Glückseligkeit muß ewig sein.

2. Gleichwohl können wir auch hier schon mit Recht glückselig in der Hoffnung genannt werden, wenn wir „der Gottlosigkeit und den weltlichen Lüsten entsagen, sittsam, gerecht und gottselig leben

adventum gloriae magni Dei et Salvatoris nostri Iesu Christi".[1]
Haec autém quum permulti, qui sibi ipsis sapientes videbantur,
minus intelligerent, et in hac vita felicitatem quaerendam
putarent, stulti facti sunt, et in maximas calamitates inciderunt.

Felicitas est omnium bonorum, sine ulla mali admistione, jugis possessio.

III. Sed illud praeterea ex vi huius nominis, „vitam aeternam", percipimus, semel adeptam felicitatem amitti nunquam
posse, ut falso nonnulli suspicati sunt. Nam felicitas ex omnibus bonis sine ulla mali admistione cumulatur, quae quum
hominis desiderium expleat, in aeterna vita necessario consistit;
neque enim potest beatus non magnopere velle, ut illis bonis,
quae adeptus est, sibi perpetuo frui liceat. Quare, nisi ea
possessio stabilis et certa sit, maximo cruciatu timoris angatur
necesse est.

Quaestio IV.

Aeterna beatitudo verbis aut mente humana comprehendi non potest.

De inenarrabili Sanctorum gloria, et de praemis essentialibus et accidentalibus.

I. Verum quanta sit Beatorum, qui in coelesti patria vivunt,
felicitas, eaquo ab ipsis tantum, praeterea a nemine, comprehendi possit, hae ipsae voces, quum vitam aeternam dicimus,
satis demonstrant. Nam quum ad rem aliquam significandam
eo nomine utimur, quod cum multis aliis commune est; facile
intelligimus, deesse propriam vocem, qua res illa plane exprimatur.

Beatitudo vario verbo nequit exprimi.

II. Quum igitur felicitas iis vocibus declaretur, quae non
magis in beatos, quam in omnes, qui perpetuo vivant, recte
conveniunt: hoc nobis argumento esse potest, altiorem et praestantiorem quandam rem esse, quam ut proprio vocabulo perfecte
significare eius rationem possimus. Nam etsi plurima
alia nomina coelesti huic beatitudini in sacris litteris tribuuntur,
cuiusmodi sunt: Regnum Dei, Christi, coelorum, paradisus, sancta
civitas, nova Ierusalem, domus Patris: tamen perspicuum est,
nullum ex iis ad eius magnitudinem explicandam satis esse.

1) Tit. 2, 12. 2) Rom. 1. 22.

in dieser Welt, indem wir erwarten die selige Hoffnung und An=
kunft der Herrlichkeit des großen Gottes und unseres Heilandes
Jesu Christi." Da aber sehr Viele, die sich weise dünkten, dies
nicht erkannten, und meinten, die Glückseligkeit in diesem Leben
suchen zu müssen, wurden sie Thoren und geriethen in das größte
Elend.

Die Glückseligkeit ist der ewige Besitz aller Güter, ohne Beimischung irgend eines
Uebels.

3. Wir lernen aber aus der Bedeutung dieses Ausdruckes
„ewiges Leben" auch noch dies, daß die erlangte Seligkeit niemals
verloren werden kann, wie Einige fälschlich vermuthet haben. Denn
die mit allen Gütern ohne irgend eine Beimischung eines Uebels
erfüllte Seligkeit besteht, da sie das Verlangen des Menschen be=
friedigt, nothwendig in einem ewigen Leben; denn der Selige kann
nicht umhin, sehnlichst zu wünschen, daß es ihm vergönnt sei, jene
Güter, die er empfangen hat, beständig zu genießen. Er müßte
daher, wenn dieser Besitz nicht beständig und sicher wäre, von der
größten Qual der Furcht geängstiget werden.

Vierte Frage.

Die ewige Glückseligkeit kann durch den menschlichen Verstand weder beschrieben noch begriffen werden.

Von der unbeschreiblichen Herrlichkeit der Heiligen, und den wesentlichen und nicht
wesentlichen Belohnungen.

1. Wie groß aber die Glückseligkeit der Seligen sei, die in dem
himmlischen Vaterlande leben, und daß sie nur von diesen selbst,
und sonst von Niemanden begriffen werden können, beweisen die
Worte zur Genüge, daß wir dieses Leben ein ewiges nennen.
Denn wenn wir uns derjenigen Benennung zur Bezeichnung einer
Sache bedienen, die vielen andern gemein ist, so sehen wir leicht
ein, daß es an einem eigenen Worte gebricht, wodurch jene Sache
vollständig ausgedrückt werden könnte.

Die Seligkeit kann man mit keinem Worte ausdrücken.

2. Da also die Glückseligkeit mit solchen Worten erklärt wird,
die sich auf die Seligen nicht mit mehr Recht beziehen, als auf
Alle, welche beständig leben, so kann uns dies zum Beweise dienen,
daß sie eine erhabenere und vorzüglichere Sache sei, als daß wir
die wahre Beschaffenheit derselben mit einem eigenen Worte voll=
ständig zu bezeichnen im Stande wären. Denn obgleich dieser
himmlischen Seligkeit in der heiligen Schrift sehr viele andere Na=
men beigelegt werden, z. B. Reich Gottes, Reich Christi, Reich
des Himmels, das Paradies, heilige Stadt, das neue Jerusalem,
das Haus des Vaters, so ist es doch offenbar, daß keiner von ihnen
genügt, die Größe derselben auszudrücken. Daher werden die

Quare Parochi hoc loco oblatam sibi occasionem non praetermittent, fideles tam amplis praemiis, quae vitae aeternae nomine declarantur, ad pietatem et iustitiam, et omnia Christianae religionis officia invitandi.

Vita magnum bonum.

III. Constat enim, vitam in maximis bonis, quae natura expetuntur, numerari solere. Atqui hoc potissimum bono, quum vitam aeternam dicimus, beatitudo definitur. Quod si exigua hac et calamitosa vita, quae tot et tam variis miseriis subiecta est, ut mors verius dicenda sit, nihil magis amatur, nihil aut charius, aut iucundius esse potest: quo tandem animi studio, qua contentione aeternam illam vitam quaerere debemus, quae defunctis omnibus malis perfectam et absolutam bonorum omnium rationem coniunctam habet?

Felicitas malum nullum admittit.   Omne bonum concludit.

IV. Nam, ut sancti Patres tradiderunt, aeternae vitae felicitas omnium malorum liberatione et bonorum adeptione definienda est. De malis clarissima sunt sanctarum litterarum testimonia, scriptum est enim in Apocalypsi: „Non esurient, neque sitient amplius: neque cadet super illos sol, neque ullus aestus",[1] et rursus: „Absterget Deus omnem lacrymam ab oculis eorum, et mors ultra non erit, neque luctus, neque dolor erit ultra, quia prima abierunt".[2] Iam vero Beatorum immensa gloria, innumeraque solidae laetitiae et voluptatis genera futura sunt; cuius gloriae magnitudinem, quum animus noster capere, aut illa in animos nostros penetrare nullo modo possit, necesse est, nos in illam, nempe in gaudium Domini, introire, ut eo circumfusi mentis desiderium cumulate expleamus.[3]

Quaestio V.
Quibus praecipue bonorum generibus Beati perfruentur.

Bonorum duo sunt genera.

Quamvis autem, ut S. Augustinus scribit,[4] facilius mala, quibus carituri sumus, quam bona ac voluptates, quas hausuri sumus, numerari posse videantur: danda tamen erit opera, ut, quae fideles summae illius felicitatis adipiscendae cupiditate inflammare poterunt, breviter et dilucide explicentur. Sed illa

---

1) Apoc. 7, 16   2) Ibid. 21, 4.   3) Matth 25, 21   4) Serm. 64 de verb. Domini et de Symb. ad Catech lib. 3, 5.

Pfarrer die ihnen hier dargebotene Gelegenheit nicht unbenutzt vorüber gehen lassen, die Gläubigen durch so herrliche Belohnungen, welche mit der Benennung „ewiges Leben" ausgesprochen werden, zur Frömmigkeit und Gerechtigkeit und zu allen Pflichten der christlichen Religion zu ermuntern.

Das Leben ein großes Gut.

3. Denn es steht fest, daß das Leben unter die höchsten Güter gezählt zu werden pflegt, die man von Natur aus begehrt. Nun wird aber durch dieses Gut vorzüglich die Glückseligkeit bezeichnet, wenn wir sagen: das ewige Leben. Wenn schon dieses kurze und elende Leben, das so vielem und mannigfachem Elend unterworfen ist, daß man es mit viel größerem Rechte Tod nennen könnte, uns lieber ist, als sonst etwas, und uns Nichts theuerer oder angenehmer sein kann, mit welchem Eifer, mit welcher Anstrengung müssen wir dann jenes ewige Leben suchen, welches nach allen überstandenen Leiden einen vollkommenen und vollständigen Inbegriff aller Güter in sich schließt!

Die Glückseligkeit läßt kein Uebel zu; schließt alles Gute in sich.

4. Denn wie die heiligen Väter gelehrt haben, begreift die Glückseligkeit des ewigen Lebens die Befreiung von allen Uebeln und die Erlangung aller Güter in sich. Hinsichtlich der Uebel sind die deutlichsten Zeugnisse der heiligen Schrift vorhanden; denn in der geheimen Offenbarung steht geschrieben: „Sie werden nicht mehr hungern noch dursten, es wird nicht mehr auf sie fallen die Sonne noch irgend eine Hitze," und abermals: „Gott wird abwischen alle Thränen von ihren Augen, der Tod wird nicht mehr sein, noch Trauer, noch Klage, noch Schmerz wird mehr sein; denn das Erste ist vergangen." Die Herrlichkeit der Seligen wird aber unermeßlich, und die Vielfältigkeit ihrer andauernden Freude und Lust unzählig sein; und da unser Verstand die Größe dieser Herrlichkeit nicht zu fassen, noch auch dieselbe auf irgend eine Weise in unser Herz einzudringen vermag, so ist es nothwendig, daß wir in diese, nämlich in die Freude des Herrn, eingehen, damit wir, von ihr überschüttet, das Verlangen unsers Herzens in aller Fülle befriedigen.

Fünfte Frage.

Welcher Arten von Gütern die Seligen hauptsächlich genießen werden.

Der Arten von Gütern sind zwei.

Obgleich aber, wie der heilige Augustin schreibt, die Uebel, von denen wir frei sein werden, leichter scheinen aufgezählt werden zu können, als die Güter und Freuden, welche wir empfangen werden, so muß man sich dennoch Mühe geben, dasjenige kurz und klar zu erörtern, was die Gläubigen zu der Begierde, jene Glückseligkeit

in primis distinctione uti oportebit, quam a gravissimis divinarum rerum scriptoribus accepimus; ii enim duo bonorum
genera esse statuunt, quorum alterum ad beatitudinis naturam
pertinet, alterum ipsam beatitudinem consequitur. Quare illa
essentialia, haec vero accessoria bona, docendi causa, appellarunt.

Quaestio VI.

In quo consistat essentialis et primaria aeternae beatitudinis causa.

Praemium essentiale. Beatitudo hominis duobus constat. Beati ad divinam naturam
proxime accedunt. Quomodo in hac etiam vita quodammodo Beati et Dii efficiamur per usum corporis et sanguinis Christi, haurire ex illis liceat, quae
postea de Sacramento Eucharistiae Q. 39 et 40 tradentur.

Ac solida quidem beatitudo, quam essentialem communi nomine licet vocare, in eo sita est, ut Deum videamus, eiusque
pulchritudine fruamur, qui est omnis bonitatis ac perfectionis
fons et principium. „Haec est vita aeterna", inquit Christus
Dominus, „ut cognoscant te solum Deum verum, et quem
misisti, Iesum Christum"; [1] quam sententiam S. Ioannes videtur
interpretari, quum ait: „Charissimi, nunc filii Dei sumus, et
nondum apparuit, quid erimus. Scimus, quoniam, quum appar-
uerit, similes ei erimus; quoniam videbimus eum, sicuti est". [2]
Significat enim beatitudinem ex iis duobus constare: tum quod
Deum intuebimur, qualis in natura sua ac substantia est, tum
quod veluti dii efficiemur. Nam qui illo fruuntur, quamvis
propriam substantiam retineant, admirabilem tamen quandam
et prope divinam formam induunt, ut dii potius, quam homines
videantur. Hoc autem, cur ita fiat, ex eo perspicuum est,
quod unaquaeque res, vel ex eius essentia, vel ex eius similitudine et specie cognoscitur. At quoniam nihil est Dei simile,
cuius similitudinis adiumento ad perfectam eius notitiam pervenire possimus; consequens est, ut eius naturam et essentiam
videre nemini liceat, nisi haec eadem divina essentia se nobis
coniunxerit. Atque id Apostoli verba illa significant: „Videmus
nunc per speculum in aenigmate, tunc autem a facie ad faciem". [3]
Nam quod inquit, in „aenigmate", interpretatur S. Augustinus
in similitudine ad Deum intelligendum accommodata. [4] Quod
etiam S. Dionysius aperte ostendit, quum affirmat, nulla inferiorum similitudine superiora percipi posse. [5] Neque enim ex
alicuius rei corporeae similitudine eius, quae corpore careat,

---

1) Ioan. 17, 3.   2) 1 Ioan. 3, 2.   3) 1 Cor. 13, 12.   4) Lib. 15. c, 9, de Trinit.   5) De
div. nom. c. 1.

zu erlangen, entflammen kann. Insbesondere aber muß man sich jener Unterscheidung bedienen, welche wir von den gewichtigsten Schriftstellern über göttliche Dinge überkommen haben; diese lehren nämlich, es gebe zwei Arten von Gütern, deren eine zu dem Wesen der Glückseligkeit gehört, die andere eine Folge der Glückseligkeit ist. Sie haben daher des Verständnisses halber jene die wesent= lichen, diese hingegen die zufälligen Güter genannt.

Sechste Frage.

Worin die wesentliche und vornehmste Ursache der ewigen Seligkeit besteht.
Die wesentliche Belohnung. Die Seligkeit des Menschen besteht in zwei Stücken. Die Seligen treten sehr nahe mit der göttlichen Natur in Verbindung. Wie wir selbst in diesem Leben gewissermaßen selig und vergöttlicht werden durch den Gebrauch des Fleisches und Blutes Christi, kann man aus dem entneh= men, was später von dem Sakramente der Eucharistie gesagt werden wird.

Und zwar besteht die wahre Glückseligkeit, die man mit dem ge= wöhnlichen Namen die wesentliche nennen kann, darin, daß wir Gott schauen, und die Schönheit dessen genießen, der aller Güte und Vollkommenheit Quell und Anfang ist. „Das ist das ewige Leben," sagt Christus der Herr, „daß sie dich, den allein wahren Gott, erkennen, und den du gesandt hast, Jesum Christum;" ein Ausspruch, den der h. Johannes zu erklären scheint, wenn er sagt: „Geliebteste, jetzt sind wir Kinder Gottes; aber es ist noch nicht offenbar, was wir sein werden. Wir wissen aber, daß wir, wenn er erscheinen wird, ihm ähnlich sein werden, denn wir werden ihn sehen, wie er ist." Denn er zeigt hierdurch an, die Seligkeit bestehe aus diesen zwei Stücken: einmal, daß wir Gott anschauen werden, wie er in seiner Natur und Wesenheit ist; dann, daß wir gleichsam Götter sein werden. Denn die seiner genießen, nehmen, obgleich sie ihr eignes Wesen behalten, dennoch eine gewisse wunder= bare, und fast göttliche Gestalt an, so daß sie vielmehr Götter als Menschen zu sein scheinen. Warum dies aber so geschieht, erhellt daraus, weil ein jedes Ding entweder aus seinem Wesen, oder aus seiner Aehnlichkeit und Gattung erkannt wird. Weil aber Gott nichts ähnlich ist, so daß wir, durch diese Aehnlichkeit zu der voll= kommenen Erkenntniß desselben zu gelangen vermöchten, so folgt, daß Niemand seine Natur und Wesenheit zu sehen vermag, wenn nicht eben diese göttliche Wesenheit sich mit uns verbunden hat. Und dies bedeuten jene Worte des Apostels: „Jetzt sehen wir durch einen Spiegel räthselhaft; alsdann aber von Angesicht zu Ange= sicht." Denn wenn er sagt „räthselhaft;" so erklärt dies der hei= lige Augustin: „in einem Gleichnisse, geeignet, Gott daraus zu erkennen." Auch der h. Dionysius spricht sich darüber deutlich aus, indem er versichert, daß man durch kein Gleichniß eines Geringeren ein Höheres erkennen könne. Denn aus dem Gleichnisse irgend eines körperlichen Dinges kann die Wahrheit und Substanz eines

essentia et substantia cognosci potest; quum praesertim necesse
sit, rerum similitudines minus concretionis habere et magis
spirituales esse, quam res ipsas, quarum imaginem referunt;
quemadmodum in omnium rerum cognitione facile experimur.
Quoniam vero fieri non potest, ut alicuius rei creatae similitudo aeque pura et spiritualis, ac Deus ipse est, reperiatur:
ita fit, ut ex nulla similitudine divinam essentiam perfecte intelligere possimus.   Accedit etiam, quod omnes creatae res
certis perfectionis terminis circumscribuntur.   At Deus infinitus
est, neque ullius rei creatae similitudo eius immensitatem capere
potest.   Quocirca una illa ratio divinae substantiae cognoscendae
relinquitur, ut ea se nobis coniungat, et incredibili quodam
modo intelligentiam nostram altius extollat, atque ita idonei ad
eius naturae speciem contemplandam reddamur.   Id vero lumine
gloriae assequemur, quum eo splendore illustrati, Deum „lumen
verum in eius lumine videbimus". [1]   Nam Beati Deum praesentem semper intuentur; quo quidem dono omnium maximo
et praestantissimo divinae essentiae participes effecti, vera et
solida beatitudine potiuntur; quam nos ita credere debemus,
ut, eam Dei benignitate cum certa spe nobis exspectandam
esse, in Symbolo Patrum definitum sit; inquit enim: „Exspecto
resurrectionem mortuorum, et vitam venturi saeculi".   Divina
haec plane sunt, neque ullis verbis explicari, aut cogitatione
comprehendi a nobis possunt.   Verum licet aliquam huius beatitudinis imaginem in eis etiam rebus, quae sensu percipiuntur,
cernere.   Nam quemadmodum ferrum, admoto igni, ignem concipit, et, quamvis eius substantia non mutetur, fit tamen, ut
diversam quippiam, nimirum ignis, esse videatur: eodem modo,
qui in coelestem illam gloriam admissi sunt, Dei amore in-
flammati, ita afficiuntur, quum tamen id, quod sunt, esse non
desinant, ut multo magis distare ab iis, qui in hac vita sunt,
merito dici possint, quam ferrum candens ab eo, quod nullam
caloris vim in se contineat.   Ut igitur rem paucis complectamur, summa illa et absoluta beatitudo, quam essentialem vocamus, in Dei possessione constituenda est.   Quid enim ei ad
perfectam felicitatem deesse potest, qui Deum optimum et perfectissimum possidet ?

---

1) Ps. 35, 10.

Dinges, das unkörperlich ist, nicht erkannt werden; da es vor Allem nothwendig ist, daß die Gleichnisse der Dinge weniger Körperliches haben und mehr geistig sind, als die Sache selbst, von welcher sie ein Bild abgeben, wie wir das bei der Erkenntniß aller Dinge leicht erfahren. Weil aber unmöglich ist, das Gleichniß irgend eines erschaffenen Dinges zu finden, welches eben so rein und geistig, wie Gott selbst wäre, so können wir auch aus keinem Gleichnisse die göttliche Wesenheit vollkommen erkennen. Dazu kommt, daß alle erschaffenen Dinge nur mit einer gewissen begränzten Vollkommenheit begabt sind; Gott aber ist unendlich, und kein Gleichniß irgend eines erschaffenen Dinges kann seine Unermeßlichkeit fassen. Es bleibt folglich nur die eine Art, die göttliche Wesenheit zu erkennen, daß dieselbe sich mit uns verbindet, und unsere Erkenntniß auf eine unglaubliche Weise erhöht, und wir dadurch befähigt werden, die Beschaffenheit seiner Natur anzuschauen. Wir werden dies aber durch das Licht der Glorie erlangen, wenn wir, mit diesem Glanze erleuchtet, Gott, „das wahre Licht, in seinem Lichte schauen;" denn die Seligen werden Gott immer gegenwärtig schauen, und durch dieses größte und herrlichste aller Geschenke der göttlichen Wesenheit theilhaftig gemacht, erlangen sie die wahre und andauernde Seligkeit, von der wir so glauben müssen, daß wir sie von Gottes Güte mit gewisser Hoffnung erwarten, wie es im Glaubensbekenntnisse der Väter bestimmt ist, denn da heißt es: „Ich erwarte die Auferstehung der Todten, und ein Leben der zukünftigen Welt." Dies Alles ist göttlich, und kann weder irgend durch Worte ausgedrückt, noch mit Gedanken erfaßt werden. Aber wir können in etwa ein Bild dieser Glückseligkeit auch an den Dingen, welche in die Sinne fallen wahrnehmen. Denn wie das Eisen, in's Feuer gelegt, das Feuer in sich aufnimmt, und obgleich seine Substanz nicht verändert wird, dennoch etwas ganz Verschiedenes, nämlich Feuer zu sein scheint; ebenso werden diejenigen, die zu jener himmlischen Herrlichkeit zugelassen sind, von der Liebe Gottes entflammt, so davon durchdrungen, daß man, obgleich sie nicht aufhören zu sein, was sie sind, mit Recht von ihnen wird sagen können, es bestehe zwischen ihnen und denen, die noch in diesem Leben sind, ein viel größerer Unterschied, als zwischen dem glühenden Eisen und demjenigen, welches gar keine Kraft der Wärme in sich enthält. Um also die Sache kurz zu fassen: so müssen wir jene höchste und vollendete Glückseligkeit, welche wir die wesentliche nennen, in den Besitz Gottes setzen. Denn was könnte zur vollkommenen Glückseligkeit dem noch fehlen, welcher den allervortrefflichsten und vollkommensten Gott besitzt?

Quaestio VII.

Quae sint accidentalia bona, quibus Beati circumfluent.

Praemium seu bonum beatitudinis accidentale.

I. Verum ad illam tamen quaedam accedunt ornamenta, omnibus beatis communia; quae, quoniam ab humana ratione minus remota sunt, vehementius quoque animos nostros commovere et excitare solent.

Qualis gloria Beatorum.

II. Huius generis ea sunt, de quibus Apostolus ad Romanos videtur intelligere: „Gloria, et honor, et pax omni operanti bonum“;[1] nam gloria quidem Beati perfruentur, non illa solum, quam tandem essentialem beatitudinem, vel cum eius natura maxime coniunctam esse ostendimus: sed ea etiam, quae constat ex clara et aperta notitia, quam singuli de alterius eximia et praestanti dignitate habituri sunt.

Honor Beatorum.

III. At vero quantus ille honor existimandus est, qui eis a Domino tribuitur, quum non amplius servi, sed amici, fratres, ac filii Dei vocentur.[2] Quare ita electos suos amantissimis et honorificentissimis verbis Salvator noster compellabit: „Venite, benedicti Patris mei, possidete paratum vobis regnum“;[3] ut merito liceat exclamare: „Nimis honorificati sunt amici tui, Deus“.[4] Sed laudibus etiam a Christo Domino coram Patre coelesti et Angelis eius celebrabuntur. Praeterea si hoc commune omnibus hominibus desiderium natura ingenuit honoris, qui a viris sapientia praestantibus habeatur, quod eos locupletissimos virtutis suae testes fore existiment: quantum Beatorum gloriae accessurum putamus, quod alius alium summo honore prosequetur.

Quaestio VIII.

Quibus bonorum copiis Beati in aeternis illis sedibus cumulabuntur.

Beatitudo omnibus bonis animi et corporis constat.

I. Infinita esset omnium oblectationum enumeratio, quibus Beatorum gloria cumulata erit, ac ne cogitatione quidem fingere eas possumus. Sed tamen hoc fidelibus persuasum esse debet, quaecumque nobis iucunda in hac vita contingere vel etiam

---

1) Rom. 2, 10. 2) Ioan. 15, 14 et 20, 17. Rom. 8, 14. 3) Matth. 25, 34. 4) Ps. 138, 17.

Siebente Frage.

Welches die zufälligen Güter seien, mit denen die Seligen überschüttet sein werden.

Der zufällige Lohn oder das zufällige Gut der Glückseligkeit.

1. Zu jener Glückseligkeit kommen jedoch noch einige Zierden, die allen Seligen gemein sind, welche, weil sie der menschlichen Vernunft weniger fern liegen, unsere Gemüther auch lebhafter zu bewegen und anzuregen pflegen.

Welches die Glorie der Glückseligen sei.

2. Hierzu gehören diejenigen, an welche der Apostel im Römer= briefe zu denken scheint: „Herrlichkeit, und Ehre und Friede Allen, die Gutes thun;" denn die Glorie werden die Seligen allerdings genießen, nicht allein die, welche, wie wir gezeigt haben, die wesent= liche, oder die mit ihrer Natur auf's innigste verbundene Glück= seligkeit ist, sondern auch die, welche aus der klaren und deutlichen Erkenntniß hervorgeht, die Einer von der ausgezeichneten und er= habenen Würde des Andern hat.

Die Ehre der Seligen.

3. Wie hoch ist aber jene Ehre zu schätzen, die ihnen von Gott ertheilt wird, da sie nicht mehr Knechte, sondern Freunde, Brüder und Söhne Gottes genannt werden! Deswegen wird auch unser Heiland seine Auserwählten mit den liebevollsten und ehrenvollsten Worten also anreden: „Kommet, ihr Gesegneten meines Vaters, besitzet das Reich, welches euch bereitet ist;" so daß man mit Recht ausrufen kann: „Deine Freunde, o Gott, sind sehr geehrt." Aber auch mit Lob werden sie von Christo, dem Herrn, vor dem himm= lischen Vater und seinen Engeln gepriesen werden. Wenn nun außerdem allen Menschen dieses Verlangen nach Ehre, welche man von Männern, durch Weisheit ausgezeichnet, erhält, gemeinsam von Natur angeboren ist, so daß sie dieselben als die kostbarsten Zeugen ihrer Tugend schätzen, wie groß erachten wir dann den Zuwachs der Herrlichkeit der Seligen, da der Eine dem Andern die höchste Ehre erweisen wird.

Achte Frage.

Mit welcher Menge von Gütern die Seligen in jenen ewigen Wohnungen werden überhäuft werden.

Die Glückseligkeit besteht aus allen Gütern Leibes und der Seele.

1. Ohne Ende würde die Aufzählung aller Freuden sein, womit die Herrlichkeit der Seligen überhäuft sein wird, und wir ver= mögen auch nicht einmal, sie in unseren Gedanken uns vorzustellen. Indessen müssen die Gläubigen dennoch die Ueberzeugung fest= halten, daß Alles, was uns Angenehmes in diesem Leben begegnen

optari queant, sive ea ad mentis cognitionem, sive ad corporis
perfectum habitum pertineant, earum rerum omnium copiis beatam coelestium vitam circumfluere; quamvis hoc altiore quodam
modo, „quam oculus vidit, aut auris audivit, aut in cor hominis
ascendit",[1] fieri Apostolus affirmat. Nam corpus quidem, quod
antea crassum et concretum erat, quum in coelo, detracta mor-
talitate, tenue et spirituale effectum fuerit, nullis amplius ali-
mentis indigebit; anima autem aeternae gloriae pabulo, quod
magni illius convivii auctor „transiens omnibus ministrabit",[2]
cum summa voluptate exsaturabitur.

Terrena coelestibus vilia.

II. Quis vero pretiosas vestes, aut regales corporis ornatus
desiderare poterit, ubi nullus harum rerum usus futurus sit,
omnesque immortalitate et splendore amicti, et sempiternae
gloriae corona ornati erunt?[3] Sed si amplae etiam et magni-
ficae domus possessio ad humanam felicitatem pertinet: quid
coelo ipso, quod Dei claritate undique collustratur, vel amplius
vel magnificentius cogitari potest? Quare Propheta, quum eius
domicilii pulchritudinem sibi ante oculos poneret, et ad beatas
illas sedes perveniendi cupiditate arderet: „Quam dilecta", inquit, tabernacula tua, Domine virtutum! concupiscit et deficit
anima mea in atria Domini: cor meum et caro mea exulta-
verunt in Deum vivum".[4] Atque ut hic sit omnium fidelium
animus, haec communis omnium vox, quemadmodum Parochi
vehementer optare, ita etiam omni studio curare debent.

Quaestio IX.

Praemiis iisdem citra ullum discrimen Beati non afficientur.

In coelo diversae mansiones sunt.

Nam „in domo Patris mei", inquit Dominus, „mansiones
multae sunt",[5] in quibus maiora et minora praemia, ut quisque promeritus erit, reddentur. „Qui" enim „parce seminat,
parce metet: et qui seminat in benedictionibus, de benedictionibus et metet".[6] Quare non solum ad eam beatitudinem fideles

1) 1 Cor. 2, 9. 2) Luc. 12, 38. 3) 1 Cor. 15, 43. Apoc. 7, 11. 29. 4) Ps. 83, 2.
5) Ioan. 14, 2. 6) 2 Cor. 9, 6.

oder auch nur von uns gewünscht werden mag, möge es sich nun auf die Erkenntniß des Verstandes, oder die vollkommene Beschaffenheit des Körpers beziehen, daß mit der Fülle alles dessen das selige Leben der Himmlischen überströmt sein wird, obwohl dies, wie der Apostel versichert, in einem höheren Maße, als „es das Auge gesehen, oder das Ohr gehört hat, oder in eines Menschen Herz gekommen ist," geschehen wird.   Denn der Leib, der zuvor dick und schwerfällig war, wird im Himmel, wenn er, der Sterblichkeit ledig, fein und geistig geworden ist, keiner Nahrung mehr bedürfen; die Seele aber wird in höchster Wonne mit der Speise der ewigen Herrlichkeit gesättigt werden, mit welcher der Gastgeber jenes großen Mahles „umhergehend Alle bedienen wird."

Die irdischen Dinge gelten den Bewohnern des Himmels gering.

2. Wer aber könnte noch kostbare Gewänder oder königlichen Schmuck des Leibes verlangen, wo man gar keinen Gebrauch von diesen Dingen machen kann, und Alle mit Unsterblichkeit und Glanz bekleidet, und mit der Krone der ewigen Herrlichkeit geschmückt sein werden? Wenn aber auch der Besitz eines geräumigen und prachtvollen Hauses zur menschlichen Glückseligkeit gehört, was kann dann Größeres oder Prachtvolleres gedacht werden, als der Himmel selbst, der ringsumher von der Klarheit Gottes durchstrahlt wird? Als daher der Prophet sich die Schönheit dieser Wohnung vor Augen hielt, und vor Begierde entbrannte, zu jenen seligen Orten zu gelangen, spricht er: „Wie lieblich sind deine Wohnungen, du Herr der Heerschaaren! Es sehnet sich und schmachtet meine Seele nach den Vorhöfen des Herrn. Mein Herz und mein Fleisch frohlocken in dem lebendigen Gott." Und daß dieses die Gesinnung aller Gläubigen, dieses die gemeinsame Sprache Aller sei, müssen die Pfarrer sowohl sehnlichst wünschen, als auch mit allem Eifer sich angelegen sein lassen, zu bewirken.

Neunte Frage.
Den Seligen werden jenseits nicht die nämlichen Belohnungen ohne Unterschied zu Theil werden.

Im Himmel sind verschiedene Wohnungen.

Denn: „In meines Vaters Hause," spricht der Herr, „sind viele Wohnungen," in denen größere und geringere Belohnungen nach eines Jeden Verdienst vertheilt werden sollen. Denn „wer spärlich säet, der wird auch spärlich ernten, und wer reichlich säet, der wird auch reichlich ernten." Darum müssen die Seelsorger nicht allein die Gläubigen zu dieser Glückseligkeit aufmuntern, sondern sie auch fleißig daran erinnern: die gewisse Weise, dieselben zu er-

excitabunt, verum etiam eius consequendae certam rationem hanc esse frequenter monebunt, ut fide et charitate instructi, et in oratione, et Sacramentorum salutari usu perseverantes, ad omnia benignitatis officia in proximos se exerceant. Ita enim Dei misericordia fiet, qui beatam illam gloriam diligentibus se praeparavit, ut aliquando impleatur, quod dictum est per Prophetam: „Sedebit populus meus in pulchritudine pacis, et in tabernaculis fiduciae, et in requie opulenta".[1]

1) Is. 32, 18.

langen, sei diese, daß sie, mit Glauben und Liebe ausgerüstet, und im Gebete und in dem heilsamen Gebrauche der Sakramente verharrend, sich in allen Liebespflichten gegen den Nächsten üben. Denn so wird es aus Gottes Barmherzigkeit, der jene selige Herrlichkeit denen bereitet hat, die ihn lieben, geschehen, daß einst, was durch den Propheten gesagt ist, in Erfüllung geht: „Dann wohnet mein Volk in der Schöne des Friedens, in sichern Hütten, in überschwänglicher Ruhe."

PARS SECUNDA.

CAPUT I.

De sacramentis in genere.

Quaestio I.

Doctrinam Sacramentorum tradere Parocho in primis est curandum.

De Sacramentis in genere tredecim Canones Concilium Tridentinum Sess. 7. praescripsit.

Quum omnis Christianae doctrinae pars scientiam diligentiamque desiderat, tum Sacramentorum disciplina, quae et Dei iussu necessaria, et utilitate uberrima est, Parochi facultatem et industriam postulat singularem, ut eius accurata ac frequenti perceptione fideles tales evadant, quibus praestantissimae ac sanctissimae res digne et salutariter impertiri possint, et Sacerdotes ab illa divini interdicti regula non discedant: „Nolite sanctum dare canibus, neque mittatis margaritas vestras ante porcos". [1]

Quaestio II.

Quidnam sibi velit Sacramenti vocabulum.

Sacramenti vox est ambigua.

I. Principio igitur, quoniam universe de toto genere Sacramentorum agendum est, ab ipsius nominis vi atque notione oportet incipere, eiusque ambiguam significationem explanare, ut, quae huius verbi sententia hoc loco propria sit, facilius intelligatur. Quare docendi sunt fideles, Sacramenti nomen, quod ad propositam rem attinet, aliter a profanis, quam a sacris scriptoribus acceptum esse. Nam alii auctores Sacramenti nomine obligationem illam significare voluerunt, quum iurati aliquo servitutis vinculo obstringimur; ex quo iusiurandum, quo se milites fidelem operam Reipublicae praestituros pollicentur, Sacramentum militare dictum est. Atque haec frequentissima huius vocabuli significatio apud illos videtur fuisse.

1) Matth. 7, 6.

Zweiter Theil.

Erstes Hauptstück.
Von den Sakramenten im Allgemeinen.

Erste Frage.
Der Pfarrer hat mit besonderer Sorgfalt die Lehre von den Sakramenten vorzutragen.

Ueber die Sakramente im Allgemeinen hat das Concil von Trient dreizehn Canones in der 7. Sitzung festgestellt.

Wenn auch ein jeder Theil der christlichen Lehre Kenntniß und Fleiß erfordert, so erheischt doch die Wissenschaft von den Sakramenten, die sowohl nach Gottes Befehle nothwendig, als auch vom ergiebigsten Nutzen ist, von Seite des Pfarrers eine besondere Thätigkeit und Bemühung, damit die Gläubigen durch deren genaue und öftere Erlernung befähigt werden, diese hochherrlichsten und heiligsten Gegenstände auf würdige und heilsame Weise empfangen zu können, und die Priester von jener Richtschnur des göttlichen Verbotes nicht abweichen: „Gebet das Heilige nicht den Hunden, und werfet eure Perlen nicht vor die Schweine."

Zweite Frage.
Was das Wort Sakrament bedeute.

Das Wort: Sakrament hat einen mehrfachen Sinn.

1. Zuvörderst also muß man, weil von allen Sakramenten im Allgemeinen abgehandelt werden soll, mit dem Sinne und Begriffe des Wortes selbst beginnen, und dessen vielfältige Bedeutung auseinander setzen, damit man desto leichter einsehe, welche eigenthümliche Bedeutung das Wort hier habe. Die Gläubigen sind demnach zu belehren, daß das Wort Sakrament, wovon hier die Rede ist, anders von den weltlichen als von den heiligen Schriftstellern gebraucht werde. Einige Schriftsteller wollten nämlich mit dem Worte Sakrament jene Verbindlichkeit bezeichnen, wozu wir eidlich durch einen gewissen Dienstverband verpflichtet werden; weshalb der Eid, wodurch die Soldaten geloben, dem Staate treue Dienste zu leisten, ein militärisches Sakrament genannt ist. Und dies scheint bei ihnen die gewöhnlichste Bedeutung des Wortes gewesen zu sein.

II. Verum apud latinos Patres, qui res divinas scriptis tradiderunt, Sacramenti nomen aliquam rem sacram, quae in occulto latet, declarat, quemadmodum Graeci ad eandem rem significandam mysterii vocabulo usi sunt. In eam vero sententiam Sacramenti vocem accipiendam esse intelligimus, quum ad Ephesios scribitur:[1] „Ut notum faceret nobis Sacramentum voluntatis suae". Deinde ad Timotheum: „Magnum est pietatis Sacramentum".[2] Praeterea in libro Sapientiae:[3] „Nescierunt Sacramenta Dei". Quibus in locis et aliis multis licet animadvertere, Sacramentum nihil aliud, nisi rem sacram, abditam atque occultam significare. Quare latini Doctores signa quaedam sensibus subiecta, quae gratiam, quam efficiunt, simul etiam declarant, ac veluti ante oculos ponunt, Sacramenta commode appellari posse existimarunt. Quamquam, ut D. Gregorio placet, ob id Sacramenta dici possunt, quod divina virtus sub rerum corporearum tegumentis occulte salutem efficiat.[4]

III. Nec vero quisquam putet, hoc vocabulum nuper in Ecclesiam inductum esse; nam qui sanctos Hieronymum et Augustinum legerit, facile perspiciet, antiquos religionis nostrae scriptores ad eam, de qua loquimur, rem demonstrandam saepissime Sacramenti nomine, interdum vero etiam Symboli, vel mystici signi, vel sacri signi voce usos esse. Atque haec de Sacramenti nomine dicta sint; quod quidem veteris etiam legis Sacramentis convenit, de quibus nihil opus est, Pastoribus praecepta tradere, quum ea Evangelii lege et gratia sublata sint.

Quaestio III.

Quam rem Catholicis scriptoribus proprie denotet Sacramentum.

Verum praeter nominis notionem, quae hactenus declarata est, rei etiam vis et natura diligenter investiganda, et, quid Sacramentum sit, fidelibus aperiendum est. Sacramenta enim ex genere earum rerum esse, quibus salus et iustitia comparatur, dubitare nemo potest. Sed quum multae rationes sint, quae ad hanc rem explicandam aptae et accommodatae videan-

---

1) Eph. 1, 9　2) 1 Tim. 3, 16.　3) Sap. 2, 22.　4) in 1 Reg. 16.

Sakrament ist ein sichtbares Anzeichen der verborgenen und göttlichen Thätigkeit.

2. Bei den lateinischen Vätern aber, die über. göttliche Dinge geschrieben haben, bedeutet das Wort Sakrament eine heilige Sache, welche im Geheimen verborgen liegt, gleichwie die Griechen sich zur Bezeichnung desselben Gegenstandes des Wortes „Geheimniß" bedient haben. Daß das Wort Sakrament in diesem Sinne zu nehmen sei, ersehen wir aus dem Briefe an die Epheser, wo es heißt: „Indem er uns das Geheimniß seines Willens kund that." Ferner an Timotheus: „Groß ist das Geheimniß der Gottseligkeit." Außerdem im Buche der Weisheit: „Sie wissen die Geheimnisse Gottes nicht." Aus diesen und vielen andern Stellen kann man entnehmen, daß „Sakrament" nichts anders bedeutet, als eine heilige, geheime und verborgene Sache. Daher glaubten die lateinischen Kirchenlehrer, daß gewisse, in die Sinne fallende Zeichen, welche die Gnade, die sie bewirken, auch zugleich anzeigen und gleichsam vor Augen stellen, füglich Sakramente genannt werden könnten. Doch können sie, wie der h. Gregor dafür hält, auch deswegen Sakramente genannt werden, weil die göttliche Kraft unter der Hülle körperlicher Dinge das Heil verborgener Weise bewirkt.

Die Benennung Sakrament ist von den ersten Vätern der Kirche oft gebraucht.

3. Niemand aber wähne, das Wort sei erst neuerdings in die Kirche eingeführt; denn wer die heiligen Hieronymus und Augustinus gelesen hat, wird leicht ersehen, daß die alten Schriftsteller unserer Religion zur Bezeichnung der in Frage stehenden Sache sich sehr oft des Ausdruckes: Sakrament, mitunter aber auch: Symbolum oder mystisches Zeichen oder heiliges Zeichen, bedient haben. Soviel sei von dem Worte Sakrament gesagt. Es findet dies zwar auch auf die Sakramente des alten Gesetzes seine Anwendung; die Pfarrer brauchen jedoch darüber keine Vorschriften zu ertheilen, da sie durch das Gesetz und die Gnade des Evangeliums aufgehoben sind.

Dritte Frage.

Was das Wort Sakrament bei den katholischen Schriftstellern eigentlich bezeichnet.

Ueber die eigentliche Bedeutung und Natur des Sakraments. Sakrament ist ein Gegenstand, durch welchen das Heil und die Gerechtigkeit erworben wird.

Aber außer dem bisher angegebenen Begriffe des Namens muß auch die Wirkung und Natur der Sache sorgfältig untersucht, und den Gläubigen eröffnet werden, was ein Sakrament sei. Denn daß die Sakramente zu denjenigen Dingen gehören, wodurch das Heil und die Gerechtigkeit erlangt wird, kann Niemand bezweifeln. Obgleich es aber viele Weisen gibt, die zur Erklärung dieser

tur: nulla tamen planius et dilucidius eam demonstrat, quam definitio a D. Augustino tradita, quam deinde omnes Doctores scholastici secuti sunt. „Sacramentum“, inquit,[1] „est signum rei sacrae“, vel, ut aliis verbis, in eandem tamen sententiam, dictum est: „Sacramentum est invisibilis gratiae visibile signum, ad nostram iustificationem institutum“.

Quaestio IV.

Rerum sensibilium divisio, quidque signi nomine intelligendum sit.

Rerum sensibilium duo sunt genera.

I. Quae quidem definitio ut magis pateat, singulae eius partes Pastoribus exponendae erunt; atque in primis docere oportebit, rerum omnium, quae sensibus percipiuntur, duo esse genera. Aliae enim ob id inventae sunt, ut aliquid significent; aliae non alterius rei significandae, sed sua tantum causa effectae sunt, quo in numero omnes pene res, quae natura constant, haberi possunt. At vero in priori genere vocabula rerum, scriptura, vexilla, imagines, tubae et alia huiuscemodi permulta ponenda sunt. Nam si ex vocabulis vim significandi detraxeris, sublata videtur esse causa, quamobrem vocabula instituerentur.

Signi natura.

II. Haec igitur proprie dicuntur. Illud enim signum esse sanctus Augustinus testatur, quod praeter rem, quam sensibus obiicit, efficit etiam, ut ex se alterius rei cognitionem capiamus;[2] sicut ex vestigio, quod terrae impressum intuemur, transiisse aliquem, cuius vestigium apparet, facile cognoscimus.

Sacramentum, cur inter res, quae significant, reponi debet?

III. Quae quum ita se habeant, Sacramentum ad hoc rerum genus, quae significandi causa institutae sunt, referri perspicuum est; siquidem specie quadam et similitudine id nobis declarat, quod Deus in animis nostris sua virtute, quae sensu percipi non potest, efficit. Baptismus enim (ut, quod docetur, exemplo notius fiat) quum, adhibitis certis et solemnibus verbis, aqua extrinsecus abluimur, hoc significat, Spiritus Sancti virtute omnem peccati maculam et turpitudinem interius elui, et animas no-

---

1) De Civ. Dei 10, 5.   2) De Doctr. Christ. I, 2. 1.   .

Sache tauglich und paſſend ſcheinen, ſo iſt doch keine Begriffs=
beſtimmung deutlicher und klarer, als die vom h. Auguſtin gegebene,
der demnach alle Lehrer aus der Schule gefolgt ſind. „Satra=
ment," ſagt er, „iſt ein Zeichen einer heiligen Sache," oder, wie
es mit andern Worten, jedoch in demſelben Sinne heißt: „Ein
Satrament iſt ein ſichtbares Zeichen der unſichtbaren Gnade, zu
unſerer Rechtfertigung eingeſetzt."

Vierte Frage.

Eintheilung der ſichtbaren Dinge, und was unter dem Worte „Zeichen" zu
verſtehen ſei.

Von den ſichtbaren Dingen gibt es zwei Arten.

1. Damit nun dieſe Begriffsbeſtimmung deutlicher werde, ſo
müſſen die Pfarrer ihre einzelnen Theile auslegen, und insbeſon=
dere lehren, daß es von den Dingen, die in die Sinne fallen, zwei
Arten gebe. Einige nämlich ſind deswegen erfunden, damit ſie
Etwas bedeuten; andere aber ſind nicht um eine andere Sache zu
bedeuten, ſondern nur ihrer ſelbſt willen hervorgebracht, zu welchen
faſt alle Dinge gerechnet werden können, welche in der Natur ſich
finden. Zur erſteren Gattung aber ſind die Namen der Dinge zu
zählen, die Schrift, die Fahnen, Bilder, Poſaunen und vieles An=
dere der Art. Denn wenn man den Wörtern ihre Bedeutung
nimmt, ſo ſcheint der Grund aufgehoben zu ſein, weshalb die
Wörter eingeſetzt wurden.

Natur des Zeichens.

2. Dieſe heißen alſo eigentlich Zeichen. Denn dasjenige ſei ein
Zeichen, ſagt der h. Auguſtin, was außer der Sache, die es den
Sinnen vorhält, auch bewirkt, daß wir daraus die Erkenntniß einer
andern Sache ſchöpfen; wie wir aus den Fußſtapfen, die wir der
Erde eingedrückt ſehen, leicht erkennen, daß Jemand vorübergegangen
iſt, deſſen Fußſtapfen ſich zeigen.

Warum das Satrament unter die Dinge, welche etwas bezeichnen, gezählt wer=
den muß.

3. Bei ſo bewandten Umſtänden iſt es augenſcheinlich, daß ein
Satrament zu dieſer Art von Dingen gehört, die, um Etwas zu
bezeichnen, eingeſetzet ſind; da es uns nämlich durch ein gewiſſes
Bild und Gleichniß das anzeigt, was Gott durch ſeine Kraft, die
ſich mit den Sinnen nicht wahrnehmen läßt, in unſern Seelen be=
wirkt. Die Taufe nämlich, (um das Geſagte durch ein Beiſpiel
anſchaulicher zu machen), bedeutet dieſes: daß, wenn wir unter
Anwendung von beſtimmten und feierlichen Worten äußerlich durch
das Waſſer abgewaſchen werden, durch die Kraft des heil. Geiſtes
jede Makel und jeder Flecken der Sünde innerlich getilgt, und
unſere Seelen mit jenem herrlichen Geſchenke der himmliſchen

stras praeclaro illo coelestis iustitiae dono augeri, atque ornari; simulque ea corporis ablutio, ut postea suo loco explicabitur, illud in animo efficit, quod significat.

Sacramenta inter res, quae significant, esse numeranda ex Scripturis colligitur. Ibidem utilitas ex doctrina superiori emanans.

IV. Sed ex Scripturis etiam aperte colligitur, Sacramentum inter signa numerandum esse. Apostolus enim de circumcisione, veteris legis Sacramento, quae Abraham, patri omnium credentium, data erat, ita ad Romanos scribit: „Et signum accepit circumcisionis, signaculum iustitiae fidei“.[1] Et alio loco, quum affirmat „nos omnes, qui baptizati sumus in Christo Iesu, in morte ipsius“ baptizatos esse, licet cognoscere, Baptismum huius rei significationem habere, nimirum, ut ait idem Apostolus, „nos consepultos esse cum illo per Baptismum in mortem“. Neque vero parum proderit, si fidelis populus Sacramenta ad signa pertinere intellexerit; ita enim fiet, ut quae illis significantur, continentur atque efficiuntur, sancta et augusta esse facilius sibi persuadeat, cognitaque eorum sanctitate, ad divinam erga nos beneficentiam colendam ac venerandam magis excitetur.

Quaestio V.

Quot sint signorum genera.

Sacramentum esse rei sacrae signum, quomodo intelligendum, et quod triplex sit genus. Primo sunt signa naturalia. S. August. de Doctr. Chr. II. 1. 29.

I. Sequitur nunc, ut verba illa, „rei sacrae“, quae est altera definitionis pars, explicentur. Quod quidem ut commode fieri possit, paulo altius repetenda sunt, quae de signorum varietate S. Augustinus acute et subtiliter disputavit. Quaedam enim signa naturalia dicuntur, quae praeter se ipsa alterius rei notitiam (quod omnibus signis commune esse, ante demonstratum est) in animis nostris gignunt, veluti fumus, ex quo statim ignem adesse intelligitur. Atque hoc signum ob eam causam naturale appellandum est, quod fumus non voluntate ignem significat, sed rerum usus efficit, ut, si quis fumum tantum videat, naturam simul et vim ignis, qui adhuc latet, subesse mente et cogitatione percipiat.

Sunt signa hominum consensu et voluntate instituta.

II. Quaedam vero signa natura non constant, sed constituta,

1) Rom. 4, 11 et 6, 3. 2) De Doctr. Christ. c. 1.

Gerechtigkeit bereichert und geschmücket werden; und zugleich be=
wirkt diese Abwaschung des Körpers, wie es nachher an seinem
Orte gezeigt werden soll, in der Seele dasjenige, was sie bedeutet.

Daß die Sakramente unter die Dinge, welche etwas bezeichnen, gezählt werden
müssen, entnimmt man aus der heil. Schrift. Ebendaselbst der Nutzen, der
sich aus der angegebenen Lehre ergibt.

4. Aber auch aus der h. Schrift ergibt sich deutlich, daß das
Sakrament unter die Zeichen gerechnet werden muß. Denn der
Apostel schreibt von der Beschneidung, einem Sakramente des Alten
Gesetzes, die Abraham, dem Vater aller Gläubigen, gegeben war,
an die Römer also: „Und er empfing das Zeichen der Beschnei=
dung als ein Siegel der Gerechtigkeit des Glaubens." Und wenn
er an einem andern Orte versichert, „daß wir Alle, die wir in
Christo Jesu getauft sind, in seinem Tode getauft worden sind,"
so kann man ersehen, daß die Taufe dieses bedeute, nämlich, wie
derselbe Apostel sagt: „daß wir mit ihm durch die Taufe zum
Tode begraben sind." Es wird aber nicht wenig nutzen, wenn
das gläubige Volk erkennt, daß die Sakramente zu den Zeichen
gehören; denn die Folge davon wird sein, daß es sich leichter über=
zeugt, wie dasjenige, was dadurch bezeichnet, darin enthalten und
durch sie gewirkt wird, heilig und erhaben sei, und durch die Er=
kenntniß ihrer Heiligkeit um so mehr zur Verehrung und Anbetung
der göttlichen Güte gegen uns angeregt wird.

Fünfte Frage.
Wie viele Arten von Zeichen es gebe.

Was man darunter zu verstehen habe, daß das Sakrament das Zeichen einer hei=
ligen Sache sei, und das es eine dreifache Art derselben gibt. Die ersten
sind die natürlichen Zeichen.

1. Es folgt nun, daß die Worte: „einer heiligen Sache," welche
der zweite Theil der Begriffsbestimmung sind, erläutert werden.
Um dies füglich zu thun, muß etwas ausführlicher vorgetragen
werden, was der h. Augustin über die Verschiedenartigkeit der
Zeichen mit Scharfsinn und Genauigkeit gelehrt hat. Einige Zeichen
werden nämlich natürliche genannt, da sie außer sich selbst die Kennt=
niß einer andern Sache, (was, wie oben gezeigt wurde, allen Zeichen
gemein ist,) in unsern Seelen erzeugen, wie z. B. der Rauch, woraus
man sogleich erkennt, daß Feuer vorhanden sei. Dieses Zeichen
ist deswegen ein natürliches zu nennen, weil der Rauch nicht in
Folge unserer Bestimmung das Feuer bedeutet, sondern weil die
Erfahrung macht, daß, wenn Jemand nur Rauch sieht, er daraus
mit seinem Geiste und Gedanken erkennt, die Natur und Kraft
des Feuers liege, wenn auch verborgen, ihm zu Grunde.

Es giebt Zeichen, welche durch Uebereinstimmung und Uebereinkunft der Menschen
festgestellt sind.

2. Einige Zeichen aber liegen nicht in der Natur, sondern sind

atque ab hominibus inventa sunt, ut et colloqui inter se, et
aliis animi sui sensa explicare, vicissimque aliorum sententiam
et consilia possent cognoscere.   Haec autem quam varia et mul-
tiplicia sint, ex eo licet animadvertere, quod nonnulla ad oculorum, pleraque ad aurium sensum, reliqua ad caeteros sensus
pertinent. Nam quum aliquid alicui innuimus, et, exempli causa,
sublato vexillo quippiam declaramus: satis constat, eam significationem ad oculos tantum referri; quemadmodum tubarum,
tibiarum, aut citharae sonus, qui non solum delectandi, sed plerumque significandi causa funditur, ad aurium iudicium spectat;
quo quidem praecipue sensu verba etiam accipiuntur, quae ad
exprimendas intimas animi cogitationes maximam vim habent.
Verum praeter illa signa, quae hominum consensu et voluntate constituta esse hactenus diximus, alia quaedam sunt divinitus data, quorum tamen non unum genus esse omnes consentiunt.

III. Alia enim signa ob eam tantum rem a Deo hominibus
commendata sunt, ut aliquid significarent vel admonerent; cuiusmodi fuerunt legis purificationes, panis azymus, et alia permulta,
quae ad Mosaici cultus caeremonias pertinebant. Alia vero
Deus instituit, quae non significandi modo, sed efficiendi etiam
vim haberent; atque in hoc posteriori signorum genere Sacramenta novae legis numeranda esse, liquido apparet. Signa enim
sunt divinitus tradita, non ab hominibus inventa, quae rei
cuiuspiam sacrae, quam declarant, efficientiam in se continere,
certo credimus.

Quaestio VI.

Res sacra quo modo in definitione Sacramenti sit intelligenda.

I. Sed quemadmodum signa in multiplici varietate esse ostendimus, ita etiam res sacra non unius modi existimanda est.
Quod vero ad propositam Sacramenti definitionem attinet, divinarum rerum scriptores sacrae rei nomine Dei gratiam, quae
nos sanctos efficit, ac omnium divinarum virtutum habitu exor-
nat, demonstrant. Huic enim gratiae propriam sacrae rei ap-

festgesetzt und von den Menschen erfunden, um sich mit einander unterreden, und Andern ihre Gedanken mittheilen, und wiederum Anderer Meinung und Rathschläge erkennen zu können. Wie verschieden und mannigfaltig diese aber sind, läßt sich daraus entnehmen, daß einige auf den Gesichtssinn, die meisten auf den Gehörssinn, die andern auf die übrigen Sinne sich beziehen. Denn wenn wir Jemanden etwas andeuten, und dies z. B. durch Erhebung einer Fahne zu erkennen geben, so ist es einleuchtend, daß sich diese Bezeichnung nur auf die Augen bezieht; wie der Klang der Trompeten, Pfeifen oder der Laute, der nicht nur zum Vergnügen, sondern meistens um Etwas zu bezeichnen, hervorgebracht wird, sich auf das Urtheil des Gehörs bezieht. Durch diesen Sinn werden hauptsächlich auch die Worte aufgenommen, welche zum Ausdruck der innersten Gedanken des Herzens die größte Kraft haben. Es gibt aber außer den bisher genannten Zeichen, welche durch die Uebereinstimmung und den Willen der Menschen festgesetzt sind, auch einige andere von Gott verliehene, welche aber, wie Alle darin übereinstimmen, nicht von einerlei Art sind.

Es giebt Zeichen, welche von Gott zur Bezeichnung eines Gegenstandes eingesetzt sind, und diese sind zweifach. Die Zeichen des A. B.

3. Einige Zeichen nämlich sind von Gott nur deswegen den Menschen anbefohlen, damit sie Etwas bezeichneten, oder an Etwas erinnerten; dergleichen waren die Reinigungen des Gesetzes, das ungesäuerte Brod und vieles Andere, was zu den Ceremonien des mosaischen Gesetzes gehörte. Andere hingegen verordnete Gott, die nicht nur die Kraft haben sollten, Etwas anzudeuten, sondern auch zu bewirken, und es erhellt offenbar, daß zu dieser letzteren Gattung der Zeichen die Sakramente des Neuen Gesetzes gerechnet werden müssen. Denn es sind von Gott eingesetzte, und nicht von Menschen erfundene Zeichen, von denen wir mit Gewißheit glauben, daß sie die Kraft in sich enthalten, die heilige Sache zu wirken, die sie bedeuten.

Sechste Frage.
Was bei der Feststellung des Begriffes vom Sakramente unter heiliger Sache zu verstehen sei.

Die Zeichen des Neuen Bundes. Was vorzüglich unter dem Worte „heilige Sache" verstanden wird.

1. Wie wir aber nachgewiesen haben, daß die Zeichen sich in mannigfacher Verschiedenheit finden, so ist auch die heilige Sache nicht für einerlei Art zu halten. Was nun den vorerwähnten Begriff vom Sakrament angeht, so verstehen die Kirchenschriftsteller unter dem Worte „einer heiligen Sache" die Gnade Gottes, die uns heilig macht und mit der Gesinnung aller göttlichen Tugenden schmückt. Denn sie glaubten mit Recht, daß dieser Gnade die

pellationem tribuendam merito putarunt, quippe quum eius beneficio animus noster Deo consecretur et coniungatur.

Sacramenti definitio illustratur, et quomodo ab aliis signis differat, ostenditur.

II. Quare, ut explicatius, quid Sacramentum sit, declaretur, docendum erit, rem esse sensibus subiectam, quae ex Dei institutione, sanctitatis et iustitiae, tum significandae, tum efficiendae vim habet; ex quo sequitur, ut facile quivis possit intelligere, imagines Sanctorum, cruces et alia id generis, quamvis sacrarum rerum signa sint, non ideo tamen Sacramenta dicenda esse. Huius autem veritatis doctrinam facile erit omnium Sacramentorum exemplo comprobare, si, quod antea de Baptismo admonuimus, quum dicebamus, solemnem illam corporis ablutionem signum esse, et efficientiam habere rei sacrae, quae interius Spiritus Sancti vi fieret, idem etiam in aliis Sacramentis exercere aliquis velit. Iam vero hisce mysticis signis, quae a Deo instituta sunt, illud etiam praecipue convenit, ut ex Domini institutione non unam aliquam rem, sed plures simul significent.

Ex Dei institutione Sacramenta plura simul declarant.

III. Quod in singulis Sacramentis licet cognoscere, quae non solum sanctitatem et iustitiam nostram, sed praeterea duo alia cum ipsa sanctitate maxime coniuncta declarant, Christi scilicet Redemptoris passionem, quae sanctitatis causa est, et vitam aeternam, coelestemque beatitudinem, ad quam sanctitas nostra, tanquam ad finem, referri debet.

I. Significant rem praesentem. II. Praeteritam. III. Futuram. Quodque Sacramentum tria simul significat.

IV. Quod quidem quum in omnibus Sacramentis perspici possit, merito sacri Doctores unicuique Sacramentorum triplicem significandi vim inesse tradiderunt, tum quia alicuius rei praeteritae memoriam afferat, tum quia aliam praesentem indicet ac demonstret, tum quia aliam futuram praenunciet. Neque vero existimandum est, hoc ita ab illis doceri, ut etiam sanctarum Scripturarum testimonio non probetur. Nam quum Apostolus ait: „Quicunque baptizati sumus in Christo Iesu, in morte ipsius baptizati sumus“,[1] plane ostendit, idcirco Baptismum signum dicendum esse, quod Dominicae passionis et mortis nos admoneat. Deinde quum inquit: „Consepulti enim sumus cum illo per Baptismum in mortem, ut, quomodo Chri-

---

1) Rom. 6, 2.

Benennung „heilige Sache" eigentlich zukomme, weil durch ihre Vermittelung unser Geist Gott geweiht und verbunden wird.

Der Begriff von Sakrament wird erklärt, und gezeigt, wie es von andern Zeichen sich unterscheidet.

2. Um daher ausführlicher zu erklären, was ein Sakrament sei, muß man lehren, daß es eine in die Sinne fallende Sache ist, die aus göttlicher Anordnung die Kraft hat, die Heiligkeit und Gerechtigkeit sowohl zu bedeuten, als auch sie zu bewirken; hieraus folgt, wie Jedermann leicht einsehen kann, daß die Bilder der Heiligen, die Crucifixe und Anderes dergleichen, obgleich sie Zeichen von heiligen Dingen sind, dennoch deswegen keine Sakramente genannt werden können. Die Lehre von dieser Wahrheit wird man leicht durch das Beispiel aller Sakramente beweisen können, wenn man nämlich auch auf die andern Sakramente anwenden will, was wir oben von der Taufe erinnert haben, da wir sagten, jene feierliche Abwaschung des Leibes sei ein Zeichen, und habe auch die Wirkung der heiligen Sache, welche innerlich durch die Kraft des heil. Geistes geschähe. Diesen geheimnißvollen Zeichen, die von Gott eingesetzet sind, ist nun noch besonders dieses eigen, daß sie, kraft der Anordnung des Herrn, nicht eine Sache allein, sondern mehrere zugleich bezeichnen.

Nach der Anordnung Gottes bezeichnen die Sakramente Mehreres zugleich.

3. Dies läßt sich bei den einzelnen Sakramenten erkennen, die nicht nur unsere Heiligkeit und Gerechtigkeit, sondern außerdem noch zwei andere mit der Heiligkeit selbst ganz enge verbundene Dinge andeuten, nämlich das Leiden Christi des Erlösers, welches die Ursache der Heiligkeit ist, und das ewige Leben und die himmlische Seligkeit, auf welche unsere Heiligkeit, als auf ihr Ziel und Ende, bezogen werden muß.

1. bezeichnen sie etwas Gegenwärtiges; 2. etwas Vergangenes; 3. etwas Zukünftiges. Und daß das Sakrament dies Dreifache zugleich bezeichnet.

4. Da dieses nun an allen Sakramenten wahrnehmbar ist, so haben die heiligen Lehrer mit Recht einem jeden Sakramente eine dreifache Bedeutungskraft zugeschrieben, theils, weil es eine vergangene Sache in Erinnerung bringt, theils, weil es eine andere gegenwärtige ankündigt und anzeigt, theils, weil es eine andere zukünftige vorherverkündigt. Man darf aber gar nicht meinen, als werde dies so von ihnen gelehrt, daß es nicht auch durch das Zeugniß der h. Schrift bewiesen würde. Denn wenn der Apostel sagt: „daß wir Alle, die wir in Christo Jesu getauft sind, in seinem Tode getauft worden sind," so zeigt er deutlich an, die Taufe sei deswegen ein Zeichen zu nennen, weil sie uns an das Leiden und den Tod des Herrn erinnert. Wenn er darauf sagt: „Denn wir sind mit ihm durch die Taufe zum Tode begraben, damit, gleichwie

stus surrexit a mortuis per gloriam Patris, ita et nos in novitate vitae ambulemus;" ex iis verbis perspicuum est, Baptismum signum esse, quo coelestis gratia in nos infusa declaratur;
cuius munere nobis datum est, ut novam vitam instituentes,
omnia verae pietatis officia facile et libenti animo exsequamur.
Postremo quum addit: „Si enim complantati facti sumus similitudini mortis eius, simul et resurrectionis erimus:"[1] apparet
Baptismum vitae etiam aeternae, quam per illum consecuturi
sumus, non obscuram significationem dare.

Sacramentum aliquando plures res praesentes designat.

V. Sed praeter haec, quae commemoravimus, varia significandi genera et rationes, saepe etiam evenit, ut Sacramentum
non unam tantum rem praesentem, sed plures demonstret ac
notet.   Id vero sanctissimum Eucharistiae Sacramentum intuen-
tibus facile est intelligere, quo veri corporis et sanguinis Domini
praesentia, nec non gratia, quam non impure sacra mysteria
sumentes percipiunt, designatur.   Ex iis igitur, quae dicta sunt,
Pastoribus argumenta deesse non poterunt, quibus ostendant,
quanta divinitatis potentia, quot arcana miracula Sacramentis
novae legis insint, ut, ea summa cum religione colenda et suscipienda esse, omnibus persuadeant.

<h2 align="center">Quaestio VII.</h2>
<h3 align="center">Cur Sacramenta institui apud Christianos oportuerit.</h3>

Primo, ut humani ingenii imbecillitatem adjuvent.

I. Verum ad rectum Sacramentorum usum docendum nihil
accommodatius videri potest, quam diligenter causas exponere,
cur Sacramenta institui oportuerit.   Plures autem numerari
solent, quarum prima est humani ingenii imbecillitas; siquidem
natura ita comparatum videmus, ut ad earum rerum notitiam,
quae mente atque intelligentia comprehensae sunt, nisi per ea,
quae aliquo sensu percipiuntur, nemini aspirare liceat. Ut
igitur, quae occulta Dei virtute efficiuntur, facilius intelligere
possemus, idem summus rerum omnium artifex sapientissime
fecit, ut eam ipsam virtutem aliquibus signis, quae sub sensum
cadunt, pro sua in nos benignitate declararet.   Nam ut praeclare a S. Chrysostomo dictum est,[2] si homo corporis concre-
tione caruisset, nuda ipsa bona, neque ullis integumentis invo-

---

1) Rom 6, 5. 2) Homil. 83 in Matth. et 60 ad popul. Antioch.

Christus auferstanden ist von den Todten durch die Herrlichkeit des Vaters, also sollen auch wir in einem neuen Leben wandeln," so erhellt aus diesen Worten, die Taufe sei ein Zeichen, wodurch die uns eingegossene himmlische Gnade angedeutet wird, durch deren Geschenk uns verliehen ist, daß wir ein neues Leben beginnen und alle Pflichten einer wahren Frömmigkeit leicht und willig erfüllen. Wenn er zuletzt hinzufügt: „Wenn wir nämlich (mit ihm) zusammengepflanzt sind zur Aehnlichkeit seines Todes, so werden wir es auch zur Aehnlichkeit der Auferstehung sein," so ist offenbar, daß die Taufe auch eine nicht undeutliche Bezeichnung des ewigen Lebens abgibt, welches wir durch dieselbe erlangen werden.

Das Sakrament bezeichnet mitunter mehrere gegenwärtige Gegenstände.

5. Außer diesen angeführten verschiedenen Arten und Weisen der Bezeichnung kommt es aber auch oft vor, daß ein Sakrament nicht blos Eine gegenwärtige Sache, sondern mehrere anzeigt und bezeichnet. Dies ist bei der Betrachtung des heiligsten Sakraments der Eucharistie leicht zu erkennen, durch welches die Gegenwart des wahren Leibes und Blutes des Herrn und ebenso die Gnade bezeichnet wird, welcher diejenigen theilhaftig werden, die die heiligen Geheimnisse nicht mit unreinem Herzen empfangen. Es kann also nach dem Gesagten den Pfarrern nicht an Gründen fehlen, zu beweisen, welche große göttliche Macht, wie viele geheimnißvolle Wunder in den Sakramenten des Neuen Gesetzes enthalten sind, um Alle zu überzeugen, daß man dieselben mit der höchsten Ehrfurcht verehren und empfangen müsse.

Siebente Frage.

Warum bei den Christen Sakramente eingesetzt werden mußten.

Zuerst um die Schwäche des menschlichen Geistes zu unterstützen.

1. Um jedoch den rechten Gebrauch der Sakramente zu lehren, kann Nichts angemessener erscheinen, als fleißig die Ursachen zu erklären, warum die Sakramente eingesetzt werden mußten. Man pflegt deren aber mehrere aufzuzählen, und zwar ist die erste die Schwachheit des menschlichen Verstandes. Denn wir finden die Einrichtung von der Natur getroffen, daß Niemand zur Erkenntniß der Dinge, welche mit dem Geiste und Verstande erfaßt werden, anders zu gelangen vermag, als durch das, was unter einen der Sinne fällt. Damit wir nun um so leichter wahrnehmen könnten, was durch die verborgene Kraft Gottes gewirkt wird, so hat eben dieser höchste Werkmeister aller Dinge es höchst weise so angeordnet, daß er uns, nach seiner Güte gegen uns, eben diese Kraft durch irgendwelche unter die Sinne fallende Zeichen kund gethan hat. Denn wie der h. Chrysostomus vortrefflich gesagt hat, „wenn der Mensch der Körperlichkeit seines Leibes entbehrte, so

17

luta, ei oblata essent; quoniam vero anima corpori coniuncta
est, omnino opus fuit, ut rerum, quae sentiuntur, adminiculo
ad ea intelligenda uteretur.

Secundo, ut credendi tarditatem erigant.

II. Altera vero causa est, quod animus noster haud facile
commovetur ad ea, quae nobis promittuntur, credenda. Quare
Deus a mundi exordio, quae facere instituerat, verbis quidem
frequentissime indicare consuevit; interdum vero, quum opus
aliquod institueret, cuius magnitudo promissi fidem abrogare
posset, alia etiam signa, quae nonnunquam miraculi speciem
haberent, verbis adiunxit. Nam quum Deus Moysen ad Israe-
litici populi liberationem mitteret, [1] ille vero, ne Dei quidem
pracipientis auxilio fretus, timeret, ne onus sibi gravius impo-
neretur, quam ut sustinere posset, aut ne populus divinis oraculis et dictis fidem non adiungeret: Dominus promissionem
suam multa signorum varietate firmavit. Quemadmodum igitur
in veteri Testamento Deus fecerat, ut magni alicuius promissi
constantiam signis testificaretur: ita etiam in nova lege Christus, Salvator noster, quum nobis peccatorum veniam, coelestem
gratiam, Spiritus Sancti communicationem pollicitus est, quaedam signa oculis et sensibus subiecta instituit, quibus eum
quasi pignoribus obligatum haberemus, atque ita fidelem in pro-
missis futurum dubitare nunquam possemus.

Tertio, ut parata et certa sit medicina ad depellendos animi morbos et salutem tuendam.

III. Tertia causa fuit, ut illa tamquam remedia, ut scribit
sanctus Ambrosius, [2] atque Evangelici Samaritani medicamenta,
ad animarum sanitatem vel recuperandam vel tuendam praesto
essent. Virtutem enim, quae ex passione Christi manat, hoc
est gratiam, quam ille nobis in ara crucis meruit, per Sacramenta, quasi per alveum quendam, in nos ipsos derivare oportet; aliter vero nemini ulla salutis spes reliqua esse poterit.
Quare clementissimus Dominus Sacramenta verbo suo, et promissione sancita, relinquere in Ecclesia voluit, per quae passionis suae fructum nobis re ipsa communicari, sine dubitatione
crederemus, si modo unusquisque nostrum ad se eam curationem
pie et religiose admoveret.

---

1) Exod. 3 et 4.　2) De Sacram. 1. 5. c. 4.

würden ihm jene Güter nackt und ganz unverhüllt verliehen sein; weil aber die Seele mit dem Leibe verbunden ist, so war es durchaus nothwendig, daß er sich zur Erkenntniß derselben der unter die Sinne fallenden Dinge als eines Hülfsmittels bediente."

Zweitens, um die Schwerfälligkeit zum Glauben zu erwecken.

2. Die zweite Ursache aber ist, weil unser Gemüth sich nicht leicht bewegen läßt, das zu glauben, was uns verheißen wird. Daher pflegte Gott von Anbeginn der Welt her, was er zu thun sich vorgesetzt hatte, meistens durch Worte anzuzeigen; zuweilen aber fügte er, wenn er irgend ein Werk beschloß, dessen Größe den Glauben an die Verheißung hätte beeinträchtigen können, den Worten auch andere Zeichen hinzu, welche mitunter das Ansehen eines Wunders hatten. Denn als Gott den Moses zur Befreiung des israelitischen Volkes sandte, dieser aber, nicht einmal der Hülfe des befehlenden Gottes vertrauend, fürchtete, ihm werde eine schwerere Last auferlegt, als er zu tragen vermöchte, oder das Volk werde den göttlichen Aussprüchen und Worten keinen Glauben schenken: so bekräftigte der Herr seine Verheißung durch eine große Mannigfaltigkeit von Zeichen. Wie es also Gott im Alten Testamente gethan hatte, daß er die Unumstößlichkeit irgend einer großen Verheißung durch Zeichen bestätigte, eben so hat auch im Neuen Gesetze Christus, unser Heiland, als er uns die Vergebung der Sünden, die himmlische Gnade, die Mittheilung des h. Geistes versprach, einige mit den Augen und Sinnen erkennbare Zeichen eingesetzt, damit er durch sie, wie durch ein Unterpfand uns gleichsam verpflichtet wäre, und wir sonach niemals zweifeln könnten, daß er in seinen Verheißungen treu sein werde.

Drittens, um eine wohlbereitete und sichere Arznei zu haben, die Krankheiten der Seele zu vertreiben und die Gesundheit zu schützen.

3. Die dritte Ursache war, damit sie, wie der heil. Ambrosius schreibt, gleich den Heilmitteln und Arzneien des Samaritans im Evangelium vorhanden seien, die Gesundheit der Seelen entweder wieder herzustellen, oder zu bewahren. Denn die Kraft, welche aus dem Leiden Christi ausströmt, d. h. die Gnade, welche er uns auf dem Altare des Kreuzes verdient hat, muß durch die Sakramente, gleichsam wie durch einen Kanal, auf uns selbst hingeleitet werden; sonst wird Niemanden irgend eine Hoffnung zum Heile übrig bleiben können. Deswegen wollte der allgütige Gott die durch sein Wort und seine Verheißung eingesetzten Sakramente in der Kirche hinterlassen, damit wir unbezweifelt glauben könnten, durch sie werde uns die Frucht seines Leidens wirklich mitgetheilt, sofern nur ein jeder von uns andächtig und ehrfürchtig dieses Heilmittels sich bedienen wolle.

17*

Quarto, ut sint Christianismi veraeque religionis Symbola et sanctae societatis vincula.

IV. Sed quarta etiam causa accedit, cur Sacramentorum institutio necessaria videri possit, ut scilicet notae quaedam et symbola essent, quibus fideles internoscerentur; quum praesertim nullus hominum coetus queat, ut etiam a D. Augustino traditum est, sive verae sive falsae religionis nomine, quasi in unum corpus coagmentari, nisi aliquo visibilium signorum foedere coniungantur. [1] Utrumque igitur praestant novae legis Sacramenta, quae et Christianae fidei cultores ab infidelibus distinguunt, et ipsos fideles sancto quodam vinculo inter se connectunt.

Quinto sunt testimonia nostrae fidei, ejusque certa declaratio.

V. Praeterea aliam etiam iustissimam fuisse causam Sacramenta instituendi, ex illis Apostoli verbis: „Corde creditur ad iustitiam, ore autem confessio fit ad salutem", [2] ostendi potest. Sacramentis enim fidem nostram in hominum conspectu profiteri, et notam facere videmur. Quare ad Baptismum accedentes, palam testamur, nos credere eius aquae virtute, qua in Sacramento abluimur, spiritualem animae purgationem fieri.

Sexto. ut sint incitamenta fidei et charitatis.

VI. Magnam deinde vim habent Sacramenta non solum ad fidem in animis nostris excitandam et exercendam, sed etiam eam charitatem inflammandam, qua amare inter nos debemus, quum arctissimo nos vinculo colligatos, et unius corporis membra effectos esse, ex sacrorum mysteriorum communione recordamur.

Septimo sunt humilitatis excitandae instrumenta.

VII. Postremo, quod in Christianae pietatis studio plurimi faciendum est, humanae mentis superbiam edomant ac comprimunt, nosque ad humilitatem exercent, dum sensibilibus elementis subiicere nos cogimur, ut Deo obtemperemus, a quo antea impie defeceramus, ut mundi elementis serviremus.

Epilogus superiorum. Summa dicendorum.

VIII. Haec sunt, quae potissimum de sacramenti nomine, natura, institutione, fideli populo tradenda esse visa sunt; quae posteaquam a Pastoribus accurate exposita fuerint, docere dein-

---

1) Cont. Faust. l. 19. c. 11. 2) Rom. 10, 10.

Viertens, damit sie die Kennzeichen des Christenthums und der wahren Religion und das Band einer heiligen Genossenschaft seien.

4. Es kommt aber auch noch die vierte Ursache hinzu, warum die Einsetzung der Sakramente nothwendig erscheinen könnte: damit sie nämlich gewisse Merkmale und Wahrzeichen seien, woran die Gläubigen erkannt werden könnten; besonders, da keine Gemeinschaft von Menschen, wie auch der h. Augustin lehrt, sei es unter dem Namen der wahren oder der falschen Religion, gleichsam zu einem Leibe verbunden werden kann, wenn sie nicht durch irgend ein Band sichtbarer Zeichen vereinigt werden. Beides nun leisten die Sakramente des Neuen Gesetzes, welche sowohl die Bekenner des christlichen Glaubens von den Ungläubigen unterscheiden, als auch die Gläubigen selbst durch ein gewisses heiliges Band unter sich verbinden.

Fünftens sind sie die Zeugnisse unseres Glaubens und eine offene Erklärung desselben.

5. Ferner läßt sich eine andere sehr gerechte Ursache der Einsetzung der Sakramente aus jenen Worten des Apostels erweisen: „Mit dem Herzen glaubt man zur Gerechtigkeit, und mit dem Munde geschieht das Bekenntniß zur Seligkeit." Denn durch die Sakramente zeigt sich's, wie wir unsern Glauben im Angesichte der Menschen bekennen und offenbaren. Wenn wir daher zur Taufe hinzutreten, so bezeugen wir öffentlich, daß wir glauben, es werde durch die Kraft des Wassers, wodurch wir im Sakramente abgewaschen werden, die geistige Reinigung der Seele bewirkt.

Sechstens, damit sie eine Anregung des Glaubens und der Liebe seien.

6. Eine große Kraft haben überdies die Sakramente, nicht nur den Glauben in unseren Herzen zu erwecken und zu üben, sondern auch die Liebe zu entflammen, womit wir uns untereinander lieben sollen, da wir uns bei der Gemeinschaft der heiligen Geheimnisse erinnern, daß wir durch das engste Band vereinigt und Eines Leibes Glieder geworden sind.

Siebentens sind sie Werkzeuge, die Demuth zu erwecken.

7. Endlich, was beim Streben nach christlicher Frömmigkeit auf's Höchste anzuschlagen ist, bändigen und unterdrücken sie den Stolz des menschlichen Herzens, und leiten uns zur Demuth an, indem wir uns den sinnlichen Elementen zu unterwerfen genöthigt werden, damit wir Gott gehorchen, von dem wir vorher treulos abgefallen waren, um den Elementen der Welt zu dienen.

Schlußwort zum Vorigen. Summe des zu Erörternden.

8. Dies ist es, was uns hauptsächlich von dem Worte, der Natur, der Einsetzung des Sakramentes dem gläubigen Volke vorgetragen werden zu müssen schien. Nachdem die Pfarrer dasselbe sorgfältig werden auseinandergesetzt haben, so müssen sie darnach

ceps oportebit, quibus ex rebus singula Sacramenta constent,
quaeve sint illorum partes, ac praeterea, qui ritus et caeremoniae additae illis fuerint.

Quaestio VIII.

Partes ad constituendum unumquodque Sacramentum necessariae.

De materia et forma Sacramentorum, eorumque caeremoniis.

I. Primum igitur explicandum est, rem sensibilem, quae supra
in Sacramenti definitione posita est, non unam tantum esse,
quamvis unum signum constitui credendum sit. Duo enim sunt,
ex quibus quodlibet Sacramentum conficitur, quorum alteram
materiae rationem habet, atque elementum dicitur, alterum
formae vim, et verbum communi vocabulo appellatur. Sic enim
a Patribus accepimus. Qua in re notum est atque apud omnes
pervulgatum illud sancti Augustini testimonium : [1] „Accedit verbum ad elementum, et fit Sacramentum". Rei igitur sensibilis
nomine tum materiam sive elementum intelligunt, ut in Sacramento Baptismi aquam, Confirmationis chrisma, et Extremae
Unctionis oleum, quae omnia sub aspectum cadunt; tum praeterea verba, quae formae rationem habent, atque ad aurium
sensum pertinent. Apostolus vero utrumque aperte indicavit,
quum inquit: [2] „Christus dilexit Ecclesiam, et se ipsum tradidit
pro ea, ut illam sanctificaret, mundans eam lavacro aquae in
verbo vitae". Quo in loco materia et forma Sacramenti exprimitur.

Materia et forma Sacramentorum ex Scripturis trahuntur. Verborum in Sacramentis
virtus.

II. Addenda autem erant verba ad materiam, ut apertior
clariorque rei, quae gerebatur, significatio fieret. Verba enim
inter omnia signa maximam vim habere perspicuum est; ac, si
ipsa desint, plane obscurum erit, quidnam materia Sacramentorum designet ac demonstret. Nam, ut in Baptismo licet videre, quum aqua non minus refrigerandi, quam abluendi vim
habeat, et utriusque rei symbolum esse possit, nisi verba ad-
dantur, utrum horum in Baptismo significet, aliquis fortasse
coniectura aliqua diiudicabit, nemo autem ea de re quippiam
certi affirmare audebit; at quum verba adhibeantur, statim intelligimus, abluendi vim et significationem habere.

1) Tractat. 80 in Ioan.   2) Ephes. 5, 25.

lehren, woraus die einzelnen Sakramente bestehen, welches ihre Theile sind, und überdies, welche Gebräuche und Ceremonien ihnen beigefügt sind.

Achte Frage.

Die Theile, welche zur Vollständigkeit eines jeden Sakramentes nothwendig sind.

Ueber die Materie und Form der Sakramente und ihre Ceremonien.

1. Zunächst muß also erklärt werden, die sichtbare Sache, von welcher oben bei der Begriffsbestimmung des Sakramentes die Rede war, sei nicht blos Eine, obgleich wir glauben müssen, daß sie Ein Zeichen ausmache. Denn es ist ein Zweifaches, woraus ein jedes Sakrament besteht, von dem das Eine die Stelle der Materie vertritt, und Element heißet, das Andere die Bedeutung der Form hat und gewöhnlich das Wort genannt wird; denn so ist es uns von den Vätern überliefert worden. Bekannt und allenthalben verbreitet ist in dieser Beziehung jener Ausspruch des h. Augustin: „Das Wort kommt hinzu zum Element, und es wird das Sakrament.“ Sie verstehen also unter dem Ausdrucke: „sinnliches Ding“ theils die Materie oder das Element, wie beim Sakramente der Taufe das Wasser, bei der Firmung das Chrisma, und bei der letzten Oelung das Oel, welches Alles unter den Gesichtssinn fällt, theils überdies die Worte, welche die Form ausmachen und auf den Gehörssinn sich beziehen. Der Apostel hat aber Beides deutlich angezeigt, wenn er spricht: „Christus hat die Kirche geliebt, und sich selbst für sie hingegeben, um sie zu heiligen und zu reinigen in der Wassertaufe durch das Wort des Lebens,“ in welcher Stelle die Materie und die Form des Sakramentes ausgedrückt wird.

Materie und Form der Sakramente werden aus der heil. Schrift entnommen. Kraft der Worte bei den Sakramenten.

2. Es mußten aber Worte zu der Materie hinzugefügt werden, damit die Bedeutung der Sache, welche vollzogen wurde, deutlicher und klarer würde; denn Worte haben offenbar unter allen Zeichen die größte Kraft, und wenn sie fehlten, so würde es völlig dunkel sein, was die Materie der Sakramente bezeichnen und anzeigen sollte. Denn, wie man dies bei der Taufe sehen kann: da das Wasser nicht weniger die Kraft zu erfrischen als abzuwaschen hat, und von Beidem ein Sinnbild sein kann, so würde, wenn die Worte nicht hinzukämen, vielleicht Jemand durch eine Muthmaßung urtheilen, welches von Beiden die Taufe bezeichne, Niemand aber sich erkühnen, hierüber etwas Gewisses zu behaupten; werden jedoch die Worte beigefügt, so erkennen wir sogleich, daß es die Kraft und Bedeutung des Abwaschens habe.

Quaestio IX.

Excellentia Sacramentorum novae legis.

Forma sublata ratio Sacramenti tollitur.

Iu hoc autem nostra Sacramenta antiquae legis Sacramentis plurimum praestant, quod in illis administrandis nulla, quod quidem acceperimus, definita forma servaretur; quo etiam fiebat, ut incerta admodum et obscura essent; nostra vero formam verborum ita praescriptam habent, ut, si forte ab ea discedatur, Sacramenti ratio constare non possit; ob eamque rem clarissima sunt, ac nullum relinquunt dubitandi locum. Hae igitur sunt partes, quae ad naturam et substantiam Sacramentorum pertinent, et ex quibus unumquodque Sacramentum necessario constituitur.

Quaestio X.

Quae sit caeremoniarum in Sacramentis virtus et natura.

Videatur Sess. 7. Conc Trid. Can. XIII. de Sacram. Caeremoniarum antiquitus. Conc. Trident. Sess. 22. c. 5.

I. His accedunt caeremoniae, quae tametsi praetermitti sine peccato non possunt, nisi aliud facere ipsa necessitas cogat: tamen, si quando omittantur, quoniam rei naturam non attingunt, nihil de vera Sacramenti ratione imminui credendum est. Ac merito quidem a primis usque Ecclesiae temporibus illud semper servatum est, ut Sacramenta solemnibus quibusdam caeremoniis ministrarentur. Primum enim maxime decuit, sacris mysteriis eum religionis cultum tribuere, ut sancta sancte tractare videremur.

Caeremoniarum effectus.

II. Praeterea, quae Sacramento efficiuntur, caeremoniae ipsae magis declarant, ac veluti ante oculos ponunt, et earum rerum sanctitatem in animos fidelium altius imprimunt. Deinde vero mentes illorum, qui eas intuentur, et diligenter observant, ad sublimium rerum cogitationem erigunt, fidemque in eis et charitatem excitant; quo maior cura et diligentia adhibenda erit, ut fideles vim caeremoniarum, quibus singula Sacramenta conficiuntur, cognitam et perspectam habeant.

Neunte Frage.

Vortrefflichkeit der Sakramente des Neuen Gesetzes.

Wird die Form weggenommen, so geht das Sakrament verloren.

Darin aber übertreffen unsere Sakramente die Sakramente des Alten Gesetzes sehr weit, daß bei der Ausspendung dieser, so viel uns wenigstens bekannt ist, keine bestimmte Form beobachtet wurde; woher es auch kam, daß sie sehr unsicher und dunkel waren; unsere aber haben eine solche vorgeschriebene Form der Worte, daß, wenn man etwa davon abwiche, das Sakrament als solches gar nicht bestehen könnte. Eben deshalb sind sie auch höchst klar und lassen für keinen Zweifel Raum übrig. Dieses also sind die Theile, welche zu der Natur und dem Wesen der Sakramente gehören, und woraus jedes Sakrament nothwendig besteht. •

Zehnte Frage.

Welches die Bedeutung und Beschaffenheit der Ceremonien bei den Sakramenten sei.

Man sehe die siebente Sitzung des Concils von Trient, den 13. Canon von den Sakramenten. Alter der Ceremonien.

1. Hierzu gesellen sich die Ceremonien; obgleich diese ohne Sünde nicht unterlassen werden können, wofern nicht die Noth dazu zwingt, anders zu verfahren, so muß man doch glauben, daß, wenn sie vielleicht zuweilen unterlassen werden, Nichts von dem, was eigentlich zum Sakramente gehört, verloren gehe, weil sie das Wesen der Sache nicht berühren. Mit Recht aber ist von den ersten Zeiten der Kirche an immer darauf gehalten worden, daß die Sakramente mit gewissen feierlichen Ceremonien verwaltet wurden. Denn erstens geziemte es sich sehr, den heiligen Geheimnissen eine solche religiöse Verehrung zu erweisen, daß daraus das Heilige von uns auf heilige Weise behandelt erscheine.

Wirkung der Ceremonien.

2. Ueberdies erklären auch die Ceremonien deutlicher, was durch das Sakrament gewirkt wird, und stellen es gleichsam vor Augen, und prägen die Heiligkeit dieser Gegenstände den Gemüthern der Gläubigen tiefer ein. Ferner erheben sie aber auch den Geist derer, welche dieselben anschauen und sorgfältig beobachten, zur Betrachtung erhabener Dinge, und erwecken in ihnen den Glauben und die Liebe; daher muß denn auch eine um so größere Mühe und Sorgfalt darauf verwandt werden, daß die Gläubigen die Bedeutung der Ceremonien, womit die einzelnen Sakramente vollzogen werden, kennen und einsehen lernen.

Quaestio XI.

Quot sint Catholicae Ecclesiae Sacramenta.

De necessitate, numero et utilitate Sacramentorum. Septem Ecclesiae sacramenta. Conc. Trid. Sess. 7. can. I. de Sacram. in gener.

Sequitur, ut Sacramentorum numerus explicetur, quae quidem cognitio hanc utilitatem affert, quod populus eo maiori pietate omnes animi sui vires ad laudandam et praedicandam Dei erga nos singularem beneficentiam convertat, quo plura salutis ac beatae vitae adiumenta nobis divinitus parata esse intellexerit. Catholicae igitur Ecclesiae Sacramenta, quemadmodum ex Scripturis probatur, Patrum traditione ad nos pervenit, et Conciliorum testatur auctoritas, septenario numero definita sunt.

Quaestio XII.

Cur nec maiori nec minori numero Sacramenta concludantur.

Naturam ipsam docere, Sacramenta septenario numero esse definienda.

I. Cur autem neque plura neque pauciora numerentur, ex iis etiam rebus, quae per similitudinem a naturali vita ad spiritualem transferuntur, probabili quadam ratione ostendi poterit.

Humano generi septem esse necessaria ad vitam commode traducendam. Conc. Constant. Sess. 15. Florent. in Decr. ad Armen. Trident. Sess. 7.

II. Homini enim ad vivendum, vitamque conservandam, et ex sua reique publicae utilitate traducendam, haec septem necessaria videntur, ut scilicet in lucem edatur, augeatur, alatur; si in morbum incidat, sanetur; imbecillitas virium reficiatur; deinde, quod ad rem publicam attinet, ut magistratus nunquam desint, quorum auctoritate et imperio regatur; ac postremo legitima sobolis propagatione se ipsum et humanum genus conservet. Quae omnia, quoniam vitae illi, qua anima Deo vivit, respondere satis apparet, ex iis facile Sacramentorum numerus colligetur. Primus enim est Baptismus, veluti caeterorum ianua, quo Christo renascimur. Deinde Confirmatio, cuius virtute fit, ut divina gratia augeamur et roboremur; baptizatis enim iam Apostolis, ut D. Augustinus testatur[1], inquit Dominus: „Sedete in civitate, quoadusque induamini virtute ex alto".[2] Tum Eucharistia, qua, tanquam cibo vere coelesti, spiritus noster alitur et sustinetur. De ea enim dictum est a Salvatore: „Caro mea vere est cibus, et sanguis meus vere est potus".[3] Sequitur

1) Epist. 108.   2) Luc. 24, 49.   3) Ioan. 6, 56.

Eilfte Frage.

Wie viele Sakramente es in der katholischen Kirche gibt.

Ueber die Nothwendigkeit, Zahl und Nützlichkeit der Sakramente. Es gibt sieben Sakramente der Kirche.

Darauf ist nun die Zahl der Sakramente zu erklären, und zwar gewährt diese Erklärung den Vortheil, daß das Volk mit desto größerer Frömmigkeit alle Kräfte seiner Seele darauf richtet, die ausnehmende Güte Gottes gegen uns zu loben und zu preisen, je mehr Hülfsmittel zum Heile und zum seligen Leben es uns von Gott bereitet sieht. Die Sakramente in der katholischen Kirche sind also, wie sowohl aus der Schrift bewiesen wird, als durch die Ueberlieferung der Väter auf uns gekommen ist, und das Ansehen der Concilien es bezeugt, in der Siebenzahl beschlossen.

Zwölfte Frage.

Warum es weder mehr noch weniger Sakramente gebe.

Die Natur selbst lehrt, daß die Sakramente in der Siebenzahl zu beschließen seien.

1. Warum weder mehrere noch wenigere aufgezählt werden, läßt sich mit einer gewissen Wahrscheinlichkeit auch aus den Dingen nachweisen, die gleichnißweise von dem natürlichen Leben auf das geistige übertragen werden.

Wie dem Menschengeschlechte sieben Dinge nothwendig sind, das Leben zu führen.

2. Denn es scheinen dem Menschen zum Leben, und das Leben zu erhalten, und es zu seinem und des Staates Nutzen zu führen, diese sieben Stücke nothwendig: nämlich, daß er geboren werde, daß er wachse und ernährt werde, daß er, wenn er in Krankheit fällt, geheilt, und die Schwäche seiner Kräfte ergänzt werde; ferner, was den Staat anbelangt, so darf es nie an einer Obrigkeit fehlen, durch deren Ansehen und Herrschaft er regiert wird; und endlich, daß er durch eine rechtmäßig fortgepflanzte Nachkommenschaft sich selbst und das menschliche Geschlecht erhalte. Da nun dieses Alles, wie zur Genüge erhellet, jenem Leben entspricht, mit welchem die Seele für Gott lebt, so ergiebt sich hieraus leicht die Zahl der Sakramente. Das erste nämlich ist die Taufe, gleichsam die Thür zu den übrigen, durch die wir Christo wiedergeboren werden. Dann die Firmung, kraft welcher wir in der göttlichen Gnade zunehmen und erstarken; denn zu den bereits getauften Aposteln, wie der h. Augustin bezeugt, sagt der Herr: „Bleibet in der Stadt, bis daß ihr ausgerüstet werdet mit der Kraft aus der Höhe." Sodann die Eucharistie, wodurch unser Geist, wie durch eine wahrhaft himmlische Speise, ernährt und erhalten wird. Denn der Heiland sagt von ihr: „Mein Fleisch ist wahrhaftig eine Speise, und mein Blut ist wahrhaftig ein Trank." Es folgt viertens die Buße, durch deren Hülfe die verlorene Gesundheit wieder hergestellt wird, nach-

quarto loco Poenitentia, cuius ope sanitas amissa restituitur, postquam peccati vulnera accepimus. Postea vero Extrema Unctio, qua peccatorum reliquiae tolluntur, et animi virtutes recreantur; siquidem D. Iacobus, quum de hoc Sacramento loqueretur, ita testatus est:[1] „Et si in peccatis sit, remittentur ei". Sequitur Ordo, quo publica Sacramentorum ministeria perpetuo in Ecclesia exercendi, sacrasque omnes functiones exsequendi potestas traditur. Postremo additur Matrimonium, ut ex maris et feminae legitima et sancta coniunctione, filii ad Dei cultum et humani generis conservationem procreentur, et religiose educentur.

Quaestio XIII.

Aequalis non est omnium Sacramentorum vel necessitas, vel dignitas.

De praestantia et differentia Sacramentorum et eorum auctore.

1. Illud vero maxime animadvertendum est, quamvis omnia Sacramenta divinam et admirabilem virtutem in se contineant, tamen non parem omnia, et aequalem necessitatem, aut dignitatem, aut unam eandemque significandi vim habere.

Tria sunt Sacramenta prae caeteris necessaria. Conc. Trident. Sess. VII. can. 3 et 4 de Sacram. in gen. Baptismi necessitas.

II. Atque ex iis tria sunt, quae, tametsi non eadem ratione, tamen prae caeteris necessaria dicuntur. Baptismum enim unicuique sine ulla adiunctione necessarium esse, Salvator his verbis declaravit:[2] „Nisi quis renatus fuerit ex aqua et Spiritu, sancto, non potest introire in regnum Dei".

Poenitentiae necessitas. Ordinis necessitas. Eucharistiae dignitas.

III. Poenitentia vero illis tantummodo necessaria est, qui se post Baptismum aliquo mortali peccato obstrinxerunt; neque enim aeternum exitium effugere poterunt, nisi eos admissi peccati rite poenituerit. Ordo praeterea, etsi non singulis fidelibus, toti tamen Ecclesiae omnino necessarius est. Verum si dignitas in Sacramentis spectetur, Eucharistia sanctitate et mysteriorum numero ac magnitudine longe caeteris antecellit. Quae omnia facilius intelligentur, quum suo loco ea, quae ad singula Sacramenta pertinent, explicabuntur.

Quaestio XIV.

A quo haec sacra et divina mysteria sint accepta, principaliterque dispensentur.

Causa efficiens seu auctor Sacramenti Deus est per Christum, idemque praecipue intus dispensat. Conc. Trident. Sess. VII. can. 1. de Sacram. in gen.

Deinceps videndum est, a quo haec sacra et divina mysteria

1) Iac. 5, 15.   2) Ioan. 3, 5.

dem wir durch die Sünde verwundet wurden. Darnach aber die letzte Oelung, durch welche die Ueberbleibsel der Sünden getilgt und die Kräfte der Seele gestärkt werden; denn der h. Jakobus hat, als er von diesem Sakramente redete, also bezeugt: „Und wenn er Sünden auf sich hat, so werden sie ihm vergeben werden." Es folgt die Priesterweihe, wodurch die Gewalt ertheilt wird, die öffentliche Verwaltung der Sakramente allezeit in der Kirche aus= zuüben, und alle heiligen Verrichtungen vorzunehmen. Endlich kommt die Ehe hinzu, damit durch die rechtmäßige und heilige Verbindung des Mannes und des Weibes, zum Dienste Gottes und zur Erhaltung des menschlichen Geschlechtes, Kinder gezeugt und gottselig erzogen werden möchten.

Dreizehnte Frage.
Die Nothwendigkeit und Würde ist nicht bei allen Sakramenten gleich.
Ueber den Werth und Unterschied der Sakramente, und ihren Urheber.

1. Hauptsächlich ist dies zu beachten, daß, obgleich alle Sakramente eine göttliche und wunderbare Kraft in sich enthalten, dennoch nicht alle eine gleiche und ebenmäßige Nothwendigkeit oder Würde oder ein und dieselbe Kraft und Bedeutung haben.

Drei Sakramente sind vorzüglich nothwendig.

2. Und zwar giebt es drei unter ihnen, die, obwohl nicht auf dieselbe Weise, dennoch vor den übrigen vorzugsweise nothwendig genannt werden. Denn, daß die Taufe einem Jeden unbedingt nothwendig sei, hat der Heiland in den Worten erklärt: „Wenn Jemand nicht wiedergeboren wird aus dem Wasser und heiligen Geiste, so kann er in das Reich Gottes nicht eingehen."

Nothwendigkeit der Buße. Nothwendigkeit der Priesterweihe. Würde der Eucharistie.

3. Die Buße hingegen ist nur denjenigen nothwendig, die sich nach der Taufe in irgend eine Todsünde verstrickt haben; denn sie können dem ewigen Verderben nicht entrinnen, wenn sie nicht über die begangene Sünde in rechter Weise Buße gethan haben. Die Priester= weihe ist ferner, obwohl nicht den einzelnen Gläubigen, doch der ganzen Kirche unumgänglich nothwendig. Beachtet man aber die Würde bei den Sakramenten, so übertrifft die Eucharistie die übrigen weit an Heiligkeit und an Zahl und Größe der Geheimnisse. Dies Alles wird klarer werden, wenn am betreffenden Orte das, was zu jedem einzelnen Sakramente gehört, erklärt werden wird.

Vierzehnte Frage.
Von wem wir diese heiligen und göttlichen Geheimnisse erhalten haben, und wer sie eigentlich ausspendet.
Die bewirkende Ursache oder der Urheber der Sakramente ist Gott durch Christus, und er ist es, der sie innerlich vorzugsweise ausspendet.

Hiernach ist darauf zu sehen, von wem wir diese heiligen und

acceperimus; neque enim dubitandum est, quin praeclari alicuius muneris dignitas eius, a quo donum ipsum profectum est, dignitate et praestantia quam maxime augeatur. Sed ea quaestio difficilem explicationem habere non potest. Nam quum Deus sit, qui homines iustos efficiat, ipsa vero Sacramenta iustitiae adipiscendae mirifica quaedam instrumenta sint: patet, unum eundemque Deum in Christo iustificationis et Sacramentorum auctorem agnoscendum esse. Praeterea Sacramenta eam vim et efficientiam continent, quae ad intimam animam penetrat. Quum vero unius Dei potentiae proprium sit, in corda et mentes hominum illabi, ex hoc etiam perspicitur, Sacramenta a Deo ipso per Christum instituta esse; quemadmodum ab eo quoque intus dispensari, certa et constanti fide tenendum est. Hoc enim testimonium de illo se accepisse sanctus Ioannes affirmat, quum ait: [1] „Qui misit me baptizare in aqua, ille mihi dixit: Super quem videris Spiritum descendentem et manentem super eum, hic est, qui baptizat in Spiritu Sancto."

Quaestio XV.

Quibus ministris utatur Deus in Sacramentis dispensandis.

Dispensat Deus Sacramenta per homines.

Sed quamvis Deus Sacramentorum auctor et dispensator sit, ea tamen non per Angelos, verum per homines ministrari in Ecclesia voluit; non minus enim ministrorum officio, quam materia et forma ad Sacramenta conficienda opus esse, perpetua sanctorum Patrum traditione confirmatum est.

Quaestio XVI.

Minister sua pravitate gratiae sacramentalis virtutem impedire non potest.

Ministrorum quae sit ratio. Conc. Trident. Sess. VII. cap. 11. 12 de Sacr. in gener. Gratiae fructum minister impedire nequit.

Atque hi quidem ministri, quoniam in sacra illa functione non suam, sed Christi personam gerunt, ea re fit, ut, sive boni, sive mali sint, modo ea forma et materia utantur, quam ex Christi instituto semper Ecclesia Catholica servavit, idque facere proponant, quod Ecclesia in ea administratione facit, vere Sacramenta conficiant et conferant, ita ut gratiae fructum nulla res impedire possit, nisi, qui ea suscipiunt, se ipsos tanto bono fraudare, et Spiritui Sancto velint obsistere. Hanc vero in Ecclesia certam et exploratam sententiam semper fuisse, S. Au-

---

[1] Ioan. 1, 33.

göttlichen Geheimnisse erhalten haben; denn ohne Zweifel wird die Würde eines ausgezeichneten Geschenkes durch die Würde und Hoheit dessen, von dem das Geschenk selbst herrührt, außerordentlich vermehrt. Die Erörterung dieser Frage indeß kann nicht schwierig sein. Denn da Gott es ist, der die Menschen gerecht macht, die Sakramente aber gewisse wunderbare Werkzeuge sind, die Gerechtigkeit zu erlangen, so erhellet, daß wir den einen und denselben Gott in Christo als den Urheber der Rechtfertigung und der Sakramente anzuerkennen haben. Außerdem enthalten die Sakramente diejenige Kraft und Wirkung, welche das Innerste der Seele durchdringt. Da es aber der Macht Gottes allein eigen ist, in die Herzen und Seelen der Menschen einzudringen, so erhellet auch hieraus, daß die Sakramente von Gott selbst durch Christus eingesetzt sind; so wie man gewiß und fest im Glauben anzünehmen hat, daß sie von ihm auch innerlich ausgespendet werden. Denn dies Zeugniß von ihm empfangen zu haben, behauptet der heilige Johannes, wenn er sagt: „Der mich gesandt hat, mit Wasser zu taufen, sprach zu mir: „Ueber welchen du sehen wirst den Geist herabsteigen und auf ihm bleiben, der ist's, der mit dem heiligen Geiste tauft.“

Fünfzehnte Frage.

Welcher Diener sich Gott bei Ausspendung der Sakramente bediene.

Gott spendet die Sakramente durch Menschen aus.

Obgleich aber Gott der Urheber und Ausspender der Sakramente ist, so wollte er sie dennoch nicht durch Engel, sondern durch Menschen in der Kirche verwalten lassen; denn daß das Amt der Diener zur Vollziehung der Sakramente nicht minder nothwendig ist, als die Materie und Form, ist durch die beständige Ueberlieferung der heil. Väter bestätigt.

Sechszehnte Frage.

Der Ausspender kann durch seine Lasterhaftigkeit die Wirksamkeit der sakramentalen Gnade nicht hindern.

Welche Bewandtniß es mit dem Ausspender habe. Der Ausspender kann die Gnadenwirkung nicht verhindern.

Und weil diese Diener bei jener heiligen Verrichtung nicht ihre, sondern Christi Person vertreten, darum geschieht es, daß sie, mögen sie nun gut oder bös sein, wenn sie nur der Form und Materie sich bedienen, welche die katholische Kirche nach der Einsetzung Christi allezeit beibehalten, und den Vorsatz haben, das zu thun, was die Kirche bei dieser Ausspendung thut, die Sakramente wahrhaft vollziehen und austheilen, so daß Nichts die Gnadenwirkung hintern kann, wenn nicht diejenigen, die sie empfangen, sich selbst um ein so großes Gut bringen, und dem h. Geiste widerstehen

gustinus in iis disputationibus, quas adversus Donatistas conscripsit, clarissime demoustravit. Quod si etiam Scripturae testimonia quaerimus, ipsum Apostolum his verbis loquentem audiamus:[1] „Ego“, inquit, „plantavi, Apollo rigavit; sed Deus incrementum dedit. Neque enim qui plantat est aliquid, neque qui
rigat; sed qui incrementum dat, Deus“. Ex quo loco satis
intelligitur, quemadmodum arboribus nihil obest eorum improbitas, quorum manu satae sunt: ita nihil vitii aliena culpa contrahi illis posse, qui malorum hominum ministerio Christo insiti
sunt. Quare, ut ex D. Ioannis Evangelio sancti Patres nostri
docuerunt, Iudas etiam Iscariotes plures baptizavit, ex quibus
tamen neminem iterum baptizatum fuisse legimus, ita ut praeclare D. Augustinus scriptum reliquerit:[2] „Dedit Baptismum
Iudas, et non baptizatum est post Iudam: dedit Ioannes, et
baptizatum est post Ioannem, quia, si datum est a Iuda. „Baptisma Christi“ erat; quod autem a Ioanne datum est, „Ioannis“
erat; non Iudam Ioanni, sed Baptismum Christi, etiam per
Iudae manus datum, Baptismo Ioannis, etiam per manus Ioannis
dato, recte praeponimus“.

Quaestio XVII.

Quid de illis sentiendum sit, qui impura conscientia Sacramenta ad-ministrant.

Sacramenta novae legis impura conscientia ministrare quam perniciosum ipsis ministris et de eorum effectu.

I. Neque vero Pastores aliive Sacramentorum ministri, quum
haec audiunt, satis sibi esse arbitrentur, si posthabita morum
integritate ac conscientiae munditia, illud tantum cogitent, quo
modo Sacramenta ab illis rite ministrentur; id enim etsi diligenter curandum est, in hoc tamen omnia, quae ad eam functionem pertinent, posita non sunt. Meminisse autem semper
debent, Sacramenta divinam quidem virtutem, quae illis inest,
nunquam amittere, at vero impure ea ministrantibus aeternam
perniciem et mortem afferre.

Sancta sancte tractanda, et Sacramenta gratiam, quae illis inest, nunquam amittere.
Conc. Trident. Sess. VII. can. 6. de Sacr. in gener.

II. Sancta enim, quod semel atque iterum ac saepius admonere oportet, sancte et religiose tractanda sunt. „Peccatori“, ut

---

1) 1 Cor. 3, 6. 2) Tract. in Ioan. 5.

wollen. Daß dieses aber stets in der Kirche die gewisse und zuverlässige Meinung gewesen ist, hat der heil. Augustin in den Streitschriften wider die Donatisten auf's Klarste nachgewiesen. Wenn wir uns überdies nach Zeugnissen in der Schrift umsehen, so mögen wir den Apostel selbst vernehmen, der also spricht: „Ich habe gepflanzt, Apollo hat begossen; Gott aber hat das Gedeihen gegeben. Daher ist weder derjenige Etwas, welcher pflanzt, noch derjenige, welcher begießt, sondern Gott, welcher das Gedeihen gibt. Aus dieser Stelle ersieht man zur Genüge, daß, wie den Bäumen die Gottlosigkeit derer nichts schadet, durch deren Hand sie gepflanzt sind, also auch fremde Schuld denen nicht zum Verbrechen angerechnet werden kann, die durch Vermittelung böser Menschen Christo eingepflanzt wurden. Daher hat auch, wie die heiligen Väter aus dem Evangelio des h. Johannes erwiesen haben, Judas Ischarioth Mehrere getauft, und doch lesen wir von Keinem unter ihnen, daß er abermals getauft worden sei, so daß der h. Augustin vortrefflich geschrieben hat: „Judas ertheilte die Taufe, und es wurde nach Judas nicht wieder getauft; Johannes taufte, und nach Johannes taufte man wieder; denn die von Judas ertheilte Taufe war die Taufe Christi; aber die von Johannes ertheilte Taufe war des Johannes Taufe; nicht den Judas ziehen wir dem Johannes, aber die, obgleich durch die Hände des Judas ertheilte, Taufe Christi, mit Recht der Taufe des Johannes vor, selbst da sie durch Johannes Hände ertheilt wurde.

Siebenzehnte Frage.

Was von denen zu halten sei, die mit unreinem Gewissen die Sakramente ausspenden.

Wie verderblich es für die Ausspender selbst ist, die Sakramente des Neuen Bundes mit unreinem Gewissen auszuspenden, und von ihrer Wirkung.

1. Wenn aber die Pfarrer oder die übrigen Ausspender der Sakramente dieses hören, so sollen sie nicht glauben, daß es, mit Hintansetzung der Reinheit der Sitten und der Unbeflecktheit des Gewissens, schon genüge, nur darauf bedacht zu sein, daß die Sakramente von ihnen gehörig gespendet werden; denn obgleich sie mit Fleiß hierauf Bedacht zu nehmen haben, so besteht doch darin nicht Alles, was zu dieser Verrichtung gehört. Sie sollen aber stets eingedenk sein, daß die Sakramente, obgleich sie die ihnen inwohnende Kraft niemals verlieren, dennoch denen, die sie unrein ausspenden, den ewigen Untergang und Tod bringen.

Das Heilige ist heilig zu behandeln, und daß die Sakramente die ihnen inwohnende Gnade nie verlieren.

2. Denn das Heilige, woran immer wieder von neuem erinnert werden muß, soll heilig und gottesfürchtig behandelt werden. „Zu

18

est apud Prophetam[1], „dixit Deus: Quare tu enarras iustitias meas, et assumis testamentum meum per os tuum? tu vero odisti disciplinam". Quod si homini peccatis contaminato minus licet de rebus divinis agere, quantum ab eo scelus concipi existimandum erit, qui sibi multorum scelerum conscius est, nec tamen sacra mysteria polluto ore conficere, vel in foedas manus sumere, contrectare, atque aliis porrigere et ministrare vereatur? Quum praesertim apud S. Dionysium scriptum sit[2], malis symbola (ita enim Sacramenta appellat) ne contingere quidem permissum esse. Sanctitatem igitur sacrarum rerum ministri in primis sectentur, pure ad Sacramenta ministranda accedant, atque ita se ad pietatem exerceant, ut ex eorum frequenti tractatione et usu uberiorem in dies gratiam, adiuvante Deo, consequantur.

Quaestio XVIII.
De praecipuis Sacramentorum effectibus.

In primis gratiam justificantem conferunt. Conc. Trident. Sess. VII. can. 6. 7. 8. de Sacr. in gener.

I. Sed iam his rebus explicatis docendum erit, quinam Sacramentorum effectus sit; id enim Sacramenti definitioni, quae supra tradita est, non parum lucis allaturum videtur. Ii autem duo praecipue numerantur. Ac principem quidem locum merito gratia illa obtinet, quam usitato a sacris Doctoribus nomine, „iustificantem" vocamus; ita enim Apostolus apertissime nos docuit, quum inquit[3], Christum dilexisse Ecclesiam, et se ipsum tradidisse pro ea, ut illam sanctificaret, mundans eam lavacro aquae in verbo. Quo autem pacto tanta res, et tam admirabilis per Sacramentum efficiatur, ut, quemadmodum S. Augustini[4] sententia celebratum est, aqua corpus abluat, et cor tangat: id quidem humana ratione atque intelligentia comprehendi non potest. Constitutum enim esse debet, nullam rem sensibilem suapte natura ea vi praeditam esse, ut penetrare ad animam queat. At fidei lumine cognoscimus, omnipotentis Dei virtutem in Sacramentis inesse, qua id efficiant, quod sua vi res ipsae naturales praestare non possunt.

Sacramentorum vis miraculis declarata et initio nascentis Ecclesiae aliquamdiu visa. S. August. Lib. Q. V. et N. T. 9. 93.

II. Quocirca, ne ulla unquam huius effectus dubitatio in animis fidelium resideret, quum ministrari Sacramenta coeptum est,

---

1) Ps. 49, 16. 17. 2) De Eccles. Hierarch. c. 1. 3) Ephes. 5, 25. 4) Tract. 30 in Ioan.

tem Sünder," wie es bei dem Propheten heißt, „spricht Gott: Wa=
rum verkündigest du meine Rechte, und nimmst meinen Bund in dei=
nen Mund, da du doch hassest die Zucht?" Wenn es also einem
mit Sünden befleckten Menschen übel ansteht, von göttlichen Dingen
zu reden, wie groß müssen wir dann das Verbrechen erachten, wel=
ches von demjenigen begangen wird, der sich vieler Laster bewußt
ist, und dennoch sich nicht scheut, die heiligen Geheimnisse mit be=
flecktem Munde zu vollziehen, oder in unreine Hände zu nehmen,
zu berühren und Andern darzureichen, zumal, da der heil. Dionysius
schreibt, den Bösen sei es nicht einmal erlaubt, die Symbole (denn
so nennt er die Sakramente) zu berühren. Die Ausspender der
heiligen Dinge müssen also vor Allem nach Heiligkeit streben, rein
zur Ausspendung der Sakramente hinzutreten, und solchergestalt
in der Gottseligkeit sich üben, daß sie durch deren häufige Behand=
lung und Gebrauch mit Gottes Hülfe Tag um Tag reichlichere
Gnade erlangen.

Achtzehnte Frage.
Von den vorzüglichsten Wirkungen der Sakramente.
Vor Allem theilen sie die heiligmachende Gnade mit.

1. Nun aber, nachdem dies erklärt worden, muß gelehrt werden,
welches die Wirkungen der Sakramente seien; denn dies möchte der
oben angegebenen Begriffsbestimmung vom Sakrament nicht wenig
Licht verleihen. Zwei werden nun hauptsächlich deren aufgezählt.
Und zwar behauptet den ersten Platz mit Recht jene Gnade, die
wir nach dem Sprachgebrauche der heiligen Lehre die rechtferti=
gende nennen; denn das lehret uns der Apostel auf's Deutlichste,
wenn er sagt, „daß Christus die Kirche geliebt und sich selbst für
sie hingegeben hat, um sie zu heiligen und zu reinigen in der Wasser=
taufe durch das Wort." Wie aber so Großes und Wunderbares
durch das Sakrament gewirkt wird, daß nach dem berühmten Aus=
spruche des heil. Augustin „das Wasser den Körper abwäscht und
das Herz berührt," dies kann durch keinen menschlichen Verstand
und Gedanken begriffen werden. Denn man muß als ausgemacht
annehmen, daß keine sinnliche Sache ihrer Natur nach mit der Kraft
begabt ist, in die Seele eindringen zu können. Aber durch das
Licht des Glaubens erkennen wir, daß die Kraft des allmächtigen
Gottes den Sakramenten einwohne, durch welche sie das bewirken,
was die natürlichen Dinge durch ihre eigene Kraft nicht zu leisten
vermögen.

Die Kraft der Sakramente ist durch Wunder bewiesen und beim Entstehen der Kirche manchmal sichtbar geworden.

2. Damit nun in den Gemüthern der Gläubigen niemals irgend
ein Zweifel an dieser Wirkung haften möge, so wollte der aller=

voluit clementissimus Deus, quid illa interius efficerent, miraculorum significationibus declarare, ut eadem perpetuo interius fieri constantissime crederemus, quamvis longe a nostris sensibus remota essent. Itaque ut omittamus, Salvatore nostro in Iordane baptizato, coelos apertos esse, et Spiritum Sanctum columbae specie apparuisse, ut admoneremur, eius gratiam, quum salutari fonte abluimur, in animam nostram infundi, ut hoc, inquam, omittamus, (magis enim ad Baptismi significationem quam Sacramenti administrationem pertinet): nonne legimus. quum Pentecostes die Apostoli Spiritum Sanctum acceperunt. quo deinde ad praedicandam fidei veritatem, adeundaque pro Christi gloria pericula, alacriores et fortiores fuerunt,[1] tunc „facto repente de coelo sonitu, tanquam advenientis spiritus vehementis, apparuisse illis dispertitas linguas quasi ignis?" Ex quo intellectum est, Sacramento Confirmationis eundem nobis spiritum tribui, easque vires addi, quibus possimus carni, mundo et satanae, perpetuis scilicet hostibus nostris, fortiter repugnare et resistere.

Atque haec miracula, quoties Apostoli Sacramenta ista ministrarent, initio nascentis Ecclesiae aliquamdiu visa sunt, donec firmata iam fide et corroborata, fieri desierunt.

De excellentia Sacramentorum novae legis ad vetera comparatorum et de charactere. Usus Sacramentorum veteris legis. Cf. Q. 5 et 9 huj. cap. Conc. Trid. Sess. VII. can. 2. de Sacr. in gen.

III. Ex iis igitur, quae de priori Sacramentorum effectu, gratia scilicet iustificante, demonstrata sunt, illud etiam plane constat, excellentiorem et praestantiorem vim Sacramentis novae legis inesse, quam olim veteris legis Sacramenta habuerunt. quae, quum infirma essent egenaque elementa,[2] inquinatos sanctificabant ad emundationem carnis, non animae.[3] Quare, ut signa tantum earum rerum, quae mysteriis nostris efficiendae essent. instituta sunt. At vero Sacramenta novae legis, ex Christi latere manantia, „qui per Spiritum Sanctum semetipsum obtulit immaculatum Deo, emundant conscientiam nostram ab operibus mortuis, ad serviendum Deo viventi,[4] atque ita eam gratiam, quam significant, Christi sanguinis virtute operantur. Quocirca, si ea cum antiquis Sacramentis conferamus, praeterquam, quod plus efficaciae habent, et utilitate uberiora et sanctitate augustiora esse invenientur.

---

1) Act. 2. 2. 3.   2) Gal. 4. 9.   3) Hebr. 9, 13.   4) Hebr. 9, 14.

gütigste Gott im Anfange der Ausspendung der Sakramente, was sie innerlich wirkten, durch Wunderzeichen zu erkennen geben, damit wir unerschütterlich fest glaubten, daß Solches stets innerlich Statt finde, obgleich es unsern Sinnen überaus fern ist. Um davon also abzusehen, daß sich bei der Taufe unseres Heilandes im Jordan der Himmel öffnete, und der h. Geist in Gestalt einer Taube erschien, damit wir erinnert würden, seine Gnade ergieße sich in unsere Seele, wenn wir in der heilsamen Quelle abgewaschen werden, um davon also, wie gesagt, abzusehen, (denn es bezieht sich mehr auf die Bedeutung der Taufe, als auf die Ausspendung des Sakramentes): lesen wir nicht, daß, als die Apostel am Pfingsttage den heiligen Geist empfingen, wodurch sie dann in der Folge zur Verkündigung der Wahrheit des Glaubens und zur Uebernahme der Gefahren um der Ehre Christi willen bereitwilliger und muthiger wurden, daß damals „plötzlich vom Himmel ein Brausen entstand, gleich dem eines daherfahrenden gewaltigen Windes, und ihnen getheilte Zungen, wie Feuer erschienen?" Hieraus ist zu ersehen, daß uns durch das Sakrament der Firmung derselbe Geist mitgetheilt wird, und die Kräfte uns verliehen werden, durch die wir dem Fleische, der Welt und dem Satan, d. h. unsern beständigen Feinden, tapfer widerstehen und entgegentreten können.

Diese Wunder haben sich beim Beginn der entstehenden Kirche, so oft die Apostel jene Sakramente ausspendeten, eine Zeit lang gezeigt, bis sie mit der Erstarkung und Befestigung des Glaubens zu geschehen aufhörten.

Von der Vorzüglichkeit der Sakramente des Neuen Bundes in Vergleich zu denen des Alten und vom Charakter. Bedeutung der Sakramente des Alten Bundes.

3. Aus dem nun, was von der ersteren Wirkung der Sakramente, nämlich der rechtfertigenden Gnade, dargethan worden ist, erhellet auch dies deutlich, daß den Sakramenten des Neuen Gesetzes eine ausgezeichnetere und vorzüglichere Kraft beiwohne, als einst die Sakramente des Alten Gesetzes gehabt haben, die, weil sie „schwache und dürftige Kindheitslehren" waren, „die Verunreinigten heiligten, so daß sie leiblich rein wurden," nicht geistig. Deshalb waren sie auch nur als Vorbilder jener Dinge eingesetzt, welche durch unsere Geheimnisse bewirkt werden sollten. Die Sakramente des Neuen Gesetzes hingegen, die aus der Seite Christi fließen, „der im h. Geiste sich selbst als ein unbeflecktes Opfer Gott dargebracht, reinigen unser Gewissen von todten Werken, damit wir Gott, dem Lebendigen, dienen," und wirken sonach, durch die Kraft des Blutes Christi, die Gnade, welche sie bezeichnen. Wenn wir sie demnach mit den alten Sakramenten vergleichen, so werden wir finden, daß sie nicht blos eine größere Wirkung haben, sondern auch reicher an Nutzen und durch Heiligkeit erhabener sind.

Secundus Sacramentorum effectus est characteris sacri in animam impressio. Conc. Trident. Sess. VII. can. 9 de Sacram. in gener.

IV. Alter vero Sacramentorum effectus non quidem omnibus communis, sed trium tantummodo proprius, Baptismi, Confirmationis, et Ordinis sacri, est character, quem animae imprimunt. Nam quum Apostolus ait: „Unxit nos Deus, qui et signavit nos, et dedit pignus Spiritus in cordibus nostris“,[1] voce illa, „signavit“, non obscure characterem descripsit, cuius proprium est, aliquid signare et notare.

Quaestio XIX.

Quis sit characteris effectus et quomodo Sacramenta characterem imprimentia iterari non debeant.

Characteris usus duplex.

I. Est autem character veluti insigne quoddam animae impressum, quod deleri nunquam potest, eique perpetuo inhaeret, de quo ita apud S. Augustinum scriptum est:[2] „An minus forte Sacramenta Christiana, quam corporalis haec nota, qua scilicet miles insignitur, poterunt? Illa namque militi ad militiam, quam deseruisset, revertenti, non nova imprimitur, sed antiqua cognoscitur et approbatur“.

Iam vero character hoc praestat, tum ut apti ad aliquid sacri suscipiendum vel peragendum efficiamur, tum ut aliqua nota alter ab altero internoscatur.

Character Baptismi.

II. Ac Baptismi quidem charactere utrumque consequimur, ut ad alia Sacramenta percipienda reddamur idonei, et eo praeterea fidelis populus a gentibus, quae fidem non colunt, distinguatur.

Character Confirmationis. Character Sacramenti Ordinis. Tria tantum sacramenta characterem imprimunt, quae nec unquam iterantur.

III. Idem autem in charactere Confirmationis et sacri Ordinis licet cognoscere; quorum altero, veluti Christi milites, ad eius nominis publicam confessionem et propugnationem, ac contra insitum nobis hostem et spiritualia nequitiae in coelestibus armamur atque instruimur, simulque ab iis, qui nuper baptizati, tanquam modo geniti infantes sunt, discernimur; alter vero, tum potestatem Sacramenta conficiendi et ministrandi coniunctam habet, tum eorum, qui eiusmodi potestate praediti sunt, a reliquo fidelium coetu distinctionem ostendit. Tenenda

---

1) 2 Cor. 1, 21.   2) Tract. 6, in Ioan. et I. 1. c. Cresc. c. 30.

Die zweite Wirkung der Sakramente ist, daß der Seele ein heiliger Charakter eingeprägt wird.

4. Die andere, nicht allen gemeinsame, sondern nur dreien, der Taufe, der Firmung und der heiligen Priesterweihe eigene Wirkung der Sakramente aber ist der Charakter, welchen sie der Seele einprägen. Denn wenn der Apostel sagt: „Gott hat uns gesalbt, der uns auch das Siegel aufgedrückt, und das Pfand des Geistes in unsern Herzen gegeben hat," so hat er durch den Ausdruck „das Siegel aufgedrückt" nicht undeutlich den Charakter beschrieben, dessen Eigenthümlichkeit es ist, Etwas zu besiegeln und zu bezeichnen.

Neunzehnte Frage.

Welches die Wirkung des Charakters sei, und wie die Sakramente, welche den Charakter einprägen, nicht wiederholt werden dürfen.

Doppelte Bedeutung des Charakters.

1. Der Charakter ist gleichsam ein der Seele eingeprägtes Merkmal, das niemals ausgelöscht werden kann, und derselben stets einhaftet, von dem bei dem heiligen Augustin so geschrieben steht: „Vermögen vielleicht die christlichen Sakramente weniger, als jenes körperliche Zeichen, womit der Soldat bezeichnet wird? Denn dasselbe wird dem Soldaten, der zum Dienste zurückkehrt, den er verlassen hatte, nicht auf's Neue eingedrückt, sondern das alte wird wieder anerkannt und für gültig erklärt.

Nun wirkt aber der Charakter dies, daß wir theils geschickt werden, etwas Heiliges zu übernehmen oder zu vollbringen, theils, daß der Eine vom Andern durch ein gewisses Merkmal unterschieden wird.

Charakter der Taufe.

2. Und zwar erlangen wir durch den Charakter der Taufe ein Zwiefaches: daß wir tüchtig werden, andere Sakramente zu empfangen, und daß überdies das gläubige Volk dadurch von den Völkern, welche den Glauben nicht hegen, unterschieden wird.

Charakter der Firmung. Charakter des Sakraments der Priesterweihe. Nur drei Sakramente prägen den Charakter ein, und werden deshalb nie wiederholt.

3. Dasselbe kann man auch bei dem Charakter der Firmung und der heiligen Priesterweihe wahrnehmen; durch den einen derselben werden wir, gleichsam als Streiter Christi, zum öffentlichen Bekenntnisse und zur Vertheidigung seines Namens und wider unsern innern Feind, und „wider die Geister der Bosheit in der Luft" bewaffnet und ausgerüstet, und zugleich von denen, die erst jüngst getauft, und gleichsam neugeborene Kinder sind, unterschieden; mit dem anderen hingegen ist theils die Vollmacht verbunden, die Sakramente zu vollziehen und auszuspenden, theils zeigt es den Unterschied derer, die mit einer solchen Gewalt begabt sind, von

igitur est Catholicae Ecclesiae regula, qua docemur, tria haec Sacramenta characterem imprimere, neque ullo unquam tempore iteranda esse. Hac sunt, quae generatim de Sacramentis tradenda erunt.

Quaestio XX.

Quibus rationibus assequuntur Pastores, ut populus Sacramenta veneretur, et his religiose utatur.

In sacramentorum doctrina duo praecipue observanda.

In cuius argumenti explicatione Pastores duo potissimum efficere omni studio conentur. Primum est, ut fideles intelligant, quanto honore, et cultu, et veneratione haec divina et coelestia munera digna sint; alterum vero, ut, quoniam a clementissimo Deo ad communem omnium salutem proposita sunt, iis pie et religiose utantur, atque ita Christianae perfectionis desiderio exardescant, ut, si Poenitentiae praesertim et Eucharistiae saluberrimo usu aliquamdiu careant, plurimum damni se fecisse existiment. Haec autem facile Pastores assequi poterunt, si, quae de Sacramentorum divinitate et fructu supra dicta sunt, auribus fidelium saepius inculcabunt: primum, a Domino Salvatore nostro, a quo nihil nisi perfectissimum proficisci potest, instituta esse; praeterea, quum ministrantur, Spiritus Sancti intima cordis nostri permeantis efficacissimum numen praesto esse; deinde admirabili et certa curandarum animarum virtute praedita esse; tum, per ea immensas illas Dominicae passionis divitias ad nos derivari.

Quaestio XXI.

An Ecclesia sine frequentatione Sacramentorum diu subsistere possit?

Sacramentis et verbi Dei doctrina Ecclesiam maxime fulciri.

Postremo vero ostendent, totum Christianum aedificium firmissimo quidem lapidis angularis fundamento inniti, verum, nisi verbi Dei praedicatione et Sacramentorum usu undique fulciatur, magnopere verendum esse, ne magna ex parte labefactatum concidat; ut enim per Sacramenta in vitam suscipimur, ita hoc veluti pabulo alimur, conservamur, augemur.

ter übrigen Genossenschaft der Gläubigen. Man muß also die Richtschnur der katholischen Kirche festhalten, die uns lehrt, daß diese drei Sakramente einen Charakter einprägen, und nie und nimmer wiederholt werden dürfen. Dies ist von den Sakramenten im Allgemeinen zu lehren.

Zwanzigste Frage.

Auf welche Weise die Seelsorger es bewirken können, daß das Volk die Sakramente hochachte, und sie ehrfurchtsvoll empfange.

Bei der Lehre von den Sakramenten sind zwei Stücke vorzugsweise zu beobachten.

Bei Erklärung dieses Lehrstoffes müssen die Pfarrer mit allem Eifer hauptsächlich zweierlei zu bewerkstelligen sich bestreben. Erstlich, daß die Gläubigen erkennen, welcher Ehre, Hochachtung und Verehrung diese göttlichen und himmlischen Gaben würdig sind; zweitens aber, daß sie sich derselben, weil sie von dem allergütigsten Gotte zum gemeinsamen Heile Aller bestimmt sind, fromm und gewissenhaft bedienen, und so von dem Verlangen nach christlicher Vollkommenheit entbrennen, daß sie es für den größten Verlust ansehen, wenn sie namentlich des überaus heilsamen Gebrauchs der Buße und der Eucharistie eine Zeit lang entbehren. Die Pfarrer können dies aber leicht erreichen, wenn sie das, was oben von der Göttlichkeit und dem Nutzen der Sakramente gesagt ist, dem Gehöre der Gläubigen recht oft einschärfen: erstens, daß sie von dem Herrn, unserm Heilande, von dem nur das Allervollkommenste ausgehen kann, eingesetzt sind; ferner, daß, wenn sie ausgespendet werden, die allerwirksamste Gottheit des das Innerste unsers Herzens durchdringenden h. Geistes gegenwärtig ist; sodann, daß sie mit einer wunderbaren und zuverlässigen Kraft zur Heiligung der Seelen begabt sind; endlich, daß durch sie jener unermeßliche Reichthum des bitteren Leidens unseres Herrn zu uns hinübergeleitet werde.

Einundzwanzigste Frage.

Ob die Kirche ohne den Gebrauch der Sakramente lange bestehen könne.

Daß durch die Sakramente und die Lehre des göttlichen Wortes die Kirche zumeist gestützt werde.

Zuletzt aber müssen sie zeigen, daß das ganze christliche Gebäude zwar auf der stärksten Grundfeste des Ecksteines ruht, daß aber, wenn es nicht durch die Verkündigung des Wortes Gottes und den Gebrauch der Sakramente von allen Seiten gestützt wird, sehr zu befürchten steht, es möchte, großentheils wankend gemacht, zusammenstürzen; denn wie wir durch die Sakramente zum Leben aufgenommen werden, so werden wir durch sie, gleich wie durch eine Speise ernährt, erhalten und gestärkt.

CAPUT II.

De Baptismi Sacramento.

Quaestio I.

Cur expediat doctrinam Baptismi frequenter populis fidelibus inculcari.

Doctrina Sacramentorum quam sit utilis et necessaria. Baptismi vis quam serio omnibus sit expendenda.

I. Ex iis quidem, quae hactenus de Sacramentis universe tradita sunt, cognosci potest, quam necessarium sit ad Christianae religionis vel doctrinam percipiendam, vel pietatem exercendam, ea intelligere, quae de illorum singulis credenda Ecclesia Catholica proponit; sed si quis diligentius Apostolum legerit, sine dubitatione ita statuet, perfectam Baptismi cognitionem a fidelibus magnopere requiri; adeo non solum frequenter, sed gravibus verbis et Spiritu Dei plenis eius mysterii memoriam renovat, divinitatem commendat, atque in eo Redemptoris nostri mortem, sepulturam et resurrectionem nobis ante oculos, tum ad contemplandum, tum ad imitandum, constituit.

Quibus potissimum temporibus doctrina Baptismi populo sit proponenda.

II. Quare Pastores nunquam se satis multam operam et studium in huius Sacramenti tractatione collocasse arbitrentur. Verum praeter eos dies, in quibus more maiorum divina Baptismi mysteria potissimum explananda essent, in Sabbato magno Paschae et Pentecostes, quo tempore Ecclesia summa cum religione maximisque caerimoniis hoc Sacramentum celebrare consueverat, aliis etiam diebus occasionem captent de hoc argumento disserendi. Atque illud in primis tempus maxime opportunum ad eam rem videri poterit, si interdum, quum Baptismus alicui ministrandus sit, fidelis populi multitudinem convenisse animadverterint; tunc enim facilius multo erit, si minus liceat omnia capita, quae ad hoc Sacramentum attinent, persequi, unum saltem, aut alterum docere, quum fideles earum rerum doctrinam, quam auribus percipiunt, simul etiam sacris Baptismi caerimoniis expressam vident, pioque et attento animo contemplantur.

Utilitas inculcata de Baptismi doctrina.

III. Ex quo deinde fiet, ut unusquisque iis rebus admonitus,

Zweites Hauptstück.

Vom Sakramente der Taufe.

Erste Frage.

Warum es nützlich sei, dem gläubigen Volke die Lehre von der Taufe oft vorzutragen.

Wie nützlich und nothwendig die Lehre von den Sakramenten sei. Wie ernstlich die Wirkung der Taufe von Allen erwogen werden müsse.

1. Aus dem, was bis dahin von den Sakramenten im Allge=
meinen gesagt worden ist, kann man abnehmen, wie nothwendig es
sowohl zum Verständnisse der Lehre der christlichen Religion, als
zur Ausübung der Gottseligkeit ist, zu wissen, was uns die katho=
lische Kirche von jedem einzelnen derselben zu glauben vorhält;
wenn aber Jemand den Apostel etwas genauer angesehen hat, wird
er zweifelsohne sich für überzeugt halten, daß eine ganz besonders
vollkommene Erkenntniß von der Taufe erforderlich ist. Ja er
erneuert nicht nur häufig, sondern mit den gewichtigsten und vom
Geiste Gottes erfüllten Worten das Andenken an dieses Geheimniß,
preiset dessen Göttlichkeit, und stellt uns in ihm den Tod, das Be=
gräbniß und die Auferstehung unseres Erlösers sowohl zur Betrach=
tung, als zur Nachahmung vor Augen.

Zu welchen Zeiten hauptsächlich die Lehre von der Taufe dem Volke vorgetragen werden muß.

2. Deßhalb dürfen die Seelsorger niemals auf die Behandlung
dieses Sakramentes Fleiß und Mühe zur Genüge angewendet zu
haben glauben. Außer an den Tagen, an welchen nach der Ge=
wohnheit der Vorfahren die göttlichen Geheimnisse der Taufe vor=
zugsweise erklärt werden müssen, an den großen Vorabenden von
Ostern und Pfingsten, Tagen, an welchen die Kirche dies Sakra=
ment mit der höchsten Andacht und mit den größten Ceremonien
zu feiern pflegte, sollen sie auch an andern Tagen die Gelegenheit
ergreifen, von diesem Gegenstande zu reden. Und vor Allem wird
die Zeit vielleicht ganz besonders dazu geeignet scheinen, wenn sie
zuweilen bei Ertheilung der Taufe das gläubige Volk in Menge
versammelt sehen; denn alsdann wird es viel leichter sein, wenn
auch nicht ganz füglich alle zu diesem Sakramente gehörige Haupt=
stücke zu durchgehen, doch wenigstens das eine oder das andere zu
lehren, da die Gläubigen die Lehre, die sie von diesen Dingen mit
dem Gehöre vernehmen, zugleich auch durch die heiligen Ceremonien
der Taufe ausgedrückt sehen, und sie mit andächtigem und aufmerk=
samem Gemüthe betrachten.

Der Nutzen der Lehre von der Taufe wird eingeschärft.

3. Die Folge davon wird sein, daß ein Jeder, erinnert durch

quae in alio geri videat, secum recordetur, qua se sponsione
Deo obligaverit, quum Baptismo initiatus est; simulque illud
cogitet, an vita et moribus talem se praebeat, qualem ipsa
Christiani nominis professio pollicetur. Ut igitur, quae docenda erunt, dilucide exponantur, quaenam sit Baptismi natura
et substantia, aperiendum est, si prius tamen ipsius vocis significatio explicetur.

Quaestio II.
Quid Baptismi nomen proprie denotet.
Definitio nominis   Ablutio sacramentalis.

Ac Baptismus quidem graecum esse nomen, nemo ignorat;
quod etsi in sacris litteris non solum eam ablutionem, quae
cum Sacramento coniuncta est, sed etiam omne ablutionis genus, quod aliquando ad passionem translatum est,[1] significat:
tamen apud Ecclesiae scriptores non quamvis corporis ablutionem declarat, sed eam, quae cum Sacramento coniungitur,
nec sine praescripta verborum forma ministratur: qua quidem
significatione Apostoli ex Christi Domini instituto frequentissime
usi sunt.

Quaestio III.
Quibus praeterea nominibus ablutionem sacramentalem Patres expresserint.
Sacramentum fidei.

I. Alia quoque nomina ad eandem rem significandam sancti
Patres usurparunt. Sacramentum enim fidei appellari, quod illud
suscipientes universam Christianae religionis fidem profiteantur,
D. Augustinus testatur.[2]

Illuminatio.

II. Alii vero, quia fide corda nostra illuminantur, quam in
Baptismo profitemur, hoc Sacramentum illuminationem vocarunt.
Nam et Apostolus ita inquit: „Rememoramini pristinos dies: in
quibus illuminati magnum certamen sustinuistis passionum";[3]
tempus nimirum, quo baptizati erant, significans.

Expurgatio. Sepultura. Plantatio. Crux Christi.

III. Chrysostomus praeterea in oratione, quam ad baptizandos habuit, tum expurgationem, quia per Baptismum expur-
gamus vetus fermentum,[4] ut simus nova conspersio: tum se-

1) Marc. 10, 38. Luc. 12, 50   2) Epist. 23   3) Hebr. 10, 32.   4) 1 Cor. 5, 7

das, was er an einem Andern vollzogen sieht, bei sich selbst erwägt, durch welches Gelübde er sich Gott verpflichtet habe, als er durch die Taufe eingeweiht wurde, und zugleich bedenkt, ob er seinem Leben und Benehmen gemäß sich so erweise, wie es das Bekenntniß des christlichen Namens verspricht. Damit daher das, was zu lehren ist, deutlich auseinander gesetzt werde, so muß dargelegt werden, welches die Natur und das Wesen der Taufe sei, nachdem jedoch zuvor die Bedeutung des Wortes selbst erläutert ist.

Zweite Frage.
Was der Name Taufe eigentlich bedeute.
Erklärung des Namens. Sakramentale Abwaschung.

Und nun weiß Jedermann, daß Baptisma — Taufe — ein griechisches Wort ist, das, obwohl in der h. Schrift nicht nur die Abwaschung, die mit dem Sakramente verbunden ist, sondern auch jede Art von Abwaschung bedeutet, was zuweilen auf das bittere Leiden übertragen vorkommt, dennoch bei den Kirchenschriftstellern nicht eine jede Abwaschung des Körpers bezeichnet, sondern diejenige, welche mit dem Sakramente verbunden, und ohne die vorgeschriebene Form der Worte nicht angewandt wird. Diese Bedeutung haben sich die Apostel, der Einsetzung Christi des Herrn gemäß, am häufigsten bedient.

Dritte Frage.
Mit welchen Namen außerdem die Väter die sakramentale Abwaschung ausgedrückt haben.
Sakrament des Glaubens.

1. Die heiligen Väter haben auch andere Namen zur Bezeichnung eben dieser selben Sache gebraucht. Denn daß es das Sakrament des Glaubens heiße, weil die, welche es empfangen, den ganzen Glauben der christlichen Religion bekennen, bezeugt der heil. Augustin.

Erleuchtung.

2. Andere hingegen haben dies Sakrament eine Erleuchtung genannt, weil unsere Herzen durch den Glauben, den wir in der Taufe bekennen, erleuchtet werden. Denn auch der Apostel spricht also: „Erinnert euch der vorigen Tage, in welchen ihr nach euerer Erleuchtung einen schweren Kampf der Leiden bestandet," indem er nämlich auf die Zeit hindeutet, in der sie getauft waren.

Reinigung. Begräbniß. Pflanzung. Kreuz Christi.

3. Chrysostomus nennt sie überdies in der Rede, die er an die zu Taufenden hielt, bald eine Reinigung, weil wir durch die Taufe „den alten Sauerteig ausfegen, damit wir ein neuer Teig werden;" bald ein Begräbniß, bald eine Pflanzung, bald ein Kreuz Christi.

pultaram,[1] tum plantationem, tum crucem Christi nominat;
quarum omnium appellationum causam ex epistola ad Romanos scripta licet colligere. Cur autem D. Dionysius principium
sanctissimorum mandatorum vocaverit,[2] perspicuum est, quum
hoc Sacramentum veluti ianua sit, qua in Christianae vitae
societatem ingredimur, atque ab eo divinis praeceptis obtempe-
randi initium facimus. Atque haec de nomine breviter exponenda erunt.

Quaestio IV.

Quae sit Baptismi definitio.

Quod autem ad rei definitionem attinet, etsi multae ex sacris scriptoribus afferri possunt, illa tamen aptior et commo-
dior esse videtur, quam ex verbis Domini apud Ioannem, et
Apostoli ad Ephesios licet intelligere; nam quum Salvator dicat:
„Nisi quis renatus fuerit ex aqua et Spiritu sancto, non potest
introire in regnum Dei";[3] et Apostolus, quum de Ecclesia
loqueretur: „Mundans eam lavacro aquae in verbo":[4] ita fit,
ut recte et apposite definiatur, Baptismum esse Sacramentum
regenerationis per aquam in verbo. Natura enim ex Adam
filii irae nascimur, per Baptismum vero in Christo filii misericordiae renascimur; siquidem „dedit hominibus potestatem filios
Dei fieri; iis qui credunt in nomine eius, qui non ex sanguinibus, neque ex voluntate carnis, neque ex voluntate viri, sed
ex Deo nati sunt".[5]

Quaestio V.

Qua ratione Baptismi Sacramentum perficiatur.

Sacramentum Baptismi in usu agnoscitur.

Sed quibuscumque tandem verbis Baptismi naturam explicari
contigerit, docendus erit populus, hoc Sacramentum confici ablutione, cui ex Domini Salvatoris instituto certa et solemnia
verba necessario adhibentur, quemadmodum semper sancti Patres
docuerunt. Quod apertissimo illo divi Augustini testimonio demonstratur: „Accedit verbum ad elementum, et fit Sacramentum".[6] Id vero eo diligentius monere oportebit, ne forte fideles in eum errorem inducantur, ut existiment, quod vulgo dici
solitum est, aquam ipsam, quae ad conficiendum Baptismum in
sacro fonte asservatur, Sacramentum esse. Tunc enim Sacramentum Baptismi dicendum est, quum aqua ad abluendum ali-

---

1) Rom. 6, 4. 2) Eccles. Hierar. c. 2. 3) Ioan. 3, 5. 4) Ephes. 5, 26. 5) Ioan. 1.
12. 13. 6) Tract. 80 in Ioan.

Die Veranlassung zu allen diesen Benennungen kann man aus dem Briefe an die Römer ersehen.   Warum aber der h. Dionysius sie den Anfang der heiligsten Gebote genannt habe, ist einleuchtend, da dies Sakrament gleichsam die Thür ist, durch die wir in den Verband des christlichen Lebens eintreten, und wir mit ihm den Anfang machen, den göttlichen Geboten zu gehorchen.   Dies wird in Kürze von dem Namen anzuführen sein.

Vierte Frage.
Welches der Begriff der Taufe sei.

Was aber die Erklärung der Sache anbelangt, deren zwar aus den heiligen Schriftstellern viele angeführt werden können, so scheint doch jene die tauglichere und angemessenere zu sein, die wir aus den Worten des Herrn bei Johannes, und des Apostels an die Epheser ersehen können.   Wenn nämlich der Heiland sagt: „Wenn Jemand nicht wiedergeboren wird aus dem Wasser und dem heiligen Geiste, so kann er in das Reich Gottes nicht eingehen," und der Apostel, da er von der Kirche redet: „um sie zu reinigen in der Wassertaufe durch das Wort," so kann mit Recht und Fug der Begriff so bestimmt werden: die Taufe sei das Sakrament der Wiedergeburt durch das Wasser im Worte.   Denn von Natur werden wir aus Adam als Kinder des Zorns geboren, durch die Taufe aber werden wir in Christo als Kinder der Barmherzigkeit wiedergeboren, indem er den Menschen „Macht gab, Gottes Kinder zu werden, denen nämlich, die an seinen Namen glauben, die nicht aus dem Geblüte, noch aus dem Willen des Fleisches, noch aus dem Willen des Mannes, sondern aus Gott geboren sind."

Fünfte Frage.
Wie das Sakrament der Taufe vollzogen wird.
Das Sakrament der Taufe zeigt sich beim Gebrauche.

Mit was für Worten man aber die Natur der Taufe auch erklären mag, so muß das Volk belehrt werden, daß dies Sakrament durch die Abwaschung vollzogen wird, wobei, nach der Einsetzung des Herrn, unseres Heilandes, bestimmte und feierliche Worte nothwendig gebraucht werden, wie die heiligen Väter allezeit gelehrt haben.   Dies ist auch durch das klarste Zeugniß des heil. Augustin erwiesen: „Das Wort kommt hinzu zum Element, und so wird das Sakrament."   Hieran muß man aber um so sorgfältiger erinnern, damit die Gläubigen nicht etwa in den Fehler gerathen, zu glauben, daß, wie man gewöhnlich zu sagen pflegt, das Wasser selbst, welches zur Vollziehung der Taufe im Taufsteine aufbewahrt wird, das Sakrament sei.   Denn alsdann erst ist es das Sakrament der Taufe zu nennen, wenn wir uns des Wassers, mit Hin-

quem, additis verbis, quae a Domino instituta sunt, re ipsa utimur. Iam vero quoniam singula Sacramenta ex materia et forma constitui initio diximus, quum generatim de omnibus Sacramentis ageretur: idcirco, quae utraque sit in Baptismo, a Pastoribus declarandum erit.

Quaestio VI.
Quae sit propria Baptismi materia.
De materia Baptismi.　Conc. Trident. Sess. VII. can. 2 de Bapt.

Materiam igitur sive elementum huius Sacramenti esse omne naturalis aquae genus, sive ea maris sit, sive fluvii, sive paludis, sive putei, aut fontis, quae sine ulla adiunctione aqua dici solet. Nam et Salvator docuit: „Nisi quis renatus fuerit ex aqua et Spiritu, non potest introire in regnum Dei“;[1] et Apostolus inquit: Ecclesiam lavacro aquae mundatam esse;[2] et in B. Ioannis epistola scriptum legimus: „Tres sunt, qui testimonium dant in terra, Spiritus, aqua et sanguis“.[3] Quod etiam aliis sacrarum litterarum testimoniis comprobatur. Quod vero a Ioanne Baptista dictum est, venturum esse Dominum, qui baptizaret „in Spiritu Sancto et igne“,[4] id quidem nullo modo de Baptismi materia intelligendum est, sed vel ad intimum Spiritus Sancti effectum, vel certe ad miraculum referri debet, quod die Pentecostes apparuit, „quum Spiritus Sanctus e coelo“ in Apostolos „ignis specie delapsus est“; de quo alio loco Christus Dominus noster praedixit: „Ioannes quidem baptizavit aqua, vos autem baptizabimini Spiritu Sancto non post multos hos dies“.[5]

Quaestio VII.
Quibus figuris et Prophetiis vis aquarum Baptismi sit demonstrata.
Diluvium olim Baptismum repraesentavit. Mare rubrum. Naaman ablutio. Probatica piscina. Vim aquarum Baptismi praevidit Isaias.

Verum idem quoque a Domino tum figuris, tum Prophetarum oraculis significatum esse, ex divinis Scripturis animadvertimus;[6] diluvium enim, quo mundus purgatus est, quod multa malitia hominum esset in terra, et cuncta cogitatio cordis intenta esset ad malum, huius aquae figuram et similitudinem gessisse, Apostolorum Princeps in priori epistola ostendit.[7] Et maris rubri transitum eiusdem aquae significationem habuisse, D. Paulus ad Corinthios scribens exposuit.[8] Ut interim omittamus

---

1) Ioan. 3, 5.　2) Ephes. 5, 26.　3) 1 Ioan. 5, 8.　4) Matth. 3, 11.　5) Act. 1, 5.
6) Gen. 6, 5.　7) 1 Petr. 3, 20.　8) 1 Cor. 10, 1.

zufügung der vom Herrn eingeſetzten Worte, in Wirklichkeit dazu bedienen, um Jemanden abzuwaſchen. Weil wir jedoch anfangs, als von allen Sakramenten überhaupt gehandelt wurde, geſagt haben, die einzelnen Sakramente beſtänden aus der Materie und Form: deßhalb muß nun auch von den Pfarrern erklärt werden, worin Beides bei der Taufe beſtehe.

Sechste Frage.
Welches die eigentliche Materie in der Taufe ſei.
Ueber die Materie der Taufe.

Die Materie alſo oder das Element dieſes Sakramentes iſt jede Art natürlichen Waſſers, es ſei nun Meer-, oder Fluß- oder Sumpf-, oder Brunnen-, oder Quellwaſſer, wenn es nur ohne allen weitern Beiſatz Waſſer genannt zu werden pflegt; denn auch der Heiland lehrte: „Wenn Jemand nicht wiedergeboren wird aus dem Waſſer, ſo kann er in das Reich Gottes nicht eingehen,“ und der Apoſtel ſagt, die Kirche ſei in der Waſſertaufe gereinigt; und in dem Briefe des h. Johannes leſen wir: „Drei ſind, die Zeugniß geben auf Erden: Der Geiſt, und das Waſſer, und das Blut. Daſſelbe wird auch durch andere Zeugniſſe der h. Schrift beſtätigt. Was aber Johannes der Täufer ſagt, der Herr werde kommen zu taufen „mit heiligem Geiſte und mit Feuer,“ iſt auf keine Weiſe von der Materie der Taufe zu verſtehen, ſondern man muß es entweder auf die innere Wirkung des h. Geiſtes, oder doch ſicher auf das Wunder beziehen, welches am Pfingſtfeſte ſich begab, als der heil. Geiſt vom Himmel in Feuersgeſtalt auf die Apoſtel herabkam, von dem Chriſtus, unſer Herr, an einer andern Stelle vorhergeſagt hat: „Johannes hat zwar mit Waſſer getauft, ihr aber ſollet mit dem heil. Geiſte getauft werden binnen wenigen Tagen.“

Siebente Frage.
Durch welche Bilder und Weiſſagungen die Kraft der Waſſertaufe angedeutet worden iſt.
Die Sündfluth hat einſt die Taufe vorbedeutet. Das rothe Meer. Die Abwaſchung des Naaman. Der wunderbare Schwemmteich. Die Kraft des Taufwaſſers ſah Jeſaias voraus.

Daß dieſes aber auch vom Herrn ſowohl durch Bilder als durch Ausſprüche der Propheten angedeutet ſei, entnehmen wir aus den göttlichen Schriften. Denn der Apoſtelfürſt zeigt in ſeinem erſten Sendſchreiben, daß die Sündfluth, wodurch die Welt gereinigt wurde, da „der Menſchen Bosheit groß war auf Erden, und alles Dichten ihres Herzens immerdar zum Böſen gerichtet“, ein Bild und Gleichniß dieſes Waſſers geweſen iſt. Und der h. Paulus hat im Briefe an die Corinther erörtert, daß der Durchgang durch's rothe Meer dieſes Waſſer angedeutet habe. Indeſſen übergehen

tum Naaman Syri ablutionem,[1] tum probaticae piscinae admirabilem vim et alia id genus multa, in quibus huius mysterii symbolum inesse facile apparet.[2] De praedictionibus autem dubitare nemo potest, quin „aquae illae, ad quas" tam liberaliter Isaias propheta omnes sitientes invitat,[3] vel quas e templo egredientes Ezechiel in spiritu vidit; tum praeterea[4] „fons ille, quem domui David habitantibus Ierusalem" paratum „in ablutionem peccatoris et menstruatae",[5] Zacharias praenunciavit, ad salutarem Baptismi aquam indicandam atque exprimendam pertineant.

Quaestio VIII.

Cur aqua ad Baptismum conficiendum potius uti voluerit Deus, quam alia materia.

Aquae usus in Baptismo quam sit naturae consentaneus et conveniens.

Quantum vero Baptismi naturae et virtuti consentaneum fuerit, ut eius propria materia aqua institueretur, pluribus quidem rationibus D. Hieronymus, ad Oceanum scribens, demonstravit. Sed quod ad hunc locum attinet, Pastores docere in primis poterunt, quoniam hoc Sacramentum omnibus sine ulla exceptione ad consequendam vitam necessarium erat, idcirco aquae materiam, quae nunquam non praesto est, atque ab omnibus facile parari potest, maxime idoneam fuisse. Deinde aqua effectum Baptismi maxime significat. Ut enim aqua sordes abluit, ita etiam Baptismi vim atque efficientiam, quo peccatorum maculae eluuntur, optime demonstrat. Accedit illud, quod, quemadmodum aqua refrigerandis corporibus aptissima est, sic Baptismo cupiditatum ardor magna ex parte restinguitur.

Quaestio IX.

Aquae simplici et naturali quare chrisma adiiciatur.

Illud vero animadvertendum est, quamvis aqua simplex, quae nihil aliud admixtum habet, materia apta sit ad hoc Sacramentum conficiendum, quoties scilicet Baptismi ministrandi necessitas incidat, tamen ex Apostolorum traditione semper in Catholica Ecclesia observatum esse, ut, quum solemnibus caeremoniis Baptismus conficitur, sacrum etiam chrisma addatur, quo Baptismi effectum magis declarari perspicuum est. Docendus quoque erit populus, etsi aliquando incertum esse potest, utrum

---

1) 4 Reg. 5, 14.   2) Ioan. 5, 2.   3) Is. 55, 1.   4) Ezech. 47, 1.   5) Zach. 13, 1.

wir sowohl die Abwaschung des Syrers Naaman, als die wunder=
bare Kraft des Schwemteiches und vieles Andere der Art, worin
ein Sinnbild dieses Geheimnisses leicht erkennbar ist. Hinsichtlich
der Weissagungen aber kann Niemand zweifeln, daß jene Wasser,
zu welchen der Prophet Jesaias so freigebig alle Durstende ein=
ladet, oder welche Ezechiel im Geiste aus dem Tempel hervorströmen
sah; ferner jene Quelle, von welcher Zacharias geweissagt hat, daß
sie bereitet sei für „das Haus Davids und die Bewohner Jeru=
salems zur Reinigung der Sünder und des blutflüssigen Weibes,"
das heilsame Wasser der Taufe anzuzeigen und auszudrücken be=
zwecken.

Achte Frage.
Warum Gott bei der Taufe sich lieber des Wassers als einer andern Materie bedienen wollte.

Wie anpassend und der Natur entsprechend der Gebrauch des Wassers bei der Taufe sei.

Wie entsprechend es aber der Natur und der Wirksamkeit der
Taufe sei, daß das Wasser als die eigentliche Materie derselben
eingesetzt wurde, hat der heil. Hieronymus in seinem Schreiben an
den Oceanus durch viele Gründe erwiesen. Die Pfarrer können
aber in Betreff dieses Punktes besonders lehren, daß, weil dieses
Sakrament Allen ohne irgend eine Ausnahme zur Erlangung des
Lebens nöthig war, gerade die Materie des Wassers, da es überall
vorhanden ist, und von Allen leicht beschafft werden kann, vorzüg=
lich geeignet gewesen sei. Sodann bezeichnet das Wasser am besten
die Wirkung der Taufe. Denn wie das Wasser den Schmutz ab=
wäscht, so zeigt es auch die Kraft und Wirkung der Taufe, wodurch
die Flecken der Sünde getilgt werden, am besten an. Dazu kommt,
daß, wie das Wasser zur Erfrischung des Körpers am Tauglichsten
ist, eben so durch die Taufe die Glut der Begierden großentheils
gedämpft wird.

Neunte Frage.
Warum mit einfachem und natürlichem Wasser das Chrisma vermischt wird.

Es ist aber wohl zu merken, daß, obgleich das einfache, zusatz=
freie Wasser eine geeignete Materie zur Vollziehung dieses Sakra=
mentes ist, so oft es nämlich die Noth erfordert, die Taufe zu spen=
den, dennoch der apostolischen Ueberlieferung gemäß allezeit in der
katholischen Kirche die Uebung bestanden hat, wenn die Taufe mit
feierlichen Ceremonien vollzogen wird, auch das heilige Chrisma
beizufügen, wodurch offenbar die Wirkung der Taufe deutlicher be=
zeichnet wird. Auch muß das Volk belehrt werden: obgleich zuweilen
es ungewiß sein könne, ob dieses oder jenes wahres Wasser sei,

haec an illa vera aqua sit, qualem Sacramenti perfectio requirat, hoc tamen pro certo habendum esse, nunquam ex alia materia, quam ex aquae naturalis liquore, Baptismi Sacramentum ulla ratione confici posse.

Quaestio X.

Quare promiscue omnibus fidelibus perfecta Baptismi forma clare exponenda sit.

Quam saepe et quanta cura Baptismi natura sit inculcanda. Baptismi forma.

I. Sed duarum partium, ex quibus Baptismus constare debet, postquam altera, hoc est materia, diligenter explicata fuerit, studebunt Pastores eadem diligentia formam etiam tradere, quae est altera eius pars maxime necessaria. In huius autem Sacramenti explicatione eo maiori cura et studio elaborandum putabunt, quod tam sancti mysterii notitia non solum sua sponte fideles vehementer delectare potest, quod quidem in omni divinarum rerum scientia communiter evenit, verum etiam ad usus fere quotidianos summopere expetenda est. Quum enim saepe incidant tempora, quemadmodum suo loco planius dicetur, in quibus tum ab aliis de populo, tum saepissime a mulierculis Baptismum ministrari oporteat: ita fit, ut promiscue omnibus fidelibus ea, quae ad huius Sacramenti substantiam pertinent, cognita et perspecta esse debeant. Quare dilucidis et apertis verbis, quae facile percipi ab omnibus possint, Pastores docebunt, hanc esse perfectam et absolutam Baptismi formam: „Ego te baptizo in nomine Patris, et Filii, et Spiritus Sancti“. Ita enim a Domino et Salvatore nostro traditum est, quum Apostolis apud Matthaeum praecepit: [1] „Euntes docete omnes gentes, baptizantes eos in nomine Patris, et Filii, et Spiritus Sancti.

Actio ministri in Baptismo ex Christi verbo esse necessaria colligitur. Persona, quae baptizatur.

II. Ex illo autem verbo „baptizantes“ Catholica Ecclesia divinitus edocta, optime intellexit, in huius Sacramenti forma actionem ministri exprimendam esse; quod quidem fit, quum dicitur, „ego te baptizo“. Ac quoniam praeter ministros, tum illius personam, qui baptizatur, tum principalem causam, quae Baptismum efficit, significare oportebat, idcirco illud pronomen „te“, et distincta divinarum personarum nomina adduntur, ut absoluta Sacramenti forma iis verbis concludatur, quae modo

---

1) Matth. 28. 19.

wie es die Vollziehung des Sakramentes erfordert, so müsse man dennoch für gewiß annehmen, daß das Sakrament der Taufe niemals auf irgend eine Weise mit einer andern Materie, als mit der Flüssigkeit des natürlichen Wassers vollzogen werden könne.

Zehnte Frage.

Warum allen Gläubigen insgesammt die vollkommene Taufform deutlich erklärt werden müsse.

Wie häufig und mit welcher Sorgfalt die Beschaffenheit der Taufe einzuschärfen ist. Die Form der Taufe.

1. Nachdem aber von den beiden Theilen, woraus die Taufe bestehen muß, der eine, nämlich die Materie, sorgfältig erklärt worden ist, müssen die Pfarrer sich beeifern, mit gleicher Sorgfalt auch die Form vorzutragen, welche der zweite höchst nothwendige Theil derselben ist. Sie werden aber auf die Erklärung dieses Sakramentes um so größern Fleiß und Eifer verwenden zu müssen glauben, als die Erkenntniß eines so heiligen Geheimnisses nicht nur an sich selbst die Gläubigen sehr erfreuen kann, wie dies ja bei jeder Wissenschaft göttlicher Dinge der Fall ist; sondern auch zur fast täglich vorkommenden Anwendung überaus wünschenswerth ist. Denn da oft Zeiten vorkommen, wie an seinem Orte ausführlicher gezeigt werden soll, in welchen sowohl von Andern aus dem Volke, als auch sehr oft von Frauenspersonen die Taufe ausgespendet werden muß, so muß demzufolge allen Gläubigen insgesammt das, was zum Wesen dieses Sakramentes gehört, bekannt und völlig klar sein. Deshalb sollen die Pfarrer mit klaren und deutlichen Worten, so daß sie von Allen leicht begriffen werden können, lehren, diese sei die vollkommene und vollständige Form der Taufe: „Ich taufe dich im Namen des Vaters und des Sohnes und des heiligen Geistes." Denn so ist von unserm Herrn und Heilande angeordnet worden, als er den Aposteln bei Matthäus befahl: „Gehet hin und lehret alle Völker, und taufet sie im Namen des Vaters und des Sohnes und des heiligen Geistes."

Daß die Thätigkeit des Ausspenders bei der Taufe nothwendig sei, ergibt sich aus den Worten Christi. Die Person, welche getauft wird.

2. Aus jenem Worte aber: „taufet" hat die von Gott belehrte katholische Kirche ganz wohl erkannt, daß die Handlung des Ausspenders in der Form dieses Sakramentes ausgedrückt werden müsse, wie es geschieht, wenn gesagt wird: „Ich taufe dich." Und da außer den Ausspendern, sowohl die Person desjenigen, der getauft wird, als auch die Hauptursache, welche die Taufe bewirkt, bezeichnet werden mußten, so werden das Fürwort „dich" und die besonderen Namen der göttlichen Personen hinzugefügt; so daß die vollständige Form des Sakramentes aus den eben erläuterten Worten

exposita sunt: „Ego te baptizo in nomine Patris, et Filii, et Spiritus Sancti."

III. Neque enim sola Filii persona, de quo a Ioanne scribitur: „Hic est, qui baptizat", sed simul omnes sanctae Trinitatis personae ad Baptismi Sacramentum operantur. Quod autem „in nomine", non „in nominibus" dictum est, hoc plane declarat unam Trinitatis naturam et divinitatem. Etenim hoc loco nomen ad personas non refertur; sed divinam substantiam, virtutem et potestatem, quae una et eadem est in tribus personis, significat.

Quaestio XI.

An in forma Baptismi verba omnia perinde sint necessaria.

Sed in hac forma, quam integram et perfectam esse ostendimus, observandum est, quaedam prorsus necessaria esse, quae si omittantur, Sacramentum confici non potest; quaedam vero non ita necessaria, ut, si desint, Sacramenti ratio non constet; cuiusmodi est vox illa, „Ego", cujus vis in verbo „baptizo" continetur. Immo vero in Ecclesiis Graecorum variata dicendi ratione praetermitti consuevit, propterea, quod nullam fieri oportere ministri mentionem iudicarunt, ex quo factum est, ut in Baptismo hac forma passim utantur: Baptizetur servus Christi in nomine Patris, et Filii, et Spiritus Sancti. A quibus tamen perfecte Sacramentum ministrari, ex Concilii Florentini sententia et definitione apparet, quum iis verbis satis explicetur id, quod ad Baptismi veritatem attinet, nimirum ablutio, quae tunc re ipsa peragitur. Quod si etiam aliquando tempus fuisse dicendum est, quum Apostoli in nomine tantum Domini Iesu Christi baptizarent, id quidem Spiritus Sancti afflatu eos fecisse, [1] exploratum nobis esse debet, ut initio nascentis ecclesiae Iesu Christi nomine praedicatio illustrior fieret, divinaque et immensa eius potestas magis celebraretur. Deinde vero rem penitus introspicientes facile intelligemus, nullam earum partium in ea forma desiderari, quae ab ipso Salvatore praescriptae sunt; qui enim Iesum Christum dicit, simul etiam Patris personam, a quo unctus, et Spiritum Sanctum, quo unctus est, significat.

1) Act. 2, 38 et 5, 12.

besteht: Ich taufe dich im Namen des Vaters und des Sohnes und des h. Geistes.

Die Grundursache der Heiligung ist die heil. Dreifaltigkeit. Welche Bedeutung sie in der Form der Taufe habe.

3. Denn nicht die Person des Sohnes allein, von welchem Johannes schreibt: „Dieser ist es, der taufet," sondern alle Personen der h. Dreieinigkeit zugleich wirken bei dem Sakramente der Taufe. Wenn es aber heißt: „im Namen," und nicht: „in den Namen," so zeigt dies deutlich die Eine Natur und Gottheit der Dreieinigkeit an. Denn das Wort „Name" bezieht sich hier nicht auf die Personen, sondern es bezeichnet die göttliche Wesenheit, Kraft und Macht, welche Ein' und dieselbe bei den drei Personen ist.

Eilfte Frage.
Ob in der Taufform alle Worte gleich nothwendig seien.

Weise der Griechen zu taufen. Wie die Taufe im Namen Christi ohne Bezeichnung der andern Personen einstmals gebraucht werden konnte.

Bei dieser Form aber, die wir als die vollständige und vollkommene angeführt haben, muß man bemerken, daß Einiges unumgänglich nothwendig ist, so daß, wenn es ausgelassen wird, das Sakrament nicht vollzogen werden kann; Einiges hingegen nicht so nothwendig ist, daß, wenn es fehlte, das Wesen des Sakramentes nicht bestände, dergleichen das Wort „Ich" ist, dessen Sinn in dem Worte „taufe (baptizo)" enthalten ist. Ja, in den Kirchen der Griechen pflegt es sogar bei veränderter Ausdrucksweise weggelassen zu werden, weil sie glaubten, des Ausspenders brauche keine Erwähnung zu geschehen, weshalb sie sich in der Regel bei der Taufe der Form bedienen: Es wird getauft der Diener Christi im Namen des Vaters und des Sohnes und des heiligen Geistes. Daß aber dennoch das Sakrament von ihnen vollkommen gespendet werde, erhellt aus dem Ausspruche und der Bestimmung des florentinischen Concils, da durch jene Worte das zur Genüge erklärt wird, was zur wahren Taufe gehört, nämlich die Abwaschung, die dabei wirklich vollzogen wird. Wenn man auch zugestehen muß, daß es einst eine Zeit gab, wo die Apostel blos im Namen des Herrn Jesu Christi tauften, so müssen wir doch für ausgemacht halten, daß sie dies aus Eingebung des h. Geistes gethan haben, damit im Beginn der entstehenden Kirche die Predigt im Namen Jesu Christi feierlicher und seine göttliche und unermeßliche Macht um so mehr gepriesen würde. Sehen wir ferner aber die Sache näher an, so werden wir leicht erkennen, daß in dieser Form keiner jener Theile mangele, welche vom Heilande selbst vorgeschrieben sind; denn wer Jesum Christum nennt, bezeichnet auch zugleich die Person des Vaters, von welchem er gesalbt, und den heil. Geist, mit welchen er gesalbt ist.

Quaestio XII.

Apostolos in nomine Christi, tacitis aliis duabus personis Trinitatis, nunquam baptizasse, credendum est.

Quamquam dubium fortasse videri potest, an huiusmodi forma Apostoli aliquem baptizaverint, si Ambrosii,[1] et Basilii[2], sanctissimorum et gravissimorum Patrum, auctoritatem sequi volumus, qui ita Baptismum in nomine Iesu Christi interpretati sunt, ut dixerint, iis verbis significari Baptismum, non qui a Ioanne, sed qui a Christo Domino traditus esset; tametsi a communi et usitata forma, quae distincta trium personarum nomina continet, Apostoli non discederent. Atque hoc loquendi genere Paulus etiam in epistola ad Galatas usus videtur, quum inquit:[3] „Quicunque in Christo baptizati estis, Christum induistis"; ut significaret, in fide Christi, nec alia tamen forma, quam idem Salvator et Dominus noster servandam praeceperat, baptizatos esse. Hactenus igitur de materia et forma, quae ad Baptismi substantiam maxime pertinent, fideles docere satis fuerit.

Quaestio XIII.

Quo pacto in hoc regenerationis mysterio fieri debeat ablutio.

Ablutio Baptismi tribus modis fieri potest.

I. Quoniam vero in hoc Sacramento conficiendo legitime etiam ablutionis rationem servari oportet: idcirco eius quoque partis doctrina a Pastoribus tradenda est, atque ab eis breviter explicandum, communi Ecclesiae more et consuetudine receptum esse, ut Baptismus uno aliquo ex tribus modis confici posset. Nam qui hoc Sacramento initiari debent, vel in aquam merguntur, vel aqua in eos infunditur, vel aquae aspersione tinguntur. Ex his autem ritibus quicumque servetur, Baptismum vere perfici credendum est; aqua enim in Baptismo adhibetur ad significandam animae ablutionem, quam efficit.

Lavacrum regenerationis.

II. Quare Baptismus ab Apostolo „lavacrum" appellatus est.[4] Ablutio autem non magis fit, quam aliquis aqua mergitur,[5] quod diu a primis temporibus in Ecclesia observatum animadvertimus; quam vel aquae effusione, quod nunc in frequenti usu positum videmus; vel aspersione, quemadmodum a Petro

---

1) De Spirit. S. c. 3.   2) Basil. 12.   3) Gal. 3, 27.   4) Tit. 9, 5.   5) Ephes. 5, 26.

Zwölfte Frage.

Man muß glauben, daß die Apostel niemals im Namen Christi, mit Ver=
schweigung der beiden andern Personen der Dreieinigkeit, getauft haben.

Es kann indeß vielleicht zweifelhaft erscheinen, ob die Apostel
mit dieser Form Jemanden getauft haben, wenn wir dem Ansehen
der so sehr heiligen und gewichtigen Väter Ambrosius und Basilius
folgen wollen, welche die Taufe im Namen Jesu Christi so aus=
legten, daß sie sagten, mit diesen Worten werde die Taufe bezeich=
net, nicht wie sie von Johannes, sondern von Christo dem Herrn
eingesetzt wurde; wiewohl die Apostel von der gewöhnlichen und
gebräuchlichen Form, welche die besonderen Namen der drei Per=
sonen enthält, nicht abgewichen seien.   Und auch Paulus scheint
sich dieser Redeweise im Briefe an die Galater bedient zu haben,
wenn er sagt: „Denn ihr Alle, die ihr in Christo getauft seid,
habt Christum angezogen;" damit anzuzeigen, daß sie im Glauben
an Christum, aber doch mit keiner andern Form getauft seien, als
unser Heiland und Herr zu beobachten angeordnet hatte.   Soviel
mag genug sein, um die Gläubigen über die Materie und Form,
die zum Wesen der Taufe nothwendig gehören, zu unterrichten.

Dreizehnte Frage.

Wie bei diesem Geheimnisse der Wiedergeburt die Abwaschung geschehen
müsse.

Die Abwaschung der Taufe kann auf dreifache Weise geschehen.

1. Weil man aber bei der Ertheilung dieses Sakramentes auch
die Weise der Abwaschung gehörig beobachten muß, so haben die
Pfarrer auch über diesen Punkt Unterricht zu ertheilen und in Kürze
zu erklären, wie es in die gemeinsame Gewohnheit und Sitte der
Kirche aufgenommen ist, daß die Taufe auf eine von den drei Arten
ertheilt werden könne. Diejenigen nämlich, welche durch dieses Sa=
krament eingeweiht werden sollen, werden entweder in's Wasser
eingetaucht, oder das Wasser wird auf sie gegossen, oder sie werden
mit dem Wasser besprengt.   Welcher von diesen Gebräuchen nun
aber auch beobachtet werden mag, so hat man zu glauben, daß die
Taufe wahrhaft ertheilt werde; denn das Wasser wird bei der
Taufe angewandt, um die Abwaschung der Seele zu bezeichnen,
die sie bewirkt.

Das Bad der Wiedergeburt.

2. Deshalb wird die Taufe vom Apostel ein Bad genannt. Die
Abwaschung wird aber nicht mehr bewirkt, wenn Jemand in das
Wasser getaucht wird, wie wir es zu den ersten Zeiten in der Kirche
lange gebräuchlich finden, als entweder durch die Ausgießung des
Wassers, die wir jetzt als allgemein gebräuchlich bemerken, oder
durch die Besprengung, wie wir sehen, daß sie von Petrus gesche=

factum esse colligitur, [1] quum „uno die tria millia“ hominum
ad fidei veritatem traduxit, et baptizavit.

Quaestio XIV.
Unicane ablutio requiratur, an trina.

Utrum vero unica an trina ablutio fiat, nihil referre existimandum est.   Utrovis enim modo et antea in Ecclesia Baptismum vere confectum esse, et nunc confici posse, ex D. Gregorii
magni epistola ad Leandrum scripta, satis apparet.   Retinendus
est tamen a fidelibus is ritus, quem unusquisque in sua Ecclesia servari animadverterit.

Quaestio XV.
Quare caput hic potissimum abluatur.
Verba Sacramenti eodem tempore, quo abluitur caput, pronuncianda sunt.

Atque illud praecipue, monere oportet, non quamlibet corporis partem, sed potissimum caput, in quo omnes tum interi-
ores, tum externi sensus vigent, abluendum, simulque ab eo,
qui baptizat, non ante aut post ablutionem verba Sacramenti,
quae formam continent, sed eodem tempore, quo ablutio ipsa
peragitur, pronuntianda esse. His expositis, conveniet praeterea
docere, atque in memoriam fidelium reducere, Baptismum, quemadmodum et reliqua Sacramenta, a Christo Domino institutum
esse.

Quaestio XVI.
Christusne Baptismum ante, an post passionem instituerit
Duo tempora Baptismi conferendi.

I. Hoc igitur Pastores frequenter docebunt explicabuntque, duo
diversa tempora Baptismi notanda esse, alterum, quum Salvator
eum instituit; alterum, quum lex de eo suscipiendo sancita est.

Quando Christus Baptismum instituerit.

II. Ac quod ad primum attinet, tunc a Domino hoc Sacramentum institutum esse perspicitur, quum ipse a Ioanne baptizatus sanctificandi virtutem aquae tribuit. Testantur enim sancti
Gregorius Nazianzenus [2] et Augustinus [3], eo tempore aquae vim
generandi in spiritualem scilicet vitam datam esse.   Et alio
loco ita scriptum reliquit: „Ex quo Christus in aqua mergitur,

---

1) Act. 2, 41   2) Orat. in Nativ. Salv.   3) Aug. serm. 24. 36 et 37 de temp.

hen ist, als er an Einem Tage dreitausend Menschen der Wahrheit des Glaubens zuführte und taufte.

Vierzehnte Frage.
Ob nur eine einzige Abwaschung oder eine dreimalige erforderlich sei.

Ob aber die Abwaschung ein= oder dreimal geschieht, hat man für gleichgültig anzusehen. Denn daß die Taufe in beiderlei Weise sowohl ehemals in der Kirche wahrhaft ertheilt worden sei, als auch jetzt ertheilt werden könne, erhellet zur Genüge aus dem Briefe des h. Gregor des Großen an den Leander. Doch sollen die Gläubigen den Gebrauch beibehalten, den Jeder in seiner Kirche beobachtet sieht.

Fünfzehnte Frage.
Warum jetzt vorzüglich das Haupt abgewaschen wird.
Die Worte des Sakraments sind dann auszusprechen, wenn das Haupt abgewaschen wird.

Besonders aber muß daran erinnert werden, daß nicht jeder beliebige Theil des Körpers, sondern vorzugsweise der Kopf, in welchem alle, sowohl inneren als äußeren Sinne wirken, abgewaschen werden soll, und daß zugleich von Dem, der taufet, die Worte des Sakramentes, welche die Form enthalten, nicht vor oder nach der Abwaschung, sondern zur nämlichen Zeit, in welcher die Abwaschung selbst vollzogen wird, ausgesprochen werden müssen. Nach dieser Erläuterung wird es überdies nützlich sein zu lehren, und den Gläubigen in's Gedächtniß zurückzurufen, daß die Taufe, wie auch die übrigen Sakramente, von Christo dem Herrn eingesetzt ist.

Sechszehnte Frage.
Ob Christus die Taufe vor oder nach seinem Leiden eingesetzt hat.
Zwei Zeiten, die Taufe zu spenden.

1. Dies müssen also die Pfarrer häufig lehren und erklären, daß zwei verschiedene Zeitpunkte der Taufe zu bemerken sind, der eine, als der Heiland sie einsetzte, der andere, als das Gesetz gegeben wurde, sie zu empfangen.

Wann Christus die Taufe eingesetzt hat.

2. Was nun den ersten anbelangt, so ist offenbar, daß dies Sakrament von dem Herrn damals eingesetzt ist, als er selbst, von Johannes getauft, dem Wasser die heiligende Kraft verlieh. Denn die hh. Gregor von Nazianz und Augustin bezeugen, zu jener Zeit sei dem Wasser die Kraft der Wiedergeburt zum geistigen Leben verliehen worden. Und an einer andern Stelle steht so von ihm geschrieben: „Seitdem Christus in's Wasser getaucht wurde, seitdem wäscht das Wasser alle Sünden ab." Und anderswo: „Der

ex eo omnia peccata abluit aqua". Et alibi: „Baptizatur Dominus, non mundari indigens, sed tactu mundae carnis aquas
mundans, ut vim abluendi habeant".

Aquae vis per Christum est aucta. Tota Trinitas, in Baptismo Christi praesens suum Numen declaravit.

III. Atque ad eam rem illud maximo argumento esse potuit,
quod tunc sanctissima Trinitas, in cuius nomine Baptismus conficitur, numen suum praesens declaravit. „Vox enim Patris
audita est, Filii persona aderat, et Spiritus Sanctus in columbae specie descendit",[1] praeterea „coeli aperti sunt",[2] quo
nobis iam per Baptismum licet ascendere.[3] Quod si quis scire
cupiat, quanam ratione tanta et tam divina virtus a Domino
aquis tributa sit, id quidem humanam intelligentiam superat.

Baptismus ante Christi passionem fuit quidem usitatus, ab ea tamen vim suam accepit.

IV. Hoc vero satis percipi a nobis potest, Baptismo a Domino suscepto, sanctissimi et purissimi eius corporis tactu aquam
ad Baptismi salutarem usum consecratam esse; ita tamen, ut
hoc Sacramentum, etsi ante passionem institutum fuerit, a
passione tamen, quae omnium Christi actionum tanquam finis
erat, vim et efficientiam duxisse credendum sit.

Quaestio XVII.

Quando lex Baptismi homines obligare coeperit.

Lex de Baptismo suscipiendo quando lata fuerit?

I. Sed de altero etiam, quo scilicet tempore lex de Baptismo
lata fuerit, nullus dubitandi locus relinquitur. Nam inter sacros
scriptores convenit, post Domini resurrectionem, quum Apostolis
praecepit: „Euntes docete omnes gentes, baptizantes eos in nomine Patris, et Filii, et Spiritus Sancti, ex eo tempore omnes
homines, qui salutem aeternam consecuturi erant, lege de Baptismo teneri coepisse.

Quando Baptismus homines obligare coepit?

II. Quod quidem ex Apostolorum Principis auctoritate colligitur, quum inquit:[4] „Regeneravit nos in spem vivam per
resurrectionem Iesu Christi ex mortuis". Idemque ex illo Pauli
loco:[5] „Se ipsum tradidit pro ea, ut illam sanctificaret (quum de
Ecclesia loqueretur), mundans eam lavacro aquae in verbo",
licet cognoscere; uterque enim Baptismi obligationem ad tempus,

---

1) Matth. 3, 16. 17.   2) Marc. 1, 10.   3) Luc. 3, 21.   4) 1 Petr. 1, 3.   5) Ephes. 5, 25

Herr wird getauft, der Reinigung nicht bedürftig, doch durch Be=
rührung seines reinen Leibes das Wasser reinigend, damit es die
Kraft zur Abwaschung erhielt."

Die Kraft des Wassers ist von Christus vermehrt worden. Die ganze Dreifaltig=
keit hat, bei der Taufe Christi gegenwärtig, ihre Gottheit offenbart.

3. Hierfür konnte zum stärksten Beweise dienen, daß damals die
heiligste Dreieinigkeit, in deren Namen die Taufe ertheilt wird,
die Gegenwart ihrer Gottheit kund gab. Denn die Stimme des
Vaters wurde vernommen, die Person des Sohnes war zugegen,
und der heil. Geist stieg in Gestalt einer Taube herab, überdies
öffnete sich der Himmel, wohin uns nun durch die Taufe aufzu=
steigen vergönnt ist. Sollte Jemand zu wissen begehren, auf
welche Weise dem Wasser eine so große und so göttliche Kraft vom
Herrn ertheilt wurde, so übersteigt dies allerdings den menschlichen
Verstand.

Die Taufe war zwar vor dem Leiden Christi gebräuchlich, hat aber von demselben
seine Kraft bekommen.

4. Das kann aber doch von uns zur Genüge begriffen werden,
daß, als der Herr die Taufe empfing, das Wasser durch die Berüh=
rung seines heiligsten und reinsten Körpers zu dem heilsamen Ge=
brauche der Taufe geweiht worden sei; so jedoch, daß man glauben
muß, dies Sakrament habe, obschon es vor seinem Leiden eingesetzt
war, dennoch von dem Leiden, das gleichsam das Ziel aller Hand=
lungen Christi ist, seine Kraft und Wirkung überkommen.

Siebenzehnte Frage.

Wann das Gesetz der Taufe für die Menschen verpflichtend zu werden anfing.

Wann das Gesetz, die Taufe zu empfangen, gegeben worden ist.

1. Allein auch über den zweiten Zeitpunkt, wann nämlich das
Gesetz in Betreff der Taufe gegeben wurde, bleibt kein Zweifel übrig.
Denn die h. Schriftsteller stimmen darin überein, daß von der
Zeit an, da der Herr nach seiner Auferstehung den Aposteln gebot:
„Gehet hin und lehret alle Völker, und taufet sie im Namen des
Vaters und des Sohnes und des heil. Geistes," alle Menschen, die
das ewige Heil erlangen wollen, dem Gesetze von der Taufe ver=
pflichtet worden seien.

Wann die Taufe für die Menschen verbindlich zu werden anfing.

2. Dies ergibt sich auch aus dem Zeugnisse des Apostelfürsten,
wenn er sagt: „Er hat uns nach seiner großen Barmherzigkeit
wiedergeboren zu einer lebendigen Hoffnung durch die Auferstehung
Jesu Christi von den Todten." Dasselbe läßt sich aus jener Stelle
des Paulus entnehmen, (wo er von der Kirche redet): „Er hat
sich selbst für sie hingegeben, um sie zu heiligen und zu reinigen in
der Wassertaufe durch das Wort." Denn beide scheinen die Ver=

quod mortem Domini consecutum est, videtur retulisse: ut dubitandum nullo modo sit, verba etiam illa Salvatoris,[1] „Nisi quis renatus fuerit ex aqua et Spiritu sancto, non potest introire in regnum Dei", idipsum tempus spectasse, quod post passionem futurum erat.

Quanta munera in Baptismo conferantur.

III. Ex iis igitur, si accurate a Pastoribus tractentur, haud dubium esse potest, quin fideles maximam in hoc Sacramento dignitatem agnoscant, ac summa animi pietate venerentur; praesertim vero quum cogitarint, praeclara illa et amplissima munera, quae, quum Christus Dominus baptizaretur, miraculorum significationibus declarata sunt, singulis, quum baptizantur, intima Spiritus Sancti virtute donari atque impertiri. Ut enim, si, quemadmodum Elisei puero contigit,[2] nobis oculi ita aperirentur, ut coelestes res intueri possemus, nemo adeo communi sensu carere putandus esset, quem divina Baptismi mysteria in maximam admirationem non traducerent: cur idem etiam eventurum non existimemus, quum a Pastoribus huius Sacramenti divitiae ita expositae fuerint, ut eas fideles, si non corporis oculis, at mentis acie, fidei splendore illuminatae, contemplari queant?

Quaestio XVIII.
Quot hominum genera Baptismum administrare possint.

Qui proprii sint ministri Baptismi.

I. Iam vero a quibus ministris hoc Sacramentum conficiatur, non utiliter modo, sed necessario tradendum videtur, tum ut ii, quibus praecipue hoc munus commissum est, illud sancte et religiose curare studeant; tum ut ne quis, tanquam fines suos egressus, in alienam possessionem intempestive ingrediatur, vel superbe irrumpat;[3] quum in omnibus ordinem servandum esse Apostolus admoneat.

Triplex ordo ministrorum Baptismi. Primus ordo est Episcoporum et Sacerdotum potestas.

II. Doceantur igitur fideles, triplicem esse eorum ordinem; ac in primo quidem Episcopos et Sacerdotes collocandos esse, quibus datum est, ut iure suo, non extraordinaria aliqua potestate, hoc munus exerceant. Iis enim in Apostolis praeceptum est a Domino: „Euntes baptizate;" quamvis Episcopi, ne gra-

---

1) Ioan. 3, 5,   2) 4 Reg. 6, 17.   3) 1 Cor. 14, 20.

pflichtung zur Taufe auf die Zeit zurückzuführen, welche auf den Tod des Herrn gefolgt iſt, ſo daß in keiner Weiſe zu bezweifeln iſt, auch jene Worte des Heilandes: „Wenn Jemand nicht wieder= geboren wird aus dem Waſſer und heiligen Geiſte, ſo kann er in das Reich Gottes nicht eingehen,“ beziehen ſich eben auf die nach ſeinem Leiden erfolgte Zeit.

Wie große Gaben uns in der Taufe zu Theil werden.

3. Wenn dies von den Pfarrern ſorgfältig abgehandelt wird, ſo kann es nicht fehlen, daß die Gläubigen hieraus die überaus hohe Würde dieſes Sakramentes erkennen, und es mit der tiefſten Ehr= furcht des Herzens verehren; beſonders aber, wenn ſie bedenken, daß jene vortrefflichſten und herrlichſten Gaben, die, als Chriſtus der Herr getauft ward, durch Wunderzeichen kund gethan wurden, einem Jeden bei ſeiner Taufe durch die innere Kraft des heiligen Geiſtes geſchenkt und mitgetheilt werden. Denn würden uns, wie es dem Diener des Eliſeus wiederfuhr, ſo die Augen geöffnet, daß wir die himmliſchen Dinge ſchauen könnten, ſo würde Niemand, meine ich, ſo blödſinnig ſein, daß ihn die göttlichen Geheimniſſe der Taufe nicht zur größten Bewunderung hinriſſen; warum ſollten wir nun nicht dafür halten, das Nämliche werde geſchehen, wenn die Reichthümer dieſes Sakramentes von den Pfarrern ſo ausein= andergeſetzt werden, daß die Gläubigen ſie, wenn auch nicht mit den leiblichen Augen, doch mit dem Scharfblicke des durch den Glanz des Glaubens erleuchteten Geiſtes betrachten können?

Achtzehnte Frage.
Wie vielerlei Menſchen die Taufe ausſpenden können.
Welches die eigentlichen Ausſpender der Taufe ſind.

1. Nun aber erſcheint es nicht nur nützlich, ſondern auch noth= wendig, zu erklären, von welchen Ausſpendern dies Sakrament voll= zogen wird; theils damit diejenigen, denen dies Amt vorzüglich an= vertraut iſt, daſſelbe heilig und ehrfurchtsvoll zu verwalten ſich be= eifern; theils damit Niemand gleichſam ſeine Gränzen überſchreite und zur Unzeit in fremdes Beſitzthum eintrete, oder hochmüthig einbreche, da der Apoſtel ermahnet, daß Alles mit Ordnung ge= ſchehen ſolle.

Die dreifache Ordnung der Ausſpender der Taufe. Die erſte Ordnung iſt die Macht der Biſchöfe und Prieſter.

2. Die Gläubigen ſollen daher belehrt werden, daß deren Stufen= folge eine dreifache iſt; und zwar ſeien auf die erſte die Biſchöfe und Prieſter zu ſtellen, denen es verliehen iſt, dieſes Amt von Rechtswegen, nicht aus einer außerordentlichen Vollmacht, zu ver= walten. Denn ihnen wurde in den Apoſteln vom Herrn geboten: „Gehet, und taufet;“ obwohl die Biſchöfe, um nicht genöthigt zu

viorem illam docendi populi curam deserere cogerentur, Baptismi
ministerium Sacerdotibus relinquere soliti essent. Quod vero
Sacerdotes iure suo hanc functionem exerceant, ita ut praesente
etiam Episcopo ministrare Baptismum possint, ex doctrina Patrum et usu Ecclesiae constat. Nam quum ad Eucharistiam
consecrandam instituti sint, quae est pacis et unitatis Sacramentum: consentaneum fuit, potestatem iis dari omnia illa administrandi, per quae necessario huius pacis et unitatis quilibet particeps fieri posset. Quod si aliquando Patres Sacerdotibus, sine Episcopi venia, baptizandi ius permissum non esse
dixerunt: id de eo Baptismo, qui certis anni diebus solemni
caeremonia administrari consueverat, intelligendum videtur.

> Secundus ordo est Diaconorum. Tertius ministrorum Baptismi ordo est eorum, qui
> in necessitate adhibentur. Populares non debent solemnes caeremonias in
> Baptismo adhibere.

III. Secundum ministrorum locum obtinent Diaconi, quibus
sine Episcopi aut Sacerdotis concessu non licere hoc Sacramentum administrare, plurima SS. Patrum decreta testantur. Extremus ordo illorum est, qui, cogente necessitate, sine solemnibus caeremoniis baptizare possunt; quo in numero sunt omnes,
etiam de populo, sive mares, sive feminae, quamcunque illi se-
ctam profiteantur. Nam et Iudaeis quoque, infidelibus et haereticis, quum necessitas cogit, hoc munus permissum est; si
tamen id efficere propositum eis fuerit, quod Ecclesia Catholica
in eo administrationis genere efficit. Haec autem quum multa
veterum Patrum et Conciliorum decreta confirmarunt, tum vero
a sacra Tridentina Synodo anathema in eos sancitum est, [1] qui
dicere audeant, Baptismum, qui etiam datur ab haereticis in
nomine Patris, et Filii, et Spiritus Sancti cum intentione fa-
ciendi, quod facit Ecclesia, non esse verum Baptismum. In quo
profecto summam Domini nostri bonitatem et sapientiam licet
admirari. Nam quum hoc Sacramentum necessario ab omnibus percipiendum sit, quemadmodum aquam eius materiam instituit, qua nihil magis commune esse potest: sic etiam neminem ab eius administratione excludi voluit; quamvis, ut dictum
est, non omnibus liceat solemnes caeremonias adhibere; non
quidem quod ritus aut caeremoniae plus dignitatis, sed quod
minus necessitatis, quam Sacramentum, habeant.

---

[1] Sess. 7 de Bapt. can. 4.

werden, die wichtigere Sorge, das Volk zu unterrichten, zu ver= absäumen, die Ausspendung der Taufe den Priestern zu überlassen pflegten. Daß aber die Priester dies Amt von Rechtswegen aus= üben, so daß sie auch in Gegenwart des Bischofs die Taufe erthei= len können, steht durch die Lehre der Väter und den Gebrauch der Kirche fest. Denn da sie eingesetzt sind, die Eucharistie zu conse= criren, die das Sakrament des Friedens und der Einheit ist, so war es angemessen, daß ihnen die Gewalt gegeben wurde, alles das zu verrichten, wodurch nothwendiger Weise Jeder dieses Friedens und dieser Einheit theilhaftig werden kann. Wenn darum die Väter zuweilen behaupteten, den Priestern sei ohne Erlaubniß der Bischöfe das Recht zu taufen nicht gestattet, so scheint man dies von der Taufe verstehen zu müssen, die man an gewissen Tagen des Jahres mit feierlicher Ceremonie zu ertheilen pflegte.

Die zweite Ordnung ist die der Diakonen. Die dritte Ordnung der Ausspender der Taufe ist die derer, welche in der Noth angewendet werden. Die Laien dürfen die feierlichen Ceremonien nicht bei der Taufe gebrauchen.

3. Die zweite Stelle der Ausspender nehmen die Diakonen ein, denen ohne des Bischofs oder des Priesters Bewilligung nicht er= laubt ist, dies Sakrament zu spenden, wie es sehr viele Aussprüche der heiligen Väter bezeugen. Zur letzten Stufe gehören diejenigen, die im dringenden Nothfalle ohne feierliche Ceremonien taufen kön= nen; hierzu werden Alle gezählt, auch aus dem Volke, es seien Manns= oder Frauenspersonen, zu welcher Sekte sie sich auch immer bekennen mögen. Denn auch den Juden, den Un= und Irrgläu= bigen ist dieses Amt gestattet, wenn die Noth dazu zwingt, wofern sie nur den Vorsatz haben, das zu thun, was die katholische Kirche bei einer solchen Verrichtung thut. Dieses aber haben nicht nur viele Aussprüche der alten Väter und Concilien bekräftigt, sondern es ist auch von dem heiligen trienter Kirchenrathe der Bann gegen die= jenigen ausgesprochen, die sich erkühnen zu behaupten, „die Taufe, die auch von den Irrgläubigen im Namen des Vaters und des Sohnes und des heil. Geistes, mit der Absicht zu thun, was die Kirche thut, ertheilt wird, sei keine wahre Taufe." Hierin muß man wahrlich die höchste Güte und Weisheit unsers Herrn bewundern. Denn da Alle nothwendiger Weise dieses Sakrament empfangen müssen, so hat er, wie er das Wasser zu seiner Materie einsetzte, das, wie nichts Anderes, allerwärts zu haben ist, so auch Nieman= den von der Ertheilung desselben ausschließen wollen; obschon es, wie gesagt, nicht Allen freisteht, die feierlichen Ceremonien anzu= wenden; zwar nicht, weil die Gebräuche oder Ceremonien mehr Würde besäßen, sondern weil sie weniger nothwendig sind, als das Sakrament.

Quaestio XIX.

Quis ordo in baptizando a fidelibus servandus sit.

Neque vero hoc munus ita omnibus promiscue permissum esse, fideles non arbitrentur, quin ordinem aliquem ministrorum statuere maxime deceat. Mulier enim, si mares adsint, laicus item praesente clerico, tum clericus coram Sacerdote, Baptismi administrationem sibi sumere non debent. Quamquam obstetrices, quae baptizare consueverunt, improbandae non sunt, si interdum, praesente aliquo viro, qui huius Sacramenti conficiendi minime peritus sit, quod alias viri magis proprium officium videretur, ipsae exequantur.

Quaestio XX.

Cur, praeter eos, qui baptizant, in regenerationis mysteriis Patrini adhibeantur.

De patrinis baptizandorum.

I. Accedit autem ad eos ministros, qui, ut hactenus declaratum est, Baptismum conficiunt, aliud etiam ministrorum genus, qui ad sacram et salutarem ablutionem celebrandam ex vetustissima Catholicae Ecclesiae consuetudine adhiberi solent. Ii nunc patrini, olim susceptores, sponsores, seu fideiussores communi vocabulo, a rerum divinarum scriptoribus vocabantur. De quorum munere, quoniam ad omnes fere laicos pertinet, accurate a Pastoribus agendum erit, ut fideles intelligant, quae potissimum ad illud recte perficiendum necessaria sint. In primis vero explicare oportet, quae causa fuerit, cur ad Baptismum praeter Sacramenti ministros, patrini etiam et susceptores adiungerentur. Quod quidem optimo iure factum esse, omnibus videbitur, si meminerint, Baptismum esse spiritualem regenerationem, per quam filii Dei nascimur. De ea enim ita loquitur D. Petrus; „Sicut modo geniti infantes, rationabile, sine dolo, lac concupiscite“.[1] Ut igitur, postquam aliquis in hanc lucem editus est, nutrice et paedagogo indiget, quorum ope atque opera educetur, ac doctrina et bonis artibus erudiatur: ita etiam necesse est, ut, qui ex Baptismi fonte vitam spiritualem vivere incipiunt, alicuius fidei et prudentiae committantur, a quo Christianae religionis praecepta haurire, ad omnemque pietatis rationem institui possint, atque ita paulatim in Christo adolescere, donec tandem viri perfecti, iuvante Domino, evadant; quum prae-

---

1) 1 Petr. 2, 2.

Neunzehnte Frage.
Welche Ordnung die Gläubigen beim Taufen beobachten müssen.

Ueberdies dürfen die Gläubigen nicht wähnen, dieses Amt sei Allen ohne Unterschied dergestalt überlassen, daß es sich nicht gar sehr gezieme, eine gewisse Rangordnung der Ausspender festzustellen. Keine Frauensperson darf sich nämlich die Ausspendung der Taufe anmaßen, wenn Mannspersonen zugegen sind, ferner kein Laie in Gegenwart eines Geistlichen, endlich kein einfacher Geistlicher im Beisein eines Priesters. Bei alle dem sind die Hebammen, die zu taufen gewohnt sind, nicht zu tadeln, wenn sie bisweilen in Gegenwart eines Mannes, der in der Verrichtung dieses Sakramentes ganz unerfahren ist, selbst taufen, wenn sonst auch dieses Amt eigentlicher einem Manne zu gebühren scheint.

Zwanzigste Frage.
Warum außer denen, die taufen, bei den Geheimnissen der Wiedergeburt Pathen hinzugezogen werden.
Von den Pathen der Täuflinge.

1. Zu diesen Ausspendern aber, die, wie bisher erklärt wurde, die Taufe ertheilen, kommt noch eine andere Art von Gehülfen, die nach dem ältesten Gebrauche der katholischen Kirche zur Feier der heiligen und heilsamen Abwaschung hinzugezogen zu werden pflegen. Die heißen jetzt Pathen, und wurden ehemals von denjenigen, die über göttliche Dinge schrieben, gewöhnlich die Schutzherrn, Bürgen oder Treubürgen genannt. Die Pfarrer müssen aber von diesem Amte, weil es fast alle Laien angeht, genau handeln, damit die Gläubigen wissen, was zur gehörigen Verrichtung desselben vorzüglich erforderlich ist. Vor Allem aber müssen sie die Ursache erklären, weshalb außer den Ausspendern des Sakramentes auch noch die Pathen und Bürgen zur Taufe hinzugezogen worden sind. Daß dies aber mit vollstem Rechte geschehen ist, wird Allen einleuchten, sobald sie sich erinnern, daß die Taufe eine geistige Wiedergeburt ist, durch die wir zu Kindern Gottes geboren werden. Von ihr nämlich redet der h. Petrus also: „Als neugeborene Kinder seid begierig nach der geistigen, unverfälschten Milch." Wie nun Jeder, nachdem er das Licht der Welt erblickt hat, einer Amme und eines Führers bedarf, durch deren Hülfe und Fleiß er erzogen, und in der Lehre und in den nützlichen Künsten unterrichtet werden muß, eben so ist es auch nöthig, daß diejenigen, die nach dem Taufbade ein geistiges Leben zu leben beginnen, irgend Jemandes Treue und Weisheit anvertraut werden, um von ihm Le diehren der christlichen Religion zu erlernen und in aller Weise der Gottseligkeit unterrichtet zu werden, und so allmälig in Christo heranwachsen zu können, bis sie endlich, mit Hülfe des Herrn, vollkom-

20 *

sertim Pastoribus, qui publicae Parochiarum curationi -praepositi sunt, tantum temporis non supersit, ut privatam illam curam pueros in fide erudiendi suscipere possint.

Patrinorum adhibendorum quam vetusta sit consuetudo.

II. Huius autem vetustissimae consuetudinis praeclarum testimonium **a D.** Dionysio habemus, quum inquit: „Divinis „nostris ducibus" (sic enim Apostolus vocat) „in mentem „venit et visum est, suscipere infantes, secundum istum san- „ctum modum, quod naturales parentes pueri eum cuidam „docto in divinis, veluti paedagogo, traderent, sub quo, sicut „sub divino patre, et salvationis sanctae susceptore, reliquum „vitae puer degeret", [1] Eandem vero sententiam confirmat Higinii auctoritas.

Quaestio XXI.

Cognatio spiritualis in Baptismo contracta matrimonium impedit et dirimit.

De affinitate in Baptismo contracta, Conc. Trid. Sess. 24 de Reform. c. 2

Quamobrem sapientissime a sancta Ecclesia constitutum est, ut non solum is, qui baptizat, cum baptizato, sed etiam suscep- tor cum eo, quem suscipit, et cum eius veris parentibus affini- tate devinciantur; ita ut legitima nuptiarum foedera inter hos omnes iniri non possint, atque inita dirimantur.

Quaestio. XXII.

Quae sint Patrinorum partes, quidque ab illis exigatur.

Patrinorum officium.

I. Praeterea docere oportet fideles, quae sint susceptoris partes. Etenim hoc munus adeo negligenter in Ecclesia trac- tatur, ut nudum tantum huius functionis nomen relictum sit, quid autem sancti in eo contineatur, ne suspicari quidem ho- mines videantur. Hoc igitur universe susceptores semper cogi- tent, se hac potissimum lege obstrictos esse, ut spirituales filios perpetuo commendatos habeant, atque in iis, quae ad Christi- anae vitae institutionem spectant, curent diligenter, ut illi tales se in omni vita praebeant, quales eos futuros esse solemni caeremonia spoponderunt. Audiamus, quid ea .de re sanctus Dionysius scribat, verba sponsoris exprimens: „Spondeo puerum „inducturum, quum ad sacram intelligentiam venerit, sedulis „adhortationibus meis, ut abrenunciet contrariis omnino, profi-

[1] De Eccles. Hier. c. 12.

mene Männer werden; zumal, da den Pfarrern, denen die öffent=
liche Fürsorge für die Gemeinden übergeben ist, nicht so viel Zeit
übrig bleibt, um jene besondere Sorge übernehmen zu können, die
Kinder einzeln im Glauben zu unterrichten.

Wie alt die Gewohnheit sei, Pathen herbeizuziehen.

2. Für diesen uralten Gebrauch haben wir aber ein deutliches
Zeugniß vom h. Dionysius, wenn er sagt: „Unsern göttlichen
Führern" (so nennt er nämlich die Apostel) „kam es in den Sinn
und dünkte es gut, die Kinder nach dieser heiligen Weise aufzu=
nehmen, daß die leiblichen Eltern eines Kindes dasselbe einem in
göttlichen Dingen unterwiesenen Manne, gleichsam als seinem Er=
zieher, übergäben, damit unter ihm das Kind, wie unter einem
göttlichen Vater und Schutzherrn der heiligen Erlösung, seine
übrige Lebenszeit zubringe." Dieselbe Ansicht bestätigt auch das
Zeugniß des Higinius.

Einundzwanzigste Frage.

Die durch die Taufe eingegangene geistliche Verwandtschaft hindert und
trennt die Ehe.

**Ueber die durch die Taufe bewirkte Verwandtschaft s. den Kirchenrath v. Trient
die 24. Sitzung, das 2. Kapitel über die Verbesserung.**

Daher ist von der Kirche sehr weislich festgesetzt, daß nicht nur
der, welcher tauft, mit dem Getauften, sondern auch der über die
Taufe haltende Pathe mit dem, den er aus der Taufe hebt, und
mit den wahren Eltern desselben durch Verwandtschaft verbunden
wurden; so zwar, daß unter diesen Allen kein rechtmäßiges Ehe=
bündniß eingegangen werden kann, und wofern es eingegangen
würde, getrennt werden muß.

Zweiundzwanzigste Frage.

Welches die Pflichten der Taufpathen seien, und was von ihnen gefordert
werde.

Pflicht der Pathen.

1. Außerdem muß man die Gläubigen belehren, welches die
Pflichten der Pathen sind. Denn dieses Amt wird in der Kirche
so nachlässig verwaltet, daß nur der leere Name dieser Verrichtung
übrig ist, das Heilige aber, was darin liegt, von den Menschen
nicht einmal geahnt zu werden scheint. Daher sollen die Pathen
dies überhaupt immer bedenken, daß sie nach diesem Gesetze vor Allem
verpflichtet sind, ihrer geistlichen Kinder sich allezeit anzunehmen,
und für Das Sorge zu tragen, was zu einem christlichen Lebens=
wandel gehört, damit sich dieselben in ihrem ganzen Leben so zei=
gen, wie sie bei der feierlichen Ceremonie werden zu wollen ge=
lobten. Hören wir, was der h. Dionysius hierüber schreibt, da
er die Worte eines Taufzeugen anführt: „Ich gelobe, das Kind,
wenn es zur Erkenntnißfähigkeit für das Heilige gelangt sein wird,

„teatur peragatque divina, quae pollicetur". [1]   Item divus Au-
„gustinus: „Vos", inquit, „ante omnia, tam viros quam mulieres,
„qui filios in Baptismate suscepistis, moneo, ut cognoscatis, vos
„fideiussores apud Deum extitisse pro illis, quos visi estis de
„sacro fonte suscipere". [2]   Ac profecto decet maxime, eum,
qui aliquod officium suscepit, in eo diligenter exsequendo nunquam defatigari; et qui se alterius paedagogum et custodem
professus est, minime pati illum esse desertum, quem semel
in fidem et clientelam suam recepit, donec illum opera et praesidio suo egere intellexerit.

Quid spirituales filios docere oportet?

II. Quae autem filiis spiritualibus tradenda sint, paucis D.
Augustinus comprehendit, quum de hoc ipso susceptorum officio
loqueretur; inquit enim: „Debent eos admonere, ut castita-
„tem custodiant, iustitiam diligant, charitatem teneant, et
„ante omnia Symbolum et Orationem Dominicam eos doceant,
„Decalogum etiam, et quae sint prima Christianae religionis
„rudimenta".

Quaestio XXIII.

Quivis promiscue ad susceptoris munus non est admittendus.

Quales patrini sint assumendi.

I. Quae quum ita se habeant, facile intelligimus, cuinam hominum generi sanctae huius tutelae administratio committenda
non sit; nimirum iis, qui eam gerere aut fideliter nolint, aut
sedulo et accurate non queant.

Parentes naturales filios suos suscipere non possunt.

II. Quocirca praeter naturales parentes, quibus non licet
eam curationem suscipere, ut ex eo magis appareat, quantum
haec spiritualis educatio a carnali distet, haeretici in primis,
Iudaei, infideles, ab hoc munere omnino prohibendi sunt, ut
qui in ea cogitatione et cura semper versentur, ut fidei veritatem mendaciis obscurent, atque omnem Christianam pietatem
evertant.

Quaestio XXIV.

Qui Patrinorum numerus esse debeat.

Cf. Conc. Trid. Sess. 24 de Reform. cap. 2.

Plures quoque ne baptizatum de Baptismo suscipiant, sed
ut unus tantum, sive vir, sive mulier, vel ad summum unus et

1) De Eccl. Hier. c. 2.   2) Serm. 163 de tempore.

durch meine unabläſſigen Ermahnungen dahin zu leiten, daß es allem Entgegengeſetzten entſage, und das Göttliche, was es gelobt, bekenne und vollbringe." Daſſelbe ſagt der h. Auguſtin: „Ich erinnere vor Allen ſowohl euch Männer, als Frauen, die ihr Kinder aus der Taufe gehoben habt, wohl zu beherzigen, daß ihr bei Gott Bürgen für die geworden ſeid, die ihr aus der heiligen Taufquelle erheben wolltet." Und es gebührt ſich in der That auch ganz und gar, daß der, welcher irgend ein Amt übernimmt, in der fleißigen Erfüllung deſſelben nie ermüde, und daß derjenige, welcher ſich als Erzieher und Wächter eines Andern bekannt hat, nimmermehr den, welchen er einmal in ſeine Zuſage und Obhut aufgenommen hat, ohne Hülfe laſſe, ſo lange er ihn ſeiner Unterſtützung und ſeines Schutzes bedürftig weiß.

Was ſie ihre geiſtlichen Kinder lehren müſſen.

2. Worin aber die geiſtlichen Kinder unterrichtet werden ſollen, hat der h. Auguſtin kurz zuſammengefaßt, da er von eben den Pflichten der Pathen redete; er ſagt nämlich: „Sie müſſen die= ſelben ermahnen, die Keuſchheit zu bewahren, die Gerechtigkeit zu lieben, die Liebe zu beobachten, und vor Allem ſollen ſie dieſelben das Glaubensbekenntniß und das Gebet des Herrn lehren, ebenſo die zehn Gebote und die Anfangsgründe der chriſtlichen Religion."

Dreiundzwanzigſte Frage.

Nicht jeder ohne Auswahl darf zum Amte eines Pathen zugelaſſen werden.

Welche man zu Pathen nehmen ſoll.

1. Bei ſolcher Bewandtniß ſehen wir leicht ein, welcher Art von Menſchen die Ausübung dieſer heiligen Obhut nicht anver= traut werden dürfe; denen nämlich, die ſie entweder nicht treulich führen wollen, oder es nicht fleißig und ſorgfältig können.

Die leiblichen Aeltern können ihre Kinder nicht über die Taufe halten.

2. Außer den leiblichen Aeltern daher, denen es nicht geſtattet iſt, dieſe Pathenſchaft zu übernehmen, damit dadurch deſto deutlicher hervortrete, wie ſehr dieſe geiſtliche Erziehung von der leiblichen verſchieden iſt, ſind vor Allem die Irrgläubigen, die Juden und Ungläubigen von dieſem Amte gänzlich zurückzuweiſen, da ſie in ihrem Dichten und Trachten allezeit damit umgehen, die Wahrheit des Glaubens durch Lügen zu verdunkeln, und alle chriſtliche Fröm= migkeit von Grund aus zu vernichten.

Vierundzwanzigſte Frage.

Wie groß die Anzahl der Pathen ſein darf.

Auch iſt durch das Concil von Trient feſtgeſetzt, daß nicht Mehrere den Getauften aus der Taufe heben ſollen, ſondern nur

una, Tridentino Concilio statutum est; [1] tum quia disciplinae atque institutionis ordo a multitudine magistrorum perturbari poterat; tum quia providere oportebat, ne inter plures eiusmodi affinitates coniungerentur, quae impedirent, quominus legitimo matrimonii vinculo hominum inter homines societas latius diffunderetur.

Quaestio XXV.

Baptismus ad salutem omnibus necessarius.

Susceptio Baptismi maxime necessaria, tam adultis, quam infantibus. Citra Baptismum nullus omnino salvari potest. Conc. Trident. Sess. 7. can. 5 et Sess. 6 cap. 4.

Sed quum caeterarum rerum cognitio, quae hactenus expositae sunt, fidelibus utilissima habenda sit: tum vero nihil magis necessarium videri potest, quam ut doceantur, omnibus hominibus Baptismi legem a Domino praescriptum esse, ita ut, nisi per Baptismi gratiam Deo renascantur, in sempiternam miseriam et interitum a parentibus, sive illi fideles, sive infideles sint, procreentur. Igitur saepius a Pastoribus explicandum erit, quod apud Evangelistam legitur: [2] „Nisi quis renatus fuerit ex aqua et Spiritu, non potest introire in regnum Dei"

Quaestio XXVI.

Infantes omnino sunt baptizandi.

Cf. Conc. Trid. Sess. 5 de pecc. origin. et Sess. 7 de Baptismo.

Quam legem Baptismi non solum de iis, qui adulta aetate sunt, sed etiam de pueris infantibus intelligendam esse, idque ab Apostolica traditione Ecclesiam accepisse, communis Patrum sententia et auctoritas confirmat. Praeterea credendum est, noluisse Christum Dominum Baptismi Sacramentum et gratiam pueris denegari, de quibus dicebat: [3] „Sinite parvulos, et nolite eos prohibere ad me venire; talium est enim regnum coelorum;" quos amplexabatur, super quos manus imponebat, quos benedicebat. Deinde quum legimus: [4] „totam aliquam familiam a Paulo baptizatam esse", satis apparet, pueros etiam, qui in illorum numero erant, salutari fonte ablutos esse. Deinde circumcisio, quae figura fuit Baptismi, eum morem maxime commendat. Pueros enim octavo die circumcidi solitos nemo est, qui ignoret. At quibus circumcisio manufacta [5] „in expo-

---

1) Sess. 24 c. 20.   2) Ioan. 3, 5.   3) Matth. 19, 14.   Marc. 10, 16.   4) 1 Cor. 1, 16. 5) Ephes. 2, 11.

Einer, sei es ein Mann oder eine Frau, oder höchstens Einer und Eine; theils, weil die Ordnung der Zucht und des Unterrichts durch eine große Anzahl von Lehrern gestört werden könnte; theils, weil man verhüten müßte, daß nicht unter Mehreren dergleichen Verwandtschaften entständen, die verhinderten, daß die menschliche Gesellschaft unter den Menschen durch rechtmäßige Ehebündnisse sich weiter ausbreite.

Fünfundzwanzigste Frage.
Die Taufe ist allen Menschen zur Seligkeit nothwendig.
Der Empfang der Taufe ist ganz und gar nothwendig, sowohl den Erwachsenen, als den Kindern. Ohne Taufe kann durchaus Niemand gerettet werden.

Obgleich aber die Erkenntniß der übrigen bisher erörterten Dinge für die Gläubigen höchst nützlich zu erachten ist, so kann doch nichts nothwendiger erscheinen, als sie zu belehren, daß das Gesetz der Taufe vom Herrn allen Menschen vorgeschrieben ist, so daß, wenn sie durch die Taufgnade für Gott nicht wiedergeboren werden, sie von ihren Aeltern, seien diese nun Gläubige oder Ungläubige, zum ewigen Elende und Verderben gezeugt werden. Daher sollen die Pfarrer öfters erläutern, was wir bei dem Evangelisten lesen: „Wenn Jemand nicht wiedergeboren wird aus dem Wasser und Geiste, so kann er in das Reich Gottes nicht eingehen."

Sechsundzwanzigste Frage.
Auch die Kinder müssen nothwendig getauft werden.

Daß das Gesetz der Taufe nicht allein von denen, die sich im Alter der Erwachsenen befinden, sondern auch von den kleinen Kindern zu verstehen sei, und daß die Kirche Solches aus apostolischer Ueberlieferung empfangen habe, wird durch das gemeinsame Urtheil und Ansehen der Väter bestätigt. Ueberdies hat man zu glauben, daß Christus der Herr das Sakrament und die Gnade der Taufe den Kindern nicht habe versagen wollen, da er von ihnen sagte: „Lasset die Kindlein zu mir kommen und wehret ihnen nicht; denn für solche ist das Himmelreich;" da er sie in seine Arme schloß, ihnen die Hände auflegte und sie segnete. Wenn wir ferner lesen, daß von Paulus eine ganze Familie getauft worden sei, so erhellet deutlich genug, daß auch die Kinder, die unter ihrer Zahl waren, in der heilsamen Quelle abgewaschen wurden. Sodann spricht auch ganz besonders die Beschneidung, welche ein Vorbild der Taufe war, für diese Sitte. Denn es weiß Jedermann, daß man die Kinder am achten Tage zu beschneiden pflegte. Denen aber, welchen „die Beschneidung, die mit der Hand geschah, durch Hinwegnahme des Fleisches am Leibe"

liatione corporis carnis" proderat, iisdem Baptismum, qui est
„circumcisio Christi,[1] non manufacta" prodesse, perspicuum est.
Postremo, ut Apostolus docet:[2] „si unius delicto mors regnavit
per unum, multo magis abundantiam gratiae, et donationis, et
iustitiae accipientes, in vita regnabunt per unum Iesum Christum". Quum itaque per Adae peccatum pueri ex origine
noxam contraxerint, multo magis per Christum Dominum possunt gratiam et iustitiam consequi, ut regnent in vitam; quod
quidem sine Baptismo fieri nullo modo potest. Quare docebunt Pastores, infantes omnino baptizandos, et deinde paulatim
teneram aetatem Christianae religionis praeceptis ad veram
pietatem informandam esse. Nam ut a Sapiente praeclare
dictum est:[3] „Adolescens iuxta viam suam, etiam quum senuerit,
non recedet ab ea".

Quaestio XXVII.
Infantes in Baptismo gratiam spiritualem percipiunt.

Neque enim dubitare licet, quin fidei Sacramenta, quum
abluuntur, accipiant; non quia mentis suae assensione credant,
sed quia parentum fide, si parentes fideles fuerint; sin minus,
fide (ut D. Augustini verbis loquamur) universae societatis
Sanctorum muniuntur.[4] Etenim ab iis omnibus recte dicimus
eos Baptismo offerri, quibus placet, ut offerantur, et quorum
charitate ad communionem sancti Spiritus adiunguntur.

Quaestio XXVIII.
Infantum Baptismus non differendus.

Hortandi autem sunt magnopere fideles, ut liberos suos,
quamprimum id sine periculo facere liceat, ad ecclesiam defe-
rendos, et solemnibus cacremoniis baptizandos curent. Nam
quum pueris infantibus nulla alia salutis comparandae ratio,
nisi eis Baptismus praebeatur, relicta sit: facile intelligitur,
quam gravi culpa illi sese obstringant, qui eos Sacramenti gratia diutius, quam necessitas postulet, carere patiuntur; quum
praesertim propter aetatis imbecillitatem infinita pene vitae
pericula illis impendeant.

Quaestio XXIX.
Adulti quomodo ante Baptismum instruendi sint.
De Baptismo adultorum. Baptismi quanta sit virtus?

I. Diversam vero rationem in iis servandam esse, qui adulta

_____
1) Col. 2, 11. 2) Rom. 5, 17. 3) Prov. 22, 6. 4) Enchir. c. 22.

nützlich war, wird offenbar auch die Taufe, welche „die nicht mit
der Hand geschehene Beschneidung Christi" ist, nützlich sein. Wenn
endlich, wie der Apostel lehrt, „durch des Einen Sünde der Tod
herrschte durch den Einen, um so mehr werden die, welche die Fülle
der Gnade, der Gaben und der Gerechtigkeit erhalten, im Leben
herrschen durch den Einen Jesum Christum." Da also die Kinder
durch Adams Sünde vermöge ihrer Abstammung sich das Verderben zugezogen haben, um so viel mehr können sie durch Jesum
Christum, den Herrn, Gnade und Gerechtigkeit erlangen, um zum
Leben zu herrschen; was aber ohne die Taufe keineswegs geschehen
kann. Die Pfarrer sollen demnach lehren, daß die Kinder allerdings getauft, und darnach allmälig im zarten Alter durch die Vorschriften der christlichen Religion zur wahren Gottseligkeit heran-
gebildet werden müssen; denn, wie der Weise trefflich sagt: „ist
ein Jüngling seinen Weg gewohnt, so weicht er nicht davon, wenn
er auch alt geworden."

Siebenundzwanzigste Frage.
Die Kinder empfangen in der Taufe die geistliche Gnade.

Man darf nämlich nicht daran zweifeln, daß sie, wenn sie abgewaschen werden, die Sakramente des Glaubens empfangen; nicht
als glaubten sie durch Beistimmung ihres Gemüthes, sondern weil
sie durch den Glauben der Aeltern, wenn diese gläubig sind, wo
nicht (um mit dem heil. Augustin zu reden) durch den Glauben
der ganzen Gesellschaft der Heiligen vertreten werden. Denn wir
sagen mit Recht, daß sie von allen denen zur Taufe gebracht werden, die sich dazu bestimmten, sie hinzubringen, und durch deren
Liebe sie der Gemeinschaft des h. Geistes beigesellt werden.

Achtundzwanzigste Frage.
Die Taufe der Kinder soll nicht aufgeschoben werden.

Die Gläubigen sollen aber nachdrücklich ermahnt werden, daß
sie ihre Kinder, sobald es nur ohne Gefahr geschehen kann, zur
Kirche bringen, und mit den feierlichen Ceremonien taufen lassen.
Denn da den kleinen Kindern keine andere Weise, ihr Heil zu erlangen, übrig bleibt, als daß sie die Taufe empfangen, so läßt sich
leicht begreifen, welch schweren Vergehens sich diejenigen schuldig
machen, die sie der Gnade des Sakramentes länger, als es die
Noth erfordert, beraubt sein lassen, zumal ihnen wegen der Schwäche
ihres Alters beinahe unzählige Gefahren des Lebens drohen.

Neunundzwanzigste Frage.
Wie Erwachsene vor der Taufe zu unterrichten sind.
Von der Taufe der Erwachsenen. Wie groß die Kraft der Taufe sei.

1. Daß aber bei denen, die gereifteren Alters sind, und den

actate sunt, et perfectum rationis usum habent, qui scilicet ab
infidelibus oriuntur, antiquae Ecclesiae consuetudo declarat.
Nam Christiana quidem fides illis proponenda est, atque omni
studio ad eam suscipiendam cohortandi, alliciendi, invitandi
sunt. Quod si ad Dominum Deum convertantur, tum vero
monere oportet, ne ultra tempus ab Ecclesia praescriptum Baptismi Sacramentum differant. Nam quum scriptum sit: [1] „Non
tardes converti ad Dominum, et ne differas de die in diem“:
docendi sunt, perfectam conversionem in nova per Baptismum
generatione positam esse; praeterea, quo serius ad Baptismum
veniunt, eo diutius sibi carendum esse caeterorum Sacramentorum usu et gratia, quibus Christiana religio colitur, quum ad
ea sine Baptismo nulli aditus patere possit; deinde etiam
maximo fructu privari, quem ex Baptismo percipimus; siquidem
non solum omnium scelerum, quae antea admissa sunt, maculam et sordes Baptismi aqua prorsus eluit ac tollit; sed divina
gratia nos ornat, cuius ope et auxilio in posterum etiam peccata vitare possumus, iustitiamque et innocentiam tueri; qua
in re summam Christianae vitae constare facile omnes intelligunt.

Propositum Baptismi in necessitate salvat.

II. Sed quamvis haec ita sint, non consuevit tamen Ecclesia
Baptismi Sacramentum huic hominum generi statim tribuere;
sed ad certum tempus differendum esse constituit. Neque enim
ea dilatio periculum, quod quidem pueris imminere supra
dictum est, coniunctum habet; quum illis, qui rationis usu
praediti sunt, Baptismi suscipiendi propositum atque consilium,
et male actae vitae poenitentia satis futura sit ad gratiam et
iustitiam, si repentinus aliquis casus impediat, quominus salutari aqua ablui possint.

Cur expediat in adultis Baptismum differri?

III. Contra vero haec dilatio aliquas videtur utilitates afferre.
Primum enim, quoniam ab Ecclesia diligenter providendum est,
ne quis ad hoc Sacramentum ficto et simulato animo accedat,
eorum voluntas, qui Baptismum petunt, magis exploratur atque
perspicitur. Cuius rei causa in antiquis Conciliis decretum
legimus, ut qui ex Iudaeis ad fidem Catholicam veniunt, ante-

---

1) Eccles. 5, 8.

vollkommenen Gebrauch ihrer Vernunft besitzen, da sie nämlich von Ungläubigen abstammen, eine andere Weise beobachtet werden müsse, zeigt die Gewohnheit der alten Kirche. Denn diesen muß der christliche Glaube vorgetragen werden, und sie sind mit allem Eifer zur Annahme desselben zu ermahnen, zu drängen und einzuladen. Wenn sie dann aber zu Gott dem Herrn bekehrt sind, so muß man sie ermahnen, das Sakrament der Taufe nicht über die von der Kirche vorgeschriebene Zeit zu verschieben. Denn da geschrieben steht: „Säume nicht, dich zum Herrn zu bekehren und verschieb es nicht von einem Tag zum andern," so muß man sie belehren, die vollkommene Bekehrung bestehe in der Neu = Geburt durch die Taufe; außerdem: je später sie zur Taufe kämen, desto länger müßten sie des Gebrauches und der Gnade der übrigen Sakramente, wodurch die christliche Religion ausgeübt wird, entbehren, da zu diesen ohne die Taufe Niemand der Zutritt offen stehen kann; ferner: sie würden auch der größten Frucht beraubt, die wir aus der Taufe empfangen, indem nämlich das Taufwasser nicht allein die Makel und Flecken aller vorher begangenen Laster gänzlich abwäscht und wegnimmt, sondern uns auch mit der göttlichen Gnade schmückt, durch deren Hülfe und Beistand wir auch in Zukunft die Sünden vermeiden, und die Gerechtigkeit und Unschuld bewahren können, worin, wie Alle leicht einsehen, das ganze christliche Leben besteht.

Der Wille, sich taufen zu lassen, macht im Nothfalle selig.

2. Obschon es sich nun so verhält, so pflegte die Kirche doch nicht dergleichen Menschen das Sakrament der Taufe sogleich zu ertheilen; sondern sie bestimmte, daß man dasselbe auf eine gewisse Zeit verschieben solle. Denn mit diesem Aufschube ist jene Gefahr, die, wie wir oben sagten, den Kindern droht, nicht verbunden, weil bei den mit dem Gebrauche der Vernunft Begabten der Entschluß und Vorsatz, die Taufe zu empfangen, und die Reue über den schlecht geführten Lebenswandel zur Erlangung der Gnade und Gerechtigkeit hinreicht, wenn etwa ein unvermutheter Unfall verhindern sollte, daß sie mit dem heilsamen Wasser abgewaschen werden können.

Wozu es dienlich sei, bei den Erwachsenen die Taufe aufzuschieben.

3. Ein solcher Aufschub scheint sogar einige Vortheile zu gewähren. Denn erstlich, da die Kirche sorgfältig verhüten muß, daß Jemand zu diesem Sakramente mit erheuchelter und verstellter Gesinnung hinzutrete, so wird der Wille derer, welche die Taufe begehren, genauer erforscht und erkannt. Daher lesen wir in den alten Concilien festgesetzt, daß diejenigen, welche vom Judenthume zum katholischen Glauben übertreten, einige Monate unter den

quam Baptismus illis administretur, aliquot menses inter catechumenos essent; deinde in fidei doctrina, quam profiteri debent, et Christianae vitae institutionibus erudiuntur perfectius.
Praeterea maior religionis cultus Sacramento tribuitur, si con-
stitutis tantum Paschae et Pentecostes diebus solemni caeremonia Baptismum suscipiant.

Quando non diu differri debeat Baptismus?

IV. Sed interdum tamen Baptismi tempus iusta aliqua et
necessaria de causa differendum non est, veluti si vitae periculum instare videatur, ac praesertim si illi abluendi sint, qui
iam fidei mysteria plene perceperint. Quod quidem Philippum
et Apostolorum Principem fecisse satis constat, quum alter
Candacis Reginae eunuchum, alter Cornelium nulla interposita
mora, sed statim, ut se fidem amplecti professi sunt, baptizavit. [1]

Quaestio XXX.

Quomodo affecti esse debeant, qui sunt baptizandi.

Primum in baptizandis propositum requiritur.

I. Docendum praeterea et populo explicandum erit, quomodo
affecti esse debent, qui baptizandi sunt. In primis itaque opus
est, ut velint, propositumque sit illis, Baptismum suscipere;
nam quum unusquisque in Baptismo peccato moriatur, et novam vitae rationem et disciplinam suscipiat: aequum est, non
invito cuiquam, aut recusanti, sed illis tantum, qui sponte sua
et libenti animo accipiunt, Baptismum praeberi. Quare ex sancta traditione semper servatum animadvertimus, ut nemini Baptismus ministretur, nisi prius interrogatus fuerit, an velit baptizari. Nec vero in pueris quoque infantibus eam voluntatem
deesse existimandum est, quum Ecclesiae voluntas, quae pro
illis spondet, obscura esse non possit.

Amentes quando possint vel non possint baptizari.

II. Praeterea amentes et furiosos, qui, quum aliquando com-
potes mentis essent, in insaniam deinde inciderunt, ut qui eo
tempore nullam Baptismi suscipiendi voluntatem habeant, nisi
vitae periculum immineat, baptizandos non esse; quum autem
in vitae discrimine versantur, si, antequam furere inciperent,
eius voluntatis significationem dederunt, abluendi sunt; sin minus, a Baptismi administratione abstinendum est. Idemque
iudicium de dormientibus fieri debet. Quod si in mentis pote-

---

1) Act. 8, 38 et 10, 48.

Ratechumenen bleiben sollen, bevor ihnen die Taufe ertheilt wird; ferner werden sie in der Lehre des Glaubens, den sie bekennen sollen, und in den Sahungen für das christliche Leben vollkommener unterrichtet. Außerdem wird dem Sakramente eine größere religiöse Verehrung erwiesen, wenn sie nur an den bestimmten Tagen zu Ostern und Pfingsten die Taufe unter feierlichen Ceremonien empfangen.

Wann die Taufe nicht lange aufgeschoben werden dürfe.

4 Zuweilen darf jedoch die Zeit der Taufe aus einer gerechten und nothwendigen Ursache nicht verschoben werden, z. B. wenn eine Lebensgefahr bevorzustehen scheint, und zumal, wenn Solche getauft werden sollen, welche die Geheimnisse des Glaubens bereits vollständig erlernt haben. Es ist genugsam bekannt, daß Philippus und der Apostelfürst dieß gethan haben, als der Eine den Kämmerer der Königin Candace, der Andere den Cornelius ohne allen Verzug, sogleich, da sie sich zur Annahme des Glaubens bereit erklärten, taufte.

Dreißigste Frage.
Wie diejenigen beschaffen sein müssen, die getauft werden sollen.
Zuerst wird in den zu Taufenden der Vorsah erfordert.

1. Außerdem muß man lehren und dem Volke erklären, wie diejenigen beschaffen sein müssen, die getauft werden sollen. Sie müssen vor Allem den Willen und den Vorsah haben, die Taufe zu empfangen; denn da ein Jeder in der Taufe der Sünde abstirbt, und eine neue Weise und Zucht des Lebens annimmt, so ist es billig, daß die Taufe Niemanden gegen seinen Wunsch und Willen ertheilt werde, sondern nur denen, die sie freiwillig und mit geneigtem Gemüthe annehmen. Daher finden wir aus heiliger Ueberlieferung es immer beobachtet, daß Niemanden die Taufe gespendet werde, bevor er nicht befragt ist, ob er getauft werden wolle. Auch bei den kleinen Kindern soll man nicht glauben, daß dieser Wille fehle, da der Wille der Kirche, die für sie einsteht, sich deutlich genug zu verstehen gibt.

Wann die Wahnsinnigen getauft werden können, wann nicht.

2. Wahnsinnige ferner und Rasende, die, ehedem ihres Verstandes mächtig, sodann aber in Wahnsinn verfielen, dürfen, da sie zur Zeit keinen Willen haben, die Taufe zu empfangen, nicht getauft werden, wofern nicht Lebensgefahr droht; gerathen sie aber in Lebensgefahr, so soll man sie taufen, wenn sie, ehe sie zu rasen anfingen, einen solchen Willen geäußert haben; wo nicht, so muß man sich der Ertheilung der Taufe enthalten. Dasselbe Verfahren hat man bei Schlafenden innezuhalten. Sind jene aber niemals ihres Verstandes mächtig gewesen, so daß sie gar keinen Gebrauch

state nunquam fuerunt, ita ut nullum rationis usum habuerint, eos in fide Ecclesiae, non secus ac pueros, qui ratione carent, baptizandos esse, Ecclesiae auctoritas et consuetudo satis declarat.

Secundo in baptizandis fides requiritur.

III. Verum praeter Baptismi voluntatem fides etiam ea ratione, qua de voluntate dictum est, ad consequendam Sacramenti gratiam maxime necessaria est. Etenim Dominus et Salvator noster docuit:[1] „Qui crediderit et baptizatus fuerit, salvus erit“.

Tertio requiritur poenitentia.

IV. Deinde ut quemlibet admissorum scelerum et male actae vitae poeniteat, atque ut idem in posterum a peccatis omnibus abstinere statuat, opus est. Aliter enim, qui ita Baptismum peteret, ut tamen peccandi consuetudinem nollet emendare, omnino repellendus esset. Nihil enim Baptismi gratiae et virtuti adeo repugnat, quam eorum mens et consilium, qui nullam unquam peccandi finem sibi constituunt.

Ubi frustra adhiberi sacramenta videntur, ibi abstinendum est. Verus Baptismus esse potest in non poenitente, sed non salutaris.

V. Quum itaque Baptismus ob eam rem expetendus sit, ut Christum induamus et cum eo coniungamur:[2] plane constat, merito a sacra ablutione reiiciendum esse, cui in vitiis et peccatis perseverare propositum est; praesertim vero, quia nihil eorum, quae ad Christum et Ecclesiam pertinent, frustra suscipiendum est, inanemque Baptismum, si iustitiae et salutis gratiam spectemus, in eo futurum esse, satis intelligimus, „qui secundum carnem ambulare, non secundum spiritum“ cogitat;[3] etsi, quod ad Sacramentum pertinet, perfectam eius rationem sine ulla dubitatione consequitur, si modo, quum rite baptizatur, in animo habeat, id accipere, quod a Sancta Ecclesia administratur. Quamobrem Princeps Apostolorum magnae illi hominum multitudini, qui, ut ait Scriptura,[4] „compuncti corde“, ab eo, et a reliquis Apostolis, quid sibi faciendum esset, quaesiverant, ita respondit:[5] „Poenitentiam agite, et baptizetur unusquisque vestrum“, et alio loco:[6] „Poenitemini“, inquit, „et convertimini, ut deleantur peccata vestra“. Item beatus Paulus, ad Romanos scribens, aperte ostendit, ei, qui baptizatur, omnino moriendum esse peccatis; quare nos monet,[7] „ne“ exhibeamus „membra nostra arma iniquitatis peccato“, sed exhibeamus

---

1) Marc. 16. 16. 2) Gal. 3, 27. 3) Rom. 8, 4. 4) Act. 2, 38. 5) Act. 3, 19. 6) Rom. 6, 11. 7) Rom. 6, 13.

der Vernunft gehabt haben, so lehrt uns das Zeugniß und der Gebrauch der Kirche, daß sie auf gleiche Weise wie die Kinder, die keine Vernunft haben, im Glauben der Kirche getauft werden müssen.

Zweitens wird in den zu Taufenden der Glaube gefordert.

3. Doch ist außer dem Willen, sich taufen zu lassen, auch der Glaube in gleicher Weise, wie vom Willen gesagt wurde, zur Erlangung der Gnade des Sakramentes unbedingt nothwendig. Denn unser Herr und Heiland lehrte: „Wer da glaubt und sich taufen läßt, der wird selig werden."

Drittens wird die Buße gefordert.

4. Sodann ist es nöthig, daß Jeder seine begangenen Missethaten und seinen schlechten Lebenswandel bereuet, und daß er sich vernimmt, in Zukunft sich aller Sünden zu enthalten. Denn andern Falls muß Jeder, der etwa die Taufe begehrte, die Gewohnheit zu sündigen aber nicht ablegen wollte, durchaus abgewiesen werden. Denn Nichts widerstreitet so sehr der Gnade und Kraft der Taufe, als die Gesinnung und der Entschluß derer, die sich niemals vornehmen, von der Sünde abzulassen.

Wo man sieht, daß die Sakramente vergeblich angewandt werden, soll man sich dessen enthalten. Die Taufe kann bei einem, der keine Reue hat, wahr sein, aber nicht fruchtbringend.

5. Da wir also deswegen nach der Taufe verlangen sollen, um Christum anzuziehen und uns mit ihm zu vereinigen, so ist es vollkommen einleuchtend, daß man denjenigen mit Recht von der heiligen Abwaschung zurückweisen muß, der entschlossen ist, in Lastern und Sünden zu verharren, besonders aber, weil man Nichts von dem, was sich auf Christus und die Kirche bezieht, nutzlos empfangen soll und man zur Genüge einsieht, daß die Taufe in Rücksicht auf die Gnade der Gerechtigkeit und des Heils, an dem, „der nach dem Fleische und nicht nach dem Geiste zu wandeln" gedenkt, ganz ohne Erfolg sein wird; obgleich er, was das Sakrament anbetrifft, zweifelsohne dessen Wesenheit vollständig empfängt, falls er nur, wenn vorschriftsmäßig getauft wird, das zu empfangen gewillt ist, was von der heiligen Kirche dargereicht wird. Darum antwortete auch der Apostelfürst jener großen Menge von Menschen, die, wie die Schrift sagt, „mit zerknirschtem Herzen" ihn und die übrigen Apostel fragten, was sie thun sollten, also: „Thut Buße, und ein Jeder von euch lasse sich taufen," und an einer andern Stelle sagt er: „So thut nun Buße und bekehret euch, damit eure Sünden getilgt werden." Desgleichen zeigt der h. Paulus im Briefe an die Römer deutlich, daß der, welcher getauft wird, gänzlich den Sünden absterben muß; weshalb er uns ermahnt, „unsere Glieder nicht der Sünde als Werkzeuge der Ungerechtigkeit hinzugeben,

nos Deo, „tanquam ex mortuis viventes. Haec vero si fideles
saepe meditati fuerint, primum quidem summam Dei bonitatem
vehementer admirari cogentur, qui nihil tale merentibus, tam
singulare et divinum Baptismi beneficium sola sua misericordia
adductus tribuit; deinde quum sibi ante oculos proponent,
quam aliena esse debeat ab omni crimine eorum vita, qui
tanto munere ornati sunt: illud etiam in primis a Christiano
homine requiri facile intelligent, ut quotidie tam sancte et
religiose traducere vitam studeant, perinde ac si ea ipsa die
Baptismi Sacramentum et gratiam consecuti essent. Quamquam
ad inflammandos verae pietatis studio animos nihil magis pro-
ficiet, quam si Pastores accurata oratione explicaverint, quinam
sint Baptismi effectus.

Quaestio XXXI.
Praecipuus Baptismi effectus quis sit.

De eximiis Baptismi effectibus. Primus ac praecipuus Baptismi effectus est, cuiuscunque peccati remissio. Conc. Trid. Sess. 5 de pecc. orig.

De his igitur, quoniam saepe agendum est, ut fideles magis
perspiciant, se in altissimo dignitatis gradu positos esse, nec
se ab eo deiici ullis adversarii insidiis, vel impetu, ullo unquam tempore patiantur: hoc primum tradere oportet, peccatum, sive a primis parentibus origine contractum, sive a nobis
ipsis commissum, quamvis etiam adeo nefarium sit, ut ne cogitari quidem posse videatur, admirabili huius Sacramenti virtute
remitti et condonari. Id vero multo ante ab Ezechiele prae-
nunciatum est, per quem Dominus Deus ita loquitur: [1] „Effun-
dam super vos aquam mundam, et mundabimini ab omnibus
inquinamentis vestris". Et Apostolus ad Corinthios post longam
peccatorum enumerationem subiecit: [2] „Et haec quidem fuistis,
sed abluti estis, sed sanctificati estis". Atque hanc doctrinam
perpetuo a sancta Ecclesia traditam esse, perspicuum est. Sanctus enim Augustinus, in libro, quem de Baptismo parvulorum
conscripsit, ita testatur: „Generante carne, tantum contrahitur
peccatum originale, regenerante autem spiritu, non solum origi-
nalium, sed etiam voluntariorum peccatorum fit remissio". Et
sanctus Hieronymus ad Oceanum: „Omnia", inquit, „in Baptismate condonata sunt crimina". Ac ne dubitare amplius ea de
re cuiquam liceret, post aliorum Conciliorum definitionem sacra
etiam Tridentina Synodus idem declaravit, quum anathema in

---

1) Ezech. 36, 25. 2) 1 Cor. 6, 11.

sondern uns hinzugeben an Gott, als lebendig Gewordene von den Todten." Wenn aber die Gläubigen dies oft erwägen, so werden sie zunächst sich gedrungen fühlen, die unendliche Güte Gottes innig zu bewundern, da er allein ohne irgend ein Verdienst von unserer Seite die so besondere und göttliche Wohlthat der Taufe, durch seine Barmherzigkeit angetrieben, uns verliehen hat; wenn sie sich ferner vergegenwärtigen, wie frei von jeder Sünde das Leben Derer sein sollte, die mit einem so großen Geschenke geschmückt sind, so werden sie leicht einsehen, daß von einem Christgläubigen vor Allem auch dieses gefordert werde, daß er sich beeifere, Tag um Tag so heilig und gottesfürchtig zu leben, als wenn er an eben dem Tage das Sakrament und die Gnade der Taufe erlangt hätte. Nichts wird aber mehr geeignet sein, die Gemüther zum Streben nach einer wahren Gottseligkeit zu entflammen, als wenn die Pfarrer in gründlichem Vortrage erklären, welches die Wirkungen der Taufe sind.

Einunddreißigste Frage.
Welches die vorzüglichste Wirkung der Taufe sei.

Von den vortrefflichen Wirkungen der Taufe. Die erste und vorzüglichste Wirkung der Taufe ist der Nachlaß jeglicher Sünde.

Weil aber hiervon oft die Rede sein muß, damit die Gläubigen desto deutlicher einsehen, daß sie zur höchsten Stufe der Würde erhoben sind, und sich von ihr durch Nachstellungen oder Angriffe des Widersachers nun und nimmermehr herabstürzen lassen, so muß man zuerst zeigen, daß die Sünde, sowohl die von den Stammältern angeerbte, als auch die von uns selbst begangene, wenn sie auch so abscheulich ist, daß man es sich nicht einmal vorstellen kann, durch die wunderbare Kraft dieses Sakramentes nachgelassen und vergeben wird. Dies ist aber von Ezechiel lange zuvor vorherverkündigt, indem durch ihn Gott der Herr also spricht: „Ich will ein reines Wasser über euch ausgießen, daß ihr gereiniget werdet von allen euren Missethaten." Und der Apostel fügt im Briefe an die Corinther nach einer langen Aufzählung der Sünden hinzu: „Und solche sind Einige aus euch gewesen, ihr seid aber abgewaschen, ihr seid geheiliget." Und daß diese Lehre von der heil. Kirche immer vorgetragen worden, ist offenbar. Denn der h. Augustin bezeugt in dem Buche, welches er über die Taufe der Kinder geschrieben hat, also: „Durch die Geburt des Fleisches wird man nur der Erbsünde schuldig; allein durch die Wiedergeburt des Geistes geschieht die Vergebung nicht nur der Erbsünde, sondern auch der freiwilligen Sünden." Und der heil. Hieronymus schreibt an den Oceanus: „In der Taufe sind alle Missethaten vergeben." Und damit Niemanden hierüber ferner zu zweifeln verstattet sei, hat auch der heilige

eos decrevit, qui aliter sentire auderent, quive asseverare non
dubitarent, quamvis peccata in Baptismo remittantur, ea tamen
prorsus non tolli aut radicitus evelli, sed quodam modo abradi,
ita ut peccatorum radices animo infixae adhuc remaneant.
Namque, ut eiusdem sanctae Synodi verbis utamur, in renatis
nihil odit Deus, quia nihil damnationis est his, qui vere consepulti sunt cum Christo per Baptisma in mortem; [1] qui non
secundum carnem ambulant, sed veterem hominem exuentes, et
novum, qui secundum Deum creatus est, induentes, innocentes,
immaculati, puri, innoxii ac Deo dilecti effecti sunt.

Quaestio VII.

Concupiscentia in baptizatis an sit peccatum.

De concupiscentia in baptizatis remanente, et quae in renatis non adscribitur culpae.
Pluribus haec materia explicabitur Cap. ult. Decal. cf. Conc. Trid. Ses. 5. –
Quid concupiscentia?

Ac fateri quidem oportet, sicut eodem loco ipsius Synodi
auctoritate decretum est, in baptizatis concupiscentiam vel fo-
mitem remanere; sed illa vero peccati rationem non habet.
Nam ex divi quoque Augustini sententia: [2] „In parvulis baptizatis concupiscentiae reatus absolvitur, ad agonem relinquitur“.
Atque idem alibi testatur: „Concupiscentiae reatus in Bapti-
mate solvitur, sed infirmitas manet“. [3] Concupiscentia enim,
quae ex peccato est, nihil aliud est, nisi animi appetitio, natura
sua rationi repugnans; qui tamen motus, si voluntatis consensum, aut negligentiam coniunctam non habeat, a vera peccati
natura longe abest. Ac quum D. Paulus inquit: [4] „Concupiscentiam nesciebam, nisi lex diceret: Non concupisces“: ex his verbis non ipsam concupiscendi vim, sed voluntatis vitium intelligi
voluit. Eandem doctrinam tradit D. Gregorius ita scribens: [5]
„Si qui sunt, qui dicant, peccata in Baptismo superficie tenus
dimitti: quid est hac praedicatione infidelius? quum per fidei
Sacramentum anima a peccatis radicitus absoluta, soli Deo in-
haereat“. Atque ad eam rem demonstrandam Salvatoris nostri
testimonio utitur, quum apud sanctum Ioannem ait: [6] „Qui lotus
est, non indiget, nisi ut pedes lavet, sed est mundus totus“.
Quod si cui expressam huius rei figuram et imaginem libet
intueri, proponat sibi ad contemplandum Naaman, Syri leprosi,

---

1) Rom. 8, 1 et 6, 4. 2) Lib. 1 de peccat. merit. et remiss. c. 39. 3) Id. de nupt. et
concup. c. 23 et 25. 4) Rom. 7, 7. 5) L. 9 Ep. 30. 6) Ioan. 13, 10.

Kirchenrath von Trient nach Vorgang anderer Concilien daſſelbe
erklärt, indem er den Bann gegen diejenigen ausſprach, die anders
zu urtheilen ſich erkühnten oder zu behaupten keinen Anſtand näh-
men, daß, obgleich die Sünden in der Taufe erlaſſen, ſie dennoch
nicht gänzlich weggenommen und von Grund aus getilgt, ſondern
gewiſſermaßen nur abgeſcheuert würden, ſo daß die Wurzeln der
Sünden noch in der Seele haften blieben.   Denn, um uns der
Worte des heiligen Kirchenrathes ſelbſt zu bedienen, ſo haſſet Gott
nichts an den Wiedergeborenen, da nichts Verdammliches an denen
iſt, die wahrhaft mit Chriſto durch die Taufe in den Tod begraben
ſind: die nicht nach dem Fleiſche wandeln, ſondern die, indem ſie
den alten Menſchen abgelegt und den neuen angezogen haben, der
nach Gott erſchaffen iſt, unſchuldig, unbefleckt, unſträflich und Lieb-
linge Gottes geworden ſind.

Zweiunddreißigſte Frage.
Ob die Begierlichkeit bei den Getauften eine Sünde ſei.
**Von der Begierlichkeit, die in den Getauften zurückbleibt, und die den Wieder-
geborenen nicht zur Schuld angerechnet wird. — Was unter Begierlichkeit
zu verſtehen?**

Man muß zwar bekennen, daß, wie es an demſelben Orte
durch den Ausſpruch des Kirchenrathes ſelbſt beſtimmt iſt, in
den Getauften die Begierlichkeit oder der Zunder zurückbleibt;
dieſe hat aber nicht die Natur der Sünde.   Denn auch nach
dem Ausſpruche des heiligen Auguſtinus „wird die Schuld der
Begierlichkeit in den getauften Kindern vergeben, bleibt aber
zum Kampfe zurück.“   Und anderswo lehrt derſelbe: „Die
Schuld der Begierlichkeit wird in der Taufe getilgt, die Schwäche
aber bleibt zurück.“   Die Begierlichkeit nämlich, die aus der
Sünde kommt, iſt nichts Anderes, als das Gelüſte des Herzens, welches ſeiner Natur nach der Vernunft widerſtrebt; doch iſt
dieſe Regung, wenn die Zuſtimmung des Willens oder die Nach-
läſſigkeit mit ihr nicht verbunden iſt, von der wahren Natur der
Sünde weit entfernt.   Und wenn der h. Paulus ſagt: „Ich hätte
von der Luſt nichts gewußt, wenn das Geſetz nicht ſagte: Du ſollſt
nicht gelüſten,“ ſo wollte er unter dieſen Worten nicht die Anlage
der Begierlichkeit ſelbſt, ſondern das Verderbniß des Willens verſtanden wiſſen.   Dieſelbe Lehre trägt auch der h. Gregorius vor,
indem er ſchreibt: „Wenn es Einige gibt, welche ſagen, die Sünden würden in der Taufe nur obenhin vergeben: was iſt wohl
ungläubiger, als ſolche Rede, da doch die Seele durch das Sakrament des Glaubens von Grund aus von Sünden befreit, Gott
allein anhängt? Und um dies zu beweiſen, bedient er ſich des
Zeugniſſes unſeres Heilandes, welcher beim heiligen Johannes

historiam,[1] qui quum septies Iordanis aqua se abluisset, testante
Scriptura, ita a lepra mundatus est, ut eius caro caro pueri
videretur. Quare Baptismi proprius effectus est, peccatorum
omnium, sive originis vitio, sive nostra culpa contracta sint,
remissio; cuius rei causa a Domino et Salvatore nostro institutum esse, clarissimis verbis Apostolorum Princeps, ut alia
testimonia omittamus, explicavit, quum inquit: „Poenitentiam
agite, et baptizetur unusquisque vestrum in nomine Iesu Christi
in remissionem peccatorum".

Quaestio XXXIII.

Ut culpa, ita etiam poena omnis peccati remittitur.

Secundus Baptismi effectus est omnium poenarum, quae peccatis debebantur, condo-
natio. Iam recens baptizato non est imponenda satisfactio. Greg. L. 7 reg.
Ep. 24 indict. 1. Baptizatis cur aliquando jejunium sit impositum?

Iam vero in Baptismo non solum peccata remittuntur, sed
peccatorum etiam et scelerum poenae omnes a Deo benigne
condonantur. Nam etsi omnibus Sacramentis hoc commune est,
ut per illa virtus passionis Christi Domini communicetur: de
solo tamen Baptismo dictum est ab Apostolo,[3] nos per ipsum
Christo commori et sepeliri; ex quo sancta ecclesia semper
intellexit, sine maxima Sacramenti iniuria fieri non posse, ut
ei, qui Baptismo expiandus sit, eiusmodi pietatis officia, quae
usitato nomine sancti Patres opera satisfactionis vocarunt, im-
ponantur. Nec vero, quae hoc loco traduntur, veteris Ecclesiae
consuetudini adversantur, quae olim Iudaeis, quum baptizaren-
tur, praecipiebat, ut quadraginta continuos dies ieiunarent. Neque enim illud institutum ad satisfactionem pertinebat, sed qui
Baptismum percepissent, ea ratione admonebantur, ut Sacramenti dignitatem venerantes, ieiuniis et orationibus aliquamdiu
sine intermissione operam darent.

Quaestio XXXIV.

Non liberatur mox baptizatus a poenis civilibus.

Sed quamquam in Baptismo poenas peccatorum condonari
exploratum esse debet, ab eo tamen poenarum genere, quae
civilibus iudiciis ob grave aliquod scelus persolvendae sunt,

---

1) 4 Reg. 5, 14. 2) Act. 2, 38. 3) Rom. 6, 5.

sagt: „Wer gewaschen ist, bedarf nicht mehr, als daß er die Füße wasche, so ist er ganz rein." Will Jemand hievon ein deutliches Vor- und Abbild sehen, so halte er sich die Geschichte des aus= sätzigen Syrers Naaman zur Betrachtung vor, welcher, da er sich, zufolge der Schrift, siebenmal mit dem Wasser des Jordans ab= gewaschen hatte, dergestalt vom Aussatze gereinigt wurde, daß sein Fleisch wie das Fleisch eines Kindes aussah. Die eigentliche Wirkung der Taufe ist mithin die Vergebung aller Sünden, so= wohl der Erbsünde, als der durch unsere Schuld uns zugezogenen. Daß sie eben zu diesem Zwecke von unserm Herrn und Heilande eingesetzt worden sei, hat der Apostelfürst, um andere Zeugnisse zu übergehen, mit den deutlichsten Worten erklärt, da er sagt: „Thuet Buße, und ein Jeder von euch lasse sich taufen im Namen Jesu Christi zur Vergebung euerer Sünden."

Dreiunddreißigste Frage.
Wie die Schuld, so wird auch die Strafe aller Sünden nachgelassen.
Die zweite Wirkung ist der Nachlaß aller Strafen, welche wir für die Sünden verschuldeten. Dem Neugetauften ist keine Genugthuung aufzulegen. — Warum den Getauften einstmals Fasten vorgeschrieben wurde?

Nun aber werden in der Taufe nicht allein die Sünden ver= geben, sondern es werden auch alle Strafen der Sünden und La= ster von Gott gnädig erlassen. Denn obgleich es allen Sakra= menten gemein ist, daß durch sie die Kraft des bitteren Leidens Christi mitgetheilt wird, so hat doch der Apostel blos von der Taufe gesagt, daß wir durch sie mit Christo sterben und begraben wer= den; und hieraus hat die heilige Kirche allezeit erkannt, daß es ohne die größte Verunehrung des Sakramentes nicht möglich sei, demjenigen, der durch die Taufe versöhnt werden soll, dergleichen Liebeswerke, welche die heiligen Väter hergebrachter Weise Werke der Genugthuung genannt haben, aufzuerlegen. Auch widerspricht das hier Angeführte keineswegs der Gewohnheit der alten Kirche, welche ehemals den Juden, die getauft wurden, ein vierzigtägiges ununterbrochenes Fasten anbefahl. Denn diese Verordnung bezog sich nicht auf die Genugthuung; sondern die, welche die Taufe empfangen hatten, wurden auf solche Weise ermahnt, sich aus Ver= ehrung gegen die Würde des Sakramentes einige Zeit ohne Unter= laß dem Fasten und dem Gebete zu widmen.

Vierunddreißigste Frage.
Der eben Getaufte wird nicht von bürgerlichen Strafen befreit.

Obgleich es indeß als ausgemacht gelten muß, daß die Strafen der Sünde in der Taufe erlassen werden, so wird doch Niemand von der Art von Strafe, die man um eines schweren Verbrechens

nemo liberatur, ita ut, qui morte dignus sit, per Baptismum a poena, quae legibus constituta est, eripiatur; tametsi vehementer laudanda esset eorum Principum religio et pietas, qui eam quoque animadversionem, ut Dei gloria in suis Sacramentis illustrior fieret, sontibus remitterent ac condonarent.

Quaestio XXXV.

Remittuntur in Baptismo poenae, quae post hanc vitam inferri solent.

Poenae inferni in Baptismo remittuntur.

Efficit praeterea Baptismus post huius vitae curriculum poenarum omnium, quae originale peccatum consequuntur, liberationem; siquidem merito mortis Domini factum est, ut haec consequi possemus. Baptismo autem, ut supra dictum est, ei commorimur. „Si enim", ut inquit Apostolus, [1] „complantati facti sumus similitudini mortis eius, simul et resurrectionis erimus".

Quaestio XXXVI.

Quare per Baptismum integrae naturae status non statim reddatur.

Quod si quaeret aliquis, cur statim post Baptismum in hac etiam mortali vita his incommodis non careamus, atque ad perfectum illum vitae gradum, in quo Adam, primus humani generis parens, ante peccatum collocatus fuerat, sacrae ablutionis virtute non transferamur: id quidem duabus potissimum de causis factum esse, respondebitur. Quarum prima est, quod nobis, qui per Baptismum Christi corpori coniuncti, atque eius membra effecti sumus, plus aliquid dignitatis tribuendum non erat, quam ipsi capiti nostro tributum esset. Quum igitur Christus Dominus, etsi ab initio ortus sui gratiae et veritatis plenitudinem habuit, tamen humanae naturae fragilitatem, quam suscepit, non ante deposuit, quam passionis tormenta et mortem pertulit, ac deinde ad immortalis vitae gloriam resurrexit: quis miretur, quum videat fideles, qui iam per Baptismum coelestis iustitiae gratiam adepti sunt, adhuc tamen caduco et fragili

---

1) Rom. 6, 5

willen von den bürgerlichen Gerichten zu erdulden hat, befreit, so zwar, daß der, welcher den Tod verdient hat, durch die Taufe der Strafe, die durch die Gesetze bestimmt ist, überhoben würde. Nichtsdestoweniger wäre die Gottesfurcht und Frömmigkeit solcher Fürsten gar sehr zu loben, die dem Schuldigen auch diese Strafe zur Verherrlichung der Ehre Gottes in seinen Sakramenten erlassen und schenken würden.

Fünfunddreißigste Frage.

In der Taufe werden die Strafen nachgelassen, welche nach diesem Leben verhängt zu werden pflegen.

Die Strafen der Hölle werden in der Taufe nachgelassen.

Außerdem bewirkt die Taufe nach Ablauf dieses Lebens die Befreiung von allen Strafen, welche im Gefolge der Erbsünde sind; denn durch das Verdienst des Todes des Herrn ist es uns möglich geworden, dieses zu erlangen. Durch die Taufe aber sterben wir ihm, wie oben gesagt wurde. „Wenn wir nämlich," wie der Apostel sagt, „mit ihm zusammengepflanzt sind zur Aehnlichkeit seines Todes: so werden wir es auch zur Aehnlichkeit der Auferstehung sein."

Sechsunddreißigste Frage.

Warum durch die Taufe der Zustand der unversehrten Natur nicht sogleich wiederhergestellt wird.

Sollte Jemand fragen, warum wir nicht sogleich nach der Taufe schon in diesem sterblichen Leben von diesen Mühseligkeiten befreit, und zu jener vollkommenen Stufe des Lebens, auf welche Adam, der Stammvater des menschlichen Geschlechtes, vor dem Sündenfalle gestellt war, durch die Kraft der heiligen Abwaschung versetzt werden, so ist ihm darauf zu antworten, daß dies vorzüglich aus zwei Ursachen geschehen ist. Die erste ist, weil uns, nachdem wir durch die Taufe dem Leibe Christi verbunden und Glieder desselben geworden sind, nicht mehr Würde gegeben werden durfte, als unserem Haupte selbst gegeben war. Da nun Christus der Herr, obschon er von Anbeginn seiner Geburt die Fülle der Gnade und Wahrheit besaß, dennoch die Gebrechlichkeit der menschlichen Natur, die er annahm, nicht früher abgelegt hat, als bis er die Marter des bittern Leidens und den Tod erlitten, und darnach zur Herrlichkeit des unsterblichen Lebens auferstanden war: wer dürfte sich wundern, wenn er sieht, daß die Gläubigen, die bereits durch die Taufe die Gnade der himmlischen Gerechtigkeit erlangt haben, doch noch mit einem hinfälligen und zerbrechlichen Körper bekleidet sind, damit sie, nach vielen um Christi willen überstandenen Mühseligkeiten, und nach ihrem Tode auf's Neue in's Leben zurück=

corpore vestiri, ut, postquam multis laboribus pro Christo per-
functi, et morte obita, denuo ad vitam revocati fuerint, tandem
digni sint, qui cum Christo aevo sempiterno perfruantur? Altera
vero causa, cur in nobis post Baptismum infirmitas corporis,
morbus, dolorum sensus, concupiscentiae motus relinquatur, illa
est, ut scilicet, tanquam segetem et materiam virtutis haberemus, ex qua deinde uberiorem gloriae fructum, atque ampliora
praemia consequeremur. Nam quum patienti animo vitae incommoda omnia toleramus, pravasque animi nostri affectiones
sub rationis imperium divina ope subiicimus, certa spe niti
debemus, fore, ut, si cum Apostolo bonum certamen certaveri-
mus, cursum consummaverimus, fidem servaverimus, [1] repositam
quoque iustitiae coronam reddat nobis Dominus in illa die,
iustus iudex. Sic vero etiam cum filiis Israël videtur Dominus
egisse, quos etsi ab Aegyptiorum servitute, Pharaone atque eius
exercitu in mare demerso liberavit: tamen non statim in beatam illam promissionis terram introduxit, sed prius in multis
variisque casibus exercuit; ac deinde, quum eos in promissae
terrae possessionem misisset, caeteros quidem incolas e patriis
sedibus exturbavit, quasdam vero nationes reliquas fecit, quas
delere non potuerunt, ut populo Dei bellicae virtutis et fortitudinis exercendae occasio nunquam deesset. Huc accedit, quod,
si per Baptismum, praeter dona coelestia, quibus anima ornatur,
corporis etiam bona tribuerentur, dubitari merito posset, quin
multi praesentis potius vitae commoda, quam futurae speratam
gloriam consectantes, ad Baptismum venirent; quum tamen non
falsa haec et incerta [2], quae videntur, sed vera atque aeterna,
quae non videntur, bona Christiano homini semper proposita
esse debeant.

Quaestio XXXVII.

Renati inter huius vitae miserias solida animi oblectatione non desti-
tuuntur.

Sed interim tamen huius vitae conditio, quae miseriarum
plena est, suis voluptatibus et laetitiis non caret. Quid enim
nobis, qui iam per Baptismum veluti palmites insiti sumus in
Christum, [3] iucundius aut optabilius esse potest, quam, cruce in
humeros nostros sublata, eum ducem sequi, nullisque aut laboribus defatigari, aut periculis retardari, quo minus ad prae-

---

1) 2 Tim. 4, 7. 8.   2) 2 Cor. 4, 18.   3) Ioan. 15, 5.

gerufen, endlich würdig seien, mit Christo das ewige Leben zu genießen? Die zweite Ursache aber, warum nach der Taufe die
Schwäche des Körpers, Krankheit, das Gefühl des Schmerzes und
die Regung der Begierlichkeit in uns zurückbleiben, ist diese, daß
wir nämlich dadurch gleichsam eine Aussaat und Veranlassung zur
Tugend hätten, woraus wir alsdann eine reichere Frucht der Herrlichkeit und größere Belohnungen schöpfen sollen. Denn wenn wir
mit gelassener Seele alle Unbequemlichkeiten des Lebens ertragen,
und die verkehrten Neigungen unseres Geistes mit Gottes Hülfe
der Herrschaft der Vernunft unterwerfen, so dürfen wir die gewisse
Hoffnung hegen, daß, wenn wir mit dem Apostel den guten Kampf
gekämpft, die Laufbahn vollendet, den Glauben bewahrt haben,
der Herr, der gerechte Richter, uns auch an jenem Tage die hinter-
legte Krone der Gerechtigkeit geben wird. So scheint aber auch
der Herr mit den Kindern Israels verfahren zu sein; denn obschon er sie von der Dienstbarkeit der Aegypter, von Pharao und
dessen im Meere versunkenen Heere befreit hatte, führte er sie
dennoch nicht sogleich in jenes selige Land der Verheißung, sondern
übte sie zuvor in vielen und mancherlei Unfällen, und nachdem er
sie in den Besitz des verheißenen Landes gesetzt hatte, vertrieb er
zwar die übrigen Einwohner aus ihren väterlichen Wohnsitzen,
ließ aber einige Völker zurück, die sie nicht vertilgen konnten, damit dem Volke Gottes niemals die Gelegenheit fehlen sollte, Muth
und Tapferkeit im Kriege zu üben. Dazu kommt noch, daß,
wenn durch die Taufe, außer den himmlischen Gaben, mit denen
die Seele geschmückt wird, auch noch leibliche Güter mitgetheilt
würden, man mit Recht bezweifeln könnte, ob nicht Viele mehr
aus Verlangen nach den Vortheilen des gegenwärtigen Lebens als
nach der gehofften Herrlichkeit des zukünftigen zur Taufe kommen
würden; da doch der Christ nicht diese falschen und ungewissen
Güter, die sichtbar sind, sondern immerdar die wahren und ewigen,
die unsichtbar sind, vor Augen haben soll.

Siebenunddreißigste Frage.
Die Wiedergeborenen ermangeln unter den Mühseligkeiten dieses Lebens nicht einer wahren Seelenfreude.

Indessen ist der Zustand dieses mit Mühseligkeiten beladenen
Lebens doch nicht ohne seine Freuden und Annehmlichkeiten. Denn
was kann uns, die wir bereits durch die Taufe Christo gleichsam
wie Reben eingepflanzt sind, angenehmer oder erwünschter sein,
als, das Kreuz auf unsern Schultern, ihm als Führer zu folgen,
und weder durch Anstrengungen uns ermüden, noch durch Gefahren uns aufhalten zu lassen, daß wir mit allem Eifer dem Preise
der von oben erhaltenen Berufung Gottes entgegen eilen, indem

mium supernae vocationis Dei omni studio contendamus,[1] alii
virginitatis lauream, alii doctrinae et praedicationis coronam,
alii martyrii palmam, alii alia virtutum decora a Domino accepturi? Quae quidem praeclara laudis insignia nemini darentur,
nisi prius nos ipsos in huius aerumnosae vitae stadio exercuis-
semus, atque in acie invicti stetissemus.

Quaestio XXXVIII.

Quid praeter culpae et poenae remissionem Baptismo homini prae-
stetur.

De eximiis Baptismi fructibus. Tertius Baptismi effectus. gratiae Dei largitio. Quomodo per Baptismum filii Dei efficiamur, pulchre declarabitur Q. 7. c. 9. a
Orat. Dom. cf. Conc. Trid. Sess. 6.

Sed ut ad Baptismi effectus oratio redeat, exponendum erit,
huius Sacramenti virtute nos non solum a malis, quae vere
maxima dicenda sunt, liberari, verum etiam eximiis bonis et
muneribus augeri. Animus enim noster divina gratia repletur,
qua iusti et filii Dei effecti, aeternae quoque salutis haeredes
instituimur. Nam, ut scriptum est: „Qui crediderit, et baptizatus fuerit, salvus erit";[2] mundatamque Ecclesiam lavacro
aquae in verbo, Apostolus testatur. Est autem gratia, quemadmodum Tridentina Synodus ab omnibus credendum poena
anathematis proposita decrevit, non solum per quam peccatorum
fit remissio, sed divina qualitas in anima inhaerens, ac veluti
splendor quidam et lux, quae animarum nostrarum maculas
omnes delet, ipsasque animas pulchriores et splendidiores reddit. Atque id ex sacris litteris aperte colligitur, quum gratiam effundi dicant, eamque Spiritus Sancti pignus soleant
appellare.

Quaestio XXXIX.

Gratiae divinae, quae Baptismo infunditur, adduntur veluti pedisse-
quae virtutes.

Virtutum infusio. Coniunctio cum Christo capite.

Huic autem additur nobilissimus omnium virtutum comitatus,
quae in animam cum gratia divinitus infunduntur. Quare quum
Apostolus ad Titum ait: „Salvos nos fecit per lavacrum regenerationis et renovationis Spiritus Sancti, quem effudit in nos
abunde per Iesum Christum Salvatorem nostrum";[3] D. Augustinus verba illa „abunde effudit" explanans, „nimirum", inquit,

---

1) Phil. 3, 14. 2) Marc. 16, 16. 3) Eph. 5, 26. 4) Tit. 3, 5. 6

Einige den Lorbeerkranz der Jungfräulichkeit, Andere die Krone
des Unterrichts und der Predigt, Andere die Palme des Martyr-
thums, wieder Andere andern Tugendschmuck vom Herrn empfangen werden? Diese herrlichen Ehrenzeichen würden Niemanden verliehen werden, wenn wir uns nicht zuvor auf der Rennbahn dieses
mühseligen Lebens geübt, und im Kampfe unüberwunden Stand
gehalten hätten.

Achtunddreißigste Frage.

Was dem Menschen außer der Nachlassung der Schuld und Strafe durch die
Taufe ertheilt werde.

Von den ausnehmenden Früchten der Taufe. Dritte Wirkung der Taufe: die Ertheilung der göttlichen Gnade. Wie wir durch die Taufe Kinder Gottes
werden.

Um aber wieder auf die Wirkungen der Taufe zurückzukommen,
so wird man erläutern müssen, daß wir durch die Kraft dieses
Sakramentes nicht allein von den Uebeln, die in Wahrheit die
größten genannt werden dürfen, befreit, sondern auch mit ausgezeichneten Gütern und Gaben bereichert werden. Unser Geist
wird nämlich mit der göttlichen Gnade erfüllt, durch die wir gerecht und zu Kindern Gottes, und zu Erben des ewigen Heiles
eingesetzt werden. Denn, wie geschrieben steht: „Wer da glaubt
und sich taufen läßt, der wird selig werden," und der Apostel bezeugt, die Kirche sei gereiniget in der Wassertaufe durch das Wort
des Lebens. Die Gnade ist aber, wie der Trienter Kirchenrath
unter Androhung der Strafe des Bannes Allen zu glauben bestimmt hat, nicht allein das, wodurch die Vergebung der Sünden
geschieht, sondern eine der Seele inhaftende göttliche Beschaffenheit,
und gleichsam eine Art von Glanz und ein Licht, welches alle
Flecken unserer Seelen vertilgt, und die Seelen selbst schöner und
glänzender macht. Dies erhellt deutlich aus der h. Schrift, indem
sie sagt, die Gnade werde ausgegossen, und dieselbe ein Unterpfand des h. Geistes zu nennen pflegt.

Neununddreißigste Frage.

Mit der göttlichen Gnade, die durch die Taufe eingegossen wird, sind die
Tugenden, die ihr gleichsam auf dem Fuße folgen, verbunden.

Eingießung der Tugenden. Verbindung mit Christus als dem Haupte.

Hiermit verbindet sich aber das glänzendste Gefolge aller Tugenden, welche mit der Gnade von Gott der Seele eingegossen
werden. Wenn daher der Apostel in dem Briefe an den Titus
sagt: „Er hat uns gerettet durch das Bad der Wiedergeburt und
der Erneuerung des h. Geistes, welche er reichlich auf uns ausgegossen hat durch Jesum Christum, unsern Heiland," so fügt der
h. Augustin, die Worte „reichlich ausgegossen" erklärend hinzu:

„ad remissionem peccatorum, et copiam virtutum“. [1] Iam vero per Baptismum etiam Christo capiti, tanquam membra, copulamur et connectimur. Quemadmodum igitur a capite vis manat, qua singulae corporis partes ad proprias functiones apte exequendas moventur: ita etiam ex Christi Domini plenitudine in omnes, qui iustificantur, divina virtus et gratia diffunditur, quae nos ad omnia Christianae pietatis officia habiles reddit.

Quaestio XL.

Qui fiat, ut tot virtutibus in Baptismo cumulati, adeo tarde pietatem exerceant.

Virtutes exercitio augentur et faciles evadunt.

Neque vero mirum cuiquam videri debet, si, quum tanta virtutum copia instructi et ornati simus, tamen non sine magna difficultate et labore, pias honestasque actiones inchoamus, vel certe absolvimus; id enim ob eam rem non evenit, quod virtutes, a quibus actiones ipsae proficiscuntur, Dei beneficio nobis donatae non sint; sed quoniam post Baptismum acerrima cupiditatis pugna adversus spiritum relicta est, in qua tamen contentione animo frangi aut debilitari, Christianum hominem non decet; quum Dei benignitate freti, optima spe niti debeamus, fore ut quotidiana recte vivendi exercitatione, „quaecunque pudica sunt, quaecunque iusta, quaecunque sancta,“ [2] eadem etiam facilia et iucunda videantur. [3] Haec libenter cogitemus, haec alacri animo agamus, ut Deus pacis sit nobiscum.

Quaestio XLI.

Cur Baptismus sine sacrilegio iterari non potest?

Quartus Baptismi effectus est characteris impressio.

I. Praeterea per Baptismum consignamur charactere, qui ex anima deleri nunquam potest; de quo nihil est, ut plura hoc loco disserantur, quum liceat ex iis, quae supra dicta sunt, quum universe de Sacramentis ageretur, satis multa, quae ad hoc argumentum pertinent, in hunc locum transferre.

Baptismum sine sacrilegio iterari non posse. Conc. Trid. Sess. 7. can. 11 et 13. Sess. 14 cap. 21. Cur Baptismus semel tantum suscipiendus? Symb. Const.

II. Sed quoniam ex characteris vi et natura ab Ecclesia definitum est, Baptismi Sacramentum nulla ratione iterandum esse: ea de re fideles ne aliquando in errores inducantur, saepe et diligenter a Pastoribus admonendi erunt. Hoc vero docuit

---

1) De Bapt. Parv. 1, 26.　2) Phil. 4, 8.　3) 2 Cor. 13, 11.

„nämlich zur Vergebung der Sünden und zur Fülle der Tugenden." Nun werden wir durch die Taufe aber auch mit Christo, dem Haupte, als Glieder verbunden und vereinigt. Wie also vom Haupte die Kraft ausgeht, wodurch die einzelnen Theile des Leibes zur gehörigen Vollziehung der ihnen eigenthümlichen Verrichtungen bewegt werden, so strömt aus der Fülle Christi, des Herrn, auf Alle, die gerechtfertigt werden, die göttliche Kraft und Gnade über, die uns zu allen Pflichten der christlichen Gottseligkeit tüchtig macht.

Vierzigste Frage.

Woher es komme, daß diejenigen, die in der Taufe mit so vielen Tugenden überhäuft werden, doch so träge in Ausübung der Gottseligkeit sind.

Die Tugenden werden durch Uebung vermehrt und leicht gemacht.

Es darf aber Niemand wundern, wenn wir, obgleich mit einer so reichen Fülle von Tugenden ausgerüstet und geschmückt, dennoch nicht ohne große Schwierigkeit und Mühe unsere frommen und tugendhaften Handlungen beginnen, oder wirklich vollbringen; denn dies kommt nicht daher, daß die Tugenden, von welchen die Handlungen ausgehen, uns durch Gottes Wohlthat nicht verliehen wären, sondern weil nach der Taufe der heftigste Kampf der Begierde wider den Geist zurückgeblieben ist. In diesem Kampfe muthlos oder kleinmüthig zu werden, ziemt sich für einen Christen nicht, da wir im Vertrauen auf die Güte Gottes uns der zuversichtlichsten Hoffnung hingeben dürfen, daß uns bei der täglichen Uebung, recht zu leben, Alles was ehrbar, was gerecht, was heilig ist, auch leicht und angenehm erscheinen werde. Dessen sollen wir gern eingedenk sein, das sollen wir freudigen Muthes thun, auf daß der Gott des Friedens mit uns sei.

Einundvierzigste Frage.

Warum die Taufe ohne Gottesraub nicht wiederholt werden kann.

Die vierte Wirkung der Taufe ist die Einprägung des Charakters.

1. Außerdem werden wir durch die Taufe mit einem Charakter bezeichnet, der niemals aus der Seele vertilgt werden kann; über welchen es nicht nöthig sein wird, hier ein Mehreres zu reden, da von dem, was oben gesagt wurde, als von den Sakramenten im Allgemeinen die Rede war, sehr vieles zu diesem Gegenstande Gehörige sich auch hier anwenden läßt.

Daß die Taufe ohne Sakrileg nicht wiederholt werden könne. — Warum die Taufe nur einmal empfangen werden darf.

2. Weil aber in Anbetracht der Bedeutung und Natur des Charakters von der Kirche bestimmt ist, daß das Sakrament der Taufe auf keine Weise wiederholt werden dürfe, so müssen die Gläubigen, damit sie zu keiner Zeit in Irrthümer verfallen, von den Pfarrern

Apostolus, inquiens: „Unus Dominus, una fides, unum Baptisma". Deinde quum Romanos hortatur, ut mortui per Baptismum in Christo caverent, ne vitam, quam ab illo accepissent, amitterent, quum inquit: „Quod enim Christus mortuus est peccato, mortuus est semel": [1] hoc videtur aperte significare, sicut ille mori iterum non potest, ita nobis denuo mori per Baptismum non licere. Quare sancta etiam Ecclesia, se unum Baptismum credere, palam profitetur. Quod quidem rei naturae et rationi vehementer consentaneum esse, ex eo intelligitur, quod Baptismus est quaedam spiritualis regeneratio. Quemadmodum igitur naturali virtute semel tantum generamur, et in lucem edimur, atque, ut D. Augustinus ait: „uterus non potest repeti: sic „etiam una est spiritualis generatio, nec Baptismus ullo unquam „tempore iterandus est". [2]

Quaestio XLII.

Illi iterato non baptizantur, qui certa conditione interposita abluuntur.

Neque vero quisquam putet, eum ab Ecclesia iterari, quum adhibita huiusmodi verborum formula, aliquem abluit, de quo incertum est, an baptizatus prius fuerit: „Si tu es baptizatus. te iterum non baptizo: si vero nondum baptizatus es, ego te baptizo in nomine Patris, et Filii et Spiritus Sancti". Ita enim non impie iterari, sed sancte cum adiunctione Baptismum administrari, dicendum est.

Quaestio XLIII.

Baptismus conditionalis semper citra ullum discrimen usurpandus non est.

Qua in re tamen diligenter a Pastoribus aliqua providenda sunt, in quibus fere quotidie, non sine maxima Sacramenti iniuria, peccatur. Neque enim desunt, qui nullum scelus admitti posse arbitrentur, si quemvis sine delectu cum adiunctione illa baptizent; quare si infans ad eos deferatur, nihil prorsus quaerendum putant, an is prius ablutus fuerit, sed statim ei Baptismum tribuunt; quin etiam, quamvis exploratum habeant. domi Sacramentum administratum esse, tamen sacram ablutionem in Ecclesia, adhibita solemni caeremonia, cum adiunctione repetere non dubitant, quod quidem sine sacrilegio facere non

---

1) Rom. 6, 10.   2) Tract. II. in Ioan.

oft und sorgfältig daran erinnert werden. Dies lehrte auch der Apostel, indem er sagte: „Ein Herr, Ein Glaube, Eine Taufe." Wenn er sodann die Römer ermahnt, daß sie, durch die Taufe in Christo gestorben, sich hüten möchten, das Leben, welches sie von ihm empfangen hätten, zu verlieren, indem er sagt: „Denn da Christus der Sünde gestorben, ist er einmal gestorben:" so scheint dies deutlich anzuzeigen, daß, so wie er nicht wieder sterben kann, ebenso auch uns nicht verstattet ist, durch die Taufe auf's Neue zu sterben. Darum bekennt auch die heilige Kirche öffentlich: sie glaube Eine Taufe. Daß dies auch der Natur der Sache und der Vernunft ganz und gar angemessen ist, ersieht man daraus, daß die Taufe eine Art von geistiger Wiedergeburt ist. Wie wir nun kraft der Natur nur Ein Mal geboren werden, und aus Licht kommen, und, wie der h. Augustin sagt: „man nicht in den Mutterschoß zurückkehren kann, so gibt es auch nur Eine geistige Geburt, und die Taufe darf zu keiner Zeit jemals wiederholt werden."

Zweiundvierzigste Frage.
Jene werden nicht wiedergetauft, die unter Hinzusetzung irgend einer Bedingung getauft wurden.

Es glaube übrigens Niemand, die Taufe werde von der Kirche wiederholt, wenn sie Jemanden, von dem ungewiß ist, ob er schon getauft wurde, mit Anwendung dieser Form von Worten tauft: „Wenn du getauft bist, so taufe ich dich nicht noch ein Mal; wenn du aber noch nicht getauft bist, so taufe ich dich im Namen des Vaters und des Sohnes und des heiligen Geistes." Denn so muß man sagen, werde die Taufe nicht gottloser Weise wiederholt, sondern bedingungsweise heilig ausgespendet.

Dreiundvierzigste Frage.
Die bedingungsweise Taufe darf nicht immer ohne allen Unterschied angewendet werden.

Hierbei müssen jedoch die Pfarrer sorgfältig auf Einiges Acht haben, worin fast täglich, nicht ohne die größte Verunehrung des Sakramentes, gesündigt wird. Denn es gibt Manche, die kein Verbrechen dadurch begehen zu können glauben, wenn sie Jeden ohne Unterschied unter jenem Zusatze taufen; wenn daher ein Kind zu ihnen gebracht wird, so halten sie es für ganz unnöthig zu fragen, ob dasselbe schon getauft sei, sondern geben ihm sogleich die Taufe; ja, wenn sie gleich wüßten, das Sakrament sei im Hause ausgespendet worden, so schämen sie sich dennoch nicht, die heilige Abwaschung in der Kirche mit Hinzufügung der feierlichen Ceremonie bedingungsweise zu wiederholen, was sie aber ohne Gottesschändung nicht thun können, und wodurch sie sich jene Makel zuziehen, welche

possunt; et eam maculam suscipiunt, quam divinarum rerum scriptores irregularitatem vocant. Nam ea Baptismi forma ex Alexandri[1] Papae auctoritate in illis tantum permittitur, de quibus, re diligenter perquisita, dubium relinquitur, an Baptismum rite susceperint; aliter vero nunquam fas est, etiam cum adiunctione Baptismum alicui iterum administrare.

Quaestio XLIV.

Quis sit postremus fructus, qui virtute Baptismi hominibus confertur.

Quintus Baptismi effectus est coeli, quod peccato interclusum fuerat, apertio.

I. Praeter caetera vero, quae ex Baptismo consequimur, illud veluti extremum est, quo reliqua omnia videntur referri, quod scilicet coeli aditum, propter peccatum prius interclusum, unicuique nostrum patefacit. Haec autem, quae in nobis Baptismi virtute efficiuntur, ex iis plane intelligi possunt, quae in Salvatoris Baptismo contigisse evangelica auctoritas confirmavit. Etenim coeli aperti sunt, et Spiritus Sanctus columbae specie in Christum Dominum descendens apparuit. Ex quo significatum est eis, qui baptizantur, divini numinis charismata impertiri, et coelorum ianuam reserari; non quidem, ut simul atque baptizati sunt, sed ut magis opportuno tempore, ingrediantur in illam gloriam, quum omnium miseriarum expertes, quae in beatam vitam cadere non possunt, pro mortali conditione immortalitatem assequentur.

Baptismi fructus, etsi omnibus hominibus sunt communes, non aeque tamen ad omnes perveniunt.

II. Atque hi quidem sunt Baptismi fructus; quos, si quidem Sacramenti vim spectemus, aeque ad omnes pertinere dubitari non potest; sin autem, quo quisque animo affectus ad illum suscipiendum accesserit, consideremus: plus minusque coelestis gratiae et fructus ad unum aliquem, quam ad alium, pervenire, omnino fateri oportet.

Quastio XLV.

Quae sit caeremoniarum Baptismi vis et utilitas.

De precationibus, ritibus et caeremoniis Baptismi. Ritus sunt velut imagines effectuum cuiusque Sacramenti.

I. Restat nunc, ut quae de huius Sacramenti precationibus, ritibus et caeremoniis tradenda sint, aperte et breviter explicentur. Nam quod Apostolus de linguarum dono admonuit, quum inquit: Sine fructu esse, si, quae aliquis loquitur, a fide-

1) Lib. Decr. d. Bapt. cap. de quibus.

von den Kirchenschriftstellern die Irregularität genannt wird. Denn diese Form der Taufe ist nach dem Ausspruche des Papstes Alexander nur bei denjenigen zulässig, bei welchen es, nach sorgfältiger Erforschung, zweifelhaft bleibt, ob sie die Taufe in rechter Weise empfangen haben: sonst aber ist es niemals erlaubt, Jemanden die Taufe, wenn auch bedingungsweise, abermals zu ertheilen.

Vierundvierzigste Frage.

Welches die letzte Frucht sei, die durch die Kraft der Taufe dem Menschen zu Theil wird.

Die fünfte Wirkung der Taufe ist die Eröffnung des Himmels, der durch die Sünde verschlossen war.

1. Außer dem Uebrigen aber, was wir durch die Taufe erlangen, ist dieses gleichsam das Letzte, worauf alles Andere sich zu beziehen scheint, daß sie nämlich einem Jeden von uns den Eingang zum Himmel, der vorhin wegen der Sünde verschlossen war, öffnet. Was aber in uns, kraft der Taufe, gewirkt wird, läßt sich leicht aus dem abnehmen, was nach dem Zeugnisse des Evangeliums sich bei der Taufe des Heilandes zugetragen hat. Denn es öffneten sich die Himmel, und der h. Geist stieg sichtbar in Gestalt einer Taube auf Christus, den Herrn, herab. Dadurch wurde bedeutet, daß denen, die getauft werden, die Gnadengaben des göttlichen Wesens zu Theil werden, und die Pforte des Himmels sich öffne; zwar nicht so, daß sie sogleich, wie sie getauft sind, sondern zu einer gelegeneren Zeit, in jene Herrlichkeit eingehen, wo sie, überhoben aller Mühseligkeiten, welche das selige Leben nicht treffen können, statt des sterblichen Wesens die Unsterblichkeit erlangen werden.

Obgleich die Früchte der Taufe allen Menschen gemeinsam sind, so gelangen sie doch nicht gleicher Weise zu allen Menschen.

2. Dies sind nun die Früchte der Taufe, die, wenn wir auf die Kraft des Sakramentes sehen, sich ohne Bedenken in gleicher Weise auf Alle erstrecken; wenn wir aber erwägen, in welcher Gemüthsverfassung Jeder zu ihrem Empfange hinzutritt, so müssen wir unverholen bekennen, daß zu dem Einen mehr, zu dem Andern minder der himmlischen Gnade und Früchte gelange.

Fünfundvierzigste Frage.

Welches die Bedeutung und der Nutzen der Ceremonien bei der Taufe sei.

Von den Gebeten, Gebräuchen und Ceremonien der Taufe. Die Gebräuche sind gleichsam die Bilder der Wirkungen eines jeden Sakramentes.

1. Jetzt ist noch übrig, was über die Gebete, Gebräuche und Ceremonien dieses Sakramentes gelehrt werden muß, deutlich und kurz zu erklären. Denn was der Apostel von der Sprachengabe bemerkt hat, indem er sagte: es sei fruchtlos, wenn das, was Je-

libus non intelligantur:[1] idem fere ad ritus et caeremonias transferri potest. Imaginem enim et significationem earum rerum prae se ferunt, quae in Sacramento geruntur. Quod si illorum signorum vim et potestatem fidelis populus ignoret, non magna admodum caeremoniarum utilitas futura esse videbitur. Danda est igitur Pastoribus opera, ut eas fideles intelligant, certoque sibi persuadeant, si minus necessariae sint, plurimi tamen faciendas, magnoque in honore esse oportere.

Rituum ecclesiasticorum auctores Apostoli.

11. Id vero tum instituentium auctoritas, qui sine controversia sancti Apostoli fuerunt, tum finis, cuius causa caeremonias adhiberi voluerunt, satis docet. Ita enim Sacramentum maiori cum religione ac sanctitate administrari, ac veluti ante oculos poni praeclara illa et eximia dona, quae in eo continentur, et in animos fidelium immensa Dei beneficia magis imprimi, perspicuum est.

Quaestio XLVI.

Quotuplices sint Baptismi ritus.

Ritus Baptismi sunt triplices.

Sed omnes caeremoniae et precationes, quibus in Baptismi administratione Ecclesia utitur, ad tria capita redigendae sunt, ut in eis explicandis certus ordo a Pastoribus observari possit, et quae tradita ab illis fuerint, auditorum memoria facilius retineantur. Ac primum quidem illarum genus est, quae, antequam accedatur ad Baptismi fontem, servantur; alterum earum, quae, quum ad ipsum fontem ventum est, adhibentur, tertium earum, quae peracto iam Baptismo addi solent.

Quaestio XLVII.

Quo tempore aqua ad Baptismum necessaria communi ritu sit consecranda.

Quae sunt tempora Baptismi conferendi praecipua?

In primis igitur aqua paranda est, qua ad Baptismum uti oportet. Consecratur enim Baptismi fons, addito mysticae unctionis oleo. Neque id omni tempore fieri permissum est, sed more maiorum, festi quidam dies, qui omnium celeberrimi et sanctissimi optimo iure habendi sunt, exspectantur, in quorum vigiliis sacrae ablutionis aqua conficitur; quibus etiam tantum

---

1) 1 Cor. 14, 14.

manb rede, von den Gläubigen nicht verstanden werde, das läßt
sich ungefähr auch auf die Gebräuche und Ceremonien anwenden.
Denn sie geben eine Abbildung und Andeutung dessen, was im
Sakramente geschieht. Wenn deshalb das gläubige Volk die Bedeutung und Kraft dieser äußern Gebräuche nicht kennt, so scheint
der Nutzen der Ceremonien nicht eben sehr groß zu sein. Darum
müssen sich die Pfarrer Mühe geben, daß die Gläubigen dieselben
verstehen lernen, und für gewiß halten, sie seien, wenn auch weniger nothwendig, dennoch sehr hoch zu achten, und in großen
Ehren zu halten.

Die Stifter der kirchlichen Gebräuche sind die Apostel.

2. Das lehrt uns aber genugsam sowohl das Ansehen derer,
die sie eingesetzt haben, welches ohne allen Widerspruch die heiligen Apostel waren, als auch der Zweck, weshalb sie die Ceremonien angewandt wissen wollten. Denn augenscheinlich wird also
das Sakrament mit mehr Andacht und Heiligkeit gespendet, und
jene herrlichen und auserlesenen Gaben, die darin enthalten sind,
gleichsam vor Augen gestellt, und die unermeßlichen Wohlthaten
Gottes tiefer den Gemüthern der Gläubigen eingeprägt.

Sechsundvierzigste Frage.
Wie vielfach die Gebräuche der Taufe sind.

Die Gebräuche der Taufe sind dreifach.

Alle Ceremonien und Gebete nun, deren sich die Kirche bei der
Ausspendung der Taufe bedient, sind auf drei Hauptstücke zurück
zu führen, damit die Pfarrer bei ihrer Erklärung einer sicheren
Ordnung folgen können und das von ihnen Vorgetragene von den
Zuhörern leicht im Gedächtnisse behalten werde. Und zwar gehören zur ersten Abtheilung diejenigen, welche beobachtet werden,
ehe man zum Taufstein hintritt; zur zweiten die, welche angewandt
werden, wenn man beim Taufsteine selbst angelangt ist; zur dritten
die, welche nach Vollziehung der Taufe hinzugefügt zu werden
pflegen.

Siebenundvierzigste Frage.
Zu welcher Zeit das zu Taufe erforderliche Wasser nach allgemeinem Ge-
brauche geweiht werden soll.

Welches sind die Hauptzeiten zur Ausspendung der Taufe?

Zunächst muß nun das Wasser zubereitet werden, dessen man
sich zur Taufe zu bedienen hat. Denn das Taufwasser wird geweiht, indem zugleich das geheimnißvolle Salböl hinzugefügt wird. Dies darf jedoch nicht zu jeder Zeit geschehen,
sondern nach altem Gebrauch wartet man gewisse Festtage ab, die
mit allem Rechte für die feierlichsten und heiligsten zu halten sind,

diebus, nisi necessitas aliter facere coegisset, in veteris Ecclesiae more positum fuit, ut Baptismus administraretur. Sed
quamvis Ecclesia hoc tempore, propter communis vitae pericula,
eam consuetudinem retinendam non iudicarit: tamen solemnes
illos dies Paschae et Pentecostes, quibus Baptismi aqua conse-
cranda est, summa cum religione adhuc observavit.

Quaestio XLVIII.

Baptizandi cur mox in Ecclesiam non admittantur.

Primum genus est eorum rituum, qui ante Baptismum adhibentur.

Post aquae consecrationem alia deinceps, quae Baptismum ante-
cedunt, explicare oportet. Afferuntur enim, vel etiam adde-
cuntur, qui Baptismo initiandi sunt, ad Ecclesiae fores, atque
ab eius introitu omnino prohibentur, quod indigni sint, qui domum Dei ingrediantur, antequam a se turpissimae servitutis
iugum repulerint, et totos se Christo Domino, eiusque iustissimo
imperio addixerint.   `

Quaestio XLIX.

Cur baptizandi, quid petant, interrogentur et instruantur.

Ex Christi praecepto catechizandi sunt, qui ad Baptismum aspirant.

Tum vero Sacerdos ab eis exquirit, quidnam ab Ecclesia
petant.   Quo cognito primum eos Christianae fidei doctrina,
quam in Baptismo profiteri debent, instituit; id autem cate-
chismo efficitur, cuius institutionis morem a Domini Salvatoris
praecepto manasse, nemo dubitare potest, quum ipse Apostolis
iusserit: [1] „Ite in mundum universum, et docete omnes gentes,
baptizantes eos in nomine Patris, et Filii, et Spiritus Sancti,
docentes eos servare omnia, quaecunque mandavi vobis“. Ex
quo licet cognoscere, Baptismum non esse administrandum,
priusquam summa saltem religionis nostrae capita exponantur.

Quaestio L.

Quo pacto ex veteri Ecclesiae instituto catechizari debeant rudiores.

Catechizandi ratio ex multis interrogationibus constat.

Quoniam vero catechismi ratio ex multis interrogationibus

---

1) Matth. 28, 19.

um an ihrem Vorabend das Wasser zur heiligen Abwaschung zu bereiten. Nur an diesen Tagen pflegte es auch in der alten Kirche Sitte zu sein, die Taufe auszuspenden, wenn nicht die Noth ein Anderes zu thun erheischte. Obgleich aber die Kirche heutzutage der Gefahren wegen, welche dem Leben im Allgemeinen drohen, es nicht für rathsam gehalten hat, diesen Gebrauch beizubehalten, so hat sie dennoch bis jetzt jene feierlichen Tage der Ostern und Pfingsten, an welchen das Taufwasser geweiht werden soll, mit großer Andacht beobachtet.

Achtundvierzigste Frage.

Warum die Täuflinge nicht sogleich in die Kirche eingelassen werden.

Die erste Art von Gebräuchen sind diejenigen, welche vor der Taufe angewendet werden.

Nach der Weihung des Wassers hat man sodann das Uebrige, was der Taufe vorhergeht, zu erklären. Es werden nämlich die durch die Taufe Einzuweihenden an die Kirchthür getragen, oder auch geleitet, und der Eintritt ist ihnen vollständig untersagt, weil sie unwürdig sind, das Haus Gottes zu betreten, bevor sie das Joch der schmachvollsten Knechtschaft von sich abgeworfen, und sich ganz Christo, dem Herrn, und seiner allgerechten Herrschaft hingegeben haben.

Neunundvierzigste Frage.

Warum die Täuflinge gefragt werden, was sie wollen, und unterrichtet werden.

Nach dem Befehle Christi sind diejenigen zu unterrichten, welche die Taufe empfangen wollen.

Alsdann aber fragt sie der Priester, was sie von der Kirche begehren. Sobald er darüber unterrichtet ist, unterweiset er sie zunächst in der Lehre des christlichen Glaubens, den sie bei der Taufe bekennen müssen; dies geschieht aber durch den Katechismus, welche Weise des Unterrichts ohne Zweifel sich von dem Befehle des Herrn und Heilandes herschreibt, da er selber den Aposteln geboten hat: „Gehet hin in alle Welt, und lehret alle Völker, und taufet sie im Namen des Vaters und des Sohnes und des heiligen Geistes, und lehret sie Alles halten, was ich euch befohlen habe." Hieraus kann man entnehmen, daß die Taufe nicht eher ertheilt werden dürfe, bis wenigstens die wichtigsten Hauptstücke unserer Religion vorgetragen sind.

Fünfzigste Frage.

Wie nach der alten Anordnung der Kirche die Ungebildeteren unterrichtet werden sollen.

Die Weise des Unterrichts besteht aus vielen Fragen.

Da aber der Inhalt des Katechismus aus vielen Fragen besteht,

constat, si is, qui instituitur, adulta aetate fuerit: ad ea, quae rogantur, ipse per se respondet; si autem infans sit, pro illo sponsor rite respondet, solemnemque sponsionem facit.

Quaestio LI.

Quis sit exorcismi usus.

Sequitur exorcismus, qui ad expellendum diabolum, eiusque vires frangendas et debilitandas, sacris et religiosis verbis ac precationibus conficitur.

Quaestio LII.

Cur eius, qui baptizatur, ori sal admoveatur.

Salis significatio.

Accedunt ad exorcismum aliae caeremoniae, quarum singulae, ut quae mysticae sint, propriam atque illustrem significationem habent. Nam quum sal in illius os, qui ad Baptismum adducendus est, inseritur, hoc significari perspicuum est, eum fidei doctrina, et gratiae dono consecuturum esse, ut a peccatorum putredine liberetur, saporemque bonorum operum percipiat, et divinae sapientiae pabulo delectetur.

Quaestio LIII.

Quid sibi velit crucis signum multis corporis partibus adhibitum.

Signum crucis.

Obsignantur praeterea signo crucis frons, oculi, pectus, humeri, aures; quae omnia declarant, Baptismi mysterio sensus baptizati aperiri ac roborari, ut Deum excipere, praeceptaque eius intelligere ac servare possit.

Quaestio LIV.

Quare nares et aures baptizandi saliva liniantur.

Salivae significatio.

Postea vero illi nares et aures saliva liniuntur, statimque ad Baptismi fontem mittitur, ut quemadmodum „caecus ille evangelicus, quem Dominus iusserat oculos luto illitos Siloes aqua abluere, lumen recuperavit:[1] ita etiam intelligamus, sacrae ablutionis eam vim esse, ut menti ad coelestem veritatem perspiciendam lumen afferat.

---

1) Ioan. 9, 6.

ſo antwortet der, welcher unterrichtet wird, wofern er reiferen Al=
ters iſt, auf die Fragen für ſich ſelbſt; wenn es aber ein Kind iſt,
ſo antwortet nach Vorſchrift der Pathe und legt das feierliche Ge=
lübde ſtatt ſeiner ab.

Einundfünfzigſte Frage.
Wozu man von dem Exorcismus Gebrauch mache.

Nun folgt der Exorcismus, der zur Vertreibung des Teufels
und zur Vernichtung und Schwächung ſeiner Macht in heiligen
und andächtigen Worten und Gebeten vollzogen wird.

Zweiundfünfzigſte Frage.
Warum dem Täufling Salz in den Mund gegeben wird.
Bedeutung des Salzes.

Zum Exorcismus kommen noch andere Ceremonien, deren jede,
ebendarum weil ſie geheimnißvoll ſind, ihre eigenthümliche und er=
habene Bedeutung hat. Denn, wenn man dem, der zur Taufe
hingeführt werden ſoll, Salz in den Mund legt, ſo zeigt dies deut=
lich an, er werde es durch die Lehre des Glaubens und durch die
Gabe der Gnade dahin bringen, daß er von der Fäulniß der Sünde
befreit, an guten Werken Geſchmack finden, und an der Speiſe der
göttlichen Weisheit Freude haben werde.

Dreiundfünfzigſte Frage.
Was das Zeichen des Kreuzes bedeute, das über viele Theile des Körpers gemacht wird.
Bedeutung des Kreuzzeichens.

Außerdem werden die Stirn, die Augen, die Bruſt, die Schul=
tern, die Ohren mit dem Zeichen des Kreuzes bezeichnet; was Alles
bedeutet, daß durch das Geheimniß der Taufe die Sinne des Ge=
tauften aufgethan und geſtärkt werden, auf daß er Gott aufnehmen,
und ſeine Gebote verſtehen und halten könne.

Vierundfünfzigſte Frage.
Warum die Naſe und die Ohren des Täuflings mit Speichel beſtrichen werden.
Bedeutung des Speichels.

Hierauf aber werden demſelben Naſe und Ohren mit Speichel
beſtrichen, und er wird ſofort zum Taufſtein geführt, damit, wie
jener „Blinde“ im Evangelium, welchem der Herr befohlen hatte,
die Augen mit Koth zu beſtreichen und ſie in dem Teiche Siloa
abzuwaſchen, das Augenlicht wiedererlangte: ſo auch wir erkennen
möchten, daß die heilige Abwaſchung die Kraft habe, dem Geiſte
zur Erkenntniß der himmliſchen Wahrheit Licht zu verſchaffen.

Quaestio LV.

Quid doceat abrenunciatio illa Satanae, subiecta fidei professione, facta ab illo, qui baptizandus offertur.

Secundum genus rituum Baptismi est eorum, qui inter baptizandum adhibentur, ex quibus scilicet summa Christianae doctrinae colligitur. Quae sit vis abrenunciationis? Quomodo baptizandus fidem suam profiteri debeat?

His peractis, ad Baptismi fontem veniunt, ibique aliae caeremoniae et ritus adhibentur, ex quibus Christianae religionis summam licet cognoscere. Sacerdos enim, ter conceptis verbis, eum, qui baptizandus est, interrogat: „Abrenuncias Satanae, et omnibus operibus eius, et omnibus pompis eius?" At ille, aut eius nomine patrinus, ad singulas interrogationes respondet: „Abrenuncio". Igitur qui Christo nomen daturus est, hoc primum sancte et religiose polliceri debet, se diabolum et mundum deserere, ac nullum unquam tempus fore, in quo utrumque, veluti hostem deterrimum, non detestetur. Deinde ad ipsum Baptismi fontem consistens, interrogatur a sacerdote hoc modo: „Credis in Deum Patrem omnipotentem?" Cui ille respondet: „Credo". Atque ita deinceps de reliquis Symboli articulis rogatus, fidem suam solemni religione profitetur. Quibus sane duabus sponsionibus omnem Christianae legis vim et disciplinam contineri perspicuum est.

Quaestio LVI.

Cur ab eo, qui aqua salutari proximo tingendus est, petatur, num baptizari velit.

Nemo salvatur invitus.

Sed quum iam Baptismum administrare oportet, quaerit sacerdos ab eo, qui baptizandus est: Num baptizari velit? quo quidem per se, vel eius nomine, si infans sit, patrino annuente, statim in nomine Patris, et Filii, et Spiritus Sancti salutari aqua eum abluit. Quemadmodum enim homo sua voluntate serpenti obediens, merito damnatus est: ita Dominus neminem ad suorum numerum, nisi voluntarium militem adscribi voluit, ut divinis iussis sponte obtemperans, aeternam salutem consequeretur.

Quaestio LVII.

Quamobrem baptizati caput mox chrismate inungatur

Iam postquam Baptismus absolutus est, sacerdos summum Baptizati verticem chrismate perungit, ut intelligat, se ab eo die Christo capiti tanquam membrum coniunctum esse, atque eius corpori insitum. et ea re Christianum a Christo, Christum

Fünfundfünfzigste Frage.

**Was jene Widersagung des Teufels lehrt, die von dem Täuflinge nach der Ab-
legung des Glaubensbekenntnisses ausgesprochen werden muß.**

Die zweite Art von Gebräuchen ist die, welche während des Taufens angewandt
wird, aus welchen man nämlich den Hauptinhalt der christlichen Lehre entnimmt. Welches die Bedeutung der Abschwörung ist. Wie der Täufling
seinen Glauben bekennen muß.

Darauf kommen sie zum Taufsteine, und es werden dort andere
Ceremonien und Gebräuche vorgenommen, aus denen man den
Inbegriff der christlichen Religion erkennen kann. Der Priester
nämlich fragt den Täufling zu drei wiederholten Malen: „Wider=
sagst du dem Teufel und allen seinen Werken, und aller seiner
Pracht?" Er, oder statt seiner der Pathe antwortet auf jede ein=
zelne Frage: „Ich widersage." Wer also zu Christo sich bekennen
will, muß dieses zu allererst heilig und gewissenhaft geloben, daß
er den Teufel und die Welt verlassen, und allezeit Beide als seine
schwärzesten Feinde verabscheuen wolle. Wenn er alsdann beim
Taufsteine selbst steht, wird er vom Priester also befragt: „Glau=
best du an Gott, den allmächtigen Vater?" Worauf er antwortet:
„Ich glaube." Und hierauf um die übrigen Artikel des Glaubens=
bekenntnisses befragt, bekennt er seinen Glauben mit feierlichem
Bekenntnisse. Es ist offenbar, daß diese beiden Gelöbnisse den
ganzen Inbegriff und die Lehre des christlichen Gesetzes enthalten.

Sechsundfünfzigste Frage.

**Warum der, welcher mit dem heilsamen Wasser benetzt werden soll, unmittel-
bar vorher gefragt wird, ob er getauft sein wolle.**

Niemand wird wider seinen Willen selig.

Wenn aber sogleich die Taufe ertheilt werden soll, fragt der
Priester den Täufling, ob er getauft sein wolle, und wenn er dies
selbst, oder, wofern es ein Kind ist, in dessen Namen der Pathe
bejahet, so wäscht er ihn sogleich im Namen des Vaters und des
Sohnes und des heiligen Geistes mit dem heilbringenden Wasser ab.
Denn wie der Mensch mit Recht verdammt ist, da er freiwillig der
Schlange gehorchte, so will der Herr in die Zahl der Seinigen nur
freiwillige Streiter eingeschrieben wissen, damit jeder aus eigenem
Antriebe den göttlichen Befehlen gehorche, und das ewige Heil
erlange.

Siebenundfünfzigste Frage.

Warum das Haupt des Getauften alsbald mit Chrisma gesalbt wird.

Nachdem die Taufe nun vollzogen ist, salbt der Priester den
obersten Theil des Scheitels des Getauften mit Chrisma, damit er
erkenne, er sei von diesem Tage an mit Christo, dem Haupte, als ein
Glied verbunden, und dessen Leibe eingepflanzt, und es werde daher

vero a Chrismate appellari. Quid vero chrisma significet, ex
iis satis intelligi, quae tunc sacerdos orat, divus Ambrosius
testatur. [1]

Quaestio LVIII.

**Quid designet vestis candida, vel album sudariolum, quo baptizatus
donatur.**

Induit postea sacerdos baptizatum veste alba, dicens: „Accipe
vestem candidam, quam immaculatam perferas ante tribunal
Domini nostri Iesu Christi, ut habeas vitam aeternam". Infantibus vero, qui vestitu non utuntur, iisdem verbis album sudariolum datur. Quo symbolo significari sancti Patres docent,
tum resurrectionis gloriam, ad quam per Baptismum nascimur;
tum nitorem et pulchritudinem, qua, dilutis peccatorum maculis,
anima in Baptismo ornatur; tum innocentiam atque integritatem,
quam in omni vita baptizatus servare debet.

Quaestio LIX.

Quae sit ratio ardentis cerei, qui a baptizato tenetur.

Et deinde cereus ardens in manum traditur, qui ostendit,
fidem charitate inflammatam, quam in Baptismo accepit, bonorum operum studio alendam atque augendam esse.

Quaestio LX.

Quare, ac cuiusmodi nomen baptizato sit imponendum.

Gentilium nominibus abstinendum.

Ad extremum vero nomen baptizato imponitur, quod quidem ab aliquo sumendum est, qui propter excellentem animi
pietatem et religionem in Sanctorum numerum relatus est. Ita
enim facile fiet, ut quivis nominis similitudine ad virtutis et
sanctitatis imitationem excitetur; ac praeterea, quem imitari
studeat, eum quoque precetur, et speret sibi advocatum ad salutem tum animi, tum corporis defendendam, venturum esse.
Quare reprehendendi sunt, qui gentilium nomina, et eorum
praecipue, qui omnium sceleratissimi . fuerunt, tam diligenter
consectantur, et pueris imponunt; quum ex eo intelligi possit,
quanti Christianae pietatis studium faciendum existiment, qui
impiorum hominum memoria tantopere delectari videntur, ut

---

1) L. 1 de Sacram. c. 2 et 2. 7.

ein Christ genannt von Christo, Christus aber von Chrisma. Was aber das Chrisma bedeute, sieht man, nach dem Zeugnisse des h. Ambrosius, genügend aus dem, was der Priester alsdann betet.

Achtundfünfzigste Frage.

Was das weiße Kleid, oder das weiße Tüchlein bedeute, womit der Getaufte beschenkt wird.

Hierauf legt der Priester dem Getauften ein weißes Kleid mit den Worten an: „Nimm hin das weiße Kleid, und bringe es unbefleckt vor den Richterstuhl unsers Herrn Jesu Christi, damit du das ewige Heil habest." Den Kindern aber, die noch kein Kleid tragen, wird unter denselben Worten ein weißes Tüchlein dargereicht. Die heiligen Väter lehren, durch dieses Sinnbild werde theils die Herrlichkeit der Auferstehung angedeutet, zu welcher wir durch die Taufe geboren werden, theils der Glanz und die Schönheit, womit die Seele in der Taufe nach Tilgung der Sündenmakel geschmückt wird, theils die Unschuld und unversehrte Reinheit, die der Getaufte sein ganzes Leben hindurch bewahren soll.

Neunundfünfzigste Frage.

Was die brennende Wachskerze bedeute, die der Getaufte hält.

Und darnach wird ihm eine brennende Wachskerze in die Hand gegeben, welche anzeigt, daß er den durch die Liebe entzündeten Glauben, den er in der Taufe erhielt, durch fleißige Uebung guter Werke unterhalten und vermehren müsse.

Sechszigste Frage.

Warum dem Getauften ein Name gegeben werden soll, und wie dieser beschaffen sein muß.

Man muß sich der heidnischen Namen enthalten.

Zuletzt wird aber dem Getauften ein Name beigelegt, welcher von Jemanden entnommen werden muß, der wegen seiner ausgezeichneten Frömmigkeit und Gottseligkeit unter die Zahl der Heiligen versetzt worden ist. Denn dadurch wird es leicht geschehen, daß Jeder durch die Aehnlichkeit des Namens zur Nachahmung in der Tugend und Heiligkeit angetrieben wird; und daß er überdies denjenigen, welchem er nachzuahmen strebt, auch anruft, und hofft, daß er ihm als Fürsprecher zur Vertheidigung sowohl des geistigen als des leiblichen Heiles beistehe. Deshalb sind die zu tadeln, welche so sorgfältig Namen der Heiden, und vorzüglich derer, die unter Allen die lasterhaftesten waren, aufsuchen, und den Kindern beilegen; denn man kann hieraus ersehen, wie gering sie das Streben nach christlicher Frömmigkeit schätzen, da sie an dem Andenken gottloser Menschen so großen Gefallen zu haben scheinen, daß sie die

velint fidelium aures huiusmodi profanis nominibus undique circumsonare.

Quaestio LXI.

Summa eorum, quae de Baptismi mysteriis sunt tradita.

Haec de Baptismi Sacramento si a Pastoribus explanata fuerint, nihil eorum fere praetermissum esse videbitur, quae ad hanc cognitionem maxime pertinere existimanda sunt. Demonstratum est enim, quid ipsum Baptismi nomen significet, quae sit eius natura et substantia, tum ex quibus partibus constet. Dictum est, a quo institutus fuerit, qui ministri ad conficiendum Sacramentum necessarii sunt, quosve tanquam paedagogos ad sustentandam baptizati imbecillitatem adhiberi oporteat. Traditum est etiam, quibus, et quemadmodum animo affectis Baptismus administrari debeat; quae sit eius virtus, et efficientia; postremo, qui ritus et caeremoniae serventur, quantum proposita ratio postulabat, satis copiose explicatum est. Quae omnia ob eam praecipue causam docenda esse Pastores meminerint, ut fideles in hac cura et cogitatione perpetuo versentur, ut in iis, quae sancte et religiose spoponderunt, quum Baptismo initiati sunt, fidem servent, utque eam vitam instituant, quae sanctissimae Christiani nominis professioni respondeat.

CAPUT III.

De Sacramento Confirmationis.

Quaestio I.

Cur hodie quam maxime Confirmationis virtus sit explicanda.

Quantus Sacramenti Confirmationis contemptus irrepserit?

I. Si in Sacramento Confirmationis explicando Pastorum diligentia requirenda unquam fuit, nunc certe opus est, illud quam maxime illustrare, quum in sancta Dei Ecclesia hoc Sacramentum a multis omnino praetermittatur; paucissimi vero sint, qui divinae gratiae fructum, quem deberent, ex eo capere studeant.

Confirmatio quando praecipue fieri debeat?

II. Quare fideles ita de huius Sacramenti natura, vi, dignitate, tum in die Pentecostes, quo praecipue die administrari

Ohren der Gläubigen mit solchen heidnischen Namen allenthalben umrauschen lassen wollen.

Einundsechszigste Frage.

Uebersicht dessen, was von den Geheimnissen der Taufe gelehrt worden ist.

Wenn dieses von den Pfarrern vom Sakramente der Taufe auseinandergesetzt worden ist, so mag wohl Nichts von dem übergangen sein, was man als hauptsächlich zu dieser Erkenntniß gehörig erachten muß. Denn es ist gezeigt worden, was der Name Taufe bedeutet, welches ihre Natur und ihr Wesen ist, ferner aus welchen Theilen sie besteht. Es ist gesagt, von Wem sie eingesetzt sei, welche Diener zur Verwaltung des Sakramentes nothwendig sind, und Welche man gleichsam als Erzieher zur Unterstützung der Schwäche des Getauften heranziehen müsse. Es ist auch dargethan, Welchen die Taufe ertheilt werden dürfe, und in welcher Gemüthsverfassung sie sich dazu befinden müssen; welches ihre Kraft und Wirksamkeit sei; zuletzt ist, so viel der vorliegende Zweck es erheischte, mit genügender Weitläufigkeit erläutert, welche Gebräuche und Ceremonien beobachtet werden sollen. Die Pfarrer sollen aber in ihrer Erinnerung festhalten, daß darum dieses Alles besonders vorgetragen werden muß, damit die Gläubigen darauf allezeit ihr Dichten und Trachten richten, daß sie das, was sie beim Empfange der Taufe heilig und gottselig gelobten, treu bewahren, und ein Leben führen, welches dem heiligsten Bekenntnisse des christlichen Namens entspricht.

Drittes Hauptstück.
Von dem Sakramente der Firmung.

Erste Frage.

Warum heut zu Tage ganz besonders die Kraft der Firmung erklärt werden muß.

Eine wie große Geringschätzung der Firmung sich eingeschlichen hat.

1. Wenn die Erklärung des Sakramentes der Firmung den Fleiß der Pfarrer jemals erfordert hat, so ist es gewiß jetzt nöthig, dasselbe, wie nur immer möglich, zu beleuchten, da dieses Sakrament in der h. Kirche Gottes von Vielen gänzlich verabsäumt wird, es aber sehr Wenige gibt, die sich bestrebten, aus ihm die Frucht der göttlichen Gnade, wie sie doch sollten, zu schöpfen.

Wann hauptsächlich die Firmung geschehen soll.

2. Deswegen müssen auch die Gläubigen von der Natur, Kraft und Würde dieses Sakramentes, sowohl am Pfingstfeste, an wel-

solet, tum aliis etiam diebus, quum id Pastores commode fieri
posse iudicaverint, docendi erunt, ut intelligant, non solum
negligendum non esse, sed summa cum pietate et religione
suscipiendum, ne ipsorum culpa, maximoque malo eveniat,
ut frustra in eos divinum hoc beneficium collatum esse videatur.

Quaestio II.

Quare Ecclesia hoc Sacramentum Confirmationem vocarit.

Cf. Quaest. 16 huj. cap.

Sed ut a nomine initium sumatur, Confirmationem ab Ecclesia hoc. Sacramentum idcirco vocari docendum est, quoniam,
qui baptizatus est, quum ab Episcopo sacro chrismate ungitur,
additis solemnibus illis verbis: „Signo te signo crucis, et confirmo te chrismate salutis, in nomine Patris, et Filii, et Spiritus Sancti“, nisi aliud Sacramenti efficientiam impediat, novae
virtutis robore firmior, atque adeo perfectus Christi miles esse
incipit.

Quaestio III.

Confirmatio verum est novae legis Sacramentum.

Confirmationem vere esse Sacramentum ex traditione et consensu Patrum ostenditur. Conc. Trid. Sess. 7. can. 1 et 2.

I. In Confirmatione autem veram et propriam Sacramenti
rationem Catholica Ecclesia semper agnovit, quod et Melchiades
Pontifex et plures etiam alii sanctissimi et vetustissimi Pontifices aperte declarant. Ac sanctus Clemens eius veritatis doctrinam graviori sententia comprobare non potuit. Inquit
enim:[1] „Omnibus festinandum est sine mora renasci Deo, et
„demum ab Episcopo consignari, id est, septiformem gratiam
„Spiritus Sancti percipere; quum alioquin perfectus Christianus
„nequaquam esse possit is, qui iniuria et voluntate, non autem
„necessitate compulsus, hoc Sacramentum praetermiserit, ut a
„B. Petro accepimus, et caeteri Apostoli, praecipiente Domino,
„docuerunt“. Hanc vero eandem fidem doctrina sua confirmarunt, qui eodem Spiritu pleni, pro Christo sanguinem profu-
derunt, Urbanus, Fabianus, Eusebius, Romani Pontifices; quemadmodum ex eorum decretis licet perspicere. Accedit praeterea sanctorum Patrum consentiens auctoritas; inter quos

---

1) Epist ad Episcop. Hispan. Ep. 4 ad Iulian.

chem es vorzugsweise ausgetheilt zu werden pflegt, als auch an
anderen Tagen, wenn es nach dem Ermessen der Pfarrer füglich
geschehen kann, dergestalt belehrt werden, daß sie einsehen, wie
man dasselbe nicht allein nicht vernachläßigen, sondern mit der
höchsten Andacht und Gottesfurcht empfangen müsse, damit es
nicht durch ihre eigene Schuld und zum größten Nachtheile geschehe, daß ihnen diese göttliche Wohlthat fruchtlos mitgetheilt zu
sein scheine.

Zweite Frage.
Warum die Kirche dieses Sakrament Firmung genannt hat.

Um aber mit dem Namen zu beginnen, so hat man zu lehren,
dies Sakrament sei deswegen von der Kirche Firmung (Stärkung)
benannt, weil der Getaufte, wenn er vom Bischofe mit dem heiligen
Chrisma unter diesen feierlichen Worten: „Ich bezeichne dich mit dem
Zeichen des Kreuzes und firme (stärke) dich mit dem Chrisma des Heiles im Namen des Vaters und des Sohnes und des heil. Geistes"
gesalbt wird, durch die Kraft neuer Tugend, wofern nichts Anderes die Wirkung des Sakramentes verhindert, mehr gestärkt, und
so ein vollkommener Streiter Christi zu sein anfängt.

Dritte Frage.
Die Firmung ist ein wahres Sakrament des Neuen Bundes.
Daß die Firmung wirklich ein Sakrament sei, wird aus der Ueberlieferung und der Uebereinstimmung der Väter gezeigt.

1. Die katholische Kirche hat aber in der Firmung allezeit die
wahre und eigentliche Beschaffenheit eines Sakramentes anerkannt,
was auch der Papst Melchiades und außerdem mehrere andere unter den heiligsten und ältesten Päpsten deutlich bezeugen.   Der h.
Clemens hätte die Wahrheit dieser Lehre sicherlich nicht kräftiger
bestätigen können. Er sagt nämlich: „Alle müssen eilen ohne Verzug, Gott wiedergeboren, und dann vom Bischofe gezeichnet zu
werden, d. h. die siebenfache Gnade des heil. Geistes zu empfangen; da ja derjenige kein vollkommener Christ sein kann, der aus
Verachtung und mit Vorsatz, nicht aber durch Noth gezwungen,
dies Sakrament verabsäumt, wie wir dies vom heil. Petrus überkommen, und die übrigen Apostel es auf Geheiß des Herrn gelehrt
haben." Eben diesen Glauben haben auch die römischen Päpste
Urban, Fabian und Eusebius, welche von demselben Geiste erfüllt
für Christum ihr Blut vergossen, durch ihre Lehre bestätigt, wie
dies aus ihren Satzungen zu ersehen ist.   Hierzu kommt noch das
übereinstimmende Zeugniß der heiligen Väter, unter welchen Dionysius Areopagita, Bischof von Athen, da er anführt, wie man dieses heilige Salböl zubereiten und sich desselben bedienen soll, also

Dionysius Areopagita, Athenarum Episcopus, quam diceret, qua ratione hoc sacrum unguentum conficere, eoque uti oporteret, ita inquit: „Baptizatum sacerdotes induunt veste congrua mun-„ditiae, ut ad Pontificem ducant; ille vero sacro atque prorsus „divino unguento baptizatum signans, sacratissimae communionis „participem facit“. [1] Eusebius quoque Caesariensis tantum huic Sacramento tribuit, ut dicere non dubitarit, Novatum haereticum Spiritum Sanctum promereri non potuisse, quia, quum baptizatus esset, in gravi aegritudine signaculo chrismatis non est signatus. [2] Sed clarissima habemus huius rei testimonia tum a divo Ambrosio in eo libro, quem de iis, qui initiantur, inscripsit; [3] tum a divo Augustino in libris, quos adversus Petiliani Donatistae epistolas edidit, [4] quorum uterque adeo de huius Sacramenti veritate nihil dubitari posse existimavit, ut eam Scripturae etiam locis doceat ac confirmet.

Confirmatio verbi Dei auctoritate confirmatur.

II. Quare alter quidem verba illa Apostoli: „Nolite contristare Spiritum Sanctum Dei, in quo signati estis“; [5] alter vero, quod in Psalmis legitur: „Sicut unguentum in capite, quod descendit in barbam, barbam Aaron“; [6] tum illud eiusdem Apostoli: „Charitas Dei diffusa est in cordibus nostris per Spiritum Sanctum, qui datus est nobis“, [7] ad Confirmationis Sacramentum referri testatus est.

Quaestio IV.
Quae sit Confirmationis et Baptismi differentia.

Unde distinctio Sacramentorum sit petenda.

Quamvis autem a Melchiade dictum sit, [8] Baptismum Confirmationi maxime coniunctum esse: non idem tamen Sacramentum, sed ab altero longe disiunctum, existimandum est. Constat enim, varietatem gratiae, quam singula Sacramenta tribuunt, et rei sensibus subiectae, quae ipsam gratiam significat, efficere, ut varia quoque et diversa Sacramenta sint. Quum igitur Baptismi gratia homines in novam vitam gignantur, Confirmationis autem Sacramento, qui iam geniti sunt, viri evadant: „evacuatis, quae erant parvuli“: [9] satis intelligitur, quantum in naturali vita generatio ab incremento distat, tantundem inter se differre Baptismum, qui regenerandi vim habet, et Confirmationem, cuius virtute fideles augescunt, et perfectum animi robur assu-

1) De Eccles. Hier. cap. 2. 2) Hist. Eccl. lib. 6, 43. 3) Cap. 7 et lib. 3 de Sacram. c. 2. 4) Lib. 2, 104. 5) Ephes. 4, 30. 6) Ps. 132, 2. 7) Rom. 5, 5. 8) Ep. ad Epise. Hispan. 9) 1 Cor. 13, 11.

sagt: „Die Priester ziehen dem Getauften ein der Reinheit entsprechendes Kleid an, um ihn zum Bischof zu führen; dieser aber macht dem Getauften, indem er ihn mit dem heiligen und wahrhaft göttlichen Salböl bezeichnet, der heiligsten Gemeinschaft theilhaftig." Auch Eusebius von Cäsarea schreibt diesem Sakramente eine so hohe Bedeutung zu, daß er ohne Bedenken sagt, der Ketzer Novatus habe den heil. Geist nicht verdienen können, weil er, obschon getauft, in einer schweren Krankheit nicht mit dem Zeichen des Chrisma bezeichnet wurde. Die deutlichsten Zeugnisse jedoch haben wir hierüber sowohl vom h. Ambrosius in dem Buche, welchem er den Titel: „über die Einzuweihenden" gegeben, als auch vom h. Augustin in den Büchern, die er gegen die Briefe des Donatisten Petilian herausgegeben hat. Beide glaubten so wenig an der Wahrheit dieses Sakramentes zweifeln zu können, daß sie dieselbe auch durch Stellen der Schrift bewiesen und bestätigten.

Die Firmung wird durch die Aussprüche des Wortes Gottes bestätigt.

2. Der Eine von ihnen bezeugt, daß jene Worte des Apostels: „Betrübet nicht den heil. Geist Gottes, mit welchem ihr besiegelt seid," der Andere aber, daß das, was wir in den Psalmen lesen: „Wie das Salböl auf dem Haupte, was herabfließt auf den Bart, auf den Bart Aarons," ferner jenes Wort desselben Apostels: „Die Liebe Gottes ist ausgegossen in unsere Herzen durch den heil. Geist, der uns gegeben ist," sich auf das Sakrament der Firmung beziehen.

Vierte Frage.
Welcher Unterschied zwischen der Firmung und der Taufe bestehe.
Woher man den Unterschied der Sakramente entnehmen muß?

Obgleich aber Melchiades sagt, die Taufe sei auf's Engste mit der Firmung verbunden, so muß man sie doch nicht für ein und dasselbe, sondern für ein davon weit verschiedenes Sakrament halten. Denn die Verschiedenheit der Gnade, welche die einzelnen Sakramente ertheilen, und der in die Sinne fallenden Sache, welche die Gnade selbst bezeichnet, bewirkt bekanntlich, daß es auch vielerlei und verschiedene Sakramente gibt. Da nun die Menschen durch die Gnade der Taufe zu einem neuen Leben geboren, durch das Sakrament der Firmung aber die schon Geborenen zu Männern werden: „nachdem abgelegt worden, was kindisch war," so ersieht man zur Genüge, daß, wie im natürlichen Leben die Geburt sich vom Wachsthume unterscheidet, eben so sehr die Taufe, welche die Kraft der Wiedergeburt hat, sich von der Firmung unterscheide, kraft welcher die Gläubigen zunehmen, und eine vollkommene Seelenstärke erlangen. Ferner, weil da ein neues und unterschiedliches Sakrament angeordnet sein muß, wo der Geist in eine neue Schwierigkeit

munt. Praeterea quoniam novum atque distinctum Sacramenti genus constituendum est, ubi animus in novam aliquam difficultatem incurrit: facile perspici potest, quemadmodum Baptismi gratia ad mentem fide informandam indigemus, ita etiam maxime conducere, fidelium animos alia gratia confirmari, ut nullo poenarum, suppliciorum, mortis periculo aut metu, a verae fidei confessione deterreantur. Quod quidem, quum sacro Confirmationis chrismate efficiatur, ex eo aperte colligitur, huius Sacramenti rationem a Baptismo diversam esse. Quare Melchiades Pontifex utriusque discrimen accurata oratione persequitur, ita scribens:[1] „In Baptismate homo ad militiam recipitur, et in „Confirmatione coarmatur ad pugnam. In fonte Baptismatis „Spiritus Sanctus plenitudinem tribuit ad innocentiam; Confir-„matione autem perfectionem ad gratiam ministrat. In Baptismo „regeneramur ad vitam; post Baptismum ad pugnam confir-„mamur; in Baptismo abluimur; post Baptismum roboramur; „regeneratio per se salvat in pace Baptismum recipientes; Con-„firmatio armat atque instruit ad agones". Verum haec iam non solum ab aliis Conciliis tradita, sed praecipue a sacra Synodo Tridentina decreta sunt; ut iam de iis non solum aliter sentire, sed ne dubitare quidem ullo modo liceat.

Quaestio V.

Quis Sacramenti Confirmationis sit auctor.

Christus Confirmationis auctor.

I. Quoniam vero supra demonstratum est, quam necessarium esset communiter de omnibus Sacramentis docere, a quonam ortum habuerint; idem etiam de Confirmatione tradere oportet. ut fideles huius Sacramenti sanctitate magis afficiantur.

Omnia Sacramenta a Christo sunt instituta.

I. Igitur a Pastoribus explicandum est, Christum Dominum non solum eius auctorem fuisse, sed, sancto Fabiano Pontifice Romano teste, chrismatis ritum et verba, quibus in eius administratione Catholica Ecclesia utitur, praecepisse.[2] Quod quidem iis facile probari poterit, qui Confirmationem Sacramentum esse confitentur, quum sacra omnia mysteria humanae naturae vires superent, nec ab alio, quam a Deo possint institui. Iam vero, quae sint eius partes, ac primum quidem de materia, dicendum est.

---

1) l. c.   2) Ep. 2 ad Episcop. Orient.

geräth, so ist es leicht einzusehen, daß, wie wir der Taufgnade be=
dürfen, um die Seele für den Glauben empfänglich zu machen, es
eben so höchst angemessen ist, daß die Gemüther der Gläubigen
durch eine andere Gnade gestärkt werden, damit sie sich vom Be=
kenntnisse des wahren Glaubens durch keine Gefahr oder Furcht der
Strafe, der Marter und des Todes abschrecken lassen. Da dieses
nun durch das heilige Chrisma der Firmung bewirkt wird, so er=
gibt sich hieraus klar, daß die Beschaffenheit dieses Sakramentes
von jener der Taufe verschieden ist. Deshalb setzt der Papst Mel=
chiades den Unterschied beider in deutlichen Worten auseinander,
indem er also schreibt: „In der Taufe wird der Mensch in den
Kriegsdienst aufgenommen, und in der Firmung wird er zum
Kampfe bewaffnet. In dem Taufwasser ertheilt der heil. Geist die
Fülle zur Unschuld, in der Firmung aber gibt er die Vollkommen=
heit zur Gnade. In der Taufe werden wir zum Leben wiederge=
boren, nach der Taufe werden wir zum Kampfe gekräftigt, in der
Taufe werden wir abgewaschen, nach der Taufe gestärkt, die Wie=
dergeburt rettet an sich diejenigen, die im Frieden die Taufe em=
pfangen, die Firmung bewaffnet und rüstet zum Kampfe." Dies
ist aber nicht allein bereits von andern Concilien gelehrt, sondern
vorzüglich von dem heiligen trienter Kirchenrathe bestimmt worden,
so daß man hierüber nicht allein nicht anders denken, sondern es auch
nicht einmal im Entferntesten in Zweifel sein darf.

Fünfte Frage.
Wer der Stifter des Sakramentes der Firmung sei.
Christus ist der Stifter der Firmung.

1. Weil aber oben bewiesen ist, wie nothwendig es sei, über=
haupt von allen Sakramenten anzugeben, von Wem sie ihren Ur=
sprung haben, so muß man dieses auch von der Firmung lehren,
damit die Gläubigen um so mehr von der Heiligkeit dieses Sakra=
mentes ergriffen werden.

Alle Sakramente sind von Christus gestiftet.

2. Die Pfarrer müssen also erklären, Christus, der Herr, sei
nicht nur der Stifter desselben gewesen, sondern habe auch, nach
dem Zeugnisse des heiligen römischen Papstes Fabian, den Ge=
brauch des Chrisma, und die Worte, deren sich die katholische Kirche
bei der Ausspendung desselben bedient, anbefohlen. Das wird man
auch leicht denen beweisen können, die bekennen, daß die Firmung
ein Sakrament sei, weil alle Geheimnisse die Kräfte der menschli=
chen Natur übersteigen und von Niemanden, als von Gott eingesetzt
werden können. Nun aber muß von den Theilen desselben, und
zwar zunächst von seiner Materie die Rede sein.

Quaestio VI.
Quae sit sacri huius mysterii materia.

Quid sit Chrisma?

Haec autem chrisma appellatur; quo nomine, a Graecis accepto, etsi profani scriptores quodlibet unguenti genus significant, illud tamen, qui res divinas tradunt, communi loquendi consuetudine ad illud tantummodo unguentum accommodarunt, quod ex oleo et balsamo, solemni Episcopi consecratione conficitur. Quare duae res corporeae permistae Confirmationis materiam praebent; quae quidem diversarum rerum compositio, quemadmodum multiplicem Spiritus Sancti gratiam, quae confirmatis tribuitur, declarat, ita etiam ipsius Sacramenti excellentiam satis ostendit. Quod autem ea sit huius Sacramenti materia, quum sancta Ecclesia et Concilia perpetuo docuerunt; tum a sancto Dionysio et compluribus aliis gravissimis Patribus traditum est, imprimisque a Fabiano Pontifice, qui Apostolos chrismatis confectionem a Domino accepisse, nobisque reliquisse, testatus est. [1]

Quaestio VII.
Quid oleum in materia Confirmationis significet.

Significatio Chrismatis olei.

Neque vero ulla alia materia, quam chrismatis, aptior videri poterat ad illud declarandum, quod hoc Sacramento efficitur. Oleum enim, quod pingue sit, et natura sua manet ac diffluat, gratiae plenitudinem exprimit, quae per Spiritum Sanctum a Christo capite in alios redundat atque effunditur, „sicut unguentum, quod descendit in barbam Aaron", usque „in oram vestimenti eius; [2] unxit" enim eum „Deus oleo laetitiae prae consortibus suis"; [3] ac „de plenitudine eius nos omnes accepimus". [4]

Quaestio VIII.
Quid balsamum oleo admixtum hic admoneat.

Significatio balsami

Balsamum vero, cuius odoratus iucundissimus est, quid aliud significat, quam fideles, quum Sacramento Confirmationis perficiuntur, eam virtutum omnium suavitatem effundere, ut illud Apostoli queant dicere: „Christi bonus odor sumus Deo?" [5] Habet praeterea Balsamum eam vim, ut, quidquid eo circumlitum fuerit, putrescere non sinat; quod quidem ad huius Sacra-

---

1) Concil. Laodic. c. 48. Carthag. II. c. 3. Eccles. Hierarch. c. 2 et 4. Fabian. in ead. ep. 2) Ps. 133, 2. 3. 3) Ps. 44. 8. 4) Ioan. 1. 16. 5) 2 Cor. 2, 15.

Sechste Frage.

Welches die Materie dieses heiligen Geheimnisses sei.

Was das Chrisma ist?

Diese aber heißt Chrisma, und obgleich die weltlichen Schrift=
steller durch dieses den Griechen entlehnte Wort jedwede Art von
Salböl bezeichnen, so haben doch diejenigen, die über die göttlichen
Dinge handeln, dies dem allgemeinen Sprachgebrauche gemäß nur
auf jenes Salböl bezogen, welches durch die feierliche Weihe des
Bischofs aus Oel und Balsam zubereitet wird. Zwei vermischte
körperliche Dinge bilden daher die Materie der Firmung, und wie
diese Zusammensetzung verschiedener Dinge die mannichfaltige
Gnade des heil. Geistes bedeutet, die den Gefirmten mitgetheilt
wird, eben so zeigt sie auch genugsam die Vortrefflichkeit des Sa=
kramentes selber an. Daß aber dies die Materie dieses Sakramen=
tes sei, haben sowohl die Kirche und die Concilien allezeit gelehrt,
als auch der heil. Dionysius und sehr viele andere der angesehensten
Väter überliefert, und vor Allem hat der Papst Fabian bezeugt,
daß die Apostel die Zubereitung des Chrisma vom Herrn über=
kommen und uns hinterlassen haben.

Siebente Frage.

Was das Oel bei der Materie der Firmung bedeutet.

Bedeutung des Oels im Chrisma.

Es konnte aber auch keine Materie geeigneter, als das Chrisma
erscheinen, die Wirkung dieses Sakramentes zu bezeichnen. Denn
da das Oel fett und seiner Natur nach flüssig ist und zerrinnt,
so drückt es die Fülle der Gnade aus, die durch den heil. Geist von
Christo, dem Haupte, auf die Anderen überströmt und sich ergießt,
wie das Salböl, das herabfließt auf den Bart Aaron's, bis auf
den Saum seines Gewandes;" denn ihn „hat Gott gesalbt mit
Freudenöl vor seinen Genossen," und „aus seiner Fülle haben wir
Alle empfangen.

Achte Frage.

Woran der hier mit Oel vermischte Balsam erinnert.

Bedeutung des Balsams.

Der Balsam aber, dessen Geruch so ungemein lieblich ist, was
bedeutet er anders, als daß die Gläubigen, wenn sie durch das Sa=
krament der Firmung vollendet werden, eine solche Lieblichkeit aller
Tugenden um sich her verbreiten, daß sie mit dem Apostel sagen
können: „Wir sind Gott ein Wohlgeruch Christi?" Außerdem
hat der Balsam die Kraft, das mit ihm Bestrichene nicht faul wer=
ten zu lassen, was zur Bezeichnung der Kraft dieses Sakramentes
sehr geeignet zu sein scheint, da es ohne Widerrede feststeht, daß die

menti virtutem significandam valde accommodatum videtur, quum plane constet, fidelium animos coelesti gratia, quae in Confirmatione tribuitur, praeparatos facile a scelerum contagione defendi posse.

Quaestio IX.

Cur necesse sit, chrisma ab episcopo consecrari.

Chrismatis consecratio. Quando Christus confectionem Chrismatis docuerit? Cf. De Cons. D. 4 c. Nunquam.

I. Consecratur autem chrisma solemnibus caeremoniis ab Episcopo; ita enim Salvatorem nostrum docuisse in extrema coena, quum chrismatis conficiendi rationem Apostolis commendaret, Fabianus Pontifex, sanctitate et martyrii gloria clarissimus, tradidit; quamquam, cur ita fieri debuerit, ratione etiam ostendi potest. Etenim in plerisque aliis Sacramentis Christus ita eorum materiam instituit, ut sanctitatem quoque illis tribuerit; non solum enim aquam elementum Baptismi esse voluit, quum inquit: „Nisi quis renatus fuerit ex aqua et Spiritu, non potest introire in regnum Dei": [1] sed quum ipse baptizatus est, effecit, ut ea deinceps vi sanctificandi praedita esset. Quare dictum a sancto Chrysostomo: [2] „Aqua Baptismi purgare peccata „credentium non posset, nisi tactu Dominici corporis sanctificata „fuisset".

Christus non attactu corporis sui, sed verbis sanctis materiam Confirmationis sacrae voluit.

II. Quoniam igitur Dominus hanc Confirmationis materiam usu ipso et tractatione non sacravit, necessarium est, ut sanctis et religiosis precationibus consecretur; neque ad alium ea confectio, nisi ad Episcopum pertinere potest, qui eiusdem Sacramenti ordinarius minister institutus est. Sed explicanda erit praeterea altera pars, ex qua Sacramentum constituitur: forma scilicet et verba, quae ad sacram unctionem adhibentur; monendique fideles, ut in hoc Sacramento suscipiendo, tunc maxime, quum ea pronuntiari animadvertunt, ad pietatem, fidem et religionem animos excitent, ne quid coelesti gratiae impedimenti esse possit.

Quaestio X.

Quae est huius Sacramenti forma?

Sacramenti cujusque forma qualis esse debeat?

I. His igitur verbis Confirmationis forma absolvitur: „Signo te signo crucis, et confirmo te chrismate salutis, in nomine

1) Ioan. 3, 5.   2) Hom. 4 in Matth.

Seelen der Gläubigen mit der himmlischen Gnade, die in der Firmung ertheilt wird, ausgerüstet, sich leicht vor dem Laster der Ansteckung bewahren können.

Neunte Frage.
Warum das Chrisma vom Bischofe geweiht werden müsse.
Die Weihe des Chrisma. Wann Christus die Zubereitung des Chrisma gelehrt habe.

1. Das Chrisma wird aber unter feierlichen Ceremonien vom Bischofe geweiht; denn der durch seine Heiligkeit und sein glorreiches Marterthum hochberühmte Papst Fabian berichtet uns, daß unser Heiland es beim letzten Abendmahle, als er den Aposteln die Art und Weise der Zubereitung des Chrisma vorschrieb, also gelehret habe. Aber auch durch die Vernunft läßt es sich nachweisen, warum dies so geschehen mußte; denn bei den meisten andern Sakramenten hat Christus die Materie derselben so verordnet, daß er derselben auch die Heiligkeit verlieh. So wollte er nicht nur, daß das Wasser das Element der Taufe sei, indem er sprach: „Wenn Jemand nicht wiedergeboren wird aus dem Wasser und dem Geiste, so kann er in das Reich Gottes nicht eingehen;" sondern er bewirkte auch, da er selbst getauft wurde, daß es fortan mit einer heiligmachenden Kraft begabt war. Deshalb sagt der heilige Chrysostomus: „Das Taufwasser würde die Sünden der Gläubigen nicht tilgen können, wenn es nicht durch die Berührung des Leibes des Herrn geheiligt wäre."

Christus wollte nicht, daß durch die Berührung seines Körpers, sondern durch heilige Worte die Materie der Firmung geheiligt werde.

2. Weil nun der Herr diese Materie der Firmung durch eigenen Gebrauch und Berührung nicht geheiligt hat, so ist es nothwendig, daß sie durch heilige und andächtige Gebete geheiligt werde; und diese Zubereitung kann keinem Andern, als dem Bischofe zukommen, der als der ordentliche Ausspender dieses Sakramentes angeordnet ist. Aber es wird auch der zweite Theil, aus welchem das Sakrament besteht, erklärt werden müssen: nämlich die Form und die Worte, die bei der heiligen Salbung angewandt werden; und die Gläubigen müssen ermahnt werden, beim Empfange dieses Sakramentes, besonders dann, wenn sie die Worte aussprechen hören, das Gemüth zur Liebe, zum Glauben und zur Gottesfurcht anzuregen, damit der himmlischen Gnade kein Hinderniß im Wege stehe.

Zehnte Frage.
Welches ist die Form dieses Sakramentes.
Wie die Form eines jeden Sakramentes beschaffen sein müsse.

1. Die Form der Firmung besteht nun in diesen Worten: „Ich bezeichne dich mit dem Zeichen des Kreuzes, und kräftige dich durch

Patris, et Filii, et Spiritus Sancti". Sed tamen, si ad veritatem rationem quoque revocemus, idem facile probari potest.
Etenim Sacramenti forma ea omnia continere debet, quae ipsius Sacramenti naturam et substantiam explicant.

Tria sunt in Confirmatione observanda.

II. Atqui maxime haec tria in Confirmatione observanda
sunt: divina potestas, quae ut principalis causa in Sacramento
operatur; tum robur animi et Spiritus, quod per sacram unctionem fidelibus ad salutem tribuitur; deinde signum, quo notatur is, qui in certamen Christianae militiae descensurus est.
Ac primum quidem verba illa: „In nomine Patris, et Filii, et
Spiritus Sancti", quae extremo loco posita sunt; alterum ea,
„Confirmo te chrismate salutis", quae in medio sunt; tertium,
quae in principio formae locantur: „Signo te signo crucis",
satis declarant.

Confirmationis forma ex auctoritate Ecclesiae retinenda.

III. Quamquam, si etiam ratione aliqua probari non
possit, hanc esse huius Sacramenti veram et absolutam formam, Ecclesiae Catholicae auctoritas, cuius magisterio ita
semper edocti fuimus, non patitur, nos ea de re quicquam
dubitare.

Quaestio XI.
Quis sit proprius Sacramenti Confirmationis minister.

Episcopi soli sunt ministri Confirmationis. Conc. Trid. Sess. 7 de Conf. can 3 et
Sess. 23 de Sacr. Ord. c. 4 et can. 7.

I. Docere etiam Pastores debent, quibus potissimum hujus
Sacramenti administratio commissa sit. Nam quum multi sint,
ut est apud Prophetam, [1] qui currant, neque tamen mittantur:
necesse est, qui veri et legitimi eius ministri sunt, tradere, ut
fidelis populus Confirmationis Sacramentum et gratiam consequi
possit. Solum itaque Episcopum huius Sacramenti conficiendi
ordinariam potetestatem habere, sacrae litterae ostendunt. Nam
in Actis Apostolorum legimus, quum Samaria verbum Dei accepisset, Petrum et Ioannem ad eos missos esse, qui oraverunt
pro ipsis, ut acciperent Spiritum Sanctum; nondum enim in
quemquam illorum venerat, sed baptizati tantum erant. [2] Quo
in loco licet videre, eum, qui baptizaverat, quod tantum esset
Diaconus, confirmandi potestatem nullam habuisse: sed munus
illud perfectioribus ministris, hoc est, Apostolis, reservatum esse.

1) Ier. 23, 21. 2) Act. 8, 14 17.

das Chrisma des Heiles, im Namen des Vaters und des Sohnes und des heil. Geistes." Wenn wir jedoch für diese Wahrheit auch die Vernunft zu Hülfe rufen, so läßt sich dasselbe leicht beweisen. Denn die Form des Sakramentes muß Alles enthalten, wodurch die Natur und das Wesen des Sakramentes erklärt wird.

Ein Dreifaches ist bei der Firmung zu beachten.

2. Nun sind aber vorzüglich diese drei Stücke bei der Firmung zu beachten: die göttliche Macht, welche als die Hauptursache in dem Sakramente wirkt; dann die Stärke der Seele und des Geistes, die den Gläubigen durch die heilige Salbung zum Heile verliehen wird; endlich das Zeichen, womit derjenige bezeichnet wird, der sich zum Kampfe des christlichen Kriegsdienstes begeben will. Und zwar bezeichnen das Erste deutlich jene Worte: „Im Namen des Vaters und des Sohnes und des heil. Geistes," die zuletzt gesetzt sind; das Zweite die Worte: „Ich kräftige dich mit dem Chrisma des Heiles," die in der Mitte stehen; das Dritte die Worte, die sich im Anfange der Form befinden: „ Ich bezeichne dich mit dem Zeichen des Kreuzes."

Die Form der Firmung ist nach der Bestimmung der Kirche festzuhalten.

3. Wenn es sich aber auch durch einen Vernunftgrund nicht darlegen ließe, dieses sei die wahre und vollständige Form dieses Sakramentes, so erlaubt uns doch die Entscheidung der katholischen Kirche, durch deren Unterweisung uns allezeit so gelehrt wurde, hieran nicht im Mindesten zu zweifeln.

Eilfte Frage.

Wer der eigentliche Ausspender des Sakramentes der Firmung sei.

Die Bischöfe allein sind die Ausspender der Firmung.

1. Es müssen die Pfarrer ferner lehren, Wem vor Allen die Verwaltung dieses Sakramentes anvertraut sei. Denn da es Viele gibt, die, wie es beim Propheten heißt, laufen, nicht aber gesandt sind, so muß man nothwendigerweise darthun, welche die wahren und rechtmäßigen Ausspender desselben sind, damit das gläubige Volk das Sakrament und die Gnade der Firmung erlangen kann. Die heilige Schrift zeigt nun, daß allein der Bischof die ordentliche Gewalt habe, dies Sakrament zu spenden. Denn in der Apostelgeschichte lesen wir, daß, als Samaria das Wort Gottes angenommen hatte, Petrus und Johannes dahin gesandt wurden, die für sie beteten, daß sie den heiligen Geist empfingen; denn über Keinen derselben war er noch gekommen, sondern sie waren nur getauft. Aus dieser Stelle kann man ersehen, daß derjenige, welcher sie getauft hatte, nicht die Gewalt hatte, zu firmen, weil er nur Diakon war, sondern, daß dieses Amt vollkommenern Dienern,

Quin etiam, ubicumque sacrae Scripturae huius Sacramenti mentionem faciunt, idem observari potest.

Neque ad eam rem demonstrandam desunt SS. Patrum atque Pontificum, Urbani, Eusebii, Damasi, Innocentii, Leonis, clarissima testimonia; quemadmodum ex eorum decretis perspicuum est. Divus quoque Augustinus graviter queritur de corrupta Aegyptiorum et Alexandrinorum consuetudine, quorum Sacerdotes audebant Confirmationis Sacramentum administrare. [1]

Omnis Confirmationem administrare nequit.

II. Ac iure quidem hoc factum esse, ut eiusmodi munus ad Episcopos deferretur, hac similitudine possunt Pastores declarare. Ut enim in exstruendis aedificiis etsi fabri, qui inferiores ministri sunt, caementa, calcem, ligna, et reliquam materiam parant atque componunt, absolutio tamen operis ad architectum spectat: ita etiam hoc Sacramentum, quo veluti spirituale aedificium perficitur, a nullo alio, nisi a summo sacerdote, administrari opus erat.

Quaestio XII.

Cur in Confirmatione Patrini assumantur, et quae in Confirmatione affinitas contrahatur.

Cf. Conc. Trid. Sess. 24 de Ref. Matr. c. 2.

Additur vero etiam patrinus, quemadmodum in Baptismo fieri demonstratum est. Nam si, qui gladiatoriam dimicationem subeunt, alicuius indigent, cuius arte et consilio doceantur, quibus ictibus ac petitionibus, salvis ipsis, conficere adversarium possint: quanto magis fideles, quum Sacramento Confirmationis, quasi firmissimis armis tecti ac muniti, in spirituale certamen, cui aeterna salus proposita est, descendunt, ducis ac monitoris indigebunt! Recto igitur ad huius quoque Sacramenti administrationem patrini advocandi sunt, quibuscum eadem spiritualis affinitas coniungitur, quae legitima nuptiarum foedera impedit; ut antea docuimus, quum de patrinis ageretur, qui ad Baptismum adhibendi sunt.

Quaestio XIII.

Confirmationis Sacramentum non est absolute necessarium, non tamen praetermittendum.

Confirmatio etsi ad salutem omnino non sit necessaria, a nullo tamen praetermitti debet.

I. Sed quoniam saepe evenit, ut fideles in hoc Sacramento

1) Aug. in Quaest. 42 in N. T.

d. h. den Aposteln, vorbehalten war. Ja, das Nämliche kann man allenthalben bemerken, wo die heilige Schrift. dieses Sakramentes Erwähnung thut.

Auch fehlt es zum Beweise hierfür nicht an · den deutlichsten Zeugnissen der heiligen Väter und Päpste Urban, Eusebius, Damasus, Innocenz, Leo, wie aus ihren Satzungen erhellet. Auch der heilige Augustin klagt bitter über den verderblichen Mißbrauch der Aegypter und Alexandriner, deren Priester sich erdreisteten, das Sakrament der Firmung auszuspenden.

Jeder kann die Firmung nicht ausspenden.

2. Daß den Bischöfen mit Recht dieses Amt übertragen wurde, können die Pfarrer durch dieses Gleichniß erläutern. Wie nämlich bei dem Aufbau der Häuser die Handwerker, welche die untergeordneten Diener sind, Mauersteine, Kalk, Holz und das übrige Material bereiten und zusammensetzen, die Vollendung des Werkes aber den Baumeister angeht, ebenso war es nothwendig, daß auch dieses Sakrament, wodurch gleichsam der geistige Bau vollendet wird, von keinem Andern, als von dem höchsten Priester verwaltet werde.

Zwölfte Frage.
Warum man bei der Firmung Pathen hinzuzieht, und welche Verwandtschaft durch die Firmung entsteht.

Es wird aber auch ein Pathe hinzugenommen, wie es nachgewiesenermaßen bei der Taufe geschieht. Denn wenn schon diejenigen, die sich in einen Fechterkampf einlassen wollen, Jemandes bedürfen, durch dessen Kunst und Rath sie unterrichtet werden, durch welche Hiebe und Angriffsweise sie den Gegner, ohne selbst verwundet zu werden, vernichten können, um wie viel mehr werden die Gläubigen, wenn sie durch das Sakrament der Firmung, gleichsam mit den stärksten Waffen gedeckt und gerüstet, sich in den geistigen Kampf begeben, wo das ewige Heil zu gewinnen vorgehalten ist, eines Führers und Rathgebers bedürfen! Mit Recht müssen also auch zur Ausspendung dieses Sakramentes Pathen hinzugezogen werden, mit denen eben dieselbe geistliche Verwandtschaft geknüpft wird, welche die rechtmäßigen Ehebündnisse hindert, wie wir oben gelehrt haben, als von den Pathen die Rede war, die zur Taufe genommen werden müssen.

Dreizehnte Frage.
Das Sakrament der Firmung ist nicht unumgänglich nothwendig; doch darf es nicht versäumt werden.

Wenn die Firmung auch nicht durchaus nothwendig zur Seligkeit ist, so darf sie doch von Keinem versäumt werden.

1. Weil es aber häufig vorkommt, daß die Gläubigen bei dem Empfange dieses Sakramentes sich entweder eine sich überstürzende

suscipiendo, aut praepropera festinatione, aut dissoluta quadam negligentia et cunctatione utantur (nam de iis, qui ad eum impietatis gradum venerunt, ut illud contemnere et aspernari audeant, nihil est quod dicamus): aperiendum est etiam Pastoribus, qui, qua aetate, quo pietatis studio praediti esse debeant, quibus Confirmationem dare oportet. Atque illud in primis docendum est, hoc Sacramentum eiusmodi necessitatem non habere, ut sine eo salvus quis esse non possit. Quamquam vero necessarium non est, a nemine tamen praetermitti debet, sed potius maxime cavendum est, ne in re sanctitatis plena, per quam nobis divina munera tam large impertiuntur, aliqua negligentia committatur. Quod enim omnibus communiter ad sanctificationem Deus proposuit, ab omnibus etiam summo studio expetendum est. Ac sanctus quidem Lucas, quum admirabilem illam Spiritus Sancti effusionem describeret, ita inquit: „Et factus est repente de coelo sonus, tanquam advenientis spiritus vehementis, et replevit totam domum".[1] Deinde paucis interiectis: „Et repleti sunt omnes Spiritu Sancto."

Ecclesiae Christi clarum initium. Sacramento Confirmationis Christiani hominis forma perfecte absolvitur.

II. Ex quibus verbis licet intelligere, quoniam domus illa sanctae Ecclesiae figuram et imaginem gerebat, ad omnes fideles confirmationis Sacramentum, cuius initium ab eo die ductum est, pertinere. Atque id etiam ex ipsius Sacramenti ratione facile colligitur; illi enim sacro chrismate confirmari debent, quibus spirituali incremento opus est, et qui ad perfectum Christianae religionis habitum perducendi sunt. At nulli id non maxime convenit; ut enim hoc spectat natura, ut qui in lucem eduntur, adolescant, atque ad perfectam aetatem perveniant, etiam si interdum, quod vult, minus assequatur: ita communis omnium mater, Catholica Ecclesia, vehementer optat, ut in eis, quos per Baptismum regeneravit, Christiani hominis forma perfecte absolvatur. Id autem, quoniam mysticae unctionis Sacramento efficitur, perspicuum est, eam ad universos fideles aeque pertinere.

Quaestio XIV.

Qua aetate Christiani ad hoc Sacramentum sint admittendi.

In quo illud observandum est, omnibus quidem post Baptismum Confirmationis Sacramentum posse administrari, sed mi-

---

1) Act. 2, 2.

Eile oder eine gewisse fahrlässige Saumseligkeit und Zögerung zu Schulden kommen lassen (denn von denen, die bis zu dem Grade von Gottlosigkeit gekommen sind, daß sie dasselbe gering zu schätzen oder zu verachten wagen, haben wir nicht zu reden), so müssen die Pfarrer zugleich erklären, Welchen die Firmung ertheilt werden soll, in welchem Alter, und von welchem Eifer nach Frömmigkeit sie beseelt sein müssen.. Vor Allem aber muß gelehrt werden, dieses Sakrament sei nicht in der Weise nothwendig daß Niemand ohne dasselbe selig werden könne. Obgleich es indeß nicht noth= wendig ist, so darf es doch von Niemanden verabsäumt werden, son= dern man muß sich vielmehr auf's Aeußerste hüten, in einer gar so heiligen Sache, durch die uns die göttlichen Gaben so reichlich mitgetheilt werden, irgend eine Nachlässigkeit zu begehen. Denn was Gott Allen gemeinschaftlich zur Heiligung angeordnet hat, darnach müssen auch Alle mit dem größten Eifer verlangen. Und indem der heilige Lucas jene wunderbare Ausgießung des heiligen Geistes beschreibt, sagt er also: „Da entstand plötzlich vom Him= mel ein Brausen, gleich dem eines daherfahrenden gewaltigen Win= des, und erfüllte das ganze Haus." Dann kurz darauf: „Und Alle wurden mit dem heiligen Geiste erfüllt."

Der herrliche Anfang der Kirche Christi. Durch das Sakrament der Firmung wird die Gestalt des Christgläubigen ganz vollendet.

2. Aus diesen Worten kann man ersehen, daß, weil jenes Haus ein Vor= und Abbild der heiligen Kirche war, das Sakrament der Firmung, welches von dem Tage an seinen Anfang genommen hat, für alle Gläubigen bestimmt ist. Das ist auch leicht aus der Beschaffenheit des Sakramentes selbst zu entnehmen. Denn die müssen durch das heilige Chrisma gekräftigt werden, die eines gei= stigen Wachsthumes bedürfen, und dahin geführt werden sollen, die christliche Religion vollkommen in ihrem Verhalten auszuprägen. Nun ist aber Niemand, dem das nicht höchlichst fromme; denn wie die Natur dahin trachtet, daß die, welche geboren werden, heranwachsen, und zum vollkommenen Alter gelangen, obgleich sie zuweilen ihre Absicht weniger erreicht, so wünscht auch die ge= meinsame Mutter Aller, die katholische Kirche, auf's Innigste, daß in denen, welche sie durch die Taufe wiedergeboren hat, die Gestalt des Christgläubigen gänzlich vollendet werde. Weil dies aber durch das Sakrament der geheimnißvollen Salbung bewirkt wird, so ist offenbar, daß sie für alle Gläubigen auf gleiche Weise bestimmt ist.

Vierzehnte Frage.

In welchem Alter die Christen zu diesem Sakramente hinzuzulassen seien.

Hierbei ist dies zu bemerken, daß das Sakrament der Firmung nach der Taufe zwar Allen gespendet werden kann; daß es aber

nus tamen expedire hoc fieri, antequam pueri rationis usum
habuerint. Quare si duodecimus annus non exspectandus videatur, usque ad septimum certe hoc Sacramentum differre, maxime convenit. Neque enim confirmatio ad salutis necessitatem
instituta est, sed ut eius virtute optime instructi et parati in-
veniremur, quum nobis pro Christi fide pugnandum esset; ad
quod. sane pugnae genus pueros, qui adhuc usu rationis carent,
nemo aptos esse iudicarit.

Quaestio XV.

Quo pacto, qui iam aetate sunt provectiores, se ad hoc Sacramentum
praeparare debeant.

Confirmandi peccatorum commissorum poeniteant. De Cons. D. 5 cap ut jejuni.

Ex his igitur efficitur, ut, qui adulta iam aetate confirmandi
sunt, siquidem huius Sacramenti gratiam et dona consequi cupiunt, eos non solum fidem et pietatem afferre, sed graviora
etiam peccata, quae admiserunt, ex animo dolere oporteat. Qua
in re elaborandum est, ut peccata etiam prius confiteantur, et
Pastorum cohortatione ad ieiunia et alia pietatis opera suscipienda incitentur, admoneanturque, laudabilem illam antiquae
Ecclesiae consuetudinem renovandam esse, ut non nisi ieiuni
hoc Sacramentum susciperent. Quod quidem fidelibus facile persuaderi posse existimandum est, si huius Sacramenti dona ad-
mirabilesque effectus intellexerint.

Quaestio XVI.

Qui sint Confirmationis effectus.

Confirmationis effectus.

I. Itaque Pastores docebunt, Confirmationem hoc cum caeteris Sacramentis commune habere, ut, nisi impedimentum aliquod inferatur, novam gratiam tribuat. Etenim haec sacra et
mystica signa eiusmodi esse demonstratum est, quae gratiam
declarant atque efficiunt; ex quo sequitur, ut peccata etiam
condonet ac remittat, quoniam gratiam simul cum peccato ne
fingere quidem nobis licet.

Esse in gratia et manere in peccato repugnant. Ratio nominis. Initio huius capitis
proposita, hic illustratur. Conc. Trident. Seas. 7 c. 1 de Conf.

II. Sed praeter haec, quae cum aliis communia censenda
sunt, primum quidem illud proprie Confirmationi tribuitur, quod
Baptismi gratiam perficit. Qui enim per Baptismum Christiani
effecti sunt, quasi infantes modo geniti, teneritatem adhuc et
mollitiem quandam habent; ac deinde chrismatis Sacramento

doch weniger geziemend ist, dies zu thun, ehe die Kinder zum Ge= brauche der Vernunft gelangt sind. Wollte man daher auch das zwölfte Jahr nicht abwarten, so ist es doch überaus zweckmäßig, dies Sakrament wenigstens bis zum siebenten Lebensjahre zu ver= schieben. Denn die Firmung ist keineswegs als zur Seligkeit noth= wendig eingesetzt; sondern, damit wir durch die Kraft derselben wohl ausgerüstet und vorbereitet erfunden werden, wenn wir für den Glauben Christi kämpfen müssen; zu welcher Art des Kampfes Niemand die Kinder, denen der Gebrauch der Vernunft noch fehlt, für tauglich halten wird.

Fünfzehnte Frage.
Wie sich Jene, welche schon erwachsen sind, zu diesem Sakramente vorbe= reiten sollen.

Die Firmlinge müssen Reue über ihre Sünden haben.

Hieraus ergibt sich somit, daß die schon Erwachsenen, die gefirmt werden sollen, nicht nur Glauben und Frömmigkeit mitbringen, sondern auch die schweren Sünden, welche sie begangen haben, von Herzen bereuen müssen, wenn sie anders die Gnade und Gaben die= ses Sakramentes zu erlangen wünschen. Man muß also dahin ar= beiten, daß sie die Sünden zuvor auch beichten, und durch die Er= mahnung der Pfarrer müssen sie zur Uebernahme von Fasten und anderen Werken der Frömmigkeit angetrieben, und angehalten wer= den, jene lobenswerthe Uebung der alten Kirche zu erneuern, daß sie nur nüchtern dies Sakrament empfangen. Man darf annehmen, daß man leicht die Gläubigen hierzu wird überreden können, wenn sie nur die Gaben und wunderbaren Wirkungen dieses Sakramentes erkennen.

Sechszehnte Frage.
Welches die Wirkungen der Firmung seien.

Wirkungen der Firmung.

1. Die Pfarrer müssen man lehren, die Firmung habe dies mit den übrigen Sakramenten gemein, daß sie neue Gnade verleiht, wenn kein Hinderniß entgegengesetzt wird. Denn es ist gezeigt, wie diese heiligen und geheimnißvollen Zeichen der Art sind, daß sie die Gnade darstellen und bewirken, woraus folgt, daß durch die Fir= mung auch die Sünden verziehen und erlassen werden, weil wir uns die Gnade mit der Sünde zusammen nicht denken können.

In der Gnade sein und in der Sünde bleiben, widerspricht sich. Der Grund des Namens, welcher am Anfange dieses Hauptstück aufgeführt wurde, wird be= leuchtet.

2. Außer diesem aber, was die Firmung mit den andern gemein hat, wird ihr zuerst als eigenthümlich zugeschrieben, daß sie die Gnade der Taufe vollendet. Denn diejenigen, welche durch die Taufe Christen geworden sind, haben als neugeborene Kinder noch

adversus omnes carnis, mundi, et diaboli impetus robustiores fiunt, et eorum animus in fide omnino confirmatur, ad confitendum et glorificandum nomen Domini nostri Iesu Christi; ex quo etiam nomen ipsum inventum esse nemo dubitarit. Neque enim, ut quidam non minus imperite quam impie finxerunt, Confirmationis vocabulum ab eo deducitur, quod olim, qui infantes baptizati erant, quum iam adulti essent, ad Episcopum adducebantur, ut fidem Christianam, quam in Baptismo susceperant, confirmarent; ita ut Confirmatio nihil a catechesi differre videatur, cuius consuetudinis nullum probatum testimonium afferri potest. Sed ab eo nomen rei impositum est, quod huius Sacramenti virtute Deus in nobis id confirmat, quod Baptismo operari coepit, nosque ad Christianae soliditatis perfectionem adducit. Nec vero confirmat solum, sed auget etiam; de quo Melchiades ita testatur: „Spiritus Sanctus, qui super aquas Baptismi salutifero descendit illapsu, in fonte plenitudinem tribuit „ad innocentiam, in Confirmatione augmentum praestat ad gratiam". [1] Deinde non auget modo, sed admirabili quadam ratione auget. Hoc autem pulcherrime indumenti translatione Scriptura significavit atque expressit; inquit enim Dominus Salvator, quum de hoc Sacramento loqueretur: „Sedete in civitate, quoad usque induamini virtute ex alto". [2]

Quaestio XVII.

Virtus Confirmationis ex his, quae Apostolis evenerunt, declaranda.

Vis Confirmationis ex robore Apostolorum, illa suscepta, ostenditur.

I. Quodsi Pastores voluerint divinam huius Sacramenti efficientiam ostendere (hoc vero ad commovendos fidelium animos maximam vim habiturum esse dubitari non potest), satis erit, quid ipsis Apostolis evenerit, explicare. Illi enim ante passionem, vel sub ipsam passionis horam, adeo infirmi et remissi fuerunt, ut, quum Dominus comprehensus est, statim se in fugam coniecerint; Petrus vero, qui Ecclesiae petra et fundamentum designatus erat, et summam constantiam excelsique animi magnitudinem prae se tulerat, unius mulierculae voce perterritus, se Iesu Christi discipulum esse, non semel aut iterum, sed tertio negaverit; ac post resurrectionem omnes propter metum Iudae-

---

1) Ep. ad Episc. Hisp. 2) Luc. 24, 49.

eine gewisse Zartheit und Weichheit an sich; durch das Sakrament des Chrisma werden sie aber darnach wider alle Anfälle des Fleisches, der Welt und des Teufels stärker, und ihr Geist wird im Glauben vollkommen gekräftigt, den Namen unsers Herrn Jesu Christi zu bekennen und zu verherrlichen, woher auch der Name selbst, wie Niemand bezweifeln wird, entstanden ist. Es wird nämlich das Wort „Firmung" keineswegs, wie Einige eben so ungeschickt als gottlos erdichtet haben, davon hergeleitet, weil ehemals die als Kinder Getauften, wenn sie bereits erwachsen waren, zum Bischofe geführt wurden, um den von ihnen in der Taufe angenommenen christlichen Glauben zu bekräftigen, so daß die Firmung in Nichts von der Christenlehre verschieden zu sein scheine, wenngleich für einen solchen Gebrauch sich kein beweisendes Zeugniß anführen läßt. Sie hat hingegen daher ihren Namen erhalten, weil Gott durch die Kraft dieses Sakramentes dasjenige in uns bekräftigt, was er durch die Taufe zu wirken angefangen hat, und uns zur Vollkommenheit der christlichen Festigkeit führt. Er bekräftigt dies aber nicht blos, sondern vermehrt es auch, wie Melchiades also bezeugt: „Der h. Geist, der durch ein heilbringendes Herablassen über das Wasser der Taufe herniedergestiegen ist, ertheilt bei der Taufe die Fülle zur Unschuld, in der Firmung verleiht er das Wachsthum zur Gnade." Sodann vermehrt er es nicht nur, sondern er vermehrt es auch auf wunderbare Weise. Dies hat aber die Schrift sehr schön durch den Vergleich mit einem Kleide bezeichnet und ausgedrückt, denn, sagte der Herr und Heiland, als er von diesem Sakramente redete: „Bleibet in der Stadt, bis daß ihr angethan worden mit Kraft aus der Höhe."

Siebenzehnte Frage.
Die Kraft der Firmung muß aus dem, was sich mit den Aposteln zutrug, erklärt werden.

Die Kraft der Firmung wird aus der Stärke gezeigt, welche die Apostel durch sie empfingen.

1. Wenn die Pfarrer die göttliche Wirksamkeit dieses Sakramentes darthun wollen (es unterliegt aber keinem Zweifel, daß dies in der kräftigsten Weise im Stande sein wird, die Gemüther der Gläubigen zu bewegen), so wird es genügen, zu erklären, was den Aposteln selbst begegnet ist. Diese waren nämlich vor dem bittern Leiden, ja selbst während der Leidensstunde, so schwach und verzagt, daß sie sogleich flohen, als der Herr ergriffen wurde; Petrus aber, welcher zum Felsen und zur Grundfeste der Kirche ausersehen war, und sich der größten Standhaftigkeit und einer erhabenen Geistesgröße gerühmt hatte, leugnete, erschreckt durch das Wort eines einzigen schwachen Weibes, nicht etwa ein- oder zweimal, sondern dreimal, daß er ein

orum inclusi domi se continuerint. At vero in die Pentecostes
tanta Spiritus Sancti virtute omnes repleti sunt, ut dum Evangelium, quod eis commissum erat, non solum in Iudaeorum re-
gione, sed universo orbe audacter et libere disseminarent, nihil
sibi felicius accidere posse existimaverint, quam quod „digni"
haberentur, qui „pro Christi nomine contumeliam", vincula, tormenta, cruces perferrent. [1]

Confirmationis character.

II. Habet praeterea Confirmatio eam vim, ut characterem
imprimat; quo fit, ut nulla unquam ratione iterari possit, quod
etiam in Baptismo supra observatum est, ac de Sacramento
Ordinis quoque suo loco planius exponetur. Haec igitur, si a
Pastoribus saepe et accurate explicata erunt, vix fieri poterit,
quin fideles, cognita huius Sacramenti dignitate atque utilitate,
illud summa cum diligentia sancte et religiose suscipere studeant.

De ritibus Confirmationis.

III. Restat nunc, ut aliqua etiam de ritibus et caeremoniis,
quibus in hoc Sacramento administrando Catholica Ecclesia utitur, breviter perstringantur; quae explicatio quanto usui futura
sit, Pastores intelligent, si, quae antea dicta sunt, quum hic
locus tractaretur, repetere voluerint.

Quaestio XVIII.

Quare eorum, qui confirmantur, frons ad modum crucis inungatur.

Qui igitur confirmantur sacro chrismate, in fronte unguntur.
Nam hoc Sacramento Spiritus Sanctus in animos fidelium sese
infundit, in eisque robur et fortitudinem auget, ut in spirituali
certamine viriliter pugnare, et nequissimis hostibus resistere
queant. Quocirca declaratur, eos nullo metu, aut verecundia,
quarum affectionum signa maxime in fronte solent apparere, a
libera Christiani nominis confessione absterrendos esse. Praeterea nota illa, qua Christianus a caeteris, veluti miles insig-
nibus quibusdam ab aliis, distinguitur, in illustriori corporis
parte imprimenda erat.

---

1) Act. 5, 41.

Jünger Jesu Christi sei; Alle aber hielten sich nach der Auferste=
hung aus Furcht vor den Juden im Hause verschlossen. Am Tage
der Pfingsten nun wurden sie Alle mit einer solchen Kraft des h.
Geistes erfüllt, daß sie, während sie das ihnen anvertraute Evan=
gelium nicht nur im jüdischen Lande, sondern in der ganzen Welt
unerschrocken und frei verbreiteten, dafür hielten, nichts Beglücken=
deres könne ihnen widerfahren, als daß sie „würdig" gehalten wür=
den, „um des Namens Christi willen" Schmach, Bande, Marter
und Kreuzestod zu erleiden.

Der Charakter der Firmung.

2. Die Firmung besitzt überdies die Kraft, daß sie den Charakter
einprägt, woraus folgt, daß sie unter keinem Vorwand jemals
wiederholt werden kann, was oben auch bei der Taufe bemerkt
wurde, und von dem Sakramente der Priesterweihe ebenfalls an
seinem Orte ausführlicher erklärt werden wird. Wenn dies dem=
nach von den Pfarrern oft und genau ausgelegt werden wird, so
ist es fast unmöglich, daß die Gläubigen sich nicht beeifern sollten,
nachdem sie die Würde und den Nutzen dieses Sakramentes erkannt
haben, dasselbe mit höchster Beflissenheit heilig und mit Andacht zu
empfangen.

Von den Gebräuchen bei der Firmung.

3. Nun soll zuletzt noch in Kürze Einiges von den Gebräuchen
und Ceremonien, deren sich die katholische Kirche bei der Ausspen=
dung dieses Sakramentes bedient, berichtet werden. Von wie großem
Nutzen eine solche Erklärung sein wird, werden die Pfarrer einsehen,
wenn sie sich das, was oben gesagt wurde, als wir diesen Gegen=
stand abhandelten, in's Gedächtniß zurückrufen wollen.

Achtzehnte Frage.

Warum die Stirn der Firmlinge in der Form eines Kreuzes gesalbt wird.

Die nun, welche mit dem heiligen Chrisma gefirmt werden, wer=
den auf der Stirn gesalbt. Denn durch dieses Sakrament ergießt
sich der h. Geist in die Seelen der Gläubigen und vermehrt in
ihnen die Kraft und Stärke, damit sie in dem geistigen Kampfe
männlich streiten und den nichtswürdigsten Feinden Widerstand thun
können. Deshalb wird angedeutet, daß sie durch keine Furcht oder
Scham, welche Gemüthsbewegungen sich vorzüglich auf der Stirn
kund zu geben pflegen, von dem freien Bekenntnisse des christlichen
Namens sich abschrecken lassen sollen. Ueberdies mußte jenes Merkmal,
wodurch der Christ von den Uebrigen, gleichwie ein Soldat durch
gewisse Zeichen von den Andern unterschieden wird, an einem ed=
leren Theile des Körpers eingedrückt werden.

Quaestio XIX.

Quo potissimum tempore hoc Sacrrmentum conferatur.

Pentecostes tempore praecipue administratur.

Sed illud quoque solemni religione in Ecclesia Dei servatum est, ut in Pentecoste praecipue hoc Sacramentum administraretur, quod hoc maxime die Apostoli Spiritus S. virtute roborati et confirmati sint, cuius divini facti recordatione fideles admonerentur, quae quantaque mysteria in sacra unctione cogitanda essent.

Quaestio XX.

Cur Episcopus alapam infligat, et pacem confirmato imprecetur.

Alapa quid significet?

I. Deinde vero qui unctus et confirmatus est, ut meminerit, se tanquam fortem athletam paratum esse oportere ad omnia adversa invicto animo pro Christi nomine ferenda, manu leviter in maxilla ab Episcopo caeditur.

Pacis imprecatio.

II. Postremo autem pax ei datur, ut intelligat,[1] se gratiae coelestis plenitudinem et pacem, „quae exsuperat omnem sen-,sum“, consecutum esse. Atque haec summa eorum sit, quae de Chrismatis Sacramento a Pastoribus, non tam quidem nudis verbis et oratione, quam inflammato quodam pietatis studio explicanda sunt, ut ea in animis intimisque fidelium cogitationibus inserere videantur.

CAPUT IV.

De Sacramento Eucharistiae.

Quaestio I.

Quare mysteria Eucharistiae summa cum reverentia tractari et suscipi debeant.

Quae de Sacramento Eucharistiae hic traduntur, quaedam subtiliora sunt, quam ut necessum sit, ea passim omnibus exponere usque ad Q. 39. Alia omnibus fidelibus utiliter inculcantur, quae ab illo loco ad finem capitis tractantur.

Quemadmodum ex omnibus sacris mysteriis, quae nobis tanquam divinae gratiae certissima instrumenta Dominus Salvator noster commendavit, nullum est, quod cum sanctissimo Eucharistiae Sacramento comparari queat: ita etiam nulla gravior alicuius sceleris animadversio a Deo metuenda est, quam si res

1) Phil. 4, 7.

Neunzehnte Frage.

Zu welcher Zeit dieses Sakrament vorzüglich ertheilt wird.

Es wird vorzüglich um die Zeit der Pfingsten gespendet.

Aber auch dies wird in der Kirche Gottes mit feierlicher Andacht beobachtet, daß dieses Sakrament vorzugsweise am Pfingstfeste ausgespendet wird, weil vor Allem an diesem Tage die Apostel durch die Kraft des h. Geistes gestärkt und befestigt wurden, und die Gläubigen durch das Andenken an diese göttliche That erinnert werden sollen, an welche und wie große Geheimnisse sie bei der heiligen Salbung denken müssen.

Zwanzigste Frage.

Warum der Bischof dem Gefirmten einen Backenstreich gibt, und ihm den Frieden wünscht.

Was der Backenstreich bedeutet

1 Hiernach aber wird der Gesalbte und Gefirmte, damit er eingedenk sei, daß er als ein tapferer Ringer bereit sein müsse, alle Widerwärtigkeiten um Christi Namens willen mit ungebeugtem Muth zu erdulden, vom Bischofe sanft auf die Wange geschlagen.

Der Friedenswunsch.

2. Zuletzt wird ihm aber der Friede gewünscht, damit er erkenne, daß er die Fülle der himmlischen Gnade und den Frieden, „der allen Begriff übersteigt," erlangt habe. Dies ist nun der Inbegriff dessen, was die Pfarrer vom Sakramente des Chrisma, nicht sowohl mit nüchternen Worten und Reden, als vielmehr mit flammendem gottseligen Eifer zu erläutern haben, damit sie dasselbe in die Herzen und innersten Gedanken der Gläubigen einpflanzen mögen.

Viertes Hauptstück.

Vom Sakramente der Eucharistie.

Erste Frage.

Warum die Geheimnisse der Eucharistie mit der höchsten Ehrfurcht behandelt und empfangen werden müssen.

Was von dem Sakramente der Eucharistie hier gelehrt wird, ist zum Theil so tief, daß es nicht nöthig ist, dasselbe (bis z. 39. Frage) Allen ohne Ausnahme auseinander zu setzen. Das Uebrige, was von da ab bis zum Ende des Abschnittes behandelt wird, wird mit Fug allen Gläubigen eingeprägt.

Wie es unter allen heiligen Geheimnissen, die uns der Herr, unser Heiland, als die sichersten Werkzeuge der göttlichen Gnade verordnet hat, keines gibt, welches mit dem heiligsten Sakramente der Eucharistie verglichen werden könnte, so ist auch keine schwerere Strafe für irgend ein Verbrechen von Gott zu fürchten, als wenn

omnis sanctitatis plena, vel potius, quae ipsum sanctitatis auctorem et fontem continet, neque sancte, neque religiose a fidelibus tractetur. Id vero Apostolus et sapienter vidit, et de eo
nos aperte admonuit. Nam quum declarasset, quanto illi scelere
obstricti essent, qui corpus Domini non diiudicarent, statim
subiecit:[1] „Ideo inter vos multi infirmi, et imbecilles, et dormiunt
multi". Ut igitur fidelis populus, quum coelesti huic Sacramento divinos honores tribuendos esse intellexerit, et gratiae
uberes fructus capiat, et iustissimam Dei iram effugiat, illa
omnia a Pastoribus diligentissime exponenda erunt, quae eius
maiestatem magis illustrare posse videantur.

Quaestio II.

Qua de causa et quando Eucharistiae Sacramentum sit institutum.

Eucharistiae irreverentia quantum sit peccatum. De institutione Sacram. Euch. Conc.
Trident. Sess 13 de Euch. c. 2. Causa institutionis. Tempus institutionis.
Leo Serm. 7. de Pass. Dom.

Qua in re opus erit, ut Pauli Apostoli rationem secuti, qui
se, quod a Domino acceperat, Corinthiis tradidisse professus
est,[2] imprimis huius Sacramenti institutionem fidelibus explicent.
Ita vero gestam rem esse, ex Evangelista perspicue colligitur.
„Quum" enim Dominus „dilexisset suos, in finem dilexit eos";[3]
cuius quidem amoris, ut divinum aliquod atque admirabile pignus daret, sciens horam iam advenisse, ut transiret ex hoc
mundo ad Patrem, ne ullo unquam tempore a suis abesset,
inexplicabili consilio, quod omnem naturae ordinem et conditionem superat, perfecit. Etenim, celebrata cum discipulis agni
paschalis coena, ut figura veritati, umbra corpori cederet,
„panem accepit, Deoque gratias agens benedixit, ac fregit, deditque discipulis suis, et dixit: Accipite et manducate: Hoc est
corpus meum, quod pro vobis tradetur: hoc facite in meam
commemorationem. Similiter et calicem accepit, postquam coe-
navit, dicens: Hic calix novum Testamentum est in meo sanguine. Hoc facite, quotiescumque bibetis, in meam commemorationem."

Quaestio III.

Cur hoc Sacramentum Eucharistia vocetur.

Dignitas Sacramenti pluribus vocabulis explicatur. Eucharistia cur dicatur? Chrysost. Hom 24 in 1 Cor. sup. illud: Calix bened.

Huius ergo admirabilis Sacramenti dignitatem atque excellentiam, quum sacri scriptores fieri nullo modo posse intellige-

1) 1 Cor. 11, 30. 2) 1 Cor. 11, 23. 3) Ioan. 13. 1. 4) 1 Cor. 11, 24. 25. Matth. 26,
26—28. Luc. 22, 19. Marc. 14, 22.

ein Gegenstand, der aller Heiligkeit voll ist, ja, der vielmehr den Urheber und die Quelle aller Heiligkeit selbst enthält, weder heilig, noch ehrfurchtsvoll von den Gläubigen behandelt wird. Dies hat auch der Apostel wohlweislich eingesehen, und uns deshalb ausdrücklich gewarnt. Denn nachdem er erklärt, in welches große Verbrechen diejenigen gefallen seien, welche den Leib des Herrn nicht unterschieden, fügt er sogleich hinzu: „Darum sind unter euch viele Schwache und Kranke, und entschlafen Viele." Damit also das gläubige Volk, wenn es erkennt, welche göttliche Ehren man diesem himmlischen Sakramente erweisen müsse, sowohl reichere Früchte der Gnade empfange, als auch dem gerechtesten Zorne Gottes entfliehe, so müssen die Pfarrer Alles auf das Fleißigste erklären, was die Majestät desselben in ein helleres Licht zu setzen vermag.

Zweite Frage.
Warum und wann das Sakrament der Eucharistie eingesetzt worden sei.
Eine wie große Sünde die Unehrerbietigkeit gegen die Eucharistie sei. Von der Einsetzung der Eucharistie. Grund der Einsetzung. Zeit der Einsetzung.

Hierzu ist nöthig, daß sie, nach dem Vorgange des Apostels Paulus, welcher den Corinthern übergeben zu haben bezeugt, was er vom Herrn empfangen hatte, vor Allem die Einsetzung dieses Sakramentes den Gläubigen erklären. Es ergibt sich nun deutlich aus dem Evangelisten, daß es auf folgende Weise geschehen sei. „Da nämlich der Herr die Seinigen lieb hatte, so liebte er sie bis an's Ende;" und um uns ein göttliches Unterpfand dieser Liebe zu geben, hat er, wohl wissend, daß die Stunde nun gekommen sei, wo er aus dieser Welt zum Vater ginge, durch seinen unerforschlichen Rathschluß vollendet, was über alle Ordnung und Beschaffenheit der Natur geht, um zu keiner Zeit von den Seinigen entfernt zu sein. Denn, damit das Vorbild vor der Wahrheit, der Schatten vor der Wirklichkeit weiche, „nahm er, nachdem er das Mahl des Osterlammes mit seinen Jüngern gefeiert hatte, das Brod, und Gott dankend, brach er es und sprach: Nehmet hin und esset, das ist mein Leib, der für euch hingegeben wird; dieses thut zu meinem Andenken. Desgleichen nahm er nach dem Abendmahle auch den Kelch, und sprach: Dieser Kelch ist der neue Bund in meinem Blute; thut dies, so oft ihr trinket, zu meinem Andenken.

Dritte Frage.
Warum dieses Sakrament, „Eucharistie" genannt wird.
Die Würde des Sakraments wird durch mehrere Namen erklärt. Warum es Eucharistie genannt wird.

Da die heiligen Schriftsteller wohl einsahen, daß es durchaus nicht möglich sei, die Würde und Erhabenheit dieses wunderbaren

rent, ut uno vocabulo demonstrarent, pluribus eam nominibus exprimere conati sunt. Interdum enim „Eucharistiam" appellant; quod verbum, vel bonam gratiam, vel gratiarum actionem latine reddere possumus. Ac recte quidem bona gratia dicendum est, tum quia vitam aeternam, de qua scriptum est:[1] „Gratia Dei vita aeterna", praesignificat; tum quai Christum Dominum, qui vera gratia, atque omnium charismatum fons est, in se continet. Nec vero minus apte gratiarum actionem interpretamur; siquidem quum hanc purissimam hostiam immolamus, immensas quotidie gratias pro universis in nos beneficiis Deo agimus, utque in primis pro eius gratiae tam excellenti bono, quam nobis hoc Sacramento tribuit. Sed id ipsum etiam nomen cum iis, quae a Christo Domino gesta esse in hoc mysterio instituendo legimus, optime convenit. Etenim „panem accipiens fregit, ac gratias egit". David quoque, quum huius mysterii magnitudinem contemplaretur, antequam carmen illud pronuntiaret:[2] „Memoriam fecit mirabilium suorum misericors et miserator Dominus, escam dedit timentibus se":[3] gratiarum actionem praeponendam existimavit, quum inquit: „Confessio et magnificentia opus eius".

Quaestio IV.

Quare hoc Sacramentum communio, pacis et charitatis Sacramentum nominetur.

Conc. Nic. c. 14. Sacrificium communio cur nominetur?

I. Frequenter etiam nomine sacrificii declaratur; de quo mysterio paulo post latius dicendum erit. Vocatur praeterea Communio; quod verbum ex illo Apostoli loco sumptum esse liquet, ubi ait:[4] „Calix benedictionis, cui benedicimus, nonne communicatio sanguinis Christi est? et panis, quem frangimus, nonne participatio corporis Domini est?" Nam, ut Damascenus explanavit,[5] hoc Sacramentum Christo nos copulat, atque eius carnis et deitatis participes efficit, nosque inter nos in eodem Christo conciliat ac coniungit, et veluti unum corpus coagmentat.

Sacramentum pacis et charitatis. Conc. Trid. Sess. 13 de Euchar. in Praef.

II. Ex quo factum est, ut Sacramentum etiam pacis et charitatis diceretur, ut intelligeremus, quam indigni sint Christiano nomine, qui inimicitias exercent; odiaque, dissidia, discordias, ut teterrimas fidelium pestes, omnino exterminandas esse, quum

---

1) Rom. 6, 23.　2) Ps. 110, 4.　3) Ps. 110. 3.　4) 1 Cor. 10, 16.　5) De orthod. Fide 1. 4. c. 14.

Sakramentes durch Ein Wort zu bezeichnen, haben sie es versucht, dieselbe durch mehrere Namen auszudrücken. Zuweilen nämlich nennen sie es Eucharistie, welches Wort man durch „gute Gnade" oder „Danksagung" übersetzen kann. Und mit Recht ist es eine gute Gnade zu nennen: theils, weil es das ewige Leben vorbildet, wovon geschrieben steht: „Die Gnade Gottes ist ewiges Leben;" theils, weil es Christum, den Herrn, welcher die wahre Gnade, und die Quelle aller Gnadengaben ist, in sich enthält. Nicht minder passend übersetzen wir es mit „Danksagung;" da wir bei der Darbringung dieses reinsten Opfers Gott für alle uns erzeigte Wohlthaten, und besonders für das so erhabene Geschenk seiner Gnade, welche er uns durch dieses Sakrament verleiht, täglich unermeßlichen Dank sagen. Dieser Name stimmt aber auch mit dem ganz gut überein, was Christus, der Herr, bei der Einsetzung dieses Geheimnisses, wie wir lesen, gethan hat. Denn „er nahm das Brod, brach es und dankte." Auch David glaubte bei der Betrachtung der Größe dieses Geheimnisses, ehe er jenes Lied sänge: „Ein Gedächtniß stiftete er seinen Wundern, der gnädige und barmherzige Herr, Speise gab er Denen, die ihn fürchten," müsse die Danksagung vorhergehen, indem er spricht: „Löblich und herrlich ist sein Werk."

Vierte Frage.

Warum dies Sakrament auch „Communion" und „Sakrament des Friedens und der Liebe" genannt wird.

Warum es Opfer, Communion genannt wird?

1. Häufig wird es auch ein Opfer genannt, von welchem Geheimnisse weiter unten wird die Rede sein müssen. Ueberdies heißt es Communion, welches Wort offenbar aus der Stelle des Apostels entnommen ist, wo er sagt: „Der Kelch der Segnung, den wir segnen, ist er nicht die Gemeinschaft des Blutes Christi? Und das Brod, das wir brechen, ist es nicht die Gemeinschaft des Leibes des Herrn?" Denn, wie es Damascenus erklärt hat, vereinigt dieses Sakrament uns mit Christo, und macht uns seines Fleisches und seiner Gottheit theilhaftig, auch vereint und verbindet es uns unter einander in eben demselben Christo, und fügt uns wie zu Einem Leibe zusammen.

Warum Sakrament des Friedens und der Liebe?

2. Daher ist es gekommen, daß es auch ein Sakrament des Friedens und der Liebe genannt worden ist, auf daß wir bekennen sollten, wie unwürdig diejenigen des christlichen Namens sind, welche Feindseligkeiten ausüben, und daß Haß, Zwiespalt und Uneinigkeit, als die schwärzeste Pest der Gläubigen, gänzlich ausgerottet werden müssen, zumal wir durch das tägliche Opfer unserer Religion be=

praesertim quotidiano religionis nostrae sacrificio nihil nos studiosius servare, quam pacem et charitatem profiteamur.

Quaestio V.

Qua ratione idem Sacramentum viaticum et coena dicatur.

Sed „viaticum" etiam frequenter a sacris scriptoribus appellatur, tum quia spiritualis cibus est, quo in huius vitae peregrinatione sustentamur; tum quia viam nobis ad aeternam gloriam et felicitatem munit. Quare ex veteri Ecclesiae Catholicae instituto servari videmus, ut nemo fidelium sine hoc Sacramento e vita excedat. Ac vetustissimi quidem Patres, Apostoli auctoritatem secuti, „Coenae" etiam nomine sacram Eucharistiam interdum vocarunt, quod in illo novissimae coenae salutari mysterio a Christo Domino sit instituta.

Quaestio VI.

Eucharistia cibo aut potu sumpto confici et sumi non potest.

A jejunis conficienda et sumenda est Eucharistia. D. Aug. Ep. 118 cap. 6.

Neque vero propterea a cibo aut potione Eucharistiam conficere aut sumere licet, quod ab Apostolis salutariter introducta consuetudo, quemadmodum veteres scriptores memoriae prodiderunt, perpetuo retenta, ac servata est, ut a ieiunis tantum perciperetur.

Quaestio VII.

Eucharistia veri nominis Sacramentum est.

Conc. Trident. Sess. 13 de Euch. cap. 3.

Sed explicata nominis ratione, docendum erit, hoc verum esse Sacramentum, atque unum ex septem illis, quae sancta Ecclesia semper religiose coluit ac venerata est. Nam quum calicis consecratio fit, mysterium fidei appellatur. Praeterea, ut infinita pene sacrorum scriptorum testimonia omittamus, qui hoc inter vera Sacramenta numerandum esse, perpetuo senserunt; ex ipsa ratione et natura Sacramenti idem convincitur. Etenim in eo signa sunt externa et sensibus subiecta. Habet deinde gratiae significationem et efficientiam. Praeterea de Christi institutione neque Evangelistae, neque Apostolus, dubitandi locum relinquunt. Quae omnia quum in unum conveniant ad Sacramenti veritatem confirmandam, nullis aliis argumentis opus esse perspicitur.

1) Conc. Nic. c. 12. 2) Carth. 4. c. 77 et 78.

kennen, Nichts ernstlicher bewahren zu wollen, als Friede und
Liebe.

Fünfte Frage.

Warum dasselbe Sakrament auch „Wegzehrung" und „Abendmahl" genannt wird.

Es wird aber auch oft von den heiligen Schriftstellern Wegzeh=
rung genannt, theils, weil es eine geistige Speise ist, durch welche
wir auf der Pilgerschaft dieses Lebens unterhalten werden; theils,
weil es uns den Weg zur ewigen Herrlichkeit und Glückseligkeit
bahnt. Darum sehen wir es auch nach einer alten Einrichtung
der katholischen Kirche beobachtet werden, daß kein Gläubiger ohne
dieses Sakrament aus dem Leben scheidet. Die ältesten Väter ha=
ben, dem Ausspruche des Apostels folgend, die heilige Eucharistie
auch Abendmahl genannt, weil sie bei jenem heilsamen Geheimnisse
des letzten Abendmahles von Christo eingesetzt worden ist.

Sechste Frage.

Die Eucharistie darf, wenn man Speise und Trank zu sich genommen hat,
nicht consecrirt und empfangen werden.

Nüchtern muß die Eucharistie consecrirt und genossen werden.

Es ist aber deshalb keineswegs erlaubt, die Eucharistie nach dem
Genusse von Speise und Trank zu consecriren oder zu empfangen,
weil der von den Aposteln heilsam eingeführte Gebrauch, wonach
sie nur nüchtern empfangen werden sollte, stets beibehalten und
bewahrt worden ist, wie dies die alten Schriftsteller berichtet haben.

Siebente Frage.

Die Eucharistie ist im eigentlichen Sinne ein Sakrament.

Nach Erklärung der Bedeutung des Namens muß nun gelehrt
werden, daß dies ein wahres Sakrament ist, und zwar eines von
jenen sieben, welche die heil. Kirche allezeit gewissenhaft beobachtet
und verehrt hat. Denn wenn die Weihung des Kelches geschieht,
wird es ein Geheimniß des Glaubens genannt. Außerdem wird
dies, um die fast zahllosen Zeugnisse der heiligen Schriftsteller zu
übergehen, die zu allen Zeiten der Meinung waren, daß dasselbe
zu den wahren Sakramenten zu zählen sei, durch die Beschaffenheit
und Natur eines Sakramentes selbst bewiesen. Denn es finden
sich bei ihm die äußeren und in die Sinne fallenden Zeichen. Es
besitzt ferner die Bedeutung und Wirkung der Gnade. Außerdem
lassen uns weder die Evangelisten, noch der Apostel irgend einen
Zweifel an der Einsetzung durch Christus übrig. Da Alles dieses
sich vereinigt, die Wahrheit des Sakramentes zu bestätigen, so sieht
man wohl ein, daß es keiner andern Beweise bedarf.

Quaestio VIII.

Multa esse in hoc Sacramento, quibus Sacramenti nomen conveniat

Eucharistia adoranda. Conc. Trid. Sess. 13 cap. 5 et can. 6.

Sed illud diligenter Pastoribus observandum est, multa in hoc mysterio esse, quibus aliquando Sacramenti nomen sacri scriptores tribuerunt. Interdum enim et consecratio et perceptio, frequenter vero et ipsum Domini corpus et sanguis, qui in Eucharistia continetur, Sacramentum vocari consuevit. Inquit enim D. Augustinus: [1] Sacramentum hoc duobus constare, visibili scilicet elementorum specie, et invisibili carne et sanguine ipsius Domini nostri Iesu Christi. Atque ad eundem modum hoc Sacramentum adorandum esse, nimirum corpus et sanguinem Domini intelligentes, affirmamus. Verum haec omnia minus proprie Sacramenta dici, perpicuum est. Ipsae autem panis et vini species veram et absolutam huius nominis rationem habent.

Quaestio IX.

Quomodo differat Eucharistia a reliquis omnibus Sacramentis.

Eucharistia proprie dicitur Sacramentum propter species panis et vini. Conc. Trident. Sess. 13 cap. 2 can. 4.

Sed quantum hoc Sacramentum a reliquis omnibus differat, facile colligitur. Nam caetera Sacramenta materiae usu perficiuntur, dum scilicet alicui administrari ea contingit. Baptismus enim Sacramenti naturam tunc adipiscitur, quum reipsa homo aqua abluitur; at vero ad Eucharistiae perfectionem satis est ipsius materiae consecratio; utrumque enim Sacramentum esse non desinit, quamvis in pyxide asservetur. Deinde in conficiendis aliis Sacramentis nulla fit materiae atque elementi in aliam naturam mutatio; etenim Baptismi aqua, aut Chrismatis oleum, quum illa Sacramenta administrantur, priorem aquae et olei naturam non amittunt: in Eucharistia vero, quod panis et vinum ante consecrationem erat, confecta consecratione, vere est corporis et sanguinis Domini substantia.

Quaestio X.

Duplex Eucharistiae materia duo Sacramenta non constituit.

Unum Eucharistiae sacramentum, non duo. Sacramentum Eucharistiae significat et efficit unionem membrorum Ecclesiae. Conc. Trident. Sess. 13 in Praef. et cap. 8.

Licet autem duo sint elementa, panis scilicet et vinum, ex

1) De Catech. Rudib. c. 11.

Achte Frage.

In diesem Sakramente findet sich Vieles, dem der Name Sakrament zukommt.

Die Eucharistie ist anzubeten.

Die Pfarrer müssen aber darauf mit Fleiß Acht haben, daß sich in diesem Geheimnisse Vieles findet, dem die heiligen Schriftsteller zuweilen den Namen eines Sakramentes beigelegt haben. Zuweilen pflegte man nämlich sowohl die Weihung (Consecration), als die Nießung (Communion), häufig aber den Leib und das Blut des Herrn selbst, die in der Eucharistie enthalten sind, Sakrament zu nennen. Denn, sagt der heilige Augustin, dies Sakrament bestehe aus zwei Stücken, nämlich aus der sichtbaren Gestalt der Elemente, und aus dem unsichtbaren Fleische und Blute Jesu Christi, unsers Herrn, selbst. Auf diese Weise bekennen wir, daß dies Sakrament anzubeten sei, indem wir darunter den Leib und das Blut des Herrn verstehen. Jedoch wird offenbar dies Alles mehr uneigentlich Sakrament genannt. Die Gestalten des Brodes und Weines haben hingegen die wahre und volle Bedeutung dieses Namens.

Neunte Frage. •

Wie die Eucharistie sich von allen übrigen Sakramenten unterscheide.

Die Eucharistie wird eigentlich wegen der Gestalten des Brodes und Weines Sakrament genannt.

Es ergibt sich aber leicht, wie sehr dieses Sakrament sich von allen übrigen unterscheidet. Denn die übrigen Sakramente werden durch die Anwendung der Materie vollbracht, während sie nämlich Jemanden gespendet werden. So erlangt die Taufe erst dann die Natur eines Sakramentes, wenn der Mensch wirklich durch das Wasser abgewaschen wird. Hingegen zur Vollziehung der Eucharistie genügt die Weihung (Consecration) der Materie, denn beides hört nicht auf, ein Sakrament zu sein, wenn es auch in dem Speisekelch aufbewahrt wird. Ferner findet bei der Vollziehung der andern Sakramente keine Wandlung der Materie und Elemente in eine andere Natur Statt; denn das Wasser der Taufe und das Oel des Chrisma verlieren, wenn jene Sakramente gespendet werden, nicht die frühere Natur des Wassers und Oeles; in der Eucharistie aber ist das, was Brod und Wein vor der Weihung war, nach vollzogener Weihung wahrhaft die Substanz des Leibes und Blutes des Herrn.

Zehnte Frage.

Die zweifache Materie der Eucharistie bildet nicht zwei Sakramente.

Es gibt nur Ein Sakrament der Eucharistie, nicht zwei. Das Sakrament der Eucharistie bedeutet und bewirkt die Vereinigung der Glieder der Kirche.

Obgleich es aber zwei Elemente sind, nämlich das Brod und der

quibus integrum Eucharistiae Sacramentum conficitur, non tamen plura Sacramenta, sed unum tantum esse, Ecclesiae auctoritate docti confitemur; aliter enim septenarius Sacramentorum numerus, quemadmodum semper traditum, atque a Conciliis Lateranensi, Florentino et Tridentino decretum est, constare non poterit. Nam quum huius Sacramenti gratia unum corpus mysticum efficiatur, ut Sacramentum ipsum rei, quam efficit, conveniat: unum esse oportet, atque unum quidem, non quod individuum sit, sed quia unius rei significationem habet. Nam quemadmodum cibus et potio, quae duae diversae res sunt, ad unam tantum rem adhibentur, ut scilicet vires corporis reficiantur: ita etiam duas illis diversas Sacramenti species respondere consentaneum fuit, quae cibum spiritualem significarent, quo mentes sustinentur et recreantur. Quare a Domino Salvatore dictum est: „Caro mea vere est cibus, et sanguis meus vere est potus".[1] Sed diligenter explicandum est, quid Eucharistiae Sacramentum significet, ut fideles sacra mysteria oculis intuentes, simul etiam divinarum rerum contemplatione animum pascant.

Quaestio XL.

Quarum rerum significatio hoc Sacramento includatur.

Eucharistiae Sacramentum tria significat mysteria. Primum praeteritum.

I. Tria vero sunt, quae nobis hoc Sacramento indicantur. Primum est Christi Domini passio, quae iam praeteriit: ipse enim docuit: „Hoc facite in meam commemorationem",[2] et Apostolus testatus est: „Quotiescunque manducabitis panem hunc, et calicem bibetis, mortem Domini annuntiabitis, donec veniat".[3]

Secundum praesens.

II. Alterum est divina et coelestis gratia, quae praesens ad animam alendam et conservandam hoc Sacramento tribuitur. Quemadmodum enim Baptismo in novam vitam gignimur, Confirmatione roboramur, ut Satanae repugnare, et palam Christi nomen profiteri possimus: ita Eucharistiae Sacramento alimur ac sustentamur.

Tertium futurum.

III. Tertium est, quod futurum praenuntiat, aeternae iucunditatis et gloriae fructus, quem in coelesti patria ex Dei promissione capiemus. Haec igitur tria, quae instantis,

---

1) Ioan. 6, 56. 2) Luc. 22, 19. 3) 1 Cor. 11, 26.

Wein, aus denen das Sakrament der Eucharistie vollständig besteht, so bekennen wir dennoch, durch das Ansehen der Kirche belehrt, daß sie nicht mehrere, sondern nur Ein Sakrament ausmachen; sonst könnte ja die Siebenzahl der Sakramente, wie doch allezeit gelehrt, und von den Concilien im Lateran, zu Florenz und Trient festgesetzt ist, nicht bestehen. Denn da durch die Gnade dieses Sakramentes Ein geheimnißvoller geistiger Leib entsteht, so muß auch das Sakrament, damit es mit der Sache, die es bewirkt, übereinstimmt, Eins sein, und zwar Eins, nicht weil es ein Einzelwesen ist, sondern weil es die Bedeutung nur Einer Sache hat. Denn wie Speise und Trank zwar zwei verschiedene Dinge sind, aber doch nur zu Einem Zweck angewandt werden, nämlich die Kräfte des Körpers zu stärken, so war es auch angemessen, daß diesen die beiden verschiedenen Gestalten des Sakramentes entsprächen, welche die geistige Speise bezeichnen sollten, wodurch die Seelen genährt und erquickt werden. Daher sagt auch der Herr, unser Heiland: „Mein Fleisch ist wahrhaftig eine Speise, und mein Blut ist wahrhaftig ein Trank." Man muß aber sorgfältig erklären, was das Sakrament der Eucharistie bedeutet, damit die Gläubigen, während sie die heiligen Geheimnisse mit Augen anschauen, zugleich auch durch die Betrachtung der göttlichen Dinge ihre Seelen nähren.

Eilfte Frage.
Welche Dinge in diesem Sakramente angedeutet werden.
Das Sakrament der Eucharistie bedeutet drei Geheimnisse. Das erste ist ein vergangenes.

1. Es ist aber ein Dreifaches, was uns durch dieses Sakrament angezeigt wird. Das Erste ist das bittere Leiden Christi, des Herrn, welches schon vorüber ist; denn er selbst lehrte: „Thuet dieses zu meinem Andenken;" und der Apostel hat bezeugt: „So oft ihr dieses Brod esset und diesen Kelch trinket, sollet ihr den Tod des Herrn verkündigen, bis daß er kommt."

Das zweite ein gegenwärtiges.

2. Das Zweite ist die göttliche und himmlische Gnade, welche gegenwärtig zur Ernährung und Erhaltung der Seele durch dieses Sakrament verliehen wird. Denn wie wir durch die Taufe zu einem neuen Leben geboren und durch die Firmung gestärkt werden, damit wir dem Satan widerstehen und den Namen Christi öffentlich bekennen können, so werden wir durch das Sakrament der Eucharistie ernährt und erhalten.

Das dritte ein zukünftiges.

3. Das Dritte, das auf Zukünftiges hinzeigt, ist die Frucht der ewigen Freude und Herrlichkeit, welche wir nach Gottes Verheißung im himmlischen Vaterlande empfangen werden. Dieses Dreifache

praeteriti et consequentis temporis varietate distingui perspicuum est, sacris mysteriis ita significantur, ut totum Sacramentum, quamvis ex diversis speciebus constet, ad singula
horum declaranda, tanquam ad unius rei significationem
referatur.

Quaestio XII.
Quae sit huius Sacramenti materia, et cuiusmodi panis sit consecrandus.

Materia Eucharistiae duplex.   Panis triticeus.

I. Sed in primis cognoscenda est a Pastoribus huius Sacramenti materia, tum ut ipsi rite illud possint conficere; tum
etiam ut fideles admoneantur, cuius rei symbolum sit, atque
eius rei, quam significat, studio et desiderio exardescant.
Duplex itaque est huius Sacramenti materia: altera panis ex
tritico confectus, de qua primo agetur; de altera postea dicendum erit. Nam, ut docent Evangelistae Matthaeus, Marcus
et Lucas, Christus Dominus panem in manus accepit, benedixit,
et fregit dicens: „Hoc est corpus meum“.[1] Apud Ioannem
quoque idem Salvator noster se ipsum panem appellavit, quum
inquit: „Ego sum panis vivus, qui de coelo descendi“.[2]

Panis varia genera.

II. Quum autem varia sint panis genera, vel quia materia
differunt, ut quum alius ex tritico, alius ex hordeo, aut ex
leguminibus caeterisque terrae fructibus confectus est, vel quia
diversis qualitatibus praediti sunt (uni enim fermentum additur,
alter vero fermenti omnino expers esse potest): quod ad primum attinet, Salvatoris verba ostendunt, panem ex tritico confici
oportere; communi enim loquendi consuetudine, quum panis
absolute dicitur, panem ex tritico intelligi satis constat.

Panis ille triticeus et azymus sit.

III. Id etiam veteris Testamenti figura declaratur. Praeceptum enim a Domino fuerat, ut „panes propositionis“, qui
hoc Sacramentum significabant, „ex simila“ conficerentur.[3] Sed
quemadmodum nullus panis, nisi triticeus, apta ad Sacramentum materia putandus est (hoc enim Apostolica traditio nos
docuit, et Ecclesiae Catholicae auctoritas firmavit): ita etiam
ex iis, quae Christus Dominus gessit, azymum esse debere,

---

1) Matth. 26, 26. Marc. 14, 22. Luc. 22, 19. 2) Ioan. 6, 41. 3) Lev. 24, 5.

nun, was sich offenbar durch die Verschiedenheit der gegenwärtigen, vergangenen und zukünftigen Zeit unterscheidet, wird durch die heiligen Geheimnisse in solcher Weise dargestellt, daß das ganze Sakrament, obgleich es aus verschiedenen Gestalten besteht, zur Erklärung aller jener einzelnen Gegenstände, wie zur Darstellung eines einzigen Dinges dient.

Zwölfte Frage.
Welches die Materie dieses Sakramentes sei, und was für Brod consecrirt werden müsse.
Die Materie der Eucharistie ist eine doppelte. Weizenbrod.

1. Die Pfarrer müssen aber vor Allem die Materie dieses Sakramentes kennen, theils, damit sie selbst gebührend es verrichten können, theils auch, damit die Gläubigen erinnert werden, wovon sie das Sinnbild sei, und von Eifer und Verlangen nach dem entbrennen, was sie bedeutet. Die Materie dieses Sakramentes ist also eine zweifache: die eine ist aus Weizen bereitetes Brod, von dem zuerst gehandelt werden wird; von der andern wird später die Rede sein. Denn Christus, der Herr, nahm, wie die Evangelisten Matthäus, Markus und Lukas lehren, das Brod in seine Hände, segnete es, brach es und sprach: „Das ist mein Leib." Bei Johannes hat sich unser Heiland auch selbst das Brod genannt, indem er sprach: „Ich bin das lebendige Brod, das vom Himmel herabgekommen ist."

Verschiedene Arten von Brod.

2. Da es aber verschiedene Arten von Brod gibt, entweder, weil sie sich durch die Materie unterscheiden, da es bald aus Weizen, bald aus Gerste, oder aus Hülsenfrüchten und den übrigen Erdfrüchten zubereitet ist, oder weil es verschiedene Beschaffenheiten hat (denn dem einen wird Sauerteig beigemischt, das andere hingegen kann völlig ungesäuert sein), so zeigen die Worte des Heilandes, was das Erste betrifft, daß das Brod aus Weizen zubereitet werden müsse. Denn es ist genugsam bekannt, daß man nach dem allgemeinen Sprachgebrauche, wenn man schlechthin Brod sagt, darunter Weizenbrot zu verstehen hat.

Jenes Brod muß von Weizen und ungesäuert sein.

3. Dies wird auch durch ein Bild des Alten Testamentes deutlich. Es war nämlich vom Herrn geboten, daß „die Schaubrode," welche dieses Sakrament bedeuteten, „aus Semmelmehl" zubereitet werden sollten. Wie nun kein anderes, als Weizenbrod, für eine taugliche Materie zum Sakramente zu halten ist, (denn die apostolische Ueberlieferung hat uns dies gelehrt, und die Autorität der katholischen Kirche hat es bestätigt), so ersieht man auch leicht aus dem, was Christus, der Herr, gethan hat, daß es ungesäuert sein müsse.

facile intelligitur. Ipse enim „primo azymorum die“, quo nihil fermentati domi habere Iudaeis licebat, hoc Sacramentum confecit atque instituit.[1]

Objectio. Solutio.

IV. Quod si quis Ioannis Evangelistae auctoritatem opponat, qui haec omnia „ante festum diem Paschae“[2] acta esse commemorat: ea ratio facile dissolvi potest. Etenim quem primum azymorum diem caeteri Evangelistae appellarunt, quod feria quinta vesperi dies festi azymorum inciperent, quo tempore Salvator noster Pascha celebravit: cum ipsum diem Ioannes pridie Paschae fuisse describit, ut qui diei naturalis spatium, quod ab oriente sole inchoatur, in primis notandum existimarit. Quapropter D. etiam Chrysostomus primum azymorum diem interpretatur eum diem, quo ad vesperam azyma comedenda essent.[3] Sed azymi panis consecratio quantum conveniat integritati, et mentis munditiae, quam fideles ad hoc Sacramentum efferre debent, ab Apostolo docemur, quum inquit:[4] „Expurgate vetus fermentum, ut sitis nova conspersio, sicut estis azymi. Etenim Pascha nostrum immolatus est Christus; itaque epulemur, non in fermento malitiae et nequitiae, sed in azymis sinceritatis et veritatis“.

Quaestio XIII.
Panis azymus ad Eucharistiam non omnino necessarius.

Conc. Flor. An Eucharistia in pane fermentato confici possit? Sed non licet.

I. Neque tamen ea qualitas adeo necessaria existimanda est, ut, si illa pani desit, Sacramentum confici non posit; utrumque enim panis genus veram et propriam panis rationem et nomen habet. Quamquam nemini licet privata auctoritate, vel potius temeritate, laudabilem Ecclesiae suae ritum immutare. Atque eo minus id facere latinis sacerdotibus permissum est, quibus praeterea Pontifices Max. praeceperunt,[5] ut ex azymo tantum sacra mysteria conficerent.

Quam multa materia consecrari debeat, non est definitum.

II. Atque haec de altera huius Sacramenti materia exposuisse satis sit; in quo tamen illud animadvertendum est, quam multa materia ad Sacramentum conficiendum uti oporteat.

---

1) Exod. 12, 19. 2) Ioan. 13, 1. 3) Homil. 82 in Matth. 4) 1. Cor. 5, 7. 8. 5) Lib. 3. decret. de celebrat. c. Litteras.

Denn er ſelbſt vollzog und ſetzte dies Sakrament ein „am erſten Tage der ungeſäuerten Brode," an dem den Juden nicht geſtattet war, etwas Geſäuertes im Hauſe zu haben.

Einwand. Widerlegung.

4. Wollte aber Jemand das Anſehen des Evangeliſten Johannes entgegenſtellen, der berichtet, dieſes Alles ſei „vor dem Feſttage der Oſtern" geſchehen, ſo läßt ſich dieſer Einwurf leicht widerlegen. Denn eben den Tag, welchen die übrigen Evangeliſten den erſten Tag der ungeſäuerten Brode genannt haben, weil am Abend des Donnerſtags die Feſttage der ungeſäuerten Brode begannen, die Zeit, um welche unſer Heiland das Paſſah feierte, bezeichnet Johannes als den Tag vor Oſtern, da er meinte, den Zeitraum des natürlichen Tages, der mit Sonnenaufgang anfängt, vorzugsweiſe bezeichnen zu müſſen. Darum erklärt auch der h. Chryſoſtomus den erſten Tag der ungeſäuerten Brode für den Tag, an welchem Abends die ungeſäuerten Brode gegeſſen werden mußten. Wie ſehr aber die Weihung des ungeſäuerten Brodes der Lauterkeit und Reinheit des Geiſtes entſpricht, welche die Gläubigen zu dieſem Sakramente mitbringen ſollen, lehrt uns der Apoſtel, wenn er ſagt: „Feget aus den alten Sauerteig, damit ihr ein neuer Teig ſeid, wie ihr denn auch ungeſäuert ſeid. Denn unſer Oſterlamm Chriſtus iſt geopfert worden: laſſet uns alſo Oſtern 'halten nicht im alten Sauerteige, nicht im Sauerteige der Bosheit und Schalkheit, ſondern im ungeſäuerten Brode der Reinheit und Wahrheit."

Dreizehnte Frage.

Ungeſäuertes Brod iſt zur Euchariſtie nicht unumgänglich nothwendig.

Ob die Euchariſtie in geſäuertem Brode vollbracht werden könne? Wie dem auch immer ſei, es iſt nicht erlaubt.

1. Dieſe Eigenſchaft des Brodes iſt jedoch nicht für ſo nothwendig zu halten, daß, wenn ſie dem Brode fehlte, das Sakrament nicht vollzogen werden könnte; denn beiden Arten von Brod iſt die wahre und eigentliche Beſchaffenheit und Benennung des Brodes eigen. Dennoch ſteht es Niemanden frei, nach eigenem Ermeſſen, oder vielmehr Vermeſſenheit den lobenswerthen Gebrauch ſeiner Kirche abzuändern. Um ſo weniger iſt dies den Prieſtern der lateiniſchen Kirche geſtattet, da ihnen noch dazu von den Päpſten anbefohlen iſt, die heiligen Geheimniſſe nur in ungeſäuertem Brode zu verrichten.

Wie viel Materie man conſekriren müſſe, iſt nicht beſtimmt.

2. Das mag zur Erklärung der Einen Materie dieſes Sakramentes genügen; wobei man jedoch dies beachten muß, daß nicht beſtimmt iſt, wie viel man von dieſer Materie zur Vollziehung des

definitum non esse; quum illorum etiam certus numerus definiri nequeat, qui aut possint, aut debeant sacra mysteria percipere.

Quaestio XIV.

Quae materia sit usurpanda ad consecrationem sanguinis Domini.

Vinum vitis aquae mixtum.

Superest, ut de altera huius Sacramenti materia et elemento dicatur; est autem vinum ex vitis fructu expressum, cui modicum aquae permistum sit. Nam Dominum Salvatorem vino in huius Sacramenti institutione usum esse, Catholica Ecclesia semper docuit, quum ipse dixerit: „Non bibam amodo de hoc genimine vitis usque in diem illum".[1] Quo in loco Chrysostomus: „De genimine", inquit, „vitis, quae certo vinum, non aquam, produxit":[2] ut tanto ante illorum haeresim, qui aquam solam in hisce mysteriis adhibendam senserunt, convellere videretur.

Quaestio XV.

Aqua in Sacramento vino est admiscenda.

Conc. Florent. Aqua sola in hoc Sacramento non est consecranda. Conc. Trident. Sess. 22 de Sacram. Miss. c. 7 et can. 9.

Aquam vero Dei Ecclesia vino semper admiscuit; primum, quod id a Christo Domino factum esse, et Conciliorum auctoritate et sancti Cypriani[3] testimonio comprobatur; deinde, quod sanguis et aquae, quae ex eius latere exierunt, hac permistione memoria renovatur. Tum vero „aquae", ut in Apocalypsi[4] legimus, populum designant, quare aqua vino admista, fidelis populi cum Christo capite coniunctionem significat. Atque hoc ex Apostolica traditione perpetuo sancta Ecclesia servavit.

Quaestio XVI.

Non est necessarium absolute aquam adhiberi, et minor aquae, quam vini quantitas esse debet.

Consecratio vini sine aqua vim etiam suam habet. Cur aquae parva quantitas esse debet?

Sed quamvis aquae admiscendae ita graves rationes sint, ut eam sine mortali peccato praetermittere non liceat: ea tamen si desit, Sacramentum constare potest. Illud autem Sacerdotibus animadvertendum est, quemadmodum in sacris mysteriis aquam vino adhibere oportet, sic etiam modicam infundendam

---

1) Matth. 26, 29. Marc. 14, 25. 2) Hom. 83 in Matth. 3) Lib. 2, ep. 63 ad Caecil. 4) Apoc. 17, 15.

Sakramentes nehmen müsse, da auch die Zahl derer nicht genau bestimmt werden kann, welche diese heiligen Geheimnisse entweder empfangen können oder sollen.

Vierzehnte Frage.

Welche Materie zur Wandlung des Blutes Christi genommen werden muß.
Wein vom Weinstock, mit Wasser vermischt.

Es muß nun noch von der andern Materie und Elemente die= ses Sakramentes die Rede sein; dies ist aber Wein, der aus der Frucht des Weinstockes ausgepreßt, und mit etwas Wasser vermischt ist. Denn daß der Herr und Erlöser bei der Einsetzung dieses Sakramentes sich des Weines bedient habe, hat die katholische Kirche stets gelehrt, da er selbst sprach: „Ich werde von nun an nicht mehr trinken von diesem Gewächse des Weinstockes, bis zu jenem Tage." Und Chrysostomus sagt zu dieser Stelle: „Er spricht vom Gewächse des Weinstockes, der doch unbezweifelt Wein, und nicht Wasser, hervorgebracht hat," gleich als wollte er die Ketzerei derer lange vorher widerlegen, die behauptet haben, daß man zu diesen Geheimnissen nur Wasser nehmen müsse.

Fünfzehnte Frage.

Dem Weine muß im Sakramente Wasser beigemischt werden.
Wasser allein darf in diesem Sakramente nicht consekrirt werden.

Die Kirche Gottes hat aber dem Weine immer Wasser beige= mischt; erstens, weil es durch die Aussprüche der Concilien und durch das Zeugniß des h. Cyprian erwiesen ist, daß Christus, der Herr, dasselbe gethan hat; sodann, weil durch diese Beimischung das Andenken an das Blut und Wasser, welches aus seiner Seite floß, erneuert wird. Ferner aber bezeichnen „die Wasser," wie wir in der Apokalypse lesen, das Volk: weshalb das mit dem Weine ver= mischte Wasser die Vereinigung des gläubigen Volkes mit Christo, dem Haupte, bedeutet. Und dies hat die heil. Kirche aus apostoli= scher Ueberlieferung jederzeit beibehalten.

Sechszehnte Frage.

Es ist nicht unumgänglich nothwendig, daß Wasser angewendet werde, und die Menge des Wassers muß geringer sein als die des Weines.
Die Consekration des Weines ohne Wasser hat gleicherweise ihre Kraft. Warum die Menge Wassers nur gering sein darf.

Obwohl aber die Gründe für die Beimischung des Wassers so erheblich sind, daß sie ohne eine Todsünde nicht unterlassen werden darf, so kann dennoch das Sakrament bestehen, wenn sie nicht ge= schieht. Die Priester sollen aber darauf wohl achten, daß, wie man bei den heiligen Sakramenten Wasser zum Wein nehmen muß, man doch nur wenig hinzugießen soll. Denn nach der Meinung

esse. Nam, Ecclesiasticorum scriptorum sententia et iudicio, aqua illa in vinum convertitur. Quare de eo Honorius Pontifex ita scribit;[1] „Perniciosus in tuis partibus inolevit abusus, videlicet quod maior quantitas aquae in sacrificio, quam vini adhibetur; quum secundum consuetudinem rationabilem Ecclesiae generalis longe plus vini quam aquae adhibendum sit". Huius igitur Sacramenti haec duo tantum elementa sunt, ac merito pluribus decretis sancitum est, ne quid aliud praeter panem et vinum, quod nonnulli facere non verebantur, offerre liceat.[2] Sed iam videndum est, haec duo panis et vini symbola quam apta sint ad eas res declarandas, quarum Sacramenta esse credimus et confitemur.

Quaestio XVII.

Quot et quanta res panis et vini symbola in hoc Sacramente repraesentent.

Declaratur, cuius rei sint signa panis et vinum, quemque effectum habeant, et quomodo Eucharistia sit Sacramentum.

I. Primum enim Christum nobis significant, ut vera est hominum vita, ipse enim Dominus ait: „Caro mea vere est cibus, et sanguis meus vere est potus".[3] Quum igitur corpus Christi Domini vitae aeternae alimentum illis praebeat, qui eius Sacramentum pure et sancte suscipiunt, recte iis potissimum rebus conficitur, quibus haec vita continetur; ut fideles facile possint intelligere, pretiosi corporis et sanguinis Christi communione mentem animumque saturari. Nonnihil etiam haec ipsa elementa ad id valent, ut eam cognitionem accipiant homines, esse in Sacramento corporis et sanguinis Domini veritatem.

Veritas corporis et sanguinis Domini.

II. Nam quum panem et vinum in humanam carnem et sanguinem vi naturae quotidie immutari animadvertamus: facilius adduci possumus hac similitudine, ut credamus, panis et vini substantiam in veram Christi carnem, verumque eius sanguinem coelesti benedictione converti. Affert etiam aliquid adiumenti haec admirabilis elementorum mutatio ad adumbrandum, quod fit in anima. Ut enim, etsi nulla extrinsecus panis et vini mutatio apparet, tamen eorum substantia in carnem et sanguinem Christi vere transit: ita etiam, tametsi in nobis nihil immutatum videtur, interius tamen ad vitam renovamur, dum veram vitam Eucharistiae Sacramento accipimus. Accedit

---

1) Lib. 3. decret. de Miss. celebr. c. Perniciosus. 2) De consecr. dist. 2. 3) Ioan. 6, 56.

und dem Urtheile der Kirchenschriftsteller wird dies Wasser in Wein verwandelt. Daher schreibt der Papst Honorius hierüber also: „In deiner Gegend hat sich ein verderblicher Mißbrauch einge= schlichen, nämlich, daß bei dem Opfer eine größere Menge Wasser als Wein genommen wird, da doch nach der vernünftigen Uebung der allgemeinen Kirche weit mehr Wein als Wasser genommen wer= den muß." Dies Sakrament hat also nur diese zwei Elemente, und mit Recht ist durch mehrere Beschlüsse festgesetzt, daß außer Brod und Wein nichts Anderes, wie sich Einige zu thun nicht scheu= ten, geopfert werden dürfe. Nun aber müssen wir sehen, wie passend diese beiden Sinnbilder des Brodes und des Weines sind, um die Dinge anzudeuten, deren Sakrament, wie wir glauben, sie sind.

Siebenzehnte Frage.
Welche und wie große Dinge die Sinnbilder des Brodes und Weines in diesem Sakramente vorstellen.

*Es wird erklärt, wovon Wein und Brod Zeichen sind, welche Wirkungen sie ha=
ben, und wie die Eucharistie ein Sakrament sei.*

1. Erstlich nämlich stellen sie uns Christum dar, wie er das wahre Leben der Menschen ist; denn der Herr sagt: „Mein Fleisch ist wahrhaftig eine Speise, und mein Blut ist wahrhaftig ein Trank." Da also der Leib Christi, des Herrn, denjenigen eine Nahrung des ewigen Lebens verleiht, die sein Sakrament rein und heilig em= pfangen, so wird es mit Recht vorzüglich aus solchen Dingen be= reitet, durch welche wir dieses Leben unterhalten, damit die Gläu= bigen sofort einsehen können, daß durch die Communion des kost= baren Leibes und Blutes Christi der Geist und die Seele gesättiget werden. Auch tragen diese Elemente nicht wenig dazu bei, den Menschen die Erkenntniß beizubringen, im Sakramente sei der Leib und das Blut des Herrn wahrhaft enthalten.

Die Wahrheit des Leibes und Blutes unsers Herrn.

2. Denn wie wir täglich wahrnehmen, daß Brod und Wein durch die Kraft der Natur in menschliches Fleisch und Blut ver= wandelt werden, so können wir durch dieses Gleichniß desto leichter zum Glauben vermocht werden, daß die Substanz des Brodes und Weines durch die himmlische Segnung in das wahre Fleisch und in das wahre Blut Christi verwandelt werde. Die wunderbare Verwandlung der Elemente trägt auch Etwas zur Erläuterung dessen bei, was in der Seele vor sich geht. Wie nämlich, obwohl äußerlich keine Veränderung des Brodes und Weines sichtbar ist, dennoch ihre Substanz wahrhaft in das Fleisch und Blut übergeht, eben so werden wir auch, obgleich an uns Nichts verändert er= scheint, innerlich doch zum Leben erneuert, indem wir durch das

ad haec, quod, quum unum Ecclesiae corpus ex multis membris compositum sit, nulla re magis elucet ea coniunctio, quam panis viniquo elementis. Panis enim ex multis granis conficitur, et vinum ex multitudine racemorum existit; atque ita nos, quum multi simus, huius divini mysterii vinculo arctissime colligari, et tanquam unum corpus effici, declarant.

Quaestio XVIII.

Qua forma ad censecrandum panem uti oporteat.

Sequitur nunc, ut de forma, qua ad consecrandum panem uti oporteat, agatur; non quidem eius rei causa, ut haec mysteria fideli populo, nisi necessitas cogat, tradantur (eos enim, qui sacris initiati non sunt, de his erudiri, necessarium non est), sed ne formae ignoratione in Sacramento conficiendo a Sacerdotibus turpissime peccetur. Itaque a sanctis Evangelistis Matthaeo [1] et Luca, [2] itemque ab Apostolo [3] docemur, illam esse formam: „Hoc est corpus meum". Scriptum est enim: „Coenantibus illis, accepit Iesus panem, et benedixit, ac fregit, deditque discipulis suis, et dixit: Accipite et manducate: Hoc est corpus meum". Quae quidem consecrationis forma, quum a Christo Domino servata sit, ea perpetuo Catholica Ecclesia usa est. Praetermittenda sunt hoc loco sanctorum Patrum testimonia, quae infinitum esset enumerare, et Concilii Florentini decretum, quod omnibus patet, atque in promptu est; quum praesertim ex illis Salvatoris verbis: „Hoc facite in meam commemorationem", [4] idem liceat cognoscere. Nam quod Dominus faciendum praecepit, non solum ad id, quod egerat, sed etiam ad ea, quae dixerat, referri debet; atque ad verba maxime pertinere intelligendum est, quae non minus efficiendi, quam significandi causa prolata erant. Sed ratione etiam id facile persuaderi potest. Nam forma ea est, qua illud significatur, quod in hoc Sacramento efficitur. Quum autem haec verba id, quod fit, significent ac declarent, hoc est, panis conversionem in verum Domini nostri corpus: sequitur, formam in illis ipsis verbis constituendam esse; in quam sententiam, quod ab Evangelista dictum est, „benedixit", licet accipere; perinde enim videtur intelligendum, ac si dixisset; accipiens panem benedixit, dicens: „Hoc est corpus meum". [5]

---

1) Matth. 26, 26. 2) Luc 22, 19. 3) 1 Cor. 11, 24. 4) Luc. 22, 19. 5) Matth. 26, 26.

Sakrament der Eucharistie das wahre Leben empfangen. Dazu kommt noch, daß, weil der Eine Leib der Kirche aus vielen Glie=dern zusammengesetzt ist, diese Verbindung durch Nichts anschau=licher wird, als durch die Elemente des Brodes und Weines. Das Brod nämlich wird aus vielen Körnern zubereitet, und der Wein entsteht aus einer Menge Weinbeeren; und so geben sie zu erken=nen, daß wir, wiewohl wir Viele sind, durch das Band dieses gött=lichen Geheimnisses auf's Engste verbunden und gleichsam ein Leib werden.

Achtzehnte Frage.

Welcher Form man sich zur Consekration des Brodes bedienen müsse.

Es muß nun noch von der Form, deren man sich zur Consekration des Brodes bedienen müsse, gehandelt werden; zwar nicht darum, damit diese Geheimnisse dem gläubigen Volke, wenn nicht die Noth dazu zwingt, vorgetragen werden (da es nicht nöthig ist, die nicht geweiht sind, hierüber zu unterrichten); sondern damit die Priester nicht bei der Vollziehung dieses Sakramentes aus Unkenntniß der Form sich auf's Schändlichste verfehlen möchten. Die heiligen Evangelisten Matthäus und Lukas, sowie der Apostel lehren uns daher, die Form sei diese: „Das ist mein Leib.“ Denn es steht geschrieben: „Da sie nun des Nachts aßen, nahm Jesus das Brod, segnete und brach es, gab es seinen Jüngern und sprach: „Nehmet hin und esset, das ist mein Leib.“ Weil diese Form der Consekration von Christo, dem Herrn, gebraucht worden ist, so hat sich die katholische Kirche derselben fortwährend bedient. Wir müssen hier die Zeug=nisse der heiligen Väter dafür übergehen, deren Aufzählung endlos sein würde, sowie auch den Beschluß des florentinischen Concils, der Allen bekannt und zugänglich ist, zumal sich aus jenen Worten des Heilandes: „Dieses thut zu meinem Andenken,“ dasselbe er=kennen läßt. Denn was der Herr zu thun befahl, muß nicht nur auf das, was er gethan, sondern auch auf das, was er gesprochen hatte, bezogen werden; ja man muß annehmen, daß es sich haupt=sächlich auf die Worte bezieht, die nicht weniger um der Wirkung, als um der Bedeutung willen ausgesprochen waren. Aber auch die Vernunft kann uns leicht davon überzeugen; denn die Form ist das, wodurch angedeutet wird, was in diesem Sakramente bewirkt wird. Da nun aber diese Worte andeuten und erklären, was geschieht, nämlich die Verwandlung des Brodes in den wahren Leib unseres Herrn, so folgt, daß die Form in eben denselben Worten bestehen müsse. In diesem Sinne läßt sich auch der Ausspruch des Evan=gelisten nehmen: „Er segnete;“ denn es scheint so verstanden wer=den zu müssen, als wenn er gesagt hätte: Als er das Brod nahm, segnete er es, und sprach: Das ist mein Leib.

Quaestio XIX.

Non omnia verba, quae ex consuetudine Ecclesiae ad consecrationem adhibentur, sunt necessaria.

Quamvis enim Evangelista verba illa: „Accipite et comedite", praeposuerit: illis tamen non materiae consecrationem, sed usum tantummodo significari, perspicuum est. Quare a Sacerdote quidem omnino proferri debent, sed ad Sacramentum conficiendum necessaria non sunt; quemadmodum etiam profertur coniunctio illa, „enim", in corporis et sanguinis consecratione; aliter enim fiet, ut, si hoc Sacramentum nemini administrandum sit, confici non oporteat, aut non possit quidem; quum tamen dubitare non liceat, quin Sacerdos, prolatis ex more atque instituto sanctae Ecclesiae verbis Domini, aptam panis materiam vere consecret, quamvis deinde contingat, ut nulli unquam sacra Eucharistia administretur.

Quaestio XX.

Quae sit forma conficiendi sanguinem.

Forma consecrandi vinum.

I. Iam vero quod ad vini, quae est altera huius Sacramenti materia, consecrationem attinet, ob eandem causam, quam supra commemoravimus, opus est, ut Sacerdos eius formam cognitam et perspectam habeat. Eam igitur his verbis comprehendi certo credendum est: „Hic est calix sanguinis mei, novi et aeterni Testamenti, mysterium fidei, qui pro vobis et pro multis effundetur in remissionem peccatorum". Ex quibus verbis plura quidem e sacris Scripturis colliguntur, quaedam vero in Ecclesia ex Apostolica traditione conservata sunt. Nam quod dicitur, „Hic est calix", a D. Luca,[1] et ab Apostolo[2] scriptum est; quod vero sequitur: „Sanguinis mei", vel „sanguis meus novi Testamenti, qui pro vobis et pro multis effundetur in remissionem peccatorum", partim a D. Luca,[3] partim a D. Matthaeo[4] dictum est. Verba autem illa, „aeterni" et „Mysterium fidei", sancta traditio, Catholicae veritatis interpres et custos, nos docuit. Verum de hac forma nemo dubitare poterit, si, quod antea dictum est de forma consecrationis, quae ad panis elementum adhibetur, hoc etiam loco attendatur. Constat enim iis verbis, quae vini substantiam in sanguinem Domini converti significant, huius elementi formam contineri.

---

1) Luc. 22, 20.   2) 1 Cor. 11, 23.   3) Luc. 22, 20.   4) Matth. 26, 28.

Neunzehnte Frage.

Nicht alle Worte, welche nach dem Gebrauch der Kirche zur Consekration angewendet werden, sind nothwendig.

Denn obgleich der Evangelist die Worte: „Nehmet hin und esset" vorangesetzt hat, so wird doch offenbar dadurch nicht die Consekration der Materie, sondern nur der Gebrauch bezeichnet. Sie müssen daher zwar vom Priester allerdings ausgesprochen werden, aber zur Vollziehung des Sakramentes sind sie nicht nothwendig. Wie auch jenes Bindewort „denn" bei der Consekration des Leibes und Blutes ausgesprochen wird; denn sonst würde folgen, daß dieses Sakrament nicht dürfte, oder sogar nicht könnte vollzogen werden, wenn es Niemand gereicht werden sollte, da man doch nicht daran zweifeln darf, daß der Priester, wenn er nach der Sitte und Ordnung der heiligen Kirche die Worte des Herrn ausgesprochen hat, die taugliche Materie des Brodes wahrhaft consekrirte, wenn auch nachher der Fall einträte, daß die heilige Eucharistie nie Jemanden gereicht würde.

Zwanzigste Frage.

Welches die Form sei zur Bereitung des Blutes.

Die Form, den Wein zu consekriren.

1. Was nun aber die Consekration des Weines anbelangt, der die zweite Materie dieses Sakramentes ist, so ist aus derselben oben erwähnten Ursache nöthig, daß der Priester ihre Form wohl kenne und verstehe. Man muß daher im festen Glauben für wahr halten, daß sie in diesen Worten bestehe: „Das ist der Kelch meines Blutes, des neuen und ewigen Bundes, ein Geheimniß des Glaubens, das für euch und für Viele vergossen wird zur Vergebung der Sünden." Von diesen Worten sind zwar viele aus der heil. Schrift entnommen, einige aber in der Kirche aus apostolischer Ueberlieferung aufbehalten. Daß es nämlich heißt: „Das ist der Kelch," ist vom h. Lukas und vom Apostel geschrieben worden; das Folgende aber: „Meines Blutes," oder: „Mein Blut des Neuen Bundes, das für euch und für Viele vergossen wird zur Vergebung der Sünden," ist theils von dem h. Lukas, theils von dem h. Matthäus berichtet. Jene Worte aber „ewigen," und „ein Geheimniß des Glaubens" hat uns die heilige Ueberlieferung, die Erklärerin und Bewahrerin der katholischen Wahrheit, gelehrt. Niemand wird aber an dieser Form zweifeln können, sofern er nur hier auch auf das merken will, was oben von der Form der Consekration, die bei dem Elemente des Brodes angewandt wird, gesagt wurde. Denn es steht fest, daß in den Worten, welche die Wandlung der Substanz des Weines in das Blut des Herrn bezeichnen, die Form dieses Elementes enthalten sei.

Sanguinis Christi effectus.

II. Quare, quum verba illa hoc aperte declarent: perspicuum est, aliam formam constituendam non esse. Exprimunt autem praeterea quosdam effusi sanguinis in passione Domini admirabiles fructus, qui ad hoc Sacramentum maxime pertinent. Unus est aditus ad aeternam haereditatem, quae novi atque aeterni Testamenti iure ad nos venit. Alter est aditus ad iustitiam per mysterium fidei; Iesum enim per fidem in sanguine eius propitiatorem Deus proposuit, ut ipse sit iustus, et iustificans eum, qui ex fide est Iesu Christi. [1] Tertius est remissio peccatorum.

Forma consecrandi sanguinis explicatur.

III. Quoniam vero haec ipsa consecrationis verba plena mysteriorum sunt, aptissimeque ad rem conveniunt, diligentius perpendere ea oportet. Quod vero dicitur: „Hic est calix sanguinis mei“, sic intelligendum est: Hic est sanguis meus, qui hoc calice continetur. Recte autem et apposite, dum sanguis hic, ut est fidelium potus, consecratur, calicis mentio facienda est; neque enim sanguis huiusmodi potionem satis significare videretur, nisi vase aliquo exceptus esset. Sequitur deinde, „novi Testamenti“, quod quidem ob eam rem additum est, ut intelligeremus, Christi Domini sanguinem non figura, quemadmodum in veteri Testamento fiebat (de eo enim apud Apostolum ad Hebraeos [2] legimus, „sine sanguine Testamentum dedicatum non esse“), sed vere et re ipsa hominibus tradi; quod ad novum Testamentum pertinet. Quare Apostolus inquit: „Ideo novi Testamenti mediator est Christus, ut morte intercedente, repromissionem accipiant, qui vocati sunt, aeternae haereditatis“. [3] Verbum vero, „aeterni“, ad haereditatem aeternam, quae Christi Domini aeterni testatoris morte ad nos iure pervenit, referendum est.

Quomodo vinum consecratum sit mysterium fidei.

IV. Quod subiungitur, „Mysterium fidei“, non rei veritatem excludit, sed quod occulte latet, atque ab oculorum sensu remotissimum est, certa fide credendum esse significat. Diversa vero hisce verbis sententia hoc loco subiecta est ab ea, quam habent, cum Baptismo etiam tribuuntur. Nam quod sanguinem Christi, sub vini specie latentem, fide cernimus, mysterium fidei dicitur. At Baptismus, quoniam universam Christianae fidei professionem complectitur, a nobis fidei Sacramentum, a Graecis mysterium iure appellatur. Quamquam alia etiam ratione san-

---

1) Rom. 3, 25. 2) Hebr. 9, 18. 3) Ibid. 9, 15.

Wirkung des Blutes Christi.

2. Da nun jene Worte dieses ausdrücklich anzeigen, so ist es einleuchtend, daß nichts Anderes als Form angegeben werden dürfe. Außerdem aber drücken sie noch einige wunderbare Früchte des beim bittern Leiden des Herrn vergossenen Blutes aus, die sich ganz besonders auf dieses Sakrament beziehen. Die eine Frucht ist der Zutritt zu dem ewigen Erbtheile, welches uns in Kraft des neuen und ewigen Bundes zu Theil geworden ist; die andere ist der Zutritt zur Gerechtigkeit durch das Geheimniß des Glaubens, denn „Gott hat Jesum als Sühnopfer dargestellt durch den Glauben in seinem Blute, damit er selbst gerecht sei, und denjenigen rechtfertige, der den Glauben an Jesum Christum hat." Die dritte ist die Vergebung der Sünden.

Die Form der Consekration des Blutes wird erklärt.

3. Weil aber die Worte der Consekration selbst voll von Geheimnissen sind, und der Sache vollkommen entsprechen, so muß man sie um desto sorgfältiger erwägen. Wenn es aber heißt: „Das ist der Kelch meines Blutes," so muß man dies so verstehen: Das ist mein Blut, das in diesem Kelche enthalten ist. Mit Recht und sehr passend muß aber des Kelches Erwähnung geschehen, wenn dieses Blut, welches ein Trank der Gläubigen ist, consekrirt wird; denn das Blut würde einen solchen Trank nicht genugsam zu bedeuten scheinen, wenn es nicht in ein Gefäß aufgenommen wäre. Sodann folgt: „des neuen Bundes," was deswegen hinzugefügt, damit wir einsehen mögen, das Blut Christi werde nicht bildlich, wie im Alten Bunde geschah (denn hierüber lesen wir beim Apostel an die Hebräer, der Bund sei „ohne Blut nicht" geschlossen), sondern wahrhaftig und wirklich den Menschen dargereicht, was dem Neuen Bunde angehört. Deßhalb sagt der Apostel: „Darum ist Christus des Neuen Bundes Mittler, damit durch den Tod diejenigen, die berufen sind, das verheißene ewige Erbe erhielten." Das Wort „ewigen" aber ist auf die ewige Erbschaft zu beziehen, die durch den Tod Christi, des Herrn, des ewigen Erblassers, rechtskräftig uns zu Theil wird.

Wie der consekrirte Wein ein Geheimniß des Glaubens sei.

4. Der Zusatz: „ein Geheimniß des Glaubens" schließt die Wahrheit der Sache nicht aus, sondern zeigt an, daß man mit gewisser Zuversicht glauben müsse, was verborgen und den Augen ganz und gar unzugänglich ist. Ein anderer Sinn aber liegt diesen Worten hier zu Grunde, als welchen sie haben, wenn sie auch von der Taufe gebraucht werden. Denn weil wir durch den Glauben das Blut Christi unter der Gestalt des Weines verborgen sehen, so wird es ein Geheimniß des christlichen Glaubens genannt. Hingegen wird die Taufe, weil sie das ganze Bekenntniß des christ-

guinem Domini, fidei mysterium dicimus, quod scilicet in eo
maxime plurimum difficultatis et negotii humana ratio experia-
tur, quum nobis fides credendum proponit, Christum Dóminum,
verum Dei Filium, simulque Deum et hominem, mortem pro
nobis pertulisse; quae quidem mors sanguinis Sacramento designatur.

Quaestio XXI.

Cur maxime in sanguinis consecratione mortis mentio fiat

Quapropter apposite hoc loco potius, quam in consecratione
corporis, passio Dominica commemoratur, his verbis: „Qui effundetur in remissionem peccatorum“. [1] Sanguis enim separatim
consecratus ad passionem Domini, et mortem, et passionis genus
ante omnium oculos ponendum, maiorem vim et momentum
habet. Sed verba illa, quae adduntur, „pro vobis et pro multis“, a Matthaeo et Luca singula a singulis sumpta sunt; quae
tamen sancta Ecclesia, Spiritu Dei instructa, simul coniunxit;
pertinent autem ad passionis fructum atque utilitatem declarandam. Nam si eius virtutem inspiciamus, pro omnium salute
sanguinem a Salvatore effusum esse, fatendum erit: si vero
fructum, quem ex eo homines perceperint, cogitemus, non ad
omnes, sed ad multos tantum eam utilitatem pervenire, facile
intelligemus. Quum igitur, „pro vobis“, dixit, vel eos, qui ade-
rant, vel delectos ex Iudaeorum populo, quales erant discipuli,
excepto Iuda, quibuscum loquebatur, significavit. Quum autem
addidit, „pro multis“, reliquos electos ex Iudaeis aut Gentibus
intelligi voluit. Recte ergo factum est, ut, pro universis, non
diceretur, quum hoc loco tantummodo de fructibus passionis
sermo esset, quae salutis fructum delectis solum attulit. Atque
huc spectant verba illa Apostoli: „Christus semel oblatus est ad
multorum exhaurienda peccata“. [2] Et quod Dominus apud Ioannem inquit: „Ego pro eis rogo, non pro mundo rogo, sed pro
his, quos dedisti mihi, quia tui sunt“. [3] Plurima alia in huius
consecrationis verbis latent mysteria, quae Pastores assidua rerum divinarum meditatione et studio, ipsi per se, iuvante Domino, facile assequentur.

---

1) Matth. 26, 28. 2) Hebr. 9, 28. 3) Ioan. 17, 9.

lichen Glaubens umfaßt, mit Recht von uns ein Sakrament, von den Griechen ein Geheimniß des Glaubens genannt. Doch auch noch aus einem andern Grunde nennen wir das Blut des Herrn ein Geheimniß des Glaubens, nämlich weil die menschliche Vernunft vorzüglich darin sehr große Schwierigkeit und Mühe findet, daß uns der Glaube für gewiß anzunehmen vorstellt, Christus, der Herr, der wahre Sohn Gottes, und zugleich Gott und Mensch, habe für uns den Tod erlitten, eben dieser Tod aber wird durch das Sakrament des Blutes bezeichnet.

Einundzwanzigste Frage.
Warum vorzüglich bei der Consekration des Blutes Erwähnung des Todes geschehe.

Deshalb wird hier passender, als bei der Consekration des Leibes, des Leidens des Herrn in den Worten Erwähnung gethan: „Das vergossen wird zur Vergebung der Sünden." Denn das besonders consekrirte Blut hat eine größere Kraft und Bedeutung, das Leiden des Herrn, und den Tod, und die Art des Leidens vor Augen zu stellen. Die Worte aber, die hinzugefügt werden: „für euch und für Viele," sind theils aus Matthäus, theils aus Lukas genommen, die heilige Kirche hat sie jedoch, vom heiligen Geiste Gottes belehrt, mit einander verbunden; sie dienen aber dazu, die Frucht und den Nutzen des bitteren Leidens zu erklären. Denn, wenn wir auf die Kraft desselben sehen, so müssen wir bekennen, daß der Heiland sein Blut für Alle vergossen hat; achten wir aber auf die Frucht, welche die Menschen daraus gezogen haben, so werden wir leicht einsehen, daß dieser Nutzen nicht Allen, sondern nur Vielen zu Theil wird. Da er also sagte: „für euch," so bezeichnete er damit entweder die Anwesenden, oder die Auserwählten aus dem jüdischen Volke, wie die Jünger waren, mit Ausnahme des Judas, mit welchen er redete. Wenn er aber hinzufügt: „für Viele," so wollte er darunter die übrigen Auserwählten aus den Juden oder Heiden verstanden wissen. Daraus folgt, daß mit Recht nicht gesagt wurde: „für Alle," da hier nur von den Früchten des bitteren Leidens die Rede war, welches allein den Auserwählten die Frucht des Heils gebracht hat. Hierauf beziehen sich auch jene Worte des Apostels: „Christus ward Einmal geopfert, um vieler Menschen Sünden wegzunehmen;" und was der Herr bei Johannes sagt: „Ich bitte für sie; nicht für die Welt bitte ich, sondern für die, welche du mir gegeben hast, denn sie sind dein." In den Worten dieser Consekration sind noch viele andere Geheimnisse verborgen, welche die Pfarrer durch beharrliche und fleißige Betrachtung göttlicher Dinge unter Gottes Beistande durch sich selbst leicht herausfinden werden.

Quaestio XXII.

Non expedit in hoc Sacramento sensuum adhibere iudicium.

In hoc Sacramento sensuum judicium rejiciendum est.

Sed iam ad earum rerum explicationem oratio revertatur, quae, ut a fidelibus ignorentur, nullo modo committendum est. Ac quoniam Apostolus admonet, gravissimum scelus admitti ab iis, „qui non diiudicant corpus Domini:"[1] hoc in primis doceant Pastores, animum atque rationem a sensibus omni studio avocandam esse. Si enim fideles ea tantum in hoc Sacramento contineri sibi persuaserint, quae sensibus percipiunt, in summam impietatem adducantur necesse est; quum nihil aliud praeter panis ac vini speciem oculis, tactu, odoratu, gustu sentientes, panem tantummodo ac vinum in Sacramento esse iudicaverint. Curandum igitur est, ut fidelium mentes, quam maxime fieri potest, a sensuum iudicio abstrahantur, atque ad immensam Dei virtutem et potentiam contemplandam excitentur.

Quaestio XXIII.

Quid mysticae consecrationis virtute in hoc Sacramento potissimum efficiatur.

Tria per consecrationem in hoc Sacramento effici.

• Tria enim sunt maxime admiranda atque suspicienda, quae in hoc Sacramento verbis consecrationis effici, fides Catholica sine ulla dubitatione credit ac confitetur. Primum est, verum Christi Domini corpus, illud idem, quod natum ex virgine, in coelis sedet ad dexteram Patris, hoc Sacramento contineri. Alterum est, nullam in eo elementorum substantiam remanere, quamvis nihil magis a sensibus alienum et remotum videri possit. Tertium est, quod ex utroque facile colligitur, etsi verba consecrationis id maxime exprimunt, accidentia, quae aut oculis cernuntur, aut aliis sensibus percipiuntur, sine ulla re subiecta esse, mira quadam atque inexplicabili ratione. Ac panis quidem et vini accidentia omnia licet videre, quae tamen nulli substantiae inhaerent, sed per se ipsa constant; quum panis et vini substantia in ipsum Domini corpus et sanguinem ita mutetur, ut panis et vini substantia omnino esse desinat.

---

1) 1 Cor. 11. 29.

Zweiundzwanzigste Frage.
Es geht nicht an, bei diesem Sakramente nach den Sinnen zu urtheilen.
Bei diesem Sakramente muß man auf das Urtheil der Sinne Verzicht leisten.

Nun aber wollen wir zur Erklärung der Dinge zurückkehren, über welche man die Gläubigen auf keine Weise in Unwissenheit lassen darf. Und weil der Apostel uns ermahnt, daß das schwerste Verbrechen von denen begangen wird, „die den Leib des Herrn nicht unterscheiden," so müssen die Pfarrer zuvörderst lehren, daß man hier Geist und Verstand mit allem Fleiße von den Sinnen losreissen müsse. Denn wenn die Gläubigen denken wollten, in diesem Sakramente sei nur das enthalten, was sie mit den Sinnen wahrnehmen, so müßten sie in die größte Gottlosigkeit verfallen. Da sie nämlich mit den Augen, dem Gefühle, Geruche, Geschmacke nichts Anderes als die Gestalt des Brodes und Weines wahrnehmen, so würden sie dafür halten, es sei nur Brod und Wein im Sakramente vorhanden. Man muß also dafür sorgen, daß die Gemüther der Gläubigen, so viel nur möglich, von dem Urtheile der Sinne hinweggezogen, und zur Betrachtung der unermeßlichen Kraft und Macht Gottes angeregt werden.

Dreiundzwanzigste Frage.
Was durch die Kraft der geheimnißvollen Consekration in diesem Sakramente vorzüglich bewirkt wird.
Ein Dreifaches wird durch die Consekration in diesem Sakramente bewirkt.

Dreierlei nämlich ist besonders zu bewundern und anzustaunen, was in diesem Sakramente durch die Worte der Consekration bewirkt wird, wie dies der katholische Glaube ohne allen Zweifel glaubt und bekennt. Das Erste ist, daß der wahre Leib Christi, des Herrn, und zwar derselbe, der, aus der Jungfrau geboren, im Himmel zur Rechten des Vaters sitzet, in diesem Sakramente enthalten sei. Das Zweite ist, daß in demselben Nichts von der Substanz der Elemente zurückbleibe, obgleich es Nichts unseren Sinnen Entgegengesetzteres und Unbegreiflicheres geben zu können scheint. Das Dritte, was sich aus Beiden leicht ergibt, obgleich es vorzüglich die Worte der Consekration ausdrücken, ist dies, daß die Accidentien, die entweder mit den Augen gesehen, oder mit den andern Sinnen wahrgenommen werden, auf eine wundervolle und unerklärbare Weise, ohne an einer entsprechenden Wirklichkeit zu haften, vorhanden sind. Denn man kann zwar alle Accidentien des Brodes und Weines sehen, und doch haften sie an keiner Substanz, sondern bestehen durch sich selbst, da die Substanz des Brodes und Weines so in den Leib und das Blut des Herrn verwandelt wird, daß die Substanz des Brodes und Weines ganz und gar aufhört zu sein.

Quaestio XXIV.

Veritas Corporis Christi in Sacramento ex scripturis ostenditur.

Veritas corporis Christi in Sacramento ex Scripturis ostenditur. Conc. Trident.
Sess. 13 de Euchar. cap. 1 ib. can. I.

I. Verum ut prius de primo agatur, conentur Pastores explicare, quam perspicua et clara sint Salvatoris nostri verba, quae corporis eius veritatem in Sacramento demonstrant. Nam quum inquit: „Hoc est corpus meum, hic est sanguis meus": nemo, qui modo sanae mentis sit, ignorare potest, quid nobis intelligendum sit; praesertim quum de humana natura sermo habeatur, quam in Christo vere fuisse, Catholica fides dubitare neminem patitur; ut vir sanctissimus atque doctissimus Hilarius praeclare scripserit, de veritate carnis et sanguinis Christi, quum ex ipsius Domini professione, et fide nostra, caro eius vere sit cibus, relictum non esse ambigendi locum. [1] Verum alter praeterea locus a Pastoribus enucleandus est, ex quo aperte licet cognoscere, verum Domini corpus et sanguinem in Eucharistia contineri. Nam Apostolus, posteaquam commemoravit, panem et vinum a Domino consecratum, et sacra mysteria Apostolis suis administrata esse, subiungit: „Probet autem se ipsum homo, ac sic de pane illo edat, et de calice bibat. Qui enim manducat et bibit indigne, iudicium sibi manducat et bibit, non diiudicans corpus Domini". [2]

Refutatur Zwinglianismus.

II. Quod si, ut haeretici dictitant, nihil aliud in Sacramento venerandum esset praeter memoriam et signum passionis Christi: quid opus erat tam gravibus verbis fideles hortari, ut se ipsos probarent? Gravi enim illa iudicii voce declaravit Apostolus, nefarium aliquod scelus ob eo admitti, qui impure sumens corpus Domini, quod in Eucharistia occulte latet, ab alio ciborum genere non distinguit; quod etiam supra in eadem epistola uberius explicavit Apostolus his verbis: „Calix benedictionis, cui benedicimus, nonne communicatio sanguinis Christi est? et panis, quem frangimus, nonne participatio corporis Domini est?"[3] Quae quidem verba veram corporis et sanguinis Christi Domini substantiam demonstrant. Haec igitur Scripturae loca Pastori-

---

1) De Trinit. lib. 8. 2) 1 Cor. 11, 28. 3) Ibid. 10, 16.

Vierundzwanzigste Frage.

Die wahre Gegenwart des Leibes Christi im Sakramente wird aus der Schrift bewiesen.

Die Wahrheit des Leibes Christi in dem Sakrament wird aus der heiligen Schrift bewiesen.

1. Um nun zunächst von dem Ersten zu handeln, so sollen die Pfarrer sich zu erklären bemühen, wie deutlich und klar die Worte unseres Heilandes sind, welche die wahre Gegenwart seines Leibes in dem Sakramente beweisen. Denn wenn er sagt: „Das ist mein Leib," „das ist mein Blut," so muß Jedermann, der nur bei gesundem Verstande ist, einsehen, was wir darunter zu verstehen haben; zumal, da von der menschlichen Natur die Rede ist, worin der katholische Glaube für Niemanden einen Zweifel übrig läßt, daß dieselbe in Christo wahrhaft gewesen sei; wie denn auch Hilarius, dieser überaus heilige und hochgelehrte Mann, gar herrlich geschrieben hat, daß an der wahren Gegenwart des Fleisches und Blutes Christi durchaus kein Zweifel übrig bleibe, da nach dem eigenen Bekenntnisse des Herrn, und nach unserem Glauben sein Fleisch wahrhaftig eine Speise ist. Aber noch eine andere Stelle müssen die Pfarrer genau erklären, aus der man deutlich ersehen kann, daß der wahre Leib und das wahre Blut des Herrn in der Eucharistie enthalten ist. Nachdem nämlich der Apostel erwähnt hat, daß der Herr Brod und Wein consekrirt, und die heiligen Geheimnisse seinen Aposteln dargereicht habe, fügt er hinzu: „Der Mensch aber prüfe sich selbst, und dann esse er von diesem Brode und trinke aus diesem Kelche. Denn wer unwürdig ißt und trinkt, der ißt und trinkt sich das Gericht, indem er den Leib des Herrn nicht unterscheidet."

Der Zwinglianismus wird widerlegt.

2. Wenn nun, wie die Ketzer oft sagen, im Sakramente nichts Anderes zu verehren wäre, als das Andenken und Zeichen des bitteren Leidens Christi, was bedürfte es dann so inhaltschwerer Worte, um die Gläubigen zu ermahnen, „sich selbst zu prüfen?" Denn der Apostel erklärte ja durch jenen ersten Ausdruck: „das Gericht," daß derjenige ein schändliches Verbrechen begehe, welcher den Leib Christi, der in der Eucharistie verborgen ist, mit unreinem Herzen empfängt, und von anderer Art der Speisen nicht unterscheidet; wie der Apostel es denn auch vorher in demselben Briefe ausführlicher mit diesen Worten erklärt hat: „Der Kelch der Segnung, den wir segnen, ist er nicht die Gemeinschaft des Blutes Christi? Und das Brod, das wir brechen, ist es nicht die Gemeinschaft des Leibes des Herrn?" Eben diese Worte beweisen die wahre Substanz des Leibes und Blutes Christi, des Herrn. Diese Stellen der Schrift nun müssen die Pfarrer erklären, und nament-

bus explicanda erunt, atque in primis docendum, nihil in iis
dubii aut incerti relictum esse; praesertim, quum haec Ecclesiae
Dei sacrosancta auctoritas interpretata sit.

Quaestio XXV.

Ecclesiae Christi sententia de sensu Scripturarum et veritate corporis Domini in Eucharistia, quomodo sit perquirenda.

Primo inquirendus est Patrum et Doctorum Ecclesiae per omnia consensus.

I. Ad cuius sententiae cognitionem duplici via et ratione possumus pervenire. Prima est, quum Patres, qui ab initio Ecclesiae atque omni deinceps aetate floruerunt, et Ecclesiasticae
doctrinae optimi testes sunt, consulimus. Hi vero summo consensu omnes huius dogmatis veritatem apertissime tradiderunt;
quorum singula testimonia afferre, quoniam operosi laboris esset, satis erit pauca notare, vel indicare potius, ex quibus iudicium de caeteris facile fieri poterit. Primus igitur D. Ambrosius fidem suam profcrat, qui in libro de iis, qui initiantur
mysteriis, testatus est, verum Christi corpus in hoc Sacramento
sumi, sicut vere ex virgine sumptum est; idque certissima fide
tenendum esse. Et alio loco docet, ante consecrationem panem
ibi esse; post consecrationem autem carnem Christi. Accedat
alter testis D. Chrysostomus,[1] non minoris fidei et gravitatis,
qui quidem quum multis aliis in locis hanc ipsam veritatem profitetur et docet, tum vero praecipue Homilia 60 de iis, qui
sacra mysteria impure sumunt; itemque Homilia 44 et 45 in
S. Ioannem; inquit enim: „Pareamus Deo, neque contradicamus;
licet vel cogitationibus, vel oculis nostris videatur adversari,
quod dicitur; ipsius enim sermo infallibilis est, sensus noster
facile seducitur". His vero omni ex parte consentiunt, quae
D. Augustinus, acerrimus Catholicae fidei propugnator, semper
docuit, atque in primis titulum Psalmi 33 exponens; scribit
enim: „Portare se in manibus suis, homini impossibile est, so-
lique Christo convenire potest; ferebatur enim ille in manibus
suis, quando commendans ipsum corpus suum ait: „Hoc est
corpus meum". Ac Cyrillus, praeterea Iustinus et Irenaeus,
adeo aperte libro 4 in Ioan. veram Domini carnem in hoc Sa-

---

1) Ad pop. Antioch. hom. 60 et 61.

lich lehren, daß in ihnen nichts Zweifelhaftes oder Ungewisses übrig bleibe, besonders da das hochheilige Ansehen der Kirche Gottes sie also ausgelegt hat.

Fünfundzwanzigste Frage.

Wie man den Ausspruch der Kirche Christi über den Sinn der heiligen Schrift und die wahre Gegenwart des Leibes des Herrn in der Eucharistie untersuchen muß.

Zuerst ist die völlig übereinstimmende Lehre der Väter und Lehrer der Kirche zu untersuchen.

1. Zur Erkenntniß dieser Lehre können wir auf doppelte Art und Weise gelangen. Die erste ist, wenn wir die Väter zu Rathe ziehen, welche im Anfange der Kirche und von da ab alle Zeit hindurch in Ansehen standen, und die besten Zeugen der Kirchen= lehre sind. Diese aber haben sämmtlich mit der größten Ein= helligkeit die Wahrheit dieses Glaubenssatzes auf's Ausdrücklichste erklärt. Weil es jedoch eine mühevolle Arbeit wäre, deren Zeug= nisse einzeln anzuführen, so wird es genügen, wenige zu verzeichnen, oder vielmehr anzudeuten, aus denen man sich leicht ein Urtheil über die andern bilden kann. Zuerst also möge uns der heilige Ambrosius seinen Glauben kundgeben, der in seinem Buche „Von denen, welche in die Geheimnisse eingeweiht werden," bezeugt hat, in diesem Sakramente werde der wahre Leib Christi genossen, wie er wahrhaftig aus der Jungfrau geboren sei; und dies müsse man auf das Gewisseste glauben. Und an einer andern Stelle lehrt er, vor der Consekration sei Brod da, nach der Consekration aber das Fleisch Christi. Der andere Zeuge sei der h. Chrysostomus, von nicht minderer Glaubwürdigkeit und Geltung, welcher an vie= len anderen Stellen diese Wahrheit bekennt und lehrt, vorzüglich jedoch in der 60. Homilie von denen, welche die heiligen Geheim= nisse mit unreinem Herzen empfangen; so wie auch in der 44. und 45. Homilie über den heil. Johannes, wo er nämlich sagt: „Laßt uns Gott gehorchen und ihm nicht widersprechen, wenngleich, was hier gesagt wird, unsern Gedanken oder Augen zu widersprechen scheint; denn sein Wort ist unfehlbar, aber unsere Sinne sind leicht verführbar." Hiermit stimmt vollkommen überein, was der heilige Augustin, der scharfsinnigste Vorkämpfer des katholischen Glaubens, immer gelehrt hat, und vor Allem in der Auslegung der Ueber= schrift des 33. Psalms. Er schreibt nämlich: „Sich selbst in seinen Händen zu tragen, ist dem Menschen unmöglich, und kann allein Christo zukommen; denn er trug sich in seinen Händen, als er seinen eigenen Leib darreichend sprach: Das ist mein Leib." Und außer Justinus und Irenäus bekennt Cyrill dergestalt ausdrücklich im 4. Buche über Johannes, in diesem Sakramente sei das wahre

cramento esse affirmat, ut eius verba nullis possint fallacibus
et captiosis interpretationibus obscurari. Quod si Pastores alia
etiam Patrum testimonia requirent, facile erit, sanctos Dionysium, Hilarium, Hieronymum, Damascenum addere, innumerabilesque alios, quorum de hac re gravissimas sententias, doctorum et piorum hominum industria et labore in unum congestas,
passim legimus. Altera restat via, qua sanctae Ecclesiae iudicium in iis, quae ad fidem pertinent, investigare liceat, contrariae scilicet doctrinae et opinionis damnatio.

Veritas corporis Christi in Eucharistia per contrariae sententiae damnationem Eccle-
siasticam potest cognosci.

II. At vero constat, semper corporis Christi veritatem in
sancto Eucharistiae Sacramento ita per universam Ecclesiam
diffusam et disseminatam esse, et consentienti voluntate ab omnibus fidelibus receptam, ut, quum ante quingentos annos Beren-
garius id negare ausus esset, ibique signum tantummodo esse
assereret, statim in Vercellensi Concilio, quod Leonis IX. auctoritate convocatum fuerat, omnium sententiis condemnatus, ipse
haeresim suam anathemati addixerit, qui postea, quum ad eandem impietatis insaniam rediisset, tribus aliis Conciliis, Turo-
nensi et duobus Romanis, quorum alterum Nicolaus II., alterum
Gregorius VII. Pontifices Maximi convocarunt, damnatus est.
Eam postea sententiam Innocentius III. in Concilio Lateranensi
magno confirmavit; ac deinceps a Florentina et Tridentina Sy-
nodis eiusdem veritatis fides apertius declarata ac stabilita est.
Haec igitur si Pastores diligenter exposuerint (ut nihil dicamus
de iis, qui erroribus obcaecati, nihil magis, quam veritatis lucem oderunt), et infirmos confirmare, et piorum mentes summa
quadam laetitia et voluptate afficere poterunt.

Quaestio XXVI.

Includiturne etiam Symbolo dogma de veritate Corporis Christi in
hoc Sacramento?

Quum praesertim fidelibus dubitare non liceat, quin inter
caeteros fidei articulos, huius etiam dogmatis fides comprehen-
datur. Nam quum Dei summam omnium rerum potestatem
credunt et confitentur, credant etiam necesse est, potestatem ei
non defuisse maximi huius operis efficiendi, quod in Eucharistiae Sacramento admiramur et colimus. Deinde quum credunt

Fleisch des Herrn, daß sein Worte durch keine trügerische und hinterlistige Auslegung verdunkelt werden können. Im Falle aber die Pfarrer noch andere Zeugnisse der Väter verlangten, würde es leicht sein, die heiligen Dionysius, Hilarius, Hieronymus, Damascenus hinzuzufügen, und noch unzählige Andere, deren sehr gewichtige Aussprüche hierüber wir, durch den Fleiß und die Bemühung gelehrter und frommer Menschen gesammelt, allenthalben lesen. Nun bleibt noch der zweite Weg übrig, auf dem man das Urtheil der heiligen Kirche in Dingen, die zum Glauben gehören, ausfindig machen kann, nämlich die Verdammung der entgegengesetzten Lehre und Meinung.

Die Wahrheit des Leibes Christi in der Eucharistie kann aus der kirchlichen Verurtheilung der entgegengesetzten Meinung erkannt werden.

2. Es ist aber unleugbar, daß der Glaube an die wahre Gegenwart des Leibes Christi im heiligen Sakramente der Eucharistie zu allen Zeiten dergestalt in der ganzen Kirche verbreitet und ausgesäet, und mit einhelliger Zustimmung von allen Gläubigen angenommen ist, daß Berengar, als er vor fünfhundert Jahren dies zu leugnen wagte, und behauptete, es sei allein ein Zeichen da, sogleich auf dem Concil von Vercelli, das auf Befehl Leo's IX. zusammenberufen war, einstimmig von Allen verdammt wurde, und seine Ketzerei selbst verfluchte. Und als er darauf zu dem nämlichen gottlosen Wahne zurückkehrte, wurde er auf drei anderen Concilien verdammt, dem zu Tours und den beiden zu Rom, von denen das eine Papst Nikolaus II., das andere Papst Gregor VII. berufen hatten. Innocenz III. bestätigte nachmals diesen Ausspruch auf dem großen lateranischen Concil, und von den Kirchenversammlungen von Florenz und Trient ist dann der Glaube an dieselbe Wahrheit deutlicher ausgesprochen und festgesetzt worden. Wenn die Pfarrer dies mit Fleiß darlegen, so werden sie, (um von denen zu schweigen, die durch Irrthümer geblendet, nichts mehr hassen, als das Licht der Wahrheit) theils die Schwachen stärken, theils die Herzen der Frommen mit überaus großer Freude und Wonne erfüllen können.

Sechsundzwanzigste Frage.
Ist auch im Symbolum der Satz von der wahren Gegenwart des Leibes Christi in diesem Sakramente eingeschlossen?

Besonders da die Gläubigen gar nicht zweifeln dürfen, daß unter den übrigen Glaubensartikeln auch dieser Glaubenssatz enthalten ist. Denn da sie Gottes höchste Macht über alle Dinge glauben und bekennen, müssen sie auch glauben, daß ihm die Macht nicht gefehlt habe, dieses allergrößte Werk auszuführen, welches wir in dem Sakramente der Eucharistie bewundern und verehren. Da

sanctam Ecclesiam Catholicam: necessario sequitur, ut simul credant, eam esse, quam explicavimus, huius Sacramenti veritatem.

Quaestio XXVII.

Quanta sit Ecclesiae militantis dignitas ex huius mysterii maiestate ostenditur.

Dignitas Sacramenti Eucharistiae et Ecclesiae propter illud.

Sed nihil est profecto, quod ad piorum iucunditatem et fructum addi possit, quum huius altissimi Sacramenti dignitatem contemplantur. Primum enim intelligunt, quanta sit Evangelicae legis perfectio, cui datum est, id re ipsa habere, quod signis tantum et figuris Mosaicae legis tempore adumbratum fuerat. Quare divinitus dictum est a Dionysio, [1] Ecclesiam nostram mediam esse inter Synagogam et supremam Ierusalem, ac propterea utriusque participem. Ac profecto satis mirari fideles nunquam poterunt sanctae Ecclesiae perfectionem, eiusque gloriae altitudinem, quum inter eam et coelestem beatitudinem unus tantum gradus interesse videatur. Hoc enim nobis cum coelitibus commune est, ut utrique Christum Deum et hominem praesentem habeamus; sed, quo uno gradu ab eis distamus, illi praesentes beata visione perfruuntur, nos praesentem et tamen ab oculorum sensu remotum, sacrorum mysteriorum admirabili integumento se occultantem, firma et constanti fide veneramur. Praeterea fideles hoc Sacramento Christi Salvatoris nostri perfectissimam charitatem experiuntur; eius enim bonitatem maxime decuit, naturam, quam a nobis sumpserat, a nobis nunquam subtrahere, sed, quantum fieri posset, esse, versarique nobiscum velle; ut illud omni tempore vere et proprie dictum videretur: „Deliciae meae esse cum filiis hominum“. [2]

Quaestio XXVIII.

Ossa, nervi, et quaecumque ad hominis perfectionem pertinent, una cum divinitate hic vere adsunt.

De concomitantia partium corporis Christi in hoc Sacramento. Christus nomen Dei et hominis est.

Iam vero hoc loco a Pastoribus explicandum est, non solum verum Christi corpus, et quidquid ad veram corporis rationem pertinet, veluti ossa et nervos, sed etiam totum Christum in hoc Sacramento contineri. Docere autem oportet, Christum, nomen esse Dei et hominis, unius scilicet personae, in quo di-

---

1) De Eccles. Hier. c. 5.   2) Prov. 8, 31.

sie ferner eine heilige katholische Kirche glauben, so folgt nothwendig, daß sie zugleich glauben, mit der Wahrheit dieses Sakramentes verhalte es sich so, wie wir erklärt haben.

Siebenundzwanzigste Frage.
Es wird aus der Majestät dieses Geheimnisses gezeigt, wie erhaben die Würde der streitenden Kirche sei.

Die Würde des Sakramentes der Eucharistie und der Kirche wegen derselben.

Aber wahrlich gibt es Nichts, was der Wonne und dem Nutzen der Frommen hinzugefügt werden könnte, wenn sie die Würde dieses erhabensten Sakramentes betrachten. Denn erstens erkennen sie, wie groß die Vollkommenheit des evangelischen Gesetzes sei, da ihm verliehen ist, in Wirklichkeit zu besitzen, was zur Zeit des mosaischen Gesetzes nur durch Zeichen und Vorbilder verhüllt angedeutet war. Daher ist es ein göttlicher Ausspruch des Dionysius, unsere Kirche sei die Mitte zwischen der Synagoge und dem himmlischen Jerusalem, und deßhalb beider theilhaftig. Und wahrlich, die Gläubigen können die Vollkommenheit der heiligen Kirche und die Größe ihrer Herrlichkeit niemals genug bewundern, da von ihr zur himmlischen Seligkeit nur Ein Schritt zu sein scheint. Denn das haben wir mit den Himmelsbürgern gemein, daß wir Beide Christum als Gott und Mensch gegenwärtig haben; sie aber, und durch diesen einen Schritt sind wir von einander getrennt, genießen ihn im seligen Anschauen gegenwärtig; wir verehren ihn mit festem und unerschütterlichem Glauben als gegenwärtig und dennoch der Wahrnehmung der Augen entzogen, und unter der wunderbaren Hülle der heiligen Geheimnisse sich verbergend. Außerdem erfahren die Gläubigen in diesem Sakramente die vollkommenste Liebe Christi, unsers Heilandes. Denn seiner Güte entsprach es ganz und gar, die Natur, die er von uns angenommen hatte, uns nimmer zu entziehen, sondern, so viel möglich, bei uns sein und mit uns umgehen zu wollen, damit zu jeder Zeit wahrhaft und wirklich das Wort Geltung zu haben scheine: „Meine Lust ist, bei den Menschenkindern zu sein."

Achtundzwanzigste Frage.
Gebeine, Nerven, und was immerhin zur Vollkommenheit des Menschen gehört, sind zugleich mit der Gottheit hier wirklich zugegen.

Ueber die begleitende Anwesenheit der Theile des Leibes Christi in diesem Sakramente. Christus ist der Name Gottes und des Menschen.

Jetzt muß aber hier von den Pfarrern erklärt werden, nicht nur der wahre Leib Christi, und was sonst zur wahren Beschaffenheit des Leibes gehört, als da sind Gebeine und Nerven, sondern auch der ganze Christus sei in diesem Sakramente enthalten. Man muß aber lehren, Christus sei der Name Gottes und des Menschen,

vina et humana natura coniuncta sit. Quare utramque substantiam, et quae utriusque substantiae consequentia sunt, divinitatem et totam humanam naturam, quae ex anima et omnibus corporis partibus et sanguine etiam constat, complectitur, quae omnia in Sacramento esse credendum est. Nam quum in coelo tota humanitas divinitati in una persona et hypostasi coniuncta sit, nefas est suspicari, corpus, quod in Sacramento inest, ab eadem divinitate sciunctum esse.

Quaestio XXIX.

Sanguis, anima et divinitas non eodem modo in Eucharistia, quo corpus Christi, sunt.

Quid in Sacramento Eucharistiae vi ipsius Sacramenti efficiatur, et praesens adsit, quidque adsit ex concomitantia? Conc. Trident. Sess. 13 de Euchar. c. 3.

I. In quo tamen Pastores animadvertant necesse est, non omnia eadem ratione aut virtute in hoc Sacramento contineri. Quaedam enim sunt, quae ex vi et efficientia consecrationis in Sacramento esse dicimus; nam quum verba illa efficiant, quidquid significant, id esse in Sacramento ex vi Sacramenti divinarum rerum scriptores appellarunt, quod verborum forma exprimitur; ita, si contingeret, ut aliquid ab aliis rebus omnino seiunctum esset, id solum, quod forma significaret, in Sacramento esse, caetera non item esse, docuerunt. Quaedam vero in Sacramento continentur, quod illis rebus coniuncta sint, quae forma exprimuntur, nam quum forma, quae ad panem consecrandum adhibetur, corpus Domini significet, quum dicitur: „Hoc est corpus meum“: ipsum Christi Domini corpus ex vi Sacramenti in Eucharistia erit. At quia corpori sanguis, anima et divinitas coniungitur: haec quoque in Sacramento erunt omnia; non quidem ex consecrationis virtute, sed ut ea, quae corpori coniuncta sunt.

Sub altera Eucharistiae specie totum Christum per concomitantiam partium contineri.

II. Atque haec ex concomitantia in Sacramento esse dicuntur, qua ratione totum Christum in Sacramento esse perspicuum est. Si enim duo aliqua inter se re ipsa coniungantur, ubi unum sit, ibi alterum etiam esse necesse est. Sequitur itaque, totum Christum usque adeo tam in panis quam in vini specie contineri, ut, quemadmodum in panis specie non corpus modo, sed etiam sanguis, et totus Christus vere inest, sic contra in

nämlich Einer Person, in welcher die göttliche und menschliche Natur vereinigt sind. Daher umfaßt sie beide Wesenheiten, und was mit beiden Wesenheiten zusammenhängt, die Gottheit und die ganze menschliche Natur, die aus der Seele und allen Theilen des Leibes, und auch aus dem Blute besteht, und man muß glauben, daß dies Alles im Sakramente enthalten sei. Denn da im Himmel die ganze Menschheit mit der Gottheit in Einer Person und Hypostase verbunden ist, so ist es sündlich, zu meinen, der Leib, der im Sakramente gegenwärtig ist, sei von eben dieser Gottheit getrennt.

Neunundzwanzigste Frage.

Das Blut, die Seele und die Gottheit sind in der Eucharistie nicht auf die nämliche Weise, wie der Leib Christi.

Was in dem Sakramente der Eucharistie kraft des Sakramentes selbst bewirkt werde und anwesend sei, und was in begleitender Weise gegenwärtig sei.

1. Die Pfarrer müssen jedoch hierbei bemerken, daß in diesem Sakramente nicht Alles in gleicher Weise oder Kraft enthalten ist. Denn wir sagen von Einigem, es sei kraft und vermöge der Consekration im Sakramente; da nämlich die Worte das bewirken, was sie bedeuten, so haben die Kirchenschriftsteller gesagt, daß das, was durch die Form der Worte ausgedrückt wird, im Sakramente kraft des Sakramentes sei. Sie lehrten daher, wenn es vorkäme, daß Etwas von anderen Dingen gänzlich getrennt wäre, so sei nur das im Sakramente, was die Form bezeichne, das Uebrige nicht. Einiges ist aber in dem Sakramente enthalten, was mit jenen Gegenständen verbunden ist, die durch die Form ausgedrückt werden; denn da die Form, die bei der Consekration des Brodes gebraucht wird, den Leib des Herrn bezeichnet, wenn es heißt: „Dies ist mein Leib," so wird der Leib Christi, des Herrn, kraft des Sakramentes in der Eucharistie sein. Weil aber mit dem Leibe das Blut, die Seele und die Gottheit vereinigt ist, so wird auch dies Alles im Sakramente sein, zwar nicht kraft der Consekration, sondern als mit dem Leibe verbunden.

Unter jeder der beiden Gestalten der Eucharistie sei der ganze Christus vermöge der begleitenden Anwesenheit der Theile enthalten.

2. Und dies nennt man: „vermöge der Mitgeleitschaft im Sakramente sein," und es ist einleuchtend, daß auf diese Weise der ganze Christus im Sakramente ist. Denn wenn irgend zwei Dinge wirklich mit einander vereinigt sind, so muß, wo das Eine ist, nothwendig auch das Andere sein. Es folgt also, daß der ganze Christus eben so wohl unter der Gestalt des Brodes, als des Weines dergestalt enthalten ist, daß, wie unter der Gestalt des Brodes, nicht nur der Leib, sondern auch das Blut, und der ganze Christus wahrhaftig zugegen ist, so hinwiederum unter der Gestalt des

vini specie non solum sanguis, sed corpus, et totus Christus vere insit.

Quaestio XXX.

Cur in Eucharistia duplex fiat consecratio.

Sed quamquam haec ita se habere, omnibus fidelibus certum et persuasissimum esse debet, optimo tamen iure institutum est, ut separatim duae consecrationes fierent. Primo enim, ut passio Domini, in qua sanguis a corpore divisus est, magis referatur; cuius rei causa in consecratione sanguinem effusum esse meminimus. Deinde maxime consentaneum fuit, ut, quoniam Sacramento ad alendam animam utendum nobis erat, tanquam cibus et potus institueretur, ex quibus perfectum corporis alimentum constare perspicuum est.

Quaestio XXXI.

Totus Christus in quavis utriusque speciei particula praesens adest.

Cf. De Consecr. D. 2. c. Singul. Guitmund. lib. I. adv. Bereng. Istud paulo post Q. 35 fusius explicabitur. Conc. Trid. Sess. 22 c. 3 et can. 3 et Sess. 23 de comm. sub utraque specie c. 1.

Neque vero illud praetermittendum, non solum in utraque specie, sed in quavis utriusque speciei particula totum Christum contineri. Sic enim Augustinus scriptum reliquit: „Singuli accipiunt Christum Dominum, et in singulis portionibus totus est; nec per singulos minuitur, sed integrum se praebet in singulis". Atque id praeterea ex Evangelistis facile colligi potest. Neque enim credendum est, singula panis frusta propria verborum forma a Domino consecrata esse, sed eadem simul omnem panem, qui ad sacra mysteria conficienda, atque Apostolis distribuenda satis futurus esset; id quod de calice factum esse apparet, quum ipse dixit: „Accipite et dividite inter vos". Hactenus quae explicata sunt, eo pertinent, ut ostendant Pastores, verum Christi corpus et sanguinem in Eucharistiae Sacramento contineri.

Quaestio XXXII.

Post consecrationem nulla materiae huius Sacramenti substantia remanet.

Quomodo corpus Christi in Eucharistia esse coeperit? Non per loci mutationem.

I. Nunc, quod alterum erat propositum, docebunt etiam, panis et vini substantiam in Sacramento post consecrationem non remanere. Hoc vero, quamvis maximam admirationem merito habere possit, tamen cum eo, quod prius demonstratum est,

Weines nicht nur das Blut, sondern auch der Leib, und der ganze Christus wahrhaft enthalten ist.

Dreißigste Frage.

Warum in der Eucharistie eine doppelte Consecration stattfindet.

Obgleich aber alle Gläubigen gewiß und vollkommen überzeugt sein müssen, daß sich dies so verhalte, so ist doch mit vollstem Rechte verordnet, daß zwei Consecrationen besonders stattfinden sollen. Erstlich nämlich, damit das bittere Leiden des Herrn, in welchem das Blut vom Körper getrennt wurde, anschaulicher werde; wesz=halb wir uns bei der Consecration daran erinnern, daß das Blut vergossen sei. Sodann war es höchst entsprechend, daß, weil wir uns des Sakramentes zur Ernährung der Seele bedienen sollten, es auch als Speise und Trank eingesetzt wurde, aus denen bekannt=lich die vollständige Nahrung des Leibes besteht.

Einunddreißigste Frage.

Der ganze Christus ist in jedem Theilchen der beiden Gestalten gegenwärtig.

Auch das ist nicht zu übersehen, daß Christus nicht allein unter beiderlei Gestalt, sondern auch in jedem Theilchen der beiden Ge=stalten ganz enthalten ist. Denn so hat Augustin in seinen Schriften hinterlassen: „Jeder Einzelne empfängt Christum, den Herrn, und in jedem Theile ist er ganz; auch wird er durch die Einzelnen nicht vermindert, sondern er bietet sich jedem Einzelnen vollständig dar." Dies kann man außerdem leicht aus den Evangelisten entnehmen. Denn man darf nicht glauben, daß jedes einzelne Stück Brod durch eine eigene Form von Worten vom Herrn consekrirt worden sei, sondern mit einer und derselben Form zugleich das ganze Brod, welches zur Vollziehung der heil. Geheimnisse, und zur Vertheilung unter die Apostel hinreichen mochte; was man besonders bei dem Kelche sehen kann, da er selbst sagt: „Nehmet, und theilet ihn unter euch." Das bisher Erklärte hat zum Zweck, daß die Pfarrer zeigen sollen, im Sakramente der Eucharistie sei der wahre Leib und das Blut Christi enthalten.

Zweiunddreißigste Frage.

Nach der Consecration bleibt Nichts von der Substanz der Materie dieses Sakramentes zurück.

Wie der Leib Christi in der Eucharistie zu sein beginnt? Nicht durch Verände=rung des Ortes.

1. Was nun den zweiten Punkt betrifft, so werden sie gleichfalls lehren, daß nach der Consecration von der Substanz des Brodes und Weines in diesem Sakramente Nichts zurückbleibt. Obschon dies mit Recht die größte Verwunderung erregen könnte, so steht

necessario coniungitur. Etenim si est verum Christi corpus sub panis et vini speciei post consecrationem, omnino necesse est, quum ibi antea non esset, hoc vel loci mutatione, vel creatione, vel alterius rei in ipsum conversione factum esse. At vero fieri non posse constat, ut corpus Christi in Sacramento sit, quod ex uno in alium locum venerit; ita enim fieret, ut a coeli sedibus abesset, quoniam nihil movetur, nisi locum deserat, a quo movetur.

Non per creationem. Adest per panis conversionem.

II. Creari autem corpus Christi, minus credibile est, ac ne in cogitationem quidem cadere hoc potest. Relinquitur ergo, ut in Sacramento sit corpus Domini, quod panis in ipsum convertatur; quare nulla panis substantia remaneat necesse est. Hac ratione adducti Patres et maiores nostri in Conciliis, Lateranensi magno et Florentino, huius articuli veritatem apertis decretis confirmarunt; a Tridentina vero Synodo explicatius ita definitum est: „Si quis dixerit, in sacrosancto Eucharistiae Sacramento remanere substantiam panis et vini una cum corpore et sanguine Domini nostri Iesu Christi, anathema sit".[1]

Transubstantiatio Scripturis statuitur. De transsubstantiatione cf. Conc. Trident. Sess. 13 de Euchar. cap. 4 et can. 2.

III. Haec vero ex testimoniis Scripturarum facile fuit colligere, primum quod in eius Sacramenti institutione ipse Dominus dixit: „Hoc est corpus meum"; vocis enim, „Hoc", ea vis est, ut omnem rei praesentis substantiam demonstret. Quod si panis substantia remaneret, nullo modo vere dici videretur: „Hoc est corpus meum". Deinde Christus Dominus apud Ioannem: „Panis", inquit, „quem ego dabo, caro mea est pro mundi vita";[2] panem videlicet carnem suam vocans. Ac paulo post subiecit: „Nisi manducaveritis carnem filii hominis, et biberitis eius sanguinem, non habebitis vitam in vobis"; et rursus: „Caro mea vero est cibus, et sanguis meus vere est potus". Quum ergo tam claris et perspicuis verbis carnem suam panem et cibum verum, sanguinem item verum potum nominaverit: satis videtur declarasse, nullam in Sacramento substantiam panis et vini remanere.

---

1) Sess. 13. c. 2.   2) Ioan 6, 52.

es doch mit dem, was vorhin erwiesen wurde, in nothwendigem Zusammenhange. Wenn nämlich nach der Consekration der wahre Leib Christi unter der Gestalt des Brodes und Weines gegenwärtig ist, da er vorher dort nicht vorhanden war, so muß dies ja schlechterdings entweder durch eine Veränderung des Orts, oder durch eine neue Schöpfung, oder durch die Verwandlung einer anderen Sache in diesen Leib geschehen sein. Nun aber ist es offenbar unmöglich, daß der Leib Christi dadurch im Sakramente sei, daß er von einem Orte an einen andern kam; denn so würde er ja nicht mehr in den Wohnungen des Himmels sein, weil sich nichts fortbewegt, ohne nicht den Ort zu verlassen, von dem es sich fortbewegt.

Nicht durch Schöpfung. Er ist durch Wandlung des Brodes gegenwärtig.

2. Daß aber der Leib Christi erschaffen werde, ist noch weniger glaublich, und läßt sich nicht einmal denken. Es bleibt also nur übrig, daß der Leib Christi dadurch im Sakramente ist, weil das Brod in denselben verwandelt wird, woraus folgt, daß keine Substanz des Brodes mehr übrig bleiben kann. Durch diesen Grund bewogen, haben die Väter und unsere Vorfahren auf dem großen lateranensischen und florentinischen Concil die Wahrheit dieses Artikels durch klare Beschlüsse bestätigt; von der trienter Kirchenversammlung aber wurde ausführlicher also bestimmt: „Wenn Jemand sagt, im hochheiligen Sakramente der Eucharistie bleibe die Substanz des Brodes und Weines zugleich mit dem Leibe und Blute unseres Herrn Jesu Christi, der sei im Banne."

Die Wesens-Wandlung wird durch die heilige Schrift bewiesen.

3. Dies kann man aber auch leicht aus den Zeugnissen der Schrift entnehmen; erstlich, weil der Herr selbst bei der Einsetzung dieses Sakramentes sprach: „Das ist mein Leib;" denn das Wort „das" hat die Bedeutung, daß es die ganze Substanz einer gegenwärtigen Sache bezeichnet. Bliebe nun aber die Substanz des Brodes zurück, so scheint es, könne auf keine Weise mit Wahrheit gesagt werden, „das ist mein Leib." Ferner sagt Christus, der Herr, bei Johannes: „das Brod, das ich auch geben werde, ist mein Fleisch für das Leben der Welt," und nennet so das Brod sein Fleisch. Und kurz darauf fügt er hinzu: „Wenn ihr das Fleisch des Menschensohnes nicht essen, und sein Blut nicht trinken werdet, so werdet ihr das Leben nicht in euch haben;" und abermals: „Mein Fleisch ist wahrhaftig eine Speise, und mein Blut ist wahrhaftig ein Trank." Da er also mit so klaren und deutlichen Worten sein Fleisch ein Brod und eine wahrhaftige Speise, eben so sein Blut einen wahrhaftigen Trank genannt hat, so scheint er genugsam ausgesprochen zu haben, daß im Sakramente keine Substanz des Brodes und Weines zurückbleibe.

Quaestio XXXIII.

Quo modo Patres in hoc Sacramento transsubstantiationem agnoverint.

Transsubstantiatio ex consensu Patrum ostenditur.

Atque hanc perpetuo sanctorum Patrum consentientem fuisse doctrinam, qui eos evolverit, facile intelliget. D. quidem Ambrosius ita scribit: „Tu forte dicis: Meus panis est usitatus; sed panis iste panis est ante verba Sacramentorum; ubi accesserit consecratio, de pane fit caro Christi“:[1] quod quidem ut facilius probare posset, varia deinde affert exempla et similitudines. Alibi vero, quum verba illa interpretaretur: Omnia, quaecunque Dominus voluit, fecit in coelo et in terra: „Licet, inquit, figura panis et vini videatur, nihil tamen aliud, quam caro Christi, et sanguis post consecrationem credendum est“. Atque eisdem fere verbis eandem sententiam S. Hilarius exponens docuit, quamvis extrinsecus panis et vinum videatur, vere tamen corpus et sanguinem Domini esse.

Quaestio XXXIV.

Qua ratione Eucharistia post consecrationem etiam panis dicatur.

Sed moneant Pastores hoc loco, mirandum non esse, si post consecrationem panis etiam vocetur; hoc enim nomine Eucharistia appellari consuevit, tum quia panis speciem habeat, tum quod naturalem alendi et nutriendi corporis vim, quae panis propria est, adhuc retineat. Eam autem esse sacrarum litterarum consuetudinem, ut res ita appellet, cuiusmodi esse videatur, satis ostendet, quod in Genesi dictum est, „tres viros Abrahae apparuisse“,[2] qui tamen tres Angeli erant, et „duo illi“, qui Apostolis, ascendente in coelum Christo Domino, apparuerunt, quum essent Angeli, „viri“ dicuntur.[3]

Quaestio XXXV.

Quomodo fiat tam admiranda substantiarum conversio.

Quam admirabilis sit conversio.

Difficillima est omnino huius mysterii explicatio, sed tamen conabuntur Pastores, iis, qui magis in divinarum rerum cognitione profecerunt (nam qui adhuc imbecilliores sunt, verendum esset, ne rei magnitudine opprimerentur), conabuntur, inquam,

---

1) De Sacram. l. 4. c. 4. 2) Gen. 18, 2. 3) Act. 1, 10.

Dreiunddreißigste Frage.

Wie die Väter in diesem Sakramente die Transsubstantiation anerkannt haben.

Die Wesens-Wandlung wird aus der Uebereinstimmung der Väter nachgewiesen.

Daß dies zu allen Zeiten die übereinstimmende Lehre der heiligen Väter gewesen sei, wird ohne Mühe Jeder einsehen, der sie durchforscht. Der h. Ambrosius schreibt also: „Du sagst vielleicht: Mein Brod ist ein gewöhnliches; aber jenes Brod ist Brod vor den sakramentalischen Worten; kommt aber die Consekration hinzu, so wird aus dem Brode das Fleisch Christi." Und um dies leichter beweisen zu können, führt er darauf verschiedene Beispiele und Gleichnisse an. An einem andern Orte aber, wo er jene Worte auslegt: „Alles, was er wollte, hat der Herr gemacht im Himmel und auf Erden," sagt er: „Obgleich man die Gestalt von Brod und Wein schaut, so muß man doch glauben, daß es nach der Consekration nichts Anderes ist, als das Fleisch und Blut Christi." Und indem der h. Hilarius dieselbe Meinung fast mit den nämlichen Worten ausspricht, lehrte er, daß, obgleich es äußerlich nur Brod und Wein zu sein scheine, es doch wahrhaftig der Leib und das Blut des Herrn sei.

Vierunddreißigste Frage.

In welcher Weise die Eucharistie nach der Consekration auch Brod genannt werde.

Aber die Pfarrer müssen hier erinnern, daß man sich nicht wundern dürfe, wenn die Eucharistie auch nach der Consekration noch Brod genannt werde; denn die Eucharistie pflegt deshalb so genannt zu werden, theils, weil sie die Gestalt des Brodes hat, theils, weil sie die natürliche Kraft, den Leib zu nähren und zu speisen, welche dem Brode eigen ist, noch beibehält. Daß aber die heilige Schrift die Gegenstände so zu benennen pflege, wie sie zu sein scheinen, erweist sich genugsam aus der Genesis, in welcher es heißt: „dem Abraham seien drei Männer erschienen," obschon es doch drei Engel waren; und „jene Zwei" die den Aposteln erschienen, als Christus, der Herr, gen Himmel hinauffuhr, werden „Männer" genannt, obgleich sie Engel waren.

Fünfunddreißigste Frage.

Wie die so wunderbare Verwandlung der Substanzen vor sich gehe.

Wie wunderbar die Wandlung sei.

Die Erklärung dieses Geheimnisses ist allerdings sehr schwer; aber dennoch müssen die Pfarrer sich bemühen, den in der Erkenntniß göttlicher Dinge Vorgeschrittenen (denn bei den noch Schwächeren wäre zu besorgen, daß sie durch die Erhabenheit des Gegenstandes

27 *

tradere huius admirabilis conversionis modum, quae ita fit, ut tota panis substantia divina virtute in totam corporis Christi substantiam, totaque vini substantia in totam sanguinis Christi substantiam sine ulla Domini nostri mutatione convertatur. Neque enim Christus aut generatur, aut mutatur, aut augescit, sed in sua substantia totus permanet; quod mysterium quum D. Ambrosius declararet: „Vides‘‘ inquit, „quam operatorius sit sermo Christi. [1] Si ergo tanta vis est in sermone Domini Iesu, ut inciperent esse, quae non erant, mundus scilicet: quanto magis operatorius est, ut sint quae erant, et in aliud commutentur?‘‘ In quam sententiam alii etiam veteres et gravissimi Patres scriptum reliquerunt. D. quidem Augustinus: „Fideliter fatemur, ante consecrationem panem esse et vinum, quod natura formavit; post consecrationem vero carnem Christi et sanguinem, quod benedictio consecravit‘‘. Damascenus: „Corpus secundum veritatem coniunctum est divinitati, corpus ex sancta Virgine; non quod ipsum corpus assumptum de coelo descendat, sed quod ipse panis et vinum in corpus et sanguinem Christi transmutentur‘‘.[2]

Quaestio XXXVI.

Stupendae huic conversioni commode nomen impositum est „transsubstantiatio‘‘.

Nomen transsubstantiationis explicatur.

I. Huius itaque admirabilis conversio convenienter et proprie a sancta Catholica Ecclesia Transsubstantiatio est appellata: quemadmodum sacra Tridentina Synodus docuit.[3] Ut enim generatio naturalis, quod forma in ea mutatur, recte et proprie transformatio dici potest: ita etiam, quod in Sacramento Eucharistiae tota unius rei substantia in totam alterius rei substantiam transeat, verbum transsubstantiationis recte et sapienter a maioribus nostris inventum est.

Sacrosanctum Eucharistiae Sacramentum pie credendum, non curiose scrutandum.

II. Sed illud saepissime a sanctis Patribus repetitum fideles admonendi sunt, ne curiosius inquirant, quo pacto ea mutatio fieri possit; nec enim percipi a nobis potest, nec in naturalibus mutationibus, aut in ipsa rerum creatione eius rei exemplum

---

1) De Sacram l. 4. c. 4. 2) Lib. 4. c. 14 de Orthod. fido. 3) Sess. 13. Can. 4.

erdrückt werden möchten) denen, sage ich, müssen sie sich bemühen, die Weise dieser wunderbaren Verwandlung mitzutheilen, die so geschieht, daß die ganze Substanz des Brodes durch göttliche Kraft in die ganze Substanz des Leibes Christi, und die ganze Substanz des Weines in die ganze Substanz des Blutes Christi, ohne alle Veränderung unseres Herrn, verwandelt wird. Denn Christus wird weder erzeugt, noch verändert, noch mehrt er sich; sondern er bleibt ganz in seinem Wesen. Der h. Ambrosius sagt daher, da er dies Geheimniß auslegt: „Du siehst, wie wirksam die Rede Christi ist. Wenn mithin in der Rede des Herrn Jesus eine solche Kraft ist, daß das, was noch nicht war, zu sein anfing, nämlich die Welt, um wie viel wirksamer wird sie sein, daß das sei, was schon war, und in ein Anderes verwandelt werde." In demselben Sinne haben auch andere alte und sehr angesehene Väter geschrieben. So sagt der h. Augustin: „Wir bekennen aufrichtig, daß es vor der Consekration Brod und Wein sei, was die Natur gebildet hat; nach der Consekration aber das Fleisch und Blut Christi, was die Segnung consekrirt hat." Damascenus sagt: „Der Leib ist in Wahrheit mit der Gottheit vereinigt, der Leib aus der heil. Jung= frau; nicht weil dieser angenommene Leib vom Himmel herabstiege; sondern, weil Brod und Wein selbst in den Leib und das Blut Christi verwandelt wird."

Sechsunddreißigste Frage.

Dieser staunenswürdigen Verwandlung ist entsprechend der Name „Trans= substantiation" beigelegt worden.

Der Name Transsubstantiation wird erklärt.

1. Die wunderbare Verwandlung ist daher von der heiligen katholischen Kirche entsprechend und eigentlich Transsubstantiation genannt, wie die heilige Trienter Kirchenversammlung es gelehrt hat. Denn wie die natürliche Geburt, weil in ihr die Gestalt verändert wird, mit Recht und eigentlich eine Transformation ge= nannt werden kann, eben so ist auch, weil in dem Sakramente der Eucharistie die ganze Substanz einer Sache in die ganze Substanz einer anderen Sache übergeht, von unsern Vorfahren mit Recht und mit Weisheit das Wort Transsubstantiation erfunden.

Das allerheiligste Sakrament der Eucharistie ist mit Frömmigkeit zu glauben, nicht mit Neugierde zu untersuchen.

2 Die Gläubigen müssen indeß daran erinnert werden, was die heiligen Väter sehr häufig wiederholt haben, daß sie nicht allzu vorwitzig darnach forschen, wie diese Verwandlung geschehen könne; denn sie kann von uns weder begriffen werden, noch auch haben wir in den natürlichen Veränderungen, oder selbst in der Erschaffung der Dinge irgend ein Beispiel davon. Was es aber sei, müssen

aliquod habemus.   Verum, quid hoc sit, fide cognoscendum est;
quomodo fiat, curiosius non inquirendum.

III. Non minorem vero cautionem Pastores adhibeant oportet in eo etiam mysterio explicando, quomodo Christi Domini
corpus vel in minima panis particula totum contineatur; vix
enim unquam huiusmodi disputationes instituendae erunt; sed
tamen, quando Christiana charitas hoc postulaverit, primum quidem meminerint, fidelium animos illa voce praemunire: „Non
erit impossibile apud Deum omne verbum“. [1]

Quaestio XXXVII.

Christi corpus in Eucharistia non est ut in loco.

Christus in Sacramento non est ut in loco, seu ut magnus vel parvus, sed ut sub-
stantia, quae integra aeque in parvo et magno spatio continetur.

Deinde vero doceant, Christum Dominum in hoc Sacramento,
ut in loco, non esse; etenim locus res ipsas consequitur, ut
magnitudine aliqua praeditae sunt: Christum vero Dominum ea
ratione in Sacramento esse non dicimus, ut magnus aut parvus est, quod ad quantitatem pertinet, sed ut substantia est.
Substantia enim panis in Christi substantiam, non in magnitudinem aut quantitatem convertitur.   Nemo vero dubitat, substantiam aeque in parvo atque in magno spatio contineri; nam
et aëris substantia, totaque eius natura, sic in parva, ut in
magna aëris parte, itemque tota aquae natura non minus in
urnula quam in flumine insit necesse est.   Quum igitur panis
substantiae corpus Domini nostri succedat, fateri oportet, ad
eundem plane modum in Sacramento esse, quo modo panis substantia ante consecrationem: ea vero utrum sub magna, an sub
parva quantitate esset, nihil ad rem omnino pertinebat.

Quaestio XXXVIII.

In hoc Sacramento nulla est substantia, cui accidentia panis et vini
inhaereant.

De substantia accidentium panis et vini sine aliqua re subiecta.

Tertium restat, quod in hoc Sacramento maximum atque
admirabile videatur; quod quidem, iam duobus aliis explicatis,
facilius a Pastoribus tractari posse existimandum est; panis

---

1) Luc. 1, 37.

wir durch den Glauben erkennen; wie es geschehe, dem dürfen wir nicht vorwitzig nachgrübeln.

Wie der Leib Christi in der kleinsten Partikel des Brodes enthalten ist.

3. Die Pfarrer müssen aber auch eine nicht geringere Vorsicht bei der Erklärung dieses Geheimnisses beobachten, wie nämlich der Leib Christi selbst in dem kleinsten Theilchen des Brodes ganz enthalten sei; denn kaum sollen dergleichen Erörterungen jemals angestellt werden. Sofern es aber die christliche Liebe erfordern würde, sollen sie zunächst darauf bedacht sein, die Gemüther der Gläubigen mit jenem Worte zu rüsten: „Bei Gott ist kein Ding unmöglich."

Siebenunddreißigste Frage.
Der Leib Christi ist in der Eucharistie nicht wie an einem Orte.

Christus ist in dem Sakramente nicht wie an einem Orte, oder als groß, oder klein; sondern als Substanz, die vollständig ebensowohl in einem großen, als in einem kleinen Raume enthalten ist.

Dann aber sollen sie lehren, Christus, der Herr, sei in diesem Sakramente nicht wie an einem Orte gegenwärtig. Denn der Raum richtet sich nach den Dingen selbst, in wie fern sie mit einer gewissen Größe begabt sind: wir sagen aber nicht, daß Christus, der Herr, in diesem Sakramente auf die Weise zugegen sei, insofern er groß oder klein ist, was sich auf die Quantität bezieht, sondern insofern er Substanz ist. Denn die Substanz des Brodes wird in die Substanz, nicht aber in die Größe oder Quantität Christi verwandelt. Es zweifelt aber Niemand, daß die Substanz eben so gut in einem kleinen, wie in einem großen Raume enthalten ist; denn auch die Luft und ihre ganze Natur muß eben so in einem kleinen, wie in einem großen Theile der Luft, und eben so die ganze Natur des Wassers nicht weniger in einem kleinen Behälter, als in einem Flusse enthalten sein. Da nun an die Stelle der Substanz des Brodes der Leib unseres Herrn tritt, so muß man bekennen, daß er ganz auf dieselbe Weise im Sakramente sei, wie die Substanz des Brodes es vor der Consekration war; ob diese aber in einer großen oder kleinen Quantität da war, blieb sich ganz gleich.

Achtunddreißigste Frage.
In diesem Sakramente ist keine Substanz, welcher die Accidentien des Brodes und Weines inhärirten.

Von der Substanz der Accidentien des Brodes und Weines, welche, ohne einer Sache zu inhäriren, bestehen.

Es übrigt noch ein Drittes, was in diesem Sakramente das Erhabenste und Wunderbare zu sein scheint, und was jetzt, nachdem die beiden anderen Punkte bereits erläutert sind, sehr leicht von

videlicet et vini species in hoc Sacramento sine aliqua re subiecta constare. Nam quum antea demonstratum sit, corpus Domini et sanguinem vere in Sacramento esse, ita ut amplius nulla subsit panis et vini substantia, quoniam ea accidentia Christi corpori et sanguini inhaerere non possunt: relinquitur, ut supra omnem naturae ordinem ipsa se, nulla alia re nisa, sustentent. Haec perpetua et constans fuit Catholicae Ecclesiae doctrina, quae etiam facile eorum testimoniorum auctoritate confirmari poterit, quibus antea planum factum est, nullam residere in Eucharistia panis aut vini substantiam.

Quaestio XXXIX.

Quare Christus sub panis et vini specie corpus et sanguinem suum tradere voluit.

Sed nihil magis fidelium pietati convenit, quam, omissis subtilioribus quaestionibus, huius admirabilis Sacramenti maiestatem venerari et colere; ac deinde in eo summam Dei providentiam suspicere, quod sacrosancta mysteria sub panis et vini specie administranda instituerit. Nam quum a communi hominum natura maxime abhorreat, humanae carnis esca, aut sanguinis potione vesci, sapientissime fecit, ut sanctissimum corpus et sanguis sub earum rerum specie, panis, inquam, et vini, nobis administraretur, quorum quotidiano et communi alimento maxime delectamur. Adiunctae vero etiam sunt duae illae utilitates, quarum prima est, quod ab infidelium calumniis liberati sumus, quas facile effugere non possemus, si Dominum sub propria specie comedere videremur; altera est, quod, dum corpus et sanguinem Domini ita sumimus, ut tamen, quod vere fit, sensibus percipi non possit, hoc ad fidem in animis nostris augendam plurimum valet; quae fides, ut S. Gregorii sententia [1] pervulgatum est, ibi non habet meritum, ubi humana ratio praebet experimentum. Haec autem, quae hactenus exposita sunt, non nisi magna adhibita cautione, pro audientium captu et temporum necessitate, explicanda erunt.

---

1) Hom. 26 in Evangel.

den Pfarrern behandelt werden kann, daß nämlich in diesem Sa=
cramente die Gestalten des Brodes und Weines, ohne daß irgend
ein Etwas ihnen zu Grunde läge, bestehen. Denn da vorhin nach=
gewiesen ist, daß der Leib und das Blut des Herrn wahrhaft im
Sakramente gegenwärtig sind, so daß Nichts von der Substanz des
Brodes und Weines mehr vorhanden ist, weil diese zufällige Eigen=
schaften dem Leibe und Blute Christo nicht anhaften können, so
bleibt nur übrig, daß sie über alle Ordnung der Natur durch sich
selbst, ohne auf irgend Etwas sonst gestützt zu sein, bestehen. Dies
war immerdar die beständige Lehre der katholischen Kirche, die sich
auch leicht durch das Ansehen derjenigen Zeugnisse beweisen läßt,
durch welche vorhin dargethan ist, daß in der Eucharistie keine
Substanz des Brodes oder Weines zurückbleibe.

Neununddreißigste Frage.

**Warum Christus seinen Leib und sein Blut unter der Gestalt von Brod und
Wein hat mittheilen wollen.**

Nichts ist aber der Frömmigkeit der Gläubigen angemessener,
als, mit Beseitigung der zu spitzfindigen Fragen, die Majestät
dieses wunderbaren Sacramentes zu verehren und anzubeten; und
sodann in demselben die höchste Fürsehung Gottes zu betrachten,
daß er die hochheiligen Geheimnisse unter der Gestalt des Brodes
und Weines auszutheilen verordnet hat. Denn da die menschliche
Natur allgemein vor dem Essen und Trinken menschlichen Fleisches
und Blutes den größten Abscheu hegt, so hat er es höchst weise
geordnet, daß uns der allerheiligste Leib und das allerheiligste Blut
unter der Gestalt solcher Dinge, nämlich des Brodes und Weines,
dargereicht würden, an deren täglichen und gewöhnlichen Nahrung
wir uns aufs Höchste erfreuen. Hiermit ist aber auch noch jener
doppelte Nutzen verbunden, daß wir erstens vor der Schmähsucht
der Ungläubigen gesichert sind, der wir nicht leicht entgehen könnten,
wenn sie uns den Herrn unter seiner eigenen Gestalt essen sähen;
und daß zweitens, indem wir den Leib und das Blut des Herrn
in einer Weise genießen, daß dennoch das wirklich Geschehende mit
den Sinnen nicht wahrgenommen werden kann, dieses sehr viel zur
Vermehrung des Glaubens in unseren Gemüthern beiträgt, des
Glaubens, „der," nach dem sehr bekannten Ausspruche des heil.
Gregorius, „kein Verdienst hat, wo die menschliche Vernunft den
Beweis liefert." Das bisher Erörterte muß aber mit großer
Vorsicht, nach der Fassungskraft der Zuhörer und dem Bedürfnisse
der Zeiten erklärt werden.

Quaestio XL.

Quid boni consequantur, qui corpori et sanguini Domini digne commu-
nicaverint.

De multiplici et admirabili fructu tanti Sacramenti. Conc. Trident. Sess. 13 de
Euchar. can. 5.

I. Verum quae de huius Sacramenti admirabili virtute et
fructibus dici possunt, nullum esse genus fidelium existimandum
est, ad quos earum rerum cognitio non pertineat, quibus maxime necessaria videri non debeat. Ut enim Eucharistiae utilitatem fideles intelligant, ob eam potissimum causam, quae de
hoc Sacramento tam multis verbis disseruntur, cognoscenda
sunt.

Eucharistia gratiarum et bonorum omnium est fons et copia.

II. Sed quoniam immensae eius utilitates et fructus nulla
oratione explicari possunt, unus aut alter locus a Pastoribus
tractandus erit, ut ostendant, quanta in sacrosanctis illis mysteriis bonorum omnium copia et affluentia inclusa sit. Hoc
vero aliqua ex parte ita assequentur, si, omnium Sacramentorum vi atque natura patefacta, Eucharistiam fonti, caetera ri-
vulis comparaverint. Vere enim ac necessario fons omnium
gratiarum dicenda est, quum fontem ipsum coelestium charismatum et donorum, omniumque Sacramentorum auctorem,
Christum Dominum, admirabili modo in se contineat; a quo,
tanquam a fonte, ad alia Sacramenta, quidquid boni et perfectionis habent, derivatur.

Quod panis et vinum corpori, hoc Eucharistia animae praestat. Per Eucharistiam
nos Deo et Deus nobis coniungitur Cf. Q. 6 ult. art. Symb.

III. Ex hoc igitur divinae gratiae fonte amplissima munera,
quae nobis hoc Sacramento impertiuntur, facile colligi poterunt.
Commode etiam fieri videbitur, si panis et vini natura, quae
huius Sacramenti symbola sunt, perpendatur. Nam quos usus
corpori panis et vinum affert, eos omnes animae saluti et
iucunditati, ac meliori quidem ac perfectiori ratione, Eucharistiae Sacramentum praebet. Neque enim hoc Sacramentum in
substantiam nostram, ut panis et vinum, mutatur; sed nos quodam modo in eius naturam convertimur, ut recte illud D.
Augustini [1] ad hunc locum transferri possit: „Cibus sum gran-
dium; cresce, et manducabis me; nec tu me mutabis in te, sicut cibum carnis tuae, sed tu mutaberis in me". Quod si

---

1) Confess. lib. 7. c. 18.

Vierzigſte Frage.

Welches Gute diejenigen erlangen, die den Leib und das Blut des Herrn würdig empfangen haben.

Von der vielfachen und wunderbaren Frucht eines ſo großen Sakramentes.

1. Was ſich aber von der wunderbaren Kraft und den Früchten dieſes Sakramentes ſagen läßt, ſo gibt es nach unſerem Erachten allerdings keine Klaſſe der Gläubigen, welche die Erkenntniß dieſer Dinge nicht anginge, und denen ſie nicht überaus nothwendig ſcheinen ſollte. Damit nämlich die Gläubigen den Nutzen der Euchariſtie erkennen, deswegen vorzüglich müſſen ſie recht verſtehen lernen, was von dieſem Sakramente in ſo großer Ausführlichkeit vorgetragen wird.

Die Euchariſtie iſt die Quelle und Fülle aller Gnaden und Güter.

2. Weil ſich aber die unermeßlichen Vortheile und Früchte deſſelben mit Worten gar nicht ausdrücken laſſen, ſo müſſen die Pfarrer ein oder das andere Stück abhandeln, um zu zeigen, welch' ein großer Reichthum und Ueberfluß aller Güter in dieſen hochheiligen Geheimniſſen enthalten ſei. Dies werden ſie aber einigermaßen zu Wege bringen, wenn ſie nach Darlegung der Kraft und Natur aller Sakramente die Euchariſtie mit einer Quelle, die übrigen mit Bächlein vergleichen. Denn in Wahrheit und nothwendig muß ſie eine Quelle aller Gnaden genannt werden, da ſie den Urquell aller himmliſchen Gnadengaben und Geſchenke, den Stifter aller Sakramente, Chriſtum, den Herrn, auf eine wunderbare Weiſe in ſich enthält, von welchem, wie aus einer Quelle, zu den anderen Sakramenten hin Alles geleitet wird, was ſie Gutes und Vollkommenes haben.

Was Brod und Wein dem Körper, das gewährt die Euchariſtie der Seele. Durch die Euchariſtie werden wir Gott, und Gott uns verbunden.

3. Es laſſen ſich alſo aus dieſer Quelle der göttlichen Gnade leicht die überſchwänglichen Gaben abnehmen, die uns durch dieſes Sakrament zu Theil werden. Es wird auch nützlich erſcheinen, wenn man die Natur des Brodes und Weines, welches die Sinnbilder dieſes Sakramentes ſind, näher erwägt. Denn alle die Vortheile, welche Brod und Wein dem Leibe zuwenden, verleiht auch das Sakrament der Euchariſtie zum Heile und zur Erquickung der Seele, und zwar auf beſſere und vollkommenere Weiſe. Denn dieſes Sakrament geht nicht wie Brod und Wein in unſere Subſtanz über, ſondern wir werden gleichſam in ſeine Natur verwandelt, ſo daß ſich mit Recht jener Ausſpruch des heiligen Auguſtin hierauf anwenden läßt: „Ich bin eine Speiſe der Erwachſenen; wachſe, und du wirſt mich genießen; und du wirſt mich nicht in dich verwandeln, wie die Speiſe deines Fleiſches; ſondern du wirſt in mich verwandelt werden." Wenn nun „Gnade und Wahrheit

„gratia et veritas per Iesum Christum facta est“,[1] in animam
quoque influat est necesse, quum eum pure et sancte accipit,
qui de se ipso dixit: „Qui manducat meam carnem, et bibit
meum sanguinem, in me manet, et ego in illo“.[2] Nam qui
pietatis et religionis studio affecti hoc Sacramentum sumunt,
nemini dubium esse debet, quin ita Filium Dei in se admit-
tant, ut eius corpori tanquam viva membra inserantur; siquidem scriptum est: „Qui manducat me, et ipse vivet propter
me“; item, „Panis, quem ego dabo, caro mea est pro mundi
vita“.[3] Quem locum Cyrillus dum interpretaretur, inquit:„ Dei
verbum, uniens se ipsum propriae carni, fecit ipsam vivificati-
vam. Eum ergo decebat miro quodam modo uniri corporibus
per sacram eius carnem et pretiosum sanguinem, quae accipimus in benedictione vivificativa in pane et vino“.[4]

Quaestio XLI.

**Homo peccatis foedatus ac mortuus, Eucharistiae sumptione non vi-
vificatur; etiamsi hoc Sacramentum gratiam conferre dicatur.**

Quibus de causis Eucharistia gratiam tribuere dicatur? 1. Quia animam in Deo re-
natam et spiritu charitatis iam viventem conservat a relapsu et morte peccati.
II. Quia baptizandi tum voto et desiderio illam percipiunt, vim vivificantem
magis sentiunt, spirituque charitatis magis accenduntur. III. Quia animam
beneficiorum contemplatione delectat. IV. Quia minores culpas abstergit et
quotidianas infirmitates sanat. V. Quia animae vires adversus tentationes
corroborat. Quid peccatum veniale?

I. Verum quod dicitur, Eucharistia gratiam tribui, Pastores
admoneant oportet, ita intelligendum non esse, perinde ac necesse non sit, ut qui re ipsa hoc Sacramentum utiliter percep-
turus est, gratiam antea adeptus fuerit. Constat enim, quemadmodum mortuis corporibus naturale alimentum nihil prodest, ita etiam animae, quae spiritu non vivit, sacra mysteria
non prodesse; ac propterea panis et vini speciem habent, ut
significetur, non quidem revocandae ad vitam animae, sed in
vita conservandae causa, instituta esse. Verum hoc ideo dictum
est, quoniam prima etiam gratia (qua omnes praeditos esse
oportet, antequam sacram Eucharistiam ore contingere audeant,
ne iudicium sibi manducent et bibant) nemini tribuitur, nisi hoc
ipsum Sacramentum desiderio et voto percipiat. Est enim omnium Sacramentorum finis, et Ecclesiasticae unitatis ac coniunc-

1) Ioan. 1, 17. 2) Ioan. 6, 56. 3) Ibid. v. 55 et 52. 4) In Ioan. 1, 4. c. 12.

durch Jesum Christum geworden ist," so muß sie auch nothwendig in die Seele einströmen, wenn diese denjenigen rein und heilig empfängt, der von sich selbst sagte: „Wer mein Fleisch isset und mein Blut trinket, der bleibet in mir, und ich in ihm." Denn die, welche erfüllt von Frömmigkeits= und Andachtseifer dies Sakrament empfangen, nehmen ohne allen Zweifel den Sohn Gottes so in sich auf, daß sie als lebendige Glieder seinem Leibe eingepflanzt werden; denn es steht geschrieben: „Welcher mich isset, der wird durch mich leben;" ferner: „Das Brod, welches ich geben werde, ist mein Fleisch für das Leben der Welt." Welche Stelle Cyrillus also auslegt: „Das Wort Gottes hat, mit seinem eigenen Fleisch sich einigend, dasselbe belebend gemacht. Er mußte also auf eine wunderbare Weise mit unsern Leibern durch sein heiliges Fleisch und kostbares Blut vereiniget werden, welches wir durch die lebendig machende Segnung im Brod und Weine empfangen."

Einundvierzigste Frage.

Ein durch Sünden verunreinigter und abgestorbener Mensch wird durch den Empfang der Eucharistie nicht belebt, obschon es heißt, daß dieses Sakrament Gnade mittheile.

Aus welchen Gründen von der Eucharistie gesagt wird, daß sie Gnade mittheile? 1. Weil sie die in Gott wiedergeborene und bereits in dem Geiste der Liebe lebende Seele vor dem Rückfall und dem Tode der Sünde bewahrt. 2. Weil die zu Taufenden sie durch Begierde und ihr Verlangen empfangen, und die belebende Kraft mehr empfinden, und von dem Geiste der Liebe mehr entzündet werden. 3. Weil sie die Seele durch die Betrachtung der Wohlthaten ergötzt. 4. Weil sie die kleineren Verschuldungen tilgt und die täglichen Schwächen heilt. 5. Weil sie die Kräfte der Seele gegen die Versuchungen stählt. Was thut dazu die läßliche Sünde?

Wenn es aber heißt, durch die Eucharistie werde Gnade ertheilt, so müssen die Pfarrer erinnern, es sei dies nicht so zu verstehen, als wenn es nicht nöthig wäre, daß der, welcher dieses Sakrament wirklich mit Nutzen empfangen will, schon vorher die Gnade erlangt habe. Denn wie todten Körpern die natürliche Nahrung nichts nützt, ebenso ist es ausgemacht, daß auch die heiligen Geheimnisse der Seele nicht nützen, die nicht nach dem Geiste lebt. Eben deshalb haben sie die Gestalt des Brodes und Weines, um anzudeuten, daß sie nicht eingesetzt sind, die Seele in's Leben zurückzurufen, sondern sie im Leben zu erhalten. Uebrigens haben wir uns darum dieses Ausdruckes bedient, weil auch die erste Gnade (welche Alle besitzen müssen, bevor sie die Eucharistie zu berühren wagen dürfen, damit sie sich nicht das Gericht essen und trinken) Niemand verliehen wird, wenn er nicht eben dieses Sakrament durch seine Begierde und Verlangen empfängt. Denn es ist das Ziel aller Sakramente, und das Zeichen der kirchlichen Einheit und Gemeinschaft, und außer der Kirche kann Niemand Gnade erlangen. Weil ferner, wie der Leib durch die natürliche

tionis symbolum; neque extra Ecclesiam consequi gratiam ullus
potest. Deinde quoniam, uti corpus cibo naturali non conser-
vatur modo, sed etiam augetur, gustusque novam quotidie ex
eo voluptatem et suavitatem percipit: ita etiam sacrae Eucharistiae cibus non solum animam sustentat, sed vires illi addit,
efficitque, ut spiritus divinarum rerum delectatione magis ac
magis commoveatur; ob eam causam fit, ut gratiam hoc Sacramento tribui, recte et verissime dicatur; iure enim „mannae‘
comparari potest, ex quo „omnis saporis suavitas" percipieba-
tur.[1] Remitti vero Eucharistia et condonari leviora peccata
quae venialia dici solent, non est, quod dubitari debeat. Quidquid enim cupiditatis ardore anima amisit, dum levi aliqua in
re parum offendit, totum id Eucharistia, eas ipsas minores culpas abstergens, restituit, quemadmodum etiam (neque enim a
proposita similitudine discedendum videtur), quod innati caloris
vi quotidie detrahitur ac deperit, paulatim addi et refici naturali alimento sentimus. Quare merito a D. Ambrosio de hoc
coelesti Sacramento dictum est: „Iste panis quotidianus sumitur
in remedium quotidianae infirmitatis".[2] Verum haec de iis
peccatis intelligenda sunt, quorum sensu et delectatione animus
non permovetur. Illa praeterea in sacris mysteriis vis est, ut
nos a criminibus puros et integros, atque a tentationum impetu incolumes servet, ac tanquam coelesti medicamento animam praeparet, ne alicuius mortiferae perturbationis veneno facile infici ac corrumpi queat. Atque ob eam etiam causam, ut
testatur divus Cyprianus,[3] quum olim a tyrannis fideles ad tor-
menta· et caedem, propter Christiani nominis confessionem, vulgo
raperentur, ne illi forte dolorum acerbitate victi, in salutari
certamine deficerent: vetus in Ecclesia Catholica mos fuit, ut
eis ab Episcopis Dominici corporis et sanguinis Sacramenta
praeberentur.

> VI. Quia carnis desideria cohibet ac cupiditates refrenat. VII. Quia mentem et
> conscientiam digno ornat, tum ita serenat, ut vel hic aeterna beatitudo ipsis
> inchoari videatur.

II. Sed carnis etiam libidinem cohibet ac reprimit; dum enim
charitatis igne animos magis incendit, concupiscentiae ardorem
restinguat necesse est. Postremo, ut uno verbo omnes huius
Sacramenti utilitates et beneficia comprehendantur, dicendum
est, sacrae Eucharistiae summam vim esse ad aeternam gloriam
comparandam; scriptum est enim: „Qui manducat meam car-

---

1) Sap. 16, 20. 2) De Sacram. l. 4, c. 6. 3) Epist. 2 ad Corn.

Speise nicht nur erhalten wird, sondern auch an Kräften zunimmt, und der Geschmack daraus täglich neue Lust und Annehmlichkeit schöpft, so auch die Speise der h. Eucharistie nicht nur die Seele erhält, sondern ihr auch Kräfte zuführt und bewirkt, daß der Geist mehr und mehr sich an göttlichen Dingen ergötze: deshalb wird mit Recht und mit voller Wahrheit gesagt, daß durch dieses Sakrament Gnade verliehen werde, denn man kann es füglich mit „dem Manna" vergleichen, an welchem man „allen lieblichen Geschmack" empfand. Daß aber durch die Eucharistie die leichteren, sogenannten läßlichen, Sünden vergeben und verziehen werden, darf nicht bezweifelt werden. Denn was immer die Seele durch die Glut der Begierde verloren hat, indem sie in einer leichten Sache sich nur wenig verging, das ersetzt die Eucharistie vollkommen, indem sie diese kleineren Verschuldungen tilgt; ebenso, wie wir auch finden, (denn wir wollen uns von dem aufgestellten Gleichnisse nicht entfernen) daß das, was durch die Kraft der natürlichen Wärme entzogen wird und verloren geht, nach und nach durch die natürliche Nahrung ersetzt und hergestellt wird. Daher sagt der heil. Ambrosius mit Recht von diesem himmlischen Sakramente: „Dieses tägliche Brod wird als ein Mittel wider die tägliche Schwachheit genossen." Indeß ist dies nur von den Sünden zu verstehen, durch deren Empfindung und Lust sich das Herz nicht hinreißen läßt. Ueberdies haben die heiligen Geheimnisse die Kraft, daß sie uns rein und unbefleckt von Lastern, und unversehrt beim Angriffe der Versuchungen erhält, und die Seele gleichsam durch ein himmlisches Heilmittel in den Stand setzt, daß sie nicht so leicht durch das Gift irgend einer todbringenden Leidenschaft angesteckt und verdorben werden kann. Daher war es auch, wie der heilige Cyprian bezeugt, in der katholischen Kirche ein alter Gebrauch, daß, als ehemals die Gläubigen häufig von den Tyrannen um des Bekenntnisses des christlichen Namens willen zu Marter und Tod geschleppt wurden, ihnen die Bischöfe die Sakramente des Leibes und Blutes des Herrn reichten, damit sie nicht etwa von der Bitterkeit der Schmerzen überwältigt, in dem heilsamen Kampfe unterliegen möchten.

6. Weil sie die Begierden des Fleisches mäßigt und die Leidenschaften im Zaume hält. 7. Weil sie den Geist und das Gewissen würdig ausschmückt, und so erheitert, daß ihnen schon hier die ewige Glückseligkeit zu beginnen scheint.

2. Aber auch die Fleischeslust zähmt und unterdrückt es; denn indem es die Gemüther durch das Feuer der Liebe mehr und mehr entzündet, folgt von selbst, daß es das Feuer der bösen Begierde auslösche. Endlich, um mit Einem Worte alle Vortheile und Wohlthaten dieses Sakramentes zusammen zu fassen, muß man sagen, daß die h. Eucharistie die vollkommenste Kraft habe, uns die ewige

nem, et bibit meum sanguinem, habet vitam aeternam, et ego
resuscitabo eum in novissimo die" [1]. Huius videlicet Sacramenti gratia fideles, dum hanc vitam degunt, summa conscientiae
pace et tranquillitate perfruuntur; deinde eius virtute recreati,
non secus atque Elias: „qui subcinericii panis fortitudine ambulavit usque ad montem Dei Horeb", [2] quum ex vita emigrandi
tempus advenit, ad aeternam gloriam et beatitudinem ascendunt.
Haec omnia a Pastoribus latissime explicabuntur, si vel D.
Ioannis caput VI, in quo multiplices huius Sacramenti effectus
aperiuntur, tractandum sumpserint; vel admiranda Christi Domini facta percurrentes, ostenderint, quum eos iure ac merito
beatissimos fuisse existimamus, in quorum tecta mortalis receptus est, vel qui illius vestis aut fimbriae tactu sanitatem recu-
perarunt: multo nos beatiores et feliciores esse, in quorum
animam immortali gloria praeditus, ingredi non gravetur, ut
eius vulnera sanet omnia, eamque amplissimis muneribus orna-
tam sibi coniungat.

Quaestio XLII.

Quot modis corpori et sanguini Domini communicemus.

Triplici modo sumitur Eucharistia. Sacramentaliter tantum et corporaliter. Conc.
Trid. Sess. 13 de Euch. cap. 8 et can. 8.

1. Verum docendum est, a quibus ingentes illi sacrae Eucharistiae fructus, qui modo commemorati sunt, percipi possint;
neque unam tantum esse communicandi rationem, ut fidelis
populus discat meliora charismata aemulari. Recte igitur et
sapienter maiores nostri, ut in Trident. Synodo legimus, tres
huius Sacramenti sumendi rationes distinxerunt. Alii enim Sacramentum tantum accipiunt, ut peccatores, qui sacra mysteria
impuro ore et corde accipere non verentur, quos Apostolus ait
„indigne manducare et bibere corpus Domini". [3] De his D.
Augustinus ita scribit: „Qui non manet in Christo, et in quo
non manet Christus, procul dubio non manducat spiritualiter
eius carnem, licet carnaliter et visibiliter premat dentibus Sacramenta corporis et sanguinis". [4] Qui itaque hoc modo affecti sacra mysteria accipiunt, non solum ex his nullum capiunt
fructum, sed, ipso Apostolo teste, „iudicium sibi manducant et
bibunt". [5]

---

1) Ioan. 6, 55.. 2) 3 Reg 19, 4. 3) 1 Cor. 11, 29. 4) Tract. 36 in Ioan. 5) 1 Cor
11. 29.

Herrlichkeit zu verschaffen; denn es steht geschrieben: „Wer mein Fleisch isset, und mein Blut trinket, hat das ewige Leben, und ich werde ihn auferwecken am jüngsten Tage. Durch die Gnade dieses Sakramentes nämlich genießen die Gläubigen, schon während sie in diesem Leben wandeln, des höchsten Friedens und der Ruhe des Gewissens; und wenn sodann die Zeit des Abscheidens aus diesem Leben naht, erheben sie sich, durch seine Kraft gestärkt, zur ewigen Herrlichkeit und Seligkeit, gleich dem Elias, der „durch die Kraft des Aschenbrodes bis an den Horeb, den Berg Gottes, ging.“ Dieses Alles wird von den Pfarrern sehr ausführlich erklärt werden können, wenn sie entweder das 6. Hauptstück des h. Johannes, in welchem die vielfältigen Wirkungen dieses Sakramentes dargestellt werden, zur Hand nehmen und auseinandersetzen, oder wenn sie die bewunderungswürdigen Thaten Christi, des Herrn, durchgehen und zeigen, daß wir mit Fug und Recht diejenigen für die glücklichsten halten, unter deren Dach er als Sterblicher aufgenommen wurde, oder die durch die Berührung seines Kleides oder Saumes die Gesundheit wieder erhielten, daß wir aber noch viel seliger und glücklicher sind, in deren Seele er, mit unsterblicher Herrlichkeit begabt, sich einzugehen nicht weigert, damit er alle ihre Wunden heile, und sie, mit den reichlichsten Gaben geschmückt, mit sich vereinige.

Zweiundvierzigste Frage.

Auf wie vielerlei Weise wir an dem Leibe und Blute des Herrn Theil nehmen.

Auf dreifache Weise wird die Eucharistie genommen. 1. Nur auf sakramentelle und körperliche Weise.

1. Man muß aber auch zeigen, Welche jener so eben erwähnten überaus erhabenen Früchte der h. Eucharistie theilhaftig werden können, noch daß es nur Eine Weise zu kommuniciren gebe, damit das gläubige Volk lerne, nach den besseren Gnadengaben eifrigst zu streben. Unsere Vorfahren haben also mit Recht und weislich, wie wir in dem trienter Concil lesen, drei Arten, dieses Sakrament zu empfangen, unterschieden. Einige empfangen nämlich nur das Sakrament; wie die Sünder, die sich nicht scheuen, die heiligen Geheimnisse mit unreinem Munde und Herzen zu empfangen, von denen der Apostel sagt, daß sie „den Leib des Herrn unwürdig essen und trinken.“ Von ihnen schreibt der heilige Augustin folgendermaßen: „Wer nicht in Christo bleibt, und in welchem Christus nicht bleibt, der genießet ohne Zweifel sein Fleisch nicht geistig, obgleich er mit seinen Zähnen die Sakramente des Leibes und Blutes leiblich und sichtbar berührt.“ Die daher in einer solchen Verfassung die heiligen Geheimnisse empfangen, haben nicht allein keine Frucht davon, sondern, wie der Apostel bezeugt, „essen und trinken sie sich das Gericht.“

Spiritualiter tantum.

II. Alii vero spiritu tantummodo Eucharistiam sumere dicuntur; ii sunt, qui desiderio et voto propositum coelestem illum panem comedunt, „fide" viva incensi, „quae per dilectionem operatur"; [1] ex quo, si non omnes, maximos certe utilitatis fructus consequuntur.

Sacramentaliter et spiritualiter simul. Qui communicare sacramentaliter negligent quantis se privent fructibus.

III. Alii denique sunt, qui Sacramento et spiritu sacram Eucharistiam percipiunt; qui quum ex Apostoli doctrina „prius se probaverint", [2] ac veste nuptiali ornati ad divinam hanc mensam accesserint, ex Eucharistia capiunt uberrimos illos. quos antea diximus, fructus. Quare perspicuum est, eos se maximis et coelestibus bonis privare, qui quum ad corporis Domini Sacramentum etiam sumendum parati esse possint, satis habent spiritu tantum sacram communionem accipere.

Quaestio XLIII.

Antequam quis ad Eucharistiam accedat, praeparandum animum esse, ostenditur.

De praeparatione ad Eucharistiam. Conc. Trident. Sess 13 de Euchar. cap. 7 et can. 11.

Sed iam docendum est qua ratione praeparatos fidelium animos esse oporteat, antequam ad sacramentalem Eucharistiae perceptionem veniant. Ac primum quidem ut pateat, eam praeparationem maxime necessariam esse, Salvatoris nostri exemplum proponendum est. Nam antequam Apostolis pretiosi corporis et sanguinis sui Sacramenta daret, „quamvis iam mundi essent, pedes eorum lavit", [3] ut declararet, omnem diligentiam adhibendam esse, ne quid nobis ad summam animi integritatem et innocentiam desit, quum sacra mysteria percepturi sumus. Deinde vero fideles intelligant, quemadmodum, si optime affecto et praeparato animo Eucharistiam aliquis sumat, amplissimis coelestis gratiae muneribus ornatur: ita contra, si imparatus accipiat, non solum nihil commodi, sed maxima etiam incommoda et detrimenta eum accipere. Optimis enim rebus et maxime salutaribus hoc proprium est, ut, si in tempore iis utamur, vehementer prosint; sin alieno tempore adhibeantur, perniciem et exitium adferant, Quare mirandum non est, ingentia quoque et praeclarissima Dei dona, quum bene consti-

---

1) Gal. 5, 6.   2) 1 Cor. 11, 25.   3) Ioan. 13, 10.

2. Nur auf geiſtige Weiſe.

2. Andere hingegen empfangen die Euchariſtie, wie man zu ſagen pflegt, nur geiſtlicher Weiſe; es ſind die, welche jenes uns dargebotene himmliſche Brod in Begierde und Verlangen genießen, nachdem ſie von dem lebendigen „Glauben, der durch Liebe wirk=ſam iſt,“ entzündet ſind, wodurch ſie, wenn nicht alle, doch gewiß ſehr große Früchte und Vortheile erlangen.

3. Sakramentell und geiſtlich zugleich. Wie großer Früchte ſich die berauben, welche es vernachläſſigen, ſakramentell zu kommuniciren.

3. Einige gibt es endlich, welche die heilige Euchariſtie im Sa=kramente und Geiſte empfangen; dieſe, die ſich, der Lehre des Apoſtels gemäß, „zuvor geprüft haben,“ und mit dem Hochzeits=kleide geſchmückt zu dem göttlichen Tiſche hinzutreten, erlangen aus der Euchariſtie jene überaus reichen Früchte, die wir vorhin erwähnt haben. Es iſt daher offenbar, daß ſich diejenigen der größten und himmliſchen Güter berauben, welche ſich damit begnügen, nur geiſtig die heilige Kommunion zu empfangen, obgleich ſie in der Lage ſind, auch das Sakrament des Leibes des Herrn zu genießen.

Dreiundvierzigſte Frage.
Es wird gezeigt, daß die Seele vorbereitet werden müſſe, ehe man ſich der Euchariſtie nahet.

Von der Vorbereitung auf die Euchariſtie.

Nun aber muß gelehrt werden, wie die Seelen der Gläubigen vorbereitet ſein müſſen, bevor ſie zu dem ſakramentaliſchen Em=pfange der Euchariſtie hinzutreten. Und zwar erſtens muß man, damit einleuchte, wie durchaus nothwendig dieſe Vorbereitung ſei, auf das Beiſpiel unſeres Heilandes hinweiſen. Denn bevor er den Apoſteln die Sakramente ſeines koſtbaren Leibes und Blutes dar=reichte, „wuſch er, wiewohl ſie ſchon rein waren, ihre Füße,“ um anzudeuten, daß aller Fleiß angewandt werden müſſe, damit uns Nichts an der höchſten Reinheit und Unſchuld des Herzens mangele, wenn wir die heiligen Geheimniſſe empfangen wollen. Sodann aber ſollen die Gläubigen erkennen, daß, wie derjenige, der mit beſtgeſinntem und vorbereitetem Herzen die Euchariſtie genießt, mit den reichlichſten Gaben der himmliſchen Gnade geſchmückt werde, ſo hingegen ein Jeder, der ſie unvorbereitet empfängt, nicht nur gar keinen Vortheil, ſondern auch die größten Nachtheile und Verluſte ſich zuziehe. Es iſt nämlich eine Eigenthümlichkeit der beſten und heilſamſten Dinge, daß ſie, wenn wir uns derſelben zur rechten Zeit bedienen, ganz ungemein nützlich ſind; wenn ſie dagegen zur Unzeit gebraucht werden, Unglück und Verderben bringen. Man darf ſich mithin nicht wundern, daß auch die allergrößeſten und herrlichſten Gaben Gottes, wenn ſie mit einem wohlbeſchaffenen

28*

tuto animo accipiuntur, ad coelestem gloriam consequendam maximo nobis adiumento esse; at vero, quum iis nos ipsos indignos praebemus, sempiternam mortem afferre; id vero arcae Domini exemplo comprobatur. „Arca" enim „foederis", qua nihil praestantius Israeliticus populus habuit, cui etiam per illam maxima et innumerabilia beneficia Dominus tribuerat, „a Philistaeis ablata", summam illis pestem et calamitatem cum aeterno dedecore coniunctam importavit. [1] Sic etiam cibi, qui ore accepti in stomachum bene affectum illabuntur, corpora alunt et sustentant; qui vero in vitiosis humoribus plenum infundi solent, graves morbos efficiunt.

Quaestio XLIV.
Quo pacto animus ad Eucharistiam sit praeparandus.

Ad dignam Euchariatiae sumptionem primo discernendus est coelestis panis a communi.

I. Primam itaque illam praeparationem fideles adhibeant, ut discernant mensam a mensa, hanc sacram ab aliis profanis, coelestem hunc panem a communi. Atque hoc fit, quum certo credimus, praesens esse verum corpus et sanguinem Domini, quem in coelo Angeli adorant; „ad cuius nutum columnae coeli contremiscunt et pavent; [2] cuius gloria plenum est coelum et terra". [3] Hoc nimirum est „diiudicare corpus Domini", quod Apostolus admonuit; cuius tamen mysterii magnitudinem venerari potius oportet, quam in disputationibus eius veritatem curiosius perquirere.

Secundo, reconciliatio cum inimicis facienda est.

II. Altera vero illa praeparatio maxime necessaria est, ut unusquisque a se ipso quaerat, num pacem cum aliis habeat, num proximos vere atque ex animo diligat. „Sic ergo offers munus tuum ad altare, et ibi recordatus fueris, quia frater tuus habet aliquid adversum te, relinque ibi munus tuum ante altare, et vade prius reconciliari fratri tuo, et tunc veniens offeres munus tuum". [5]

Tertio, conscientia per Sacramentum Poenitentiae a capitalibus vitiis eluenda est.

III. Deinde conscientiam nostram scrutari diligenter debemus, ne forte exitiali aliquo peccato contaminati simus, cuius poenitere necesse sit, ut prius contritionis et confessionis medicamento illud eluatur. Definitum est enim a sancta Triden-

1) 1 Reg. 5, 6.   2) Iob. 26, 11.   3) Is. 6, 1. 3.   4) 1 Cor. 11, 29.   5) Matth. 5, 23. 24.
6) Sess. 13. can. 11.

Herzen empfangen werden, uns zur Erlangung der himmlischen Herrlichkeit überaus förderlich sind; daß sie uns aber auch, wenn wir uns derselben unwürdig machen, den ewigen Tod bringen; dies beweiset das Beispiel der Lade des Herrn. Denn „die Bundeslade," darüber das israelitische Volk nichts Kostbareres besaß, und durch welche ihm auch der Herr die größten und unzählige Wohlthaten erwiesen hatte, brachte, „von den Philistern fortgeführt," ihnen die schrecklichste Pest und Drangsal sammt ewiger Schmach. Eben so nähren und erhalten auch die Speisen, wenn sie durch den Mund in einen gesunden Magen kommen, den Körper; werden sie aber in einen mit verdorbenen Säften erfüllten Magen gebracht, so verursachen sie schwere Krankheiten.

Vierundvierzigste Frage.
Wie die Seele zur Eucharistie vorbereitet werden müsse.
Zum würdigen Empfange der Eucharistie ist zuerst das himmlische Brod von dem gewöhnlichen zu unterscheiden.

1. Die erste Vorbereitung, welche die Gläubigen anstellen sollen, ist nun die: daß sie den Tisch vom Tische unterscheiden, diesen heiligen von anderen weltlichen, dieses himmlische Brod vom gewöhnlichen. Und dies geschieht, wenn wir festiglich glauben, daß der wahre Leib und das Blut des Herrn gegenwärtig sei, den die Engel im Himmel anbeten, „auf dessen Wink die Säulen des Himmels zittern und beben, von dessen Herrlichkeit Himmel und Erde voll ist." Dies nämlich heißt „den Leib des Herrn unterscheiden," wie der Apostel geboten hat; jedoch muß man die Erhabenheit dieses Geheimnisses mehr verehren, als der Wahrheit desselben vorwitzig in Wortstreiten nachforschen.

Zweitens muß die Versöhnung mit den Feinden stattfinden.

2. Die zweite sehr nothwendige Vorbereitung aber ist diese, daß ein Jeder an sich selber die Frage richte, ob er mit Andern Frieden halte, ob er seine Nächsten wahrhaft und von Herzen liebe. „Wenn du daher deine Gabe zu dem Altare bringest, und du dich daselbst erinnerst, daß dein Bruder etwas wider dich habe, so laß deine Gabe allda vor dem Altare, und geh' zuvor hin, und versöhne dich mit deinem Bruder, und dann komm', und opfere deine Gabe."

Drittens ist das Gewissen durch das Sakrament der Buße von den schweren Sünden zu reinigen.

3. Sodann müssen wir sorgfältig unser Gewissen erforschen, ob wir nicht etwa mit einer Todsünde befleckt seien, weshalb wir Buße thun müßten, damit sie zuvor durch das Heilmittel der Reue und Beichte getilgt werde. Denn es ist vom heiligen trienter Kirchenrathe bestimmt, daß Niemanden, wie sehr er sich auch für

tina Synodo, nemini licere, quem mortalis peccati conscientia stimulet, si Sacerdotis facultas data sit, antequam se Sacramentali confessione purgarit, quantumvis sibi contritus esse videatur, sacram Eucharistiam accipere.

Quarto, praemittenda est humilis de se ipso existimatio. Quinto, est videndum, an vera charitate simus praediti.

IV. Praeterea taciti cum animis nostris cogitemus, quam indigni simus, quibus divinum hoc beneficium a Domino tribuatur. Quare illud Centurionis, de quo idem ipse Salvator testatus est, „se non invenisse tantam fidem in Israel“, [1] ex animo dicendum est: „Domine, non sum dignus, ut intres sub tectum meum“. Exquiramus etiam a nobis ipsis, an illud Petri usurpare nobis liceat: „Domine tu scis, quia amo te“. [2] Meminisse enim oportet, eum, „qui sine veste nuptiali in Domini convivio accubuerat, in tenebrosum carcerem coniectum“ sempiternis poenis addictum fuisse. [3]

Quaestio XLV.

Etiam corporis aliqua ratio communicare volenti est suscipienda.

Quomodo praeparandum sit corpus ad communionem? Primo requiritur, ut jejune accedatur. A legitimo etiam concubitu abstinendum est.

Neque vero animi solum, sed etiam corporis praeparatione opus est. Nam ieiuni ad sacram mensam accedere debemus, ita ut saltem a dimidia antecedentis diei nocte usque ad illud temporis punctum, quo Eucharistiam accipimus, nihil omnino comederimus aut biberimus. Postulat etiam tanti Sacramenti dignitas, ut, qui matrimonio iuncti sunt, aliquot dies a concubitu uxorum abstineant, „Davidis“ exemplo admoniti, qui quum „panes propositionis a Sacerdote accepturus esset, purum se et pueros suos ab uxorum consuetudine tres ipsos dies esse professus est“. [4] Haec fere sunt, quae maxime observari a fidelibus oportet, ut se ad sacra mysteria utiliter accipienda antea parent. Reliqua enim, quae hac in re providenda esse videantur, ad haec ipsa capita facile redigi poterunt.

Quaestio XLVI.

Christiani omnes Eucharistiam sumere saltem semel in anno tenentur.

Sed ne forte aliqui segniores ad hoc Sacramentum percipiendum reddantur, quod tantam praeparationem adhibere grave

---

1) Matth. 8. 10 et 8. 2) Ioan. 21, 15. 3) Matth. 22, 11. 13. 4) 1 Reg. 21, 5, 6.

würdig halten möge, gestattet sei, die heilige Eucharistie zu empfangen, wenn ihn sein Gewissen einer Todsünde anklagt, bevor er
sich, falls er einen Priester angehen kann, durch die sakramenta-
lische Beichte gereinigt hat.

Viertens ist eine sehr demütbige Meinung von sich selbst vorauszuschicken. Fünftens hat man zu sehen, ob man von wahrer Liebe erfüllt ist.

4. Außerdem müssen wir im Stillen in unseren Herzen erwägen, wie unwürdig wir sind, daß uns vom Herrn diese göttliche Wohlthat gespendet werde. Darum sollen wir mit dem Haupt-
manne, von dem der Heiland selbst bezeugt, „er habe solchen
Glauben in Israel nicht gefunden," von ganzem Herzen sprechen:
„O Herr, ich bin nicht würdig, daß du einkehrest unter mein Dach!"
Auch sollen wir uns selbst erforschen, ob wir jenes Wort des Petrus auf uns anwenden dürfen: „Herr, du weißt, daß ich dich liebe."
Denn man muß sich dessen erinnern, daß der, „welcher ohne hoch-
zeitliches Kleid beim Abendmahle des Herrn saß, in einen finstern
Kerker geworfen," und der ewigen Pein übergeben wurde.

Fünfundvierzigste Frage.

Wer kommuniciren will, muß auch auf den Körper einige Rücksicht nehmen.

Wie der Körper auf die Kommunion vorzubereiten ist? Zuerst wird erfordert,
daß man nüchtern hinzutrete. Auch von der erlaubten ehelichen Beiwoh-
nung hat man sich zu enthalten.

Es ist jedoch nicht nur eine Vorbereitung der Seele, sondern
auch des Körpers erforderlich. Denn wir müssen nüchtern zum
heiligen Tische hinzutreten, so zwar, daß wir wenigstens von Mitternacht des vorhergehenden Tages an, bis zu dem Zeitpunkte, in dem
wir die Eucharistie empfangen, durchaus Nichts gegessen oder ge-
trunken haben. Auch fordert die Würde eines so großen Sakramentes, daß sich die Verheiratheten einige Tage der ehelichen Bei-
wohnung enthalten, nach dem Beispiele David's, der, als „er die
Schaubrode vom Priester empfangen wollte, bekannte, daß er und
seine Knaben drei Tage lang sich des Umgangs mit Weibern enthalten hätten." Dieses etwa ist es, was die Gläubigen hauptsächlich
beobachten müssen, um sich zu einem heilsamen Empfange der h.
Geheimnisse vorzubereiten. Denn das Uebrige, worauf hierbei etwa
noch Bedacht genommen werden muß, läßt sich leicht auf diese
Hauptstücke zurückführen.

Sechsundvierzigste Frage.

Alle Christen sind verpflichtet, wenigstens einmal im Jahre die heilige Eucharistie zu empfangen.

Damit aber nicht etwa Einige zu saumselig im Empfange
dieses Sakramentes werden, weil sie es für gar lästig und beschwer-
lich ansehen, sich einer solchen Vorbereitung zu unterziehen, so

admodum et difficile ducant: fideles saepe admonendi sunt, omnibus eam legem propositam esse, ut sacram Eucharistiam accipiant. Praeterea constitutum est ab Ecclesia, ut qui semel saltem singulis annis in Pascha non communicaverit, ab Ecclesia arceatur.

Quaestio XLVII.

Quoties et quibus temporibus percipienda sit Eucharistia.

Saepius communicandum.

I. Neque tamen fideles hoc satis habeant, se, huius decreti auctoritati obtemperantes, semel tantummodo corpus Domini quotannis accipere; verum saepius iterandam Eucharistiae communionem existiment. Utrum autem singulis mensibus, vel hebdomadis, vel diebus id magis expediat, certa omnibus regula praescribi non potest. Verum tamen illa est sancti Augustini norma certissima: „Sic vive, ut quotidie possis sumere". [1]

Ad quotidianam communionem praeparatio suadetur, ejusdemque utilitas ostenditur.

II. Quare Parochi partes erunt, fideles crebro adhortari, ut, quemadmodum corpori in singulos dies alimentum subministrare necessarium putant: ita etiam quotidie hoc Sacramento alendae et nutriendae animae curam non abiiciant; neque enim minus spirituali cibo animam, quam naturali corpus indigere, perspicuum est. Vehementer autem proderit, hoc loco repetere maxima illa et divina beneficia, quae, ut antea demonstratum est, ex Eucharistiae sacramentali communione consequimur. Illa etiam figura erit addenda, quum „singulis diebus corporis vires manna reficere oportebat"; [2] itemque sanctorum Patrum auctoritates, quae frequentem huius Sacramenti perceptionem magnopere commendant. Neque enim unius sancti Patris Augustini ea fuit sententia: „Quotidie peccas, quotidie sume:" [3] sed, si quis diligenter attenderit, eundem omnium Patrum, qui hac de re scripserunt, sensum fuisse facile comperiet. Ac tempus quidem olim fuisse, quum fideles quotidie Eucharistiam acciperent, ex Apostolorum Actis intelligemus. Omnes enim, qui tunc Christianam fidem profitebantur, vera et sincera charitate ita ardebant, ut, quum sine intermissione orationibus et aliis pietatis officiis vacarent, quotidie ad sacra Dominici corporis mysteria sumenda parati invenirentur. Eam postea consuetudinem, quae intermitti videbatur, Anacletus, sanctissimus martyr et pontifex, aliqua ex parte renovavit; [4] praecepit enim, ut mi-

---

1) De verbis Dom. Serm. 21. 2) Exod. 16, 15. 3) De verbis Dom. Serm. 28. 4) Epist. 2.

muß man die Gläubigen oft erinnern, daß Alle dazu gesetzlich verpflichtet sind, die heilige Eucharistie zu empfangen. Außerdem ist von der Kirche verordnet, daß, wer nicht wenigstens ein Mal alljährlich um Ostern kommunicirt, von der Kirche ausgeschlossen werden soll.

Siebenundvierzigste Frage.

Wie oft und zu welchen Zeiten die Eucharistie empfangen werden soll.

Man muß häufig kommuniciren.

1. Die Gläubigen dürfen es aber keineswegs für hinreichend halten, der bindenden Kraft dieses Beschlusses sich fügend, nur ein Mal jährlich den Leib des Herrn zu empfangen; sondern sie müssen denken, den Empfang der Eucharistie öfter zu wiederholen. Ob es aber rathsamer sei, monatlich, oder wöchentlich, oder täglich dies zu thun, darüber läßt sich kein bestimmtes Verhalten für Alle vorschreiben. Die zuverlässigste Regel ist indeß gewiß jene des heiligen Augustin: „Lebe so, daß du sie täglich empfangen kannst."

Zur täglichen Kommunion wird die Vorbereitung empfohlen und ihr Nutzen gezeigt.

2. Es ist daher die Pflicht des Pfarrers, die Gläubigen häufig zu ermahnen, wie sie es für nöthig erachteten, täglich dem Körper Nahrung zu reichen, so sich auch nicht der Sorge zu entschlagen, die Seele täglich zu ernähren und zu speisen; denn offenbar bedarf die Seele nicht minder der geistigen Speise, als der Leib der natürlichen. Es wird aber von überaus großem Nutzen sein, hier jene höchsten und göttlichen Wohlthaten zu wiederholen, die wir, wie oben gezeigt ist, durch die sakramentale Theilnahme an der Eucharistie erlangen. Auch kann man das Vorbild hinzufügen, daß „man Tag für Tag die Kräfte des Körpers durch Manna ergänzen mußte;" und ebenso die Zeugnisse der heiligen Väter, welche den häufigen Genuß dieses Sakramentes nachdrücklich empfehlen. Denn keineswegs war das blos des h. Vaters Augustin Meinung: „Du sündigest täglich, so werde auch täglich gespeiset;" sondern wenn man sorgfältig Acht gibt, wird man alsbald wahrnehmen, daß dies auch die Ansicht aller Väter gewesen ist, die hierüber geschrieben haben. Auch ersehen wir aus der Apostelgeschichte, daß es einst eine Zeit gab, wo die Gläubigen täglich die Eucharistie empfingen. Denn Alle, welche damals den christlichen Glauben bekannten, waren von so wahrer und aufrichtiger Liebe entflammt, daß sie ohne Unterlaß dem Gebete und anderen Werken der Gottseligkeit oblagen und deshalb täglich bereit befunden wurden, die heiligen Geheimnisse des Leibes des Herrn zu empfangen. Da nachher diese Uebung in Verfall zu gerathen schien, hat sie der sehr heilige Martyrer und Papst Anacletus zum Theil erneuert; denn er gebot, daß die Kir=

nistri, qui Missae sacrificio interessent, communicarent; quod ab Apostolis constitutum esse affirmaret. Diu etiam in Ecclesia ille mos fuit, ut Sacerdos, peracto sacrificio, quum Eucharistiam sumpsisset, ad populum, qui aderat, conversus, his verbis ad sacram mensam fideles invitaret: Venite, fratres, ad communionem. Tunc qui parati erant, summa cum religione sacrosancta mysteria sumebant.

Praecipitur, ut fideles ter in anno communicent. Praecipitur, ut fideles semel ad minimum communicent.

III. Sed quum deinde charitas et pietatis studium adeo refrixisset, ut raro admodum ad communionem fideles accederent: sancitum est a Fabiano Pontifice,[1] ut ter quotannis, Natali Domini, et Resurrectione, et Pentecoste, omnes Eucharistiam sumerunt; id quod postea a multis Conciliis, praesertim vero ab Agathensi primo confirmatum est. Ad extremum, quum eo res adducta esset, ut non modo sancta illa et salutaris perceptio non servaretur, sed in plures etiam annos sacrae Eucharistiae communio differretur: decretum est in Lateranensi Concilio, ut semel ad minus singulis annis in Pascha fideles omnes sacrum Domini corpus acciperent; qui vero id facere neglexissent, Ecclesiae aditu prohiberentur.

Quaestio XLVIII.

Pueris nondum ratione utentibus Eucharistiam administrare non convenit.

Infantibus Eucharistia non est administranda. Conc. Trid Sess. 21. de comm. sub utraque specie c. 4 et can. 4.

Verum quamvis haec lex, Dei et Ecclesiae auctoritate sancita, ad omnes fideles pertineat: docendum est, tamen eos excipi, qui nondum rationis usum propter aetatis imbecillitatem habent. Hi enim neque sacram Eucharistiam a profano et communi pane sciunt discernere, neque ad eam accipiendam, pietatem animi et religionem afferre possunt. Atque id etiam a Christi Domini institutione alienissimum videtur; inquit enim: „Accipite et comedite". Infantes autem idoneos non esse, qui accipiant et comedant, satis constat. Vetus quidem illa fuit in quibusdam locis consuetudo. ut infantibus etiam sacram Eucharistiam praeberent: sed tamen tam ob eas causas, quae antea dictae sunt, tum ob alias Christianae pietati maxime consentaneas, iam diu eiusdem Ecclesiae auctoritate id fieri desiit.

1) Epist. ad Hilar. Ep.

chendiener, die bei dem Meßopfer zugegen waren, kommuniciren sollten, was, wie er versicherte, von den Aposteln verordnet sei. Lange Zeit war es auch in der Kirche Sitte, daß der Priester, nach Beendigung des Opfers, wenn er die Eucharistie genommen hatte, zum anwesenden Volke gewendet mit diesen Worten die Gläubigen zum heiligen Tische einlud: „Kommt, Brüder, zur Kommunion!" Die alsdann dazu bereit waren, empfingen die hochheiligen Geheimnisse mit der größten Ehrfurcht.

Es wird vorgeschrieben, daß die Gläubigen dreimal im Jahre kommuniciren. Es wird befohlen, daß die Gläubigen zum Wenigsten einmal kommuniciren.

3. Als aber späterhin die Liebe und der Eifer der Frömmigkeit so erkalteten, daß sich die Gläubigen sehr selten zur Kommunion einfanden, so wurde vom Papste Fabian festgesetzt, daß Jedermann jährlich dreimal, am Weihnachts=, Oster= und Pfingstfeste die Eucharistie empfangen solle; was nachher von vielen Concilien, besonders aber von dem ersten agathensischen, bestätigt wurde. Als es aber endlich dahin kam, daß man diese heilige und heilsame Anordnung nicht nur nicht beobachtete, sondern die Kommunion der h. Eucharistie sogar auf mehrere Jahre hinausschob, da wurde auf dem lateranensischen Concil beschlossen, daß die Gläubigen wenigstens einmal jährlich zu Ostern den Leib des Herrn empfangen, die dies aber zu thun verabsäumten, vom Zutritte zur Kirche ausgeschlossen werden sollten.

Achtundvierzigste Frage.

Es ist nicht passend, den noch unvernünftigen Kindern die Eucharistie zu spenden.

Den Kindern soll die Eucharistie nicht dargereicht werden.

Obgleich aber dieses durch das Ansehen Gottes und der Kirche verordnete Gesetz sich auf alle Gläubige erstreckt, so muß man dennoch lehren, daß diejenigen ausgenommen sind, die ihres zarten Alters wegen den Gebrauch der Vernunft noch nicht haben. Denn diese wissen weder die h. Eucharistie vom gemeinen und gewöhnlichen Brode zu unterscheiden, noch auch können sie zum Empfange derselben Frömmigkeit des Herzens und Ehrfurcht mitbringen. Auch scheint dies der Einsetzung durch Christum, den Herrn, ganz und gar nicht zu entsprechen, denn er sagt: „Nehmet hin und esset." Nun ist aber augenscheinlich, daß Kinder unvermögend sind, zu nehmen und zu essen. Es war allerdings an einigen Orten ein alter Gebrauch, auch Kindern die heilige Eucharistie zu reichen; indeß hat derselbe sowohl um der oben angeführten, als auch um anderer, der christlichen Frömmigkeit entsprechenden Ursachen willen, schon lange auf Verordnung eben der Kirche aufgehört.

Quaestio XLIX.

Qua aetate pueris sacra mysteria danda sint.

Qua vero aetate pueris sacra mysteria danda sint, nemo melius constituere poterit, quam Pater, et Sacerdos, cui illi confitentur peccata; ad illos pertinet explorare, et a pueris percunctari, an huius admirabilis Sacramenti cognitionem aliquam acceperint, et gustum habeant.

Quaestio L.

Licet insanos aliquando ad communionem admittere.

Amentibus praeterea, qui tunc a pietatis sensu alieni sunt, Sacramenta dare minime oportet; quamvis, si, antequam in insaniam inciderint, piam et religiosam animi voluntatem prae se tulerunt, licebit, eis in fine vitae ex Concilii Carthaginiensis decreto Eucharistiam administrare;[1] modo vomitionis, vel alterius indignitatis et incommodi periculum nullum timendum sit.

Quaestio LI.

Laicis sub utraque specie communicandum non est.

Laicis, nisi accedat Ecclesiastica auctoritas, sub altera tantum specie communicandum est. Cf. Q. 20 de Sacr. Ordin.

I. Quod vero ad communicandi ritum pertinet, doceant Parochi, sanctae Ecclesiae lege interdictum esse, ne quis sine ipsius Ecclesiae auctoritate, praeter Sacerdotes, corpus Domini in sacrificio conficientes, sub utraque specie sacram Eucharistiam sumat. Nam, ut a Trid. Synodo[2] explicatum est, quamvis Christus Dominus in ultima coena altissimum hoc Sacramentum in panis et vini speciebus instituerit, et Apostolis tradiderit: ex eo tamen non efficitur, hanc legem a Domino Salvatore constitutam esse, ut omnibus fidelibus sacra mysteria sub utraque specie administranda sint. Etenim idem Dominus noster, quum de hoc Sacramento loqueretur, alterius tantum speciei saepius meminit, ut quum inquit: „Si quis manducaverit ex hoc pane, vivet in aeternum", et „panis, quem ego dabo, caro mea est pro mundi vita"; et „qui manducat hunc panem, vivet in aeternum".[3]

Cur Ecclesia alterius tantum speciei usum laicis permisit?

II. Multis vero et iis quidem gravissimis rationibus adductam esse Ecclesiam patet, ut hanc potissimum sub altera spe-

1) Conc. Carthag. IV. c. 76. 2) Sess. 21 de commun. cap. 1—3. can. 1—3. 3) Ioan. 6, 52. 59.

Neunundvierzigste Frage.

In welchem Alter den Kindern die heiligen Geheimnisse gereicht werden sollen.

In welchem Alter aber den Kindern die heiligen Geheimnisse gereicht werden sollen, wird Niemand besser bestimmen können, als der Väter, und der Priester, dem sie ihre Sünden bekennen; ihnen liegt es ob, zu erforschen, und von den Kindern zu erfragen, ob sie eine etwaige Erkenntniß von diesem wunderbaren Sakramente besitzen und Verlangen darnach hegen.

Fünfzigste Frage.

Auch Wahnsinnige kann man mitunter zur Kommunion zulassen.

Wahnsinnigen, wenn sie zur Zeit keine gottselige Gesinnung haben, soll man durchaus die Sakramente nicht reichen; wenn sie jedoch, bevor sie in Wahnsinn verfielen, eine fromme und gottesfürchtige Herzensgesinnung bewiesen haben, so kann man ihnen nach dem Beschluß des Concils von Carthago am Ende ihres Lebens die Eucharistie reichen; nur darf keine Gefahr des Erbrechens, oder einer anderen Vernunehrung und Unschicklichkeit zu befürchten sein.

Einundfünfzigste Frage.

Die Laien dürfen nicht unter beiden Gestalten kommuniciren.

Die Laien dürfen, wenn nicht die kirchliche Auctorität es erlaubt, nur unter einer Gestalt kommuniciren.

1. Was aber die Weise des Kommunicirens betrifft, so sollen die Pfarrer lehren, wie es durch ein Gesetz der heiligen Kirche verboten sei, daß Jemand, die Priester ausgenommen, die den Leib des Herrn beim Opfer consekriren, ohne ausdrückliche Gutheißung derselben Kirche die heilige Eucharistie unter beiderlei Gestalt empfange. Denn obwohl, wie von dem trienter Kirchenrathe auseinandergesetzt ist, Christus, der Herr, beim letzten Abendmahle dieses erhabenste Sakrament unter den Gestalten des Brodes und Weines eingesetzt, und den Aposteln übergeben hat, so folgt daraus doch nicht, der Herr und Heiland habe das Gesetz gegeben, daß allen Gläubigen die heiligen Geheimnisse unter beiderlei Gestalt gereicht werden sollen. Denn wenn unser Herr von diesem Sakramente sprach, hat er öfter nur der einen Gestalt Erwähnung gethan, z. B. wenn er sagt: „Wer von diesem Brode isset, der wird leben in Ewigkeit; das Brod aber, das ich geben werde, ist mein Fleisch für das Leben der Welt." Und: „Wer dieses Brod ißt, wird ewig leben."

Warum die Kirche den Laien nur den Gebrauch der Einen Gestalt gestattet hat.

2. Es ist jedoch leicht einzusehen, daß die Kirche durch viele und zwar sehr wichtige Gründe bewogen worden ist, diesen Ge-

cie communicandi consuetudinem non solum approbaret, sed
etiam decreti auctoritate firmaret.   Primum enim maxime cavendum erat, ne sanguis Domini in terram funderetur: quod
quidem facile vitari posse non videbatur', si in magna populi
multitudine eum ministrare oportuisset.   Praeterea quum sacra
Eucharistia aegrotis praesto esse debeat, magnopere timendum
erat, ne, si diutius vini species asservaretur, coacesceret.   Permulti praeterea sunt, qui vini saporem, ac ne odorem quidem
perferre ullo modo possint.   Quare ne, quod spiritualis salutis
causa dandum est, corporis valetudini noceret, prudentissime
sancitum est ab Ecclesia, ut panis tantummodo speciem fideles
acciperent.   Accedit ad alias rationes, quod in pluribus provin-
ciis summa vini penuria laboratur; neque id aliunde sine maximis impensis, ac nonnisi longissimis ac difficillimis itineribus
convehi potest.   Deinde, quod maxime omnium ad rem pertinet, convellenda erat eorum haeresis, qui negabant sub utraque
specie totum Christum esse, sed corpus tantum exsangue sub
panis, sanguinem autem sub vini speciei contineri asserebant.
Ut igitur fidei Catholicae veritas magis ante omnium oculos
poneretur, sapientissimo consilio alterius speciei, hoc est, panis
communio inducta est.   Sunt et aliae rationes ab iis collectae,
qui de hoc argumento disserunt; quae, si opus esse videbitur,
a Parochis afferri poterunt.   Iam de ministro, quamvis id a
nemine fere ignorari possit, agendum est, ne quid praetermissum sit, quod ad huius Sacramenti doctrinam pertinere videatur.

Quaestio LII.

Proprius huius Sacramenti minister est Sacerdos.

Minister Eucharistiae solus Sacerdos.

I. Itaque tradendum est, solis Sacerdotibus potestatem datam
esse, ut sacram Eucharistiam conficiant, ac fidelibus distribuant.
Eum autem morem in Ecclesia semper servatum esse, ut fidelis populus a Sacerdotibus Sacramenta acciperet, Sacerdotes
autem sacra facientes ipsi se communicarent, sancta Tridentina
Synodus [1] explicavit; ostenditque, hanc consuetudinem, tanquam
ab Apostolica traditione profectam, religiose retinendam esse;

---

1) Sess. 13, can. 10.

brauch, unter Einer Gestalt zu kommuniciren, nicht allein zu bil=
ligen, sondern auch durch das Ansehen eines Beschlusses zu be=
stätigen. Denn erstens mußte auf's Sorgfältigste verhütet werden,
daß das Blut des Herrn nicht auf die Erde verschüttet werde;
was doch nicht leicht möchte vermieden werden können, wenn man
dasselbe einer großen Volksmenge darreichen müßte. Da überdies
die heilige Eucharistie für die Kranken in Bereitschaft gehalten
werden mußte, so war gar sehr zu besorgen, daß die Gestalt des
Weines in Säure überginge, wenn man sie länger aufbewahren
wollte. Zudem gibt es Viele, die in keiner Weise den Geschmack,
ja nicht einmal den Geruch des Weines ertragen können. Damit
also das, was des geistigen Heiles wegen gereicht werden soll, nicht
der Gesundheit des Körpers schade, so ist höchst weise von der
Kirche angeordnet, daß die Gläubigen nur die Gestalt des Brodes
empfangen sollen. Zu anderen Gründen kommt noch hinzu, daß
in mehreren Ländern der äußerste Mangel an Wein herrscht, und
derselbe anderswo nicht ohne die größten Unkosten, und nur auf
den entferntesten und beschwerlichsten Wegen herbeigeschafft werden
kann. Endlich, und hieran ist vor Allem am Meisten gelegen,
mußte die Ketzerei Derer widerlegt werden, welche leugneten, daß
unter jeder Gestalt der ganze Christus sei, und behaupteten, unter
der Gestalt des Brodes sei nur der blutlose Leib, das Blut aber
unter der Gestalt des Weines enthalten. Damit also die Wahr=
heit des katholischen Glaubens mehr vor Aller Augen gestellt werde,
so ist nach dem weisesten Ermessen die Kommunion unter der einen
Gestalt, nämlich des Brodes, eingeführt. Es gibt auch noch an=
dere Gründe, die von denen gesammelt sind, welche diesen Gegen=
stand behandelt haben, und können dieselben von den Pfarrern, falls
sie es für nöthig halten, angeführt werden. Nun aber muß, ob=
gleich dies wohl Niemanden unbekannt sein kann, von dem Aus=
spender gehandelt werden, damit Nichts übergangen werde, was
zur Lehre dieses Sakramentes gehören möchte.

Zweiundfünfzigste Frage.
Der eigentliche Minister dieses Sakramentes ist der Priester.
Der Minister der Eucharistie ist allein der Priester.

1. Man muß demnach lehren, daß allein den Priestern die Ge=
walt verliehen ist, die heilige Eucharistie zu consekriren und den
Gläubigen auszutheilen. Daß es aber in der Kirche stets gebräuch=
lich gewesen ist, daß das gläubige Volk das Sakrament von den
Priestern empfing, die Priester aber bei der Feier der heiligen
Messe sich selbst dasselbe reichten, hat der heilige Kirchenrath von
Trient ausgesprochen, und gezeigt, daß diese Gebrauch, als ein
von der apostolischen Ueberlieferung herstammender, gewissenhaft

quum praesertim huius rei illustre nobis exemplum Christus
Dominus reliquerit, qui et sanctissimum corpus suum consecravit, et Apostolis suis manibus porrexit. [1]

Laicis non licet res sacras ad consecrationem Eucharistiae necessarias attingere. Sni
II. Ep. 2. cf. De Consecr. D. 1. c. in sancta.

II. Verum, ut quacunque ratione tanti Sacramenti dignitati
consuleretur, non modo eius administrandi potestas solis sacerdotibus data est, sed lege etiam Ecclesia vetuit, ne quis, nisi
consecratus esset, sacra vasa, lintea, et alia instrumenta, quae
ad illius confectionem necessaria sunt, tractare aut tangere auderet; modo gravis aliqua necessitas non incideret.

Quaestio LIII.

Potest Eucharistia per improbos Sacerdotes vel consecrari vel administrari.

Ex quo tum Sacerdotes ipsi, tum reliqui fideles intelligere
possunt, quanta religione et sanctitate praeditos esse oporteat,
qui ad Eucharistiam vel consecrandam, vel administrandam, vel
sumendam accedunt. Quamquam, quod antea de caeteris Sacramentis dictum est, ea non minus per improbos administrari,
si, quae ad illorum perfectam rationem attinent, rite serventur,
idem valet in Eucharistiae Sacramento: neque enim haec omnia ministrorum merito niti, sed Christi Domini virtute et potestate geri credendum est. Haec sunt, quae de Eucharistia, ut
Sacramentum est, explicanda erunt. Nunc, quod restat dicendum, ut sacrificium est, explanare oportet, ut intelligant Parochi, quae potissimum de hoc mysterio, quemadmodum sancta
Synodus decrevit, [2] Dominicis et festis diebus fideli populo tradere debeant.

Quaestio LIV.

Eucharistia, peculiare novi Testamenti Sacrificium, Deo est acceptissimum.

Sacramenti et sacrificii distrimen innuitur. Eucharistiae sacrificium quam sit Deo
gratum.

Etenim hoc Sacramentum non solum thesaurus est coelestium
divitiarum, quo si bene utamur, Dei gratiam nobis conciliamus
et amorem: sed in eo praecipua quaedam ratio inest, qua ei
pro immensis in nos collatis beneficiis aliquam gratiam referre

---

1) Matth. 26, 26. Marc. 14, 22. 2) Conc. Trid. Sess. 22. c. 8.

beibehalten werden müſſe; beſonders, weil Chriſtus, der Herr, uns
hiervon ein ſo herrliches Beiſpiel hinterlaſſen hat, indem er ſowohl
ſeinen heiligſten Leib conſekrirte, als auch mit ſeinen eigenen Hän=
den den Apoſteln darreichte.

> Die Laien dürfen die heiligen Gegenſtände, welche zur Conſekration der Euchari=
> ſtie nothwendig ſind, nicht berühren.

2. Um aber auf alle Weiſe für die Würde eines ſo großen Sa=
kramentes Sorge zu tragen, iſt nicht nur die Vollmacht, daſſelbe
zu verwalten, allein den Prieſtern verliehen; ſondern die Kirche
hat auch durch ein Geſetz verboten, daß ſich Jemand, wenn er
nicht geweiht iſt, vermeſſe, die heiligen Gefäße, die heiligen Tücher,
und die andern, zur Conſekration deſſelben erforderlichen Geräth=
ſchaften zu gebrauchen oder zu berühren, wenn nicht irgend ein
dringender Nothfall eintritt.

Dreiundfünfzigſte Frage.
Die Euchariſtie kann von laſterhaften Prieſtern ſowohl conſekrirt, als auch
ausgeſpendet werden.

Hieraus können ſowohl die Prieſter ſelbſt, als die übrigen
Gläubigen erſehen, von welcher Gottesfurcht und Heiligkeit die=
jenigen erfüllt ſein müſſen, welche entweder zur Conſekrirung, oder
zur Ausſpendung, oder zum Empfange der Euchariſtie hinzutreten.
Gleichwohl gilt das, was oben von den übrigen Sakramenten ge=
ſagt iſt, daß ſie nicht weniger durch Laſterhafte verwaltet werden,
wenn das, was zu ihrem vollkommenen Weſen gehört, gehörig
beobachtet wird, auch von dem Sakramente der Euchariſtie; denn
man hat anzunehmen, daß dies Alles ſich nicht etwa auf das Ver=
dienſt der Ausſpender gründet, ſondern durch die Kraft und Macht
Chriſti, des Herrn, bewirkt wird. Dies iſt es, was von der
Euchariſtie, ſofern ſie ein Sakrament iſt, erörtert werden muß.
Es bleibt nun noch übrig, auseinander zu ſetzen, was davon zu
ſagen, ſofern es ein Opfer iſt, damit die Pfarrer einſehen, was ſie,
dem Beſchluſſe des heil. Kirchenrathes gemäß, von dieſem Geheim=
niſſe dem gläubigen Volke an den Sonn= und Feſttagen haupt=
ſächlich vortragen müſſen.

Vierundfünfzigſte Frage.
Die Euchariſtie, das eigenthümliche Opfer des neuen Bundes, iſt Gott ſehr
wohlgefällig.

> Der Unterſchied des Sakramentes und Opfers wird auseinander geſetzt. Wie
> wohlgefällig das Opfer der Euchariſtie Gott ſei.

Denn dieſes Sakrament iſt nicht allein ein Schatz himmliſcher
Reichthümer, wodurch wir uns, wenn wir uns deſſelben recht be=
dienen, die Gnade und Liebe Gottes erwerben; ſondern es hat auch
noch beſonders die Bedeutung, daß wir ihm dadurch für die uner=

possimus. At vero haec victima, si rite et legitime immoletur, quam grata et accepta Deo sit, ex hoc colligitur. Si enim veteris legis sacrificia, de quibus scriptum est: „Sacrificium et oblationem noluisti"; [1] et iterum: „Si voluisses sacrificium, dedissem utique: holocaustis non delectaberis", [2] ita placuerunt Domino, ut Scriptura, „Deum odoratum esse odorem suavitatis", [3] id est, grata ei et accepta fuisse, testetur: quid nobis sperandum de eo sacrificio, in quo ille ipse immolatur atque offertur, de quo coelestis vox bis audita est: „Hic est filius meus dilectus, in quo mihi bene complacui? [4] Hoc igitur mysterium Parochi diligenter exponent, ut quum fideles ad rem divinam convenerint, attente et religiose sacra illa, in quibus intersunt, meditari discant.

Quaestio LV.

Quae sint causae, ob quas Eucharistia a Christo Domino instituta est

Eucharistiam a Christo esse institutam, tum ut sit Sacramentum, tum ut sit Sacrificium. Conc. Trident. Sess. 22 c. 1.

I. Imprimis autem docebunt, Eucharistiam duabus de causis a Christo Domino institutam esse. Altera est, ut coeleste animae nostrae alimentum esset, quo vitam spiritualem tueri et conservare possemus: altera, ut Ecclesia perpetuum sacrificium haberet, quo peccata nostra expiarentur, et coelestis Pater, sceleribus nostris saepe graviter offensus, ab ira ad misericordiam, a iustae animadversionis severitate ad clementiam traduceretur.

Similitudo agni Paschalis.

II. Huius rei figuram et similitudinem in agno paschali licet animadvertere, qui ut sacrificium et sacramentum a filiis Israël offerri et comedi consueverat. Nec vero, quum Salvator noster Deo Patri se ipsum in ara crucis oblaturus esset, ullam suae erga nos immensae charitatis illustriorem significationem dare potuit, quam quum nobis visibile sacrificium reliquit, quo cruentum illud, semel in cruce paulo post immolandum, instauraretur, eiusque memoria usque in finem saeculi quotidie, summa cum utilitate, ab Ecclesia per universum orbem diffusa coleretur.

---

1) Ps. 39, 7. 2) Ps. 50, 18. 3) Genes. 8, 21. 4) Matth. 3, 17.

meßlichen uns erwiesenen Wohlthaten einigermaßen unsern Dank abstatten können. Wie lieb und wohlgefällig aber dieses Opfer Gott sei, wenn es gehörig und rechtmäßig dargebracht wird, ergibt sich aus Folgendem. Wenn nämlich die Opfer des Alten Gesetzes, von denen geschrieben steht: „Schlachtopfer und Speiseopfer hast du nicht verlangt," und wiederum: „Wenn du Opfer gewollt hättest, würd' ich ja freilich sie gegeben haben; an Brandopfern wirst du kein Gefallen haben," so sehr Gott gefallen haben, daß die Schrift bezeugt: „Gott habe gerochen den lieblichen Geruch," d. h. sie seien ihm lieb und angenehm gewesen, was dürfen wir nicht von demjenigen Opfer erwarten, in welchem Der selbst geopfert und dargebracht wird, über den sich die Stimme vom Himmel zweimal vernehmen ließ: „Dieser ist mein geliebter Sohn, an dem ich mein Wohlgefallen habe!" Die Pfarrer sollen demnach dieses Geheimniß sorgfältig erklären, damit die Gläubigen, wenn sie zum Gottesdienste zusammenkommen, die heilige Handlung, welcher sie beiwohnen, aufmerksam und ehrfurchtsvoll erwägen lernen.

Fünfundfünfzigste Frage.

Aus welchen Gründen Christus, der Herr, die Eucharistie eingesetzet hat.

Die Eucharistie ist von Christus eingesetzt sowohl, daß sie Sakrament, als auch, daß sie Opfer sei.

1. Vor Allem aber werden sie lehren, daß die Eucharistie aus zwei Ursachen von Christo eingesetzt ist. Die erste ist, daß sie unserer Seele zu einer himmlischen Nahrung gereiche, durch die wir das geistige Leben schützen und erhalten könnten; die zweite, daß die Kirche ein fortwährendes Opfer habe, durch welches unsere Sünden versöhnt würden, und der himmlische Vater, durch unsere Missethaten oft schwer beleidigt, vom Zorne zur Barmherzigkeit, von der Strenge gerechter Ahndung zur Milde bewogen werden möchte.

Gleichniß des Paschalammes.

2. Ein Vorbild und Gleichniß hiervon kann man im Osterlamme erblicken, welches von den Kindern Israel als Opfer und Sakrament dargebracht und genossen zu werden pflegte. Auch konnte unser Heiland, als er sich selbst Gott dem Vater auf dem Altare des Kreuzes opfern wollte, keinen herrlicheren Beweis seiner unermeßlichen Liebe gegen uns geben, als da er uns ein sichtbares Opfer zurückließ, wodurch das blutige Opfer, das bald darauf ein für allemal am Kreuz geopfert werden sollte, erneuert, und das Gedächtniß desselben bis ans Ende der Welt täglich zum größten Nutzen von der über den ganzen Erdkreis ausgebreiteten Kirche ehrerbietig begangen würde.

Quaestio LVI.

Quomodo Sacramentum a sacrificio secernatur.

Diffusius Sacramenti et Sacrificii discrimen exponitur.

Differunt autem plurimum inter se hae duae rationes; Sacramentum enim consecratione perficitur; omnis vero sacrificii vis in eo est, ut offeratur. Quare sacra Eucharistia, dum in pyxide continetur, vel ad aegrotum defertur, Sacramenti, non sacrificii, rationem habet. Deinde etiam, ut Sacramentum est, iis, qui divinam hostiam sumunt, meriti causam affert, et omnes illius utilitates, quae supra commemoratae sunt; ut autem sacrificium est, non merendi solum, sed satisfaciendi quoque efficientiam continet. Nam ut Christus Dominus in passione sua pro nobis meruit ac satisfecit: sic qui hoc sacrificium offerunt, quo nobiscum communicant, Dominicae passionis fructus merentur, ac satisfaciunt.

Quaestio LVII.

Quo tempore istud novi Testamenti sacrificium sit institutum.

Iam de huius sacrificii institutione nullum ambigendi locum sancta Tridentina Synodus reliquit; declaravit enim, [1] in extrema coena a Christo Domino institutum esse; simulque anathemate eos damnavit, qui asserunt, verum et proprium sacrificium Deo non offerri; aut offerre, nihil aliud esse, quam Christum ad manducandum dari.

Quaestio LVIII.

Non licet Sanctis aut ulli creaturae sacrificium offerri.

Soli Deo sacrificium in Missa offerri. Conc. Trid. Sess. 22 c. 3 et can. 5.

Neque vero illud praetermisit, quin diligenter explicaret, uni Deo sacrificium fieri. Nam etsi Ecclesia interdum Missas in memoriam et honorem Sanctorum celebrare consuevit: non tamen illis sacrificium, sed uni Deo, qui Sanctos immortali gloria coronavit, offerri docuit. Quare nec Sacerdos unquam dicere solet: offero tibi sacrificium, Petre, vel Paule; sed, dum uni soli Deo immolat, gratias illi agit pro beatissimorum Martyrum insigni victoria, eorumque patrocinium ita implorat, ut ipsi pro nobis intercedere dignentur in coelis, quorum memoriam facimus in terris.

1) Sess. 22 cap. 1 et can. 1. 2.

Sechsundfünfzigste Frage.

Wie sich das Sakrament vom Opfer unterscheide.

Der Unterschied des Sakramentes und Opfers, wird weitläufiger auseinander gesetzt.

Diese beiden Begriffe sind aber unter sich sehr verschieden; das Sakrament nämlich wird durch die Consekration vollbracht; die ganze Kraft des Opfers besteht hingegen darin, daß es dargebracht wird. Die heil. Eucharistie hat daher, wenn sie in dem Ciborium aufbewahrt, oder zum Kranken getragen wird, die Eigenschaft eines Sakraments, nicht aber die eines Opfers. Sodann auch: gewährt sie, sofern sie Sakrament ist, denen, welche die göttliche Hostie genießen, einen Grund des Verdienstes, und alle jene oben erwähnten Vortheile; als Opfer aber enthält sie nicht allein die Kraft des Verdienstes, sondern auch der Genugthuung. Denn, wie Christus, der Herr, bei seinem bitteren Leiden für uns Verdienste erworben und genuggethan hat, so verdienen auch die, welche dieses Opfer darbringen, wodurch sie mit uns in Gemeinschaft treten, die Früchte des bitteren Leidens des Herrn, und leisten Genugthuung.

Siebenundfünfzigste Frage.

Zu welcher Zeit dieses Opfer des Neuen Bundes eingesetzt worden sei.

Der heilige Kirchenrath von Trient läßt uns über die Einsetzung dieses Opfers keinen Zweifel übrig; denn er hat erklärt, daß es beim letzten Abendmahle von Christo, dem Herrn, eingesetzt sei, und spricht den Bann zugleich gegen diejenigen aus, welche behaupten, es werde Gott nicht ein wahres und eigentliches Opfer dargebracht, oder das Dargebrachtwerden sei nichts Anderes, als daß uns Christus zur Speise gegeben werde.

Achtundfünfzigste Frage.

Es ist nicht erlaubt, den Heiligen oder einem Geschöpfe das Opfer darzubringen.

Gott allein wird das Opfer in der heiligen Messe dargebracht.

Auch hat er nicht unterlassen, ausdrücklich zu erklären, daß das Opfer Gott allein dargebracht werde. Denn obgleich die Kirche zur Ehre und zum Gedächtniß der Heiligen mitunter Messen zu feiern pflegt, so hat sie doch nicht gelehrt, daß ihnen, sondern daß nur Gott allein, der die Heiligen mit unsterblicher Herrlichkeit gekrönt hat, das Opfer dargebracht werde. Daher pflegt auch der Priester niemals zu sagen: ich bringe dir, Petrus oder Paulus, das Opfer dar; sondern, indem er dem Einen Gotte allein opfert, sagt er ihm Dank für den herrlichen Sieg der seligsten Martyrer, und flehet so um ihren Schutz, daß sie sich herablassen wollen, für uns im Himmel zu bitten, da wir ihr Gedächtniß auf Erden begehen.

Quaestio LIX.

Unde doctrina illa sacrificii et sacerdotii novae Legis hauriatur.

Ecclesiae Catholicae de sacrificio doctrina Scripturis confirmatur. Apostoli quando Sacerdotes sint instituti. Conc. Trident. Sess. 22 d· Sacram. Miss. c. 2 et can. 4.

Haec autem, quae de huius sacrificii veritate a Catholica Ecclesia tradita sunt, ex Domini verbis accepit, quum extrema illa nocte haec ipsa sacra mysteria Apostolis commendans, „Hoc facite“, inquit, „in meam commemorationem“. Eos enim, quemadmodum a sancta Synodo definitum est,[1] tunc Sacerdotes instituit, praecepitque, ut ipsi, et qui eis in sacerdotali munere successuri essent, corpus eius immolarent, et offerrent.[2] Atque id etiam Apostoli verba ad Corinthios scripta satis demonstrant, quum ait: „Non potestis calicem Domini bibere, et calicem daemoniorum; non potestis mensae Domini participes esse, et mensae daemoniorum“.[3] Ut enim pro daemoniorum mensa, altare, in quo eis immolabatur, intelligendum est: ita etiam (ut, quod Apostolus proponit, probabili argumentatione concludatur) mensa Domini nihil aliud, nisi altare, in quo sacrificium Domino fiebat, significare potest.

Quaestio LX.

Quibus potissimum figuris et prophetiis istud sacrificium significatum fuerit.

Eucharistiae sacrificium signis et prophetiis vet. ris Testamenti praedictum.

Quo si ex veteri Testamento huius sacrificii figuras et oracula requiramus, primum quidem de eo Malachias apertissime vaticinatus est his verbis: „Ab ortu solis usque ad occasum magnum est nomen meum in gentibus, et in omni loco sacrificatur et offertur nomini meo oblatio munda: quia magnum est nomen meum in gentibus, dicit Dominus exercituum“.[4] Praeterea haec hostia, tam ante, quam post latam legem, variis sacrificiorum generibus praenuntiata est. Etenim bona omnia, quae iis sacrificiis significabantur, haec una victima, tanquam omnium perfectio et absolutio, complexa est. Verumtamen nulla in re eius imaginem magis expressam licet videre, quam in Melchisedech sacrificio. Ipse enim Salvator Sacerdotem secundum ordinem Melchisedech se in aeternum constitutum declarans, corpus et sanguinem suum in extrema coena, sub speciebus panis et vini, Deo Patri obtulit.

---

1) Luc. 22, 19. 2) 1 Cor. 11, 25. 3) Ibid. 10, 20. 21. 4) Malach. 1, 11.

Neunundfünfzigſte Frage.

Woraus jene Lehre vom Opfer und Prieſterthum des Neuen Bundes geſchöpft werde.

Die Lehre der katholiſchen Kirche vom Opfer wird durch die heil. Schrift bewieſen. Wann die Apoſtel zu Prieſtern eingeſetzt ſind.

Das aber, was die katholiſche Kirche über die Wahrheit dieſes Opfers gelehrt hat, hat ſie aus den Worten des Herrn entnommen, da er in jener letzten Nacht dieſe heiligen Geheimniſſe den Apoſteln anvertraute und ſagte: „Dieſes thut zu meinem Andenken." Denn damals ſetzte er ſie, wie es von dem h. Kirchenrathe entſchieden iſt, als Prieſter ein, und verordnete, daß ſie ſelbſt und ihre Nachfolger im prieſterlichen Amte ſeinen Leib opfern und darbringen ſollten. Dies zeigen auch zur Genüge die Worte des Apoſtels an die Corinther, wenn er ſagt: „Ihr könnet nicht den Kelch des Herrn trinken, und den Kelch der Teufel; ihr könnet nicht Antheil am Tiſche des Herrn haben, und am Tiſche der Teufel." Wie nämlich unter dem Tiſche der Teufel der Altar zu verſtehen iſt, auf dem ihnen geopfert wurde, eben ſo kann auch (um aus dem Ausſpruche des Apoſtels einen angemeſſenen Schluß zu ziehen) der Tiſch des Herrn nichts Anderes, als den Altar bezeichnen, auf welchem dem Herrn das Opfer dargebracht wurde.

Sechszigſte Frage.

Durch welche Vorbilder und Weiſſagungen vorzüglich dieſes Opfer angedeutet worden ſei.

Das Opfer der Euchariſtie iſt durch die Zeichen und Prophetien des Alten Bundes vorhergeſagt.

Sehen wir uns nun nach den Vorbildern und Weiſſagungen dieſes Opfers im Alten Bunde um, ſo weiſſagte zunächſt Malachias hiervon aufs Deutlichſte in folgenden Worten: „Vom Aufgange der Sonne bis zum Untergange wird mein Name groß werden unter den Völkern, und an allen Orten wird meinem Namen geopfert, und ein reines Opfer dargebracht werden: denn groß wird mein Name werden unter den Völkern, ſpricht der Herr der Heetſchaaren." Außerdem iſt dieſes Opfer ſowohl vor als nach Ertheilung des Geſetzes durch die verſchiedenen Arten von Opfern vorherverkündigt. Denn alle Güter, die durch jene Opfer angedeutet wurden, umfaßt dies Eine Schlachtopfer, als die Vollendung und der Abſchluß aller. Allein nirgends kann man ſein Vorbild beſſer ausgedrückt ſehen, als in Melchiſedechs Opfer. Denn der Heiland hat, ſich ſelbſt für den nach der Ordnung Melchiſedechs in Ewigkeit angeordneten Prieſter erklärend, beim letzten Abendmahle ſeinen Leib und ſein Blut unter den Geſtalten des Brodes und Weines Gott dem Vater geopfert.

Quaestio LXI.
Idem sacrificium, quod in cruce fuit oblatum, in Missa peragitur.

Unum est Christi sacrificium et Ecclesiae. Cf Q. 13 art. 4. Symb. Concil. Trid. Sess. 21 de Sacr. Miss. cap. 2. Cruenta et incruenta hostia unam tantum hostiam efficiunt.

Unum itaque et idem sacrificium esse, fatemur, et haberi debet, quod in Missa peragitur, et quod in cruce oblatum est; quemadmodum una est et eadem hostia, Christus videlicet Dominus noster, qui seipsum in ara crucis semel tantummodo cruentum immolavit. Neque enim cruenta et incruenta hostia duae sunt hostiae, sed una tantum; cuius sacrificium, postquam Dominus ita praecipit: „Hoc facite in meam commemorationem", in Eucharistia quotidie instauratur.

Quaestio LXII.
Est etiam unus utriusque Sacerdos.

Sed unus etiam atque idem Sacerdos est, Christus Dominus; nam ministri, qui sacrificium faciunt, non suam, sed Christi personam suscipiunt, quum eius corpus et sanguinem conficiunt. Id quod et ipsius consecrationis verbis ostenditur. Neque enim Sacerdos inquit: „Hoc est corpus Christi, sed, „Hoc est corpus meum"; personam videlicet Christi Domini gerens, panis et vini substantiam in veram eius corporis et sanguinis substantiam convertit.

Quaestio LXIII.
Missa, ut laudis, ita etiam propitiationis, sacrificium.

Missam esse non solum laudis, sed propitiationis sacrificium.

I. Quae quum ita sint, sine ulla dubitatione docendum est, id quod etiam sancta Synodus explicavit:[1] sacrosanctum Missae sacrificium esse non solum laudis et gratiarum actionis, aut nudam commemorationem sacrificii, quod in cruce factum est: sed vere etiam propitiatorium sacrificium, quo Deus nobis placatus et propitius redditur.

Fructus sacrificii Missae. Prodest vivis.

II. Quare, si puro corde, et accensa fide, et intimo nostrorum scelerum dolore affecti, hanc sanctissimam hostiam immolemus et offeramus: dubitandum non est, quin „misericordiam a Domino consecuturi simus: et gratiam in auxilio opportuno";[2] huius enim victimae odore delectatur Dominus, ut gratiae et poenitentiae donum nobis impertiens, peccata condonet. Quamobrem et solemnis est illa Ecclesiae precatio: „Quoties huius hostiae commemoratio celebratur, toties opus nostrae salutis

1) Sess. 22 cap. 2 et can. 3.   2) Hebr. 4, 16.

Einundsechszigste Frage.

In der Messe wird das nämliche Opfer, das am Kreuze geopfert worden ist vollbracht.

Das Opfer Christi und der Kirche ist eins. — Das blutige und unblutige Opfer bildet nur Ein Opfer.

Wir bekennen also und müssen annehmen, daß das Opfer, welches in der Messe vollbracht wird, und das am Kreuze dargebracht wurde, ein und dasselbe ist: so wie es auch eine und dieselbe Opfergabe ist, nämlich Christus, unser Herr, der sich selbst auf dem Altare des Kreuzes nur Ein Mal blutiger Weise geopfert hat. Denn die blutige und unblutige Opfergabe sind nicht zwei, sondern nur Eine Opfergabe, deren Opferung, nachdem der Herr also geboten hat: „Dieses thut zu meinem Andenken," in der Eucharistie täglich erneuert wird.

Zweiundsechszigste Frage.

Es ist auch nur ein und derselbe Priester für beide.

Aber auch der Priester ist ein und derselbe: Christus, der Herr; denn die Diener, die das Opfer verrichten, vertreten nicht ihre, sondern Christi Person, indem sie desselben Leib und Blut wandeln; wie auch aus den Worten der Consekration selbst erhellt. Der Priester nämlich sagt nicht: „Das ist der Leib Christi," sondern: „Das ist mein Leib;" indem er nämlich an die Stelle der Person Christi, des Herrn, tritt, verwandelt er die Substanz des Brodes und Weines in die wahre Substanz dessen Leibes und Blutes.

Dreiundsechszigste Frage.

Die Messe ist eben so ein Sühn= wie ein Lobopfer.

Die Messe ist nicht nur ein Lob=, sondern auch ein Versöhnungsopfer.

1. Demzufolge muß also gelehrt werden, was auch der heilige Kirchenrath erklärt hat, daß das hochheilige Meßopfer ohne allen Zweifel nicht nur ein Lob= und Dankopfer, oder eine bloße Erinnerung an das am Kreuze vollbrachte Opfer, sondern auch ein wahres Sühnopfer sei, wodurch uns Gott versöhnt und gnädig gemacht wird.

Früchte des Meßopfers. Es nützt den Lebendigen.

2. Wenn wir daher mit reinem Herzen und feurigem Glauben, und mit tiefster Reue unserer Sünden diese hochheilige Opfergabe opfern und darbringen, so dürfen wir nicht zweifeln, daß „wir vom Herrn Barmherzigkeit erlangen und Gnade finden, wenn wir Hülfe nöthig haben; denn durch den Geruch dieses Opfers wird der Herr dergestalt erfreut, daß er uns die Gabe der Gnade und Buße verleiht, und die Sünden vergibt. Daher betet auch die Kirche feierlich auf diese Weise: „So oft das Andenken dieses Opfers gefeiert wird, so oft wird das Werk unseres Heiles ausgeübt;"

exercetur“; [1] nimirum uberrimi illi cruentae hostiae fructus per hoc incruentum sacrificium ad nos manant.

Quaestio LXIV.

Pertingit etiam sacrificii Missae fructus ad defunctos.

Prodest defunctis.

Deinde vero huius sacrificii eam vim esse Parochi docebunt, ut non solum immolanti et sumenti prosit, sed omnibus etiam fidelibus, sive illi nobiscum in terris vivant, sive iam in Domino mortui nondum plane expiati sint. Neque enim minus, ex Apostolorum certissima traditione, pro his utiliter offertur, quam pro vivorum peccatis, poenis, satisfactionibus, ac quibusvis calamitatibus et angustiis.

Quaestio LXV.

Nulla Missa, ex communi usu Ecclesiae celebrata, dicenda est privata.

Nulla Missa privata dicenda est. Conc. Trid. Sess. 22. de Sacr. M. c. 6 et can. 8.

Ex quo facile perspicitur, omnes Missas communes censeudas esse, ut quae ad communem omnium fidelium utilitatem et salutem pertineant.

Quaestio LXVI.

Quonam huius sacrificii caeremoniae pertineant.

Ritus Missae quo p rtineant. Conc. Trident Sess. 21 cap. 5 et can. 7.

Habet autem hoc sacrificium multos, eosque maxime insignes ac solemnes ritus, quorum nullus supervacaneus aut inanis existimandus est; verum omnes eo spectant, ut et tanti sacrificii maiestas magis eluceat, et salutaribus mysteriis intuendis ad rerum divinarum, quae in eo sacrificio occultae sunt, contemplationem fideles excitentur. Sed de his nihil est ut plura dicamus, tum quia hoc argumentum longiorem explicationem postulare videtur, quam propositae institutioni conveniat, tum quia innumerabiles pene libellos et commentarios, qui de hac re a piis et doctissimis viris conscripti sunt, Sacerdotes in promptu habebunt. Hactenus igitur satis fuerit, earum rerum, quae ad Eucharistiam, tum quia Sacramentum, tum quia sacrificium sit, pertinent, potiora capita, iuvante Domino, exposuisse.

1) Secr. Dom. IX. p. Pentec.

denn es fließen uns die reichlichsten Früchte des blutigen Opfers durch dieses unblutige zu.

Vierundsechszigste Frage.
Der Nutzen des Meßopfers erstreckt sich auch auf die Verstorbenen.
Es nützt den Abgestorbenen.

Die Pfarrer sollen dann ferner lehren, die Kraft dieses Opfers sei der Art, daß es nicht allein dem Opfernden und Genießenden nützlich sei, sondern auch allen Gläubigen, mögen sie nun mit uns auf Erden leben, oder, in dem Herrn entschlafen, noch nicht ganz versöhnt sein. Denn der zuverlässigsten apostolischen Ueberlieferung zufolge wird es zu nicht geringerem Nutzen für diese, als für die Sünden, Strafen, Genugthuungen, und für jedwede Art von Drangsal und Unglück der Lebendigen dargebracht.

Fünfundsechszigste Frage.
Keine Messe, die nach dem gemeinsamen Gebrauche der Kirche gefeiert wird, kann eine Privatmesse genannt werden.
Man darf keine Messe privat nennen.

Hieraus ersieht man leicht, daß alle Messen für allgemeine zu halten sind, da sie sich auf den Nutzen und das Heil aller Gläubigen beziehen.

Sechsundsechszigste Frage.
Was die Ceremonien dieses Opfers bezwecken.
Worauf die Gebräuche der heil. Messe abzielen.

Es hat aber dies Opfer viele, und zwar sehr herrliche und feierliche Gebräuche, deren keiner für überflüssig oder bedeutungslos zu halten ist; sondern alle zielen darauf hin, daß theils die Majestät eines so großen Opfers mehr erscheint, theils aber die Gläubigen dadurch, daß sie die heilsamen Geheimnisse anschauen, die in diesem Opfer verborgen sind, zur Betrachtung der göttlichen Dinge aufgemuntert werden. Es ist aber nicht nöthig, hiervon mehr zu sagen, theils weil der Gegenstand eine längere Auseinandersetzung zu fordern scheint, als dem Zwecke dieser Unterweisung entspricht, theils weil die Priester beinahe zahllose Schriftchen und Abhandlungen zur Hand haben, die von den frömmsten und heiligsten Männern über diesen Gegenstand verfaßt sind. Es mag also genügen, bis hierher die vornehmsten Hauptstücke von dem, was die Eucharistie betrifft, sowohl in wie weit sie Sakrament, als in wie weit sie Opfer ist, unter dem Beistande des Herrn auseinandergesetzt zu haben.

CAPUT V.
De Poenitentiae Sacramento.

Quaestio I.

Accurate ac frequenter doctrina poenitentiae Christianis auribus est inserenda.

Accuratius de Poenitentia, quam de Baptismo docendum est.

I. Quemadmodum humanae naturae fragilitas et imbecillitas, omnibus nota est, eamque in se ipso quisque facile experitur: ita, quantam habeat necessitatem poenitentiae Sacramentum, ignorare nemo potest. Quod si diligentiam quae a Parochis in unoquoque argumento adhibenda est, ex rei, quam tractant, magnitudine et pondere metiri oportet: omnino fatebimur, eos nunquam in huius loci explicatione adeo diligentes futuros esse, ut satis videri possit; quin etiam de hoc Sacramento, quam de Baptismo, eo accuratius agendum est, quod Baptismus semel tantum administratur, nec iterari potest: poenitentiae vero toties locus datur eiusque repetendae toties necessitas imposita est, quoties post Baptismum peccare contingat.

Quomodo Poenitentia sit secunda tabula.

II. Ita enim a Tridentina Synodo dictum est, [1] Sacramentum poenitentiae non secus lapsis post Baptismum, ac Baptismum nondum regeneratis, ad salutem necessarium esse; vulgataque illa S. Hieronymi sententia [2] ab omnibus, qui deinceps res sacras tradiderunt, magnopere comprobatur, poenitentiam esse secundam tabulam. Ut enim confracta navi unum vitae servandae perfugium reliquum est, si forte tabulam aliquam de naufragio liceat arripere: ita post amissam Baptismi innocentiam, nisi quis ad poenitentiae tabulam confugiat, sine dubio de eius salute desperandum est. Haec autem non ad Pastores solum, sed ad reliquos etiam fideles excitandos dicta sint, ne forte in eis rei maxime necessariae incuria reprehendatur. Primum enim, communis fragilitatis memores omni studio optare debent, ut divina ope adiuti, sine casu, aut prolapsione aliqua in via Domini progredi possint. Quod si nonnunquam offenderint, tum vero summam Dei benignitatem intuentes, qui tanquam bonus pastor ovium suarum vulnera obligare, eisque

---

1) Sess. 6 de iustif. cap. 14 et Sess. 14 de poenit. cap. 2.   2) In cap. 3. Isai.

Fünftes Hauptstück.
Vom Sakrament der Buße.

Erste Frage.

Genau und oft soll die Lehre von der Buße den christlichen Zuhörern vorgetragen werden.

Der Unterricht von der Buße muß noch genauer, als der von der Taufe ertheilt
werden.

1. Da die Hinfälligkeit und Schwäche der menschlichen Natur
Allen bekannt ist und Jeder sie an sich selbst leicht erfährt, so kann
es Niemanden unbekannt bleiben, wie nothwendig das Sakrament
der Buße sei. Wenn man daher den Fleiß, den die Pfarrer auf
jede Frage zu verwenden haben, nach der Größe und Wichtigkeit
des Gegenstandes, den sie behandeln, bemessen muß, so werden wir
unbedingt bekennen, bei der Erklärung dieses Stückes werden sie
nie so sorgfältig sein, daß es genug scheinen könne; ja, es muß
von diesem Sakramente sogar sorgfältiger, als von der Taufe,
gehandelt werden, weil die Taufe nur Ein Mal ertheilt wird, und
nicht wiederholt werden kann; die Buße aber so oft statt hat und
nothwendigerweise wiederholt werden muß, als man nach der Taufe
sündigt.

Wie die Buße das zweite Rettungsbrett ist?

2. Denn der Kirchenrath von Trient sagt, das Sakrament der
Buße sei den nach der Taufe Gefallenen nicht minder zur Seligkeit nothwendig, als den noch nicht Wiedergeborenen die Taufe;
und jener allbekannte Ausspruch des h. Hieronymus, „die Buße
sei das zweite Brett," ist von Allen, die nach ihm die göttlichen
Dinge lehrten, überaus beifällig aufgenommen. Wie nämlich bei
einem gestrandeten Schiffe das einzige Zufluchtsmittel zur Rettung
des Lebens übrig bleibt, wenn man etwa ein Brett aus dem Schiff-
bruche aufgreifen kann, eben so muß man bedenklich an dem Heile
desjenigen verzweifeln, der nach dem Verluste der durch die Taufe
erlangten Unschuld nicht zum Brette der Buße seine Zuflucht nimmt.
Dies müssen sich aber nicht allein die Seelsorger, sondern auch die
übrigen Gläubigen zu ihrer Ermunterung gesagt sein lassen, damit sie
nicht etwa in einer ihnen so höchst nothwendigen Sache den Vorwurf der Sorglosigkeit auf sich ziehen. Denn zunächst müssen sie,
der allgemeinen Gebrechlichkeit eingedenk, mit allem Eifer wünschen,
auf dem Wege des Herrn, unter göttlichem Beistande, ohne Unfall
oder Straucheln fortschreiten zu können. Wenn sie dann aber zuweilen anstoßen, dann müssen sie im Hinblick auf die unermeßliche
Güte Gottes, der als ein guter Hirt die Wunden seiner Schafe
zu verbinden und zu heilen pflegt, bedenken, daß sie dieses so sehr

mederi solet, hoc saluberrimum poenitentiae medicamentum nunquam in aliud tempus differendum esse cogitabunt.

Quaestio II.

Quam varia sit verbi poenitentiae significatio.

Verbi Poenitentiae multiplex significatio. Deum improprie alicuius rei poenitet.

Ut autem rem ipsam aggrediamur, prius explicanda est varia huius nominis potestas et notio, ne aliquis ambiguitate vocis in errorem inducatur. Nonnulli enim poenitentiam pro satisfactione accipiunt. Alii, a Catholicae fidei doctrina longissime remoti, quum arbitrentur, poenitentiam nullam temporis praeteriti rationem habere, nihil aliud, quam novam vitam esse definiunt. Docendum est igitur, multiplicem esse huius nominis significationem. Primum enim poenitentia de iis dicitur, quibus aliquid displicet, quod ante placuerit, nulla habita ratione huius cogitationis, bonumne an malum fuerit. Sic omnes poenitet, quorum tristitia secundum sacculum est, non secundum Deum; cuiusmodi poenitentia non salutem affert, sed mortem.[1] Altera est poenitentia, quum quis ex scelere admisso, quod quidem antea placebat, dolorem non Dei, sed sui ipsius causa concipit.[2] Tertia est, quum non solum admissi sceleris causa intimo animi sensu dolemus, vel eius doloris externum etiam aliquod signum damus, verum unius Dei causa in eo moerore sumus. Ac singulis quidem poenitentiae generibus, quae commemorata sunt, poenitentiae vox proprie convenit. Nam quum in sacris litteris, „Deum poenitere"[3] legimus, id per translationem dici perspicuum est; eo enim loquendi genere, quod ad hominum mores accommodatum est, sacrae litterae utuntur. quum Deum mutare aliquid constituisse declarant; quod non aliter facere videatur, quam homines, quos si alicuius rei poeniteat, eam commutare omni studio laborant. Sic ergo scriptum est: „Poenituisse eum, quod hominem fecisset",[4] et alio loco, „quod Saul Regem constituisset".[5]

Quaestio III.

Quodnam sit inter Poenitentiae significationes discrimen.

Actiones Poenitentiae obtinent locum materiae in hoc quarto Sacramento. Conc. Trid. Sess. 14 de Poen. cap. 3 et can. 4.

Verum inter has poenitentiae significationes magnum discrimen observare oportet. Prima enim in vitio ponenda est;

1) 2 Cor. 7, 10. 2) Hebr. 12, 17. 3) Gen. 6 6. 4) Ibid. 5) 1 Reg. 15, 11.

heilsame Heilmittel der Buße nie auf eine andere Zeit verschieben dürfen.

Zweite Frage.
Wie vielfältig die Bedeutung des Wortes Buße sei.
Verschiedene Bedeutung des Wortes Buße. Gott bereuet nur in uneigentlicher Weise irgend ein Ding.

Um aber zur Sache selbst überzugehen, so muß die verschiedene Bedeutung und Begriffsbestimmung dieser Benennung zuvor erklärt werden, damit nicht Jemand durch die Vieldeutigkeit des Wortes in Irrthum geführt werde. Denn Einige nehmen Buße für Genugthuung. Andere, die von der Lehre des katholischen Glaubens sehr weit entfernt sind, erklären, in der falschen Meinung, die Buße habe keine Beziehung zur vergangenen Zeit, sie sei nichts Anderes, als ein neues Leben. Man muß nun lehren, die Bedeutung dieses Wortes sei eine vielfache. Zunächst nämlich sagt man das Wort Buße von denen, welchen Etwas mißfällt, was ihnen zuvor gefallen hat, ohne daß man hierbei darauf Rücksicht nimmt, ob es etwas Gutes oder Böses gewesen sei. So thun Alle Buße, deren Betrübniß nach Art der Welt und nicht nach Gott ist, welche Buße aber nicht das Heil, sondern den Tod bringt. Eine andere Buße ist die, wenn Jemand eines begangenen Verbrechens wegen, welches ihm vorher gefiel, nicht um Gottes, sondern um seiner selbst willen Schmerz empfindet. Eine dritte ist, wenn wir nicht nur einer begangenen Missethat wegen im innersten Herzen Leid tragen, oder diesen Schmerz auch einigermaßen äußerlich zu erkennen geben, sondern allein um Gottes willen uns in dieser Traurigkeit befinden. Allen diesen angeführten Arten der Buße kommt die Benennung Buße im eigentlichen Sinne zu. Denn wenn wir in der heiligen Schrift lesen, „Gott reue Etwas", so ist dies offenbar nur uneigentlich gesagt. Denn dieser Art zu reden, welche den Sitten der Menschen anbequemt ist, bedient sich die heilige Schrift, wenn sie erzählt, Gott habe Etwas zu ändern beschlossen, weil er dabei nicht anders zu handeln scheint, als die Menschen, die, wenn sie Etwas reut, es mit allem Eifer zu ändern sich bemühen. Daher steht geschrieben: „Es reuete ihn, daß er den Menschen gemacht hatte", und an einer andern Stelle: „daß er den Saul zum König eingesetzt."

Dritte Frage.
Welcher Unterschied zwischen den Bedeutungen der Buße sei.
Die Handlungen der Buße nehmen die Stelle der Materie bei diesem vierten Sakramente ein.

Indeß muß man einen großen Unterschied unter diesen Bedeutungen der Buße beachten. Die erste nämlich ist für einen Fehler

altera est quaedam commoti et perturbati animi affectio; tertiam tum ad virtutem pertinere, tum Sacramentum esse dicimus; quae significatio huius loci propria est. Ac primum quidem de ipsa, ut virtutis parte, agendum est; non solum, quia fidelis populus ad omne virtutis genus institui a Pastoribus debet, sed etiam quia huius virtutis actiones tanquam materiam praebent, in qua poenitentiae Sacramentum versatur; ac nisi prius, quae sit poenitentiae virtus, recte intelligatur, Sacramenti etiam vim ignorari necesse est.

Quaestio IV.

Quid sit interior Poenitentia.

Duplex est Poenitentia, interior et exterior. Quid interior Poenitentia?

Quare in primis monendi hortandique sunt fideles, ut omni contentione et studio in intima animi poenitentia, quam virtutem dicimus, elaborent; sine qua ea, quae extrinsecus adhibetur, parum admodum profutura est. Intima autem poenitentia est illa, quum ad Deum nos ex animo convertimus, et commissa a nobis scelera detestamur, et odio habemus; simulque illud nobis certum et deliberatum est, malam vitae consuetudinem, corruptosque mores emendare, non sine spe veniae a Dei misericordia consequendae. Hanc vero dolor et tristitia, quae perturbatio et affectio est, et passio a multis vocatur, consequitur veluti comes, peccatorum detestationi adiuncta. Quamobrem apud complures ex sanctis Patribus poenitentiae definitio huiusmodi animi cruciatu declaratur.

Quaestio V.

Fides poenitentiae pars non est.

Conc. Trident. Sess. 14 de Poen. cap. 8 et can. 4.

Verum in eo, quem poenitet, fides poenitentiam antecedat necesse est; neque enim potest quisquam se ad Deum convertere, qui fide careat; ex quo fit, ut nullo modo poenitentiae pars recte dici possit.

Quaestio VI.

Intima animi poenitentia virtus est censenda.

Veram animi poenitentiam esse virtutem. Lex Dei imperat actiones duntaxat virtuti coniunctas. Dolor. triplici ratione virtus censeri potest. I. Ratio est, si non peccetur delectu. II. Ratio, si non peccetur excessu.

I. Quod autem intima haec poenitentia, ut antea diximus, ad virtutem pertineat, aperte ostendunt multa, quae de poeni-

zu halten; die zweite ist eine Art Erregung eines bewegten und beunruhigten Gemüthes; von der dritten sagen wir, daß sie sowohl zur Tugend gehöre, als auch ein Sakrament sei; und dies ist die Bedeutung, welche hier eigentlich hergehört. Und zwar muß zunächst von ihr, als einem Theile der Tugend, gehandelt werden; nicht allein, weil das gläubige Volk zu jeder Art von Tugend durch die Pfarrer angeleitet werden muß, sondern auch, weil die Handlungen dieser Tugend gleichsam die Materie bilden, woraus das Sakrament der Buße besteht, und weil, wenn man nicht zuvor die Tugend der Buße recht erkannt hat, auch die Kraft des Sakramentes nothwendig unbekannt bleiben muß.

Vierte Frage.
Was die innere Buße sei.
Die Buße ist doppelter Art, eine innere und eine äußere. Was die innere sei?

Die Gläubigen müssen daher vor Allem erinnert und ermahnt werden, daß sie sich mit aller Anstrengung und allem Eifer der innerlichen Buße, die wir eine Tugend nennen, befleißigen, da ohne sie diejenige, welche äußerlich angewandt wird, nur von sehr geringem Nutzen sein wird. Die innerliche Buße aber ist die, wenn wir uns von Herzen zu Gott bekehren, und die von uns begangenen Missethaten verabscheuen und hassen, und uns zugleich aufs Bestimmteste entschließen, die schlechte Lebensweise und die verderbten Sitten zu bessern, nicht ohne die Hoffnung, von der Barmherzigkeit Gottes Verzeihung zu erlangen. Ihr folgt aber der Schmerz und die Betrübniß, die in einer Beunruhigung und Gemüthsbewegung besteht, und von Vielen eine Leidenschaft genannt wird, gleichsam wie eine Gefährtin, die mit der Verabscheuung der Sünden verbunden ist. Deßwegen wird bei sehr vielen der heiligen Väter der Begriff der Buße in diesem Seelenschmerze gefunden.

Fünfte Frage.
Der Glaube ist kein Theil der Buße.

Bei demjenigen aber, der Buße thut, muß der Glaube der Buße vorausgehen; denn Niemand kann sich zu Gott bekehren, wenn ihm der Glaube mangelt; hieraus folgt, daß er auf keine Weise mit Recht ein Theil der Buße genannt werden kann.

Sechste Frage.
Die innerliche Buße des Herzens ist für eine Tugend zu halten.
Die wahre Buße der Seele ist eine Tugend. Das Gebot Gottes befiehlt nur die Handlungen, welche mit der Tugend verbunden sind. Der Schmerz kann auf dreifache Weise als Tugend erscheinen. 1. Weise, wenn nicht durch den Mangel gefehlt wird. 2. Weise, wenn nicht durch das Uebermaß gefehlt wird.

1. Daß aber diese innerliche Buße, wie wir eben sagten, zur Tugend gehöre, beweisen deutlich die vielen Vorschriften, welche

tentia tradita sunt, praecepta. Lex enim de iis tantum actionibus, quae suscipiuntur cum virtute, praecipit. Negare praeterea nemo potest, quin dolere, quando, quo modo, et quatenus
oportet, virtutis sit. Hoc autem ut recte fiat, poenitentiae virtus praestat. Interdum enim evenit, ut ex admissis sceleribus
minorem, quam par est, dolorem homines capiant; quia etiam,
ut a Salomone scriptum est, [1] nonnulli sunt, qui, quum malefecerint, laetantur: rursus vero alii ita se moerori animi et
aegritudini dedunt, ut de salute etiam prorsus desperent;
qualis fortasse Cain videri potest, qui ait: „Maior est iniquitas
mea, quam ut veniam merear"; [2] et qualis certe Iudas fuit, qui
„poenitentia ductus", [3] suspendio vitam et animam amisit. Ut
igitur modum in dolore tenere possimus, poenitentiae virtute
adiuvamur.

III. Ratio, si bono fine sit suscepta, quod tripliciter.

II. Sed idem etiam ex iis rebus colligi potest, quas sibi
tanquam finem proponit is, quem vere peccati poenitet. Primum autem hoc ei propositum est, ut peccatum aboleat, omnemque animae culpam et maculam abstergat. Alterum est,
ut pro sceleribus admissis Deo satisfaciat; quod quidem ad
iustitiam referri perspicuum est. Nam etsi inter Deum et homines propria iustitiae ratio intercedere non potest, quum tam
longo intervallo inter se distent: aliquam tamen esse iustitiam
constat, cuiusmodi est inter patrem et filios, inter dominum et
servos. Tertium est, ut homo in Dei gratiam redeat, in cuius
offensionem et odium propter peccati foeditatem incurrit.
Haec vero omnia satis declarant, poenitentiam ad virtutem
spectare.

Quaestio VII.

Quibus veluti gradibus ad divinam illam poenitentiae virtutem as-
cendatur

Quinque gradibus homo ad veram poenitentiam ascendit.

Sed docendum est etiam, quibus gradibus ad hanc divinam
virtutem liceat ascendere. Primum itaque Dei misericordia nos
praevenit, cordaque nostra ad se convertit; quod quum preca-
retur Propheta: „Converte", inquit, „nos Domine ad te, et
convertemur". [4] Deinde hoc lumine illustrati, per fidem ad
Deum animo tendimus. „Credere enim oportet accedentem ad
Deum", ut Apostolus testatur, „quia est, et inquirentibus se

---

1) Prov. 2, 14. 2) Gen. 4, 13. 3) Matth. 27, 3. 4) Thren. 5, 21.

über die Buße gegeben worden sind. Denn das Gesetz befiehlt nur solche Handlungen, die mit Tugend unternommen werden. Es kann überdies Niemand leugnen, daß Leid haben, wann, wie und in wieweit es erforderlich ist, eine Tugend sei. Daß dies aber in rechter Weise geschehe, bewirkt die Tugend der Buße. Es geschieht nämlich zuweilen, daß die Menschen einen geringeren Schmerz über ihre begangenen Sünden empfinden, als es billig ist; ja es gibt sogar Einige, wie Salomo schreibt, die sich freuen, wenn sie Böses gethan haben; wieder Andere überlassen sich hingegen so der Betrübniß und dem Kummer der Seele, daß sie sogar an ihrer Seligkeit gänzlich verzweifeln, wie es vielleicht bei Kain der Fall gewesen sein mag, der sagte: „Meine Missethat ist größer, als daß ich Verzeihung verdiente;" und zweifelsohne bei Judas, der in seiner Reue sich erhängte und Leben und Seele verlor. Um also im Schmerze Maß halten zu können, werden wir durch die Tugend der Buße unterstützt.

3. Weise, wenn der Schmerz in guter Absicht genährt wird, was ein Dreifaches einschließt.

2. Dasselbe läßt sich aber auch daraus entnehmen, was der sich als Endzweck vorsetzt, welcher wahrhaft Reue über die Sünde empfindet. Zuerst nimmt er sich aber dieses vor, die Sünde abzulegen, und alle Schuld und jeden Flecken der Seele abzuwaschen. Das Zweite ist, daß er Gott für die begangenen Missethaten genugthue, was sich offenbar auf die Gerechtigkeit bezieht. Denn obgleich zwischen Gott und den Menschen kein eigentliches Verhältniß der Gerechtigkeit eintreten kann, da ihr gegenseitiger Abstand so groß ist, so findet doch offenbar eine gewisse Gerechtigkeit Statt, wie etwa zwischen dem Vater und den Kindern, zwischen dem Herrn und den Knechten. Das Dritte ist, daß der Mensch wieder in die Gnade Gottes zurückkehre, dessen Ungnade und Haß er durch die Schändlichkeit der Sünde auf sich gezogen hat. Dies Alles aber beweist genugsam, daß die Buße zur Tugend gehöre.

Siebente Frage.
Auf welchen Stufen man zu jener göttlichen Tugend der Buße gleichsam emporsteige.

Auf fünf Stufen steigt der Mensch zur wahren Buße hinan.

Man muß aber auch lehren, auf welchen Stufen man zu dieser göttlichen Tugend emporzusteigen vermöge. Zuerst kommt uns nämlich die Barmherzigkeit Gottes zuvor und bekehrt unsere Herzen zu sich; was der Prophet mit folgenden Worten erflehte: „Bekehre uns, o Herr, zu dir, so werden wir uns bekehren." Hierauf wenden wir uns, durch dieses Licht erleuchtet, durch den Glauben mit unserem Gemüthe zu Gott. Denn, wie der Apostel bezeugt: „Wer zu Gott kommen will, muß glauben, daß er sei, und daß

remunerator sit". [1]   Praeterea motus timoris consequitur, et suppliciorum acerbitate proposita, animus a peccatis revocatur. Atque huc videntur spectare illa Isaiae verba: [2] „Sicut quae concipit, quum appropinquaverit ad partum, dolens clamat in doloribus suis: sic facti sumus". Huc deinde accedit spes impetrandae a Deo misericordiae, qua erecti vitam et mores emendare constituimus. Postremo charitate corda nostra accenduntur, ex qua liberalis ille timor, probis et ingenuis filiis dignus, oritur; atque ita unum illud veriti, ne qua in re Dei maiestatem laedamus, peccandi consuetudinem omnino deserimus. Hisce igitur quasi gradibus ad hanc praestantissimam poenitentiae virtutem pervenitur.

Quaestio VIII.

Quis sit praecipuus virtutis poenitentiae fructus.

Fructus poenitentiae praecipuus est vita aeterna.

Quae prorsus divina et coelestis virtus existimanda est, cui scilicet regnum coelorum sacrae litterae pollicentur. Nam apud S. Matthaeum scriptum est: [3] „Poenitentiam agite, appropinquavit enim regnum coelorum": et apud Ezechielem: [4] „Si impius egerit poenitentiam ab omnibus peccatis suis, quae operatus est, et custodierit omnia praecepta mea, et fecerit iudicium et iustitiam, vita vivet"; tum alio loco: „Nolo mortem impii, sed ut convertatur impius a via sua, et vivat". [5] Quod quidem de aeterna et beata vita intelligendum esse, plane constat.

Quaestio IX.

Quid de externa poenitentia sentiendum sit, quaque de causa Christus eam in numerum Sacramentorum referri voluerit.

Quid exterior poenitentia, et quod Sacramenti ratio in illa consistat. Prima ratio est, ut fides nostra de remissione peccatorum, eorum iudicio, quorum est discernere inter lepram et non lepram, magis co..firmaretur, et conscientiae nostrae pacatiores re iderentur.

I. De externa vero poenitentia docendum est, eam esse, in qua Sacramenti ratio consistit, habereque externas quasdam res sensibus subiectas, quibus declarantur ea, quae interius in anima fiunt. In primis autem explanandum fidelibus videtur, quare factum sit, ut Christus Dominus poenitentiam in numerum Sacramentorum referri voluerit. Huius autem rei illa omnino causa fuit, ut nobis de remissione peccatorum, quam Deus pollicitus est, quum ait: „Si impius egerit poenitentiam", etc.

---

1) Hebr. 11, 6.   2) Is. 26, 17.   3) Matth. 4, 17.   4) Ezech. 18, 21.   5) Ibid. 33, 11.

er die, welche ihn suchen, belohne." Sodann folgt die Regung der
Furcht, und durch die Vorstellung der Bitterkeit der Strafe wird
das Gemüth von den Sünden abgeschreckt. Hierauf scheinen sich
jene Worte des Isaias zu beziehen: „Wie eine Schwangere, wenn
sie der Geburt naht, Schmerz hat, und schreit in ihren Wehen, so
sind wir geworden." Hiezu gesellt sich sodann die Hoffnung,
von Gott Barmherzigkeit zu erlangen, durch welche aufgerichtet wir
den Entschluß fassen, Leben und Wandel zu bessern. Zuletzt denn
werden unsere Herzen von der Liebe entflammt, woraus jene auf-
richtige, frommer und guter Kinder würdige Furcht entsteht; und
indem wir so einzig und allein befürchten, in irgend einem Stücke
Gottes Majestät zu beleidigen, verlassen wir völlig die Gewohnheit
zu sündigen. Auf solchen Stufen gleichsam gelangt man mithin zu
dieser überaus herrlichen Tugend der Buße.

Achte Frage.
Welches die vorzüglichste Frucht der Tugend der Buße sei.
Die vorzüglichste Frucht der Buße ist das ewige Leben.

Diese Tugend ist für eine ganz und gar göttliche und himmlische
Tugend zu halten, denn die heilige Schrift verheißt ihr das Himmelreich. So steht nämlich beim h. Matthäus geschrieben: „Thut
Buße! denn das Himmelreich ist nahe;" und bei Ezechiel: „Wenn
aber der Gottlose Buße thut über alle seine Sünden, die er begangen, und alle meine Gebote beachtet, und Recht und Gerechtigkeit übet, der soll leben;" ferner an einer anderen Stelle: „Ich
will nicht den Tod der Gottlosen, sondern daß der Gottlose sich
bekehre von seinem Wege und lebe." Dies ist aber ganz offenbar
von dem ewigen und seligen Leben zu verstehen.

Neunte Frage.
Was von der äußerlichen Buße zu halten sei, und warum Christus sie in die Zahl der Sakramente hat aufgenommen wissen wollen.
Was die äußere Buße sei, und daß der Begriff des Sakraments sich in ihr finde. Der erste Grund ist, daß unsere Ueberzeugung von der Nachlassung der Sünden durch das Urtheil derer, denen es obliegt, zwischen Aussatz und Nicht-Aussatz zu unterscheiden, mehr bekräftigt und unsre Gewissen mehr beruhigt werden.

1. Von der äußerlichen Buße aber muß gelehrt werden, daß sie
es sei, in welcher der Begriff des Sakramentes ruht, und daß sie
einige äußerliche in die Sinne fallende Zeichen an sich habe, wodurch angedeutet wird, was innerlich in der Seele vorgeht. Vor
Allem aber muß den Gläubigen erklärt werden, weshalb Christus,
der Herr, die Buße unter die Zahl der Sakramente hat aufgenommen wissen wollen. Der Grund hierfür war unstreitig der,
damit wir um so weniger an der Vergebung der Sünden zweifeln

minus dubitare liceret. Vehementer enim pendere animo de
intima poenitentia opus esset, quum de suo cuique iudicio in
iis, quae agit, merito timendum sit. Ut igitur Dominus huic
nostrae solicitudini subveniret, poenitentiae Sacramentum instituit: quo per Sacerdotis absolutionem peccata nobis remissa
esse confideremus, conscientiaeque nostrae ob fidem, quae
Sacramentorum virtuti merito habenda est, pacatiores redde-
rentur.

Secunda ratio est, ut hominibus in promptu esset inf-llibile instrumentum, quo
peccata post Baptismum contracta in sanguine Christi eluerentur.

II. Neque enim aliter accipienda est vox Sacerdotis peccata
nobis legitime condonantis, quam Christi Domini, qui ait paralytico: „Confide, fili, remittuntur tibi peccata tua“. [1] Deinde
vero quum nemo salutem, nisi per Christum eiusque passionis
beneficio, consequi possit: consentaneum, nobisque utilissimum
fuit, eiusmodi Sacramentum institui, cuius vi et efficientia
Christi sanguis ad nos defluens, peccata post Baptismum admissa elueret, atque ita reconciliationis beneficium illi uni Sal-
vatori nostro acceptum referre profiteremur.

Quaestio X.

Quo pacto poenitentia verum sit novae Legis Sacramentum.

Dilucide exponitur, quomodo poenitentia sit sacrae rei signum. Concil. Trid. Ses.
14. de Poen. cap. 1 et can. 1. Actio Sacerdotis nititur auctoritate verbi Dei.

Quod vero poenitentia Sacramentum sit, Pastores ita facile
ostendent: ut enim Baptismus Sacramentum est, quia peccata
omnia, ac praesertim, quod origine contractum fuit, delet:
eadem ratione poenitentia, quae peccata omnia post Baptismum
voluntate vel actione suscepta tollit, vere et proprie Sacramentum dicendum est. Deinde, quod caput est, quum illa, quae
extrinsecus tum a poenitente, tum a Sacerdote fiunt, declarant
ea, quae interius efficiuntur in anima: quis neget poenitentiam
vera et propria Sacramenti ratione praeditam esse, siquidem
Sacramentum sacrae rei signum est, peccator autem, quem poenitet, rerum et verborum notis plane exprimit, se animum a
peccati turpitudine abduxisse; itemque ex iis, quae a Sacerdote
geruntur et dicuntur, misericordiam Dei peccata ipsa remitten-
tis, facile cognoscimus. Quamquam hoc aperte indicant illa Sal-

1) Matth. 9. 2.

könnten, die Gott uns verheißen hat, indem er sagt: „Wenn der Gottlose Buße thut 2c." Denn wir müßten über die innerliche Buße in sehr großer Ungewißheit sein, weil ein Jeder mit Recht in sein eigenes Urtheil über das, was er thut, Mißtrauen zu setzen hat. Daher hat der Herr, um dieser unserer Bekümmerniß abzuhelfen, das Sakrament der Buße eingesetzt, damit wir versichert sein können, daß durch die Lossprechung des Priesters uns die Sünden vergeben seien, und unsere Gewissen durch den Glauben, den wir der Kraft der Sakramente mit Recht schenken müssen, beruhigter würden.

> Der zweite Grund ist, daß die Menschen ein untrügliches Mittel in der Hand hätten, durch welches die nach der Taufe begangenen Sünden im Blute Christi ausgelöscht würden.

2. Denn die Worte des Priesters, der uns die Sünden rechtmäßig vergibt, sind durchaus nicht anders aufzunehmen, als die Worte Christi, des Herrn, als er zu dem Gichtbrüchigen sprach; „Sei getrost, mein Sohn, deine Sünden sind dir vergeben." Da ferner Niemand die Seligkeit erlangen kann, als nur durch Christum und auf Grund seines bitteren Leidens, so war es angemessen und uns sehr nützlich, daß ein solches Sakrament eingesetzt wurde, durch dessen Kraft und Wirksamkeit das Blut Christi, zu uns hinströmend, die nach der Taufe begangenen Sünden abwäscht, und wir so bekennen müssen, daß wir die empfangene Wohlthat der Wiederversöhnung ihm allein, unserm Erlöser, zuzuschreiben haben.

Zehnte Frage.
Wie die Buße ein wahres Sakrament des Neuen Bundes sei.

> Es wird klar auseinander gesetzt, wie die Buße ein Zeichen einer heiligen Sache ist. Die Handlung des Priesters stützt sich auf das Ansehen des göttlichen Wortes.

Die Pfarrer werden aber auf folgende Weise leicht darthun, daß die Buße ein Sakrament sei. Wie nämlich die Taufe ein Sakrament ist, weil sie alle Sünden, und besonders die Erbsünde, tilgt, so muß aus gleichem Grunde die Buße, welche alle nach der Taufe durch den Willen oder die That begangenen Sünden aufhebt, wahrhaft und eigentlich ein Sakrament genannt werden. Da ferner — und dies ist die Hauptsache — dasjenige, was sowohl vom Büßenden, als vom Priester äußerlich geschieht, andeutet, was innerlich in der Seele vor sich geht, wer könnte da leugnen, daß die Buße die wahre und eigentliche Bedeutung eines Sakramentes habe, indem ja das Sakrament ein Zeichen einer heiligen Sache ist; der Sünder aber, der Buße thut, durch That und Wort deutlich zu erkennen gibt, daß er sein Gemüth von der Schändlichkeit der Sünde abgewandt habe; und ebenso sehen wir leicht aus dem, was der Priester thut und spricht, die Barmherzigkeit Gottes, der eben die Sünden ver-

vatoris verba: „Tibi dabo claves regni coelorum... et quodcunque solveris super terram, erit solutum et in coelis".[1] Absolutio enim Sacerdotis verbis enunciata remissionem illam peccatorum signat, quam in anima efficit.

Quaestio XI.

Poenitentiae Sacramentum iterari potest.

Conc. Trident. Sess. 14 de Poen. cap. 2. Quomodo desperantes consolandi.

Neque vero solum fideles docendi sunt, poenitentiam in numero Sacramentorum habendam esse, sed eorum etiam, quae iterari possunt. Quaerenti enim Petro, num septies venia peccati danda esset, Dominus respondit: „Non dico tibi usque septies, sed usque septuagies septies".[2] Quare si cum eiusmodi hominibus agendum sit, qui summae Dei bonitati et clementiae diffidere videantur: confirmandus erit illorum animus, atque ad spem divinae gratiae erigendus. Quod quidem facile consequentur, tum huius loci et aliorum tractatione, qui in sacris litteris permulti occurrent, tum vero iis rationibus et argumentis, quae ex sanctorum Chrysostomi libro de Lapsis et Ambrosii libris de Poenitentia petere licebit.

Quaestio XII.

Materia poenitentiae quae et qualis.

De materia Sacramenti poenitentiae, quodque hic sit alia ejus consideratio, quam in aliis Sacramentis. Tres actiones poenitentis, quae sunt loco materiae. Quomodo eiusdem Sacramenti partes dicantur?

I. Iam quoniam nihil fideli populo notius esse debet, quam huius Sacramenti materia: docendum est, in eo maxime hoc Sacramentum ab aliis differre, quod aliorum Sacramentorum materia est res aliqua naturalis, vel arte effecta; Sacramenti vero poenitentiae quasi materia sunt actus poenitentis, nempe contritio, confessio et satisfactio; ut a Tridentina Synodo declaratum est; qui quatenus in poenitente ad integritatem Sacramenti, et plenam ac perfectam peccatorum remissionem, ex Dei institutione requiruntur, hac ratione partes poenitentiae dicuntur. Neque vero hi actus „quasi materia" a sancta Synodo[3] appellantur, quia verae materiae rationem non habeant: sed quia eius generis materiae non sint, quae extrinsecus adhibeatur, ut aqua in Baptismo et chrisma in Confirmatione.

---

1) Matth. 16, 19. 2) Ibid. 18, 22. 3) Sess. 14 de poenit. cap. 3 can. 4.

gibt. Dies beweisen auch offenbar jene Worte des Heilandes: „Ich will dir die Schlüssel des Himmelreichs geben..., und was du lösen wirst auf Erden, das wird auch im Himmel gelöset sein." Denn die durch des Priesters Worte verkündigte Lossprechung drückt die Vergebung der Sünden aus, die sie in der Seele bewirkt.

Eilfte Frage.
Das Bußsakrament kann wiederholt werden.

Die Gläubigen sind aber nicht allein zu belehren, daß die Buße unter die Zahl der Sakramente gehöre, sondern auch zu denjenigen, die wiederholt werden können. Denn als Petrus fragte, ob man eine Versündigung siebenmal verzeihen müsse, antwortete der Herr: „Ich sage dir, nicht siebenmal, sondern siebenzigmal siebenmal." Wenn man daher mit solchen Leuten zu thun hat, die in die höchste Güte und Milde Gottes ein Mißtrauen zu setzen scheinen, so muß man ihr Gemüth stärken und zur Hoffnung auf die göttliche Gnade aufmuntern. Und das wird leicht zu erreichen sein, theils durch die Auslegung dieser und anderer Stellen, deren sich in der heiligen Schrift sehr viele finden, theils aber durch die Gründe und Beweise, die man aus dem Buche des h. Chrysostomus über die Gefallenen, und des h. Ambrosius über die Buße entnehmen kann.

Zwölfte Frage.
Welches und wie beschaffen die Materie der Buße sei.

Von der Materie des Sakramentes der Buße, und daß man hier sie anders zu betrachten hat, als bei andern Sakramenten. Die drei Thätigkeiten des Büßenden, welche die Stelle der Materie einnehmen. Wie sie Theile des Sakraments genannt werden.

1. Weil nun den Gläubigen nichts bekannter sein muß, als die Materie dieses Sakramentes, so hat man zu lehren, dies Sakrament unterscheide sich dadurch besonders von den andern, daß die Materie der andern Sakramente irgend eine natürliche oder durch Kunst hervorgebrachte Sache ist, die Materie des Bußsakramentes hingegen gleichsam die Thätigkeiten des Büßenden sind, nämlich die Reue, die Beichte und die Genugthuung, die, wie der Kirchenrath von Trient erklärt hat, insofern Theile der Buße heißen, als sie in dem Büßenden zur Vollständigkeit des Sakramentes und zur vollständigen und vollkommenen Vergebung der Sünden nach Gottes Einsetzung erfordert werden. Diese Thätigkeiten werden aber von dem heiligen Kirchenrathe nicht deshalb Quasi-Materie (gleichsam die Materie) genannt, als besäßen sie nicht die Bedeutung von wahrer Materie, sondern weil sie nicht eine Materie der Art sind, die äußerlich angewandt wird, wie das Wasser bei der Taufe und das Chrisma bei der Firmung.

II. Quod autem ab aliis dictum est, peccata ipsa huius Sacramenti materiam esse, nihil plane diversum dici videbitur, si diligenter attendamus. Ut enim ignis materiam ligna esse dicimus, quae vi ignis consumuntur: ita peccata, quae poenitentia delentur, recte huius Sacramenti materia vocari possunt.

Quaestio XIII.

Quae sit Sacramenti poenitentiae forma.

De forma Sacramenti poenitentiae. Conc. Trid. Sess. 14 de Poen. c. 3.

I. Sed formae etiam explicatio pastoribus praetermittenda non est, quod eius rei cognitio excitet fidelium animos ad percipiendam summa cum religione huius Sacramenti gratiam. Est autem forma: „Ego te absolvo“: quam non solum ex illis verbis licet colligere: „Quaecunque solveritis super terram, erunt soluta et in coelis“:[1] sed ex eadem Christi Domini doctrina ab Apostolis tradita accepimus.

Effectus proprius Sacramenti poenitentiae. Vi solius contritionis, accedente tamen confessionis voto, interdum peccata remitti.

II. Ac quoniam Sacramenta id significant, quod efficiunt: et illa: „Ego te absolvo“, ostendunt peccatorum remissionem huius Sacramenti administratione effici: planum est, hanc esse poenitentiae perfectam formam. Sunt enim peccata tanquam vincula, quibus constrictae animae tenentur, et ex quibus poenitentiae Sacramento laxantur. Quod quidem non minus vere de illo etiam homine Sacerdos pronuntiat, qui prius ardentissimae contritionis vi, accedente tamen confessionis voto, peccatorum veniam a Deo consecutus sit.

Quaestio XIV.

Quo fructu ad formam Sacramenti preces aliae adiiciantur.

Adduntur praeterea complures preces non quidem ad formam necessariae, sed ut ea removeantur, quae Sacramenti vim et efficientiam illius culpa, cui. administratur, impedire possent.

---

1) Matth. 18. 18.

Wie die Sünden selbst Materie des Sakramentes genannt werden können.

2. Wenn aber von Einigen gesagt ist, die Sünden selbst seien die Materie dieses Sakramentes, so wird man bei sorgfältiger Erwägung finden, daß dies ganz und gar von dem Vorigen nicht verschieden ist. Denn wie wir das Holz die Materie des Feuers nennen, das durch die Kraft des Feuers verzehrt wird, eben so können auch die Sünden, die durch die Buße getilgt werden, mit Recht die Materie dieses Sakramentes genannt werden.

Dreizehnte Frage.
Welches die Form des Bußsakramentes sei.
Von der Form des Sakramentes der Buße.

1. Aber auch die Erklärung der Form darf von den Pfarrern nicht übergangen werden, weil die Erkenntniß derselben die Gemüther der Gläubigen ermuntert, die Gnade dieses Sakramentes mit der tiefsten Ehrfurcht zu empfangen. Die Form aber ist diese: „Ich spreche dich los," die sich nicht allein aus diesen Worten ergibt: „Was ihr lösen werdet auf Erden, das wird auch im Himmel gelöset sein;" sondern die wir auch aus der von den Aposteln überlieferten Lehre Christi, des Herrn, überkommen haben.

Die eigenthümliche Wirkung der Buße. Zuweilen werden vermöge der Reue allein, jedoch indem das Verlangen und Vorsatz, zu beichten, damit verbunden ist, die Sünden nachgelassen.

2. Weil nun die Sakramente, was sie wirken, bezeichnen, und jene Worte: „Ich spreche dich los" anzeigen, daß durch die Ausspendung dieses Sakramentes die Vergebung der Sünden bewirkt wird, so ist es einleuchtend, daß dies die vollkommene Form der Buße sei. Denn die Sünden sind gleichsam Bande, durch welche unsere Seelen gefangen gehalten, und aus denen sie durch das Sakrament der Buße erlöst werden. Dies sagt der Priester ebenso wahr von dem Menschen, der zuvor vermöge einer sehr heftigen Reue, die jedoch mit dem Vorsatze zu beichten verbunden war, von Gott Verzeihung der Sünden erlangt hat.

Vierzehnte Frage.
Mit welchem Nutzen auch andere Gebete der Form des Sakramentes beigefügt werden.

Es werden außerdem noch mehrere Gebete hinzugefügt, die zwar nicht zur Form nothwendig sind, sondern nur das entfernen sollen, was die Kraft und Wirksamkeit des Sakramentes durch die Schuld dessen, dem es ausgespendet wird, hindern könnte.

Quaestio XV.

Quantum differat potestas Sacerdotum Christi in diiudicanda peccati lepra a potestate Sacerdotum veteris legis.

Quantae Deo agendae sint gratiae propter Institutum in Ecclesia poenitentiae Sacramentum. Deus est, qui ministerio Sacerdotis solvit.

Quamobrem peccatores Deo ingentes gratias agant, qui tam amplam potestatem in Ecclesia Sacerdotibus tribuerit. Neque enim, ut olim in veteri lege, Sacerdotes testimonio suo aliquem a lepra liberatum esse duntaxat renuntiabant;[1] ita nunc in Ecclesia ea tantum potestas Sacerdotibus facta est, ut aliquem peccatis absolutum esse declarent, sed vere tanquam Dei ministri absolvunt; id quod Deus ipse, gratiae et iustitiae auctor ac parens, efficit.

Quaestio XVI.

Quo habitu, quibusve ritibus suam actionem commendare poenitentes debeant.

De ritibus. Humilitas poenitentis coram Sacerdote declaranda.

Diligenter vero ritus etiam, qui ad hoc Sacramentum adhibentur, fideles observabunt; ita enim fiet, ut animo magis haereant, quae hoc Sacramento consecuti sunt; nimirum se tanquam servos clementissimo Domino, vel filios potius optimo parenti, reconciliatos esse; et simul facilius intelligant, quid eos facere oporteat, qui velint (velle autem omnes debent) se tanti beneficii gratos et memores probare. Nam quem peccatorum poenitet, is se humili ac demisso animo ad pedes Sacerdotis deiicit, ut, quum se tam humiliter gerat, facile possit agnoscere, superbiae radices evellendas esse, a qua omnia scelera, quae deflet, ortum habuerint et enata sint. In Sacerdote autem, qui in eum legitimus iudex sedet, Christi Domini personam et potestatem veneratur. Sacerdos enim, quemadmodum in aliis, ita, in poenitentiae Sacramento administrando, Christi munus exequitur. Deinde peccata sua poenitens ita enumerat, ut se maxima et acerbissima animadversione dignum esse fateatur, supplexque delictorum veniam petit. Quae sane omnia vetustatis suae certissima testimonia a sancto Dionysio habent.[2]

Quaestio XVII.

Quos praecipue fructus ex Sacramento Poenitentiae homines capiant.

Primus fructus est, benevolentiae divinae reconciliatio. Secundus fructus est, pax et tranquillitas animi. Tertius fructus, peccati quamvis gravis remissio. Conc. Trid. Sess. 14 de Poen. c. 3.

Sed nihil profecto tam proderit fidelibus, nihilque maiorem

1) Levit. 13, 9. 11. 2) In Ep. ad Demoph.

Fünfzehnte Frage.

Wie sehr sich die Gewalt der Priester Christi bei Beurtheilung des Aussatzes der Sünde von der Gewalt der Priester des Alten Bundes unterscheide.

Wie großen Dank man Gott wegen der Einsetzung des Bußsakramentes in der Kirche sagen muß. Gott ist es, der mittelst des Priesters losspricht.

Daher müssen die Sünder Gott den allergrößten Dank sagen, daß er den Priestern in der Kirche eine so umfassende Gewalt ertheilt hat. Denn keineswegs, wie einst im Alten Bunde die Priester durch ihr Zeugniß blos ankündigten, daß Jemand vom Aussatze befreit sei, ist so jetzt in der Kirche den Priestern nur die Gewalt ertheilt, Jemanden für losgesprochen von den Sünden zu erklären, sondern sie sprechen in Wahrheit als Diener Gottes los, und Gott selbst, der Urheber und Vater der Gnade und Gerechtigkeit, bewirkt dies.

Sechszehnte Frage.

Mit welcher Haltung und mit welchem Benehmen die Büßenden ihrer Handlung Werth geben sollen.

Von den Gebräuchen. Die Demuth der Büßenden muß vor dem Priester an den Tag gelegt werden.

Die Gläubigen werden nun aber auch sorgfältig die Gebräuche beobachten, die bei diesem Sakramente üblich sind; denn dadurch wird sich ihrem Gemüthe tiefer einprägen, was sie durch dieses Sakrament erlangt haben; daß sie nämlich als Knechte mit dem allgnädigen Herrn, oder vielmehr als Kinder mit dem besten Vater wieder versöhnt sind; zugleich werden sie auch um so leichter einsehen, was sie thun müssen, wenn sie sich für eine so große Wohlthat dankbar und erkenntlich erweisen wollen (wie es aber Alle wollen müssen). Denn wer seine Sünden bereut, der wirft sich mit demüthigem und gebeugtem Herzen zu den Füßen des Priesters nieder, damit er an so demüthigem Benehmen leicht erkennen kann, daß die Wurzeln des Hochmuthes, von dem alle Missethaten, die er beweint, ihren Ursprung haben und entstanden sind, ausgerottet werden müssen. In dem Priester aber, der als rechtmäßiger Richter über ihn dasitzt, verehrt er die Person und Gewalt Christi, des Herrn. Denn der Priester verwaltet, wie bei den anderen, so auch bei der Ausspendung des Sakramentes der Buße, das Amt Christi. Sodann zählt der Büßende seine Sünden dergestalt auf, daß er sich der größten und härtesten Züchtigung für würdig bekennt, und fußfällig um Vergebung der Sünden bittet. Daß dieses Alles uralten Ursprunges sei, bezeugt der h. Dionysius aufs Zuverlässigste.

Siebenzehnte Frage.

Welche Früchte die Menschen hauptsächlich aus dem Sakramente der Buße gewinnen.

Die erste Frucht ist die Wiedererlangung des göttlichen Wohlwollens. Die zweite Frucht ist der Friede und die Ruhe der Seele. Die dritte Frucht die Nachlassung selbst der schweren Sünde.

Die Gläubigen wird aber wahrlich Nichts so sehr fördern, und

illis alacritatem poenitentiae suscipiendae afferet, quam si a
Parochis saepe explicatum fuerit, quantam ex ea utilitatem capiamus. Vere enim de poenitentia illud dici posse intelligent,
eius quidem radices amaras, fructus vero suavissimos esse.
Poenitentiae itaque omnis in eo vis est, ut nos in Dei gratiam
restituat, cum eoque summa amicitia coniungat. Hanc vero
reconciliationem interdum in hominibus piis, qui hoc Sacramentum sancte et religiose percipiunt, maxima conscientiae pax et
tranquillitas cum summa spiritus iucunditate consequi solet.
Nullum est enim tam grave et nefarium scelus, quod poenitentiae Sacramento, non quidem semel, sed iterum et saepius non
deleatur. Qua de re ita Dominus per Prophetam inquit: „Si
impius egerit poenitentiam ab omnibus peccatis suis, quae
operatus est, et custodierit praecepta mea, et fecerit iudicium
et iustitiam: vita vivet, et non morietur; omnium iniquitatum
eius, quas operatus est, non recordabor“.[1] Et sanctus Ioannes: „Si confiteamur peccata nostra, fidelis est, et iustus, ut
remittat nobis peccata nostra“.[2] Et paulo post: „Si quis
peccaverit“, inquit, nullum videlicet peccati genus excipiens,
„advocatum habemus apud Patrem, Iesum Christum iustum; et
ipse est propitiatio pro peccatis nostris; non pro nostris autem
tantum, sed etiam pro totius mundi“.[3]

Quaestio XVIII.

Qua ratione quaedam peccata dicantur remitti non posse.

Tacita objectionis dilutio.

I. Quod autem in Scripturis legimus, quosdam a Domino
misericordiam non esse consecutos, quamvis eam vehementer
imploraverint: id vero idcirco factum esse intelligimus, quod eos
vere atque ex animo delictorum non poenitebat.

Peccata quaedam non remitti, quomodo intelligatur?

II. Quare quum huiusmodi sententiae in sacris litteris, vel
apud SS. Patres occurrunt, quibus videntur affirmare, aliqua
peccata remitti non posse: ita eas interpretari oportet, ut difficilem admodum esse veniae impetrationem intelligamus. Ut
enim morbus aliquis ea re insanabilis dicitur, quod aegrotus
ita affectus sit, ut salutaris medicinae vim oderit: sic quoddam est peccati genus, quod non remittitur nec condonatur,
propterea quod proprium salutis remedium, Dei gratiam,
repellit.

1) Ezech. 18, 21. 22. 2) 1 Ioan. 1, 9. 3) Ibid. 2, 1. 2.

ihnen eine größere Bereitwilligkeit zum Empfange der Buße ein=
flößen, als wenn von den Pfarrern oft erklärt wird, welch' großen
Nutzen wir aus ihr schöpfen. Denn sie werden erkennen, wie man
von der Buße in Wahrheit sagen könne, ihre Wurzeln seien zwar
bitter, ihre Früchte aber äußerst lieblich. Die ganze Kraft der
Buße besteht nun darin, daß sie uns wieder in die Gnade Gottes
versetzt, und uns mit ihm durch die innigste Freundschaft verbindet.
Dieser Versöhnung pflegt aber zuweilen bei frommen Menschen,
welche dieses Sakrament in heiliger und gottesfürchtiger Verfassung
empfangen, ein überaus großer Friede und Ruhe des Gewissens,
verbunden mit der höchsten Freude der Seele zu folgen. Denn es
gibt kein so schweres und verruchtes Laster, welches durch das Sa=
krament der Buße nicht Ein Mal allein, sondern abermals und öfter
getilgt werden kann. Hierüber spricht der Herr durch den Propheten
also: „Wenn der Gottlose Buße thut über alle seine Sünden, die
er begangen, und alle meine Gebote beobachtet, und Recht und Ge=
rechtigkeit übet, der soll leben, ja leben und nicht sterben; ich will
all seiner Missethaten, die er begangen hat, nicht mehr gedenken."
Und der heilige Johannes schreibt: „Bekennen wir unsere Sünden,
so ist er treu und gerecht, daß er uns unsere Sünden vergibt." Und
bald darauf sagt er, ohne irgend eine Art von Sünde auszunehmen:
„Wenn Jemand gesündiget hat, so haben wir einen Fürsprecher bei
dem Vater, Jesum Christum, den Gerechten; und dieser ist die
Versöhnung für unsere Sünden; doch nicht allein für die unsrigen,
sondern auch für die Sünden der ganzen Welt."

Achtzehnte Frage.
Wie es zu verstehen sei, wenn man sagt, daß einige Sünden nicht nachge=
lassen werden können.

Still schweigende Widerlegung eines Einwandes.

1. Wenn wir aber in der Schrift lesen, wie Einige von Gott
keine Barmherzigkeit erlangt haben, obgleich sie dieselbe inständig
erflehten, so erkennen wir, dies sei darum geschehen, weil sie ihre
Sünden nicht wahrhaft und herzlich bereuten.

Wie man es zu verstehen hat, daß einige Sünden nicht erlassen werden.

2. Wenn daher derartige Aussprüche in der heil. Schrift oder bei
den heiligen Vätern vorkommen, in welchen sie zu behaupten scheinen,
einige Sünden könnten nicht vergeben werden, so muß man diese
erklären, daß wir darunter verstehen, die Erlangung der Ver=
gebung sei höchst schwierig. Denn wie eine Krankheit deshalb un=
heilbar genannt wird, weil der Kranke in einem Zustande ist, in
welchem er die Kraft der heilsamen Arznei verschmäht, so gibt es
auch eine Art Sünde, die nicht nachgelassen noch verziehen wird,
weil sie das eigentliche Heilsmittel, die Gnade Gottes, von sich stößt.

III. In hanc sententiam a D. Augustino [1] dictum est: „Tanta labes est illius peccati, quum post agnitionem Dei per gratiam Christi oppugnat aliquis fraternitatem, et adversus ipsam gratiam invidiae facibus agitatur, ut deprecandi humilitatem subire non possit, etiamsi peccatum mala conscientia agnoscere et annuntiare cogatur".

Quaestio XIX.

Nullus condonationem peccatorum citra poenitentiam obtinere potest.

Propria vis poenitentiae est delere peccata. Venialia peccata non requirunt necessario poenitentiam sacramentalem.

Sed ut ad poenitentiam revertamur, haec adeo propria eius vis est, ut peccata deleat; ut sine poenitentia remissionem peccatorum impetrare, aut ne sperare quidem ullo modo liceat. Scriptum est enim: „Nisi poenitentiam habueritis, omnes similiter peribitis". [2] Quod quidem de gravioribus et mortiferis peccatis dictum a Domino est; etsi aliquo etiam poenitentiae genere indigent leviora peccata, quae venialia vocantur. Sanctus enim Augutinus inquit: „Quum quaedam sit poenitentia, quae quotidie in Ecclesia pro peccatis venialibus agitur, illa sane frustra esset, si peccata venialia absque poenitentia dimitti possent". [3]

Quaestio XX.

Quot sint partes integrales poenitentiae.

Tres poenitentiae partes integrales, quarum si aliqua desit, perfecta non est poenitentia. Concil. Trid. Sess. 14 cap. 13.

Sed quoniam de iis rebus, quae aliquo modo in actionem cadunt, non satis est universe loqui: curabunt Pastores sigillatim ea tradere, ex quibus verae et salutaris poenitentiae ratio a fidelibus percipi queat. Est autem huius Sacramenti proprium, ut praeter materiam et formam, quae omnibus Sacramentis communia sunt, partes etiam, ut antea diximus, illas habeat, quae tanquam totam integramque poenitentiam constituant, contritionem scilicet, confessionem et satisfactionem; de quibus D. Chrysostomus his verbis loquitur: „Poenitentia cogit peccatorem omnia libenter sufferre; in corde eius contritio, in ore confessio, in opere tota humilitas vel fructifera satisfactio". [4] Hae autem partes ex earum partium genere esse dicuntur, quae ad aliquod totum constituendum necessariae sunt; quoniam, quemadmodum hominis corpus ex pluribus membris constat,

1) lib. 1 de serm. Dom. in monte c. 44.   2) Luc. 13, 3.   3) lib. 50. hom. 50.   4) Serm. I. de poenitentia.

3. Der h. Augustin schreibt in dieser Beziehung: „Wenn Jemand, nachdem er durch die Gnade Christi zur Erkenntniß Gottes gelangt ist, wider die brüderliche Liebe streitet, und gegen die Gnade selbst durch das Feuer des Neides entflammt wird, so ist das Verderben dieser Sünde so groß, daß er sich zu der Demuth, Abbitte zu thun, nicht bequemen kann, obgleich er durch das böse Gewissen genöthigt wird, die Sünde anzuerkennen und einzugestehen."

Neunzehnte Frage.
Ohne Buße kann Niemand Sündenvergebung erlangen.

Die eigentliche Bestimmung der Buße ist, die Sünden zu tilgen. Die läßlichen Sünden erfordern nicht nothwendig das Bußsakrament.

Um aber wieder auf die Buße zurückzukommen, so ist die Kraft, Sünden zu tilgen, derselben so sehr eigen, daß man ohne Buße auf keine Weise Sündenvergebung erlangen, ja, nicht einmal hoffen kann. Denn es steht geschrieben: „Wenn ihr nicht Buße thut, so werdet ihr Alle auf gleiche Weise zu Grunde gehen," was freilich von dem Herrn nur von den schwereren und tödtlichen Sünden gesagt ist; aber auch die leichteren Sünden, welche man läßliche nennt, bedürfen einer gewissen Art von Buße. Denn so spricht der h. Augustinus: „Da es eine Buße gibt, die täglich in der Kirche für läßliche Sünden gewirkt wird, so wäre dieselbe in der That vergeblich, wenn die läßlichen Sünden ohne Buße könnten nachgelassen werden.

Zwanzigste Frage.
Wie viele wesentliche Theile der Buße es gibt.

Es gibt drei wesentliche Theile der Buße. Wenn von denselben einer fehlt, ist die Buße nicht vollständig.

Weil es indeß nicht genügt, von solchen Dingen, die sich einigermaßen auf die Handlungen beziehen, nur im Allgemeinen zu sprechen, so sollen die Pfarrer trachten, dasjenige insbesondere vorzutragen, woraus die Gläubigen die Beschaffenheit der wahren und heilsamen Buße entnehmen können. Das ist aber das Eigene dieses Sakramentes, daß es neben der Materie und Form, die alle Sakramente gemeinsam haben, auch noch, wie wir oben sagten, solche Theile enthält, welche gleichsam die ganze und vollständige Buße ausmachen; nämlich: die Reue, die Beichte und die Genugthuung, von welchen der heilige Chrysostomus spricht: „Die Buße zwingt den Sünder, Alles willig zu ertragen, die Reue in seinem Herzen, das Bekenntniß in seinem Munde, in all seinem Thun die Demuth oder die fruchtbringende Genugthuung." Von diesen Theilen aber sagt man, daß sie zu der Art von Theilen gehören, die zur Bildung eines Ganzen nothwendig sind; denn wie der menschliche Körper aus mehreren Theilen besteht, aus Händen, Füßen, Augen und andern derartigen

manibus, pedibus, oculis, et aliis huiusmodi partibus, quarum aliqua si desit, merito imperfectum videatur, perfectum vero, si nulla dessidere: eodem etiam modo poenitentia ex hisce tribus partibus ita constituitur, ut quamvis, quod ad eius naturam attinet, contritio et confessio, quibus homo iustus efficitur, satis sit: tamen nisi tertia etiam pars, id est satisfactio, accedat, aliquid ei omnino ad perfectionem desit necesse sit. Quare adeo inter se hae partes connexae sunt, ut contritio confitendi et satisfaciendi consilium et propositum inclusum habeat, confessionem contritio et satisfaciendi voluntas, satisfactionem vero duae reliquae antecedant.

Quaestio XXI.
Quomodo hae tres poenitentiae partes colligantur.

Harum autem trium partium eam rationem afferre possumus, quod animo, verbis et re ipsa peccata in Deum committantur. Quare consentaneum fuit, ut nos ipsos Ecclesiae clavibus subiicientes, quibus rebus Dei sanctissimum numen a nobis violatum esset, iisdem etiam eius iram placare, et peccatorum veniam ab eo impetrare conaremur. Sed idem etiam alio argumento confirmari potest. Etenim poenitentia est veluti quaedam delictorum compensatio, ab eius voluntate profecta, qui deliquit, ac Dei arbitrio, in quem peccatum commissum est, constituta. Quare et voluntas compensandi requiritur, in quo maxime contritio versatur, et poenitens Sacerdotis iudicio, qui Dei personam gerit, se subiiciat necesse est, ut pro scelerum magnitudine poenam constituere in eum possit; ex quo tum confessionis, tum satisfactionis ratio et necessitas perspicitur.

Quaestio XXII.
Quid in hac materia proprie sit contritio.

De contritione, prima poenitentiae parte.

I. Quoniam vero harum partium vim et naturam tradere fidelibus oportet: prius incipiendum est a contritione, eaque diligenter explicanda; neque enim ad ullum temporis punctum, quum in memoriam praeterita peccata redeunt, vel quum aliquid offendimus, contritione animus debet vacare.

Quid sit contritio.

II. Hanc Patres in Concilio Tridentino ita definiunt: „Contritio est animi dolor ac detestatio de peccato commisso cum proposito non peccandi de caetero".[1] Et paulo post de con-

---

1) Sess. 14 de poen. cap. 4 et can. 5. Sess. 6 cap. 6 et 14.

Theilen, er aber, wenn irgend einer derſelben fehlt, mit Recht un=
vollkommen erſcheint, vollkommen hingegen, wenn keiner vermißt
wird, auf gleiche Weiſe beſteht auch die Buße aus dieſen drei Theilen
ſo, daß obgleich hinſichtlich ihrer Natur die Reue und Beichte, wo=
durch der Menſch gerecht wird, hinreicht, ihr dennoch, wenn nicht
auch der dritte Theil, d. h. die Genugthuung, hinzukommt, noth=
wendig Etwas zur Vollkommenheit fehlt. Dieſe Theile ſind demnach
dermaßen unter ſich verbunden, daß die Reue den Entſchluß und
Vorſatz, zu beichten und genugzuthun, in ſich ſchließt, die Reue und
Entſchluß, genugzuthun, der Beichte, die beiden übrigen aber der
Genugthuung vorhergehen müſſen.

Einundzwanzigſte Frage.
Woher dieſe drei Theile der Buße entnommen werden.

Wir können aber als Grund für dieſe drei Theile anführen, daß
die Sünden gegen Gott in Gedanken, Worten und Werken begangen
werden. Es war daher angemeſſen, daß wir, uns ſelbſt der Schlüſſel=
gewalt der Kirche unterwerfend, eben dadurch, wodurch das aller=
heiligſte Weſen Gottes von uns beleidigt wurde, auch ſeinen Zorn
zu beſänftigen und die Vergebung der Sünden von ihm zu erlangen
trachteten. Daſſelbe läßt ſich aber auch durch einen andern Beweis
darthun. Die Buße iſt nämlich gleichſam ein Erſatz für die Sünden,
welcher von dem Willen deſſen ausgeht, der geſündigt hat, und durch
das Gutbefinden Gottes, gegen den geſündigt wurde, angeordnet iſt.
Darum wird auch der Wille zur Wiedererſtattung gefordert, worin
hauptſächlich die Reue beſteht, und der Büßende muß ſich dem Ur=
theile des Prieſters, der die Perſon Gottes vertritt, unterwerfen,
damit er ihm nach der Größe ſeiner Sünden die Strafe auferlegen
könne, woraus Zweck und Nothwendigkeit ſowohl der Beichte als
Genugthuung erſichtlich wird.

Zweiundzwanzigſte Frage.
Was hier eigentlich die Reue bedeute.
Von der Reue, dem erſten Theile der Buße.

1. Da man aber den Gläubigen die Bedeutung und Natur
dieſer Theile vortragen muß, ſo ſoll man zunächſt mit der Reue
beginnen und dieſelbe ſorgfältig erklären; denn das Gemüth darf
zu keinem Zeitpunkte, wenn die früher begangenen Sünden in
die Erinnerung kommen, oder man ſich irgendwie verſündigt, ohne
Reue ſein.

Was die Reue ſei?

2. Sie beſtimmen die Väter im Concil von Trient alſo: „Die
Reue iſt ein Schmerz der Seele und ein Abſcheu über die begangene
Sünde, mit dem Vorſatze, fernerhin nicht mehr zu ſündigen." Und
bald darauf wird über die Weiſe der Reue hinzugefügt: „Ebenſo

31*

tritionis modo subiicitur: „Ita demum praeparat ad remissionem peccatorum, si cum fiducia divinae misericordiae et voto praestandi reliqua coniunctus sit, quae ad rite suscipiendum hoc Sacramentum requiruntur“.

Contrariae opinionis refutatio, sumpta ex auctoritate Conciliorum et Scripturis.

III. Ex hac itaque definitione intelligent fideles, contritionis vim in eo tantum positam non esse, ut quis peccare desinat, aut propositum ei sit, novum vitae genus instituere, aut ipsum iam instituat: sed in primis male actae vitae odium et expiationem suscipiendam esse. Id vero maxime confirmant illi sanctorum Patrum clamores, quos in sacris litteris frequenter profusos esse legimus. „Laboravi“, 'inquit David, „in gemitu meo; lavabo per singulas noctes lectum meum“; et „Exaudivit Dominus vocem fletus mei“;[1] et rursus alius: „Recogitabo tibi omnes annos meos in amaritudine animae meae“.[2] Quas certe et alias huiusmodi voces vehemens quoddam anteactae vitae odium et peccatorum detestatio expressit.

Quaestio XXIII.

Cur contritio dolor a Patribus Concilii nominata sit.

Vera contritio non corporis sensu, sed dolore animi est metienda. Cur poenitentes soliti sint vestes mutare?

Quod autem contritio dolore definita ist, monendi sunt fideles, ne arbitrentur, eum dolorem corporis sensu percipi. Contritio enim est voluntatis actio. Et sanctus Augustinus testatur, dolorem poenitentiae comitem esse, non poenitentiam. Verum peccati detestationem et odium doloris vocabulo Patres significarunt: tum quia sacrae literae ita utuntur; inquit enim David: „Quamdiu ponam consilia in anima mea, dolorem in corde meo per diem?“[3] tum quia dolor in inferiori animae parte, quae vim concupiscendi habet, ex ipsa contritione oritur; ut non incommode contritio dolore definita fuerit, quod dolorem efficiat, ad eumque declarandum poenitentes vestem etiam mutare soliti sint. De quo Dominus apud sanctum Matthaeum[4] inquit: „Vae tibi Corozaim! vae tibi Bethsaida! quia si in Tyro et Sidone factae essent virtutes, quae factae sunt in vobis, olim in cilicio et cinere poenitentiam egissent.

---

1) Ps. 6, 7, 10. 2) Is. 38, 15. 3) Ps. 13, 2. 4) Matth. 11, 21.

bereitet sie zur Vergebung der Sünden vor, wenn sie vereinigt ist mit dem Vertrauen auf die göttliche Barmherzigkeit, und dem festen Vorsatze, das noch Uebrige zu leisten, was zum gültigen Empfange dieses Sakramentes erfordert wird."

Widerlegung der entgegengesetzten Meinung, aus dem Ansehen der Concilien und der heil. Schrift entnommen.

3. Aus dieser Begriffsbestimmung werden die Gläubigen sofort einsehen, wie die Kraft der Reue nicht blos darin besteht, daß Jemand aufhört zu sündigen, oder entschlossen ist, einen neuen Lebenswandel zu beginnen, oder ihn wirklich beginnt; sondern, daß er vor allen Dingen sein schlecht hingebrachtes Leben verabscheuen und Genugthuung dafür zu leisten entschlossen sein müsse. Dies bestätigen entschieden jene Klagen der heiligen Väter, die wir in der heil. Schrift so häufig antreffen. David sagt: „Ich habe mich abgemühet in meinem Seufzen, wasche jede Nacht mein Bett," und: „Der Herr hat die Stimme meines Weinens erhöret;" und wiederum ein Anderer: „Ich will vor dir alle meine Jahre überdenken in der Bitterkeit meiner Seele." Diese und andere ähnliche Klagen hat gewiß ein heftiger Haß gegen das vormalige Leben und eine Verabscheuung der Sünden ausgepreßt.

Dreiundzwanzigste Frage.
Warum von den Vätern des Concils die Reue ein Schmerz genannt worden ist.

Die wahre Reue ist nicht nach leiblicher Empfindung, sondern nach dem Schmerze der Seele zu bemessen. Warum die Büßenden die Kleider zu wechseln pflegen.

Da aber die Reue als ein Schmerz bezeichnet ist, so muß man die Gläubigen davor warnen, daß sie nicht glauben, es werde dieser Schmerz sinnlich empfunden. Denn die Reue ist eine Thätigkeit des Willens. Und der heilige Augustinus bezeugt, daß der Schmerz ein Gefährte der Buße sei, nicht die Buße selbst. Aber die Väter haben den Abscheu und Haß wider die Sünde durch das Wort Schmerz bezeichnet, einmal, weil sich die heil. Schrift desselben gleichfalls bedient, denn David sagt: „Wie lang soll ich rathschlagen in meiner Seele, Schmerzen leiden in meinem Herzen täglich?" Dann auch, weil der Schmerz in dem niederen Theile der Seele, in welchem das Begehrungsvermögen liegt, aus der Reue selbst entsteht, so daß die Reue nicht unpassend als ein Schmerz bezeichnet wird, weil sie den Schmerz bewirkt, und zur Kundgebung desselben die Büßenden selbst die Kleider zu wechseln pflegen; worüber der Herr beim heiligen Matthäus spricht: „Wehe dir, Corozaim! wehe dir, Bethsaida! denn wenn zu Thyrus und Sidon die Wunder geschehen wären, die bei euch geschehen sind, so würden sie längst in Sack und Asche Buße gethan haben."

Quaestio XXIV.

Quare peccati detestatio vulgo a theologis contritio appelletur.

Dolor aliunde proveniens non dicitur contritio.

Recte autem contritionis nomen peccati detestationi, de qua loquimur, ad significandam vim doloris impositum est, ducta similitudine a rebus corporeis, quae minutatim saxo aut duriore aliqua materia confringuntur; ut eo vocabulo declararetur, corda nostra, quae superbia obduruerunt, poenitentiae vi contundi atque conteri. Quare nullus alius dolor vel ex parentum et filiorum obitu, vel cuiusvis alterius calamitatis causa susceptus, hoc nomine appellatur, sed illius tantum doloris proprium est nomen, quo ex amissa Dei gratia atque innocentia afficimur.

Quaestio XXV.

Quibus praeterea vocabulis eadem peccati detestatio declarari soleat.

Eadem peccati detestatio alias cordis contritio dicitur.

I. Verum aliis quoque vocabulis eadem res declarari solet; nam et contritio cordis dicitur; quia cordis nomen frequenter sacrae literae pro voluntate usurpant. Ut enim a corde motionum corporis principium sumitur: ita voluntas reliquas omnes animae vires moderatur ac regit.

Cordis compunctio. Cordis scissio.

II. Vocatur etiam a sanctis Patribus cordis compunctio, qui libros de contritione conscriptos, de compunctione cordis inscribere maluerunt. Etenim quemadmodum ferro tumida ulcera secantur, ut inclusum virus possit erumpere: ita corda quasi scalpello contritionis adhibito inciduntur, ut peccati mortiferum virus queant eiicere; quare et scissio cordis a Ioele Propheta appellata est: „Convertimini", inquit,[1] „ad me in toto corde vestro, in ieiunio et in fletu et in planctu; et scindite corda vestra".

Quaestio XXVI.

Cur dolor de peccatis, vocabulo contritionis inclusus, maximus et vehementissimus esse debeat.

Vitae conservandae causa peccare non licet.

I. Summum vero et maximum dolorem ex peccatis, quae commissa sunt, suscipiendum esse, ita ut nullus maior excogi-

1) Ioel. 2, 12. 13.

Vierundzwanzigste Frage.

Warum der Abscheu vor der Sünde von den Theologen insgemein Reue genannt werde.

Ein Schmerz, der anderswoher kommt, wird nicht Reue genannt.

Der Verabscheuung der Sünde, von der wir reden, ist aber mit Recht der Name Reue (Zerknirschung) beigelegt, um die Heftigkeit des Schmerzes zu bezeichnen, indem man ein Gleichniß von körperlichen Dingen entlehnt hat, welche durch einen Stein oder eine sonstige härtere Materie zerrieben werden; so daß man durch dieses Wort ausdrücken wollte, wie unsere durch Hochmuth verhärtete Herzen durch die Kraft der Buße zerschlagen und zermalmt werden. Deswegen wird auch kein anderer Schmerz, er mag durch den Tod der Eltern oder Kinder, oder durch irgend ein anderes Unglück verursacht sein, mit diesem Namen bezeichnet; sondern dieser Name ist nur dem Schmerze eigen, den wir über den Verlust der Gnade Gottes und der Unschuld empfinden.

Fünfundzwanzigste Frage.

Mit welchen Worten man außerdem noch diesen Abscheu vor der Sünde zu bezeichnen pflege.

Dieser Abscheu vor der Sünde wird sonst auch Zerknirschung des Herzens genannt;

1. Man pflegt aber die nämliche Sache auch noch durch andere Worte zu bezeichnen; sie heißt nämlich auch die Zerknirschung des Herzens, weil die h. Schrift häufig das Wort Herz für den Willen gebraucht. Denn wie die Bewegungen des Leibes vom Herzen ihren Ursprung nehmen, so lenkt und regiert auch der Wille alle übrigen Kräfte der Seele.

Durchstechung des Herzens. Zerrissenheit des Herzens.

2. Die heiligen Väter nennen sie auch eine Durchstechung des Herzens, daher sie auch den von ihnen verfaßten Schriften über die Reue lieber die Ueberschrift geben: „Von der Durchstechung des Herzens." Wie nämlich schwulstige Geschwüre mit einem Messer geöffnet werden, damit der darin enthaltene Eiter herausfließen kann, so werden auch die Herzen gleichsam durch die Lanzette der Reue eingeschnitten, um das tödtliche Gift der Sünde auswerfen zu können; weshalb sie auch ein Zerreißen des Herzens von dem Propheten Joel genannt worden ist, da er spricht: „Bekehret euch zu mir von eurem ganzen Herzen mit Fasten und Weinen und Klagen; und zerreißet eure Herzen."

Sechsundzwanzigste Frage.

Warum der Schmerz über die Sünden, der im Worte Reue enthalten ist, sehr groß und heftig sein müsse.

Man darf, um sein Leben zu erhalten, nicht sündigen.

1. Daß man aber über die begangenen Sünden den höchsten und größten Schmerz empfinden müsse, so daß kein größerer denkbar ist, läßt sich durch folgende Gründe leicht nachweisen. Da nämlich

tari possit, facile erit hisce rationibus demonstrare. Nam quum perfecta contritio sit charitatis actio, quae ab eo timore, qui filiorum est, proficiscitur: patet eundem charitatis et contritionis modum statuendum esse. At quoniam charitas, qua Deum diligimus, perfectissimus est amor: hinc fit, ut contritio vehementissimum animi dolorem adiunctum habeat. Ut enim maxime diligendus est Deus, ita quae nos a Deo alienant, maxime detestari debemus. In quo etiam illud observandum est, eodem loquendi genere charitatis et contritionis magnitudinem in sacris litteris significari. De charitate dictum est: „Diliges Dominum Deum tuum ex toto corde tuo“.[1] Rursus, quod ad contritionem pertinet, clamat Dominus per Prophetam: „Convertimini in toto corde vestro“.[2] Praeterea si, uti Deus summum bonum est inter omnia, quae diligenda sunt, ita etiam peccatum summum est malum inter omnia, quae odisse homines debent: illud sequitur, ut quam ob causam Deum summe diligendum esse confitemur, ob eandem rursus peccati summum odium nos capiat necesse sit. Omnibus vero rebus Dei amorem anteponendum esse, ita ut ne vitae quidem conservandae causa peccare liceat, aperte nos docent illa Domini verba: „Qui amat patrem aut matrem plus quam me, non est me dignus“;[3] et: „qui voluerit animam suam salvam facere, perdat eam“.[4] Sed illud etiam animadvertendum est, ut, quemadmodum, sancto Bernardo teste,[5] nullus finis et modus charitati praescribitur (modus enim, inquit ille, diligendi Deum, est ipsum diligere sine modo): ita peccati detestationi nullus modus definiatur.

Dolor de peccatis non tantum debet esse maximus, sed etiam vehementissimus.

II. Sit praeterea non solum maxima, sed vehementissima atque adeo perfecta, omnemque ignaviam et socordiam excludat. Etenim in Deuteronomio [6] scriptum est: „Quum quaesieris Dominum Deum tuum, invenies eum; si tamen toto corde quaesieris, et tota tribulatione animae tuae“; et apud Hieremiam:[7] „Quaeretis me, et invenietis, quum quaesieritis me in toto corde vestro; et inveniar a vobis, ait Dominus“.

Quaestio XXVII.
Contritio vera esse non desinit, etiamsi sensibilis dolor de peccatis non fuerit absolutus.

Vera et utilis contritio etiam esse potest, si non tantum dolorem sentiamus de peccatis, quam de rebus externis, obstante scilicet naturae imbecillitate. C. Tr. S. 14 c. 4.

I. Quamquam si id minus consequi nobis liceat, ut perfecta sit, vera tamen et efficax contritio esse potest. Saepe enim

1) Deut. 6, 5. 2) Ioel. 2, 12. 3) Matth. 10, 37. 4) Ibid. 16, 25. 5) Lib. de dilig. Deo. 6) Deut. 4, 29. 7) Ierem. 29, 13. 14.

die vollkommene Reue ein Werk der Liebe ist, welche aus der Furcht entspringt, die den Kindern eigen ist, so ist klar, daß die Liebe und die Reue gleicher Art sein müssen. Weil aber die Liebe, mit welcher wir Gott lieben, die allervollkommenste Liebe ist, so muß auch die Reue den heftigsten Schmerz der Seele mit sich verbunden haben. Denn wie wir Gott vor Allem lieben müssen, so müssen wir auch vor Allem verabscheuen, was uns von Gott entfremdet. Hierbei ist auch noch zu beachten, daß in der heiligen Schrift die Größe der Liebe und Reue durch dieselbe Ausdrucksweise bezeichnet wird. Von der Liebe heißt es: „Du sollst den Herrn, deinen Gott, von ganzem Herzen lieben.“ Dann, was die Reue betrifft, ruft der Herr durch den Propheten: „Bekehret euch mit eurem ganzen Herzen.“ Wenn überdies, wie Gott das Höchste unter allen Gütern ist, die wir lieben müssen, so auch die Sünde das Höchste unter allen Uebeln ist, welche der Mensch hassen soll, so folgt, daß wir aus demselben Grunde, aus dem wir Gott über Alles lieben zu müssen bekennen, auch den allergrößesten Haß gegen die Sünde hegen müssen. Daß man aber die Liebe zu Gott allen Dingen vorziehen müsse, so daß man nicht einmal um der Erhaltung des Lebens willen sündigen dürfe, lehren uns deutlich jene Worte des Herrn: „Wer Vater und Mutter mehr liebt als mich, ist meiner nicht werth,“ und: „Wer seine Seele erhalten will, der wird sie verlieren.“ Aber auch das soll man bedenken, daß, wie der Liebe, nach dem Zeugnisse des heil. Bernhard, kein Maß und Ziel vorgeschrieben wird (denn „das Maß,“ sagt er, „Gott zu lieben, ist, ihn ohne Maß zu lieben“), so auch der Verabscheuung der Sünde kein Maß bestimmt werden darf.

Der Schmerz über die Sünden muß nicht allein der größte, sondern auch der heftigste sein.

2. Ueberdies soll die Reue nicht nur die größte, sondern auch die heftigste und eine ganz vollkommene sein, und alle Trägheit und Fahrlässigkeit ausschließen. Denn im Deuteronomium steht geschrieben: „Wenn du den Herrn, deinen Gott, suchest, so wirst du ihn finden; wenn du ihn nur von ganzem Herzen suchest, und in aller Angst deiner Seele.“ Und bei Jeremias: „Ihr werdet mich suchen und finden, wenn ihr mich suchet von eurem ganzen Herzen; und ich will mich von euch finden lassen, spricht der Herr.“

Siebenundzwanzigste Frage.

Die Reue hört nicht auf, eine wahre zu sein, wenn auch der empfindliche Schmerz über die Sünden nicht ganz vollkommen ist.

Die wahre und nützliche Reue kann selbst dann vorhanden sein, wenn man keinen so großen Schmerz über die Sünden, als über die äußern Dinge empfindet, wegen der Schwäche der Natur nämlich.

1. Wenn wir das auch weniger zu erreichen vermögen, daß die Reue vollkommen sei, so kann sie dennoch eine wahre und wirksame

usu venit, ut, quae sensibus subiecta sunt, magis quam spiritualia, nos afficiant. Quare nonulli interdum maiorem ex filiorum obitu, quam ex peccati turpitudine, doloris sensum capiunt.

Contritio lacrymis testanda.

II. Idem etiam iudicium faciendum est, si lacrymae doloris acerbitatem non consequantur; quae tamen in poenitentia summopere optandae et commendandae sunt. Praeclara est enim ea de re S. Augustini sententia. „Non sunt‘‘, inquit, „in te Christianae charitatis viscera, si luges corpus, a quo recessit anima; animam vero, a qua recessit Deus, non luges‘‘. [1] Atque huc spectant illa Salvatoris nostri verba, quae supra allata sunt: Vae tibi Corozaim, vae tibi Bethsaida! quia si in Tyro et Sidone factae essent virtutes, quae factae sunt in vobis, olim in cinere et cilicio poenitentiam egissent‘‘. [2] Tametsi ad eam rem comprobandam satis esse debent clarissima Ninivitarum, Davidis, Peccatricis, Apostolorum principis, exempla; qui omnes plurimis lacrymis Dei misericordiam implorantes peccatorum veniam impetrarunt.

Quaestio XXVIII.

Peccata capitalia singillatim in contritione detestanda sunt.

Singula peccata mortalia in contritione exprimenda et detestanda. Non desperandum est de Dei bonitate, etiamsi absolutam peccatorum contritionem non sentiamus.

Maxime autem hortandi et monendi sunt fideles, ut ad singula mortalia crimina proprium contritionis dolorem adhibere studeant. Ita enim Ezechias contritionem describit, quum ait: „Recogitabo tibi omnes annos meos in amaritudine animae meae‘‘. [3] Etenim recogitare omnes annos est, sigillatim peccata excutere, ut ea ex animo doleamus. Sed apud Ezechielem [4] quoque scriptum legimus: „Si impius egerit poenitentiam ab omnibus peccatis suis... vita vivet‘‘. Atque in hanc sententiam sanctus Augustinus inquit: „Consideret peccator qualitatem criminis in loco, in tempore, in varietate, in persona‘‘. [5] Neque tamen hac in re desperent fideles de summa Dei bonitate et clementia; is enim, quum nostrae salutis cupidissimus sit, nullam moram ad tribuendam nobis veniam interponit, sed peccatorem paterna charitate complectitur, simul atque ille se collegerit, et universa peccata sua detestatus, quae deinde alio tempore, si facultas erit, singula in memoriam reducere ac detestari in animo habeat, ad Dominum se converterit. Ita enim

1) Sermo 41 de Sanctis. 2) Matth. 11, 21. 3) Is. 38, 15. 4) Ezech. 18, 21. 5) Lib. de vera et falsa poenit. c. 14.

fein. Denn es geſchieht wohl oft, daß uns, was in die Sinne fällt, mehr betrübt als das Geiſtige; wie denn zuweilen Manche größeren Schmerz über den Tod ihrer Kinder, als über die Schänd= lichkeit der Sünde empfinden.

Die Reue hat man durch Thränen zu bezeugen.

2. Ebenſo muß man auch urtheilen, wenn der Bitterkeit des Schmerzes keine Thränen folgen; obwohl ſie bei der Buße über= aus zu wünſchen und zu empfehlen ſind. Denn ungemein vor= trefflich iſt hierüber die Aeußerung des h. Auguſtin: „Du beſitzeſt nicht die Innigkeit der chriſtlichen Liebe," ſpricht er, „wenn du einen Leib betrauerſt, aus dem die Seele geſchieden iſt, die Seele aber, von der Gott geſchieden iſt, nicht betrauerſt." Hierauf be= ziehen ſich auch jene oben angeführten Worte unſeres Heilandes: „Wehe dir, Corozaim, wehe dir, Bethſaida! denn wenn zu Thyrus und Sidon die Wunder geſchehen wären, die bei euch geſchehen ſind, ſo würden ſie längſt im Sack und Aſche Buße gethan haben." Doch zum Beweiſe hierfür müſſen die herrlichen Beiſpiele der Niniviten, Davids, der Sünderin, des Apoſtelfürſten genügen, welche alle unter vielen Thränen Gottes Barmherzigkeit erfleht, und Vergebung der Sünden erlangt haben.

Achtundzwanzigſte Frage.
Die ſchweren Sünden müſſen in der Reue einzeln und beſonders verabſcheut werden.

Die ſchweren Sünden müſſen einzeln in der Reue ausgedrückt und verabſcheut werden. Wir müſſen nicht an der Güte Gottes verzweifeln, wenn wir auch keine vollkommene Reue über unſere Sünden empfinden.

Die Gläubigen müſſen aber vorzüglich ermahnt und ermuntert werden, ſich zu befleißigen, über eine jede einzelne Todſünde einen eigenen Schmerz zu empfinden. Denn ſo beſchreibt Ezechias die Reue, wenn er ſagt: „Ich will vor dir alle meine Jahre über= denken in der Bitterkeit meiner Seele." Alle Jahre überdenken heißt nämlich die Sünden einzeln erforſchen, um ſie von Herzen zu bereuen. Aber auch bei Ezechiel leſen wir: „Wenn der Gottloſe Buße thut über alle ſeine Sünden, ſoll er leben." In dieſer Be= ziehung ſagt der heilige Auguſtin: „Der Sünder erwäge die Be= ſchaffenheit ſeines Vergehens in Anſehen des Ortes, der Zeit, der Mannigfaltigkeit und der Perſon." Die Gläubigen ſollen jedoch hierin nicht an der höchſten Güte und Milde Gottes verzweifeln; denn da derſelbe unſere Seligkeit ſehnlichſt wünſcht, ſo verzieht er nicht, uns Vergebung zu ertheilen; ſondern umfaßt den Sünder mit väterlicher Liebe, ſobald dieſer nur in ſich geht, und alle ſeine Sün= den verabſcheut, die er dann zu einer andern Zeit, wenn Gelegen= heit vorhanden iſt, einzeln ins Gedächtniß zurückzurufen und zu verabſcheuen ſich vornimmt, und ſich ſo zum Herrn bekehrt. Denn

nos per Prophetam iubet sperare, quum inquit: „Impietas impii non nocebit ei, in quacunque die conversus fuerit ab impietate sua". [1]

Quaestio XXIX.

Quae ad veram contritionem sint imprimis necessaria.

Ficta est poenitentia, in qua de quibusdam peccatis tantum dolemus.

Ex his igitur collegi poterunt, quae ad veram contritionem maxime sunt necessaria; de quibus fidelem populum accurate oportebit docere, ut quisque intelligat, qua ratione comparare eam possit; regulamque habeat, qua diiudicet, quantum absit ab eius virtutis perfectione. Primum enim necesse est, peccata omnia, quae admisimus, odisse et dolere; ne, si quaedam tantum doleamus, ficta et simulata, neque salutaris poenitentia a nobis suscipiatur. Nam ut a S. Iacobo Apostolo[2] dictum est: „Quicunque totam legem servaverit, offendit autem in uno: factus est omnium reus". Alterum est, ut ipsa contritio confitendi et satisfaciendi voluntatem coniunctam habeat; de quibus postea suo loco agetur. Tertium est, ut poenitens vitae emendandae certam et stabilem cogitationem suscipiat. Hoc vero Propheta his verbis aperte nos docuit: „Si impius egerit poenitentiam ab omnibus peccatis suis, quae operatus est, et custodierit omnia praecepta mea, et fecerit iudicium et iustitiam: vita vivet, et non morietur; omnium iniquitatum eius, quas operatus est, non recordabor", [3] et paulo post: „quum averterit se impius ab impietate sua, quam operatus est, et fecerit iudicium et iustitiam: ipse animam suam vivificabit"; [4] ac paucis interiectis: „Convertimini", inquit, „et agite poenitentiam ab omnibus iniquitatibus vestris; et non erit vobis in ruinam iniquitas; proiicite a vobis omnes praevaricationes vestras. in quibus praevaricati estis, et facite vobis cor novum et spiritum novum". [5] Idem etiam Christus Dominus mulieri, quae in adulterio deprehensa est, praescripsit, „Vade", inquit, „et iam amplius noli peccare". [6] Item paralytico illi, quem ad probaticam piscinam curaverat, „Ecce", ait, „sanus factus es; iam noli peccare". [7] Sed natura quoque ipsa et ratio plene ostendunt, duo illa ad contritionem esse imprimis necessaria: dolorem scilicet peccati admissi, et propositum cautionemque, ne quid hu-

---

1) Ezech. 33, 12. 2) Iac. 2, 10. 3) Ezech. 18, 21. 22. 4) v. 27. 5) v. 30. 31. 6) Ioan. 8, 11. 7) Ib. 5, 14.

also gebietet er uns durch den Propheten zu hoffen, wenn er sagt: „Die Gottlosigkeit wird dem Gottlosen nicht schaden an dem Tage, da er sich bekehret von seiner Gottlosigkeit."

Neunundzwanzigste Frage.

Was zur wahren Reue hauptsächlich nothwendig sei.

Diejenige Buße, bei der wir nur über gewisse Sünden Schmerz empfinden, ist erheuchelt.

Hieraus kann man nun entnehmen, was zur wahren Reue vorzugsweise nothwendig ist; worüber man das gläubige Volk genau belehren muß, damit ein Jeder einsehe, auf welche Weise er sie sich zu verschaffen vermag, und eine Richtschnur habe, zu beurtheilen, wie weit er von der Vollkommenheit dieser Tugend noch entfernt sei. Wir müssen nämlich erstens alle von uns begangenen Sünden hassen und bereuen, damit wir uns nicht, wenn wir nur Einiges bereuen, einer erdichteten und erheuchelten, statt einer heilbringenden Reue hingeben. Denn, wie der heil. Apostel Jakobus sagt: „Wer das ganze Gesetz hält, aber nur Ein Gebot übertritt, der verschuldet sich an allen." Das Zweite ist, daß mit der Reue selbst der Entschluß zu beichten und genugzuthun verbunden sein muß, wovon nachher am betreffenden Orte gehandelt werden wird. Das Dritte ist, daß der Büßende den festen und unwandelbaren Vorsatz fassen muß, sein Leben zu bessern. Das hat uns aber der Prophet deutlich in folgenden Worten gelehrt: „Wenn der Gottlose Buße thut über alle seine Sünden, die er begangen, und alle meine Gebote beobachtet, und Recht und Gerechtigkeit übet, der wird leben und nicht sterben, und aller Missethaten, die er begangen, will ich ferner nicht gedenken," und gleich darauf: „Wenn der Gottlose sich bekehrt von der Gottlosigkeit, die er verübt hat, und Recht und Gerechtigkeit übet, der wird seiner Seele das Leben geben." Und bald hernach sagt er: „Bekehret euch und thut Buße über alle eure Sünden, so wird die Sünde euch nicht zum Verderben sein; werfet von euch alle eure Uebertretungen, womit ihr gesündigt, und machet euch ein neues Herz und einen neuen Geist." Dasselbe befahl auch Christus dem beim Ehebruch ergriffenen Weibe, indem er sagte: „Gehe und sündige künftig nicht wieder." Ebenso sagte er dem Gichtbrüchigen, den er am Schwemmteiche geheilt hatte; „Siehe, du bist gesund geworden; sündige künftig nicht wieder." Aber auch die Natur selbst und die Vernunft zeigen offenbar, daß jenes Zweifache ganz besonders zur Reue nothwendig ist: nämlich der Schmerz über die begangene Sünde, und der Vorsatz und Entschluß, künftig dergleichen nicht wieder zu begehen. Denn wer sich mit einem Freunde, den er in irgend einer Weise beleidigt hat, aussöhnen will, dem muß es auch leid thun, gegen denselben

iusmodi in posterum committatur. Nam qui amico reconciliari
velit, quem iniuria aliqua affecerit: et doleat oportet, quod in
eum iniuriosus et contumeliosus fuerit, et diligenter reliquo
tempore provideat, ne qua in re amicitiam laesisse videatur;
quae duo obedientiam adiunctam habeant necesse est. Hominem
enim legi, sive naturali et divinae, sive humanae, quibus sub-
iectus est, parere convenit. Quare si quid poenitens alteri
per vim aut per fraudem abstulit, restituat oportet; itemque
alicuius aut commodi aut officii compensatione illi satisfaciat,
cuius dignitatem aut vitam dicto factove violavit. Tritum enim
est omnium sermone, quod apud S. Augustinum legimus: „Non
remittitur peccatum, nisi restituatur ablatum“. [1] Neque vero
inter caetera, quae ad contritionem maxime pertinent, minus
diligenter et necessario curandum est, ut, quidquid iniuriarum
ab altero acceperis, id totum remittatur ac condonetur. Ita
enim Dominus et Salvator noster monet atque denuntiat: „Si
dimiseritis hominibus peccata eorum, dimittet et vobis Pater
vester coelestis delicta vestra: si autem non dimiseritis hominibus, nec Pater vester dimittet vobis peccata vestra“. [2] Haec
sunt, quae fidelibus in contritione observanda sunt. Caetera,
quae ad hanc rem colligi a Pastoribus facile poterunt, efficient
quidem, ut in suo genere contritio sit magis perfecta et absoluta; verum adeo necessaria existimanda non sunt, ut sine his
verae et salutaris poenitentiae ratio constare non possit.

Quaestio XXX.

Quae sit propria contritionis vis et utilitas.

Prima utilitas est, quod sit certissima peccatorum medicina.

I. Sed quoniam non satis esse Pastoribus debet, si ea doceant, quae ad salutem videntur pertinere, nisi etiam omni cura
et industria laborent, ut fideles ad eam ipsam rationem, quae
illis praescripta est, vitam actionesque suas dirigant: vehementer proderit, contritionis vim et utilitatem saepius proponere.
Nam quum pleraque alia pietatis studia, veluti beneficentia in
pauperes, iciunia, preces et alia id genus sancta et honesta
opera, hominum culpa, a quibus proficiscuntur, a Deo interdum
repudientur: ipsa certe contritio nunquam illi grata et accepta
esse non potest. Nam inquit Propheta: „Cor contritum et
humiliatum, Deus, non despicies“. [3]

---

1) Ep. 54 ad Maced. 2) Matth. 6, 14. 15. 3) Ps. 50, 19.

beleidigend und ungezogen gewesen zu sein, und er muß in Zukunft sorgfältig darauf Bedacht nehmen, nicht zu scheinen, als ob er in irgend einem Stücke die Freundschaft verletzt habe; und mit diesem Zweifachen muß dann nothwendig der Gehorsam verbunden sein. Denn der Mensch ist verpflichtet, dem Gesetze zu gehorchen, dem er unterworfen ist, sei es nun dem natürlichen und göttlichen, oder dem menschlichen. Wenn daher ein Büßender einem Andern Etwas mit Gewalt oder List entwendet hat, so muß er es wieder ersetzen; und eben so muß er dem, den er an der Ehre oder am Leben durch Wort oder That verletzt hat, genugthun durch Wiedererstattung des Verlustes oder durch irgend einen Gegendienst. Denn es ist ein allbekanntes Sprichwort, das wir beim heiligen Augustin finden: „Wir werden nicht der Sünde frei, bevor der Raub erstattet sei." Nebst dem Uebrigen aber, was zur Reue vorzugsweise gehört, muß man sich nicht minder sorgfältig und ernstlich bemühen, das von einem An= dern etwa erlittene Unrecht gänzlich zu vergeben und zu verzeihen. Denn also ermahnt und erklärt unser Herr und Heiland: Wenn ihr den Menschen ihre Sünden vergebet, so wird euch euer himm= lischer Vater auch eure Sünden vergeben; wenn ihr aber den Menschen nicht vergebet, so wird euch euer Vater eure Sünden auch nicht vergeben." Dies ist's, was die Gläubigen bei der Reue zu beobachten haben. Das Uebrige, was die Pfarrer noch dazu leicht zusammenstellen können, wird zwar bewirken, daß die Reue in ihrer Art vollkommener und vollständiger wird; es ist aber nicht für so nothwendig zu erachten, daß ohne dasselbe eine wahre und heilsame Buße nicht bestehen könnte.

Dreißigste Frage.
Welches die eigentliche Kraft und der Nutzen der Reue sei.
Der erste Nutzen ist, daß sie die sicherste Arznei wider die Sünde ist.

1. Weil es aber den Pfarrern nicht genügen darf, nur zu lehren, was zum Heile erforderlich zu sein scheint, wenn sie sich nicht auch mit aller Sorgfalt und Mühe befleißigen, daß die Gläu= bigen ihr Leben und ihre Handlungen nach der ihnen vorgeschrie= benen Weise einrichten, so wird es von sehr großem Nutzen sein, die Wirksamkeit und den Nutzen der Reue öfter auseinander zu setzen. Denn obwohl sehr viele andere Bestrebungen der Fröm= migkeit, als Wohlthätigkeit gegen Arme, Fasten, Gebet und andere dergleichen heilige und fromme Werke, durch die Schuld der Men= schen, die sie verrichten, von Gott zuweilen verworfen werden, so kann doch gewiß die Reue ihm niemals anders als angenehm und wohlgefällig sein. Denn, sagt der Prophet: „Ein zerknirschtes und gedemüthigtes Herz wirst du, o Gott, nicht verachten."

Altera utilitas est, quod sit facilitas expedita et mox sanans aegrotantis animae medicina.

II. Qui etiam statim, ut eam mentibus nostris concepimus, peccatorum remissionem nobis a Deo tribui, alio loco eiusdem Prophetae verba illa declarant: „Dixi, confitebor adversum me iniustitiam meam Domino; et tu remisisti impietatem peccati mei". [1] Atque eius rei figuram in „decem leprosis" [2] animadvertimus, qui a Salvatore nostro ad Sacerdotes missi, antequam ad illos pervenirent, a lepra liberati sunt. Ex quo licet cognoscere, verae contritionis, de qua supra dictum est, eam vim esse, ut illius beneficio omnium delictorum veniam statim a Domino impetremus.

Quaestio XXXI.

Qua ratione ad perfectionem contritionis veniatur.

Primo, requiritur peccati agnitio. Secundo, sui ipsius accusatio.

I. Plurimum etiam valebit ad fidelium mentes excitandos, si Pastores rationem aliquam tradiderint, qua se quisque ad contritionem exercere possit. Monere autem oportet, ut omnes conscientiam suam frequenter excutientes, videant, num, quae a Deo sive Ecclesiasticis sanctionibus praecepta sunt, servaverint.

Tertio, confitendi ac se emendandi propositum. Quarto, divini auxilii petitio.

II. Quod si quis alicuius sceleris reum se esse cognoverit, statim se ipsum accuset, supplexque a Domino veniam exposcat, et spatium tum confitendi, tum satisfaciendi sibi dari postulet, imprimisque divinae gratiae praesidio se adiuvari petat, ne in posterum eadem illa peccata admittat, quae admisisse vehementer poenitet.

Quinto, vehementissima peccatorum detestatio.

III. Curandum erit praeterea Pastoribus, ut in peccatum summum fidelium odium concitetur, tum quia summa est illius foeditas et turpitudo, tum quia gravissima damna et calamitates nobis adfert. Nam Dei benevolentiam, a quo maxima bona accepimus, longeque maiora exspectare et consequi licebat, a nobis abalienat, et summorum dolorum cruciatibus perpetuo afficiendos sempiternae morti nos addicit. Hactenus de contritione; nunc ad confessionem, quae est altera poenitentiae pars, veniamus.

_____

1) Ps. 31, 5. 2) Luc. 17, 14.

Der zweite Nutzen ist, daß sie leicht zur Hand und eine Arznei ist, welche ohne Verzug die kranke Seele heilt.

2. Daß uns sogar auch, sobald wir die Reue in unseren Her=
zen empfinden, sofort die Vergebung der Sünden von Gott zu
Theil werde, erklären an einer andern Stelle die Worte desselben
Propheten: „Ich habe gesagt: ich will bekennen wider mich meine
Ungerechtigkeit dem Herrn; und du hast nachgelassen die Gott=
losigkeit meiner Sünde." Ein Bild hiervon sehen wir an den
„zehn Aussätzigen," die, von unserm Erlöser zu den Priestern
geschickt, vom Aussatze befreit wurden, ehe sie zu denselben hin=
kamen. Daraus kann man sehen, wie die Wirkung der wahren
Reue, von der oben die Rede gewesen, der Art ist, daß wir kraft
derselben sogleich Verzeihung aller Sünden vom Herrn erlangen.

Einunddreißigste Frage.
Wie man zur vollkommenen Reue gelange.

Zuerst wird die Anerkennung der Sünde gefordert. Zweitens die Anklage seiner selbst.

1. Auch wird es überaus viel zur Aufmunterung der Gläu=
bigen beitragen, wenn die Pfarrer die Weise angeben, wie sich ein
Jeder in der Reue üben kann. Dazu soll man ermahnen, daß
Alle häufig ihr Gewissen erforschen und nachsehen, ob sie das, was
von Gott oder durch die kirchlichen Anordnungen vorgeschrieben
ist, gehalten haben.

Drittens der Vorsatz, zu beichten und sich zu bessern. Viertens die Bitte um göttliche Hülfe.

2. Wenn sich dann Jemand eines Verbrechens schuldig findet,
soll er sofort sich selbst anklagen, und fußfällig von Gott Verzeih=
ung erflehen, und bitten, daß ihm Zeit zu beichten und genug=
zuthun gegeben werde, und vor Allem soll er um den unterstützenden
Beistand der göttlichen Gnade bitten, damit er in Zukunft dieselben
Sünden nicht wieder begehe, die es ihn ernstlich reut begangen zu
haben.

Fünftens der heftigste Abscheu gegen die Sünde.

3. Die Pfarrer werden außerdem bemüht sein, in den Gläu=
bigen den tiefsten Haß wider die Sünde hervorzurufen, theils, weil
die Abscheulichkeit und Schändlichkeit derselben so überaus groß
ist, theils, weil sie uns die größten Nachtheile und das äußerste
Elend bereitet. Denn sie beraubt uns des Wohlgefallens Gottes,
von dem wir die größten Güter empfangen haben, und noch weit
größere erwarten und erlangen konnten, und überliefert uns der
unaufhörlichen Qual, mit welcher die allergrößesten Schmerzen
uns martern werden, und dem ewigen Tode. So viel von der
Reue; nun wollen wir zur Beichte, dem andern Theile der Buße,
übergehen.

Quaestio XXXII.

Quae sit confessionis praestantia, quamque fuerit ad Christianorum
salutem necessaria eius institutio.

De confessione, Sacramenti altera parte. Confessionis quanta sit praestantia, colligitur ex eius necessitate ad salutem consequendam. De necessitate confessionis. Cf. Quaest. 37 et Conc. Trid. de Poen. Sess. 14 c. 14.

I. Quantum vero curae et diligentiae in ea explicanda ponere Pastores debeant: ex eo facile intelligent, quod omnibus fere piis persuasum est, quidquid hoc tempore sanctitatis, pietatis et religionis in Ecclesia summo Dei beneficio conservatum est, id magna ex parte confessioni tribuendum esse; ut nulli mirandum sit, humani generis hostem, quum fidem Catholicam funditus evertere cogitat, per ministros impietatis suae et satellites, hanc veluti Christianae virtutis arcem totis viribus oppugnare conatum esse. Primum itaque docendum est, confessionis institutionem nobis summopere utilem atque adeo necessariam fuisse.

Quae contritio citra confessionem peccata deleat? Vi confessionis salutis consequendae ratio efficitur facilior. August. de adult. conj. l. II. c. 9. Chrysost. de Sacerd. lib. III. Conc. Florentin. in decr. Eug. IV.

II. Ut enim hoc concedamus, contritione peccata deleri: quis ignorat, illam adeo vehementem, acrem ac incensam esse oportere, ut doloris acerbitas cum scelerum magnitudine aequari conferrique possit? At quoniam pauci admodum ad hunc gradum pervenirent, fiebat etiam, ut a paucissimis hac via peccatorum venia speranda esset. Quare necesse fuit, ut clementissimus Dominus faciliori ratione communi hominum saluti consuleret: quod quidem admirabili consilio effecit, quum claves regni coelestis Ecclesiae tradidit. Etenim ex fidei Catholicae doctrina omnibus credendum et constanter affirmandum: si quis ita animo affectus sit, ut peccata admissa doleat, simulque in posterum non peccare constituat, etsi eiusmodi dolore non afficiatur, qui ad impetrandam veniam satis esse possit, ei tamen, quum peccata Sacerdoti rite confessus fuerit, vi clavium scelera omnia remitti ac condonari: ut merito a sanctissimis viris, Patribus nostris, celebratum sit, Ecclesiae clavibus aditum in coelum aperiri. De quo nemini dubitari fas est, quum a Florentino Concilio decretum legamus, poenitentiae effectum esse absolutionem a peccatis. [1]

---

1) In decreto Eugenii IV. de Poen. Dist. 6. c. 60. Sacerdot.

Zweiundbreißigste Frage.

Wie vortrefflich die Beichte und wie nothwendig ihre Einsetzung zum Heile der Christen gewesen sei.

Von der Beichte, dem andern Theile des Sakraments. Wie groß die Vortrefflichkeit der Beichte sei, erhellt aus der Nothwendigkeit derselben zur Erlangung des Heils. Von der Nothwendigkeit der Beichte.

1. Wie viel Sorgfalt und Fleiß aber die Seelsorger auf diese Erklärung verwenden müssen, werden sie leicht daraus ersehen, daß fast alle Frommen davon überzeugt sind, wie man Alles, was zu dieser Zeit durch Gottes höchste Güte von Heiligkeit, Frömmigkeit und Gottesfurcht in der Kirche erhalten ist, großentheils der Beichte beizumessen hat, so daß es Niemanden wundern darf, wenn der Feind des menschlichen Geschlechtes, der darauf bedacht ist, den katholischen Glauben von Grund aus zu vernichten, durch die Diener und Helfershelfer seiner Gottlosigkeit gleichsam dieses Bollwerk der christlichen Tugend aus allen Kräften zu überwältigen sucht. Es muß mithin zunächst gelehrt werden, wie die Einsetzung der Beichte für uns überaus nützlich, ja sogar nothwendig gewesen sei.

Welche Reue außer der Beichte die Sünden tilgt? Durch die Beichte wird es leichter, sein Heil zu erlangen.

2. Denn obwohl wir zugestehen, daß die Sünden durch die Reue getilgt werden, wer weiß denn aber nicht, daß dieselbe so heftig, bitter und heiß sein müsse, daß die Bitterkeit des Schmerzes mit der Größe der Sünden verglichen und gleichgestellt werden könne? Da es aber nur sehr Wenige bis zu diesem Grade bringen, so würden auch die Wenigsten auf diesem Wege auf Vergebung der Sünden hoffen dürfen. Deshalb war es nothwendig, daß der allbarmherzige Herr auf eine leichtere Weise für das allgemeine Heil der Menschen Fürsorge trage, was er nach seinem wunderbaren Rathschlusse that, als er der Kirche die Schlüssel des Himmelreiches übergab. Denn es müssen Alle der Lehre des katholischen Glaubens gemäß glauben und unerschütterlich bekennen, daß, wenn Jemand in seinem Herzen so gesinnt ist, daß er die begangenen Sünden bereut und zugleich den Vorsatz faßt, hinfort nicht mehr zu sündigen, obgleich er keinen solchen Schmerz empfindet, der zur Erlangung der Verzeihung hinreichend sein könnte, ihm dennoch, wenn er seine Sünden dem Priester nach Vorschrift gebeichtet hat, durch die Schlüsselgewalt alle Sünden vergeben und erlassen werden, so daß unsere Väter, diese sehr heiligen Männer, mit Recht feierlichst erklärt haben, durch die Schlüssel der Kirche werde der Eingang zum Himmel geöffnet. Hieran darf Niemand zweifeln, da wir in einer Bestimmung des Florentinischen Concils lesen, die Wirkung der Buße sei die Lossprechung von den Sünden.

Confessionis excellentia inde colligitur, quod sit certissimum ad mores emendandos instrumentum.

III. Verum ex eo praeterea licet cognoscere, quantam afferat confessio utilitatem, quod iis, quorum est corrupta vitae consuetudo, nihil tam prodesse ad mores emendandos experimur, quam si interdum occultas animi sui cogitationes, facta dictaque omnia prudenti et fideli amico patefaciant, qui eum opera et concilio iuvare possit. Quare ad eandem rationem maxime salutare existimandum est iis, qui scelerum conscientia agitantur, ut Sacerdoti, tanquam Christi Domini Vicario, cui perpetui silentii severissima lex proposita est, animae suae morbos et vulnera aperiant; statim enim parata sibi medicamenta invenient, quae non solum praesentis aegritudinis sanandae, verum ita praeparandae animae coelestem quandam vim habeant, ut deinceps facile futurum non sit, in eiusmodi morbi et vitii genus recidere.

Inde intelligimus confessionis utilitatem, quod vitae humanae societatem publicamque honestatem conservet.

IV. Neque vero illa confessionis utilitas praetermittenda, quae ad vitae societatem et coniunctionem magnopere pertinet. Constat enim, si sacramentalem confessionem e Christiana disciplina exemeris, plena omnia occultis et nefandis sceleribus futura esse, quae postea, et alia etiam multo graviora, homines, peccati consuetudine depravati, palam committere non verebuntur. Etenim confitendi verecundia delinquendi cupiditati et licentiae tanquam frenos iniicit, et improbitatem coercet. Sed iam confessionis utilitate exposita, quae sit eius natura et vis, Pastoribus tradendum erit.

Quaestio XXXIII.
Confessionis sacramentalis descriptio et natura.

Peccata accusatorio animo in confessione sunt enumeranda S. Chrysost. Hom 20 in Genes.

I. Eam igitur definiunt esse peccatorum accusationem, quae ad Sacramenti genus pertinet, eo susceptam, ut veniam virtute clavium impetremus. Recte autem accusatio dicitur, quod peccata ita commemoranda non sunt, quasi scelera nostra ostentemus, ut ii faciunt, qui „laetantur quum malefecerint", [1] aut omnino enarranda, ut si rem aliquam gestum otiosis auditoribus

---

1) Proverb. 2.

Die Vorzüglichkeit der Beichte erhellt daraus, daß sie das sicherste Mittel ist, seine Sitten zu bessern.

3. Welch großen Nutzen die Beichte gewährt, läßt sich aber auch noch daraus erkennen, daß die Erfahrung lehrt, wie denen, die einer verderbten Lebensweise ergeben sind, zur Besserung ihrer Sitten Nichts so nützlich sei, als wenn sie zuweilen die verborgenen Gedanken ihres Herzens, alle ihre Thaten und Worte einem weisen und treuen Freunde entdecken, der ihnen mit That und Rath beizustehen vermag. Aus demselben Grunde muß man es daher auch für die, welche durch das Bewußtsein ihrer Sünden geängstigt werden, für überaus heilsam halten, wenn sie dem Priester, als dem Stellvertreter Christi, des Herrn, dem durch das strengste Gesetz ewiges Stillschweigen auferlegt ist, die Gebrechen und Wunden ihrer Seele öffnen; denn sie werden sofort Heilmittel für sich bereitet finden, welche die himmlische Kraft besitzen, nicht allein die gegenwärtige Krankheit zu heilen, sondern auch die Seele in solchen Stand zu versetzen, daß sie fernerhin nicht leicht in dieselben Krankheiten und Laster zurückfallen werde.

Daraus entnehmen wir den Nutzen der Beichte, daß sie die Einheit der menschlichen Gesellschaft und die öffentliche Ehrbarkeit bewahrt.

4. Aber auch jener Nutzen der Beichte ist nicht zu übersehen, der für die Gemeinschaft und Verbindung des Lebens so sehr wichtig ist. Denn es liegt am Tage, daß, wenn man die sakramentale Beichte aus der Kirchenzucht wegnehmen wollte, Alles voll schändlicher und geheimer Laster sein würde, die sodann, und noch andere weit schwerere, die Menschen, durch die Gewohnheit der Sünde entsittlicht, öffentlich zu begehen sich nicht scheuen würden. Denn die Scheu vor der Beichte legt der Begierde und Frechheit zu sündigen gleichsam Zügel an, und hält die Ruchlosigkeit in Schranken. Nachdem nun so der Nutzen der Beichte erklärt ist, müssen die Pfarrer nachweisen, worin ihre Natur und Wirkung besteht.

Dreiunddreißigste Frage.
Begriff und Wesen der sakramentalischen Beichte.
Die Sünden müssen in Weise der Anklage in der Beichte aufgezählt werden.

1. Man erklärt dieselbe daher so: sie sei eine Anklage über die Sünden, welche zum Sakramente gehört, in der Absicht unternommen, um durch die Schlüsselgewalt Verzeihung zu erlangen. Sie heißt aber mit Recht eine Anklage, weil man seine Sünden nicht also vorbringen soll, als wollten wir mit unsern Lastern groß thun, wie diejenigen thun, „die sich freuen, wenn sie Böses gethan haben", und man sie auch keineswegs hererzählen soll, als wenn wir müßigen Zuhörern zu ihrer Belustigung irgend eine Neuigkeit mittheilten;

delectandi causa exponamus.   Verum accusatorio animo ita
enumeranda sunt, ut ea etiam in nobis vindicare cupiamus.

Quae sit causa enumerationis peccatorum.   Iudicium confessionis est dissimile forensibus iudiciis.

II. Veniae autem impetrandae causa peccata confitemur,
quoniam hoc iudicium longe dissimile est forensibus capitalium
rerum quaestionibus, in quibus confessioni poena et supplicium,
non culpae liberatio et errati venia constituta est.   In eandem
fere sententiam, quamvis aliis verbis, sanctissimi Patres videntur confessionem definivisse; veluti quum S. Augustinus inquit: Confessio est, per quam morbus latens spe veniae aperitur; et S. Gregorius: Confessio est peccatorum detestatio;
quarum utraque, quod in superiori definitione continetur, facile
ad eam referri poterit.

Quaestio XXXIV.

Qua ex causa, et quando instituta sit a Christo confessio.

Dei bonitas causa est institutae a Christo confessionis. Conc. Trid. Sess. 14 de
Poenit. c. 5 et 6.

Sed iam, quod omnium maximi faciendum est, docebunt Parochi, ac sine ulla dubitatione fidelibus tradent, hoc Sacramentum a Christo Domino, qui bene omnia et unius salutis nostrae
causa fecit, ob eius summam bonitatem et misericordiam institutum esse.   Apostolis enim post resurrectionem unum in locum congregatis insufflavit, dicens: „Accipite Spiritum Sanctum;
quorum remiseritis peccata, remittuntur eis, et quorum retinueritis, retenta sunt“. [1]

Quaestio XXXV.

Ex quibus aliis Scripturae locis confessionem a Christo institutam
esse colligatur.

Sacerdotes huius examinis sunt legitimi iudices. cf. Q. 47.

Quum igitur Dominus potestatem retinendi et remittendi peccata Sacerdotibus tribuerit, perspicuum est, ipsos etiam ea de
re iudices constitutos fuisse.   Atque idem significare visus est
Dominus, quum Apostolis id negotii dedit, ut Lazarum, a mortuis excitatum, a vinculis solverent, quibus constrictus erat. [2]
Nam S. Augustinus cum locum ita explanat: „Ipsi“, inquit,
„Sacerdotes plus iam possunt proficere, plus confitentibus par-
cere, quibus crimen remittunt.   Dominus scilicet per ipsos Apostolos Lazarum, quem iam suscitaverat, obtulit discipulis sol-

1) Ioan. 20, 22. 23. 2) Ioan. 11, 44.

sondern sie müssen mit einem sich anklagenden Herzen so aufgezählt werden, daß wir sie auch an uns selbst zu strafen wünschten.

Was der Grund der Aufzählung der Sünden ist. Das Urtheil in der Beichte ist verschieden von den gerichtlichen Urtheilsprüchen.

2. Wir bekennen aber unsere Sünden, um Verzeihung zu erlangen; denn dieses Gericht ist von den gerichtlichen Untersuchungen wegen Todesverbrechen sehr unterschieden, da in denselben auf das Bekenntniß Strafe und Marter, nicht aber Befreiung von der Schuld und Verzeihung des Vergehens gesetzt ist. Fast auf gleiche Weise, obwohl mit andern Worten, scheinen die hochheiligen Väter den Begriff der Beichte bestimmt zu haben; wenn z. B. der heil. Augustin sagt: „Die Beichte ist es, durch welche eine verborgene Krankheit, in der Hoffnung der Verzeihung, an den Tag gebracht wird," und der heil. Gregorius: „Die Beichte ist eine Verabscheuung der Sünden," so läßt sich Beides auf die oben angeführte Begriffsbestimmung leicht zurückführen.

Vierunddreißigste Frage.

Warum und wann von Christo die Beichte eingesetzt worden sei.

Gottes Güte ist Ursache, warum Christus die Beichte eingesetzt hat.

Nun aber müssen die Pfarrer, was von der allerhöchsten Wichtigkeit ist, lehren, und ohne die geringste Bedenklichkeit den Gläubigen darlegen, daß dies Sakrament von Christo, dem Herrn, der Alles wohl und einzig um unseres Heiles willen gemacht hat, aus unendlicher Güte und Barmherzigkeit eingesetzt ist. Denn nach seiner Auferstehung hauchte er die an einem Orte versammelten Apostel an und sprach: „Nehmet hin den h. Geist; welchen ihr die Sünden vergeben werdet, denen sind sie vergeben, denen ihr sie behalten werdet, denen sind sie behalten.

Fünfunddreißigste Frage.

Aus welchen andern Stellen der heiligen Schrift man beweise, daß die Beichte von Christus eingesetzt sei.

Die Priester sind bei dieser Untersuchung die gesetzmäßigen Richter.

1. Da also der Herr den Priestern die Gewalt verlieh, Sünden zu behalten und zu vergeben, so ist es klar, daß sie darüber auch als Richter eingesetzt sind. Dies schien der Herr auch anzudeuten, als er den Aposteln den Auftrag gab, dem von den Todten erweckten Lazarus die Binden, womit er umbunden war, zu lösen; denn der h. Augustin erklärt diese Stelle also: „Die Priester," spricht er, „können jetzt mehr ausrichten, mehr die Beichtenden schonen, denen sie die Missethat erlassen. Der Herr übergab nämlich den Lazarus, den er bereits von den Todten erweckt hatte, durch die Apostel den Jüngern, ihn loszubinden, dadurch anzeigend,

vendum, ostendens, potestatem solvendi esse concessam Sacerdotibus“.[1] Quo etiam pertinet, quod iis, qui a lepra in itinere curati sunt, praeceperat, ut „Sacerdotibus se ostenderent“,[2] illorumque iudicium subirent. Quum igitur Dominus potestatem remittendi et retinendi peccata Sacerdotibus tribuerit: perspicuum est, ipsos etiam ea de re judices constitutos fuisse.

Cur in confessione omnia peccata sint patefacienda. Cf. Quaest. 40.

II. At quoniam, ut S. Trident. Synodus[3] sapienter admonuit, de qualibet re verum iudicium fieri, atque in repetendis criminum poenis iustitiae modus teneri non potest, nisi plane cognita et perspecta causa fuerit: ex eo sequitur, ut poenitentium confessione singillatim peccata omnia Sacerdotibus patefacienda sint. Haec igitur Pastores docebunt, quae a S. Trid. Synodo decreta, ac perpetuo a Catholica Ecclesia tradita sunt. Si enim sanctissimos Patres attente legimus, nusquam non apertissima testimonia occurrent, quibus confirmetur, hoc Sacramentum a Christo Domino institutum esse, et confessionis sacramentalis legem, quam illi exomologesin et exagoreusin graeco vocabulo appellant, tanquam Evangelicam accipiendam esse.

Confessio veteris legis figuris est adumbrata.

III. Quod si etiam veteris Testamenti figuras exquirimus, sine dubio ad peccatorum confessionem videntur pertinere varia illa sacrificiorum genera, quae ad expianda diversi generis peccata a Sacerdotibus fiebant.

Quaestio XXXVI.

Quo fructu ad sacramentalem confessionem Ecclesia certas quasdam caeremonias adiunxerit.

Sed quemadmodum, Confessionem a Domino Salvatore institutam esse, fideles docendi sunt, ita etiam monere eos oportet, quosdam ritus et solemnes caeremonias Ecclesiae auctoritate additas esse; quae etsi ad Sacramenti rationem non spectant, eius tamen dignitatem magis ante oculos ponunt, et confitentium animos pietate accensos, ad Dei gratiam facilius consequendam praeparant. Quum enim aperto capite ad pedes Sacerdotis abiecti, demisso in terram vultu, supplices manus tendentes, aliaque huiusmodi Christianae humilitatis signa dantes, quae ad Sacramenti rationem necessaria non sunt, peccata confitemur: ex his perspicuo intelligimus, tum in sacramento coe-

---

1) Lib. de vera et falsa poenit c. 19 et Serm. 8 de verb. Dom. 2) Luc. 17, 14. 3) Sess. 14 de poenit. cap. 5 can. 7.

daß die Gewalt zu lösen den Priestern ertheilt sei." Hierhin gehört auch, wenn er denen, die auf dem Wege vom Aussatze gereinigt waren, auftrug, sich „den Priestern zu zeigen," und ihrem Urtheile sich zu unterwerfen. Da nun der Herr den Priestern die Gewalt verlieh, die Sünden zu vergeben und zu behalten, so ist es klar, daß sie auch darüber als Richter eingesetzt sind.

Warum in der Beichte alle Sünden eröffnet werden müssen.

2. Denn weil man, wie der h. Kirchenrath von Trient weislich erinnert hat, über keine Sache ein wahres Urtheil fällen, und bei Auferlegung der Strafen für die Vergehen das Maß der Gerechtigkeit nicht inne halten kann, wofern die Sache nicht völlig erkannt und untersucht ist, so folgt hieraus, daß von den Büßenden in der Beichte alle Sünden den Priestern einzeln eröffnet werden müssen. Dies sollen die Pfarrer also lehren, wie es vom h. Kirchenrathe von Trient beschlossen, und von der katholischen Kirche jederzeit gelehrt worden ist. Denn wenn wir die heiligsten Väter mit Aufmerksamkeit lesen, so werden wir allenthalben die deutlichsten Zeugnisse antreffen, wodurch bestätigt wird, daß dieses Sakrament von Christo, dem Herrn, eingesetzt, und daß das Gebot der sakramentalischen Beichte, die sie mit dem griechischen Worte Exomologesis und Exagoreusis bezeichnen, als ein evangelisches anzusehen ist.

Die Beichte ist in den Bildern des Alten Bundes vorgebildet.

3. Auch wenn wir die Vorbilder des alten Bundes näher untersuchen, so scheinen ohne Bedenken jene verschiedenen Arten von Opfern, die von den Priestern zur Sühne der verschiedenartigen Sünden dargebracht wurden, sich auf die Beichte der Sünden zu beziehen.

Sechsunddreißigste Frage.

Zu welchem Nutzen die Kirche mit der sakramentalischen Beichte gewisse Ceremonien verbunden habe.

Wie aber die Gläubigen zu belehren sind, daß die Beichte vom Herrn und Heilande eingesetzt sei, so muß man dieselben auch erinnern, daß auf das Geheiß der Kirche einige Gebräuche und feierliche Ceremonien hinzugefügt sind, die, obschon sie nicht zum Wesen des Sakramentes gehören, dennoch seine Würde anschaulicher machen, und die von Frömmigkeit entzündeten Gemüther der Beichtenden vorbereiten, die Gnade Gottes um so leichter zu erlangen. Denn wenn wir mit entblößtem Haupte zu den Füßen des Priesters niedergeworfen, mit zur Erde geneigtem Antlitz die Hände flehend erheben, und unter andern derartigen, zum Wesen des Sakramentes nicht nothwendigen, Zeichen einer christlichen Demuth die Sünden bekennen, so ersehen wir hieraus deutlich, theils, daß wir in dem Sakramente eine himmlische Kraft aner-

lestem vim agnoscendam, tum a nobis divinam misericordiam
summo studio requirendam atque efflagitandam esse.

Quaestio XXXVII.

**Salutem citra confessionem recuperare non possunt, qui peccatis sunt
obnoxii capitalibus.**

Necessitas salutis recuperandae per confessionem. Cf. Quaest. 33. Conc. Triden'.
Sess. 14 de poenit. cap. 5 et can. 7. Potestas absolvendi cur clavi comparatur? Novatianorum haeresis.

Iam vero nemo existimet confessionem a Domino quidem
institutam, sed ita tamen, ut eius usum necessarium esse non
edixerit. Etenim sic statuant fideles, oportere eum, qui mortali scelere premitur, confessionis Sacramento ad spiritualem
vitam revocandum esse: quod quidem pulcherrima translatione
a Domino aperte significatum videmus, quum huius Sacramenti
administrandi potestatem clavem regni coelorum appellavit. Ut
enim locum aliquem ingredi nemo potest sine eius opera, cui
claves commissae sunt: sic intelligimus, neminem in coelum admitti, nisi fores a Sacerdotibus, quorum fidei claves Dominus
tradidit, aperiantur. Aliter enim nullus plane clavium usus in
Ecclesia esse videbitur; ac frustra is, cui clavium potestas data
est, quempiam coeli aditu prohibebit, si tamen alia via introi-
tus patere queat Hoc vero praeclare a S. Augustino cognitum
est, quum inquit:[1] „Nemo sibi dicat,.. occulte ago apud Dominum poenitentiam; novit Deus, qui mihi ignoscat, quid in corde
ago... Ergo sine causa dictum: Quae solveritis in terra, soluta erunt in coelo?[2] ergo sine causa claves datae sunt Ecclesiae Dei?" Atque in eandem sententiam S. Ambrosius in
libro de poenitentia scriptum reliquit, quum Novatianorum hae-
resin convelleret, qui soli Domino potestatem peccata remittendi
reservandam asserebant: „Ecquis Deum", inquit, „magis veneratur; quine mandatis illius obtemperat, an qui resistit? Deus
nobis iussit, eius ministris obtemperare; quibus quum pareamus,
honorem soli Deo deferimus".

Quaestio XXXVIII.

Quo aetatis et anni tempore confitendum sit.

Quando pueri confiteri debeant.

I. Sed quum minime dubitari possit, confessionis legem ab
ipso Domino latam et constitutam esse: sequitur, ut videndum
sit, quinam, quo aetatis et anni tempore, ei parere debeant.

---

1) Lib. 50. hom. 49. 2) Matth. 18, 18..

kennen, theils, daß wir die göttliche Barmherzigkeit aufs Eifrigste aufsuchen und darnach verlangen müssen.

Siebenunddreißigste Frage.

Diejenigen, welche mit Todsünden behaftet sind, können ohne Beichte nicht die Seligkeit erlangen.

Nothwendigkeit, das Heil durch die Beichte wieder zu erlangen. Warum die Macht loszusprechen, mit den Schlüsseln verglichen werde? Die Ketzerei der Novatianer.

Nun soll aber Niemand wähnen, die Beichte sei vom Herrn zwar eingesetzt, aber doch in einer Weise, daß er ihren Gebrauch nicht für nothwendig erklärt habe. Denn die Gläubigen müssen sich davon überzeugt halten, daß derjenige, der mit einer Tod=sünde beschwert ist, durch das Sakrament der Beichte zum geistigen Leben zurückgeführt werden müsse; was wir auch in einem sehr schönen Gleichnisse vom Herrn deutlich angezeigt sehen, wo er die Gewalt, dieses Sakrament zu verwalten, die Schlüssel des Himmelreichs genannt hat. Denn wie Niemand einen Ort ohne Hülfe dessen, dem die Schlüssel anvertraut sind, betreten kann, so begreifen wir wohl, daß auch Niemand in den Himmel eingelassen wird, wenn nicht die Pforten von den Priestern, deren Obhut der Herr die Schlüssel übergeben hat, geöffnet werden. Denn ein anderer Gebrauch der Schlüssel findet offenbar in der Kirche nicht Statt; und derjenige, dem die Schlüsselgewalt verliehen ist, würde ja zwecklos Jemanden den Eingang zum Himmel verweigern, wenn dieser dennoch auf einem andern Wege Zutritt erhalten könnte. Das sah auch der h. Augustin sehr wohl ein, wenn er sagt: „Nie=mand überrede sich.... ich thue bei Gott im Geheimen Buße; Gott, der mir verzeihen möge, weiß, was ich im Herzen schaffe... So hieß es also ohne Grund: Was ihr auf Erden lösen werdet, wird auch im Himmel gelöset sein? also wären der Kirche Gottes die Schlüssel ohne Grund übergeben worden?" Und in demselben Sinne äußerte sich auch der heil. Ambrosius in dem Buche von der Buße, als er die Ketzerei der Novatianer widerlegte, die dem Herrn allein die Gewalt der Sündenvergebung vorbehalten wissen wollten: „Wer verehrt Gott mehr, der seinen Geboten gehorcht, oder der ihnen widerstrebt? Gott befahl uns, seinen Dienern zu gehorchen; wenn wir ihnen gehorsam sind, so geben wir Gott allein die Ehre."

Achtunddreißigste Frage.

In welchem Alter und in welcher Zeit des Jahres man beichten müsse.

Wann die Kinder beichten müssen.

1. Da es aber ganz unbezweifelt ist, daß das Gesetz der Beichte von dem Herrn selbst gegeben und eingesetzt ist, so muß folglich darauf gesehen werden, wer, in welchem Alter und zu welcher Zeit

Primum itaque ex Lateranensis Concilii canone, cuius initium est, „Omnis utriusque sexus", perspicitur, neminem confessionis lege adstrictum esse ante eam aetatem, qua rationis usum habere potest. Neque tamen ea aetas certo aliquo annorum numero definita est, sed illud universe statuendum videtur: ab eo tempore confessionem puero indictam esse, quum inter bonum et malum discernendi vim habet, in eiusque mentem dolus cadere potest.

Morituris cumprimis necessaria est confessio.

II. Nam quum ad id vitae tempus quisque pervenerit, in quo de salute aeterna deliberandum est, tum primum Sacerdoti peccata confiteri debet; quum aliter salutem sperare nemini liceat, qui scelerum conscientia premitur. Quo vero potissimum tempore confiteri oporteat, eo canone, de quo antea diximus, sancta Ecclesia decrevit; iubet enim semel saltem quotannis fideles omnes peccata sua confiteri.

Quaestio XXXIX.
Quoties Christiani hoc beneficio uti debeant.

Prudentis est et pii, saepius confiteri. Cf. Quaest. 46.

Verum si, quid salutis nostrae ratio postulet, consideremus, profecto, quoties vel mortis periculum imminet, vel aliquam rem tractare aggredimur, cuius tractatio homini peccatis contaminato non conveniat, veluti quum Sacramenta administramus, aut percipimus: toties Confessio praetermittenda non est. Atque idem omnino servare oportet, quum veremur, ne nos alicuius culpae, quam admiserimus, oblivio capiat. Neque enim peccata confiteri possumus, quae non meminimus, neque peccatorum veniam a Domino impetramus, nisi ea poenitentiae Sacramentum per confessionem deleat.

Quaestio XL.
Omnia peccata singillatim in confessione aperienda.

De conditionibus et circumstantiis ad confessionem requisitis. Primo esse debet confessio plena et integra. Conc. Trident. Sess. 14 de Poen. cap. 5 et can. 7. Cf. explicata Quaest. 35.

Sed quoniam multa in confessione observanda sunt, quorum alia ad Sacramenti naturam pertinent, alia non item necessaria sunt: de his accurate agendum erit. Neque enim desunt libelli et commentarii, ex quibus facile est horum omnium explicationem depromere. Illud autem in primis doceant Paro-

im Jahre man demselben nachzukommen verpflichtet ist. Zunächst also ersieht man aus der Satzung des lateranensischen Concils, welche beginnt: Jedermann beiderlei Geschlechts," daß Niemand vor dem Alter, in welchem er den Gebrauch seiner Vernunft haben kann, zur Beichte verpflichtet ist. Dies Alter ist jedoch durch keine bestimmte Zahl der Jahre festgesetzt; sondern man scheint im Allgemeinen annehmen zu müssen, einem Kinde sei von der Zeit an zu beichten geboten, wenn es im Stande ist, zwischen Gutem und Bösem zu unterscheiden, und es eines bösen Willens fähig ist.

Besonders den Sterbenden ist die Beichte nöthig.

2. Denn sobald Jemand das Lebensalter erreicht hat, wo er sich über sein ewiges Heil berathen muß, kann muß er zuerst dem Priester seine Sünden bekennen; da sich Niemand auf andere Weise Hoffnung zur Seligkeit machen kann, der durch das Bewußtsein seiner Missethaten beschwert ist. In welcher Zeit man aber am füglichsten beichten soll, hat die heilige Kirche durch die oben erwähnte Satzung bestimmt; sie befiehlt nämlich, daß alle Gläubigen alljährlich wenigstens Ein Mal ihre Sünden beichten sollen.

Neunundbdreißigste Frage.
Wie oft sich die Christen dieser Wohlthat bedienen sollen.
Es gebührt einem vernünftigen und gottseligen Manne, häufig zu beichten.

Wenn wir jedoch erwägen, was die Rücksicht auf unser Heil erheischt, so dürfen wir in der That die Beichte nie unterlassen, so oft entweder Todesgefahr droht, oder wir eine Sache zu verrichten uns anschicken, deren Vollbringung einem durch Sünden befleckten Menschen nicht zukommt, z. B. wenn wir Sakramente ausspenden oder empfangen. Ganz dasselbe muß man auch beobachten, wenn zu befürchten steht, daß wir eine begangene Sünde vergessen möchten. Denn Sünden, deren wir uns nicht erinnern, können wir nicht beichten, und wir erhalten auch keine Verzeihung unserer Sünden vom Herrn, wofern nicht das Sakrament der Buße sie durch die Beichte tilgt.

Vierzigste Frage.
In der Beichte müssen alle Sünden einzeln eröffnet werden.
Von den Bedingungen und Umständen, die zur Beichte erforderlich sind. Zuerst muß die Beichte ganz und vollständig sein.

Weil aber bei der Beichte Vieles zu beobachten ist, wovon Einiges zum Wesen des Sakramentes gehört, Anderes nicht so nothwendig ist, so muß dies genau erörtert werden. Denn es fehlt nicht an Büchern und Abhandlungen, aus denen eine Erklärung über dies Alles leicht zu entnehmen ist. Die Pfarrer sollen aber

chi, in confessione curandum esse, ut integra et absoluta sit. Etenim omnia mortalia peccata Sacerdoti aperire oportet. Nam venialia, quae nos a Dei gratia non divellunt, et in quae frequentius labimur, tametsi recte atque utiliter, quod piorum usus demonstrat, confitemur: tamen sine culpa praetermitti, multisque aliis rationibus expiari possunt. At mortifera peccata, ut iam diximus, singula enumeranda sunt; quamvis etiam occultissime lateant et eius generis sint, quae duobus tantum extremis Decalogi capitibus interdicuntur. Saepe enim evenit, ut ea gravius animam vulnerent, quam illa, quae aperte ac palam peccare homines solent. Ita vero a sancta Trid. Synodo definitum, atque a Catholica Ecclesia semper traditum est; quemadmodum sanctorum Patrum testimonia declarant. Est enim apud sanctum Ambrosium in hunc modum: „Non potest quis iustificari a peccato, nisi confessus fuerit peccatum". [1] Sanctus etiam Hieronymus in Ecclesiaste idem plane confirmat; [2] inquit enim: „Si quem serpens diabolus occulte momorderit, et nullo conscio eum peccati veneno infecerit, si tacuerit, et poenitentiam non egerit, nec vulnus suum fratri aut magistro voluerit confiteri: magister, qui linguam habet ad curandum, prodesse non poterit". Praeterea S. Cyprianus in sermone de Lapsis apertissime hoc docet his verbis; „Quamvis nullo sacrificii aut libelli facinore constricti sint, quoniam tamen de eo cogitaverunt, id ipsum apud Sacerdotes Dei dolenter confiteantur". Denique haec omnium Ecclesiae Doctorum communis vox est atque sententia.

Quaestio XLI.

Peccatorum circumstantiae, dum quis confitetur, sunt patefaciendae.

Secundo, circumstantiae ; ravantes aperiendae sunt. Conc. Trident. Sess. 14 de Poen. c. 5. Circumstantiae non gravantes possunt reticeri.

Sed in confessione summa illa cura et diligentia adhibenda est, quam in rebus gravissimis ponere solemus; omneque studium ita eo conferendum, ut sanemus animae vulnera, et peccati radices evellamus. Neque vero solum peccata gravia narrando explicare oportet: verum etiam illa, quae unumquodque peccatum circumstant, et pravitatem valde augent et minuunt. Quaedam enim circumstantiae adeo graves sunt, ut peccati mortiferi ratio ex illis tantum constet; quare haec omnia con-

---

1) Lib. de parad. c. 14. 2) Cap. 20.

hauptsächlich dies lehren, daß man in der Beichte Sorge tragen müsse, daß sie ganz und vollständig sei. Man muß nämlich dem Priester alle Todsünden entdecken. Denn die läßlichen, die uns von der Gnade Gottes nicht trennen, und in die wir häufiger verfallen, können, obwohl wir sie mit Recht und Nutzen beichten, wie der Gebrauch der Frommen beweist, doch ohne Schuld ver= schwiegen und auf verschiedene andere Weise gesühnt werden. Die Todsünden aber, wie schon gesagt, müssen einzeln aufgezählt wer= den, selbst wenn sie auch noch so verborgen und der Art sind, wie sie nur in den beiden letzten von den zehn Geboten untersagt wer= den. Denn häufig geschieht es, daß diese die Seele schwerer ver= wunden, als jene, durch welche die Menschen sich frei und öffent= lich zu versündigen pflegen. So hat es der heil. Kirchenrath von Trient entschieden und die katholische Kirche, wie die Zeugnisse der heiligen Väter beweisen, allezeit gelehrt. Denn bei dem heil. Am= brosius heißt es also: „Niemand kann von der Sünde gerecht= fertigt werden, wenn er die Sünde nicht gebeichtet hat." Auch der heilige Hieronymus bestätigt in seiner Auslegung des Buches Ec= clesiastes ganz das Nämliche, indem er sagt: „Wenn die Schlange, der Teufel, Jemand heimlich gebissen, und ihn, ohne daß ein An= derer darum weiß, mit dem Gifte der Sünde angesteckt hat, so wird auch, wenn er dieselbe verschweigt und nicht Buße thut, und seine Wunde dem Bruder oder Lehrer nicht bekennen will, der Lehrer, der das Wort besitzt, ihn zu heilen, ihm nicht nützen können." Ueberdies lehrt dasselbe der heil. Cyprian in der Rede von den Gefallenen auf's Deutlichste mit diesen Worten: „Ob= gleich sie in das Verbrechen des Götzenopfers oder des Freibriefes nicht verstrickt sind, so sollen sie dennoch, weil sie es beabsichtigten, dies reumüthig bei den Priestern Gottes bekennen." Zudem ist dies auch die allgemeine Sprache und Ueberzeugung aller Kirchen= lehrer.

Einundvierzigste Frage.

Die Umstände der Sünden müssen bei der Beichte angegeben werden.

Zweitens sind die erschwerenden Umstände anzugeben. Die nicht erschwerenden Umstände können verschwiegen werden.

Bei der Beichte muß aber jene äußerste Sorgfalt und Mühe angewandt werden, die wir bei den wichtigsten Angelegenheiten zu beobachten pflegen, und aller Eifer muß darauf gerichtet sein, die Wunden der Seele zu heilen und die Wurzeln der Sünde aus= zurotten. Man soll nun aber nicht allein die schweren Sünden aufzählen und mittheilen, sondern auch die näheren Umstände einer jeden Sünde, welche die Schwere vergrößern oder vermindern. Denn manche Umstände sind so wichtig, daß in ihnen allein der

fiteri semper oportet. Si quis enim hominem interemerit, explicandum est, utrum ille sacris initiatus, an profanus fuerit. Itemque si cum muliere concubuit, matrimoniine lege libera, aut alterius uxore, aut propinqua, aut alicuius voti sponsione Deo consecrata, aperiat necesse est. Haec enim diversa peccatorum genera constituunt, ita ut primum quidem simplex fornicatio, alterum adulterium, tertium incestus, quartum sacrilegium, a divinarum rerum Doctoribus appelletur. Furtum etiam in peccatis numerandum est; verum si quis aureum nummum furetur, levius omnino peccat, quam is, qui centum, vel ducentos, vel ingentem aliquam auri vim, prasertim vero, qui sacram pecuniam abstulit. Quae etiam ratio ad locum et ad tempus pertinet: quorum exempla notiora sunt ex multorum libris, quam ut a nobis commemorentur. Haec igitur, ut diximus, enumeranda sunt; quae vero pravitatem rei magnopere non augent, sine crimine omitti possunt.

.

Quaestio XLII.

Confessio, in qua sponte aliquid gravius reticetur, iteranda est.

Confessio, in qua aliquid sponte reticetur, quam sit noxia et quod sit iteranda. Conc. Trident. Sess. 14 de Poenit. c. 5. Reticentia, quae ex oblivione, vel modica negligentia nascitur, non requirit iterationem confessionis. Negligentia magna et voluntaria iterationem confessionis postulat.

Sed ad confessionem adeo necessarium est, ut, quod antea diximus, integra, et absoluta sit, ut, si quis dedita opera alia quidem ex iis, quae explicari debent, praetermittat, alia vero tantummodo confiteatur; non solum ex ea confessione is commodum nullum consequatur, sed etiam novo scelere se obstringat. Neque eiusmodi peccatorum enumeratio confessionis nomine,.in qua Sacramenti ratio insit, appellanda est; quin potius poenitenti confessionem repetere est necesse, seque ipsum illius peccati reum facere, quod Sacramenti sanctitatem simulatione confessionis violaverit. At vero si alia de causa confessioni aliquid defuisse videatur, vel quia poenitens nonnulla crimina oblitus fuerit, vel quia conscientiae suae latebras non ita accurate perquisiverit, quum tamen illud in animo haberet, ut integre peccata omnia confiteretur: nihil ei opus erit confessionem iterare; satis autem habebit, si quando peccata, quae ob

Grund zu einer Todsünde liegt; weshalb man dieses Alles auch immer beichten muß. Denn wenn Jemand einen Menschen er= mordet hat, so muß angegeben werden, ob derselbe ein Geistlicher oder ein Weltlicher war. Ebenso wenn Jemand einem Frauen= zimmer beigeschlafen hat, so muß er angeben, ob sie unverhei= rathet, oder eines Andern Ehefrau, oder eine Verwandte, oder durch irgend ein feierliches Gelübde Gott geweiht war. Denn dies begründet verschiedene Arten von Sünden, so daß Ersteres von den Gottesgelehrten eine einfache Unzucht, das Zweite ein Ehebruch, das Dritte eine Blutschande, das Vierte ein Gottes= raub genannt wird. Auch der Diebstahl ist unter die Sünden zu zählen; aber wenn Jemand nur Ein Goldstück stiehlt, so versün= digt er sich gewiß weniger als der, welcher hundert oder zweihun= dert Stücke, oder eine sehr große Menge Goldes, besonders aber kirchliches Geld, entwendet hat. Ebenso verhält es sich mit Ort und Zeit, worüber die Beispiele aus vielen Schriften zu bekannt sind, als daß sie von uns noch angeführt zu werden brauchten. Dies also, wie gesagt, muß angegeben werden; wodurch aber das Sündliche der Handlung nicht besonders vergrößert wird, kann ohne Sünde verschwiegen werden.

Zweiundvierzigste Frage.

Diejenige Beichte muß wiederholt werden, in welcher vorsätzlich eine schwere Sünde verschwiegen wird.

Wie unheilvoll eine Beichte sei, in der Etwas absichtlich verschwiegen wird, und daß sie wiederholt werden müsse. Ein Verschweigen, welches aus Vergessen= heit oder geringer Nachlässigkeit hervorgeht, begründet nicht die Wieder= holung der Beichte. Eine große und freiwillige Nachlässigkeit fordert die Wiederholung der Beichte.

Es ist aber zur Beichte so sehr nothwendig, daß sie, wie wir bereits sagten, ganz und vollständig sei, daß, wenn Jemand mit Vorsatz Einiges von dem verschweigt, was angegeben werden muß, und nur Einiges bekennt, er von einer solchen Beichte nicht allein keinen Nutzen hat, sondern sich auch eines neuen Verbrechens schul= dig macht; denn eine derartige Aufzählung der Sünden kann nicht mit dem Namen der Beichte, die dem Wesen des Sakramentes entspricht, belegt werden, sondern der Büßende muß vielmehr die Beichte wiederholen, und sich selbst über die Sünde anklagen, daß er die Heiligkeit des Sakramentes durch eine erheuchelte Beichte verletzt habe. Wenn aber aus einer andern Ursache an der Beichte Etwas gefehlt haben mag, sei es, daß der Büßende einige Sünden vergessen, oder daß er die Falten seines Gewissens nicht so genau durchforscht hat, obschon er den Vorsatz hatte, alle Sünden voll= ständig zu beichten, so hat er nicht nöthig, die Beichte zu wieder= holen; sondern es wird genügen, wenn er die Sünden, die er ver=

litus erat, in memoriam redegerit, ea Sacerdoti alio tempore
confiteri. In quo tamen animadvertendum est, ne forte nimis
dissolute et remisse conscientiam nostram scrutati simus, adeo-
que negligenter peccata admissa memoria repetere studuerimus,
ut ea ne recordari quidem voluisse, merito videri possimus;
id enim si factum fuerit, confessionem iterare omnino oportebit.

Quaestio XLIII.
Nuda, simplex et aperta debet esse confessio.
Tertio, nude et remotis ambagibus aperienda sunt peccata.

Praeterea curandum est, ut confessio nuda, simplex et aperta
sit, non artificiose composita: ut a nonnullis fit, qui potius vitae suae rationem exponere, quam peccata confiteri videntur;
ea enim confessio esse debet, quae nos tales Sacerdoti aperiat,
quales nos ipsos novimus, certaque pro certis, ac dubia pro
dubiis demonstret. Quod si vel peccata non recensentur, vel
alieni a re, quam tractamus, sermones inseruntur: perspicuum
est, confessionem hac virtute carere.

Quaestio XLIV.
Prudens et verecunda debet esse confessio.
Quarto, considerata sit et verecunda confessio.

Vehementer etiam commendandi sunt, qui prudentiam et
verecundiam in explicandis rebus adhibent. Neque enim nimis
multis verbis agendum est, sed quae ad cuiusque peccati
naturam et rationem pertinent, brevi oratione, quae modestiam
coniunctam habeat, aperienda sunt.

Quastio XLV.
Confessio per internuntium aut per litteras fieri non potest.
Quinto, secreta sit confessio et extra periculum revelandi. Conc. Trident. Sess. 14 de Poenit. cap. 5.

Illud vero tum confitenti, tum Sacerdoti maxime laborandum
est, ut eorum sermo in confessione secreto habeatur. Quare
fit, ut nemini omnino, neque per nuntium, neque per litteras,
quoniam ea ratione nihil iam occulte agi potest, peccata confiteri liceat.

Quaestio XLVI.
Expedit homini Christiano saepius confiteri.
Utilitas frequentatae confessionis. Cf. Quaest. 39.

Sed nulla res fidelibus adeo curae esse debet, quam ut fre-

geffen hatte, sobald sie ihm wieder einfallen, dem Priester zu einer andern Zeit beichtet. Hierbei müssen wir aber wohl beachten, daß wir nicht etwa gar zu unachtsam und nachlässig unser Gewissen erforscht haben, und es uns nicht so wenig angelegen haben sein lassen, die begangenen Sünden uns in's Gedächtniß zurückzurufen, daß es mit Recht scheinen dürfte, als hätten wir uns derselben nicht einmal erinnern wollen. Denn wenn das geschehen ist, werden wir allerdings die Beichte wiederholen müssen.

Dreiundvierzigste Frage.
Die Beichte muß klar, einfach und deutlich sein.

Drittens. Die Sünden müssen einfach und ohne alle Umschweife aufgedeckt werden.

Außerdem soll man Sorge tragen, daß die Beichte klar, einfach und deutlich sei, nicht künstlich abgefaßt, so wie es von Einigen geschieht, die vielmehr ihre Lebensbeschreibung vorzutragen, als ihre Sünden zu bekennen scheinen; denn die Beichte muß so beschaffen sein, daß sie uns dem Priester zeigt, wie wir uns selbst erkennen, und das Gewisse für gewiß, das Zweifelhafte für zweifelhaft angibt. Wenn aber die Sünden nicht angeführt, oder nicht zur Sache gehörende Erzählungen eingeflochten werden, so ist es klar, daß die Beichte diese löbliche Eigenschaft nicht besitzt.

Vierundvierzigste Frage.
Die Beichte muß vorsichtig und schamhaft sein.

Viertens. Die Beichte sei überlegt und bescheiden.

Ganz außerordentlich sind auch diejenigen zu loben, die bei Erklärung der Thatsachen vorsichtig und schamhaft verfahren, denn man hat nicht viele Worte zu gebrauchen; sondern was das Wesen und die Natur einer jeden Sünde betrifft, soll man mit wenigen Worten, welche die Bescheidenheit im Geleit haben, darlegen.

Fünfundvierzigste Frage.
Die Beichte kann nicht durch einen Unterhändler oder schriftlich geschehen.

Fünftens. Die Beichte sei geheim und außer Gefahr, offenkundig zu werden.

Dafür muß aber sowohl der Beichtende als der Priester aus allen Kräften Sorge tragen, daß ihre Worte in der Beichte geheim gehalten werden. Es ist daher durchaus Niemanden gestattet, weder durch eine Mittelsperson noch auch brieflich die Sünden zu beichten, weil auf diese Weise ja Nichts im Geheim abgemacht werden kann.

Sechsundvierzigste Frage.
Dem Christen frommt es, öfter zu beichten.

Nutzen des häufigen Beichtens.

Die Gläubigen sollen sich aber Nichts so sehr angelegen sein

33*

quenti peccatorum confessione animam studeant expiare; etenim
quum aliquis mortifero scelere urgetur, nihil ei magis salutare
esse potest ob multa,' quae impendent, vitae pericula, quam
statim peccata sua confiteri; nam, ut sibi quisque diuturnum
vitae spatium polliceri queat, turpe profecto est, quum in
eluendis corporis aut vestium sordibus tam diligentes simus,
non eadem saltem diligentia curare, ne animae splendor tur-
pissimis peccati maculis obsolescat.

Quaestio XLVII.

Quotuplici potestate huius Sacramenti minister praeditus esse debeat.

De legitimo et idoneo confessionis sacramentalis ministro. Minister duplici potestate sit praeditus. Conc. Tr. Sess. 14 de Poen. cap. 5 et 6 et can. 10. Ordinis potestas unde probetur. Cf. Q. 35 supra et Q. 6 seq. de Sacram. Ord.
Iurisdictionis potestas unde probetur?

Sed iam de ministro huius Sacramenti dicendum est. Eum
autem Sacerdotem esse, qui ordinariam aut delegatam absolvendi
potestatem habeat, ex Ecclesiasticis sanctionibus satis apparet;
habeat enim oportet non solum ordinis, verum etiam iurisdictionis potestatem, qui hoc munere fungi debet. Illustre vero
huius ministerii testimonium praebent illa Domini verba apud
sanctum Ioannem: „Quorum remiseritis peccata, remittuntur
eis; et quorum retinueritis, retenta sunt";[1] neque enim omnibus,
sed Apostolis tantum haec dicta fuisse constat, quibus in hac
functione Sacerdotes succedunt. Idque etiam maxime consentaneum est; nam quum omne gratiae genus, quae hoc Sacramento tribuitur, a Christo capite ad membra derivetur: merito
debent corpori Christi mystico, i. e. fidelibus, illud administrare,
qui soli verum eiusdem corpus conficiendi potestatem habent;
quum praesertim fideles hoc ipso poenitentiae Sacramento ad
sacram Eucharistiam sumendam apti idoneique reddantur.
Verum quanta olim religione in antiquissima Ecclesia ius ordinarii Sacerdotis conservatum fuerit, ex veteribus Patrum decretis
facile intelligitur; quibus cautum est, ne quis Episcopus aut Sacerdos in alterius Parochia aliquid gerere auderet, sine eius auctoritate, qui illi praeesset; aut nisi magna necessitas cogere videretur.
Ita vero ab Apostolo sancitum est, quum Tito praecepit, ut
in singulis civitatibus Sacerdotes constitueret, qui scilicet doctrinae et Sacramentorum coelesti pabulo fideles alerent et
educarent.[2]

---

1) Ioan. 20, 23. 2) Tit. 1, 5.

laſſen, als durch öfteres Beichten ihrer Sünden ihre Seele zu reinigen; denn wenn Jemand von einer Todsünde beängſtigt wird,
ſo kann es für ihn bei den vielen Lebensgefahren, die ihn bedrohen,
nichts Heilſameres geben, als ſofort ſeine Sünden zu beichten;
weil, wenn auch Jemand ſich eine lange Lebensdauer verſprechen
könnte, es doch wirklich ſchmachvoll wäre, mit ſo großer Sorgfalt
den Schmutz des Leibes und der Kleider abzuwaſchen, und nicht
mit gleicher Sorgfalt uns zu bemühen, daß der Glanz der Seele
nicht durch die häßlichſten Flecken der Sünde verunreinigt werde.

Siebenundvierzigſte Frage.

Mit wie vielfacher Gewalt der Ausſpender dieſes Sakramentes verſehen ſein
müſſe.

Von dem rechtmäßigen und befähigten Ausſpender der Beichte. Der Ausſpender
muß mit einer doppelten Gewalt verſehen ſein. Woraus die Gewalt der
Weihe bewieſen wird? — Woraus die Gewalt der Jurisdiktion bewieſen
wird?

Jetzt muß von dem Ausſpender dieſes Sakramentes die Rede
ſein. Daß dies aber der Prieſter ſei, der die ordentliche oder
übertragene Gewalt, loszuſprechen, hat, erhellet zur Genüge aus
den Verordnungen der Kirche; denn wer dies Amt verwalten ſoll,
muß nicht allein die Gewalt der Weihe, ſondern auch der Gerichtsbarkeit beſitzen. Ein herrliches Zeugniß für dieſes Amt geben
jene Worte des Herrn bei Johannes: „Welchen ihr die Sünden nachlaſſen werdet, denen ſind ſie nachgelaſſen, und welchen ihr
ſie behalten werdet, denen ſind ſie behalten;“ denn bekanntlich iſt
dies nicht zu Allen, ſondern nur zu den Apoſteln geſagt, deren
Nachfolger in dieſer Amtsverrichtung die Prieſter ſind. Und dies
iſt auch ganz entſprechend; denn da eine jede Art von Gnade, die
durch dieſes Sakrament ertheilt wird, von Chriſto, dem Haupte,
auf die Glieder übergeleitet wird, ſo müſſen daſſelbe mit Recht diejenigen dem geheimnißvollen Leibe Chriſti, d. h. den Gläubigen,
darreichen, welche allein die Macht beſitzen, deſſen wahren Leib zu
conſekriren; zumal da die Gläubigen eben durch dieſes Sakrament
der Buße zum Empfange der heil. Euchariſtie geſchickt und tüchtig
gemacht werden. Mit welch' großer Gewiſſenhaftigkeit aber ehemals in der älteſten Kirche die Gerichtsbarkeit des verordneten
Prieſters bewahrt worden ſei, erſieht man leicht aus den alten
Beſchlüſſen der Väter, durch welche angeordnet iſt, daß kein Biſchof oder Prieſter ſich unterſtehen ſolle, in dem Sprengel eines
Andern ohne die Erlaubniß von deſſen Vorſtande, außer wenn
dringende Nothwendigkeit es zu fordern ſchiene, Etwas vorzunehmen.
Und ebenſo wurde es vom Apoſtel beſtimmt, als er dem Titus auftrug, er ſolle in jeder Stadt Prieſter anſtellen, welche die Gläubigen durch die himmliſche Speiſe der Lehre und der Sakramente
nährten und erzögen.

Quaestio XLVIII.

Potest quivis Sacerdos quemcunque peccatorem in necessitate absolvere.

Quanta cuiusvis Sacerdotis in periculo mortis circa absolutionem sit potestas.

Quamquam si mortis periculum imminet, et proprii Sacerdotis facultas non datur, ne hac occasione aliquis pereat, in Ecclesia Dei custoditum fuisse, Concilium Tridentinum docet, ut unicuique Sacerdoti liceret, non solum ab omni peccatorum genere, cuiuscunque potestatis sit, illa condonare, sed etiam ab excommunicationis vinculo solvere.[1]

Quaestio XLIX.

Qualis cuique de sua salute sollicito deligendus sit confessionis minister.

Eruditio et prudentia etiam in confessario necessaria; quod etiam initio Decalogi p uribus declaratur. Confessarius iudicis personam sustinet. Conc. Trid. Sess. 14 de Poenit. c. 6 et can. 9. Confessarius medici personam sustinet. S. Basil. in Reg. brev. Q 219 et Conc Later. c. 21. Qualis confessarius deligendus?

Iam praeter ordinis et iurisdictionis potestatem, quae prorsus necessaria sunt, inprimis opus est, ut huius Sacramenti minister tum scientia et eruditione, tum prudentia praeditus sit; iudicis enim et medici simul personam gerit. Ac, quod ad primum attinet, satis constat, non vulgarem scientiam necessariam esse, qua et peccata investigare, et ex variis peccatorum generibus, quae gravia, quae levia sint, pro cuiusque hominis ordine et genere iudicare possit. Ut autem medicus est, summa quoque prudentia indiget. Etenim diligenter providendum est, ut ea remedia aegroto adhibeantur, quae ad illius animam sanandam, et in posterum contra morbi vim muniendam aptiora esse videantur. Ex quo poterunt fideles intelligere, cuivis maximo studio curandum esse, ut eum sibi Sacerdotem deligat, quem vitae integritas, doctrina, prudens iudicium commendet; qui et quantum in eo officio, cui praeest, ponderis ac momenti sit, et quae cuique sceleri poena conveniat, et qui vel solvendi vel ligandi sint, optime noverit.

Quaestio L.

Nunquam, quae inter confitendum sunt audita, verbo aut signo patefacere licet.

Confessarii quanta debeat esse taciturnitas. Cf. Q. 45.

Sed quoniam nemo est, qui non vehementer cupiat, scelera

1) De poenit. Sess. 14 c. 7.

Achtundvierzigste Frage.

Jeder Priester kann im Nothfalle jeden Sünder lossprechen.

Wie groß die Macht eines jeden Priesters in Betreff der Absolution im Augenblicke des Todes ist.

Das Concil von Trient lehrt jedoch, daß, wenn Todesgefahr droht und man den eigenen Priester nicht haben kann, es in der Kirche Gottes, damit nicht auf solche Veranlassung Jemand zu Grunde gehe, immer gebräuchlich gewesen ist, daß einem jeden Priester gestattet sei, nicht allein von jeder Art von Sünden, welcher Gewalt sie auch zur Lossprechung bedürften, sondern sogar auch vom Bande des Kirchenbannes loszusprechen.

Neunundvierzigste Frage.

Was für ein Beichtvater von einem Jeden, der für sein Heil besorgt ist, gewählt werden soll.

Kenntniß und Klugheit ist auch beim Beichtvater nothwendig, wie es im Beginn der zehn Gebote näher erklärt wird. Der Beichtvater hat das Amt eines Richters. — Der Beichtvater hat das Amt eines Arztes. — Was für einen Beichtvater man sich wählen soll.

Ferner ist vor Allem erforderlich, daß der Ausspender dieses Sakramentes außer der Gewalt der Priesterweihe und Gerichtsbarkeit, die durchaus nothwendig sind, sowohl mit Kenntnissen und Gelehrsamkeit, als auch mit Klugheit ausgerüstet sei; denn er vertritt zugleich die Stelle eines Richters und Arztes. Und was das Erste betrifft, so ist genugsam bekannt, daß eine nicht gewöhnliche Wissenschaft dazu erforderlich ist, sowohl die Sünden zu erforschen, als auch nach jedes Menschen Stand und Art entscheiden zu können, welche unter den mancherlei Arten von Sünden schwere und welche leichte seien. Insofern er aber Arzt ist, bedarf er auch der höchsten Klugheit. Denn es ist mit Fleiß Vorsorge zu treffen, daß dem Kranken die Mittel gereicht werden, welche als die tauglichsten erscheinen, dessen Seele zu heilen und für die Zukunft gegen die Gewalt der Sünde zu schützen. Hieraus werden die Gläubigen ersehen können, wie Jeder mit dem größten Eifer dafür besorgt sein müsse, sich einen Priester auszuwählen, den ein unbescholtener Lebenswandel, Gelehrsamkeit und ein weises Urtheil empfehlen, und der am Besten weiß, theils wie wichtig und bedeutend das Amt ist, dem er vorsteht, theils welche Strafe sich für eine jede Sünde eigene, und wer entweder loszusprechen oder nicht loszusprechen sei.

Fünfzigste Frage.

Weder durch Worte noch durch Zeichen darf jemals offenbar gemacht werden, was man während der Beichte gehört hat.

Wie groß die Verschwiegenheit des Beichtvaters sein muß.

Weil aber Jedermann dringend wünscht, seine Sünde und Schande

et turpitudinem suam occultari: monendi sunt fideles, nihil esse, quod timeant, ne ea, quae ipsi confessione patefecerint, a Sacerdote ulli unquam indicentur; neve aliquod ex ea periculi genus sibi ullo tempore creari possit. Sacrae enim sanctiones gravissime iu eos Sacerdotes animadverti voluerunt, qui peccata omnia, quae aliquis eis confessus fuerit, perpetuo et religioso silentio compressa non tenuerint. Quare in Concilio Lateranensi magno ita legimus: „Caveat omnino Sacerdos, ne verbo, vel signo, vel alio quovis modo, prodat aliquatenus peccatorem".

Quaestio LI.

Quae sint praecipue observanda Sacerdoti, aliorum confessiones excipienti.

De his, quae ad confessionis usum per Sacerdotem circa poenitentem sunt observanda. Quanta multorum circa confessionem negligentia.

I. Sed iam ordo rerum postulat, quum de ministro dictum sit, ut quaedam praecipua capita explicentur, quae ad confessionis usum et tractationem non parum sunt accommodata. Magna enim fidelium pars, quibus vulgo nihil longius videri solet, quam ut dies illi, qui Ecclesiastica lege confessioni praefiniti sunt, effluant, tantum absunt a Christiana perfectione, ut vix peccatorum suorum meminerint, quae Sacerdoti patefacienda essent, nedum caetera diligenter curent, quae ad divinam gratiam conciliandam vim habere maximam perspicuum est.

Primum videatur, an poenitens vere sit contritus et propositum abstinendi habeat. 2. Dispiciatur, an frequenter beneficii passionis Christi recordetur. Meditatio quantam vim habeat adversus tentationes.

II. Quare quum illorum saluti omni studio succurrendum sit, hoc primum Sacerdotes in poenitente diligenter observabunt: si veram peccatorum suorum contritionem habeat, certumque illi sit ac deliberatum, in posterum a peccatis abstinere. Quod si ita anima affectum esse animadverterint, moneant, et vehementer hortentur, ut pro tanto et tam singulari' beneficio maximas gratias Deo agat, ab eoque coelestis gratiae praesidium petere nunquam desinat; quo munitus ac tectus, facile poterit pravis cupiditatibus resistere ac repugnare. Docendus est etiam, ut nullum patiatur esse diem, quin aliquid de Passionis Domini nostri mysteriis meditetur, ad eumque imitandum et summa charitate amandum ipse se excitet atque inflammet.

möchten verborgen bleiben, so muß man die Gläubigen erinnern, daß sie gar nicht zu befürchten haben, dasjenige, was sie in der Beichte geoffenbart haben, werde jemals irgend Jemanden von dem Priester angezeigt, oder es könne ihnen jemals daraus irgend eine Gefahr erwachsen. Denn die heil. Kirchengesetze haben diejenigen Priester aufs Härteste zu strafen verordnet, die nicht alle Sünden, die ihnen Jemand gebeichtet hat, unter ewigem und gewissenhaftem Schweigen verschlossen halten. Daher lesen wir in dem großen lateranensischen Concil also: „Der Priester hüte sich auf alle Weise, daß er nicht durch ein Wort oder Zeichen oder auf irgend eine andere Art den Sünder im Mindesten verrathe."

Einundfünfzigste Frage.
Was der Priester, der die Beichten Anderer anhört, vorzüglich zu beobachten habe.

Was der Priester in Betreff des Gebrauchs der Beichte rücksichtlich des Büßers zu beobachten hat. Wie groß Vieler Nachlässigkeit in Betreff der Beichte ist.

1. Nachdem vom Ausspender die Rede gewesen ist, fordert nun die Reihenfolge des Stoffes, daß einige Hauptstücke erläutert werden, die zum Gebrauche und zur Verrichtung der Beichte nicht wenig anwendbar sind. Denn ein großer Theil der Gläubigen, denen insgemein Nichts länger erscheint, als der Verlauf der durch das Kirchengesetz zur Beichte bestimmten Tage, sind von der christlichen Vollkommenheit so weit entfernt, daß sie kaum sich ihrer Sünden erinnern, welche sie dem Priester beichten sollten, geschweige, daß sie sich um das Uebrige, das doch offenbar zur Erwerbung der göttlichen Gnade von sehr großem Gewichte ist, mit Fleiß be= kümmerten.

Zuerst muß man sehen, ob der Büßer wahrhaft reumüthig ist, und den Vorsatz hat, die Sünden zu meiden. Zweitens sehe man zu, ob er sich häufig der Wohlthat des Leidens Christi erinnere. Wie große Kraft die Betrachtung gegen die Versuchungen gewähre.

2. Da man deshalb ihrem Heile mit allem Eifer zu Hülfe kommen muß, so werden die Priester zuerst bei dem Beichtenden sorgfältig beobachten, ob er wahre Reue über seine Sünden fühlt, und fest und entschieden entschlossen ist, in Zukunft von den Sün= den abzulassen. Finden sie ihn in einer solchen Gemüthsverfassung, so sollen sie ihn erinnern und eindringlich ermahnen, für eine so große und besondere Wohlthat Gott den größten Dank zu sagen, und niemals nachzulassen, von ihm den Beistand der göttlichen Gnade zu erbitten, durch welche gestärkt und geschützt, er den bösen Begierden leicht widerstehen und sie bekämpfen kann. Ferner muß er belehrt werden, daß er keinen Tag vorübergehen lassen dürfe, ohne nicht das Eine oder das Andere von den Geheimnissen des bitteren Leidens unsers Herrn zu erwägen, und sich aufzumuntern und

Hac enim meditatione assequetur, ut ab omnibus daemonis
tentationibus in dies se tutiorem esse sentiat.

**Excitandus est poenitens negligentior ad contritionem. 3. Monendus est confitens
peccata sua ut non excuset.**

III. Neque enim ulla alia est causa, cur tam cito, vel leviter ab hoste impugnati, animo et viribus succumbamus, quam
quod ex coelestium rerum meditatione divini amoris ignem
concipere non studemus, quo mens recreari atque erigi possit.
Sin autem Sacerdos intellexerit, eum, qui velit confiteri, adeo
peccata sua non dolere, ut vero contritus dicendus sit: conetur
magno contritionis desiderio eum afficere, ut deinde huius
praeclari doni cupiditate incensus, illud a Dei misericordia
petere et efflagitare in animum inducat.   In primis autem
reprimenda est quorundam superbia, qui scelera sua excusatione
aliqua vel defendere, vel minora facere nituntur.   Nam exempli
causa, quum aliquis fateatur, se ira vehementius commotum
fuisse: statim huius perturbationis causam in alium confert, a
quo prius sibi iniuriam factam esse queritur.   Monendus itaque
est, hoc elati animi et hominis peccati sui magnitudinem vel
despicientis, vel plane ignorantis signum esse; tum vero eiusmodi excusationis genus ad augendum potius, quam minuendum
peccatum pertinere.   Nam qui ita factum suum probare contendit, hoc videtur profiteri, se tunc patientia usurum esse,
quum a nemine iniuria laedetur; quo quidem nihil homine
Christiano indignius esse potest.   Etenim quum illius vicem
dolere maxime debuerit, qui iniuriam fecit: tamen non peccati
pravitate commovetur, sed fratri irascitur; ac quum ei praeclara occasio oblata fuerit, ut Deum patientia colere, et fratrem
mansuetudine sua corrigere possit, salutis materiam ad perniciem
suam convertit.

4 Vitiosus poenitentium pudor arguendus.

IV. Perniciosior autem est illorum culpa existimanda, qui
stulta quadam verecundia impediti, peccata confiteri non audent.
Iis igitur hortando animos addere oportet; monendique sunt,
nihil esse, quod vitia sua aperire vereantur, nullique mirum
videri debere, si intelligat, homines peccare; qui quidem com-

anzufeuern, ihm nachzuahmen und ihn mit der innigsten Liebe zu lieben. Denn durch diese Betrachtung wird er es erreichen, daß er sich vor allen Versuchungen des Teufels täglich sicherer fühlt.

Der nachlässige Büßer muß zur Reue erweckt werden. Drittens ist der Büßer zu ermahnen, daß er seine Sünden nicht entschuldigt.

3. Denn aus keiner andern Ursache unterliegen wir, selbst bei einem nur leichten Angriffe des Feindes, so schnell mit unserem Muthe und unserer Kraft, als weil wir uns nicht bemühen, durch die Betrachtung himmlischer Dinge das Feuer der göttlichen Liebe zu entflammen, wodurch unser Gemüth erquickt und aufgerichtet werden könnte. Nimmt aber der Priester wahr, daß der, welcher beichten will, seine Sünden nicht in dem Maße bereut, daß man ihn einen wahrhaft Reuigen nennen kann, so soll er versuchen, ihm ein großes Verlangen nach Reue einzuflößen, damit er ihn sodann, von Sehnsucht nach diesem herrlichen Gute entflammt, dahin bringe, dasselbe von der Barmherzigkeit Gottes zu erbitten und inständigst zu erflehen. Vorzüglich aber muß der Stolz Einiger unterdrückt werden, die ihre Sünden durch irgend eine Entschul=digung entweder zu vertheidigen oder kleiner darzustellen suchen. Wenn nämlich z. B. Jemand bekennt, er habe sich vom Zorn un=gestüm hinreißen lassen, so schiebt er sogleich die Schuld dieser Heftigkeit auf einen Andern, von welchem er zuerst beleidigt worden zu sein klagt. Er ist daher zu erinnern, daß dies das Zeichen eines hoffärtigen Herzens und eines Menschen sei, der die Größe seiner Sünde entweder gering schätzt oder gar nicht kennt; daß aber eine derartige Entschuldigung dazu diene, seine Sünde weit eher zu vermehren, als zu vermindern. Denn wer seine That auf diese Weise zu rechtfertigen sucht, scheint einzugestehen, daß er nur dann Sanftmuth an den Tag legen werde, wenn er von Niemanden beleidigt wird; etwas eines Christen Unwürdigeres kann es aber doch nicht geben. Denn während er die Lage dessen innigst bedauern sollte, der ihn beleidigte, wird er dennoch nicht von der Schändlich=keit der Sünde bewegt, sondern zürnt dem Bruder, und wo sich ihm eine herrliche Gelegenheit darbot, Gott durch Langmuth verehren, und den Bruder durch seine Sanftmuth bessern zu können, braucht er die Veranlassung zum Heile zu seinem Verderben.

Viertens ist die sträfliche Scham der Büßenden zu rügen.

4. Für noch verderblicher ist aber die Schuld derer zu erachten, die, durch eine thörichte Schamhaftigkeit zurückgehalten, ihre Sünden nicht zu beichten wagen. Diesen muß man daher durch Aufmun=terung Muth einflößen, und sie erinnern, daß kein Grund vorhanden sei, weshalb sie sich scheuen müßten, ihre Fehler zu bekennen, und Niemand sich wundern dürfe, wenn er vernähme, die Menschen

munis est omnium morbus, et in humanam imbecillitatem proprie cadit.

5. Supina confitentium negligentia est castiganda.

V. Alii sunt, qui, vel quod raro peccata sua confiteri solent,
vel quod nullam curam et cogitationem in pervestigandis suis
sceleribus posuerunt, nec commissa confessione expedire, nec
unde eius officii initium ducendum sit, satis sciunt; quos certe
acrius obiurgare opus est, atque in primis docere, priusquam
ad sacerdotem aliquis adeat, omni studio curandum esse, ut
peccatorum suorum contritione commoveatur; id vero praestari
nullo modo posse, nisi ea reminiscendo sigillatim recognoscere
studeat. Quare si sacerdos huiusmodi homines prorsus imparatos
esse cognoverit, humanissimis verbis a se dimittet, hortabitur-
que, ut ad cogitanda peccata aliquod spatium sumant, ac deinde
revertantur. Quod si forte affirmaverint, se in eam rem omne
studium et diligentiam suam contulisse (quoniam Sacerdoti
maxime verendum est, ne semel dimissi, amplius non redeant):
audiendi erunt, praesertim vero, si emendandae vitae studium
aliquod prae se ferant, adducique possint, ut negligentiam suam
accusent, quam se alio tempore diligenti et accurata meditatione compensaturos promittant; in quo tamen magna cautio
adhibenda est. Si enim audita confessione iudicaverit, neque
in enumerandis peccatis diligentiam, neque in detestandis dolorem
poenitenti omnino defuisse, absolvi poterit. Sin autem utrumque in eo desiderari animadverterit, auctor illi et suasor erit,
ut maiorem curam, quod antea dictum est, in excutienda conscientia adhibeat, hominemque, ut blandissime poterit, tractatum
dimittet.

6. Vanus poenitentium pudor concionibus removendus.

VI. Sed quoniam interdum contingit, ut mulieres, alicuius
sceleris in priori confessione oblitae, iterum ad Sacerdotem
non audeant redire, quod vereantur, ne vel in suspicionem
magnae improbitatis populo veniant, vel singularis religionis
laudem quaerere existimentur: saepe tum publice, tum privatim
docendum est, neminem tanta memoria esse, qui omnia sua
facta, dicta et cogitata meminisse queat; quapropter fideles
nulla re deterrendos esse, quominus ad Sacerdotem revertantur,
si in memoriam alicuius criminis redierint, quod antea fuerit

sündigten, indem dies eine Allen gemeinsame Krankheit und der menschlichen Schwachheit eigen sei.

Fünftens ist die verschuldete grobe Nachläßigkeit der Beichtenden zu bestrafen.

5. Andere gibt es, die, weil sie entweder selten ihre Sünden zu beichten pflegen, oder weil sie keine Sorgfalt und kein Nachdenken auf die Erforschung ihrer Vergehungen verwandt haben, weder gehörig wissen, das Begangene in der Beichte vorzubringen, noch womit sie bei diesem Geschäfte beginnen sollen; diese muß man gewiß schärfer zurecht weisen, und sie besonders lehren, bevor Jemand zum Priester trete, habe er mit allem Eifer darnach zu streben, daß er von Reue über seine Sünden tief ergriffen sei; dies könne aber auf keine Weise geschehen, wenn er sich nicht bemühe, dieselben sich ins Gedächtniß zurückzurufen und einzeln zu erwägen. Wenn daher der Priester dergleichen Menschen ganz und gar unvorbereitet findet, so entlasse er sie mit sehr leutseligen Worten von sich, und ermahne sie, sich zum Nachforschen der Sünden einige Zeit zu nehmen, und dann zurückzukehren. Sollten sie dann vielleicht versichern, hierauf allen Eifer und Fleiß verwandt zu haben, so sollen sie angehört werden, (weil der Priester gar sehr zu besorgen hat, daß sie, Einmal entlassen, nicht mehr zurückkehren); besonders aber, wenn sie einigen Eifer an den Tag legen, ihr Leben zu bessern und dahin zu bringen sind, sich über ihre Nachläßigkeit anzuklagen, und geloben, sie in Zukunft durch ein sorgfältiges und genaues Nachdenken wieder gut machen zu wollen, wobei man jedoch große Behutsamkeit anwenden muß. Denn wenn er aus der angehörten Beichte abnehmen sollte, daß es der Beichtende bei der Herzählung der Sünden weder an Fleiß, noch bei Verabscheuung derselben an Schmerz gänzlich habe fehlen lassen, so kann derselbe losgesprochen werden. Bemerkt er hingegen, daß Beides an ihm zu wünschen übrig bleibt, so soll er ihn veranlassen und ihm rathen, auf die Erforschung seines Gewissens, wie oben gesagt wurde, größere Sorgfalt zu verwenden, und den Menschen mit der schonendsten Behandlung entlassen.

Sechstens muß man die eitle Scham der Büßenden durch die Predigten entfernen

6. Weil es aber mitunter geschieht, daß Frauenzimmer, wenn sie in einer früheren Beichte eine Sünde vergessen haben, sich nicht getrauen, zum Priester wieder zurückzukehren, weil sie fürchten, daß sie beim Volke entweder in den Verdacht großer Gottlosigkeit kommen, oder man dafür fälschlich halte, daß sie nach dem Lobe einer besonderen Frömmigkeit strebten, so muß man sowohl öffentlich als in's Geheim zeigen, daß Niemand ein so vorzügliches Gedächtniß habe, daß er sich aller seiner Werke, Worte und Gedanken erinnern könne; weshalb sich die Gläubigen durch Nichts abschrecken

praetermissum. Haec igitur, atque alia huius generis multa
in confessione a Sacerdotibus observanda erunt.   Nunc ad
tertiam poenitentiae partem, quae satisfactio appellatur, venien-
dum est.

Quaestio LII.

Quid in genere, quidque in materia confessionis, significet satisfactio.

De satisfactione, tertia poenitentiae parte, ejusque exequendae necessitate.   Quid satisfactio generatim sumpta? Quid satisfactio, ut ad poenitentiam pertinet?

Primum itaque satisfactionis nomen et vis exponenda est.
Hinc enim Catholicae Ecclesiae hostes amplam occasionem
dissidii et discordiae cum maxima Christiani populi pernicie
arripuerunt.   Est autem satisfactio, rei debitae integra solutio;
nam quod satis est, ei nihil videtur deesse.   Quare quum de
gratiae conciliatione loquimur, idem satisfacere significat, quod
alteri tantum praestare, quantum irato animo ad ulciscendam
iniuriam satis esse possit.   Atque ita satisfactio nihil aliud est,
quam iniuriae alteri illatae compensatio.   Quod autem ad hunc
locum pertinet, satisfactionis nomen divinarum rerum Doctores
ad declarandam eam compensationem usurparunt, quum homo
pro peccatis commissis Deo aliquid persolvit.

Quaestio LIII.

Quot sint gradus eius satisfactionis, quae compensationem aliquam
peccati includit.

Satisfactionis spiritualis varii gradus et multiplex acceptio.

I.   Quo in genere quoniam multi gradus esse possunt, hinc
fit, ut satisfactio varie accipiatur; ac prima quidem et praestan-
tissima illa est, qua pro scelerum nostrorum ratione, etiamsi
Deus summo iure nobiscum velit agere, quidquid a nobis de-
beatur, cumulate persolutum est.

Propria et plena satisfactio Christo est adscribenda.

II.   Haec vero ciusmodi esse dicitur, quae nobis Deum propitium et placatum reddidit, eamque uni Christo Domino acceptam ferimus, qui in cruce, pretio pro peccatis nostris soluto,
plenissime Deo satisfecit.   Neque enim ulla res creata tanti
esse potuit, quae nos tam gravi debito liberaret; atque, ut S.
Ioannes [1] testatur, „ipse est propitiatio pro peccatis nostris;

_____
1) 1 Ioan. 2, 2.

laſſen dürften, zum Prieſter zurückzukehren, wenn ihnen ein Verge̅hen wieder einfallen ſollte, das ſie vorhin unerwähnt gelaſſen hätten. Dies alſo und vieles Andere der Art ſoll von den Prieſtern bei der Beichte beobachtet werden. Jetzt müſſen wir zum dritten Theile der Beichte, der die Genugthuung genannt wird, übergehen.

Zweiundfünfzigſte Frage.

Was Genugthuung überhaupt und was ſie bei der Beichte bedeute.

Von der Genugthuung, dem dritten Theile der Buße, und der Nothwendigkeit, ſie zu fordern. Was Genugthuung im Allgemeinen genommen, bedeutet? Was Genugthuung, inſofern ſie zur Buße gehört?

Zuerſt muß alſo der Name und die Bedeutſamkeit der Genugthuung erklärt werden. Hieraus nämlich haben die Feinde der katholiſchen Kirche zum größten Verderben des chriſtlichen Volkes Anlaß zur Uneinigkeit und Zwietracht genommen. Genugthuung iſt aber die vollſtändige Abtragung einer Schuld; denn was genug iſt, daran ſcheint Nichts zu mangeln. Wenn wir daher von der Wiedererlangung der Gnade reden, ſo bedeutet Genugthuung eben dies, daß man einem Andern ſo viel leiſte, als einem erzürnten Gemüthe genug ſein kann, eine Beleidigung zu rächen. Und ſo iſt die Genugthuung nichts anders, als der Erſatz für die einem Andern zugefügte Kränkung. In Bezug aber auf unſern Gegenſtand haben die Gottesgelehrten den Namen Genugthuung gebraucht, um den Erſatz zu bezeichnen, wenn ein Menſch für die begangenen Sünden Etwas an Gott entrichtet.

Dreiundfünfzigſte Frage.

Wie viele Grade jener Genugthuung es gebe, welche einigen Erſatz für die Sünde in ſich ſchließt.

Die verſchiedenen Grade der geiſtigen Genugthuung, und wie verſchieden man ſie nimmt.

1. Weil es in dieſer Beziehung viele Grade geben kann, ſo kommt es, daß Genugthuung in verſchiedener Weiſe verſtanden wird. Und zwar iſt die erſte und vorzüglichſte diejenige, wo nach Beſchaffenheit unſerer Sünden, ſelbſt wenn Gott nach dem ſtrengſten Rechte mit uns verfahren wollte, überflüſſig bezahlt wird, was wir ſchuldig ſind.

Die eigentliche und volle Genugthuung iſt Chriſto zuzuſchreiben.

2. Dieſe iſt aber ſo beſchaffen, daß ſie uns Gott geneigt und gnädig gemacht hat, und wir ſchreiben ſie einzig Chriſto, dem Herrn, zu, der am Kreuze für unſere Sünden das Löſegeld bezahlt, und ſo Gott auf das Vollkommenſte genuggethan hat. Denn kein erſchaffenes Weſen konnte ſo hohen Werth haben, um uns von einer ſo ſchweren Schuld zu befreien; und, wie der heilige Johannes bezeugt: „iſt Er die Verſöhnung unſerer Sünden; doch

non pro nostris autem tantum, sed etiam pro totius mundi". Haec igitur plena et cumulata est satisfactio, scelerum omnium rationi, quae in hoc saeculo commissa sunt, pariter aequaliterque respondens; cuius pondere hominum actiones apud Deum plurimum valent, ac sine eo nulla prorsus aestimatione dignae haberentur.

Accipitur pro satisfactione sacramentali et canonica, quae est poenae impostae i Sacerdote, cum proposito vitae emendandae, persolutio.

III. Atque huc Davidis verba videntur spectare, qui postquam secum ipse reputans illud protulisset: „Quid retribuam Domino pro omnibus, quae retribuit mihi?"[1] nihil praeter hanc satisfactionem, quam calicis nomine expressit, dignum tot tantisque beneficiis invenire potuit; quare subiecit: „Calicem salutaris accipiam, et nomen Domini invocabo". Alterum satisfactionis genus, quae et canonica appellatur, et certo temporis spatio definita perficitur. Quare antiquissimae Ecclesiae usu receptum est, ut, quum poenitentes a peccatis solvuntur, poena aliqua eis irrogetur, cuius poenae solutio satisfactio vocari consuevit.

Tertio accipitur pro satisfactione ultro suscepta. Conc. Trid. Sess. 14 de Poenit. c. 8 et 9 et can. 13. Aug. de Eccl. dogm. c. 54.

IV. Eodem vero nomine quodlibet etiam poenae genus significatur, quam pro peccatis, non quidem a Sacerdote constitutam, sed sponte nostra susceptam, atque a nobis ipsis repetitam sustinemus. Verum haec ad poenitentiam, ut Sacramentum est, minime pertinet, sed illa tantum Sacramenti pars censenda est, quam diximus ex praecepto Sacerdotis Deo pro peccatis dependi; hoc adiuncto, ut statutum cum animo et deliberatum habeamus, peccata in posterum omni studio vitare. Ita enim nonnulli definierunt: Satisfacere est Deo debitum honorem impendere. Quod autem nemo debitum honorem Deo possit tribuere, nisi qui peccata omnino vitare constituat, satis apparet. Et satisfacere est causas peccatorum excidere, et eorum suggestioni aditum non indulgere. In quam sententiam alii assenserunt, satisfactionem esse purgationem, qua eluitur, quidquid sordium propter peccati maculam in anima resedit, atque a poenis tempore definitis, quibus tenebamur, absolvimur. Quae quum ita sint, facile erit fidelibus persuadere, quam necessarium sit, ut poenitentes in hoc satisfactionis studio se exerceant.

1) Ps. 115, 12. 13.

nicht allein für die unsrigen, sondern auch für die Sünden der ganzen Welt." Dies ist also die vollständige und überflüssige Genugthuung, die dem Verhältniß aller Sünden, die in diesem Leben begangen sind, völlig und vollkommen entspricht, durch deren Gewicht die Handlungen der Menschen bei Gott von hoher Geltung sind, und ohne welche sie durchaus ohne Werth sein würden.

Dann wird sie für die sakramentale und kanonische Genugthuung genommen, welche die Leistung der von dem Priester auferlegten Strafe ist, mit dem Vorsatz, sein Leben zu bessern.

3. Hierauf scheinen sich auch die Worte Davids zu beziehen, der, nachdem er sich selbst besinnend ausgerufen: „Was soll ich dem Herrn vergelten für Alles, was er mir gegeben hat?" außer dieser Genugthuung, die er durch das Wort Kelch bezeichnete, nichts so vieler und großer Wohlthaten Würdiges finden konnte, und deshalb hinzufügte: "Ich will den Kelch des Heiles nehmen, und den Namen des Herrn anrufen." Die zweite Art der Genugthuung ist jene, die auch die kanonische genannt, und in einer bestimmt anberaumten Zeit geleistet wird. Daher ist dem Gebrauche der ältesten Kirche gemäß eingeführt, den Büßenden, wenn sie von den Sünden losgesprochen werden, eine Strafe aufzuerlegen, und die Abbüßung dieser Strafe pflegt man Genugthuung zu nennen.

Drittens wird sie für die Genugthuung genommen, die man freiwillig übernimmt.

4. Mit demselben Namen wird aber auch jede Art Strafe bezeichnet, die wir, nicht zwar als eine vom Priester verordnete, sondern freiwillig übernommene, und von uns selbst verlangte, für unsere Sünden erleiden. Diese gehört aber keineswegs zur Buße, insofern sie ein Sakrament ist; sondern nur die ist für einen Theil des Sakramentes zu halten, von der wir sagten, daß wir sie nach Vorschrift des Priesters Gott für unsere Sünden leisten müssen, mit dem Zusatze, daß wir von Herzen und wohl überlegt uns entschlossen haben, die Sünden in Zukunft mit allem Eifer zu meiden. So haben denn Einige folgende Begriffsbestimmung aufgestellt: Genugthun heißt Gott die schuldige Ehre erweisen. Es erhellet aber zur Genüge, daß Niemand Gott die schuldige Ehre erweisen kann, wenn er nicht entschlossen ist, die Sünden gänzlich zu meiden. Genugthun heißt auch die Ursachen der Sünden ausreuten und ihren Einflüsterungen keinen Eingang gestatten. In demselben Sinne erklärten auch Andere: die Genugthuung sei eine Reinigung, wodurch alle Unreinigkeit, womit die Seele durch die Makel der Sünde behaftet ist, abgewaschen wird, und wir von den festgesetzten zeitlichen Strafen, denen wir verfallen waren, befreit werden. Da dem nun so ist, so wird es leicht sein, die Gläubigen zu überzeugen, wie nothwendig es sei, daß die Büßenden sich beeifern, dieser Genugthuung emsig nachzukommen.

Quaestio LIV.

Non semper cum remissione poenae aeternae, quae consequitur condonationem culpae, poena temporalis remittitur.

Duo sunt, quae peccatum consequuntur: macula animae et poena. Poena aeterna
cum remissione culpae semper remittitur, temporalis non item.

Docendi enim sunt, duo esse, quae peccatum consequuntur,
maculam et poenam; ac quamvis semper culpa dimissa simul
etiam mortis aeternae supplicium apud inferos constitutum condonetur: tamen non semper contingit, quemadmodum a Trident.
Synodo declaratum est, ut Dominus peccatorum reliquias, et
poenam certo tempore definitam, quae peccatis debetur, remittat.[1] Cuius rei perspicua sunt exempla in sacris litteris.
Genesis tertio capite,[2] Num. 12, et 20 et aliis permultis locis.
Sed illud Davidis clarissimum, et maxime illustre intuemur;
cui etsi Nathan dixerat: „Dominus quoque transtulit peccatum
tuum; non morieris":[3] is tamen gravissimas poenas ultro subiit,
Dei misericordiam his verbis dies noctesque implorans: „Amplius lava me ab iniquitate mea, et a peccato meo munda me;
quoniam iniquitatem meam ego cognosco, et peccatum meum
contra me est semper".[4] Quibus verbis illud petitum est a
Domino, ut non solum crimen, sed poenam etiam crimini debitam condonaret, atque a peccati reliquiis purgatum in pristinum decoris et integritatis statum restitueret. Atque haec
quum summis precibus peteret, cum tamen Dominus, tum filii
ex adulterio suscepti, tum Absalonis, quem unice diligebat,
defectione et morte mulctavit, aliisque poenis et calamitatibus
affecit, quas illi antea intentarat. In Exodo[5] etiam, etsi Dominus, Moysis precibus exoratus, populo idololatrae pepercerat,
tamen minatus est, se tanti flagitii graves poenas repetiturum
esse; ipseque Moyses testatus est, fore ut illud Dominus seve-
rissime in tertiam et quartam usque generationem ulcisce-
retur. Haec vero a sanctis Patribus in Ecclesia Catholica
semper tradita esse, ipsorum auctoritate apertissime comprobatur.

Quaestio LV.

Quare non tantum indulgeat Deus homini per Sacramentum poenitentiae, quantum per Baptismum.

Pluribus de causis omnis poena Sacramento poenitentiae, ut in Baptismo non remittitur.

I. Verum qua de causa factum sit, ut poena omnis poeni-

1) Sess. 14 de poenit. cap. 8, can. 12 et 15. 2) Genes. 3, 16—19. 3) 2 Reg. 12, 13.
4) Ps. 50, 4. 5. 5) Exod. 32, 14. 34.

Vierundfünfzigste Frage.

Mit der Nachlassung der ewigen Strafe, welche mit der Vergebung der Schuld verbunden ist, wird nicht immer die zeitliche Strafe nachgelassen.

Ein Zweifaches ist es, was auf die Sünde folgt: die Makel der Seele und die Strafe. Die ewige Strafe wird mit dem Nachlaß der Schuld immer nachgelassen; nicht so die zeitliche.

Die Gläubigen müssen daher belehrt werden, daß es ein Zweifaches ist, was auf die Sünde folgt: die Makel und die Strafe; und obwohl jederzeit mit Vergebung der Schuld auch zugleich die Strafe des ewigen Todes, welche in der Hölle zu erdulden ist, erlassen wird, so geschieht es doch nicht immer, wie der Kirchenrath von Trient erklärt hat, daß der Herr die Ueberbleibsel der Sünden und die bestimmte zeitliche Strafe, die den Sünden gebührt, erlasse. Die heil. Schrift enthält dafür deutliche Beispiele: Genesis Kap. 3, Numeri Kap. 12 und 20, und an sehr vielen andern Stellen. Das klarste und ausgezeichnetste gewahren wir aber bei David, der, obwohl Nathan ihm gesagt hatte: „Der Herr hat auch deine Sünde hinweggenommen, du wirst nicht sterben," dennoch sich den schwersten Strafen von freien Stücken unterzog, und Gottes Barmherzigkeit Tag und Nacht mit diesen Worten anflehte: „Mehr und mehr wasche mich von meiner Ungerechtigkeit, und von meiner Sünde reinige mich; denn meine Missethat erkenne ich, und meine Sünde ist vor mir allezeit." Mit diesen Worten bittet. er den Herrn, daß er ihm nicht allein das Vergehen, sondern auch die dem Vergehen gebührende Strafe vergeben, und ihn, von den Ueberbleibseln der Sünde gereinigt, in den vorigen Stand der Ehre und Rechtschaffenheit wieder versetzen möge. Und obwohl er dies auf das Inständigste erflehte, bestrafte ihn der Herr dennoch sowohl durch den Tod des im Ehebruche erzeugten Sohnes, als auch durch den Abfall und Tod des innigst geliebten Absalon, und suchte ihn noch mit andern Strafen und Plagen heim, wie er ihm zuvor angedroht hatte. Ebenso im Buche Exodus: Wiewohl der Herr auf die Bitten des Moses das abgöttische Volk verschont hatte, drohte er dennoch, eine so große Frevelthat mit schweren Strafen zu ahnden; und Moses selbst bezeugte, der Herr werde sie bis in's dritte und vierte Geschlecht auf's Strengste rächen. Daß dies aber von den heiligen Vätern in der katholischen Kirche jederzeit gelehrt worden sei, wird durch ihr Zeugniß auf das Offenbarste bewiesen.

Fünfundfünfzigste Frage.

Warum Gott durch das Sakrament der Buße dem Menschen nicht ebenso sehr verzeihe, wie durch die Taufe.

Aus mehreren Gründen wird nicht die ganze Strafe im Sakramente der Buße, wie in der Taufe nachgelassen.

1. Warum es aber geschieht, daß durch das Sakrament der

tentiae Sacramento, aeque ac Baptismo, non condonetur, praeclare a sancta Tridentina Synodo [1] explicatum est his verbis:
„Divinae iustitiae ratio exigere videtur, ut aliter ab eo in
gratiam recipiantur, qui ante Baptismum per ignorantiam deli-
querint; aliter vero qui semel a peccati et daemonis servitute
liberati et accepto Spiritus Sancti dono, scientes templum Dei
violare, et Spiritum Sanctum contristare non formidaverint.
Et divinam clementiam decet, ne ita nobis absque ulla satisfactione peccata dimittantur, ut, occasione accepta, peccata
leviora putantes, velut iniurii et contumeliosi Spiritui Sancto,
in graviora labamur, thesaurizantes nobis iram in die irae.
Procul dubio enim magnopere a peccato revocant, et quasi
freno quodam coercent hae satisfactoriae poenae, cautioresque
et vigilantiores in posterum poenitentes efficiunt". Accedit ut
tanquam testificationes quaedam sint doloris, quem ex peccatis
commissis capimus; qua ratione Ecclesiae fit satis, quae nostris
sceleribus graviter offensa est. Nam, ut sanctus Augustinus[2]
ait: „Cor contritum et humiliatum Deus non spernit". Verum
quia plerumque dolor alterius cordis occultus est alteri,[3] neque
in aliorum notitiam per verba, vel alia quaecunque signa procedit: recte ab iis, qui Ecclesiae praesunt, tempora poenitentiae
constituuntur, ut Ecclesiae, in qua ipsa peccata remittuntur,
satisfiat.

Publica crimina publice eluenda; et quibus publica poenitentia sit imponenda.

II. Praeterea poenitentiae nostrae exempla alios docent,
quomodo ipsi vitam instituere, et pietatem sequi debeant.
Quum enim poenas nobis pro peccatis irrogatas caeteri homines
intuentur: et summam cautionem sibi in omni vita adhibendam,
et mores pristinos corrigendos esse intelligunt. Quare sapientissime illud ab Ecclesia observatum est, ut quum ab aliquo
publice flagitium commissum esset, publica etiam poenitentia ei
indiceretur, ut caeteri timore perterriti, deinceps peccata diligentius vitarent; quod etiam in occultis criminibus, quae graviora essent, interdum fieri solitum erat. Sed, ut diximus, in
publicis hoc perpetuum fuit, ut, qui ea commiserant, antequam
publicam poenitentiam suscepissent, non absolverentur. Interim

1) Sess. 14. c. 8.   2) Enchir. c. 65.   3) Ps. 50, 19.

Buße nicht ebenso alle Strafe erlassen wird, wie durch die Taufe, dies hat der heilige Kirchenrath von Trient vortrefflich durch folgende Worte erklärt: „Die Weise der göttlichen Gerechtigkeit scheint zu fordern, daß diejenigen, welche vor der Taufe aus Unwissenheit gesündigt haben, anders von ihm in die Gnade aufgenommen werden, und wieder anders diejenigen, welche, einmal von der Knechtschaft des Teufels und der Sünde befreit, und nach Empfang der Gabe des heiligen Geistes, sich nicht gescheut haben, wissentlich den Tempel Gottes zu schänden und den heil. Geist zu betrüben. Auch geziemt es der göttlichen Güte, daß uns nicht so ohne alle Genugthuung die Sünden nachgelassen werden, auf daß wir nicht Anlaß nehmen, die Sünden für gering zu achten und, gleichsam den heiligen Geist schmähend und lästernd, indem wir so in noch schwerere fallen, den Zorn auf den Tag des Zornes auf uns häufen. Denn ohne Zweifel rufen uns diese genugthuenden Strafen mächtig von der Sünde zurück und halten uns so zu sagen im Zaume, und machen die Büßenden für die Zukunft vorsichtiger und wachsamer." Dazu sind sie auch gleichsam Zeugnisse des Schmerzes, den wir wegen der begangenen Sünden empfinden, und auf solche Weise wird der Kirche, die durch unsere Sünden schwer beleidigt ist, Genüge geleistet. Denn, wie der heil. Augustinus sagt: „verschmähet Gott nicht ein zerknirschtes und gedemüthigtes Herz." Weil aber der Seelenschmerz des Einen gewöhnlich dem Andern verborgen ist, und weder durch Worte noch durch andere Zeichen zur Kenntniß Anderer gelangt, so werden mit Recht von den Kirchenvorstehern Bußzeiten angeordnet, damit der Kirche, in welcher die Sünden selbst nachgelassen werden, Genugthuung geschehe. Ueberdies lehren die Beispiele unserer Buße Andere, wie auch sie ihr Leben einrichten und der Frömmigkeit nachstreben müssen.

Die öffentlichen Sünden sind auch öffentlich zu büßen, und wann eine öffentliche Buße auferlegt werden muß.

2. Wenn nämlich die übrigen Menschen die uns für die Sünden auferlegten Strafen sehen, so erkennen sie, daß sie theils ihr ganzes Leben hindurch die äußerste Vorsicht anwenden, theils ihr früheres Betragen bessern müssen. Es wurde daher sehr weise von der Kirche beobachtet, daß, wenn von Jemand ein Laster öffentlich war begangen worden, ihm auch eine öffentliche Buße auferlegt wurde, damit die Uebrigen, durch Furcht abgeschreckt, später die Sünden desto sorgfältiger vermeiden möchten; was auch zuweilen bei geheimen Vergehen schwerer Art zu geschehen pflegte. Aber, wie gesagt, bei öffentlichen geschah dies immer, daß die, welche sie begangen hatten, nicht losgesprochen wurden, bis sie sich einer öffentlichen Buße unterzogen hatten. Inzwischen aber beteten

vero Pastores pro eorum salute Deum rogabant, atque, ut ipsi etiam poenitentes idem facerent, eos hortari non desinebant. Quo in genere summa fuit S. Ambrosii cura et sollicitudo;[1] cuius lacrymis fertur, quamplurimos, qui duro animo ad poenitentiae Sacramentum accesserant, ita mollitos esse, ut verae contritionis dolorem conceperint.

Quam sit enervata vetus disciplina.

III. Verum postea tantum de veteris disciplinae severitate remissum est, atque ita charitas refrixit, ut iam plerique ex fidelibus ad peccatorum veniam impetrandam nullum intimum animi dolorem atque gemitum cordis necessarium putent, sed illud satis esse arbitrentur, si speciem tantum dolentis habeant. Deinde vero huiusmodi poenarum perpessione consequimur, ut capitis nostri Iesu Christi, in quo passus est ipse et tentatus, similitudinem et imaginem geramus.[2] Nihil enim tam deforme videri potest, ut a S. Bernardo dictum est,[3] quam sub spinoso capite delicatum esse membrum. Nam teste Apostolo „cohaeredes" sumus „Christi, si tamen compatimur";[4] et quod alio loco scripsit: „Si commortui sumus: et convivemus: si sustinebimus, et conregnabimus".[5] Divus etiam Bernardus duo affirmat in peccato reperiri: maculam animae et plagam;[6] ac turpitudinem quidem ipsam Dei misericordia tolli, verum sanandis peccatorum plagis valde necessariam esse eam curam, quae in remedio poenitentiae adhibetur.

Sanis et vulnere peccati curatis remanet cicatrix.

IV. Quemadmodum enim sanato vulnere cicatrices quaedam remanent, quae et ipsae curandae sunt: ita in anima, culpa condonata, supersunt reliquiae peccatorum purgandae. Idem plane D. Chrysostomi sententia confirmat, quum ait: „Non satis est sagittam e corpore extrahi, sed plaga quoque, a sagitta inflicta, sananda est: sic etiam in anima, post acceptam peccati veniam, poenitentia curanda est plaga relicta".[7]

Duo in Poenitentia animadvertenda.

V. Frequentissimo enim a sancto Augustino docemur,[8] duo haec in poenitentia animadvertenda esse: Dei misericordiam et iustitiam; misericordiam, qua peccata et poenas aeternas illis debitas condonat; iustitiam, qua poenis tempore definitis ho-

---

1) Paulin. in vita S. Ambr. 2) Hebr. 2, 18. 3) Sermo 5 de omnibus Sanctis. 4) Rom. 8, 17. 5) 2 Tim. 2, 11. 12. 6) Serm. de coena Dom. 7) Hom. 80 ad pop. Antioch. 8) In Ps. 50.

die Pfarrer für das Heil derselben zu Gott, und ließen nicht ab, die Büßenden zu ermahnen, ein Gleiches zu thun. In dieser Hinsicht war die Sorgfalt und Mühe des heil. Ambrosius ungemein groß; denn sehr Viele, die sich mit verstocktem Herzen dem Sakramente der Buße naheten, sollen durch seine Thränen dergestalt erweicht worden sein, daß sie den Schmerz wahrer Reue empfanden.

Wie erschlafft die alte Zucht geworden ist.

3. Späterhin wurde aber von der Strenge der alten Kirchenzucht so viel nachgelassen, und die Liebe erkaltete dermaßen, daß jetzt die meisten Gläubigen zur Erlangung des Nachlasses der Sünden einen innersten Seelenschmerz und das Aufseufzen des Herzens gar nicht für nothwendig halten, sondern es für hinreichend erachten, wenn sie nur den Schein eines Reumüthigen haben. Ferner aber erreichen wir durch die Erduldung solcher Strafen, daß wir das Gleichniß und Ebenbild unseres Hauptes, Jesu Christi, „darin, worin er selbst gelitten hat und versucht worden ist,“ an uns tragen. Denn Nichts erscheint, wie der h. Bernhard sagt, so mißgestaltet, als unter einem mit Dornen gekrönten Haupte ein verzärteltes Glied zu sein. Und wie der Apostel bezeugt: „sind wir Miterben Christi, wenn wir auch mit ihm leiden;“ und wie er an einer anderen Stelle schreibt: „Wenn wir mit ihm gestorben, werden wir auch mit ihm leben; wenn wir dulden, werden wir auch mitherrschen.“ Der h. Bernhard versichert auch, daß sich in der Sünde dieses Zweifache vorfinde: eine Seelenmakel und eine Wunde; und zwar werde die Verunstaltung durch Gottes Barmherzigkeit getilgt; um aber die Wunden der Sünden zu heilen, sei durchaus ein Heilverfahren nothwendig, wie es beim Heilmittel der Buße angewandt wird.

Bei den von dem Eiter und der Wunde der Sünde Geheilten bleibt eine Narbe zurück.

4. Denn wie nach der Heilung einer Wunde noch einige Narben zurückbleiben, die gleichfalls geheilt werden müssen, ebenso bleiben nach Vergebung der Schuld in der Seele noch Ueberbleibsel der Sünden zurück, die getilgt werden müssen. Dies bestätigt auch offenbar der Ausspruch des h. Chrysostomus, wenn er sagt: „Es ist nicht genug, den Pfeil aus dem Körper zu ziehen, sondern man muß auch die vom Pfeile herrührende Wunde heilen; ebenso muß auch die nach erlangter Verzeihung der Sünde in der Seele zurückgebliebene Wunde durch die Buße geheilt werden.“

Ein Zweifaches ist bei der Buße zu beobachten.

5. Auch der h. Augustin lehrt uns sehr häufig, daß man bei der Buße auf diese zwei Stücke zu achten habe: auf Gottes Barmherzigkeit und Gerechtigkeit; auf die Barmherzigkeit, durch die er die Sünden und die für dieselben verdienten ewigen Strafen ver-

minem punit. Postremo, poenitentiae poena a nobis suscepta
Dei animadversionem suppliciaque in nos constituta antevertit.
Ita enim docet Apostolus, quum ait: „Si nosmetipsos diiudi-
caremus, non utique iudicaremur; dum iudicamur autem, a
Domino corripimur, ut non cum hoc mundo damnemur".[1] Quae
quum fidelibus explicata fuerint: vix fieri poterit, quominus
ad poenitentiae opera maxime excitentur.

Quaestio LVI.

Unde nostra opera sint tum meritoria, tum etiam satisfactoria.

Passionis Christi merito opera nostra sunt et meritoria et satisfactoria. Conc. Trident. Sess. 14 de Poenit. c. 8 et can. 13. 14. Sess. 6 de Just. c. 16. Cf. cap.
14 de Orat. Dom. Q. 8.

Eius autem quanta vis sit, ex eo colligitur, quod tota a
Christi domini passionis merito pendet. A quo etiam honestis
actionibus duo illa maxima bona consequimur: alterum est, ut
immortalis gloriae praemia mereamur, ita ut calix etiam aquae
frigidae, quam in eius nomine dederimus, mercede non careat;
alterum, ut pro peccatis nostris satisfaciamus.

Quaestio LVII.

Christi satisfactionem et meritum nostra satisfactio non obscurat.

Merita Sanctorum quomodo etiam aliis prosint, et unde tantus Ecclesiae catholicae
thesaurus sit collectus. Cf. Conc. Trid. Sess. 6. c. 13.

I. Neque vero id perfectissimam et cumulatissimam Christi
Domini satisfactionem obscurat, sed illud potius contra evenit,
ut multo clariorem et illustriorem reddat. Eo enim copiosior
Christi gratia videtur esse, quod non solum ea nobiscum com-
municantur, quae ipse solus, sed illa etiam, quae tanquam caput
in membra suis sanctis et iustis hominibus promeruit ac persolvit. Qua ratione fieri perspicuum est, ut iustae et honestae
piorum actiones tantum ponderis et dignitatis habeant. Christus
enim Dominus, tanquam caput in membra, et vitis in palmites,
gratiam suam in eos, qui sibi per charitatem coniuncti sunt,
continenter diffundit.

Absque Dei gratia nullum opus meritorium ab homine perficitur; gratiam autem
simul cum peccato (Cf. Q. 26 de Confirm.) ne fingere quidem nobis licet.
Justi quomodo divinae legi satisfaciant?

II. Quae quidem gratia bona opera nostra semper antecedit,
comitatur et consequitur; et sine qua mereri et satisfacere

gibt; auf die Gerechtigkeit, durch die er dem Menschen zeitliche Strafen auferlegt. Endlich kommt die von uns übernommene Strafe der Buße der Züchtigung Gottes und dem über uns ver= hängten Strafgerichte zuvor. Denn also lehrt es der Apostel, wenn er sagt: „Wenn wir uns selbst richteten, so würden wir nicht gerichtet werden; wenn wir aber gerichtet werden, so werden wir von dem Herrn gezüchtiget, damit wir nicht mit dieser Welt verdammt werden." Wenn man dies den Gläubigen erklärt, so ist es fast unmöglich, daß sie nicht mächtig zu den Werken der Buße angeregt werden sollten.

Sechsundfünfzigste Frage.

Woher unsere Werke sowohl verdienstlich, als auch genugthuend seien.

Durch das Verdienst des Leidens Christi sind unsre Werke sowohl verdienstlich, als auch genugthuend.

Wie groß aber ihre Kraft sei, läßt sich durchaus entnehmen, daß dieselbe ganz vom Verdienste des bitteren Leidens Christi, des Herrn, abhängt. Von diesem erhalten wir auch durch die guten Werke jene beiden so sehr großen Güter, zuerst: daß wir den Lohn der unvergänglichen Herrlichkeit verdienen, so zwar, daß selbst ein Becher frischen Wassers, den wir in seinem Namen gegeben haben, nicht unbelohnt bleibt; zweitens: daß wir für unsere Sünden genugthun.

Siebenundfünfzigste Frage.

Unsere Genugthuung verdunkelt nicht die Genugthuung und das Verdienst Christi.

Wie die Verdienste der Heiligen auch Andern nutzen, und woher der so große Schatz der katholischen Kirche gesammelt ist.

1. Keineswegs verdunkelt aber dies die vollkommenste und weit überflüssige Genugthuung Christi, des Herrn; sondern es stellt dieselbe grade im Gegentheil in ein viel helleres und herrlicheres Licht. Denn die Gnade Christi scheint um so reichlicher zu sein, weil uns nicht nur mitgetheilt wird, was er selbst allein, sondern auch, was er als Haupt für die Glieder, für seine heiligen und gerechten Menschen verdient und gezahlt hat. Auf diese Weise ist es einleuchtend, wie die gerechten und guten Handlungen der Frommen so großen Werth und solche Würde haben. Denn Chri= stus, der Herr, gießet unablässig, gleichsam wie das Haupt in die Glieder, und der Weinstock in die Reben, seine Gnade in diejenigen aus, die mit ihm durch Liebe verbunden sind.

Ohne die Gnade Gottes wird kein verdienstliches Werk von dem Menschen voll= bracht; die Gnade kann man aber sich nicht im Entferntesten mit der Sünde verbunden vorstellen. Wie die Gerechten dem göttlichen Gesetze genugthun.

2. Und zwar geht diese Gnade allezeit unsern guten Werken voraus, begleitet sie, und folgt ihnen nach; und ohne sie können

Deo nullo modo possumus. Atque ita fit, ut iustis nihil deesse
videatur, quum operibus, quae Dei virtute efficiunt, et divinae
legi pro humana mortalique conditione satisfacere, et vitam
aeternam, quam scilicet, si Dei gratia ornati e vita decesserint,
consequentur, mereri possint. Nota est enim illa Salvatoris vox:
„qui autem biberit ex hac aqua, quam ego dabo ei, non sitiet
in aeternum, sed aqua, quam ego dabo ei, fiet in eo fons
aquae salientis in vitam aeternam".[1]

Quaestio LVIII.

Ad hoc ut opus aliquod veram vim satisfaciendi habeat, quae sint potissimum necessaria.

Quae ad veram satisfactionem requirantur? Opera impiorum non sunt Deo grata aut
satisfactoria.

Sed duo praecipue in satisfactione requiruntur: primum est,
ut is, qui satisfacit, iustus sit, ac Dei amicus. Opera enim
quae sine fide et charitate fiunt, nullo modo Deo grata esse
possunt. Alterum, ut eiusmodi opera suscipiantur, quae natura
sua dolorem et molestiam afferant; quum enim praeteritorum
scelerum compensationes sint, atque, ut S. Martyr Cyprianus
ait,[2] redemtrices peccatorum: omnino necesse est, ut aliquid
acerbitatis habeant. Quamquam non semper illud consequitur,
ut, qui se in illis molestis actionibus exercent, doloris sensum
habeant. Saepe enim vel patiendi consuetudo, vel accensa in
Deum charitas efficit, ut, quae perpessu gravissima sunt, ne
sentiantur quidem. Neque tamen idcirco fit, quominus ea ipsa
opera satisfaciendi vim habeant; siquidem hoc proprium est
filiorum Dei, ita eius amore et pietate inflammari, ut acerbissimis laboribus cruciati, aut nihil fere incommodi sentiant, aut
omnia laetissimo animo perferant.

Quaestio LIX.

Quot sint opera satisfactionis.

Satisfactio nostra omnis oratione, jejunio, eleemosynis concluditur. Conc. Trid. Sess.
14 de Poenit. can. 13.

I. Verum omne satisfactionis genus Pastores docebunt ad
haec tria praecipue conferendum esse: orationem, ieiunium et
eleemosynam, quae quidem tribus bonis: animae, corporis, et
iis, quae externa commoda dicuntur, quae omnia a Deo accepi-

---

1) Ioan. 4, 13. 14.   2) Lib. I. ep. 3.

wir auf keine Weise Etwas verdienen und Gott genugthun. Und so geschieht es, daß den Gerechten nichts zu mangeln scheint, da sie durch die Werke, welche sie in der Kraft Gottes vollbringen, sowohl dem göttlichen Gesetze ihrer menschlichen und sterblichen Beschaffenheit gemäß genugthun, als auch das ewige Leben, das sie nämlich erlangen werden, wenn sie mit Gottes Gnade geschmückt aus diesem Leben scheiden, verdienen können. Denn bekannt ist jener Ausspruch des Heilandes: „Wer aber von dem Wasser trinken wird, das ich ihm geben werde, den wird nicht mehr dürsten in Ewigkeit; sondern das Wasser, das ich ihm geben werde, wird in ihm zur Wasserquelle, die in's ewige Leben fortströmt."

Achtundfünfzigste Frage.
Was hauptsächlich nothwendig sei, damit ein Werk wirklich die Kraft habe, genug zu thun.

Was zur wahren Genugthuung erforderlich ist. Die Werke der Gottlosen sind Gott nicht angenehm oder genugthuend.

Zur Genugthuung ist aber hauptsächlich ein Zweifaches erforderlich: das Erste ist, daß der Genugthuende gerecht und ein Freund Gottes sei. Denn die Werke, welche ohne Glauben und Liebe geschehen, können Gott auf keine Weise angenehm sein. Das Zweite: daß man sich solchen Werken unterziehe, die ihrer Natur nach Schmerz und Beschwerde mit sich bringen; denn da sie eine Ersatzleistung für die begangenen Vergehen sind, und wie der heil. Marthrer Chprian sagt: ein Lösegeld für die Sünden, so müssen sie durchaus etwas Bitteres an sich haben. Nichtsdestoweniger folgt dies nicht immer, daß die, welche sich in solchen beschwerlichen Werken üben, das Gefühl des Schmerzes haben. Denn oft bewirkt entweder die Gewohnheit im Leiden, oder die feurige Liebe zu Gott, daß das, was unendlich schwer zu erdulden ist, nicht einmal empfunden wird. Ungeachtet dessen haben diese Werke aber doch die Kraft, genugzuthun; denn es ist etwas den Kindern Gottes Eigenthümliches, von Liebe und kindlicher Hingebung gegen ihn dergestalt entflammt zu werden, daß sie auch unter der Marter der bittersten Leiden entweder fast gar keine Beschwerde empfinden, oder doch Alles mit dem freudigsten Herzen ertragen.

Neunundfünfzigste Frage.
Wie viele Werke der Genugthuung es gebe.

Alle unsere Genugthuung ist in Gebet, Fasten und Almosengeben beschlossen.

1. Die Seelsorger sollen aber lehren, daß jede Art von Genugthuung auf diese drei Stücke sich vorzüglich zurückführen lasse: Gebet, Fasten und Almosen, als welche den drei Gütern, der Seele, des Körpers, und denen, die man die äußeren Güter nennt, und

mus, respondent. Nihil vero aptius et convenientius ad exstir-
pandas omnium peccatorum radices esse potest.

Tribus morbis tres medicinas opponendas. Peccato Deum, proximum et nos ipsos
offendimus.

II. Nam quum omne, quod est in mundo, concupiscentia
carnis sit, aut concupiscentia oculorum, aut superbia vitae,[1]
nemo non videt, hisce tribus morbi causis totidem medicinas, priori scilicet ieiunium, alteri eleemosynam, tertiae
orationem rectissime opponi. Praeterea, si eos etiam, qui
peccatis nostris offenduntur, spectemus, facile erit intelligere,
cur ad haec tria potissimum omnis satisfactio referatur. Hi
vero sunt Deus, proximus, nos ipsi. Quare Deum oratione
placamus, proximo eleemosyna satisfacimus, nos ipsos vero
ieiunio castigamus.

Quaestio LX.

Afflictiones, quae extrinsecus hominibus immittuntur, suntne satisfactoriae?

Patientia in afflictionibus efficit, ut illae sint satisfactoriae et meritoriae.

Sed quoniam multae variaeque aerumnae et calamitates, dum
in hac vita sumus, nos premunt: illud maxime fideles docendi
sunt, eos, qui patienti animo, quidquid laboriosi et incommodi
Deus immiserit, ferant, amplam satisfaciendi et merendi materiam nactos esse; qui autem inviti et repugnantes poenam
huiusmodi sustineant, omni satisfactionis fructu privari; sed
Dei tantum, peccata iusto iudicio ulciscentis, animadversionem
et supplicium perferre.

Quaestio LXI.

Potest unus pro alio poenitentiam omnesque eius partes explere?

Satisfacere potest unus pro alio, sed non conteri aut confiteri.

I. In eo vero summa Dei bonitas et clementia maximis laudibus et gratiarum actionibus praedicanda est, qui humanae im-
becillitati hoc condonavit, ut unus posset pro altero satisfacere;
quod quidem huius partis poenitentiae maxime proprium est.
Ut enim, quod ad contritionem et confessionem attinet, nemo
pro altero dolere aut confiteri potest: ita qui divina gratia
praediti sunt, alterius nomine possunt, quod Deo debetur, per-
solvere. Qua re fit, ut quodam pacto „alter alterius onera por-

1) 1 Ioan. 2, 16.

die wir alle von Gott empfangen haben, entsprechen. Nichts aber kann zur Ausrottung der Wurzeln aller Sünden geeigneter und tauglicher sein.

Den drei Krankheiten sind drei Arzneimittel entgegenzusetzen. Durch die Sünde beleidigen wir Gott, den Nächsten und uns selbst.

2. Denn da „Alles, was in der Welt ist, Fleischeslust oder Augenlust oder Hoffart des Lebens" ist, so sieht wohl Jedermann ein, daß diesen drei Ursachen der Krankheit eben so viele Heilmittel, der ersten nämlich das Fasten, der zweiten das Almosen, der dritten das Gebet, mit vollstem Rechte entgegengesetzt werden. Sehen wir ferner auch auf diejenigen, welche durch unsere Sünden beleidigt werden, so wird man leicht erkennen, warum sich alle Genugthuung hauptsächlich auf diese drei Stücke zurückführen lasse. Es ist nämlich Gott, der Nächste und wir selbst; daher versöhnen wir Gott durch das Gebet, dem Nächsten thun wir genug durch Almosen, uns selbst aber züchtigen wir durch das Fasten.

Sechzigste Frage.

Haben die Leiden, welche dem Menschen von außen her zugefügt werden, genugthuende Kraft?

Die Geduld im Leiden bewirkt, daß sie genugthuend und verdienstlich sind.

Weil aber während dieser Lebenszeit viele und verschiedene Mühseligkeiten und Drangsale uns niederbeugen, so muß man die Gläubigen vor Allem belehren, daß sich denen, die mit Geduld ertragen, was immer für Mühseligkeit und Ungemach Gott ihnen zuschickt, eine umfassende Gelegenheit dargeboten habe, genugzuthun und sich Verdienste zu erwerben; daß aber diejenigen, die eine solche Strafe mit Widerstreben und Widerwillen ertragen, sich alles Nutzens der Genugthuung berauben, und nur die Züchtigung und das Strafgericht Gottes erleiden, der nach seinem gerechten Urtheile die Sünden rächt.

Einundsechzigste Frage.

Kann Einer für den Andern die Buße, und zwar nach allen ihren Theilen, übernehmen?

Genugthun kann Einer für den Andern, aber nicht Reue erwecken und beichten.

1. Darin aber muß man die ungemeine Güte und Huld Gottes mit dem größten Lobe und Danke preisen, weil er der menschlichen Schwachheit dies zugestand, daß Einer für den Andern Genugthuung leisten kann, was eine Eigenthümlichkeit gerade dieses Theiles der Buße ist. Denn, was die Reue und Beichte anbetrifft, so kann Keiner für den Andern bereuen oder beichten; die jedoch mit der Gnade Gottes begabt sind, vermögen wohl die Schuld, welche Gott gebührt, für einen Andern abzutragen. So geschieht es, daß gewissermaßen „Einer des Andern Last zu tragen" scheint. Hier-

tare" videatur. Nec vero de hoc cuiquam fidelium dubitandi
locus relictus est, qui in Apostolorum Symbolo, Sanctorum communionem confitemur. Nam quum omnes eodem Baptismo
abluti, Christo renascamur, eorumdem Sacramentorum participes
simus, in primis vero eiusdem corporis et sanguinis Christi Domini cibo et potu recreemur: hoc apertissime demonstrat, nos
omnes eiusdem esse corporis membra. Quemadmodum igitur
neque pes suae tantum, sed etiam oculorum utilitatis causa munere suo fungitur, neque rursus, quod oculi videant, ad illorum
propriam, sed ad communem omnium membrorum utilitatem
referendum est: ita communia inter nos satisfactionis officia exi-
stimari debent.

In satisfactione quidam cernuntur fructus, qui aliis communicari non possunt.

II. Neque tamen id sine ulla exceptione verum est, si commoda omnia, quae ex ea capiuntur, spectemus; nam satisfactionis opera, medicinae etiam et curationes quaedam sunt, quae
poenitenti ad sanandos pravos animi affectus praescribuntur;
quo quidem utilitatis fructu eos, qui per se non satisfaciunt,
prorsus carere perspicuum est. Haec igitur de tribus poenitentiae partibus, contritione, confessione et satisfactione, copiose et
dilucide explicanda erunt.

Quaestio LXII.

Numquid illi impendenda sit absolutio, qui rem ablatam restituere
non promittat.

Nulli absolutio impendenda, qui rem ablatam restituere non promittat.

Sed illud in primis a Sacerdotibus observari oportet, ut,
audita peccatorum confessione, antequam poenitentem a peccatis absolvant, diligenter curent, ut si quid ille forte de re aut
de existimatione proximi detraxerit, cuius peccati damnandus
merito esse videatur: cumulata satisfactione compenset; nemo
enim absolvendus est, nisi prius, quae cuiusque fuerint, restituere
polliceatur. At quoniam multi sunt, quibus, etsi prolixe pollicentur, se officio satis esse facturos, tamen certum est ac deliberatum, nunquam promissa exsolvere: omnino ii cogendi sunt,
ut restituant; saepeque illud Apostoli [1] eis inculcandum est, ut,
„qui furabatur, iam non furetur: magis autem laboret, operando
manibus suis, quod bonum est, ut habeat, unde tribuat necessitatem patienti".

1) Ephes. 4, 28

über kann aber keinem Gläubigen irgend ein Zweifel übrig bleiben, da wir im apostolischen Glaubensbekenntnisse die Gemeinschaft der Heiligen bekennen. Denn da wir Alle durch dieselbe Taufe abgewaschen, Christo wiedergeboren werden, eben derselben Sakramente theilhaftig sind, vorzüglich aber durch die Speise und den Trank des nämlichen Leibes und Blutes Christi, des Herrn, erquicket werden, so beweist dies ganz unverkennbar, daß wir Alle Glieder eines und desselben Leibes sind. Wie daher der Fuß nicht nur seines eigenen, sondern auch des Nutzens der Augen wegen seine Obliegenheit verrichtet, und wiederum dies, daß die Augen sehen, nicht auf ihren eigenen, sondern auf den gemeinsamen Nutzen aller Glieder bezogen werden muß, ebenso müssen auch die Werke der Genugthuung als gemeinsame für uns erachtet werden.

Bei der Genugthuung finden sich einige Früchte, die sich Anderen nicht mittheilen lassen.

2. Dies ist jedoch nicht ohne alle Ausnahme wahr, wenn wir alle die Vortheile beachten, die aus ihr geschöpft werden. Denn die Werke der Genugthuung sind auch zum Theil Arzneien und Heilarten, die dem Büßenden zur Heilung der bösen Leidenschaften seiner Seele vorgeschrieben werden; es ist daher einleuchtend, daß dieser Frucht des Nutzens diejenigen gänzlich entbehren, die nicht durch sich selbst Genugthuung leisten. Soviel nun wird von den drei Theilen der Buße, nämlich der Reue, der Beichte und Genugthuung, ausführlich und deutlich erklärt werden müssen.

Zweiundsechzigste Frage.

Ob demjenigen die Lossprechung ertheilt werden dürfe, welcher nicht verspricht, die gestohlene Sache zurückzugeben.

Keinem darf die Lossprechung ertheilt werden, der nicht verspricht, die gestohlene Sache zurückzugeben.

Die Priester müssen aber vor Allem beachten, nach Anhörung der Beichte der Sünder, ehe sie den Büßenden von den Sünden lossprechen, vorzüglich Sorge zu tragen, daß, wenn derselbe vielleicht irgendwie des Nächsten Gut oder Ehre geschmälert, und er wegen dieser Sünde mit Recht straffällig zu sein scheint, er dies durch eine reichliche Genugthuung wiedererstatte; denn Niemand darf losgesprochen werden, wenn er nicht zuvor verspricht, einem Jeden das Seinige zurückzuerstatten. Weil es aber Viele gibt, bei denen es, obgleich sie bereitwillig versprechen, ihrer Pflicht genugthun zu wollen, dennoch fest und überlegt ist, ihr Versprechen nie zu erfüllen, so müssen diese durchaus gezwungen werden, wiederzuerstatten, und man muß ihnen oft jenes Wort des Apostels einschärfen: „Wer gestohlen hat, stehle nicht mehr, sondern arbeite vielmehr, und wirke mit seinen Händen Gutes, damit er habe, um dem, der Hunger leidet, mitzutheilen."

Quaestio LXIII.

Cuiusmodi satisfactio poenitenti sit imponenda.

Iuxta peccatorum qualitatem imponenda est satisfactio. Conc. Trident. Sess. 14 de Poen. cap. 8 et can. 15. Veterum canonum vigor subinde inculcandus. Quae satisfactio praecipue sit imponenda.

I. In irroganda autem satisfactionis poena Sacerdotes nihil sibi suo arbitratu statuendum esse, sed omnia iustitia, prudentia et pietate dirigenda existimabunt, Atque ut hac regula peccata metiri videantur, et poenitentes scelerum suorum gravitatem magis agnoscant: operae pretium erit, interdum eis significare, quae poenae quibusdam delictis ex veterum Canonum praescripto, qui poenitentiales vocantur, constitutae sint. Igitur universae satisfactionis modum culpae ratio temperabit. Sed ex omni satisfactionum genere maxime convenit poenitentibus praecipere, ut certis aliquot et definitis diebus orationi vacent, ac pro omnibus, et praesertim pro iis, qui ex hac vita in Domino decesserunt, preces Deo faciant.

Publicam poenitentiam deprecanti non mox acquiescendum est. Cf. Q. 55 huj. c.

II. Hortari vero etiam eos oportet, ut saepe eadem satisfactionis opera, a Sacerdote indicta, ultro suscipiant ac repetant, atque ita mores suos componant, ut iis omnibus, quae ad poenitentiae Sacramentum pertinent, diligenter absolutis, tamen virtutis poenitentiae studia nunquam intermittant; quod si interdum etiam ob publicam offensionem, publica poenitentia praescribenda fuerit, quamvis eam poenitens refugiat ac deprecetur: non erit facile audiendus; verum persuadere ei oportebit, ut quae tum sibi, tum aliis salutaria futura sunt, libenti ac alacri animo suscipiat. Haec de poenitentiae Sacramento singulisque eius partibus ita docenda erunt, ut non solum ea fideles perfecte intelligant, sed etiam, iuvante Domino, re ipsa pie et religiose praestare animum inducant.

Dreiundsechzigste Frage.

Was für eine Genugthuung dem Büßer auferlegt werden soll.

Nach der Beschaffenheit der Sünden ist die Genugthuung aufzulegen. — Die Strenge der alten Bußgesetze ist mitunter einzuschärfen. Welche Genugthuung vorzüglich aufgelegt werden soll.

1. Die Priester sollen aber bei Auferlegung der Strafe für die Genugthuung nicht nach Willkür verfahren zu dürfen glauben, sondern darauf halten, daß Alles der Gerechtigkeit, Klugheit und Frömmigkeit gemäß eingerichtet werde. Und damit man sehe, daß die Sünden nach dieser Richtschnur bemessen werden, und die Büßenden die Schwere ihrer Vergehen desto mehr erkennen, so wird es der Mühe werth sein, ihnen zuweilen vorzuhalten, welche Strafen nach der Vorschrift der alten sogenannten Bußsatzungen für gewisse Laster festgesetzt sind. So wird denn die Art der Genugthuung im Allgemeinen von der Beschaffenheit der Schuld bestimmt werden. Aber unter allen Arten von Genugthuungen ist es am meisten passend, den Büßenden aufzugeben, an einigen gewissen und festgesetzten Tagen dem Gebete obzuliegen, und für Alle, und vornehmlich für die im Herrn aus diesem Leben Geschiedenen, zu Gott zu beten.

Wenn Jemand die öffentliche Buße von sich ablehnen will, hat man ihm nicht sogleich zu willfahren.

2. Man muß sie aber auch ermahnen, die vom Priester auferlegten Werke der Genugthuung oftmals freiwillig zu übernehmen und zu wiederholen, und ihren Lebenswandel so einzurichten, daß sie auch nach sorgfältiger Erfüllung alles dessen, was zum Sakramente der Buße gehört, nie unterlassen, sich der Tugend der Buße zu befleißigen. Sollte zuweilen auch wegen eines öffentlichen Aergernisses eine öffentliche Buße vorgeschrieben werden müssen, so soll der Büßende, wenngleich er davor Scheu tragen und sie abbitten möchte, doch nicht leicht Gehör finden; sondern man muß ihm rathen, mit willigem und freudigem Herzen zu übernehmen, was sowohl ihm, als Andern heilsam ist. Soviel soll man vom Sakramente der Buße und ihren einzelnen Theilen in einer Weise lehren, daß es die Gläubigen nicht allein vollkommen verstehen; sondern auch, mit Gottes Beistande, sich vornehmen, es redlich und gewissenhaft in's Werk zu setzen.

- CAPUT VI.

De Sacramento extremae Unctionis.

Quaestio I.

Quare Pastores animarum saepius ad populum de extremae Unctionis Sacramento agere debeant.

Novissima saepe meditanda. Cf. Q. postr. 7. art. Symb. Ap.

Quum sancta Scripturarum oracula ita doceant: „In omni-bus operibus tuis memorare novissima tua, et in aeternum non peccabis";[1] tacite Parochi admonentur, nullum tempus praetermittendum esse, fidelem populum cohortandi, ut in assi-dua mortis meditatione versetur. Quoniam autem extremae Unctionis Sacramentum non potest supremi illius diei memoriam coniunctam non habere: facile intelligitur, de eo saepe agendum esse, non solum ob eam causam, quod illarum rerum mysteria, quae ad salutem pertinent, aperire et explicare maxime con-venit, sed etiam, quia fideles, moriendi necessitatem omnibus propositam esse animo repetentes, pravas cupiditates coerce-bunt; quare fiet, ut in ipsa mortis exspectatione minus se perturbari sentiant, sed immortales Deo gratias agant, qui, ut Baptismi Sacramento aditum nobis ad veram vitam patefecit, ita etiam, ut ex hac mortali vita decedentes, expeditiorem ad coelum viam haberemus, extremae Unctionis Sacramentum instituit.

Quaestio II.

Quamobrem istud Sacramentum extrema Unctio appelletur.

Ut igitur, quae ad eam explicationem magis necessaria sunt, eodem fere ordine, qui in aliis Sacramentis servatus est, expo-nantur: primum illud tradendum erit, hoc Sacramentum idcirco extremam Unctionem appellatum esse, quod haec omnium sacrarum unctionum, quas Dominus Salvator noster Ecclesiae suae commendavit, ultima administranda sit. Quare haec ipsa unctio a maioribus nostris Sacramentum etiam Unctionis infir-morum, et Sacramentum exeuntium dicta est; quibus vocabulis fideles in memoriam novissimi illius temporis facile redire possunt.

Quaestio III.

Quomodo extremae Unctioni propria Sacramenti ratio conveniat.

Cf. Conc. Trid. S. 14 de Extr. unct. in Prooem. cap. 1 et can 1.

Quod autem extremae Unctioni propria Sacramenti ratio

1) Ecclesiastic. 7, 40.

Sechstes Hauptstück.

Vom Sakramente der letzten Oelung.

Erste Frage.

Warum die Seelenhirten öfter über das Sakrament der letzten Oelung zum Volke sprechen sollen.

Die letzten Dinge muß man häufig betrachten.

Wenn die heiligen Aussprüche der Schrift also lehren: „In allen deinen Werken gedenke an deine letzten Dinge, so wirst du in Ewigkeit nicht sündigen," so werden die Pfarrer stillschweigend erinnert, daß sie keine Zeit versäumen sollen, das gläubige Volk zu ermahnen, sich unablässig mit der Betrachtung des Todes zu beschäftigen. Weil aber das Sakrament der letzten Oelung mit der Einnerung an jenen letzten Tag unvermeidlich verbunden ist, so sieht man leicht ein, daß davon oft die Rede sein muß, nicht allein deswegen, weil es höchst ersprießlich ist, die Geheimnisse solcher Gegenstände, die unser Heil betreffen, zu erörtern und zu erklären; sondern auch, weil die Gläubigen, wenn sie in ihrem Herzen erwägen, wie das Sterben eine Alle treffende Nothwendigkeit ist, ihre bösen Begierden bezähmen werden; woraus sich dann ergeben wird, daß sie bei der Erwartung des Todes selbst sich weniger erschüttert fühlen, sondern dem Herrn ewigen Dank sagen, daß er, wie er uns durch das Sakrament der Taufe den Zugang zum wahren Leben eröffnet, so auch das Sakrament der letzten Oelung eingesetzt hat, damit wir beim Hinscheiden aus diesem sterblichen Leben einen geebneteren Weg zum Himmel haben möchten.

Zweite Frage.

Warum dieses Sakrament „letzte Oelung" genannt werde.

Um nun das, was zu ihrer Erklärung am Nothwendigsten ist, ungefähr in derselben Ordnung, wie sie bei den andern Sakramenten beobachtet wurde, darzulegen, muß man zuerst dies erörtern: dieses Sakrament sei deswegen letzte Oelung genannt, weil von allen heiligen Salbungen, die der Herr, unser Heiland, seiner Kirche überwiesen hat, diese zuletzt ertheilt werden soll. Deshalb wurde eben diese Oelung auch von unsern Vorfahren das Sakrament der Krankensalbung und das Sakrament der Abscheidenden genannt, durch welche Benennungen die Gläubigen ihrer letzten Lebensstunden sich leicht erinnern können.

Dritte Frage.

Wie der letzten Oelung der eigentliche Begriff eines Sakramentes zukomme.

Vor Allem muß aber nachgewiesen werden, daß der letzten Oe-

35 *

conveniat, inprimis explanandum est. Id vero perspicuum fiet, si verba, quibus S. Iacobus Apostolus[1] huius Sacramenti legem promulgavit, attendamus: „Infirmatur quis in vobis?“ inquit, „inducat Presbyteros Ecclesiae, et orent super eum, ungentes eum oleo in nomine Domini; et oratio fidei salvabit infirmum, et alleviabit eum Dominus, et si in peccatis sit, remittentur ei“. Nam quod peccata condonari Apostolus affirmat, in eo declarat Sacramenti vim et naturam. Hanc vero Catholicae Ecclesiae de extrema Unctione perpetuam doctrinam fuisse, quum alia plura Concilia testantur, tum a Tridentina Synodo hoc ita declaratum est, ut in eos omnes anathematis poenam constituerit, qui aliter docere aut sentire audeant. Ac Innocentius quoque primus hoc Sacramentum fidelibus maxime commendat.

Quaestio IV.

Quum hic plures fiant unctiones, an plura etiam ibidem dici debeant Sacramenta?

Unicum est extremae Unctionis Sacramentum, quamvis per plures unctiones administretur.

· Constanter itaque docendum est a Pastoribus, verum Sacramentum esse, nec plura, sed unum, quamvis per plures unctiones administretur; quarum singulis propriae preces, ac peculiaris forma adhibenda est. Unum vero est, non partium continuatione, quae dividi non possint, sed perfectione; cuiusmodi sunt caetera omnia, quae ex pluribus rebus constant. Nam quemadmodum domus, quae ex multis et diversis rebus composita est, una tantum forma perficitur: ita hoc Sacramentum, etsi ex pluribus rebus et verbis constituitur, unum tamen signum est, et unius rei, quam significat, efficientiam habet. Docebunt praeterea Parochi, quae sint huius Sacramenti partes: elementum, inquam, et verbum; haec enim a S. Iacobo, praetermissa non sunt; in quibus singulis sua mysteria licet animadvertere.

Quaestio V.

Quae sit extremae Unctionis materia.

De materia. Cujus rei signum sit Extrema unctio, quidque efficiat?

Eius igitur elementum sive materia, quemadmodum Concilia,

---

1) Iac. 5, 14. 15. 2) Ibid. 5, 14.

lung der eigentliche Begriff eines Sakramentes zukommt. Dies wird aber deutlich, wenn wir auf die Worte Acht geben, mit denen der heil. Apostel Jakobus das Gesetz dieses Sakraments kund gemacht hat: „Ist Jemand krank unter euch," spricht er, „so rufe er die Priester der Kirche zu sich, und sie sollen über ihn beten, und ihn mit Oel salben im Namen des Herrn, und das Gebet des Glaubens wird dem Kranken zum Heile sein, und der Herr wird ihn aufrichten, und wenn er Sünden auf sich hat, so werden sie ihm vergeben werden." Denn da der Apostel versichert, daß die Sünden vergeben werden, so bezeichnet er dadurch die Kraft und Natur eines Sakramentes. Daß aber dies die immerwährende Lehre der katholischen Kirche von der letzten Oelung gewesen sei, bezeugen theils mehrere andere Concilien, theils erklärte dies auch der Kirchenrath von Trient dergestalt, daß er gegen alle diejenigen die Strafe des Bannfluches verhängte, die sich unterstehen würden, anders zu lehren oder zu denken. Auch empfiehlt Innocenz I. dieses Sakrament den Gläubigen sehr angelegentlich.

Vierte Frage.
Da hierbei mehrere Salbungen geschehen, soll man darum auch sagen, es seien mehrere Sakramente da?

Das Sakrament der letzten Oelung ist nur ein einziges, obgleich es in mehreren Salbungen gespendet wird.

Die Seelsorger müssen daher beharrlich lehren, daß sie ein wahres Sakrament ist, und nicht mehrere, sondern Eines, obwohl es durch mehrere Salbungen ertheilt wird, bei deren jeder eigene Gebete und eine besondere Form angewandt werden muß. Sie ist aber nicht ein einziges durch einen solchen Zusammenhang der Theile, daß sie nicht getrennt werden können, sondern durch die Vollständigkeit, so wie es bei allem Sonstigen der Fall ist, was aus mehreren Dingen besteht. Denn gleichwie ein Haus, das aus vielen und verschiedenartigen Dingen zusammengesetzt ist, doch nur durch Eine Form vollendet wird, so ist auch dieses Sakrament, obgleich es aus mehreren Dingen und Worten besteht, doch nur Ein Zeichen, und hat die Wirksamkeit einer einzigen Sache, die es andeutet. Die Pfarrer sollen überdies lehren, welches die Theile dieses Sakramentes sind, nämlich: das Element und das Wort; denn diese sind vom heil. Jakobus nicht unerwähnt gelassen, und in jedem derselben kann man die ihm eigenen Geheimnisse wahrnehmen.

Fünfte Frage.
Welches die Materie der letzten Oelung sei.

Von der Materie. Wovon die letzte Oelung ein Zeichen sei, und was sie bewirke.

Das Element oder die Materie derselben ist also, wie es die

ac praecipue Tridentinum[1] decrevit, est oleum ab Episcopo consecratum; liquor scilicet non ex quavis pingui et crassa natura, sed ex olearum baccis tantummodo expressus. Aptissime autem haec materia illud significat, quod vi Sacramenti interius in anima efficitur: nam ut oleum ad mitigandos' corporis dolores magnopere proficit: ita Sacramenti virtus animae tristitiam ac dolorem minuit. Oleum praeterea sanitatem restituit, hilaritatem affert, et lumini tanquam pabulum praebet: tum vero ad recreandas defatigati corporis vires maxime accommodatum est. Quae omnia, quid in aegroto divina virtute per huius Sacramenti administrationem efficiatur, declarant. Haec de materia satis sint.

Quaestio VI.

Qua forma efficiatur hoc Sacramentum.

Forma huius Sacramenti ex Patrum traditione et Ecclesiarum consensu probatur.

Forma vero Sacramenti est verbum et solemnis illa precatio, quam Sacerdos ad singulas unctiones adhibet. quum inquit: „Per istam sanctam unctionem indulgeat tibi Deus quidquid oculorum, sive narium, sive tactus vitio deliquisti". Quod autem haec vera sit et propria huius Sacramenti forma, sanctus Iacobus Apostolus significat, quum ait: „et orent super eum... et oratio fidei salvabit infirmum".[2] Ex quo licet cognoscere, formam precationis modo proferendam esse; tametsi, quibus potissimum verbis concipienda sit, Apostolus non expresserit. Verum hoc ad nos fideli Patrum traditione permanavit, ita ut omnes Ecclesiae eam formae rationem retineant, qua omnium mater et magistra sancta Ecclesia Romana utitur; nam etsi aliqui nonnulla verba immutant, quum pro: „Indulgeat tibi Deus", ponunt: „Remittat", vel „parcat", interdum etiam. „sanet, quidquid commisisti": tamen quoniam nulla fit sententiae immutatio, constat eandem ab omnibus formam religiose servari.

Quaestio VII.

Cur huius Sacramenti forma precationis modo contineatur.

Extrema Unctione non tantum animus, sed etiam corpus interdum curatur. Conc. Trid. Sess. 14 de Extr. unct. cap. 2 et can. 2.

I. Nec vero quisquam miretur, cur factum sit, ut aliorum Sacramentorum forma vel absolute significet, quod efficit, ut

---

1) Sess. 11 de Extr. Unct. cap. 1. 2) Iac. 5. 14. 15.

Concilien und besonders das Trienter bestimmt haben, das vom Bischofe geweihte Oel, eine Flüssigkeit nämlich, die nicht aus jeglicher öligen und fetten Substanz, sondern nur aus den Beeren des Oelbaums gepreßt ist. Diese Materie bezeichnet aber höchst passend, was mittelst des Sakramentes innerlich in der Seele bewirkt wird. Denn wie das Oel sehr viel zur Linderung körperlicher Schmerzen beiträgt, so vermindert auch die Kraft des Sakramentes die Traurigkeit und den Schmerz der Seele. Das Oel stellt überdies die Gesundheit wieder her, bringt Heiterkeit und gibt dem Lichte seine Nahrung; auch ist es ganz besonders dazu geeignet, die Kräfte des Körpers, wenn er ermüdet ist, wieder herzustellen. Dies Alles zeigt an, was durch göttliche Kraft bei Ertheilung dieses Sakramentes im Kranken bewirkt wird. Dies genüge in Betreff der Materie.

Sechste Frage.
Durch welche Form dieses Sakrament vollzogen wird.
Die Form dieses Sakraments wird durch die Ueberlieferung der Väter und die Uebereinstimmung der Kirchen bewiesen.

Die Form des Sakramentes ist aber das Wort, und jenes feierliche Gebet, das der Priester bei jeder einzelnen Salbung verrichtet, wenn er spricht: „Durch diese heilige Salbung möge dir Gott verzeihen, was du durch die Schuld der Augen, der Nase oder des Gefühls mögest gesündiget haben." Daß dies aber die wahre und eigentliche Form dieses Sakramentes sei, deutet der h. Apostel Jakobus an, wenn er sagt: „Sie sollen über ihn beten," „und das Gebet des Glaubens wird dem Kranken zum Heile sein." Hieraus kann man ersehen, daß die Form nach Art eines Gebetes ausgesprochen werden soll, obwohl der Apostel nicht ausdrücklich angibt, in welche Worte sie vorzüglich zu fassen sei. Dies ist aber durch die glaubwürdige Ueberlieferung der Väter an uns gelangt, so daß alle Kirchen die Art der Form beibehalten, deren sich die heilige römische Kirche, die Mutter und Lehrerin aller, bedient; denn obgleich auch etliche einige Worte ändern, da sie statt: „Gott möge dir verzeihen" setzen: „er möge erlassen," oder: „deiner schonen," zuweilen auch: „er möge heilen, was du verbrochen hast", so ist doch klar, daß, weil dadurch der Sinn nicht verändert wird, von allen dieselbe Form gewissenhaft beibehalten werde.

Siebente Frage.
Warum die Form dieses Sakramentes in der Weise eines Gebetes bestehe.
Durch die letzte Oelung wird nicht nur die Seele, sondern auch zuweilen der Körper geheilt.

1. Niemand darf sich aber wundern, warum die Form der andern Sakramente entweder gradezu anzeigt, was sie wirkt, wenn

quum dicimus: „Ego te baptizo", aut: „signo te signo crucis", vel tanquam ab imperantibus pronuntietur, ut quum in Sacramento ordinis administrando dicitur: „Accipite potestatem"; haec una vero extremae Unctionis forma precatione quadam absolvatur; id enim optimo iure constitutum est; nam quum hoc Sacramentum propterea adhibeatur, ut praeter spiritualem gratiam, quam tribuit, sanitatem etiam restituat aegrotis: tamen, quia non semper sequitur, ut aegri a morbis convalescant, ob eam causam precationis forma conficitur, ut a Dei benignitate id impetremus, quod Sacramenti vis constanti et perpetuo ordine efficere non solet.

Cur in hoc Sacramento tot preces adhibeantur.

II. Adhibentur autem ritus proprii in huius quoque Sacramenti administratione, sed eorum maxima pars precationes continet, quibus Sacerdos ad aegroti salutem impetrandam utitur; nullum enim est aliud Sacramentum, quod pluribus precibus conficiatur; ac recte quidem, quoniam eo potissimum tempore fideles piis obsecrationibus adiuvandi sunt. Quare et alii omnes, quos tum adesse contigerit, et praecipue Parochi, debent orare Deum ex animo, et eius misericordiae laborantis vitam et salutem omni studio commendare.

Quaestio VIII.

Quisnam huius Sacramenti sit auctor.

Unctionis Extremae Sacramentum a Christo institutum et quibus conferendum?

I. Verum quum demonstratum sit, extremam Unctionem vere et proprie in Sacramentorum numero habendam esse: illud etiam sequitur, eius institutionem a Christo Domino profectam esse; quae postea a sancto Iacobo Apostolo fidelibus proposita et promulgata est.

Extremae Unctionis usus Apostolis a Domino est imperatus.

II. Quamquam idem Salvator huius Unctionis specimen quoddam dedisse visus est, quum discipulos suos binos et binos ante faciem suam misit; de illis enim apud Evangelistam ita scriptum est: „Exeuntes praedicabant, ut poenitentiam agerent; et daemonia multa eiiciebant, et ungebant oleo multos aegros, et sanabant."[1] Quam quidem unctionem non ab Apostolis inventam, sed a Domino praeceptam, non naturali aliqua virtute praeditam, sed mysticam, potius ad sanandos animos, quam ad corpora curanda, institutam fuisse, credendum est.

1) Marc. 6, 12. 13.

wir z. B. sagen: „Ich taufe dich," oder: „Ich bezeichne dich mit dem Zeichen des Kreuzes," oder gleichsam befehlsweise ausgesprochen wird, so wie es bei der Ertheilung des Sakramentes der Priesterweihe heißt: „Nimm hin die Gewalt," die Form der letzten Oelung aber allein durch eine Art Gebet ausgedrückt wird; denn dies ist mit vollstem Rechte so verordnet. Da dieses Sakrament nämlich deswegen ertheilt wird, um den Kranken außer der geistlichen Gnade, die es verleiht, auch die Gesundheit wiederzugeben, es aber nicht immer erfolgt, daß die Kranken von der Krankheit genesen, so wird es darum durch die Form eines Gebetes vollbracht, damit wir von Gottes Güte erlangen, was die Kraft des Sakramentes in beständiger und immerwährender Ordnung nicht zu bewirken pflegt.

Warum bei diesem Sakramente so viele Gebete angewandt werden.

2. Es werden aber auch bei der Ausspendung dieses Sakramentes eigene Gebräuche angewandt, deren größter Theil jedoch in Gebeten besteht, deren der Priester sich bedient, um das Heil des Kranken zu erlangen; denn es gibt kein anderes Sakrament, welches mit zahlreicheren Gebeten verrichtet wird, und zwar mit Recht, weil die Gläubigen vorzugsweise um diese Zeit durch fromme Fürbitten unterstützt werden müssen. Daher sollen auch alle Andern, die dann etwa zugegen sind, und besonders die Pfarrer Gott von Herzen bitten, und seiner Barmherzigkeit das Leben und das Heil des Leidenden mit allem Eifer empfehlen.

Achte Frage.
Wer der Stifter dieses Sakramentes sei.
Das Sakrament der letzten Oelung ist von Christo eingesetzt, und wem es ertheilt werden soll.

1. Da aber bewiesen ist, daß die letzte Oelung wahrhaft und eigentlich zu der Zahl der Sakramente zu rechnen ist, so folgt auch dieses, daß ihre Einsetzung von Christo, dem Herrn, ausgegangen ist, während sie später vom heil. Apostel Jakobus den Gläubigen vorgehalten und kund gemacht wurde.

Der Gebrauch der letzten Oelung ist den Aposteln von dem Herrn befohlen.

2. Indeß scheint der Heiland selbst ein Vorbild dieser Salbung gegeben zu haben, als er seine Schüler je zwei und zwei vor sich herschickte. Denn von ihnen steht beim Evangelisten also geschrieben: „Und sie gingen aus und predigten, daß man Buße thun sollte; und sie trieben auch viele Teufel aus, und salbten viele Kranke mit Oel, und heilten sie." Und zwar muß man glauben, daß diese Salbung nicht etwa von den Aposteln erfunden, sondern vom Herrn geboten, nicht eine mit natürlicher Kraft begabte, sondern eine geheimnißvolle, vielmehr zur Heilung der Seelen, als

Quam rem sancti Dionysius, Ambrosius, Chrysostomus et Gregorius Magnus asserunt; ut nullo modo dubitandum sit, quin hoc unum ex septem Catholicae Ecclesiae Sacramentis summa cum religione accipere oporteat.

Quaestio IX.

Extrema Unctio quibus administranda sit.

Extrema Unctio non omnibus administranda. Primo firmi et sani excluduntur.

I. Sed docendi sunt fideles, quamvis hoc Sacramentum ad omnes pertineat, quaedam tamen hominum genera excipi, quibus administrandum non sit. Ac primum excipiuntur, qui sano et firmo corpore sunt; iis enim extremam Unctionem tribuendam non esse, et Apostolus docet, quum inquit: „Infirmatur quis in vobis," et ratio ostendit; siquidem ob eam rem instituta est, non modo ut animae, sed etiam ut corpori medicinam afferat. Quum igitur illi tantum, qui morbo laborant, curatione indigeant: idcirco iis etiam, qui adeo periculose aegrotare videntur, ut, ne supremus illis vitae dies instet, metuendum sit, hoc Sacramentum praeberi debet.

Tempestive aegrotis adhiberi debet haec Unctio.

II. In quo tamen gravissime peccant, qui illud tempus aegroti ungendi observare solent, quum iam omni salutis spe amissa, vita et sensibus carere, incipiat; constat enim, ad uberiorem Sacramenti gratiam percipiendam plurimum valere, si aegrotus, quum in eo adhuc integra mens et ratio viget, fidemque et religiosam animi voluntatem afferre potest, sacro oleo lineatur. Quare Parochis animadvertendum est, ut eo potissimum tempore coelestem medicinam adhibeant, illam quidem semper vi sua admodum salutarem, quum eorum etiam pietate et religione, qui curandi sunt, magis profuturam intellexerint.

Sano periculum mortis adeunti non detur extrema unctio. Secundo, pueri et insani non sunt inungendi.

III. Nemini igitur, qui gravi morbo affectus non sit, Sacramentum Unctionis dare licet, tametsi vitae periculum adeat vel quia periculosam navigationem parat, vel quia praelium initurus sit, a quo certa mors illi impendeat; vel etiam si capitis damnatus, ad supplicium raperetur. Omnes praeterea, qui

zur Gesundmachung der Körper eingesetzt ist, was auch die heiligen Dionysius, Ambrosius, Chrysostomus und Gregor der Große bezeugen, so daß man auf keine Weise zweifeln darf, daß man dies eine von den sieben Sakramenten der katholischen Kirche mit der höchsten Ehrfurcht empfangen müsse.

Neunte Frage.
Wann die letzte Oelung ertheilt werden müsse.

Die letzte Oelung darf nicht Allen ertheilt werden. Zuerst werden die Starken und Gesunden ausgeschlossen.

1. Man muß aber die Gläubigen belehren, daß, obgleich dieses Sakrament für Alle bestimmt ist, dennoch einige Klassen von Menschen ausgenommen werden, denen es nicht gespendet werden darf. Und zwar zuerst werden diejenigen ausgenommen, die von gesundem und starkem Körper sind; denn daß man Solchen die letzte Oelung nicht ertheilen solle, lehrt theils der Apostel, wenn er sagt: „Ist Jemand krank unter euch," theils zeigt es die Vernunft, da sie ja zu dem Ende eingesetzt ist, nicht allein der Seele, sondern auch dem Körper eine Arznei zu gewähren. Da also nur diejenigen, welche von einer Krankheit befallen sind, der Heilung bedürfen, so soll dieses Sakrament denjenigen ertheilt werden, die so gefährlich krank zu sein scheinen, daß zu befürchten ist, der letzte Lebenstag stehe ihnen bevor.

Frühzeitig muß man diese Salbung bei dem Kranken anwenden.

2. Hierbei versündigen sich aber diejenigen sehr schwer, welche zur Salbung des Kranken die Zeit abzuwarten pflegen, wenn er, aller Hoffnung zur Rettung schon beraubt, des Lebens und der Besinnung zu ermangeln beginnt; denn es trägt bekanntlich zum reichlicheren Empfange der Gnade ungemein viel bei, wenn der Kranke mit dem heiligen Oele gesalbt wird, so lange er noch bei vollem Bewußtsein und Verstande ist, und den Glauben und einen redlichen Willen des Herzens darzubringen im Stande ist. Die Pfarrer sollen daher wohl Acht darauf haben, daß sie diese himmlische Arznei, die zwar durch die ihr inwohnende Kraft immerdar sehr heilsam ist, vorzüglich zu der Zeit anwenden, wenn sie wahrnehmen, daß sie auch durch die Frömmigkeit und Gottseligkeit derer, die geheilt werden sollen, größeren Nutzen bringen werde.

Einem Gesunden, welcher sich in Todesgefahr begibt, darf die letzte Oelung nicht gegeben werden. Zweitens sind die Kinder und die Wahnsinnigen nicht mit der letzten Oelung zu versehn.

3. Niemanden darf daher das Sakrament der letzten Oelung gespendet werden, der nicht mit schwerer Krankheit behaftet ist, selbst wenn er einer Lebensgefahr entgegen geht, entweder weil er sich auf eine gefahrvolle Seereise begibt, oder weil er in eine Schlacht geht, wo ein gewisser Tod ihm bevorsteht, oder auch wenn ein zum

rationis usu carent, ad hoc Sacramentum suscipiendum apti non
sunt; et pueri, qui nulla peccata admittunt, quorum reliquias
sanare huius Sacramenti remedio opus sit; amentes item et
furiosi, nisi interdum rationis usum haberent, et eo potissimum
tempore pii animi significationem darent, peterentque, ut sacro
oleo ungerentur. Nam qui ab ipso ortu nunquam mentis et
rationis compos fuit, ungendus non est; secus vero si aegrotus,
quum mente adhuc integra huius Sacramenti particeps fieri
voluisset, postea in insaniam et furorem incidit.

Quaestio X.
Quae corporis partes hic debeant inungi.

Cf. Conc. Trid. Sess. 14 de Extr. Unct. c. 3 et can. 3. Oculi, aures, nares, os, manus, renes, pedes.

Non sunt autem omnes corporis partes ungendae, sed eae
tantum, quas veluti sensuum instrumenta natura homini attri-
buit: oculi propter visionem, aures propter auditum, nares
propter odoratum, os propter gustum vel sermonem, manus
propter tactum, qui tametsi toto corpore aequabiliter fusus est,
in ea tamen parte maxime viget. Hunc autem ungendi ritum
universalis Ecclesia retinet, atque etiam huius Sacramenti
naturae optime convenit; medicamenti enim est instar. Ac
quoniam in corporis morbis, quamvis universum corpus male
affectum sit, tamen illi tantum parti curatio adhibetur, a qua,
tanquam a fonte et origine, morbus manat: idcirco non totum
corpus, sed ea membra, in quibus potissimum sentiendi vis
eminet, renes etiam, veluti voluptatis et libidinis sedes, unguntur; tum pedes, qui nobis ingressus et ad locum movendi
principium sunt.

Quaestio XI.
Extrema unctio iterari potest.
In una eademque aegrotatione non est iteranda Unctio.

In quibus illud observare oportet, in una eademque aegrotatione, quum aeger in eodem vitae periculo positus est, semel
tantum ungendum esse. Quod si post susceptam hanc Unctionem aeger convaluerit: quoties postea in id vitae discrimen
inciderit, toties eiusdem Sacramenti subsidium ei poterit adhi-

Tode Verurtheilter zum Richtplatze abgeführt wird. Ueberdies sind Alle, die des Gebrauchs der Vernunft entbehren, zum Empfange dieses Sakramentes unfähig; ebenso die Kinder, die keine Sünden begehen, deren Ueberbleibsel durch das Heilmittel dieses Sakramentes geheilt werden müßten; ferner die Blöd= und Wahnsinnigen, wenn sie nicht etwa mitunter lichte Augenblicke haben, und namentlich zu einer solchen Zeit einen frommen Sinn zu erkennen gäben und mit dem heiligen Oele gesalbt zu werden verlangten. Denn wer von seiner Geburt an nie des Verstandes und der Vernunft mächtig war, darf nicht gesalbt werden; ein Anderes aber ist es, wenn der Kranke, während er noch bei vollkommenem Verstande dieses Sakramentes theilhaftig zu werden verlangte, nachher in Wahnsinn und Raserei verfällt.

Zehnte Frage.
Welche Theile des Körpers hier gesalbt werden müssen.
Die Augen, Ohren, Nase, Mund, Hände, Lenden, Füße.

Nicht aber alle Theile des Körpers dürfen gesalbt werden, sondern nur die, welche die Natur dem Menschen gleichsam zu Werkzeugen der Sinne verlieh: die Augen wegen des Gesichts, die Ohren wegen des Gehörs, die Nase wegen des Geruchs, der Mund wegen des Geschmackes oder der Rede, die Hände wegen des Gefühls, das, wiewohl es sich über den ganzen Körper gleichmäßig erstreckt, dennoch in diesem Theile sich vorzugsweise regt. Diese Weise zu salben beobachtet aber die ganze Kirche, und sie entspricht auch am besten der Natur dieses Sakramentes, da es ja einer Arznei gleicht. Und da bei den Krankheiten des Körpers, obgleich sich der ganze Körper übel befindet, dennoch die Heilung nur bei jenem Theile angewandt wird, von dem, wie von einer Quelle und einem Ursprunge, die Krankheit herrührt, so salbt man eben deswegen nicht den ganzen Leib, sondern diejenigen Glieder, in denen das Vermögen der Empfindung hauptsächlich hervortritt; auch die Lenden, als den Sitz der Wollust und Begierlichkeit, ferner die Füße, die für uns das Mittel zum Gehen und zur Bewegung von einem Orte zum andern sind.

Eilfte Frage.
Die letzte Oelung kann wiederholt werden.
Bei einer und derselben Krankheit darf die Oelung nicht wiederholt werden.

Hierbei muß man aber Acht haben, daß man in einer und derselben Krankheit, wofern der Kranke sich in der nämlichen Lebensgefahr befindet, nur Ein Mal salben soll. Wenn der Kranke nach dem Empfange dieser Salbung wieder genesen ist, so kann ihm der Beistand dieses Sakramentes so oft zugewandt werden,

beri. Ex quo patet, iu eorum Sacramentorum numero, quae terari solent, reponendum esse.

Quaestio XII.

Qua religione et praeparatione debeat istud Sacramentum suscipi

Primo, Unctionem praecat Eucharistiae et Poenitentiae Sacramentum. Secundo, et firma fide suscipienda. Tertio, tempestivo est adhibenda.

Quoniam vero omni studio curare oportet, ne quid Sacramenti gratiam impediat; ei vero nihil magis adversatur, quam alicuius peccati mortiferi conscientia: servanda est Catholicae Ecclesiae perpetua consuetudo, ut ante extremam Unctionem Poenitentiae et Eucharistiae Sacramentum administretur. Ac deinde aegroto persuadere Parochi studeant, ut ea fide se ungendum Sacerdoti praebeat, qua olim, qui ab Apostolis sanandi erant, se ipsos offerre consueverant. In primis autem animae salus, deinde corporis valetudo, cum illa adiunctione: „Si ea ad aeternam gloriam profutura sit," expetenda est. Nec vero dubitare fideles debent, quin sanctae illae et solemnes preces a Deo audiantur, quibus Sacerdos non suam, sed Ecclesiae et Domini nostri Iesu Christi personam gerens, utitur. Qua una maxime re cohortandi sunt, ut huius saluberrimi olei Sacramentum sancte et religiose sibi administrandum curent, quum et acrior pugna instare, et vires quum animi, tum corporis deficere videantur.

Quaestio XIII.

Quo ministrante hoc Sacramentum percipiendum sit.

Sacerdos huius Sacramenti est minister loco Christi.

Iam vero quis extremae Unctionis minister sit, ab eodem Apostolo, qui Domini legem promulgavit, didicimus; inquit enim: „Inducat Presbyteros;" quo nomine non eos significat, qui aetate provectiores sunt, quemadmodum sapienter Tridentina synodus exposuit[1]; aut qui in populo principem locum obtinent: sed Sacerdotes, qui ab ipsis Episcopis per manuum impositionem rite ordinati sunt. Sacerdoti igitur huius Sacramenti administratio commissa est. Neque tamen ex sanctae Ecclesiae decreto cuivis Sacerdoti, sed proprio Pastori, qui iurisdictionem habeat, sive alteri, cui ille eius muneris fungendi potestatem

---

1) Sess. 14. de extr. Unct. cap. 3. can. 4.

als er nachher in solche Lebensgefahr geräth. Hieraus erhellt, daß es unter die Zahl derjenigen Sakramente zu stellen ist, die wieder= holt zu werden pflegen.

Zwölfte Frage.

Mit welcher Ehrfurcht und Vorbereitung dieses Sakrament empfangen wer= den müsse.

Erstens gehen der Oelung das Sakrament der Eucharistie und Buße voraus. Zweitens muß sie mit festem Glauben empfangen werden. Drittens ist sie rechtzeitig anzuwenden.

Weil man aber mit allem Eifer dafür Sorge tragen muß, daß der Gnade des Sakramentes Nichts in den Weg gelegt werde, Nichts ihr jedoch mehr entgegenwirkt, als das Bewußtsein irgend einer Todsünde, so ist der beständige Gebrauch der katholischen Kirche beizubehalten, vor der letzten Oelung das Sakrament der Buße und Eucharistie zu spenden. Und alsdann sollen die Pfarrer den Kranken dahin zu bringen suchen, sich dem Priester zur Sal= bung mit solchem Glauben hinzugeben, wie sich einst diejenigen darzustellen pflegten, die von den Aposteln geheilt werden sollten. Zuerst muß man aber das Heil der Seele, dann die Gesundheit des Leibes erflehen, jedoch mit dem Zusatze: Wenn sie zur ewigen Herrlichkeit förderlich sein sollte. Uebrigens dürfen die Gläubigen nicht zweifeln, daß jene heiligen und feierlichen Bitten von Gott erhört werden, deren sich der Priester bedient, indem er nicht seine, sondern die Person der Kirche und unseres Herrn Jesu Christi vertritt. Sie sind daher ganz besonders zu ermahnen, dafür zu sorgen, daß ihnen das Sakrament dieses höchst heilsamen Oels mit Andacht und Ehrfurcht gereicht werde, wenn ihnen theils ein heftigerer Kampf bevorzustehen, theils die Kräfte sowohl der Seele, als des Leibes abzunehmen scheinen.

Dreizehnte Frage.

Von welch einem Ausspender man dieses Sakrament empfangen solle.

Der Priester ist der Ausspender dieses Sakramentes an Christi Statt.

Wir sind aber bereits von demselben Apostel, der des Herrn Gebot kund gemacht hat, belehrt worden, wer der Ausspender der letzten Oelung sei. Er sagt nämlich: „So rufe er die Priester;" mit welchem Namen er nicht diejenigen bezeichnet, die vorgerück= teren Alters sind, wie der Trienter Kirchenrath dies weislich er= klärt hat, noch auch die im Volke die Hauptstelle einnehmen; son= dern die Priester, die von den Bischöfen durch die Auflegung der Hände vorschriftsmäßig geweiht sind. Dem Priester ist mithin die Ausspendung dieses Sakramentes anvertraut. Dem Beschlusse der heiligen Kirche zufolge ist es jedoch nicht einem jeden Priester, sondern nur dem eigenen Pfarrer, der die Gerichtsbarkeit hat, oder

fecerit, hoc Sacramentum administrare licet. Illud vero maxime animadvertendum est, Sacerdotem in ea administratione, quemadmodum etiam in aliis Sacramentis fit, Christi Domini nostri et sanctae Ecclesiae, eius sponsae, personam sustinere.

Quaestio XIV.

Qui fructus ex huius Sacramenti usu ad homines redeant.

Cf. Conc. Trid. Sess. 14 de Extr. Unct. cap. 2. Prima utilitas est, quod peccata venialia delet. Secundo, animum confirmat.

I. Explicandae etiam sunt accuratius utilitates, quas ex hoc Sacramento capimus, ut si nihil aliud fideles ad eius usum possit allicere, ipsa saltem utilitate ducantur; quum ita comparatum sit, ut omnia fere nostris commodis metiamur. Docebunt igitur Pastores, hoc Sacramento gratiam tribui, quae peccata, et in primis quidem leviora, et ut communi nomine appellantur, venialia, remittit; exitiales enim culpae poenitentiae Sacramento tolluntur. Neque enim hoc Sacramentum primario loco ad graviorum criminum remissionem institutum est, sed Baptismus tantum et poenitentia vi sua hoc efficiunt. Altera est sacrae Unctionis utilitas, quod animam a languore et infirmitate, quam ex peccatis contraxit, et a caeteris omnibus peccati reliquiis liberat.

Quo tempore hoc Sacramentum sit suscipiendum. Conc. Trident. de Extr. Unct. Sess. 14 cap. 3.

II. Tempus autem huic curationi opportunissimum existimandum est, quum gravi morbo afflictamur, ac vitae periculum impendet. Etenim homini natura insitum est, ut nihil in rebus humanis aeque ac mortem pertimescat; auget autem magnopere hunc timorem praeteritorum scelerum memoria; quum praesertim gravissima conscientiae nostrae accusatio nos urgeat; ut enim scriptum est:[1] „Venient in cogitatione peccatorum suorum timidi, et traducent illos ex adverso iniquitates ipsorum“. Deinde illa cura et cogitatio vehementer angit, quod paulo post stare oporteat ante tribunal Dei, a quo de nobis iustissima pro eo, ac meriti fuerimus, sententia ferenda sit. Saepe autem evenit, ut fideles, hoc terrore perculsi, se miris modis exagitari sentiant. Nihil autem ad mortis tranquillitatem magis conducit, quam si tristitiam abiiciamus, et laeto animo Domini adventum exspectemus, paratique simus, deposi-

---

1) Sap. 4, 20.

einem andern, dem jener die Vollmacht, diese Verrichtung vorzunehmen, überwiesen hat, dies Sakrament zu ertheilen gestattet. Dieses muß man aber vorzüglich in Acht behalten, daß der Priester be ihrer Ausspendung, so wie es auch bei den anderen Sakramenten der Fall ist, die Person Christi und der Kirche, seiner Braut, vertritt.

Vierzehnte Frage.
Welche Früchte die Menschen aus dem Gebrauche dieses Sakramentes erlangen.

Der erste Nutzen ist, daß es die läßlichen Sünden tilgt. Zweitens die Seele stärkt.

1. Auch die Vortheile, die wir aus diesem Sakramente schöpfen, müssen genauer erklärt werden, damit, wenn die Gläubigen nichts Anderes zum Gebrauch desselben anzutreiben vermag, sie sich wenigstens durch seinen Nutzen dazu bewegen lassen, da es sich nun einmal so verhält, daß wir fast Alles nach unserem Vortheile bemessen. Die Pfarrer sollen daher lehren, daß durch dieses Sakrament die Gnade verliehen wird, welche die Sünden, und zwar vorzüglich die leichteren, oder, wie sie mit dem gewöhnlichen Namen genannt werden, die läßlichen, vergibt; denn die Todsünden werden durch das Sakrament der Buße getilgt. Auch ist dies Sakrament keineswegs hauptsächlich zur Vergebung der schwereren Sünden eingesetzt, sondern dies bewirken durch ihre Kraft nur die Taufe und die Buße. Der zweite Nutzen der h. Oelung besteht darin, daß sie die Seele von der Trägheit und Schwäche, welche dieselbe sich durch die Sünden zugezogen hat, und von allen sonstigen Ueberbleibseln der Sünde befreit.

Zu welcher Zeit man dies Sakrament empfangen solle.

2. Als geeignetste Zeit für diese Heilung muß man aber erkennen, wenn wir mit einer schweren Krankheit zu kämpfen haben und Lebensgefahr droht. Denn es liegt in der Natur des Menschen, daß er von allen menschlichen Dingen Nichts so sehr als den Tod fürchtet; das Andenken der früheren Sünden vermehrt diese Furcht aber ungemein, besonders wenn uns ein sehr schwerer Vorwurf unseres Gewissens quält, wie denn geschrieben steht: „Sie werden furchtsam daher kommen im Andenken ihrer Sünden, und ihre Missethaten werden ihre Ankläger sein." Sodann ängstigt uns lebhaft die Sorge und der Gedanke, daß wir in Kurzem vor dem Richterstuhle Gottes stehen müssen, von dem über uns, wie wir es verdient haben, das gerechteste Urtheil gefällt werden soll. Es ereignet sich aber oft, daß die Gläubigen, von diesem Schrecken ergriffen, sich über alle Maßen beunruhigt fühlen. Nichts aber verhilft mehr zu einem ruhigen Tode, als wenn wir die Traurigkeit von uns werfen, und die Ankunft des Herrn getrosten

tum nostrum, quandocunque illud a nobis repetere voluerit, libenter reddere. Ut igitur hac sollicitudine fidelium mentes liberentur, animusque pio et sancto gaudio repleatur, extremae Unctionis Sacramentum efficit.

Tertio adversus diaboli insultus nos munit.

III. Praeterea aliud etiam, quod merito omnium maximum videri potest, ex eo consequimur. Nam etsi humani generis hostis, quoad vivimus, nunquam desinit de interitu et exitio nostro cogitare: nullo tamen tempore, ut nos omnino perdat, ac, si fieri possit, spem nobis divinae misericordiae eripiat, vehementius omnes nervos contendit, quam quum supremum vitae diem appropinquare animadverterit. Quamobrem fidelibus arma et vires hoc Sacramento subministrantur, quibus adversarii vim et impetum frangere et illi fortiter repugnare possint; allevatur enim et erigitur aegri animus divinae bonitatis spe; eaque confirmatus, morbi incommoda omnia fert levius, ac ipsius daemonis calcaneo insidiantis artificium et calliditatem facilius eludit.

Quarto, sanitas corporis, si ita expedit, redditur

IV. Accedit postremo, si quidem profutura sit, etiam corporis sanitas. Quod si aegroti hoc tempore eam minus consequuntur, id quidem non Sacramenti vitio, sed ob eam potius causam evenire credendum est, quod eorum magna pars, vel qui sacro oleo perunguntur, vel a quibus administratur, fides infirmior est. Testatur enim Evangelista, Dominum apud suos multas virtutes non fecisse, „propter incredulitatem illorum".[1] Quamquam etiam recte dici potest, Christianam religionem, ex quo altius tanquam radices egit in animis hominum, minus iam huiusmodi miraculorum adminiculis indigere, quam olim, nascentis Ecclesiae initio, necessaria esse viderentur.

Fides et spes aegrotantium hoc Sacramento suscepto est erigenda.

V. Sed tamen hoc loco fides magnopere excitanda erit; utcunque enim, quod ad corporis valetudinem attinet, Dei consilio et voluntate ceciderit, certa spe niti fideles debent, se huius sacri olei virtute spiritualem sanitatem consecuturos esse; futurumque, ut si eos vita decedere contingat, praeclarae

---

1) Matth. 13, 58.

Muthes erwarten, und bereit sind, das uns anvertraute Gut, wann immer er es von uns zurückfordern will, gern zurückzugeben. Daß also die Herzen der Gläubigen von dieser Kümmerniß befreit und ihr Geist mit frommer und heiliger Freude erfüllt werde, bewirkt das Sakrament der letzten Oelung.

Drittens schirmt es uns wider die Anfälle des Teufels.

3. Außerdem erlangen wir dadurch auch noch etwas Anderes, was mit Recht als das Wichtigste von Allem angesehen werden kann. Denn obgleich der Feind des menschlichen Geschlechts, so lange wir leben, niemals aufhört, auf unsern Untergang und unser Verderben zu sinnen, so strengt er doch zu keiner Zeit alle Kräfte heftiger an, uns gänzlich zu verderben, und, wenn es möglich wäre, uns die Hoffnung auf die göttliche Barmherzigkeit zu entreißen, als wenn er gewahr wird, daß der letzte Tag des Lebens herannaht. Deswegen werden den Gläubigen durch dieses Sakrament die Waffen und Kräfte verliehen, wodurch sie die Macht und den Angriff des Widersachers vernichten und ihm tapfer Widerstand leisten können. Denn das Gemüth des Kranken wird durch die Hoffnung der göttlichen Güte gehoben und aufgerichtet, und durch dieselbe gestärkt, erträgt er geduldig alle Beschwerlichkeiten der Krankheit und spottet desto leichter der Kunst und Arglist des Teufels, welcher seiner Ferse nachstellt.

Viertens wird die Gesundheit des Körpers, wenn es so ersprießlich ist, wiedergegeben.

4. Hiezu kommt endlich auch noch die Gesundheit des Leibes, wenn sie anders dienlich ist. Erlangen die Kranken diese zu unsrer Zeit weniger, so muß man nicht annehmen, daß dieses von der Unzulänglichkeit des Sakramentes, sondern vielmehr daher rühre, weil ein großer Theil derer, die entweder mit dem heiligen Oele gesalbt werden, oder von denen es ausgespendet wird, zu schwachen Glauben haben. Denn der Evangelist bezeugt, der Herr habe bei den Seinen „wegen ihres Unglaubens" nicht viele Wunder verrichtet. Gleichwohl kann man auch mit Recht sagen, die christliche Religion bedürfe, seitdem sie gleichsam tiefere Wurzeln in den Herzen der Menschen geschlagen hat, jetzt der Beihülfe solcher Wunder weniger, als ehedem im Beginne der aufkeimenden Kirche nöthig zu sein schienen.

Der Glaube und die Hoffnung der Kranken muß durch den Empfang dieses Sakramentes aufgerichtet werden.

5. Man muß aber dennoch in dieser Hinsicht den Glauben kräftig beleben, denn wie es immer in Bezug auf die Gesundheit des Leibes nach Gottes Rathschluß und Willen geschehen mag, so müssen doch die Gläubigen die sichere Hoffnung hegen, daß sie durch die Kraft dieses heiligen Oeles die geistige Gesundheit erlangen,

illius vocis fructum percipiant, qua scriptum est: „Beati mortui, qui in Domini moriuntur".[1] Haec de extremae Unctionis Sacramento breviter quidem dicta sunt, verum si haec ipsa rerum capita a Pastoribus latius, et ea, qua decet, diligentia explanata erunt: dubitandum non est, quin fideles ex hac doctrina maximum pietatis fructum percipiant.

CAPUT VII.
De Sacramento Ordinis.

Quaestio I.

Cur Parochi magna diligentia Sacramenti Ordinis doctrinam populo exponere debeant.

Praeterquam quod Sess. 23 Conc. Trident. doctrina de Sacram. Ord. c. 4 et can. 8 tradita est, fere etiam posteriore part· cujusque Sessionis Decr. de Ref. actum est de eorum moribus, qui ad S. Ordines sunt promoti. — Omnia alia Sacramenta ab Ordinis Sacram. pendent. Utilitas doctrinae de Ordinis Sacramento.

Si quis aliorum Sacramentorum naturam et rationem diligenter considerarit, facile perspiciet, ea omnia ab Ordinis Sacramento ita pendere, ut sine illo partim confici et administrari nullo modo queant, partim solenni caeremonia et religioso quodam ritu ac cultu carere videantur. Quare necesse est, ut Pastores, institutam Sacramentorum doctrinam persequentes, eo diligentius de Ordinis etiam Sacramento sibi agendum arbitrentur. Proderit autem maxime haec explicatio, primum quidem illis ipsis; deinde aliis, qui ecclesiasticae vitae rationem ingressi sunt; postremo etiam fideli populo. Ipsis, quod, dum in huius argumenti tractatione versantur, ad eam gratiam excitandam, quam hoc Sacramento adepti sunt, magis commoventur; aliis, qui in sortem Domini vocati sunt, partim, ut eodem pietatis studio afficiantur, partim vero, ut earum rerum cognitionem percipiant, quibus instructi viam sibi ad ulteriores gradus facilius munire possint; reliquis autem fidelibus, primum quidem, ut intelligant, quo honore digni sint Ecclesiae ministri; deinde quoniam saepe contingit, ut multi adsint, vel qui spe liberos suos adhuc infantes Ecclesiae ministerio destinarint, vel qui sua sponte et voluntate illud vitae genus sequi velint; quos certe ignorare minime aequum est, quae praecipue ad hanc rationem pertinent.

---

1) Apocal. 14, 13

und, wenn sie aus diesem Leben scheiden sollten, die Frucht jener herrlichen Verheißung empfangen werden, von welcher geschrieben steht: „Selig sind die Todten, die im Herrn sterben." Dies ist zwar nur in Kürze von der letzten Oelung gesagt; wenn aber diese Hauptstücke von den Pfarrern ausführlicher und mit dem gebührenden Fleiße erörtert werden, so ist nicht zu bezweifeln, daß die Gläubigen aus dieser Lehre den größten Nutzen der Gottseligkeit ziehen können.

Siebentes Hauptstück.
Vom Sakramente der Priesterweihe.

Erste Frage.
Warum die Pfarrer die Lehre vom Sakramente der Priesterweihe dem Volke mit großem Fleiße auseinandersetzen sollen.

Alle übrigen Sakramente hängen von dem Sakramente der Priesterweihe ab. Nutzen der Lehre vom Sakramente der Priesterweihe.

Wenn Jemand die Natur und Beschaffenheit der andern Sakramente sorgfältig erwägt, so wird er leicht einsehen, daß diese alle vom Sakramente der Priesterweihe dergestalt abhängen, daß sie ohne dasselbe theils auf keine Weise vollbracht und gespendet werden können, theils der feierlichen Ceremonien und eines religiösen Aeußeren und Gepränges zu ermangeln scheinen. Deßhalb ist es nothwendig, daß die Pfarrer, indem sie die begonnene Lehre von den Sakramenten weiter verfolgen, mit desto größerem Fleiße auch vom Sakramente der Priesterweihe handeln zu müssen glauben. Eine solche Erläuterung wird aber erstlich ihnen selbst, sodann Andern, die in den geistlichen Stand getreten sind, endlich auch dem gläubigen Volke überaus nützlich sein. Ihnen selbst, weil sie, mit der Behandlung dieses Stoffes beschäftigt, sich desto mehr angetrieben fühlen werden, die Gnade, die sie durch dieses Sakrament empfangen haben, wieder anzuregen; den Andern, die zum Dienste des Herrn berufen sind, theils, damit sie von gleichem Eifer nach Gottseligkeit erfüllt werden, theils aber, damit sie zur Kenntniß dessen kommen, womit ausgerüstet sie sich den Weg zu den höheren Graden desto leichter anbahnen können; den übrigen Gläubigen aber, erstlich, damit sie einsehen, welcher Ehre die Diener der Kirche würdig sind, sodann, weil es oft geschieht, daß Viele zugegen sind, die entweder hoffen, ihre noch jungen Kinder dem Kirchendienste zu bestimmen, oder die aus eigenem Antriebe und Entschluß sich jener Lebensart widmen wollen; es geziemt sich aber gewiß nicht, daß diese darüber unwissend seien, was besonders zu diesem Stande erforderlich ist.

Quaestio II.

Nulla dignitas Sacerdotii ordine in terris excellentior.

Quod pluribus declaratur. Q. 21 huj. cap.

Primum itaque fidelibus tradendum est, quanta sit huius instituti, si summum eius gradum, hoc est Sacerdotium spectemus, nobilitas et excellentia. Nam quum Episcopi et Sacerdotes tanquam Dei interpretes et internuntii quidam sint, qui eius nomine divinam legem et vitae praecepta homines edocent, et ipsius Dei personam in terris gerunt: perspicuum est, eam esse illorum functionem, qua nulla maior excogitari possit; quare merito non solum angeli, sed dii etiam, quod Dei immortalis vim et numen apud nos teneant, appellantur. Quamvis autem omni tempore summam dignitatem obtinuerint, tamen Novi Testamenti Sacerdotes caeteris omnibus honore longe antecellunt; potestas enim, tum corpus et sanguinem Domini nostri conficiendi et offerendi, tum peccata remittendi, quae illis collata est, humanam quoque rationem atque intelligentiam superat; nedum ei aliquid par et simile in terris inveniri queat.

Quaestio III.

Qui divinitus ad Sacerdotium ministeriaque ecclesiastica vocati censeantur.

Quales deligendi ad Sacerdotium, latius tractatur. Q. 26 huj. cap. Conc. Trident. Sess. 23 de Ordin. cap. 3 et can. 7.

Deinde vero quemadmodum Salvator noster a Patre, Apostoli autem ac discipuli in universum mundum a Christo Domino missi sunt: ita quotidie Sacerdotes eadem, qua illi, potestate praediti, „ad consummationem sanctorum, in opus ministerii, in aedificationem corporis Christi",[1] mittuntur. Huius igitur tanti officii onus nemini temere imponendum est, sed iis tantum, qui illud vitae sanctitate, doctrina, fide, prudentia sustinere possint. Nec vero quisquam sumat sibi honorem, sed „qui vocatur a Deo tanquam Aaron".[2] Vocari autem a Deo dicuntur, qui a legitimis Ecclesiae ministris vocantur; nam qui in hoc ministerium se ipsos arroganter inferunt atque intrudunt, de his Dominum intellexisse docendum est, quum inquit: „Non mittebam Prophetas, et ipsi currebant";[3] quo quidem hominum genere nihil infelicius ac miserius, nihil Ecclesiae Dei calamitosius esse potest.

1) Ephes. 1, 12. 2) Hebr. 5, 4. 3) Ier 23, 21.

Zweite Frage.

Es gibt auf Erden keine erhabenere Würde, als das Priesterthum.

Man muß also vor Allem den Gläubigen zeigen, wie groß die Vortrefflichkeit und Erhabenheit dieses Standes sei, wenn man dessen höchste Stufe, d. h. das Priesterthum, betrachtet. Denn da die Bischöfe und Priester gleichsam die Dolmetscher und Botschafter Gottes sind, welche in seinem Namen die Menschen das göttliche Gesetz und die Lebensvorschriften lehren, und selbst die Person Gottes auf Erden vertreten, so ist offenbar ihr Amt der Art, daß sich kein höheres denken läßt, weshalb sie mit Recht nicht nur Engel, sondern auch Götter genannt werden, da sie die Macht und Hoheit des unsterblichen Gottes unter uns haben. Aber obgleich sie jederzeit die höchste Würde behaupteten, so übertreffen doch die Priester des Neuen Bundes alle übrigen bei Weitem an Würde. Denn die ihnen verliehene Gewalt, sowohl den Leib und das Blut unsers Herrn zu consekriren und darzubringen, als auch die Sünden zu vergeben, übersteigt selbst die menschliche Vernunft und Fassungskraft; geschweige denn, daß etwas ihr Gleiches oder Aehnliches auf Erden gefunden werden könnte.

Dritte Frage.

Welche als von Gott zum Priesterthum und zu den kirchlichen Aemtern berufen zu erachten sind.

Wie jedoch ferner unser Heiland vom Vater, die Apostel aber und Jünger von Christo, dem Herrn, in alle Welt gesandt sind, so werden noch täglich die Priester, ausgerüstet mit derselben Gewalt, wie jene, „für die Vervollkommnung der Heiligen, für die Ausübung des Dienstes, für die Erbauung des Leibes Christi" gesandt. Die Würde eines so wichtigen Amtes darf man daher Niemand unbedachtsamer Weise auflegen, sondern nur denen, die derselben durch Heiligkeit des Lebens, durch Gelehrsamkeit, durch Glauben und Weisheit gewachsen sind. Auch soll sich Keiner diese Würde selbst anmaßen, sondern der, „welcher von Gott, wie Aaron, berufen ist." Berufen von Gott aber sagt man, seien die, welche von den rechtmäßigen Dienern der Kirche berufen werden; denn von jenen, die sich selbst zu diesem Amte vermessentlich zudrängen und in dasselbe eindringen, muß man lehren, daß der Herr sie gemeint hat, wenn er sagt: „Ich sandte diese Propheten nicht, doch waren sie geschäftig;" nichts Unheilvolleres und Elenderes aber, nichts für die Kirche Gottes Verderblicheres kann es geben, als diese Leute.

Quaestio IV.

Quinam iudicandi sint perperam ad Ordines sacros accedere, et aliunde in Ecclesiam ingredi.

Quanta circumspectione ad Sacros Ordines accedendum?

I. Sed quoniam in omni actione suscipienda magnopere refert, quem sibi quisque finem constituat (optimo enim fine posito, recte omnia consequuntur): de hoc in primis, qui sacris initiari volunt, admonendi sunt, ut nihil sibi tanto munere indignum proponant; qui quidem locus eo diligentius tractandus erit, quo gravius hoc tempore ea in re peccare fideles solent.

Quaestus causa ad Sacerdotium adspirare sacrilegium est.

II. Alii enim eo consilio ad hanc vivendi rationem se convertunt, ut, quae ad victum vestitumque necessaria sunt, parent; ita ut praeter quaestum nihil aliud in Sacerdotio, quemadmodum vulgo caeteri omnes in quovis sordidi artificii genere, spectare videantur.

Honorum aut divitiarum spe ad Sacerdotium procedere, perniciosissimum est.

III. Quamvis enim, ex Apostoli sententia, natura et divina lex iubeat, ut, qui altari servit, ex altari vivat:[1] tamen quaestus et lucri causa ad altare accedere, maximum sacrilegium est. Alios honorum cupiditas et ambitio ad sacerdotalem Ordinem ducit; alii vero, ut divitiis affluant, initiari volunt. Cuius quidem rei illud argumento est, quod nisi opulentum aliquod ecclesiasticum beneficium eis deferatur, nullam sacri Ordinis cogitationem habent.

Ambitione et avaritia eorum, qui vere sunt mercenarii, quantum inoluerit Sacerdotium. Qui ad Ecclesiasticas functiones per ostium adeant?

IV. Hi vero sunt, quos salvator noster „mercenarios"[2] appellat; et quos Ezechiel dicebat: „semetipsos, et non oves pascere";[3] quorum turpitudo et improbitas non solum sacerdotali Ordini magnas tenebras offudit, ita ut iam nihil fere a fideli populo haberi possit contemptius et abiectius: verum etiam efficit, ut ipsi nihil amplius ex Sacerdotio consequantur, quam Iudas ex Apostolatus munere, quod illi sempiternum exitium attulit. Illi autem ostio in Ecclesiam introire merito dicuntur, qui a Deo legitime vocati, ecclesiastica munera eius unius rei causa suscipiunt, ut Dei honori inserviant.

---

1) 1 Cor. 9, 13. 2) Ioan. 10, 13. 3) Ezech. 34, 2 3.

Vierte Frage.

Von welchen man halten müsse, daß sie unberufen den heiligen Weihen sich nahen und auf fremdem Wege in die Kirche eintreten.

Mit welcher Ueberlegung man zu den heiligen Weihen treten soll.

1. Weil aber bei der Uebernahme einer jeden Handlung sehr viel darauf ankommt, welchen Zweck sich Jeder vorsetzt (denn wenn sich Jemand einen sehr guten Zweck setzt, verläuft Alles, wie es sich gebührt), so muß man vor Allem diejenigen, welche die heiligen Weihen empfangen wollen, ermahnen, keine eines so hohen Amtes unwürdige Absicht zu hegen, welcher Punkt um so sorgfältiger besprochen werden muß, je schwerer sich die Gläubigen in unsern Tagen hierin zu versündigen pflegen.

Des Gewinnes halber sich zu den heiligen Weihen bestimmen, ist gottesräuberisch.

2. Einige nämlich wenden sich diesem Stande in der Absicht zu, um sich das zum Lebensunterhalte und zur Kleidung Erforderliche zu erwerben, so daß es scheint, als ob sie im Priesterthume nichts Anderes, als Gewinn suchten, wie alle Uebrigen bei jeder Art von schmutzigem Handwerke es thun.

Der Ehre oder des Reichthums wegen in den Priesterstand treten, ist über Alles unheilvoll.

3. Denn obwohl nach dem Ausspruche des Apostels die Natur und das göttliche Gesetz es gebietet, daß, wer dem Altare dient, auch vom Altare lebe, so ist es dennoch die größte Gottesschändung, des Gewinnes und Vortheiles willen dem Altare zu nahen. Andere bestimmt Ehrbegierde und Ruhmsucht zum Priesterstande; wieder Andere lassen sich weihen, um Ueberfluß an Reichthum zu haben. Der Beweis dafür ist dieser, daß sie gar nicht an die heilige Weihe denken, wenn ihnen nicht eine reichliche Pfründe übertragen wird.

Wie sehr das Priesterthum durch die Ehrbegierde und die Geldgier derer, welche wahrhaft Miethlinge sind, verloren habe. Welche zu den kirchlichen Verrichtungen durch die Thüre eingehen.

4. Diese aber sind es, die unser Heiland „Miethlinge" nennt, und von denen Ezechiel sagte: „daß sie sich selbst und nicht die Schafe weiden," deren Schändlichkeit und Gottlosigkeit nicht allein auf den Priesterstand großen Schatten wirft, so daß jetzt fast Nichts von dem gläubigen Volke für verächtlicher und verworfener gehalten werden kann, sondern auch bewirkt, daß sie selbst durch ihr Priesterthum Nichts weiter erlangen, als Judas durch sein Apostelamt, welches ihm das ewige Verderben brachte. Von Denen aber sagt man mit Recht, daß sie durch die Thür in die Kirche eintreten, die, von Gott rechtmäßig berufen, die Kirchenämter nur um dessentwillen übernehmen, daß sie Gott zu Ehren damit dienen.

Quaestio V.

Qui per Ordines sacros se Ecclesiae dedicarunt, qua parte caeteros e populo superare et excellere debeant.

Omnes homines ideo sunt conditi, ut Dei honori inserviant; sed hoc excellentius praestare debent, qui ultro se Ecclesiae tradiderunt.

Neque tamen hoc ita accipiendum est, quasi eadem lex aeque omnibus non sit imposita. Homines enim ob eam rem conditi sunt, ut Deum colant; quod praecipue fideles, qui Baptismi gratiam consecuti sunt, ex toto corde, ex tota anima et ex totis viribus praestare debent. Verum qui Ordinis Sacramento initiari volunt, hoc sibi proponant opus est, ut non solum Dei gloriam in omnibus rebus quaerant; quod quidem quum omnibus, tum maxime fidelibus commune esse constat: sed etiam, ut alicui certo Ecclesiae ministerio addicti, in sanctitate et iustitia illi serviant. Nam ut in exercitu omnes quidem milites imperatoris legibus parent, sed inter eos tamen alius centurio, alius praefectus est, alii alia munera obeunt: ita, quamvis omnes fideles pietatem et innocentiam sectari omni studio debeant, quibus rebus maxime Deus colitur: eos tamen, qui Ordinis Sacramento sunt initiati, praecipua quaedam munera et functiones in Ecclesia exsequi oportet. Nam et sacra pro se ipsis, et pro omni populo faciunt, et divinae legis vim tradunt, ad eamque prompto et alacri animo servandam fideles hortantur et instituunt, et Christi Domini Sacramenta, quibus omnis gratia impertitur et augetur, administrant, et, ut uno verbo complectamur, a reliquo populo segregati, in omnium longe maximo et praestantissimo ministerio se exercent. His igitur explicatis, accedent Parochi ad ea tradenda quae propria huius Sacramenti sunt; ut intelligant fideles, qui in ecclesiasticum Ordinem cooptari volunt, ad quodnam officii genus vocentur, quantaque ipsi Ecclesiae eiusque ministris potestas divinitus tributa sit.

Quaestio VI.

Quotuplex sit potestas ecclesiastica.

De duplici potestate Ecclesiastica Ordinis et jurisdictionis. Cf. Q. 47 sup. cap. Ordinis potestas ea omnia respicit, quae ad Eucharistiam referri possunt

Ea autem duplex est: ordinis et iurisdictionis. Ordinis potestas ad verum Christi Domini corpus in sacrosancta

Fünfte Frage.

Worin Die, welche sich durch die heiligen Weihen der Kirche gewidmet haben, die Anderen im Volke übertreffen und sich auszeichnen müssen.

Alle Menschen sind deshalb geschaffen, daß sie der Ehre Gottes dienen; vornehmlicher müssen dies aber diejenigen leisten, welche sich freiwillig der Kirche geschenkt haben.

Dies ist jedoch nicht so zu nehmen, als wenn dasselbe Gesetz nicht ebenmäßig Allen auferlegt wäre. Die Menschen sind nämlich deswegen erschaffen, daß sie Gott verehren, und namentlich sollen dies die Gläubigen, welche die Gnade der Taufe erlangt haben, aus ganzem Herzen, aus ganzer Seele und aus allen Kräften thun. Diejenigen aber, welche das Sakrament der Priesterweihe empfangen wollen, müssen den Vorsatz haben, nicht nur in allen Dingen Gottes Ehre zu suchen, was bekanntlich Allen, und vorzüglich den Gläubigen gemeinsam obliegt; sondern auch, zu einem bestimmten Kirchendienste bestimmt, ihm in Heiligkeit und Gerechtigkeit zu dienen. Denn wie in einem Kriegsheere zwar alle Soldaten den Gesetzen des Feldherrn gehorchen, aber dennoch unter ihnen der Eine ein Hauptmann, der Andere ein Oberster ist, und Andere andere Stellen bekleiden, ebenso müssen, obgleich alle Gläubige mit allem Eifer nach Frömmigkeit und Unschuld trachten sollen, wodurch Gott am Meisten verehrt wird, dennoch Diejenigen, die das Sakrament der heiligen Weihe empfangen haben, einige besondere Aemter und Verrichtungen in der Kirche vollziehen. Denn sie verrichten das Opfer sowohl für sich selbst, als für das ganze Volk, und lehren die Bedeutung des Gesetzes und ermahnen und unterweisen die Gläubigen, dasselbe mit willigem und freudigem Herzen zu erfüllen; auch spenden sie die Sakramente Christi, des Herrn, durch welche alle Gnade mitgetheilt und vermehrt wird, und, um es mit Einem Worte zu sagen, so versehen sie, von dem übrigen Volke gesondert, den in jeder Hinsicht höchsten und erhabensten Dienst. Nach dieser Erklärung mögen nun die Pfarrer zum Vortrage Dessen übergehen, was diesem Sakramente eigen ist, damit die Gläubigen, die sich dem geistlichen Stande widmen wollen, einsehen, zu welcher Art von Dienst sie berufen werden, und welch' große Gewalt der Kirche und ihren Dienern von Gott verliehen ist.

Sechste Frage.

Wie vielfach die kirchliche Gewalt sei.

Ueber die doppelte kirchliche Gewalt der Weihe und der Gerichtsbarkeit. Die Gewalt der Weihe erstreckt sich auf alles das, was auf die Eucharistie bezogen werden kann.

Diese ist aber zweifach: die Gewalt der Priesterweihe und der Gerichtsbarkeit. Die Gewalt der Priesterweihe bezieht sich auf

Eucharistia refertur. Iurisdictionis vero potestas tota in Christi corpore mystico versatur. Ad eam enim spectat, Christianum populum gubernare et moderari, et ad aeternam coelestemque beatitudinem dirigere.

Quaestio VII.

Ordinis potestas ad quae se extendat.

Verum ordinis potestas non solum consecrandae Eucharistiae vim et potestatem continet, sed ad eam accipiendam hominum animos praeparat et idoneos reddit, caeteraque omnia complectitur, quae ad Eucharistiam quovis modo referri possunt. Eius vero plura ex sacris litteris testimonia afferri possunt. sed illa praeclara et gravissima sunt, quae apud sanctos Ioannem et Matthaeum leguntur; inquit enim Dominus:[1] „Sicut misit me Pater, et ego mitto vos... Accipite Spiritum Sanctum: quorum remiseritis peccata, remittuntur eis; et quorum retinueritis, retenta sunt". Et, „Amen dico vobis. quaecunque alligaveritis super terram, erunt ligata et in coelo. et quaecunque solveritis super terram, erunt soluta et in coelo".[2] Quae quidem loca a Pastoribus ex sanctorum Patrum doctrina et auctoritate explanata, maximum veritati lumen afferre poterunt.

Quaestio VIII.

Christi Sacerdotium legis naturae vel etiam Moysis Sacerdotio sublimius est.

Sacerdotium Christi quanto praestantius sit Sacerdotio legis naturae. Ubi est lex. i i Sacerdotium. Conc. Trident. Sess. 23 de Ord. cap. 1.

I. Haec autem potestas plurimum illi praestat, quae in naturae lege certis hominibus, qui res sacras curarent, tributa est. Nam et illa aetas, quae scriptam legem antecessit, suum Sacerdotium, suamque potestatem spiritualem habuerit necesse est, quum legem habuisse satis constet. Haec duo enim ita coniuncta esse testatur Apostolus,[3] ut eorum altero translato. simul etiam alterum transferri necesse sit.

Sacerdotium Christi quanto sit excellentius Sacerdotio Aaronis? Chrys. de Sac. lib. 3. Christus conferendae gratiae virtutem et res sacras administrandi potestatem quomodo Ecclesiae reliquerit? Conc. Trid. Sess. 23 can. 1. Consecratio hominum ad exercendam potestatem spiritualem in Ecclesia Sacramentum Ordinis dicitur.

II. Quum igitur naturali instinctu homines agnoscerent;

1) Ioan. 20, 21. 23. 2) Matth. 18, 18. 3) Ebr. 7, 12.

ten wahren Leib Christi, des Herrn, in der hochheiligen Eucha=
ristie. Die Gewalt der Gerichtsbarkeit aber erstreckt sich ganz auf
den geistlichen Leib Christi; denn zu dieser gehört, das christliche
Volk zu regieren und zu leiten, und zur ewigen und himmlischen
Seligkeit zu führen.

Siebente Frage.

Worauf sich die Gewalt der Priesterweihe erstrecke.

Die Gewalt der Priesterweihe aber schließt nicht allein die Macht
und Gewalt in sich, die Eucharistie zu consekriren, sondern sie be=
reitet die Seelen der Menschen auch vor und macht sie geschickt
zum Empfange derselben und umfaßt alles Uebrige, was auf ir=
gend eine Weise auf die Eucharistie Bezug haben kann. Für die=
selbe lassen sich aber mehrere Zeugnisse aus der heiligen Schrift
anführen, von denen jedoch die klarsten und wichtigsten jene sind,
die man bei dem heiligen Johannes und Matthäus lies't; denn
der Herr sagt: „So wie mich der Vater gesandt hat, so sende ich
euch . . . Empfanget den heiligen Geist: Welchen ihr die Sünden
nachlassen werdet, denen sind sie nachgelassen; und Welchen ihr
sie behalten werdet, denen sind sie behalten.“ Und: „Wahrlich,
sage ich euch, Alles, was ihr auf Erden binden werdet, das wird
auch im Himmel gebunden sein und Alles, was ihr auf Erden
lösen werdet, das wird auch im Himmel gelöset sein.“ Wenn
die Pfarrer diese Stellen nach der Lehre und dem Zeugnisse der
heiligen Väter erläutern, so vermögen sie die Wahrheit ganz vor=
züglich in's Licht zu stellen.

Achte Frage.

Das Priesterthum Christi ist erhabener als das Priesterthum des Naturge=
setzes, und selbst des Moses.

Um wie Vieles das Priesterthum Christi vortrefflicher ist, als das Priesterthum
des natürlichen Gesetzes. — Wo ein Gesetz ist, ist ein Priesterthum.

1. Diese Gewalt hat aber einen sehr großen Vorzug vor jener,
die in dem Naturgesetze gewissen Menschen, welche den Gottesdienst
besorgten, ertheilt war. Denn auch jenes Zeitalter, das dem
geschriebenen Gesetze vorherging, mußte sein Priesterthum und seine
geistliche Gewalt haben, da es zur Genüge bekannt ist, daß es ein
Gesetz gehabt habe. Denn der Apostel bezeugt, diese beiden seien
dergestalt verbunden, daß, wenn das Eine von ihnen übertragen
wird, zugleich auch das Andere übertragen werden muß.

Um wie vieles das Priesterthum Christi vorzüglicher ist, als das Priesterthum
Aarons. Auf welche Weise Christus der Kirche die Macht, Gnade zu er=
theilen und die Vollmacht, Sakramente zu spenden, hinterlassen hat. Die
Consekration der Menschen zur Ausübung der geistlichen Gewalt in der
Kirche wird das Sakrament der Weihe genannt.

2. Da also die Menschen aus natürlichem Antriebe erkannten,

Deum colendum esse: consequens erat, ut in quavis republica aliqui sacrorum et divini cultus procurationi praeficerentur, quorum potestas aliquo modo spiritualis diceretur. Eadem etiam potestate populus Israëliticus non caruit; quae tametsi dignitate superior fuit, quam illa, qua in lege naturae Sacerdotes praediti erant, longe tamen inferior, quam legis evangelicae spiritualis potestas existimanda est. Haec enim coelestis est, omnemque Angelorum etiam virtutem superat; neque a Sacerdotio Mosaico, sed a Christo Domino, qui „non secundum Aaron Sacerdos fuit, sed secundum ordinem Melchisedec", ortum habet. Is enim, qui summa potestate gratiam tribuendi et peccata remittendi praeditus fuit, hanc potestatem, quamvis virtute definitam et Sacramentis adstrictam, Ecclesiae suae reliquit; quare ad eam exercendam certi ministri instituti sunt, et solemni religione consecrati; quae quidem consecratio Ordinis Sacramentum, vel sacra Ordinatio vocatur.

Quaestio IX.
Quid sit Ordo, et cur functio ecclesiastica Ordo vocetur.
Quid sit proprie et generatim Ordo. In Sacramento Ordinis plures sunt gradus.

Placuit autem sanctis Patribus hoc vocabulo uti, quod latissimam significationem habet, ut dignitatem et excellentiam ministrorum Dei indicarent. Est enim Ordo, si propriam eius vim et notionem accipiamus, dispositio superiorum et inferiorum rerum, quae inter se ita aptae sunt, ut una ad alteram referatur. Quum itaque in hoc ministerio multi sint gradus et variae functiones, omnia vero certa ratione distributa sint et collocata, recte et commode Ordinis nomen ei impositum videtur.

Quaestio X.
Ordo veri nominis est Sacramentum.
Ordinem sive sacram Ordinationem vere esse Sacramentum. Conc. Tr. Sess. 23 de Ord. cap. 1 et 3 et can. 3, 4 et 5. Quomodo Ordinis Sacramento potestas consecrandae Eucharistiae et gratia ad illam exerceadam requisita conferatur?

Quod autem inter caetera Ecclesiae Sacramenta sacra Ordinatio numeranda sit, sancta Tridentina Synodus ratione illa, quae saepius repetita est, comprobavit; nam quum Sacramentum sit rei sacrae signum, id vero, quod hac consecratione

daß man Gott verehren müsse, so war es folgerichtig, daß in jedem
Gemeinwesen Einige der Besorgung der Opfer und des Gottes=
dienstes vorgesetzt wurden, deren Gewalt gewissermaßen eine geist=
liche genannt werden konnte. Auch das israelitische Volk entbehrte
diese Gewalt nicht, die, obgleich sie durch Würde erhabener als
jene war, welche die Priester im Naturgesetze besaßen, doch für
weit geringer, als die geistliche Gewalt des evangelischen Gesetzes
zu halten ist. Denn diese ist eine himmlische und übertrifft sogar
alle Gewalt der Engel, und hat ihren Ursprung nicht vom mosai=
schen Priesterthume, sondern von Christo, dem Herrn, der „ein
Priester war nicht nach der Weise Aarons, sondern nach der Ord=
nung Melchisedechs.“ Denn er, der mit der höchsten Gewalt,
Gnade zu ertheilen und Sünden zu vergeben, ausgerüstet war,
hat diese Gewalt, obgleich an Kraft eingeschränkt und an die Sa=
kramente gebunden, seiner Kirche hinterlassen; deßhalb sind zu
deren Ausübung gewisse Diener verordnet und mit Feierlichkeit
eingeweiht, welche Einweihung denn das Sakrament der Priester=
weihe oder die heilige Weihe genannt wird.

Neunte Frage.

Was Weihe (Ordo) sei und warum die kirchliche Amtsverrichtung Ordo ge=
nannt werde.

Was im eigentlichen Sinne und im Allgemeinen Ordo bedeutet. In dem Sakra=
ment der Weihe gibt es viele Stufen.

Es dünkte aber den heiligen Vätern gut, sich dieses Wortes,
das eine sehr umfassende Bedeutung hat, zu bedienen, um die
Würde und Vortrefflichkeit der Diener Gottes anzuzeigen. Denn
das Wort Ordo (Weihe, Ordnung) bezeichnet, wenn wir es in
seiner eigentlichen Bedeutung und Begriffsbestimmung nehmen, die
Stellung höherer und niederer Dinge, die unter sich so gefügt sind,
daß das Eine sich auf das Andere bezieht. Da es nun in diesem
Dienste viele Abstufungen und verschiedene Amtsverrichtungen gibt,
Alles aber nach richtigem Verhältnisse vertheilt und geordnet ist,
so sieht man, daß ihm der Name Ordo (Ordnung, Weihe) mit
Fug und Recht beigelegt ist.

Zehnte Frage.

Die Priesterweihe ist im eigentlichen Sinne ein Sakrament.

Daß die Weihe oder die heilige Weihung wahrhaft ein Sakrament sei. Wie durch
das Sakrament der Weihe die Gewalt, die Eucharistie zu consekriren und
die zu diesem Behufe nöthige Gnade ertheilt wird.

Daß aber die heilige Weihe unter die übrigen Sakramente der
Kirche gezählt werden muß, hat der heilige Kirchenrath von Trient
auf die schon öfter angeführte Weise bewiesen; denn da ein Sa=
krament ein Zeichen einer heiligen Sache ist, das aber, was durch

extrinsecus fit, gratiam et potestatem significet, quae illi tribuitur, qui consecratur: omnino sequi perspicuum est, Ordinem vero ac proprie Sacramentum dicendum esse; quare Episcopus ei calicem cum vino et aqua, et patenam cum pane porrigens, qui Sacerdos ordinatur, inquit... „Accipe potestatem, offerendi sacrificium", etc. Quibus verbis semper docuit Ecclesia, dum materia exhibetur, potestatem consecrandae Eucharistiae, charactere animo impresso tradi, cui gratia adiuncta sit, ad illud munus rite et legitime obeundum; quod Apostolus his verbis declarat...[1] „Admoneo te, ut resuscites gratiam Dei, quae est in te, per impositionem manuum mearum; non enim dedit nobis Deus Spiritum timoris, sed virtutis et dilectionis et sobrietatis.

Quaestio XI.

Quapropter in Ecclesia plures sint instituti ministrorum ordines.

Iam vero, ut sacrae synodi verbis[2] utamur, quum divina res sit tanti Sacerdotii administratio, consentaneum fuit, quo dignius et maiori cum veneratione exerceri posset, ut in Ecclesiae ordinatissima dispositione plures essent et diversi ministrorum ordines, qui Sacerdotio ex officio deservirent: atque hi quidem ita distributi, ut, qui iam clericali tonsura insigniti essent, per minores ad maiores ascenderent.

Quaestio XII.

Quot sint ordines ministrorum Ecclesiae, quaque ratione communiter distribuantur.

Functio omnis Ecclesiastica quae sacra Ordinatione instituitur, septenario numero concluditur. Ordines cuncti ad ministerium Eucharistiae praecipue referuntur

I. Docendum igitur erit, hosce omnes ordines septenario numero contineri, semperque ita a Catholica Ecclesia traditum esse; quorum nomina haec sunt: Ostiarius, Lector, Exorcista, Acolythus, Subdiaconus, Diaconus, Sacerdos. Hunc autem ministrorum numerum recte ita definitum esse, probari potest propter ea ministeria, quae ad sacrosanctum Missae sacrificium, et Eucharistiam vel conficiendam, vel administrandam, cuius causa praecipue sunt instituta, necessaria videntur.

Ordinum alii majores, alii minores dicuntur. Quid r quiratur ad Ordines sacros suscipiendos, et quales Episcopi ministros altaris eligere debeant, docet Conc. Tr Sess. 23. Decr. de Ref. cap. 3 et 29.

II. Ex his alii maiores, qui etiam sacri dicuntur, alii mino-

---

1) 2 Tim. 1. C. 7.   2) Sess. 23 de ord. cap. 2.

diese Consekration äußerlich geschieht, die Gnade und Gewalt an=
deutet, die Dem verliehen wird, der die Weihe empfängt, so folgt
offenbar nothwendig, daß die Priesterweihe wahrhaft und eigent=
lich ein Sakrament zu nennen sei.   Daher spricht der Bischof zu
Dem, der zum Priester geweiht wird, indem er ihm den Kelch mit
dem Weine und Wasser und die Patene mit dem Brode darreicht:
„Nimm hin die Gewalt, das Opfer darzubringen ꝛc." Die Kirche
hat nun immer gelehrt, daß mit diesen Worten, während die Ma=
terie dargereicht wird, die Gewalt der Consekrirung der Eucha=
ristie verliehen werde, indem der Seele ein Charakter eingedrückt
wird, und daß mit derselben die Gewalt verbunden ist, jenem
Amte gebührend und rechtmäßig nachzukommen, was der Apostel
in folgenden Worten erklärt: „Ich ermahne dich, daß du die
Gnadengabe Gottes wieder erweckest, welche in dir ist durch die
Auflegung meiner Hände; denn Gott hat uns nicht den Geist der
Furcht, sondern der Kraft und Liebe und Nüchternheit gegeben.

Eilfte Frage.

Warum in der Kirche mehrere Weihen der Diener angeordnet seien.

Da nun aber, um uns der Worte des heiligen Kirchenraths zu
bedienen, „der Dienst eines so erhabenen Priesterthums eine gött=
liche Sache ist, so war es, damit er desto würdiger und mit größerer
Verehrung möchte ausgeübt werden, angemessen, daß in der voll=
kommen geordneten Einrichtung der Kirche mehrere und verschie=
dene Rangordnungen der Diener da seien, die pflichtgemäß dem
Priesterthum Dienste leisteten, und diese zwar so vertheilt, daß die
bereits mit der geistlichen Tonsur Bezeichneten von den niederen
zu den höheren aufstiegen".

Zwölfte Frage.

Wie viele Weihen der kirchlichen Diener es gebe und in welcher Weise sie ge=
meiniglich ausgetheilt werden.

Alle kirchlichen Verrichtungen, welche durch die Weihen eingeleitet werden, sind in
der Siebenzahl beschlossen. Die Weihen beziehen sich insgesammt auf den
Dienst der Eucharistie.

1. Es soll demnach gelehrt werden, daß alle diese Weihen in
der Siebenzahl zusammengefaßt sind, und daß dies immer so von
der katholischen Kirche überliefert ist; ihre Namen sind diese:
Ostiarius, Lektor, Exorcist, Acolyth, Subdiakon, Diakon, Priester.
Daß aber die Zahl der Diener mit Recht so festgesetzt ist, läßt
sich leicht durch die Dienste beweisen, die zum hochheiligen Meß=
opfer und zur Vollziehung oder Ausspendung der Eucharistie, um
welcher willen sie besonders eingesetzt sind, nothwendig erscheinen.

Von den Weihen werden einige höhere, andere niedere genannt. Was zum Em=
pfang der heiligen Weihen erforderlich ist, und welche die Bischöfe zu Die=
nern des Altars erwählen sollen, lehrt der Kirchenrath v. Trient in der
23. Sitzung.

2. Unter diesen sind einige höhere, die auch heilige genannt

res sunt. Maiores vel sacri sunt: Ordo Sacerdotalis, Diacona-
tus et Subdiaconatus; ad minores referuntur: Acolythi, Exor-
cistae, Lectores, Ostiarii; de quorum singulis pauca dicenda
sunt, ut habeant Parochi, unde eos potissimum instituant, quos
noverint aliquo ordine initiandos esse.

Quaestio XIII.

Quid clericalis tonsura, clericique nomen sibi velint.

Clericalis tonsura est quaedam praeparatio ad suscipiendos Ordines. Clerici nomen
quid sibi velit? Quam integra debeat esse Clericorum vita, diserte ostendit
Conc. Trid. Sess. 14 Decr. de Ref. in Prooem. et Sess. 22 de Ref. c. 1.

I. Incipiendum est autem a prima Tonsura, quam quidem
docere oportet, quandam praeparationem esse ad Ordines
accipiendos. Ut enim homines ad Baptismum exorcismis, ad
Matrimonium sponsalibus praeparari solent: ita, quum tonso
capillo, Deo dedicantur, tanquam aditus ad Ordinis Sacramentum illis aperitur. Declaratur enim, qualis esse debeat, qui
sacris imbui cupit; nam Clerici nomen, quod ei tunc primum
imponitur, ab eo deductum est, quod Dominum, sortem et
haereditatem suam, habere incipiat; veluti qui in Hebraeorum
populo divino cultui mancipati erant; quibus vetuit Dominus,
aliquam agrorum partem in terra promissionis distribui, quum
inquit [1]: „Ego pars et haereditas tua.“

Omnes Christiani ad sortem Domini pertinent, sed tamen non ideo sunt omnes
Clerici.

II. Ac quamvis id omnibus fidelibus commune sit, praecipua tamen ratione iis conveniat necesse est, qui se Dei
ministerio consecrarunt.

Quaestio XIV.

Quare Clerici rotunda corona in capite insigniantur.

Corona clericalis quid significet et qualis in quolibet esse debeat? Quod Clericorum
capita tondeantur, ex Apostolica traditione manavit. Dion. de Eccl. Hierarch.
c. 6. Primo, coronae spineae significandae causa paratur corona in capite
Clericorum. Secundo, regiae dignitatis ut sit declaratio 2 Pet. 2, 9. Tertio, perfectioris vitae professionem designat. Quarto, ad indicandum rerum minus necessariarum contemptum.

Tondentur vero capilli ad coronae speciem et similitudinem,
quam perpetuo conservare oportet; et ut quisque in altiori
deinceps Ordinis gradu collocatur, sic eius orbis forma latior
circumscribi debet; quod [quidem ex Apostolorum traditione

1) Num. 18, 20.

werden, andere niedere. Die höheren oder heiligen sind: die priesterliche Weihe, das Diakonat und Subdiakonat; zu den niederen gehören: die des Acolythen, Exorcisten, Lektoren und Ostiars. Von jeder derselben müssen wir in Kürze reden, damit die Pfarrer das Hauptsächlichste vor sich haben, worin sie Diejenigen unterrichten müssen, von denen sie wissen, daß sie irgend eine Weihe empfangen sollen.

Dreizehnte Frage.
Was die klerikalische Tonsur und der Name Kleriker bedeute.

Die geistl. Tonsur ist eine Art von Vorbereitung auf den Empfang der heil. Weihen. Was der Name: Kleriker bedeutet. Wie sittenrein das Leben der Kleriker sein müsse, wird in der 14. Sitzung des Kirchenraths von Trient ausführlich gezeigt.

1. Man muß nun von der ersten Tonsur beginnen, und von ihr lehren, daß sie eine Art von Vorbereitung zum Empfange der Weihen sei. Wie die Menschen nämlich zur Taufe durch die Exorcismen, zur Ehe durch die Verlobung vorbereitet zu werden pflegen, so wird ihnen auch, wenn sie durch das Abscheeren der Haare Gott geweiht werden, gleichsam der Zutritt zum Sakramente der Priesterweihe geöffnet. Denn dadurch wird angedeutet, wie Derjenige beschaffen sein müsse, der geweiht zu werden wünscht, indem der Name Kleriker, der ihm erst dann beigelegt wird, davon abgeleitet ist, daß er nun anfängt, den Herrn als sein Loos und Erbtheil zu besitzen; gleichwie auch der Herr verbot, an Diejenigen, welche unter dem Volke der Hebräer dem Gottesdienste gewidmet waren, einen Theil der Aecker im Lande der Verheißung zu vertheilen, da er sagte: „Ich bin dein Theil und deine Erbschaft."

Alle Christen gehören zum Antheil des Herrn; darum sind doch nicht alle Kleriker.

2. Und obgleich dies allen Gläubigen gemein ist; so muß es doch aus ganz besonderem Grunde Denen eigen sei, die sich dem Dienste Gottes geweiht haben.

Vierzehnte Frage.
Warum die Kleriker durch eine runde Krone auf dem Haupte ausgezeichnet werden.

Was die geistl. Krone bedeute, und wie sie bei Jedem sein müsse. Daß die Häupter der Kleriker geschoren werden, rührt von der apostolischen Ueberlieferung her. Zuerst wird die Krone auf dem Haupte der Kleriker gemacht um auf die Dornenkrone hinzuweisen. Zweitens, damit sie Ausdruck d königlichen Würde sei. Drittens bezeichnet sie den Stand des vollkommenen Lebens. Viertens ist sie ein Zeichen der Verachtung der minder nöthigen Dinge.

Die Haupthaare werden aber in der Gestalt und Form einer Krone abgeschoren, die immer beibehalten werden muß; und wie Jemand darauf in einen höheren Grad der Weihe eintritt, so muß auch diese runde Form weiter gezogen werden. Die Kirche lehrt,

acceptum esse, docet Ecclesia, quum de huiusmodi tondendi more sancti Dionysius Areopagita, Augustinus, Hieronymus, vetustissimi et gravissimi Patres, meminerint. Primum autem omnium ferunt Apostolorum Principem eam consuetudinem induxisse, ad memoriam coronae, quae ex spinis contexta, Salvatoris nostri capiti fuit imposita; ut quod impii ad Christi ignominiam et cruciatum excogitarunt, eo Apostoli ad decus et gloriam uterentur, simulque significarent, curandum esse a ministris Ecclesiae, ut omnibus in rebus Christi Domini nostri speciem et figuram gerant. Quamquam nonnulli asserant, hac nota regiam dignitatem declarari, quae iis maxime, qui in sortem Domini vocati sunt, videtur convenire. Quod enim Petrus Apostolus fideli populo tribuit [1]; „Vos genus electum, regale Sacerdotium, gens sancta,“ peculiari quadam et magis propria ratione ad ecclesiasticos ministros pertinere facile intelligimus; etsi non desunt, qui vel perfectioris vitae professionem a Clericis susceptam, circuli figura, quae omnium perfectissima est, significari existiment; vel externarum rerum contemptionem, animique ab omnibus humanis curis vacuitatem declarari putent, quod capilli, supervacaneum quiddam in corpore, tondeantur.

Quaestio XV.
Quae sit Ostiariorum functio.
Ut hoc munus et alii minores Ordines pristinae dignitati restituantur, hortatur.

I. Post primam tonsuram ad Ostiarii ordinem primus gradus fieri consuevit. Eius munus est, templi claves et ianuam custodire, et aditu templi arcere eos, quibus ingredi interdictum erat. Ad sanctum etiam Missae sacrificium assistebat, curaturus, ne qui propius, quam par esset, ad sacram aram accederet, et Sacerdotem rem divinam facientem interpellaret. Alia etiam ministeria illi commissa erant, ut ex ritibus, quae ad eius consecrationem adhibentur, perspici potest.

Quanta dignitas Ostiariorum. Thesaurarii et custodes sacrarii inter Ostiarios sunt numerandi.

II. Nam Episcopus claves, ex altari acceptas, ei tradens, quem Ostiarium vult instituere.... „Sic age,“ inquit, „quasi redditurus Deo rationem pro iis rebus, quae his clavibus recluduntur.“ Magnam autem in antiqua ˙Ecclesia huius

[1] 1 Petr. 2, 9.

daß dies durch apostolische Ueberlieferung überkommen sei, da die
Heiligen: Dionysius Areopagita, Augustin, Hieronymus, uralte
und höchst angesehene Väter, dieser Sitte der Haarabscheerung Er=
wähnung thun. Sie erzählen aber, daß der Apostelfürst vor Allen
zuerst diesen Gebrauch eingeführt habe zur Erinnerung an jene
Krone, die, aus Dornen geflochten, unserm Heilande auf's Haupt
gesetzt wurde, so daß die Apostel sich dessen, was die Gottlosen zur
Schmach und Marter Christi ersonnen hatten, zur Zierde und
Ehre bedienten, und zugleich andeuteten, daß die Diener der Kirche
sich befleißigen sollten, in allen Dingen die Gestalt und das Eben=
bild Christi, unsers Herrn, an sich zu tragen. Indeß behaupten
Einige, mit diesem Zeichen sei die königliche Würde gemeint, die
Denen ganz besonders zu gebühren scheint, die zum Erbtheile des
Herrn berufen sind. Denn man sieht leicht ein, daß das, was der
Apostel Petrus dem gläubigen Volke zuschreibt: „Ihr seid ein aus=
erwähltes Geschlecht, ein königliches Priesterthum, ein heiliges
Volk", sich auf eine besondere und ganz eigenthümliche Weise auf
die Diener der Kirche bezieht; wenngleich Manche dafür halten,
durch die Kreisform, welche die allervollkommenste ist, werde ent=
weder das von den Klerikern abgelegte Versprechen eines voll=
kommenen Lebens bezeichnet, oder die Verachtung der äußern Dinge,
und das Los= und Ledigsein des Herzens von allen menschlichen
Sorgen ausgedrückt, weil die Haare, als etwas Ueberflüssiges am
Körper, abgeschoren werden.

Fünfzehnte Frage.
Worin das Amt der Ostiarier bestehe.
Es wird die Mahnung gegeben, sowohl dieses Amt, als die übrigen minderen Weihen in ihre frühere Würde wieder einzusetzen.

1. Nach der ersten Tonsur pflegt der erste Schritt zur Weihe
des Pförtners zu geschehen. Sein Amt ist, Schlüssel und Thür
der Kirche zu bewachen, und diejenigen vom Eintritte in die Kirche
abzuhalten, denen untersagt war, hinein zu gehen. Ebenfalls war
er diensteleistend beim heiligen Meßopfer, indem er dafür Sorge ·
trug, daß Niemand zum heiligen Altare näher trat, als schicklich
war, und den den heiligen Dienst verrichtenden Priester störte.
Auch noch andere Dienste waren ihm anvertraut, wie man aus
den Gebräuchen, die bei seiner Weihe üblich sind, ersehen kann.

· **Wie groß die Würde der Ostiarier sei. Die Schatzmeister und Aufseher des Sa-
crariums sind unter die Ostiarier zu rechnen.**

2. Denn indem der Bischof die Schlüssel vom Altare empfängt,
und sie dem überreicht, den er zum Pförtner einsetzen will, sagt
er: „Handle so, als müßtest du Gott über Alles Rechenschaft ab=
legen, was durch diese Schlüssel verschlossen wird." Daß aber die

ordinis dignitatem fuisse ex eo intelligitur, quod his temporibus in Ecclesia servari animadvertimus. Nam Thesaurarii officium, qui erat idem sacrarii custos, quod ad Ostiarii pertinebat, inter honestiores Ecclesiae functiones etiam nunc habetur.

Quaestio XVI.

Quodnam sit in Ecclesia Lectoris officium.

Secundus Ordinis gradus est Lectoris munus. Ad eum pertinet in Ecclesia veteris et novi Testamenti, libros clara voce et distincte recitare; praesertim vero eos, qui inter nocturnam psalmodiam legi solent. Eius quoque partes erant. prima religionis Christianae rudimenta fidelibus tradere. Episcopus itaque, praesente populo, in eius ordinatione librum. quo descripta sunt, quae ad hanc functionem attinent, illi tradens, inquit: „Accipe, et esto verbi Dei relator; habiturus si fideliter et utiliter impleveris officium tuum, partem cum iis, qui verbum Dei bene administraverunt ab initio.“

Quaestio XVII.

Exorcistis quid ex officio incumbat.

Tertius est ordo Exorcistarum, quibus potestas data est nomen Domini invocandi in eos, qui ab immundis spiritibus obsidentur; quare Episcopus, quum eos instituit, librum, in quo exorcismi continentur, eis porrigit, usus ea formula verborum: „Accipe, et commenda memoriae, et habe potestatem imponendi manus super energumenos, sive baptizatos, sive catechumenos.“

Quaestio XVIII.

Quae sint Acolythi partes.

Acolythorum quartus est gradus, et ultimus eorum omnium, qui minores et non sacri appellantur. Eorum munus est. ministros maiores, Subdiaconos et Diaconos, in altaris ministerio assectari, eisque operam dare. Praeterea lumina deferunt et asservant, quum Missae sacrificium celebratur, praecipue vero quum Evangelium legitur; ex quo et Ceroferarii alio nomine vocati sunt. Quum itaque ordinantur, hic ritus ab Episcopo

Würde dieser Weihe in der alten Kirche groß gewesen sei, erhellt aus dem, was wir noch zu unsern Zeiten in der Kirche beibehalten sehen. Denn das Amt eines Schatzmeisters, der zugleich Aufseher der Sakristei war, und das den Pförtnern oblag, wird noch jetzt unter die angeseheneren Kirchendienste gerechnet.

Sechszehnte Frage.
Welches das Amt des Lektors in der Kirche sei.

Die zweite Stufe der Weihe ist das Amt des Lektors. Ihm liegt es ob, in der Kirche die Bücher des Alten und Neuen Bundes mit heller Stimme und verständlich vorzulesen, besonders aber diejenigen, welche während des nächtlichen Psaltergebets gelesen zu werden pflegen. Seine Pflicht war es auch, den Gläubigen die ersten Anfangsgründe der christlichen Religion vorzutragen. Indem daher der Bischof in Gegenwart des Volkes ihm bei seiner Weihe ein Buch überreicht, in welchem niedergeschrieben ist, was zu dieser Amtsverrichtung gehört, sagt er: „Nimm hin, und sei der Vorleser des Wortes Gottes, und wenn du treulich und mit Nutzen dein Amt erfüllst, wirst du deinen Antheil haben mit denen, die das Wort Gottes von Anfang an gut verwaltet haben".

Siebenzehnte Frage.
Welches Amt den Exorcisten obliege.

Die dritte Weihe ist die der Exorcisten, denen die Gewalt verliehen ist, den Namen des Herrn über die anzurufen, welche von unreinen Geistern besessen sind. Darum reicht ihnen der Bischof, wenn er sie einsetzt, ein Buch dar, in welchem die Exorcismen enthalten sind, indem er sich dieser Formel von Worten bedient: „Nimm hin, und präge es deinem Gedächtnisse ein, und besitze die Gewalt, deine Hände den Besessenen aufzulegen, sie mögen getauft oder Katechumenen sein."

Achtzehnte Frage.
Was für Verrichtungen die Acolythen haben.

Der Grad der Acolythen ist der vierte und letzte unter allen denen, welche die niederen und nicht heilige genannt werden. Ihr Amt ist, die höheren Dienstleistenden, die Subdiakonen und Diakonen, beim Altardienst zu begleiten, und ihnen behülflich zu sein. Ueberdies tragen sie die Lichter und halten dieselben, wenn das Meßopfer gefeiert, besonders aber, wenn das Evangelium gelesen wird; weshalb sie auch mit einem andern Namen die Kerzenträger (Ceroferarii) heißen. Wenn sie daher geweiht werden, so pflegt der Bischof folgende Weise zu beobachten. Zuerst, nachdem er sie

servari consuevit. Primum quidem, postquam eos officii sui diligenter admonuit, lumina eorum singulis tradit in hunc modum: „Accipe ceroferarium cum cereo, et scias te ad accendenda Ecclesiae luminaria mancipari in nomine Domini." Deinde item urceolos vacuos, quibus aqua et vinum in sacrificio ministratur: „Accipe urceolos, ad suggerendum vinum et aquam in Eucharistiam sanguinis Christi in nomine Domini."

Quaestio XIX.

Quodnam sit Subdiaconi ministerium, ac cuiusmodi ritus in eius consecratione adhibeantur.

De majoribus, qui sacri dicuntur, Ordinibus. Subdiacono quid incumbat?

I. A minoribus Ordinibus, iisdemque non sacris, de quibus hactenus dictum est, ad maiores et sacros legitimus aditus et ascensus patet. In eorum primo gradu Subdiaconus collocatur, cuius munus est, ut nomen ipsum declarat, Diacono ad altare inservire; sacra enim lintea, vasa, panem et vinum, ad sacrificii usum necessaria, parare debet. Nunc Episcopo et Sacerdoti aquam praebet, quum manus in Missae sacrificio abluunt. Epistolam etiam, quae olim a Diacono in Missa recitabatur, Subdiaconus legit, ac tanquam testis ad sacrum assistit, prohibetque, ne Sacerdos, sacra faciens, a quopiam perturbari possit.

Subdiacono lex perpetuae continentiae imponitur. Dist. 27 cap. Presbyt.

II. Haec autem, quae ad Subdiaconi ministerium spectant, ex solemnibus caeremoniis, quae in illius consecratione adhibentur, licet cognoscere. Primum enim Episcopus legem perpetuae continentiae huic ordini impositam esse admonet, edicitque, neminem in Subdiaconorum ordinem cooptandum esse, cui ultro hanc legem accipere non sit propositum; deinde, post solemnem litaniarum precationem, quae Subdiaconi munera et functiones sint, enumerat atque exponit. His peractis, eorum singuli, qui ordinantur, ab Episcopo quidem calicem et sacram patenam accipiunt, ab Archidiacono vero, ut intelligatur Subdiaconum Diaconi officio subservire, urceolos vino et aqua plenos, una cum lebete et linteolo, quo manus absterguntur, dicente Episcopo: „Videte, cuiusmodi ministerium vobis traditur; ideo vos admoneo, ut ita vos exhibeatis, ut

nachdrücklich an ihre Pflicht erinnert hat, überreicht er einem jeden von ihnen ein Licht mit folgenden Worten: „Nimm hin den Leuchter mit der Kerze, und wisse, daß du im Namen des Herrn verpflichtet wirst, die Kerzen der Kirche anzuzünden." Sodann übergibt er ihm auch die leeren Kännchen, in welchen beim Opfer Wasser und Wein dargereicht wird, indem er sagt: „Nimm hin die Kännchen, um im Namen des Herrn Wein und Wasser zur Eucharistie des Blutes Christi herbeizutragen."

Neunzehnte Frage.

Welches das Amt des Subdiakons sei, und welche Gebräuche bei seiner Weihe vorkommen.

Von den höheren Weihen, welche die heiligen genannt werden. Was dem Subdiakon obliege?

1. Von den niederen nicht heiligen Weihen, von denen bis jetzt die Rede war, stehet der rechtmäßige Zutritt und das Emporsteigen zu den höheren und heiligen offen. Auf die erste Stufe derselben ist der Subdiakon gestellt, dessen Pflicht es ist, wie schon der Name es ausspricht, dem Diakon am Altare zur Hand zu sein; denn er muß die heiligen Tücher, die Gefäße, Brod und Wein, was zum Opfer nothwendig ist, in Bereitschaft halten. Jetzt reicht er dem Bischofe und Priester das Wasser, wenn sie beim Meßopfer die Hände waschen. Auch liest der Subdiakon die Epistel, die ehemals vom Diakon in der Messe vorgelesen wurde, und wohnt dem Opfer als Zeuge bei, und verhindert, daß der messelesende Priester von Jemanden gestört werden könne.

Dem Subdiakon wird die Pflicht ewiger Keuschheit aufgelegt.

2. Das Gesagte, was zur Verrichtung des Subdiakons gehört, läßt sich aber aus den feierlichen Ceremonien entnehmen, die bei seiner Weihe beobachtet werden. Zuerst nämlich erinnert der Bischof daran, daß diesem Grad von Weihe eine beständige Enthaltsamkeit als Gesetz auferlegt sei, und erklärt, das Niemand zum Grade des Subdiakons zuzulassen sei, der nicht entschlossen ist, dieses Gesetz freiwillig anzunehmen; sodann nennt und erklärt er, nach feierlichem Abbeten der Litanei, die Pflichten und Verrichtungen des Subdiakons. Hierauf empfängt Jeder von denen, die geweiht werden, vom Bischofe den Kelch und die heilige Patene, von dem Archidiakon aber, zum Zeichen, daß der Subdiakon dem Amte des Diakons untergeordnet sei, die mit Wein und Wasser gefüllten Kännchen, zugleich mit dem Handbecken und dem Tüchlein, mit welchem die Hände abgetrocknet werden, indem der Bischof spricht: „Sehet zu, was für ein Amt euch übertragen wird; ich ermahne euch deshalb, euch so zu erweisen, daß ihr Gott gefallen könnt." Noch andere Gebete werden außerdem hinzugefügt.

Deo placere possitis." Adduntur praeterea aliae preces. Ad extremum, quum Episcopus sacris vestibus Subdiaconum ornavit, ad quarum singulas propria verba et caeremoniae adhibentur, tradit ei epistolarum librum, ac dicit: „Accipe librum epistolarum, et habe potestatem legendi eas in Ecclesia sancta Dei, tam pro vivis, quam pro defunctis."

Quaestio XX.
Quod sit Diaconi munus.
Quod sit Diaconi ministerium?

I. Secundum autem sacrorum ordinum gradum Diaconus obtinet, cuius ministerium latius patet, sanctiusque semper habitum est; ad eum enim pertinet, Episcopum perpetuo sequi, concionantem custodire, eique et Sacerdoti sacra facienti, vel alia Sacramenta administranti, praesto esse, et in Missae sacrificio Evangelium legere. Olim vero fidelium animos saepius excitabat, ut sacra attenderent; sanguinem etiam Domini ministrabat, in quibus Ecclesiis ea consuetudo erat, ut fideles Eucharistiam sub utraque specie sumerent.

In usu aliquando Ecclesiae. Cyprian. Serm. de Laps. Ambr. lib. I. de off. c. 41.

II. Diacono praeterea ecclesiasticorum bonorum dispensatio commissa erat, ut unicuique necessaria ad victum subministraret. Ad Diaconum etiam attinet, tanquam Episcopi oculum, pervestigare, quinam in urbe pie et religiose, quive secus vitam traducant, qui ad sacrificium et concionem statis temporibus conveniant, qui rursus non conveniant, ut, quum de omnibus Episcopum certiorem fecerit, ille vel privatim unumquemque hortari et admonere, vel palam corrigere et obiurgare possit, uti se magis profecturum esse intellexerit. Catechumenorum etiam nomina recitare debet, et eos, qui Ordinis Sacramento initiandi sunt, ante Episcopum statuere. Licet ei praeterea, si absit Episcopus et Sacerdos, Evangelium explanare, non tamen e superiori loco; ut intelligatur hoc eius proprium munus non esse.

Praeter Episcopum et sacerdotem nemo e sacro suggestu concionetur.

III. Quanta vero diligentia adhibenda sit, ne quis eo munere indignus ad hunc Ordinis gradum ascendat, Apostolus ostendit, quum ad Timotheum Diaconi mores, virtutem et integritatem exposuit.[1] Hoc idem satis etiam declarant ritus et solemnes caeremoniae, quibus ab Episcopo consecratur.

1) 1 Tim. 3. 3—10.

Zuletzt, wenn der Bischof den Subdiakon mit den heiligen Gewändern geschmückt hat, bei deren jedem besondere Worte und Ceremonien in Anwendung kommen, übergibt er ihm das Epistelbuch und sagt: „Nimm hin das Buch der Episteln, und empfange die Gewalt, sie in der heiligen Kirche Gottes zu lesen sowohl für die Lebendigen als für die Todten."

Zwanzigste Frage.
Welches das Amt des Diakons sei.
Was der Dienst des Diakons sei.

1. Den zweiten heiligen Grad der Weihen nimmt der Diakon ein, dessen Verrichtung einen weiteren Umfang hat, und von jeher für heiliger erachtet worden ist; ihm liegt es nämlich ob, dem Bischofe immer zu folgen, bei der Predigt ihn zu bewachen, und ihm und dem Priester, wenn sie das Opfer vollbringen, oder andere Sakramente ausspenden, zu Diensten zu sein, und beim Meßopfer das Evangelium zu lesen. Ehemals aber regte er öfter das Gemüth der Gläubigen an, dem Opfer andächtig beizuwohnen; auch reichte er in den Kirchen, in denen es üblich war, daß die Gläubigen die Eucharistie unter beiderlei Gestalt empfingen, das Blut des Herrn dar.

Nach dem früheren Gebrauche der Kirche.

2. Dem Diakon war außerdem die Vertheilung der Kirchengüter anvertraut, damit er Jedem den nöthigen Lebensunterhalt zutheile. Auch liegt dem Diakon, als dem Auge des Bischofes ob, nachzuforschen, Welche in der Stadt einen frommen und gottesfürchtigen, oder einen verkehrten Wandel führen; Welche sich zum Opfer und zur Predigt zu den bestimmten Zeiten einfinden, und Welche wiederum nicht sich einfinden, damit der Bischof, wenn er denselben von Allem benachrichtigt hat, einen Jeden entweder im Geheimen ermahnen und erinnern, oder öffentlich zurechtweisen und strafen kann, wie er es für das Nützlichste halten mag. Auch muß er die Namen der Katechumenen ablesen, und diejenigen, welche das Sakrament der Priesterweihe empfangen sollen, dem Bischofe vorstellen. Außerdem ist ihm gestattet, in Abwesenheit des Bischofs und Priesters das Evangelium auszulegen, jedoch nicht vom Predigtstuhle herab, um zu erkennen zu geben, daß dies nicht sein eigentliches Amt sei.

Außer dem Bischofe und dem Priester soll keiner von der Kanzel predigen.

3. Wie große Sorgfalt aber angewandt werden muß, daß kein dieses Amtes Unwürdiger zu diesem Weihegrade emporsteige, zeigt der Apostel, da er an den Timotheus die Sitten, die Tugend und Unbescholtenheit eines Diakons auseinandersetzt. Dies sprechen auch zur Genüge die Gebräuche und feierlichen Ceremonien aus, mit

Pluribus enim et sanctioribus precibus ad Diaconi, quam ad Subdiaconi ordinationem utitur Episcopus, et alia addit sacrarum vestium ornamenta. Praeterea manus ei imponit. Quod quidem ab Apostolis factitatum esse legimus,[1] quum primos Diaconos instituerunt. Denique Evangeliorum librum ei tradit his verbis: „Accipe potestatem legendi Evangelium in Ecclesia Dei, tam pro vivis quam pro defunctis, in nomine Domini."

Quaestio XXI.

Quae sit dignitas et amplitudo Sacerdotii.

De Sacerdotii dignitate et officio. Cur Sacerdotes olim Presbyteri sunt dicti. Conc. Tr. Sess. 24 de Ord. c. 3 et can. 7.

Tertius, omniumque sacrorum ordinum summus gradus est Sacerdotium; qui vero illo praediti sunt, eos veteres Patres duobus nominibus vocare solent, interdum enim Presbyteros appellant, quod graece seniores significat, non solum propter aetatis maturitatem, quae huic ordini maximo necessaria est, sed multo magis propter morum gravitatem, doctrinam et prudentiam; ut enim scriptum est: „Senectus venerabilis est, non diuturna, neque annorum numero computata; cani autem sunt sensus hominis, et aetas senectutis, vita immaculata."[2] Interdum vero Sacerdotes vocant, tum quia Deo consecrati sunt, tum quia ad eos pertinet, Sacramenta administrare, sacrasque res et divinas tractare.

Quaestio XXII.

Quotuplex sit tum novae, tum veteris Legis Sacerdotium.

Duplex Sacerdotium, internum et externum. Omnes fideles quomodo sint Sacerdotes, et quas hostias offerant. Leo Serm. 3. de annivers. Pontif.

I. Sed quoniam duplex Sacerdotium in sacris litteris describitur, alterum interius, alterum externum: utrumque distinguendum est, ut, de quo hoc loco intelligatur, a Pastoribus explicari possit. Quod igitur ad interius Sacerdotium attinet, omnes fideles, postquam salutari aqua abluti sunt, sacerdotes dicuntur; praecipue vero iusti, qui spiritum Dei habent, et divinae gratiae beneficio, Iesu Christi summi Sacerdotis, viva membra effecti sunt; hi enim fide, quae charitate inflammatur, in altari mentis suae spirituales Deo hostias immolant; quo in genere bonae omnes et honestae actiones, quas ad Dei

---

1) Act. 6, 6.   2) Sap. 4, 8. 9.

welchen er vom Bischofe geweiht wird. Denn der Bischof bedient sich bei der Weihe des Diakons mehrerer und heiligerer Gebete, als bei der des Subdiakons, und fügt auch noch andere Zierrathen von heiligen Kleidern hinzu. Ueberdies legt er ihm die Hände auf, was, wie wir lesen, auch von den Aposteln geschehen ist, als sie die ersten Diakone einsetzten. Endlich überreicht er ihm das Evangelienbuch mit folgenden Worten: „Nimm hin die Gewalt, das Evangelium zu lesen in der Kirche Gottes im Namen des Herrn sowohl für die Lebendigen als für die Todten."

Einundzwanzigste Frage.
Welches die Würde und Erhabenheit des Priesterthums sei.
Ueber die Würde und das Amt des Priesterthums. Warum die Priester ehedem Presbyter genannt wurden.

Der dritte und höchste Grad aller heiligen Weihen ist das Priesterthum. Diejenigen aber, die damit begabt sind, pflegen von den alten Vätern mit zweierlei Namen benannt zu werden; zuweilen nämlich nennen sie dieselben „Presbyter," was im Griechischen „die Aeltesten" bedeutet, nicht allein wegen des gereiften Alters, das auf dieser Weihestufe besonders nothwendig ist, sondern vielmehr ihrer Sittenstrenge, Gelehrsamkeit und Klugheit wegen, wie denn geschrieben steht: „Ein ehrenvolles Alter hängt nicht von langer Dauer und von der Zahl der Jahre ab, sondern des Menschen Verstand gilt für graue Haare, und ein unbeflecktes Leben ist das Greisenalter." Zuweilen aber nennen sie dieselben: „Sacerdotes", theils, weil sie Gott geweiht sind, theils, weil es ihnen obliegt, die Sakramente auszuspenden und heilige und göttliche Dinge zu behandeln.

Zweiundzwanzigste Frage.
Wie vielfach das Priesterthum sowohl des neuen als des alten Bundes sei.
Doppeltes Priesterthum: inneres und äußeres. Wie alle Gläubigen Priester sind, und welche Opfer sie darbringen.

1. Weil aber in der heiligen Schrift von einem zweifachen Priesterthume die Rede ist: einem inneren und einem äußeren, so muß man beide unterscheiden, damit die Pfarrer erklären können, welches hier gemeint sei. Was nun das innere Priesterthum betrifft, so werden alle Gläubige, nachdem sie durch das Heils-Wasser abgewaschen sind, Priester genannt; vorzüglich aber die Gerechten, die den Geist Gottes haben, und durch die Wohlthat der göttlichen Gnade lebendige Glieder Jesu Christi, des höchsten Priesters, geworden sind: denn diese opfern durch den Glauben, der durch die Liebe entflammt wird, auf dem Altare ihres Herzens Gott geistige Opfer, wozu alle gute und fromme Handlungen zu zählen sind, die sie zur Ehre Gottes thun. Daher lesen

gloriam referunt, numerandae sunt. Quare in Apocalypsi[1] ita legimus: „Christus lavit nos a peccatis nostris in sanguine suo, et fecit nos regnum et Sacerdotes Deo et Patri suo." In quam sententiam ab Apostolorum Principe[2] dictum est: „Ipsi tanquam lapides vivi superaedificamini, domus spiritualis, Sacerdotium sanctum, offerentes spirituales hostias, acceptabiles Deo per Iesum Christum." Et Apostolus[3] nos hortatur: „ut exhibeamus corpora nostra hostiam viventem, sanctam, Deo placentem, rationabile obsequium nostrum." David[4] item multo ante dixerat: „Sacrificium Deo spiritus contribulatus: cor contritum et humiliatum Deus non despicies." Quae omnia ad interius Sacerdotium spectare, facile intelligitur.

Externum Sacerdotium non cadit in omnes Christianos. Conc. Trid. Sess. 23 de Ordin. c. 1 et can. 1. Duplex sacerdotium in veteri Lege etiam invenitur.

II. Externum vero Sacerdotium non omnium fidelium multitudini, sed certis hominibus convenit, qui legitima manuum impositione, solemnibusque sanctae Ecclesiae caeremoniis instituti et Deo consecrati, ad aliquod proprium, sacrumque ministerium adscribuntur. Hoc Sacerdotii discrimen in veteri etiam Lege observari potest; nam de interiori Davidem locutum esse, paulo ante demonstratum est; externi vero nemo ignorare potest, quam multa Dominus Moysi et Aaroni praecepta dederit. Praeterea universam Leviticam tribum ministerio templi adscripsit, ac lege cavit, ne quis ex alia tribu in eam functionem se inferre auderet; quare Ozias[5] Rex lepra a Domino percussus, quod Sacerdotale munus usurpasset, arrogantiae et sacrilegii sui gravissimas poenas dedit.

Sacramentum ordinis respectu externi sacrificii institutum.

III. Quia igitur eandem Sacerdotii distinctionem in lege Evangelica licet animadvertere: docendi erunt fideles, nunc de Sacerdotio externo agi, quod certis hominibus attributum est; hoc enim tantummodo ad Ordinis Sacramentum pertinet.

Quaestio XXIII.
Quae sint Sacerdotum propriae functiones.

Sacerdotis igitur munus est, Deo sacrificium facere, ecclesiastica Sacramenta administrare, quemadmodum ex consecrationis ritibus perspicitur. Nam Episcopus, quum aliquem Sacerdotem instituit, primum quidem manus ei, una cum

1) Apoc. 1, 5. 6. 2) 1 Petri 2, 5. 3) Rom. 12, 1. 4) Ps. 50, 19. 5) 2 Par. 25, 19.

wir in der geheimen Offenbarung alſo: „Chriſtus hat uns ge=
waſchen von unſeren Sünden mit ſeinem Blute, und uns zu einem
Königreich und zu Prieſtern für Gott und ſeinen Vater gemacht.“
In gleichem Sinne ſagt der Fürſt der Apoſtel: „Bauet euch ſelbſt
als lebendige Steine auf ihn zum geiſtigen Hauſe, zum heiligen
Prieſterthume, um geiſtige Opfer darzubringen, welche Gott wohl=
gefällig ſind durch Jeſum Chriſtum.“   Und der Apoſtel ermahnt
uns: „daß wir unſere Leiber als ein lebendiges, heiliges, Gott
wohlgefälliges Opfer darbringen ſollen, und unſer Gottesdienſt
vernünftig ſei.“   Ebenſo hatte David lange zuvor geſagt: „Ein
Opfer vor Gott iſt ein betrübter Geiſt; ein zerknirſchtes und ge=
demüthigtes Herz wirſt du, o Gott, nicht verachten.“ Es iſt leicht
einzuſehen, daß ſich dies Alles auf das innere Prieſterthum bezieht.

Das äußere Prieſterthum kommt nicht allen Gläubigen zu. — Ein doppeltes Prieſterthum findet ſich auch im Alten Bunde.

2. Das äußere Prieſterthum kommt aber nicht der ganzen
Menge der Gläubigen, ſondern beſtimmten Menſchen zu, welche
durch rechtmäßige Auflegung der Hände und durch feierliche Ce=
remonien der heiligen Kirche eingeſetzt, und Gott geweiht, zu einem
eigenen und heiligen Dienſte verordnet worden ſind. Dieſer Unter=
ſchied des Prieſterthums läßt ſich auch im alten Bunde wahr=
nehmen; denn daß David von dem inneren geredet habe, wurde
ſo eben nachgewieſen; Niemand aber kann es unbekannt ſein, wie
viele Vorſchriften der Herr dem Moſes und Aaron hinſichtlich des
äußeren gegeben habe. Ueberdies beſtimmte er den ganzen levi=
tiſchen Stamm zum Tempeldienſte, und verbot durch ein Geſetz,
daß Jemand aus einem anderen Stamme ſich unterſtehen ſolle,
ſich in dieſes Amt einzudrängen; deshalb ſchlug der Herr den
König Ozias mit dem Ausſatze, weil er ſich das prieſterliche Amt
angemaßt hatte, und verhängte über ihn wegen ſeiner Vermeſſen=
heit und Gottesſchändung die ſchwerſten Strafen.

Das Sakrament der Weihe iſt in Rückſicht auf das äußere Prieſterthum eingeſetzt.

3. Weil man nun dieſelbe Unterſcheidung des Prieſterthums in
dem evangeliſchen Geſetze wahrnehmen kann, ſo müſſen die Gläu=
bigen belehrt werden, daß es ſich jetzt von dem äußeren Prieſter=
thume handelt, welches gewiſſen Menſchen zugetheilt iſt, denn nur
dieſes gehört zum Sakrament der Prieſterweihe.

Dreiundzwanzigſte Frage.
Welches die eigentlichen Verrichtungen der Prieſter ſeien.

Das Amt des Prieſters iſt nun: Gott das Opfer darzubringen,
die kirchlichen Sakramente auszuſpenden, wie dies aus den Ge=
bräuchen bei der Prieſterweihe erhellt. Wenn nämlich der Biſchof
einen zum Prieſter weiht, legt er ihm zuerſt, ſammt allen Prieſtern,

omnibus Sacerdotibus, qui adsunt, imponit, deinde stolam
humeris aptans, eam ante pectus in crucis formam componit
quo quidem declaratur, Sacerdotem virtute indui ex alto, qua
possit crucem Christi Domini, et iugum suave divinae legis
perferre, eamque non verbis solum, sed vitae sanctissime et
honestissimo actae exemplo tradere. Postea manus sacro oleo
inungit, tum vero calicem cum vino et patenam cum hostia
tradit, dicens: „Accipe potestatem offerendi sacrificium Deo,
Missasque celebrandi, tam pro vivis, quam pro defunctis."
Quibus caeremoniis et verbis interpres ac mediator Dei et
hominum constituitur; quae praecipua Sacerdotis functio
existimanda est.   Ad extremum vero manibus iterum eius
capiti impositis: „Accipe," inquit, „Spiritum sanctum; quorum
remiseris peccata, remittuntur eis, et quorum retinueris,
retenta sunt;" eique coelestem illam, quam Dominus discipulis
suis dedit, peccata retinendi ac remittendi potestatem tribuit.
Haec vero sunt sacerdotalis Ordinis propria et praecipua
munera.

Quaestio XXIV.

Quamvis unus sit Sacerdotii ordo, non tamen unus est Sacerdotum
gradus.

Unus est Sacerdotii Ordo, sed in plures dignitatis gradus distinctus.   Primus gradus
Sacerdotum Inferiorum.   Secundus gradus est Episcoporum seu Pontificum.

I. Qui tametsi unus est, varios tamen dignitatis et potestatis gradus habet.   Primus est eorum, qui Sacerdotes simpliciter vocantur, quorum functiones hactenus declaratae sunt.
Secundus est Episcoporum, qui singulis Episcopatibus praepositi sunt, ut non solum caeteros Ecclesiae ministros, sed
fidelem populum regant, et eorum saluti summa cum vigilantia
et cura prospiciant.   Quare in sacris litteris Pastores ovium
saepe appellantur; quorum munus et officium Paulus descripsit,
ut in Apostolorum Actis [1] legimus, in ea concione, quam ad
Ephesios habuit; itemque a Petro, Apostolorum Principe,
divina quaedam Episcopalis ministerii regula tradita est, [2]
ad quam si Episcopi actiones suas dirigere studeant, dubitandum non erit, quin Pastores boni et sint, et habeantur.
Sed iidem Episcopi et Pontifices dicuntur, accepto ab Ethnicis
nomine, qui Principes Sacerdotum Pontifices appellare consueverunt.

---

1) Act. 20, 28.   2) 1 Petr. 5, 2.

die zugegen sind, die Hände auf, dann fügt er die Stola, die er ihm über die Schultern hängt, vor der Brust in Form eines Kreu= zes zusammen, wodurch angedeutet wird, daß der Priester mit Kraft von oben angethan werde, vermöge welcher er das Kreuz Christi, des Herrn, und das sanfte Joch des göttlichen Gesetzes tragen, und dasselbe nicht allein durch Worte, sondern auch durch das Beispiel eines durchaus heiligen und ehrbaren Lebenswandels lehren könne. Hiernach salbt er seine Hände mit dem heiligen Oele; darauf aber überreicht er ihm den Kelch mit dem Weine, und die Patene mit der Hostie, und spricht: „Nimm hin die Ge= walt, Gott das Opfer darzubringen, und Messen zu feiern sowohl für die Lebendigen als für die Todten," durch welche Ceremonien und Worte er zum Dolmetscher und Mittler zwischen Gott und den Menschen eingesetzt wird, was für die vorzüglichste Verrich= tung des Priesters anzusehen ist. Zuletzt aber legt er ihm die Hände abermals auf das Haupt und spricht: „Nimm hin den heil. Geist, welchen du die Sünde vergeben wirst, denen sind sie vergeben, und welchen du sie behalten wirst, denen sind sie behal= ten," und ertheilt ihm jene himmlische Gewalt, die Sünden zu be= halten und zu vergeben, die der Herr seinen Jüngern gab. Dieses nun sind die eigenthümlichen und vorzüglichsten Verrichtungen des priesterlichen Standes.

Vierundzwanzigste Frage.
Obschon es nur Einen Priesterstand gibt, so giebt es doch mehrere Stufen der Priester.

Der Priesterstand ist Einer, jedoch in mehrere Grade getheilt. Der erste ist der Grad der unteren Priester. Der zweite ist der Grad der Bischöfe oder Oberpriester.

1. Obschon dieser nur Einer ist, so hat er dennoch verschiedene Grade der Würde und Macht. Der erste ist der Grad derjenigen, welche man einfach Priester nennt, deren Verrichtungen bisher angegeben sind. Der zweite ist jener der Bischöfe, die den einzelnen Bis= thümern vorgesetzt sind, damit sie nicht allein die übrigen Diener der Kirche, sondern auch das gläubige Volk regieren, und mit größter Wachsamkeit und Fürsorge auf deren Heil bedacht seien. Deswegen heißen sie in der heil. Schrift oft die Hirten der Schafe, deren Amt und Dienst Paulus, wie wir in der Apostelgeschichte lesen, in der Rede beschrieben hat, die er an die Epheser hielt; ebenso ist auch von Petrus, dem Fürsten der Apostel, eine gött= liche Richtschnur für das bischöfliche Amt gegeben worden, und es unterliegt keinem Zweifel, daß die Bischöfe, wenn sie ihre Hand= lungen darnach einzurichten sich bemühen, gute Hirten sowohl sind, als auch dafür anerkannt werden. Die Bischöfe werden aber auch Oberpriester genannt, ein Name, den man von den Heiden entlehnt hat, die ihre vornehmsten Priester Oberpriester zu nennen pflegten.

Tertius est Archiepiscorum seu Metropolitanorum, qui licet jurisdictione, ordinatione tamen ab Episcopis non differunt.

II. Tertius gradus est Archiepiscoporum, qui pluribus Episcopis praesunt, qui Metropolitani etiam vocantur, quod illarum urbium Antistites sint, quae tanquam matres habeantur illius provinciae. Quare superiorem, quam Episcopi, locum et ampliorem potestatem habent, tametsi ab Episcopis ordinatione nil differunt.

Quartus gradus est Patriarcharum, qui quatuor olim in tota Ecclesia numerabantur, • il·que dignitate impares.

III. In quarto gradu Patriarchae collocantur, id est, primi supremique Patres. Olim in universa Ecclesia, praeter summum Romanum Pontificem, quatuor tantum Patriarchae numerabantur, neque omnes tamen dignitate pares; nam Constantinopolitanus, etsi ad eum post omnes alios hic honos delatus est, tamen ob imperii maiestatem, altiorem locum obtinuit. Proximus est Alexandrinus, cuius Ecclesiam Marcus Evangelista iussu Principis Apostolorum fundavit. Tertius Antiochenus, ubi Petrus sedem primo locavit. Extremum gradum habet Hierosolymitanus, quam Ecclesiam Iacobus, frater Domini, rexit.

In quinto gradu est Pontifex Romanus in Cathedra Petri legitimus Successor. Cf. 10 et 11. Quaest. art. 9 Symb. Apost. Primatus Romani Pontificis non humani, sed divini est juris.

IV. Praeter hos omnes, Catholica Ecclesia Romanum Pontificem Maximum, quem in Ephesina Synodo Cyrillus Alexandrinus Archiepiscopum, totius orbis terrarum Patrem et Patriarcham appellat, semper venerata est. Quum enim in Petri Apostolorum principis Cathedra sedeat, in qua usque ad vitae finem sedisse constat: summum in eo dignitatis gradum et iurisdictionis amplitudinem, non quidem ullis Synodicis aut aliis humanis constitutionibus, sed divinitus datam agnoscit. Quamobrem omnium fidelium et Episcoporum, caeterorumque Antistitum, quocumque illi munere et potestate praediti sint, pater ac moderator, universali Ecclesiae, ut Petri successor, Christique Domini verus et legitimus Vicarius praesidet. Ex his itaque Pastores docebunt, et quae sint ecclesiasticorum ordinum ac graduum praecipua munera et functiones, et quis huius Sacramenti minister sit.

Der dritte ist der der Erzbischöfe oder Metropoliten, die sich zwar durch die Gerichtsbarkeit, aber nicht durch die Weihe von den Bischöfen unterscheiden.

2. Der dritte Grad ist jener der Erzbischöfe, die mehreren Bischöfen vorstehen; sie heißen auch Metropoliten, weil sie die Vorsteher jener Städte sind, die gleichsam als die Mütter der betreffenden Provinz betrachtet werden. Deswegen haben sie einen höheren Rang und eine ausgedehntere Gewalt, als die Bischöfe, obwohl sie von den Bischöfen durch die Weihe in Nichts unterschieden sind.

Der vierte ist der der Patriarchen, deren man ehemals in der ganzen Kirche vier zählte, und die wiederum an Würde unter einander ungleich waren.

3. Auf der vierten Stufe stehen die Patriarchen, d. h. die ersten und höchsten Väter. Ehemals zählte man in der ganzen Kirche, außer dem römischen Papste, nur vier Patriarchen, die sich aber nicht Alle an Würde gleichstanden; denn der von Constantinopel behauptete, obwohl ihm diese Ehre unter allen anderen zuletzt zu Theil wurde, doch wegen der Majestät des Reiches einen höheren Rang. Ihm zunächst steht der von Alexandrien, dessen Kirche der Evangelist Markus auf Befehl des Apostelfürsten gegründet hat. Der dritte ist der von Antiochien, wo Petrus seinen Sitz zuerst aufschlug. Den letzten Rang hat der von Jerusalem, welche Kirche Jakobus, der Bruder des Herrn, regierte.

Den fünften Grad nimmt der römische Papst, der rechtmäßige Nachfolger auf dem Stuhle Petri ein. — Der Vorrang des römischen Papstes ist nicht menschlichen, sondern göttlichen Rechtes.

4. Außer diesen Allen hat die katholische Kirche den römischen Papst, welchen Cyrillus von Alexandrien auf der Kirchenversammlung zu Ephesus den Erzbischof, den Vater und Patriarchen des ganzen Erdkreises nennt, immerdar verehrt. Denn da er auf dem Stuhle Petri, des Apostelfürsten, sitzt, worauf dieser bekanntlich bis an das Ende seines Lebens gesessen hat, so erkennt sie in ihm den höchsten Grad der Würde und die Fülle der Gerichtsbarkeit an, die ihm nicht etwa durch einige Synodal= oder andere menschliche Beschlüsse, sondern von Gott verliehen ist. Deshalb steht er, als Vater und Regierer aller Gläubigen und Bischöfe, und der übrigen Vorsteher, welches Amt und welche Gewalt sie auch haben mögen, als der Nachfolger Petri und als wahrer und rechtmäßiger Statthalter Christi, des Herrn, der ganzen Kirche vor. Hiernach müssen also die Pfarrer lehren, sowohl welches die hauptsächlichsten Aemter und Verrichtungen der kirchlichen Weihen und Rangordnungen sind, als auch, wer der Ausspender dieses Sakramentes sei.

Quaestio XXV.

Quis sit legitimus Sacramenti ordinis minister.

Minister Sacramenti Ordinis est Episcopus. Conc. Trident. Sess. 23 de Ord. c. 3 et Sess. 23 decr. de Reform. c. 10. Abbatibus aliquando conceditur, ut minores Ordines conferant, sed his, qui alicujus Episcopi jurisdictioni non subsunt, ut declaratur Conc. Trident. Sess. 23. de Ref. c. 10. Episcoporum consecratio a tribus Episcopis fiat.

Constat enim ad Episcopum eam administrationem pertinere; quod etiam sanctarum litterarum auctoritate, certissima traditione, omnium Patrum testimonio, Conciliorum decretis, sanctae Ecclesiae usu et consuetudine, facile erit comprobare. Quamvis autem nonnullis Abbatibus permissum sit, ut minores et non sacros Ordines interdum administrent, tamen hoc proprium Episcopi munus esse nemo dubitat; cui uni ex omnibus, praeterea nemini, licet reliquis Ordinibus, qui maiores et sacri dicuntur, initiare. Nam Subdiconos, Diaconos et Sacerdotes unus tantum Episcopus ordinat. Episcopi ex Apostolorum traditione, quae perpetuo in Ecclesia custodita est, a tribus Episcopis consecrantur.

Quaestio XXVI.

Cur in promovendis ad Ordines singularis probitas requiratur.

Comparatio Sacramenti Ordinis cum aliis Sacramentis. Ordines cur statis diebus jejuniorum praecipue instituantur.

I. Sequitur nunc, ut explicetur, quinam ad hoc Sacramentum, inprimisque ad sacerdotalem Ordinem apti sint, et quae in eis potissimum requirantur; ex hoc enim difficile non erit statuere, quid in aliis Ordinibus dandis pro cuiusque officio et dignitate observare oporteat. Maximam autem in hoc Sacramento cautionem adhibendam esse, ita colligitur, quod caetera gratiam ad illorum sanctificationem et usum tribuunt, ·a quibus percipiuntur: at vero qui sacris initiantur, ob eam rem coelestis gratiae participes fiunt, ut eorum ministerio Ecclesiae atque adeo omnium hominum saluti consulatur; ex quo factum esse intelligimus, ut statis tantummodo diebus, quibus etiam solemnia ieiunia ex vetustissimo Catholicae Ecclesiae more indicuntur, Ordinationes fiant; ut scilicet fidelis populus eiusmodi sacrarum rerum ministros piis et sanctis precationibus a Deo impetret, qui ad tanti ministerii potestatem recte et cum Ecclesiae utilitate gerendam aptiores esse videantur.

Fünfundzwanzigste Frage.

Wer der rechtmäßige Ausspender des Sakramentes der Priesterweihe sei.

Der Ausspender des Sakramentes der Priesterweihe ist der Bischof. — Den Aebten wird zuweilen verstattet, die niederen Weihen zu ertheilen, jedoch nur Solchen, welche nicht unter der Gerichtsbarkeit des Bischofs stehn. — Die Consekration eines Bischofs muß durch drei Bischöfe geschehn.

Denn bekanntlich kommt die Spendung dem Bischofe zu, was sich auch durch das Zeugniß der heiligen Schrift, durch die glaubwürdigste Ueberlieferung, durch das Zeugniß aller Väter, durch die Verordnungen der Concilien, durch den Gebrauch und die Gewohnheit der heil. Kirche leicht beweisen läßt. Obschon es indeß einigen Aebten gestattet ist, zuweilen die niederen und nicht heiligen Weihen zu ertheilen, so zweifelt doch Niemand, daß dies Amt eigentlich dem Bischofe zustehe, dem es von Allen allein, und sonst Niemanden, erlaubt ist, die übrigen Weihen, die man die höheren und heiligen nennt, zu ertheilen. Denn die Subdiakonen, Diakonen und Priester weiht einzig und allein der Bischof; die Bischöfe werden der apostolischen Ueberlieferung gemäß, die in der Kirche stets beobachtet worden, von drei Bischöfen geweiht.

Sechsundzwanzigste Frage.

Warum bei denjenigen, die zu den Weihen befördert werden sollen, ausgezeichnete Rechtschaffenheit erfordert werde.

Vergleich des Sakramentes der Weihe mit den übrigen Sakramenten. Warum die Weihen an bestimmten Tagen, insbesondere den Fasttagen ertheilt werden.

1. Hierauf muß nun erklärt werden, Welche zu diesem Sakramente, und besonders zum Priesterstande, tauglich sind, und was bei ihnen vorzüglich erforderlich ist; denn hieraus wird es sich leicht bestimmen lassen, was man bei Ertheilung der andern Weihen, je nach der Pflicht nnd Würde einer jeden, beobachten muß. Daß aber bei diesem Sakramente die größte Vorsicht angewandt werden müsse, ergibt sich daraus, weil die übrigen die Gnade zur Heiligung und zum Nutzen derjenigen mittheilen, von denen sie empfangen werden; diejenigen hingegen, die geweihet werden, werden deswegen der himmlischen Gnade theilhaftig, damit durch ihre Amtsthätigkeit für das Heil der Kirche, ja sogar aller Menschen gesorgt werde; daher ist es begreiflicherweise gekommen, daß nur an bestimmten Tagen, an denen nach einer uralten Gewohnheit der katholischen Kirche auch öffentliche Fasten angeordnet werden, die Weihen Statt finden, damit nämlich das gläubige Volk durch seine frommen und heiligen Bitten von Gott solche Diener der göttlichen Geheimnisse erlange, welche am tauglichsten sind, die Gewalt eines so erhabenen Dienstes in rechter Weise und zum Nutzen der Kirche auszuüben.

Quales Sacerdotes eligendi. Morum integritate commendati.

II. Primum itaque in eo, qui Sacerdos creandus est, vitae et morum integritas commendetur magnopere oportet; non solum quia, si alicuius mortiferi peccati conscius se initiari curet, vel etiam patiatur, novo se et maximo scelere obstringit: sed etiam, quia virtutis et innocentiae lumen aliis praeferre debet. Ea de re, quid Apostolus Tito[1] et Timotheo[2] praecipiat, Pastoribus declarandum erit, et simul illud docendum, ea corporis vitia, quae in veteri lege ex Domini praescriptione aliquem ab altaris ministerio excludebant, in Evangelica lege ad animae vitia praecipue transferenda esse. Quare sanctam illam consuetudinem in Ecclesia servari animadvertimus, ut, qui sacris initiandi sunt, prius poenitentiae Sacramento conscientiam purgare diligenter studeant.

Rerum divinarum duabus de causis sint periti, quod etiam initio Decalogi latius reperitur. Duo Sacerdotis munera.

III. Praeterea in Sacerdote non solum ea cognitio requirenda est, qua ad Sacramentorum usum et tractationem pertinet, sed etiam sacrarum litterarum scientia ita instructum esse oportet, ut populo Christianae fidei mysteria, et divinae legis praecepta tradere, ad virtutem et pietatem incitare, a vitiis revocare fideles possit. Sacerdotis enim duo sunt munera, quorum alterum est, ut Sacramenta rite conficiat et administret, alterum, ut populum, fidei suae commissum, iis rebus et institutis, quae ad salutem necessaria sunt, erudiat. Malachias enim ita testatur: „Labia Sacerdotis custodient scientiam, et legem requirent ex ore eius; quia Angelus Domini exercituum est".[3] Ut igitur in horum altero, si mediocri cognitione sit ornatus, praestare, quod debet, possit: alterum certe non vulgarem, sed exquisitam potius doctrinam desiderat, quamvis aeque ab omnibus Sacerdotibus summa reconditarum rerum scientia non exigatur, sed quae ad suscepti officii et ministerii functionem unicuique satis esse possit.

1) Tit. 1. 2; 1 Tim 3. 3) Malach. 2. 7.

Welche zu Priestern auszuwählen sind? Die, welche ihre Sittenreinheit empfiehlt.

2. Zunächst muß sich daher derjenige, der zum Priester erwählt werden soll, ganz besonders durch Unbescholtenheit seines Wandels und seiner Sitten empfehlen; nicht allein, weil er, wenn er im Bewußtsein einer Todsünde darnach strebt, oder auch nur es geschehen läßt, daß er geweiht werde, sich eines neuen und sehr großen Verbrechens schuldig macht, sondern auch, weil er Andern die Fackel der Tugend und Unschuld vortragen soll. Die Pfarrer werden daher erklären müssen, was der Apostel hierüber dem Titus und Timotheus vorschreibt, und zugleich lehren, daß jene leiblichen Gebrechen, welche im alten Bunde nach der Anordnung des Herrn Jemanden vom Dienste des Altars ausschlossen, im evangelischen Gesetze vorzüglich auf die Gebrechen der Seele zu beziehen sind. Deßhalb sehen wir jene heilige Uebung in der Kirche beobachtet, daß sich die, welche geweiht werden sollen, zuvor eifrig befleißigen, ihr Gewissen durch das Sakrament der Buße zu reinigen.

Sie sollen in göttlichen Dingen aus zwei Gründen erfahren sein. — Das doppelte Amt des Priesters.

3. Außerdem wird vom Priester nicht allein jene Kenntniß gefordert, welche sich auf den Gebrauch und die Verwaltung der Sakramente bezieht, sondern er muß auch mit der Kenntniß der heiligen Wissenschaften so ausgerüstet sein, daß er dem Volke die Geheimnisse des christlichen Glaubens und die Vorschriften des göttlichen Gesetzes vortragen, die Gläubigen zur Tugend und Frömmigkeit aneifern, und von Sünden zurückbringen kann. Denn der Priester hat zwei Obliegenheiten, deren eine diese ist, daß er die Sakramente vorschriftsmäßig vollzieht und ausspendet, die andere, daß er das seiner Obhut anvertraute Volk in den Dingen und Anordnungen unterweiset, die zum Heile nothwendig sind. Malachias bezeugt also: „Die Lippen des Priesters sollen die Wissenschaft bewahren, und das Gesetz soll man holen aus seinem Munde; denn ein Engel des Herrn der Heerschaaren ist er". Obgleich er also hinsichtlich des Einen auch bei nur mittelmäßiger Kenntniß zu leisten vermag, was er muß, so erfordert doch das Andere gewiß nicht eine gewöhnliche, sondern eine ausgezeichnete Gelehrsamkeit, wenngleich billiger Weise nicht von allen Priestern die vollkommenste Erkenntniß der verborgenen Dinge verlangt wird, sondern nur eine solche, wie sie für einen Jeden zur Verrichtung des übernommenen Amtes und Dienstes zureichend sein kann.

Quaestio XXVII.

Quinam ad Sacerdotii dignitatem non sint admittendi.

Qui ad Sacerdotium non sint admittendi? Inprimis excluduntur pueri et amentes, quamvis, si Sacramentum Ordinis conferretur characterem eis etiam imprimeret. Secundo, servi prohibentur ordinari. Tertio, homicidae. Quarto, spurii et illegitimi. Quinto arcendi sunt corporibus deformati.

Pueris autem et furiosis, vel amentibus, quod usu rationis careant, hoc Sacramentum dandum non est: quamvis, si iis quoque administraretur, Sacramenti characterem in eorum animam imprimi, certo credendum sit. Qui vero aetatis annus in singulis Ordinibus sit exspectandus, ex sacri Tridentini Concilii decretis [1] facile erit cognoscere. Excipiuntur etiam servi; neque enim divino cultui dedicari debet, qui non sui iuris, sed in alterius potestate est. Viri praeterea sanguinum et homicidae, quia ecclesiastica lege repelluntur, atque irregulares sunt. Spurii quoque, et ii omnes, qui ex legitimis nuptiis non sunt procreati. Decet enim, ut, qui sacris addicuntur, nihil in se habeant, quo ab aliis merito contemni ac despici posse videantur. Ad extremum etiam admitti non debent, qui aliquo insigni corporis vitio deformes aut manci sunt; ea enim foeditas et debilitatio tum offensionem habet, tum vero Sacramentorum administrationem impediat necesse est.

Quaestio XXVIII.

Qui sint praecipui huius Sacramenti effectus.

Primus effectus est, quod sanctificatio illi, qui ordinatur, potestatem tribuit administrandi Sacramenta.

I. Sed iam his rebus expositis, superest, ut Pastores doceant, qui sint huius Sacramenti effectus. Constat vero, quamvis Ordinis Sacramentum, ut antea dictum est, maxime ad Ecclesiae utilitatem et pulchritudinem spectet, tamen in eius quoque anima, qui sacris initiatur, sanctificationis gratiam efficere; qua idoneus habilisque ad recte munus suum fungendum, Sacramentaque administranda, reddatur; quemadmodum etiam Baptismi gratia quilibet ad alia Sacramenta percipienda aptus efficitur.

Secundo, gradibus quibusdam homines provehit ad offerendum Domino novi Testamenti sacrificium.

II. Aliam quoque gratiam hoc Sacramento tribui perspicuum

1) Sess. 23 cap 12 de Reform.

Siebenundzwanzigste Frage.

Welche zur Würde des Priesterthums nicht zuzulassen seien.

Welche nicht zur priesterlichen Weihe zuzulassen sind? Zuerst sind die Kinder und Wahnsinnigen ausgeschlossen, obgleich das Sakrament der Weihe auch ihnen den Charakter einprägte, wenn es ihnen ertheilt würde. Zweitens dürfen die Sklaven nicht geweiht werden. Drittens die Mörder. Viertens die Bastarde und Illegitimen. Fünftens sind die körperlich Entstellten auszuschließen.

Kindern aber, und Rasenden oder Wahnsinnigen soll, weil ihnen der Gebrauch der Vernunft mangelt, dieses Sakrament nicht ertheilt werden; obwohl man, wenn es ihnen dennoch ertheilt werden sollte, sicher glauben muß, daß ihrer Seele der Charakter des Sakramentes eingedrückt werde. Aus den Beschlüssen des heiligen Concils von Trient kann man aber leicht ersehen, welches Lebensjahr bei den einzelnen Weihen abzuwarten ist. Ausgenommen werden auch die Leibeigenen, da Niemand zum Dienste Gottes geweiht werden darf, der nicht sein eigener Herr, sondern der Botmäßigkeit eines Andern unterworfen ist. Ferner Menschen, die Blut vergossen und Mörder, weil sie durch das Kirchengesetz ausgeschlossen und irregulär sind; auch Bastarde, und alle diejenigen, die nicht aus rechtmäßiger Ehe geboren sind. Denn es geziemt sich, daß die, welche zur heiligen Weihe angenommen werden, Nichts an sich haben, weshalb sie von Andern mit Recht verachtet und geringgeschätzt werden könnten. Zuletzt dürfen auch diejenigen nicht zugelassen werden, welche durch ein auffallendes körperliches Gebrechen verunstaltet oder verstümmelt sind; denn eine solche Häßlichkeit und Verkrüppelung erregt theils Anstoß, theils aber hindert sie nothwendig die Ausspendung der Sakramente.

Achtundzwanzigste Frage.

Welches die hauptsächlichsten Wirkungen dieses Sakramentes seien.

Die erste Wirkung ist, daß die Weihe dem, welcher geweiht wird, die Gewalt verleiht, die Sakramente zu spenden.

1. Nach diesen Erläuterungen bleibt nun aber noch übrig, daß die Pfarrer lehren, welches die Wirkungen dieses Sakramentes sind. Es steht aber fest, daß, obgleich das Sakrament der Priesterweihe, wie oben gezeigt wurde, hauptsächlich der Kirche zum Nutzen und zur Zierde gereicht, doch auch in der Seele dessen, der geweiht wird, die Gnade der Heiligung bewirkt, wodurch derselbe geschickt und fähig gemacht wird, sein Amt gehörig auszuüben, die Sakramente auszuspenden, gleichwie auch ein Jeder durch die Gnade der Taufe zum Empfange der andern Sakramente befähigt wird.

Zweitens läßt sie die Menschen wie auf gewissen Stufen dahin emporsteigen, dem Herrn das Opfer des N. B. darzubringen.

2. Auch ist es klar, daß durch dieses Sakrament noch eine an-

est: praecipuam videlicet potestatem, quae ad sanctissimum Eucharistiae Sacramentum refertur; in Sacerdote quidem plenam et perfectam, ut qui Domini nostri corpus et sanguinem unus potest conficere; in aliis vero inferiorum ordinum ministris, maiorem minoremve, quo quisque ministerio suo magis minusve ad altaris Sacramenta accedit.

> Quomodo Ordinis Sacramentum characterem imprimat? Conc. Trident. Sess. 23 de Ord. cap. 3. can. 4.

III. Atque haec etiam character spiritualis dicitur, quod, qui sacris imbuti sunt, interiori quadam nota animae impressa ab aliis fidelibus distinguantur, ac divino cultui mancipentur; ad quam Apostolus [1] videtur spectasse, quum ad Timotheum ait: „Noli negligere gratiam, quae in te est, quae data est tibi per prophetiam, cum impositione manuum presbyterii“. Et alibi: „Admoneo te, ut resuscites gratiam Dei, quae est in te per impositionem manuum mearum“.[2] Haec de Ordinis Sacramento satis dicta sint; potiora enim tantum rerum capita Pastoribus tradere professi sumus, ut illis fidelis populi docendi et in Christiana pietate erudiendi argumenta suppeditarent.

CAPUT VIII.

De Sacramento Matrimonii.

Quaestio I.

Cur Parochi sedulo debeant invigilare, ut populus Christianus Matrimonii naturam et sanctitatem cognitam habeat.

> Doctrina de Sacramento matrimonii et canones subjectis decem captibus, de ejusdem Ref. explicantur initio Sess. 24 Conc. Trident. Castitatis excellentia non in omnes cadit. Utilitas doctrinae de matrimonio.

Quoniam Pastoribus beata et perfecta Christiani populi vita proposita esse debet, iis quidem maxime optandum esset, quod Apostolus se cupere ad Corinthios scribebat his verbis:[3] „Volo omnes homines esse, sicut me ipsum“; nimirum, ut omnes continentiae virtutem sectarentur; nihil enim beatius in hac vita fidelibus potest contingere, quam ut animus nulla mundi cura distractus, sedataque et restincta omni carnis libidine, in uno pietatis studio et coelestium rerum cogitatione conquiescat; sed quoniam, ut idem Apostolus testatur, „unusquisque proprium donum habet ex Deo; alius quidem sic, alius vero sic“, et

---

1) 1 Tim. 4, 14.   2) 2 Tim. 1, 6.   3) 1 Cor. 7, 7.

tere Gnade verliehen wird, nämlich die ausgezeichnete Gewalt, welche sich auf das hochheilige Sakrament der Eucharistie bezieht; und zwar in dem Priester vollständig und vollkommen, da er allein den Leib und das Blut unseres Herrn wandeln kann, in den anderen Dienern der niederen Weihen aber mehr oder minder, je näher oder ferner einer durch seinen Dienst zu den Geheimnissen des Altars steht.

Wie das Sakrament der Weihe den Charakter einprägt.

3. Dies wird auch der geistliche Charakter genannt, weil die Geweihten durch ein inneres, der Seele eingeprägtes Merkmal von den anderen Gläubigen unterschieden und dem Dienste Gottes geweiht werden, worauf der Apostel hinzudeuten scheint, wenn er zum Timotheus sagt: „Vernachlässige nicht die Gnadengabe in dir, welche dir gegeben worden durch die Prophezeiung und mit Handauflegung der Priester". Und anderswo: „Ich ermahne dich, daß du die Gnadengabe Gottes wieder erweckest, welche in dir ist durch die Auflegung meiner Hände". Das Gesagte mag von dem Sakramente der Priesterweihe hinreichen; denn wir versprachen nur, den Pfarrern die Hauptpunkte davon vorzutragen, die ihnen den Stoff liefern sollten, das gläubige Volk zu belehren und in der christlichen Frömmigkeit zu unterrichten.

Achtes Hauptstück.
Vom Sakramente der Ehe.

Erste Frage.
Warum die Pfarrer fleißig darauf Bedacht nehmen sollen, daß das christliche Volk die Beschaffenheit und Heiligkeit der Ehe kenne.

Der Vorzug der Jungfräulichkeit ist nicht für Alle. Nutzen der Lehre von der Ehe.

Da den Pfarrern das selige und vollkommene Leben des christlichen Volkes als ihre Aufgabe gelten muß, so wäre demselben hauptsächlich zu wünschen, was der Apostel begehrte, da er an die Corinther schrieb: „Ich wünschte, daß ihr Alle wäret, wie ich", daß nämlich Alle nach der Tugend der Enthaltsamkeit trachten möchten; denn es kann den Gläubigen nichts Seligeres in diesem Leben widerfahren, als daß ihr Gemüth, durch keine weltliche Sorge zerstreut, und nach Beschwichtigung und Dämpfung jeglicher Begierde des Fleisches allein in dem Streben nach Gottseligkeit und in der Betrachtung himmlischer Dinge ruht. Weil aber, wie derselbe Apostel bezeugt, „ein Jeder seine eigene Gabe von Gott hat, der Eine so, der Andere so," und die Ehe mit großen und göttlichen Gütern geschmückt ist, so daß sie wahrhaft und im eigent-

Matrimonium magnis et divinis bonis ornatum est, ita ut inter alia Catholicae Ecclesiae Sacramenta vere et proprie numeretur, ac Dominus nuptiarum celebritatem praesentia sua honestarit; satis apparet, eius doctrinam tradendam esse; quum praesertim liceat animadvertere, tum sanctum Paulum, tum Apostolorum Principem, quae non solum ad dignitatem, sed etiam ad officia Matrimonii pertinebant, pluribus locis accurate scripta reliquisse. Divino enim Spiritu afflati, optime intelligebant, quanta et quam multa commoda ad Christianam societatem pervenire possent, si fideles Matrimonii sanctitatem cognitam haberent, et inviolatam servarent; contra vero, ea ignorata vel neglecta. plurimas maximasque calamitates et detrimenta in Ecclesiam importari. Primum itaque Matrimonii natura et vis explicanda est; nam quum vitia saepe honesti similitudinem gerant, cavere oportet, ne fideles falsa Matrimonii specie decepti, turpitudine, et nefariis libidinibus animam commaculent; cuius rei declarandae causa, a nominis significatione ordiendum est.

Quaestio II.

Quapropter sancta illa copula Matrimonii, Coniugii, aut Nuptiarum nominibus exprimatur.

Matrimonii descriptio, vis et natura. Ratio nominis.

„Matrimonium" ab eo dicitur, quod foemina idcirco maxime nubere debeat, ut mater fiat; vel quia prolem concipere, parere, educare, matris munus est. „Coniugium" quoque a coniungendo appellatur, quod legitima mulier cum viro quasi uno iugo adstringatur. Praeterea „Nuptiae", quia, ut inquit sanctus Ambrosius, [1] pudoris gratia puellae se obnuberent; quo etiam declarari videbatur, viris obedientes subiectasque esse oportere.

Quaestio III.

Quid sit Matrimonium.

Quae ad perfectum Matrimonium concurrant? Matrimonii vis in quo praecipue consistat, sequent. Quaest. illustratur.

I. Ita vero ex communi Theolgorum sententia definitur: „Matrimonium est viri et mulieris maritalis coniunctio inter legitimas personas, individuam vitae consuetudinem retinens". Cuius definitionis partes ut planius intelligantur, docendum est, quamvis haec omnia in perfecto Matrimonio insint, consensus

---

1) Lib. I. de Abraham c. 8.

lichen Sinne unter die andern Sakramente der katholischen Kirche gezählt wird, und der Herr die Feier der Hochzeit durch seine Gegenwart verherrlicht hat, so erhellt zur Genüge, daß der Unterricht darüber ertheilt werden müsse, besonders, da man wahrnehmen kann, wie sowohl der heilige Paulus, als auch der Apostelfürst an sehr vielen Stellen dasjenige uns genau beschrieben hinterlassen haben, was nicht allein die Würde, sondern auch die Pflichten der Ehe betraf. Denn sie sahen, vom heiligen Geiste erleuchtet, sehr wohl ein, wie große und wie viele Vortheile der christlichen Gemeinschaft zu Theil werden könnten, wenn die Gläubigen die Heiligkeit der Ehe erkennen, und unverletzt bewahren würden; daß aber im Gegentheile durch die Unkenntniß und Hintansetzung derselben für die Kirche sehr viele und große Bedrängnisse und Nachtheile entstehen würden. Zuerst muß daher die Natur und Bedeutung der Ehe erklärt werden; denn da die Laster oft den Schein der Ehrbarkeit an sich tragen, so muß man verhüten, daß die Gläubigen, durch einen falschen Begriff von der Ehe betrogen, ihre Seele nicht durch Schande und nichtswürdige Lüste beflecken. Um dies zu erläutern, muß mit der Bedeutung des Wortes begonnen werden.

Zweite Frage.

Warum diese heilige Verbindung durch die Benennung Matrimonium, Conjugium und Nuptiae ausgedrückt werde.

Beschreibung der Ehe, ihre Bedeutung und Natur. Erklärung des Namens.

Matrimonium heißt sie deswegen, weil das Weib vorzüglich darum heirathen soll, daß sie Mater, d. h. Mutter, werde, oder, weil es das Geschäft der Mutter ist, das Kind zu empfangen, zu gebären, zu erziehen. Auch conjugium wird sie von conjungere genannt, weil ein rechtmäßiges Weib mit dem Manne gleichsam an ein Iugum, d. h. Joch, zusammengebunden wird. Ferner Nuptiae, von nubere, weil, wie der heilige Ambrosius sagt, die Mädchen sich aus Scham wie in eine nubes, d. h. Wolke, einhüllten, wodurch auch angedeutet zu werden scheint, daß sie den Männern gehorsam und unterthan sein müssen.

Dritte Frage.

Was die Ehe sei.

Was zu einer vollständigen Ehe gehöre.

1. Die Begriffsbestimmung derselben ist aber nach dem gemeinsamen Urtheile der Gottesgelehrten diese: „Die Ehe ist eine eheliche Verbindung des Mannes und Weibes als eheberechtigter Personen zur Festhaltung einer unzertrennlichen Lebensgemeinschaft". Damit nun die Theile dieser Begriffsbestimmung deutlicher erkannt

videlicet interior, pactio externa, verbis expressa, obligatio et
vinculum, quod ex ea pactione efficitur, et coniugum copulatio,
qua Matrimonium consummatur: nihil horum tamen Matrimonii
vim et rationem proprie habere, nisi obligationem illam et
nexum, qui coniunctionis vocabulo significatus est.

Matrimonium inter illegitimas personas contractum, est irritum: quae autem personae non possint conjungi, aut etiam conjunctae separari debeant, pluribus cap
exponitur Conc. Tr. Sess. 24 de Ref. Indissolubile est Matrimonii vinculum.

II. Additur vero „Maritalis“, quoniam alia pactionum genera, quibus viri et mulieres obligantur, ut sibi mutuam
operam praestent, vel pretii, vel alterius rei causa, prorsus
aliena sunt a Matrimonii ratione. Sequitur deinde, „inter
legitimas personas“, quoniam, qui a nuptiarum coniunctione
legibus omnino exclusi sunt, ii Matrimonium inire non possunt; neque si ineant, ratum est; exempli enim gratia, qui
intra quartum gradum propinquitate coniuncti sunt, puerque
ante decimum quartum annum, aut puella ante duodecimum,
quae aetas legibus constituta est, ad Matrimonii iusta foedera
ineunda apti esse non possunt. Quod vero extremo loco
positum est, „individuam vitae consuetudinem retinens“, in-
dissolubilis vinculi naturam declarat, quo vir et uxor colli-
gantur.

Quaestio IV.

Ubi praecipua vis Matrimonii consistat.

Matrimonii natura non tam in consensu, quam in obligationis vinculo consistit. Consensus est Matrimonii causa efficiens.

Ex iis igitur patet, Matrimonii naturam et rationem in
vinculo illo consistere. Nam quod aliae clarissimorum virorum definitiones hoc videntur consensui tribuere, ut, quum
dicunt, coniugium esse consensum maris et foeminae: hoc ita
accipiendum est, consensum ipsum Matrimonii causam effec-
tricem esse;[1] quod Patres in Concilio Florentino docuerunt.
Etenim obligatio et nexus oriri non potest, nisi ex consensu
et pactione.

1) Eug. Ep. IV. ad Armen.

werden, muß man lehren, daß, obgleich sich alles Dieses bei einer
vollkommenen Ehe vorfindet, nämlich die innere Einwilligung, der
durch Worte ausgedrückte äußere Vertrag, die Verpflichtung und
das Band, welches aus jenem Vertrage entsteht, und die Vereini=
gung der Ehegatten, wodurch die Ehe vollzogen wird, in Nichts
jedoch von diesem eigentlich die Kraft und Wesenheit der Ehe be=
stehe, außer in jener Verpflichtung und Verknüpfung, die durch
das Wort „Verbindung" bezeichnet ist.

Eine Ehe, unter ungesetzlichen Personen abgeschlossen, ist ungültig. Welche Per
sonen aber sich nicht ehelichen können, oder wenn sie verbunden sind, von
einander getrennt werden müssen, setzt der Kirchenrath von Trient in der
24. Sitzung in mehreren Kapiteln auseinander. — Das Band der Ehe ist
unauflöslich.

2. Es wird aber beigesetzt „eheliche", weil andere Arten von
Verträgen, wodurch sich Männer und Weiber verpflichten, sich
gegenseitig Hülfe zu leisten, entweder gegen Entgelt oder aus einer
andern Ursache, dem Begriffe der Ehe gänzlich fremd sind. Es
folgt sodann: „als eheberechtigte Personen", weil diejenigen, die
gänzlich vom Ehebündnisse gesetzlich ausgeschlossen sind, keine Ehe
eingehen können, und dieselbe, wenn sie sie eingehen sollten, nicht
gültig ist. Denn diejenigen z. B., welche im vierten Grade bluts=
verwandt sind, und ein Knabe vor dem vierzehnten, oder ein
Mädchen vor dem zwölften Jahre, welches das durch die Gesetze
bestimmte Alter ist, können nicht fähig sein, rechtmäßige Ehebünd=
nisse einzugehen. Der letzte Zusatz aber: „zur Festhaltung einer
unzertrennlichen Lebensgemeinschaft", drückt die Natur des unauf=
löslichen Ehebandes aus, durch welches Mann und Weib verbunden
werden.

Vierte Frage.
Worin die vorzüglichste Kraft der Ehe beruhe.

Das Wesen der Ehe besteht nicht sowohl in der Einwilligung, als in der Ver
bindlichkeit der Verpflichtung. Die Einwilligung ist die bewirkende Ursache
der Ehe.

Hieraus erhellt demnach, daß die Natur und das Wesen der
Ehe in jenem Bande besteht. Denn wenn andere Begriffsbestim=
mungen sehr berühmter Männer dies der Einwilligung beizulegen
scheinen, indem sie z. B. sagen, die Ehe sei eine Einwilligung des
Mannes und Weibes, so ist dies so zu verstehen, daß eben die
Einwilligung die bewirkende Ursache der Ehe ist, wie es die Väter
auf dem Concil zu Florenz lehrten. Denn die Verpflichtung und
Verbindung kann nur aus der Einwilligung und dem Vertrage
hervorgehen.

Quaestio V.

Qualis in Matrimonio requiratur consensus, quaque ratione sit declarandus.

Consensus verbis temporis praesentis declarandus est isque mutuus esse debet. Interior consensus non sufficit ad Matrimonium.

Sed illud maxime necessarium est, ut consensus verbis, quae praesens tempus significant, exprimatur; neque enim Matrimonium est simplex donatio, sed mutua pactio; atque ita fit, ut consensus alterius tantum ad Matrimonium conjungendum satis esse non possit, sed duorum inter se mutuum esse oporteat. Atqui ad declarandum mutuum animi consensum verbis opus esse, perspicuum est; si enim ex interiori tantum consensu, sine aliqua externa significatione, Matrimonium constare posset: illud etiam sequi videretur, ut, quum duo, qui disiunctissimis et maxime diversis in locis essent, ad nuptias consentirent, antequam alter alteri voluntatem suam vel litteris, vel nuntiis declarasset, veri et stabilis Matrimonii lege coniungerentur; quod tamen a ratione et sanctae Ecclesiae consuetudine et decretis alienum est.

Quaestio VI.

Mutuus consensus, verbis futuri temporis expressus, Matrimonium non efficit.

Consensus, verbis futuri temporis expressus, Matrimonium non efficit.

I. Recte autem dicitur, oportere, ut consensus verbis exprimatur, quae praesentis temporis significationem habeant; nam quae futurum tempus indicant, Matrimonium non coniungunt, sed spondent. Deinde quae futura sunt, nondum esse, perspicuum est; quae vero non sunt, parum vel nihil firmi aut stabilis habere existimandum est.

Qui, quod se facturum promisit, postea non praestat; tametsi fidem violet, Matrimonium tamen non dissolvit.

II. Quare nondum connubii ius in eam mulierem quisquam habet, quam se in matrimonium ducturum esse pollicetur; neque statim ab eo impletum est, quod se facturum promisit, tametsi fidem praestare debet; quod si non faciat, violatae fidei reus esse convincitur. At vero qui Matrimonii foedere alteri iungitur, quamvis postea poeniteat, tamen quod factum est, mutare irritumve et infectum reddere non potest.

Qualis promissio?

III. Quum itaque coniugii obligatio nuda promissio non sit, sed eiusmodi abalienatio, qua re ipsa vir mulieri, et

Fünfte Frage.

Welch' eine Einwilligung bei der Ehe erfordert werde, und auf welche Art ſie ausgebrückt werden müſſe.

Die Einwilligung muß in Worten, die ſich auf die Gegenwart beziehen, erklärt werden, und zwar muß ſie gegenſeitig ſein. Eine innere Einwilligung reicht nicht zur Ehe hin.

Dies iſt aber vor Allem nothwendig, daß die Einwilligung durch Worte, welche die Gegenwart bezeichnen, zu erkennen gegeben werde; denn die Ehe iſt keineswegs eine einfache Schenkung, ſondern ein gegenſeitiger Vertrag; und ſo kann denn auch die Einwilligung nur eines Theiles zur Eingehung der Ehe nicht genügend ſein, ſondern ſie iſt wechſelſeitig von beiden Theilen erforderlich. Daß aber zur Erklärung der gegenſeitigen Herzenseinwilligung Worte nothwendig ſind, iſt offenbar. Denn, könnte die Ehe in einer blos inneren Einwilligung, ohne alle äußere Anzeige, beſtehen, ſo würde es, wie es ſcheint, auch folgerichtig ſein, daß, wenn zwei Perſonen, die an den entlegenſten und ganz verſchiedenen Orten lebten, in eine Ehe einwilligten, noch bevor die eine den Entſchluß der andern entweder brieflich, oder durch einen Boten erklärt hätte, dieſe durch das Band einer wahren und dauerhaften Ehe verbunden würden, was doch der Vernunft, der Gewohnheit und den Beſtimmungen der heil. Kirche zuwider iſt.

Sechſte Frage.

Wechſelſeitige Einwilligung, ausgedrückt mit Worten für die Zukunft, bewirkt nicht die Ehe.

Die Einwilligung, welche in Worten, die ſich auf die Zukunft beziehen, ausgedrückt iſt, bewirkt die Ehe nicht.

1. Es wird aber mit Recht geſagt, die Einwilligung müſſe mit Worten ausgedrückt werden, welche die Gegenwart anzeigen; denn ſolche, welche die Zukunft bezeichnen, ſchließen die Ehe nicht, ſondern verſprechen ſie nur. Sodann iſt aber klar, daß das Zukünftige noch nicht wirklich iſt; was aber noch nicht iſt, kann man nur für wenig, oder für gar nicht feſt und unveränderlich halten.

Wer das, was er zu thun verſprach, nachher nicht hält, löſt darum die Ehe nicht auf, obgleich er die Treue bricht.

2. Darum hat noch Niemand das Recht der Ehe auf das Weib, das er in Zukunft zu ehelichen verſpricht; noch iſt auch ſogleich von ihm erfüllt, was er thun zu wollen verheißen hat, obwohl er ſein Wort halten muß, weil er, thäte er dies nicht, als der Wortbrüchigkeit ſchuldig überwieſen wird. Wer ſich aber mit einem Andern ehelich verbindet, kann, obgleich es ihn hinterher gereuete, doch das Geſchehene nicht ändern oder ungültig oder ungeſchehen machen.

Welcher Beſchaffenheit das Verſprechen iſt.

3. Da alſo die Verpflichtung der Ehe kein einfaches Verſprechen iſt, ſondern eine ſolche Entäußerung, daß dadurch der Mann ſeinem

vicissim mulier viro corporis sui potestatem tradit: idcirco necesse est, verbis, quae praesens tempus designant, Matrimonium contrahi; quorum verborum vis, postquam etiam enuntiata sunt, permanet, virumque et uxorem indissolubili vinculo constrictos tenet.

Quaestio VII.

Si pudore aut alio impedimento consensus verbis non exprimatur, nutus et signa verborum locum habent.

Verborum loco nutus et signa satis esse aliquando possunt.

Sed verborum loco tum nutus et signa, quae intimum consensum aperte indicent, satis ad Matrimonium esse possunt; tum ipsa etiam taciturnitas, quum puella propter verecundiam non respondet, sed pro ea parentes loquuntur.

Quaestio VIII.

Ad verum Matrimonium concubitus non requiritur.

Matrimonium non concubitu, sed vinculo consensus consistere. Adam et Eva in statu innocentiae non concubuerunt.

Ex iis igitur Parochi fidelibus tradent, Matrimonii naturam et vim in vinculo et obligatione sitam esse, ac praeter consensum, eo, quo dictum est, modo expressum, ut verum Matrimonium existat, concubitum necessario non requiri; nam et primos parentes ante peccatum,[1] quo tempore nulla inter eos carnis copula intercesserat, ut patres testantur, vero Matrimonio iunctos fuisse, plane constat. Quare a sanctis Patribus dictum est, Matrimonium non concubitu, sed consensu existere: quod etiam a sancto Ambrosio, in libro de Virginibus[2] repetitum legimus.

Quaestio IX.

Quotuplex sit Matrimonii consideratio.

Duplex Matrimonii ratio, ut est officium naturae et ut Sacramentum. De Matrimonio, ut ad naturae officium pertinet.

Iam vero his explicatis illud docendum erit, Matrimonium duplicem rationem habere. Nam, vel ut naturalis coniunctio (coniugium enim non ab hominibus inventum, sed a natura) vel ut Sacramentum, cuius vis naturalium rerum conditionem superat, considerandum est. Ac quoniam gratia naturam

---

1) Genes. 2, 24. 2) c. 6.

Weibe und wiederum das Weib dem Manne die Gewalt über ihren Leib wirklich einräumt, so muß nothwendig die Ehe durch Worte geschlossen werden, welche die Gegenwart bezeichnen, und die Kraft dieser Worte bleibt, nachdem sie einmal ausgesprochen sind, und hält den Mann und das Weib durch ein unauflösliches Band verbunden.

Siebente Frage.

Wenn aus Scham oder wegen eines andern Hindernisses die Einwilligung mit Worten nicht ausgedrückt wird, so vertreten Winke und Zeichen die Worte.

An die Stelle der Worte können mitunter Winke und Zeichen treten.

Aber statt der Worte können theils Winke und Zeichen, welche die innere Einwilligung deutlich anzeigen, zum Ehebündnisse hinreichend sein, theils sogar das Stillschweigen, wenn das Mädchen aus Schamhaftigkeit nicht antwortet, sondern die Eltern für sie sprechen.

Achte Frage.

Der Beischlaf wird zur wirklichen Ehe nicht erfordert.

Die Ehe besteht nicht in dem Beischlaf, sondern in dem Bande der Einwilligung. Adam und Eva haben im Stande der Unschuld den Beischlaf nicht vollzogen.

Demgemäß sollen also die Pfarrer den Gläubigen vorhalten, daß die Natur und das Wesen der Ehe auf dem Bande und der Verpflichtung beruht, und daß außer der Einwilligung, die auf die besagte Weise ausgedrückt wird, der Beischlaf zur wahren Ehe nicht erfordert werde. Denn es steht unzweifelhaft fest, daß auch die ersten Eltern vor dem Sündenfall, zu welcher Zeit zwischen ihnen noch keine fleischliche Vereinigung Statt gefunden hatte, wie die Väter bezeugen, durch eine wahre Ehe verbunden waren. Daher sagen auch die heiligen Väter, die Ehe bestehe nicht durch den Beischlaf, sondern durch die Einwilligung, was wir auch von den heiligen Ambrosius in seinem Buche von den Jungfrauen wiederholt lesen.

Neunte Frage.

Aus wie vielen Gesichtspunkten die Ehe betrachtet werden könne.

Die zweifache Seite der Ehe: inwiefern sie eine Verrichtung der Natur, und in wiefern sie ein Sakrament ist. Von der Ehe, in wiefern sie zur Verrichtung der Natur gehört.

Nach dieser Erklärung muß nun aber gelehrt werden, daß die Ehe eine doppelte Beziehung habe. Denn sie ist entweder als eine natürliche Verbindung (da die Ehe nicht von Menschen, sondern von der Natur herrührt), oder als ein Sakrament zu betrachten, dessen Kraft die Eigenschaft der natürlichen Dinge überragt. Und da die Gnade die Natur vervollkommnet (denn „das Geistige ist nicht das

perficit ("neque prius quod spirituale est, sed quod animale, deinde quod spirituale"[1]): rei ordo postulat, ut de Matrimonio, ut natura constat, et ad naturae officium pertinet, prius agendum sit; tum vero, quae illi, ut Sacramentum est, conveniunt, explananda erunt.

Quaestio X.

Quis matrimonii, ut officium naturae significat, sit auctor.

Matrimonium, ut naturae est officium, divinitus est institutum.

In primis itaque docendi sunt fideles, Matrimonium a Deo institutum esse; scriptum est enim in Genesi:[2] "Masculum et foeminam creavit eos, benedixitque illis Deus, et ait: Crescite et multiplicamini"; et: "Non est bonum hominem esse solum; faciamus ei adiutorium simile sibi". Ac paulo post:[3] "Adae vero non inveniebatur adiutor similis eius. Immisit ergo Dominus Deus soporem in Adam; quumque obdormisset, tulit unam de costis eius, et replevit carnem pro ea. Et aedificavit Dominus Deus costam, quam tulerat de Adam, in mulierem; et adduxit eam ad Adam. Dixitque Adam: Hoc nunc os ex ossibus meis, et caro de carne mea; haec vocabitur virago, quoniam de viro sumpta est. Quamobrem relinquet homo patrem suum et matrem, et adhaerebit uxori suae; et erunt duo in carne una". Quae, ipso Domino auctore apud sanctum Matthaeum[4] ostendunt, Matrimonium divinitus institutum esse.

Quaestio XI.

Matrimonium, ut naturae officium consideratur, et maxime ut Sacramentum, dissolvi non potest.

Matrimonium, ut est naturalis coniunctio, etiam nequit dissolvi.

Neque vero Deus Matrimonium tantummodo instituit, verum, ut sancta Tridentina Synodus[5] declarat, perpetuum etiam et indissolubilem nodum ei addidit; siquidem Salvator[6] ait: "Quod Deus coniunxit, homo non separet;" Quamvis enim Matrimonio, quatenus naturae est officium, conveniat, ut dissolvi non possit: tamen id maxime fit, quatenus est Sacramentum; qua ex re etiam in omnibus, quae naturae lege eius propria sunt, summam perfectionem consequitur. Tamen, et prolis educandae studio, et aliis Matrimonii bonis repugnat, ut eius vinculum dissolubile sit.

---

1) 1 Cor. 15. 46. 2) Gen. 1, 27. 28. 3) Genes. 2, 18. 20. sq 4) Matth 19. 5. 5) Sess. 24. in princ. et can. 5. 7. 6) Matth. 19, 6.

Erste, sondern das Thierische; dann das Geistige"): so fordert die Ordnung der Sache, daß von der Ehe zuerst gehandelt wird, in sofern dieselbe der Natur gemäß besteht und der Natur zum Dienste angehörig ist; darauf aber erklärt werden müsse, was ihr, sofern sie ein Sakrament ist, zukommt.

Zehnte Frage.

Wer der Urheber der Ehe sei, in sofern sie eine Verrichtung der Natur anzeigt.

Die Ehe, in wiefern sie eine Verrichtung der Natur ist, ist göttlicher Einsetzung.

Die Gläubigen müssen demnach vor Allem belehrt werden, daß die Ehe von Gott eingesetzt ist. Denn es steht in der Genesis geschrieben: „Mann und Weib schuf er sie, und Gott segnete sie, und sprach: Wachset und mehret euch;" und: „Es ist nicht gut für den Menschen, daß er allein sei. Lasset uns ihm eine Gehülfin machen, die ihm ähnlich sei." Und kurz darauf: „Aber für Adam fand sich keine Gehülfin, die ihm ähnlich wäre. Darum sandte Gott, der Herr, einen tiefen Schlaf auf Adam; und als er entschlafen, nahm er eine von seinen Rippen, und füllte mit Fleisch ihre Stelle. Und Gott, der Herr, bauete aus der Rippe, die er von Adam genommen, ein Weib, und führte sie zu Adam. Und Adam sprach: Da ist nun Bein von meinen Beinen, und Fleisch von meinem Fleische! Man soll sie Männin heißen, weil sie vom Manne genommen ist. Darum wird der Mensch seinen Vater und seine Mutter verlassen, und seinem Weibe anhangen, und es werden Zwei in Einem Fleische sein." Und dies beweist, wie der Herr selbst beim heil. Matthäus erklärt, daß die Ehe von Gott eingesetzt ist.

Eilfte Frage.

Die Ehe, als Verrichtung der Natur betrachtet, und besonders als Sakrament, ist unauflösbar.

Die Ehe kann auch, in wieweit sie eine natürliche Verbindung ist, nicht aufgelöst werden.

Gott hat aber die Ehe nicht nur eingesetzt, sondern auch, wie der heil. Kirchenrath von Trient erklärt, ein ewiges und unauflösliches Band ihr beigegeben, da der Heiland sagt: „Was Gott verbunden hat, das soll der Mensch nicht trennen." Denn, wenn es der Ehe schon entspricht, in sofern sie eine Verrichtung der Natur ist, daß sie unauflöslich sei, so wird sie dies noch ganz besonders, in sofern sie ein Sakrament ist, wodurch sie auch in Allem, was ihr durch das Gesetz der Natur eigen ist, die höchste Vollkommenheit erlangt. Jedoch auch der Pflicht der Kindererziehung und andern Gütern der Ehe ist es zuwider, daß ihr Band auflöslich sein sollte.

Quaestio XII.

Omnibus hominibus lex contrahendi non est imposita.

Matrimonium, genus humanam multiplicandi causa, divinitus est institutum. Virginitas Matrimonio est praestantior. Conc. Trid Sess. 24 de Matrim. cap. 9. 10.

Quod vero a Domino dictum est: „Crescite et multiplicamini,"[1] id eo spectat, ut cuius rei causa Matrimonium institutum erat, declaret, non ut singulis hominibus necessitatem imponat; nunc enim, aucto iam humano genere, non solum ulla lex uxorem ducere aliquem non cogit; sed potius virginitas summopere commendatur, et unicuique in sacris litteris suadetur, ut quae Matrimonii statu praestantior sit, maioremque in se perfectionem et sanctitatem contineat. Dominus enim Salvator noster ita docuit[2]: „Qui potest capere, capiat;" et Apostolus[3] ait: „De virginibus praeceptum Domini non habeo; consilium autem do, tanquam misericordiam consecutus a Domino, ut sim fidelis.

Quaestio XIII.

Vir et mulier coniungi cur debeant.

Prima et secunda causa.

I. Sed quibus de causis vir et mulier coniungi debeant, explicandum est. Prima igitur est haec ipsa diversi sexus naturae instinctu expetita societas, mutui auxilii spe conciliata, ut alter alterius ope adiutus, vitae incommoda facilius ferre, et senectutis imbecillitatem sustentare queat. Altera est, procreationis appetitus non tam quidem ob eam rem, ut bonorum et divitiarum haeredes relinquantur, quam ut verae fidei et religionis cultores educentur; quod quidem maxime sanctis illis Patriarchis, quum uxores ducerent, propositum fuisse, ex sacris litteris satis apparet. Quare Angelus, quum Tobiam admoneret, quo pacto mali daemonis vim posset repellere: „Ostendam," inquit,[4] „tibi, qui sunt, quibus praevalere potest daemonium. Ii namque, qui coniugium ita suscipiunt, ut Deum a se et a sua mente excludant, et suae libidini ita vacent, sicut equus et mulus, quibus non est intellectus: habet potestatem daemonium super eos." Deinde subiecit: „Accipies virginem cum timore Domini, amore filiorum magis, quam libidine ductus: ut in semine Abrahae benedictionem in filiis consequaris.

Jus naturae violant, qui partum impediunt. Tertia causa.

II. Atque una etiam haec causa fuit, cur Deus ab initio

1) Gen. 1. 28. 2) Matth. 19. 12. 3) 1 Cor. 7, 25. 4) Tob. 6, 16. 17. 22.

Zwölfte Frage.

Nicht allen Menschen ist die Verpflichtung, sich zu verheirathen, aufgelegt.

Die Ehe ist zur Vermehrung des menschlichen Geschlechts von Gott eingesetzt. Die Jungfräulichkeit ist vortrefflicher als die Ehe. (Kirchenrath von Trient. 24ste Sitzung.)

Wenn aber vom Herrn gesagt ist: „Wachset und mehret euch, so hat dies die Absicht, zu erklären, weshalb die Ehe eingesetzt war, nicht aber, allen Menschen die Verpflichtung dazu aufzuerlegen. Denn jetzt, nachdem das Menschengeschlecht bereits vermehrt ist, zwingt nicht nur kein Gesetz Jemanden zu heirathen; sondern es wird vielmehr die Jungfräulichkeit gar sehr empfohlen, und einem jedem in der heil. Schrift angerathen, weil sie vortrefflicher sei, als der Ehestand, und eine größere Vollkommenheit und Heiligkeit in sich schließe. Denn der Herr, unser Heiland, lehret also: „Wer es fassen kann, der fasse es:" und der Apostel sagt: „Was die Jung-frauen betrifft, so habe ich kein Gebot vom Herrn; einen Rath aber gebe ich, als der ich vom Herrn Barmherzigkeit erlangt habe, treu zu sein."

Dreizehnte Frage.

Warum sich Mann und Weib verbinden müssen.

Erster und zweiter Grund.

1. Nun aber muß erklärt werden, warum Mann und Weib sich verbinden müssen. Der erste Grund ist eben diese durch einen Trieb der Natur angestrebte Gemeinschaft der verschiedenen Geschlechter, geschlossen in der Hoffnung gegenseitiger Hülfe, daß der Eine, durch den Beistand des Andern unterstützt, die Mühseligkeiten des Lebens leichter zu erdulden, und die Schwächen des Alters zu ertragen ver-möge. Der andere Grund ist das Verlangen nach Fortpflanzung, zwar nicht sowohl deswegen, um Erben für seine Güter und Reich-thümer zu hinterlassen, als um Verehrer des wahren Glaubens und der wahren Religion zu erziehen, was, wie aus den heiligen Schrif-ten erhellt, die hauptsächliche Absicht jener heiligen Patriarchen bei ihrer Heirath war. Darum spricht der Engel, als er den Tobias ermahnte, wie er die Macht des bösen Geistes vertreiben könne: „Ich will dir anzeigen, welche die sind, über welche der Teufel Ge-walt hat. Die nämlich, welche so in den Ehestand treten, daß sie Gott von sich und von ihrem Herzen ausschließen, und ihre Wollust also pflegen, wie ein Pferd oder Maulesel, die keinen Verstand ha-ben: über die hat der Teufel Gewalt." Dann fügt er hinzu: „Nimm die Jungfrau in der Furcht des Herrn zu dir, mehr aus Liebe zu Kindern, als aus Lust bewogen, damit du im Samen Abraham's, in Kindern, den Segen erhaltest."

Es verletzen das Recht der Natur, welche die Geburt verhindern. Dritter Grund.

2. Das war auch die einzige Ursache, weshalb Gott die Ehe von

Matrimonium constituerit. Quare fit, ut illorum sit scelus gravissimum, qui matrimonio iuncti, medicamentis vel conceptum impediunt, vel partum abigunt; haec enim homicidarum impia conspiratio existimanda est.

Tertia est, quae post primi parentis lapsum ad alias causas accessit; quum propter iustitiae, in qua homo conditus erat, amissionem, appetitus rectae rationi repugnare coepit: ut scilicet, qui sibi imbecillitatis suae conscius est, nec carnis pugnam vult ferre, Matrimonii remedio, ad vitanda libidinis peccata, utatur. De quo ita Apostolus[1] scribit: „Propter fornicationem unusquisque suam uxorem habeat, et unaquaeque suum virum habeat. Ac paulo post, quum docuisset, interdum orationis causa a Matrimonii debito abstinendum esse, subiecit: „Et iterum revertimini in id ipsum, ne tentet vos Satanas propter incontinentiam vestram." Hae igitur sunt causae, quarum aliquam sibi proponere quisque debet, qui pie et religiose, ut sanctorum filios decet, nuptias velit contrahere.

Causae secundariae Matrimonii, si eius sanctitatem non impediant, minime damnandae sunt.

III. Quod si ad eas causas aliae etiam accedant, quibus homines inducti, Matrimonium ineant, atque in habendo uxoris delectu hanc illi praeponant, ut haeredis relinquendi desiderium, divitiae, forma, generis splendor, morum similitudo: huiusmodi sane rationes damnandae non sunt, quum Matrimonii sanctitati non repugnent. Neque enim in sacris litteris Iacob Patriarcha reprehenditur, quod Rachelem, eius pulchritudine illectus, Liae praetulerit. Haec de Matrimonio, ut naturalis coniunctio est, docenda erunt.

Quaestio XIV.

Cur Matrimonium Sacramenti dignitate per Christum sit auctum.

De Matrimonio, ut Sacramentum est. Fines instituti Matrimonii, tum in le,e naturae, tum in lege gratiae, pulchre explicantur.

I. Ut autem Sacramentum est, explicare oportebit, eius naturam multo praestantiorem esse, et omnino ad altiorem finem referri. Quemadmodum enim Matrimonium, ut, naturalis coniunctio, ad propagandum humanum genus ab initio institutum est: ita deinde, ut populus ad veri Dei et Salvatoris nostri, Christi, cultum et religionem procrearetur atque educaretur, Sacramenti dignitas illi tributa est.

---

1) 1 Cor. 7, 2.

Anfang eingeſetzt hat. Daher begehen auch diejenigen das ſchwerſte Verbrechen, die als Eheleute entweder die Empfängniß durch Arzneien verhindern, oder die Frucht abtreiben; denn dies iſt wie ein gottloſer Anſchlag von Mördern zu erachten.

Der dritte Grund iſt der, welcher nach dem Sündenfalle des Stammvaters zu den anderen hinzukam. Weil nämlich nach dem Verluſte der Gerechtigkeit, in welcher der Menſch erſchaffen war, die Begierde anfing, der wahren Vernunft zu widerſtreben, ſo bedient derjenige, welcher ſeiner Schwäche ſich bewußt iſt, und den Kampf des Fleiſches nicht ertragen will, ſich der Ehe als eines Mittels, um die Sünden der Wolluſt zu vermeiden. Hierüber ſchreibt der Apoſtel alſo: „Um die Hurerei zu vermeiden, habe ein Jeder ſein Weib, und eine Jede habe ihren Mann.‟ Und kurz darauf, nachdem er gelehrt, daß man ſich um des Gebetes willen zuweilen der ehelichen Pflicht enthalten ſolle, fügt er bei: „Dann kommet wieder zuſammen, damit euch der Satan nicht verſuche, wegen eurer Unenthaltſamkeit.‟ Dieſes alſo ſind die Urſachen, deren eine oder andere ſich ein Jeder vorhalten muß, der fromm und gottesfürchtig, wie es den Kindern der Heiligen geziemt, in den Eheſtand treten will.

Die Nebengründe der Ehe ſind keineswegs zu verdammen, woſern ſie ihrer Heiligkeit nicht ſchaden.

3. Kommen aber zu dieſen auch noch andere Urſachen hinzu, durch welche die Menſchen veranlaßt die Ehe eingehen, und bei der Wahl der Gattin die eine der andern vorziehen, wie z. B. das Verlangen, einen Erben zu hinterlaſſen, Reichthum, Schönheit, vornehme Herkunft, Gleichheit der Sitten, ſo ſind dergleichen Beweggründe allerdings nicht zu verdammen, da ſie der Heiligkeit der Ehe nicht entgegen ſtehen. Denn es wird ja der Patriarch Jakob in der Schrift deshalb nicht getadelt, daß er die Rachel, von ihrer Schönheit angezogen, der Lia vorzog. Dies wird von der Ehe gelehrt werden müſſen, in ſo fern ſie eine natürliche Verbindung iſt.

Vierzehnte Frage.

Warum die Ehe durch Chriſtus zur Würde eines Sakramentes erhoben worden ſei.

Von der Ehe, in wie weit ſie ein Sakrament iſt. Die Zwecke, welche der Ehe ſowohl unter dem Geſetze der Gnade vorgeſtedt ſind, werden ſchön auseinander geſetzt.

1. In ſofern die Ehe aber ein Sakrament iſt, muß man erklären, daß ihr Weſen weit vortrefflicher iſt, und ſich auf einen unendlich höheren Zweck bezieht. Wie nämlich die Ehe als eine natürliche Verbindung anfänglich zur Fortpflanzung des menſchlichen Geſchlechtes eingeſetzt iſt, ebenſo wurde ihr dazu die Würde eines Sakramentes verliehen, damit das Volk zum Dienſte und zur Verehrung des wahren Gottes und Chriſti, unſers Erlöſers, geboren und erzogen werden ſollte.

II. Quum enim Christus Dominus vellet arctissimae illius necessitudinis, quae ei cum Ecclesia intercedit, suaeque erga nos immensae charitatis certum aliquod signum dare: tanti mysterii dignitatem hac potissimum maris et foeminae sancta coniunctione declaravit. Quod quidem aptissime factum esse, intelligi ex eo potest, quod ex omnibus humanis necessitatibus nulla inter se homines magis quam Matrimonii vinculum, constringit, maximaque inter se vir et uxor charitate et benevolentia devincti sunt; atque idcirco fit, ut frequenter sacrae litterae nuptiarum similitudine divinam hanc Christi et Ecclesiae copulationem nobis ante oculos proponant.

Quaestio XV.

Quomodo Matrimonium sit verum Evangelicae legis Sacramentum.

Quomodo Matrimonium gratiae significationem tribuat?

Iam vero Matrimonium Sacramentum esse, Ecclesia, Apostoli auctoritate confirmata, certum et exploratum semper habuit; ita enim ad Ephesios [1] scribit: „Viri debent diligere uxores suas, ut corpora sua. Qui suam uxorem diligit, se ipsum diligit; nemo enim unquam carnem suam odio habuit, sed nutrit et fovet eam, sicut et Christus Ecclesiam; quia membra sumus corporis eius, de carne eius et de ossibus eius. Propter hoc relinquet homo patrem et matrem suam, et adhaerebit uxori suae; et erunt duo in carne una. Sacramentum hoc magnum est, ego autem dico in Christo et in Ecclesia." Nam quod inquit: „Sacramentum hoc magnum est," nemini dubium esse debet, ad matrimonium referendum esse; quod scilicet viri et mulieris coniunctio, cuius Deus auctor est, sanctissimi illius vinculi, quo Christus Dominus cum Ecclesia coniungitur, Sacramentum, id est, sacrum signum sit. Atque hanc esse eorum verborum veram et propriam sententiam veteres sancti Patres, qui eum locum interpretati sunt, ostendunt; idemque sancta Tridentina Synodus [2] explicavit. Constat ergo, virum Christo, uxorem Ecclesiae ab Apostolo [3] comparari; virum esse caput mulieris, ut est Christus Ecclesiae; eaque ratione fieri, ut vir uxorem diligere, et vicissim uxor virum amare et colere debeat. „Christus enim dilexit Ecclesiam, et pro ea semetipsum tradidit;" rursus vero, ut idem Apostolus docet, „Ecclesia subiecta est Christo." Sed gratiam quoque hoc Sacramento significari et tribui, in quo maxime ratio

---

1) Eph. 5. 28 sq. 2) Sess. 24 de Matr. in princ. et can. 1. 2) Eph. 5.

2. Denn da Christus, der Herr, uns von jener innigsten Vereinigung, die zwischen ihm und der Kirche besteht, und von seiner unermeßlichen Liebe gegen uns ein sicheres Zeichen geben wollte, so gab er die Würde dieses so großen Geheimnisses hauptsächlich durch diese Vereinigung des Mannes und Weibes zu erkennen. Und daß dieses höchst entsprechend geschah, läßt sich daraus abnehmen, daß unter allen menschlichen Verbindungen keine die Menschen inniger unter einander verknüpft, als das Band der Ehe, und Mann und Weib unter sich durch die höchste Liebe und Zuneigung verbunden sind. Daher kommt es auch, daß die h. Schrift diese göttliche Vereinigung Christi und der Kirche uns häufig unter dem Bilde der Ehe vor Augen stellt.

Fünfzehnte Frage.
Wie die Ehe ein wahres Sakrament des evangelischen Gesetzes sei.
Wie die Ehe die Gnade darstellt und mittheilt.

Daß aber die Ehe ein Sakrament sei, hat die Kirche immer, auf das Zeugniß des Apostels gestützt, für gewiß und ausgemacht gehalten; denn so schreibt er an die Epheser: „Die Männer sollen ihre Weiber lieben, wie ihre eigenen Leiber. Wer sein Weib liebt, der liebt sich selbst; denn Niemand hat je sein eigenes Fleisch gehaßt, sondern er nährt und pflegt es, wie auch Christus die Kirche; denn wir sind Glieder seines Leibes, von seinem Fleisch und von seinem Beine. Darum wird ein Mensch seinen Vater und seine Mutter verlassen und seinem Weibe anhangen, und die Zwei werden sein Ein Fleisch. Dieses Geheimniß ist groß; ich sage aber in Christo und in der Kirche." Wenn er aber sagt: „Dieses Geheimniß ist groß," so darf Niemand darüber in Zweifel sein, daß dies auf die Ehe bezogen werden müsse, weil nämlich die Verbindung des Mannes und Weibes, deren Urheber Gott ist, das Sakrament, d. h. das heilige Zeichen jenes heiligsten Bandes ist, wodurch Christus, der Herr, mit der Kirche vereinigt wird. Daß dies der wahre und eigentliche Sinn dieser Worte ist, zeigen uns die heiligen Väter, welche diese Stelle ausgelegt haben, und der heil. Kirchenrath von Trient hat dasselbe erklärt. Es ist nämlich klar, daß der Apostel den Mann mit Christo, das Weib mit der Kirche vergleicht; daß der Mann des Weibes Haupt ist, wie Christus das Haupt der Kirche, und daß deswegen der Mann sein Weib lieben, und wiederum das Weib den Mann lieben und ehren soll. Denn Christus hat die Kirche geliebt, und sich selbst für sie dahin gegeben; wiederum aber, wie der Apostel lehrt, ist die Kirche Christo unterworfen. Aber daß auch die Gnade durch dieses Sakrament bezeichnet und verliehen werde,

Sacramenti inest, ea Synodi verba declarant: „Gratiam vero, quae naturalem illum amorem perficeret, et indissolubilem unitatem confirmaret, coniugesque sanctificaret, ipse Christus, venerabilium Sacramentorum institutor atque perfector, sua nobis passione promeruit." Quare docendum est, huius Sacramenti gratia effici, ut vir et uxor, mutuae charitatis vinculo coniuncti, alter in alterius benevolentia conquiescat, alienosque et illicitos amores et concubitus non quaerat, sed in omnibus sit „honorabile connubium . . . . et thorus immaculatus."[1]

Quaestio XVI.

Quantum Matrimonium Evangelii a legis naturae vel Moysis Matrimonio differat.

Sed quantum Matrimonii Sacramentum iis Matrimoniis praestet, quae ante vel post legem iniri solebant, ex eo licet cognoscere, quod, etsi gentes Matrimonio divini aliquid inesse arbitrabantur, atque ob eam rem vagos concubitus a naturae lege alienos esse, itemque stupra, adulteria, et alia libidinis genera vindicanda esse iudicabant: tamen eorum connubia nullam prorsus Sacramenti vim habuerunt. Apud Judaeos vero religiosius omnino nuptiarum leges servari consueverant, neque dubitandum, quin eorum Matrimonia maiori sanctitate praedita essent. Quum enim promissionem accepissent, fore aliquando, ut omnes gentes in semine Abrahae benedicerentur[2]: magnae apud eos pietatis officium merito esse videbatur, filios procreare, electi populi sobolem, ex qua Christus Dominus, Salvator noster, quod ad humanam naturam attinet, ortum habiturus esset, propagare; sed illae quoque coniunctiones vera Sacramenti ratione caruerunt.

Quaestio XVII.

Matrimonium in lege naturae post peccatum aut in lege Moysis, originis suae, quam ex Deo habuit, decorem non retinuit.

In lege naturae post peccatum et legem Moysis Matrimoniu a primi ortus sui decore decidisse.

I. Huc accedit, quod sive naturae post peccatum, sive Moysis legem spectemus, facile animadvertimus, Matrimonium a primi ortus sui decore et honestate decidisse. Dum enim naturae lex vigebat, multos ex antiquis Patribus fuisse comperimus, qui plures simul uxores ducerent. Deinde vero in lege Moysis permissum erat,[3] dato repudii libello, si causa

---

1) Hebr. 13, 4.   2) Gen. 22, 18.   3) Deut. 24, 1.

worin das Wesen des Sakramentes hauptsächlich besteht, beweisen jene Worte der Kirchenversammlung: „Allein die Gnade, welche jene natürliche Liebe vollenden, und die unauflösliche Einheit befestigen, und die Ehegatten heiligen sollte, hat uns Christus selbst, der Stifter und Vollender der ehrwürdigen Sakramente, durch sein Leiden verdient." Man muß daher lehren, durch die Gnade dieses Sakramentes werde bewirkt, daß Mann und Weib durch das Band gegenseitiger Liebe vereinigt, einer in dem andern seine Zufriedenheit finde, fremde und unerlaubte Liebe und Beischlaf nicht suche, sondern „die Ehe in Allem ehrbar, und das Ehebett unbefleckt sei."

Sechszehnte Frage.

Wie sehr sich die Ehe des Evangeliums von der Ehe des natürlichen Gesetzes oder des Moses unterscheide.

Wie viel vorzüglicher aber das Sakrament der Ehe als jene Ehen sei, welche man vor oder nach dem Gesetze einzugehen pflegte, kann man daraus abnehmen, daß, obgleich die Heiden annahmen, der Ehe wohne etwas Göttliches inne, und willkürlicher Beischlaf sei deshalb dem Gesetze der Natur zuwider, und ferner Hurerei, Ehebruch und andere Arten der Unzucht für strafwürdig hielten, dennoch ihre Ehen durchaus nicht die Bedeutung eines Sakramentes hatten. Bei den Juden aber allerdings pflegte man die Ehegesetze gewissenhafter zu halten, und es ist nicht zu bezweifeln, daß ihre Ehen eine größere Heiligkeit besaßen. Denn da sie die Verheißung empfangen hatten, daß einstens alle Völker in dem Samen Abraham's gesegnet werden sollten, so hielten sie es mit Recht für ein Werk göttlicher Liebe, Kinder zu erzeugen, und die Nachkommenschaft des auserwählten Volkes fortzupflanzen, aus welchem Christus, der Herr, unser Erlöser, seiner menschlichen Natur nach abstammen sollte; aber auch diese Verbindungen entbehrten der wahren Eigenschaft eines Sakramentes.

Siebenzehnte Frage.

Die Ehe hat unter dem natürlichen Gesetze nach der Sünde, oder unter dem Gesetze Moses ihre ursprüngliche Würde, die sie von Gott hatte, nicht beibehalten.

Unter dem Gesetze der Natur nach der Sünde und dem Gesetze Moses fiel die Ehe von der Schönheit ihres ersten Ursprunges ab.

1. Hierzu kommt noch, daß wir, mögen wir nun auf das Gesetz der Natur nach dem Sündenfalle, oder auf das Gesetz Moses sehen, leicht bemerken, daß die Ehe von ihrer ursprünglichen Würde und Ehrbarkeit herabgesunken sei. Denn so lange das Gesetz der Natur Geltung hatte, finden wir viele alte Väter, die mehrere Weiber zugleich nahmen. Sodann aber war es im Gesetze Moses gestattet, nach Ausstellung eines Scheidebriefes, wenn ein Grund

fuisset, divortium cum uxore facere; quorum utrumque ab
Evangelica lege sublatum, Matrimoniumque in pristinum statum
restitutum est. [1]

Uxorum pluralitas a Matrimonii natura est aliena, ac Christianis prohibita. Conc.
Tr. Sess. 24 de Matrim. can. 1.

II. Nam quod polygamia a Matrimonii natura aliena esset
(etsi aliqui ex priscis Patribus accusandi non sunt, quod non
sine Dei indulgentia plures uxores ducerent), Christus Dominus
ostendit illis verbis: „Propter hoc dimittet homo patrem et
matrem, et adhaerebit uxori suae; et erunt duo in carne
una [2]." Ac deinde subiungit: „Itaque iam non sunt duo, sed
una caro."

Matrimonium duorum duntaxat coniunctione definitur.

III. Quibus verbis planum fecit, Matrimonium ita a Deo
institutum esse, ut duorum tantum, non plurium coniunctione
definiretur. Quod etiam alibi apertissime docuit; inquit enim:
„Quicunque dimiserit uxorem suam, et aliam duxerit, adulterium committit super eam; et si uxor dimiserit virum suum,
et alii nupserit, moechatur [3]." Nam si viro liceret plures
uxores ducere, nulla omnino causa esse videretur, cur magis
adulterii reus dicendus esset, quod praeter eam uxorem, quam
domi haberet, aliam duceret, quam quod, priore dimissa, cum
alia coniungeretur.

Quid faciendum sit infideli ad fidem converso, qui prius plures uxores duxerit.

IV. Atque ob eam rem fieri intelligimus, ut, si infidelis
quispiam, gentis suae more et consuetudine, plures uxores
duxisset, quum ad veram religionem conversus fuerit, iubeat
eum Ecclesia caeteras omnes relinquere, ac priorem tantum
iustae et legitimae uxoris loco habere.

Quaestio XVIII.
Vinculum Matrimonii divortio dirumpi non potest.

Sola mors Matrimonii nexum potest dissolvere.

I. Verum eodem Christi Domini testimonio facile comprobatur, nullo divortio vinculum Matrimonii dissolvi posse. Si
enim post libellum repudii mulier a viri lege soluta esset,
liceret ei sine ullo adulterii crimine alteri viro nubere. Atqui
Dominus aperte denunciat: „Omnis, qui dimittit uxorem suam,
et alteram ducit, moechatur [4]." Quare coniugii vinculum nulla

1) Matth. 19, 9.   2) Matth. 19, 5. 6.   3) Marc. 10, 11. 12.   4) Luc. 16, 18.

dazu vorhanden war, sich vom Weibe zu scheiden; Beides ist aber durch das evangelische Gesetz aufgehoben, und die Ehe in ihren vorigen Stand wieder eingesetzt worden.

Die Vielheit der Weiber ist dem Wesen der Ehe fremd, und den Christen verboten.

2. Denn daß die Vielweiberei dem Wesen der Ehe ganz zuwider (obgleich einige der alten Väter nicht strafwürdig sind, daß sie nicht ohne Gottes Nachsicht mehrere Weiber nahmen), dies zeigt Christus, der Herr, in diesen Worten: „Um deswillen wird der Mensch Vater und Mutter verlassen, und seinem Weibe anhangen, und sie werden Zwei in Einem Fleisch sein." Und sodann fügt er hinzu: „So sind sie also nicht mehr Zwei, sondern Ein Fleisch."

Die Ehe ist ihrem Begriff nach eine Verbindung zwischen nur Zweien.

3. Er gibt durch diese Worte deutlich zu erkennen, die Ehe sei von Gott in der Weise eingesetzt, daß sie in einer Verbindung von nur zweien und nicht mehreren Personen bestehe. Dies lehrte er auch anderswo auf's Deutlichste; er sagt nämlich: „Wer immer sein Weib entläßt, und eine Andere nimmt, der begeht an ihr einen Ehebruch; und wenn ein Weib ihren Mann entläßt, und einen Andern heirathet, so bricht sie die Ehe." Denn, wenn es dem Manne frei stände, mehrere Weiber zu haben, so würde gar kein Grund vorhanden sein, warum er eher des Ehebruchs schuldig erklärt werden sollte, wenn er außer der Frau, die er daheim hatte, noch eine andere heirathete, als wenn er, nach Entlassung der früheren, sich mit einer andern verbände.

Was ein Ungläubiger zu thun hat, der sich zum Glauben bekehrt und früher mehrere Frauen genommen hat.

4. Und daher kommt es auch, wie wir sehen, daß, wenn ein Ungläubiger, der Sitte und Gewohnheit seines Volkes gemäß, mehrere Weiber geheirathet hat, ihm die Kirche, nach seiner Bekehrung zur wahren Religion, befiehlt, alle übrigen zu entlassen, und nur diejenige, welche die erste war, als sein rechtes und rechtmäßiges Eheweib zu behalten.

Achtzehnte Frage.
Das Band der Ehe kann durch die Ehescheidung nicht getrennt werden.

Allein der Tod kann das Band der Ehe lösen

1. Es wird aber durch dasselbe Zeugniß Christi, des Herrn, leicht bewiesen, daß das Eheband durch keine Ehescheidung aufgelöst werden kann. Denn wäre das Weib nach einem Scheidebriefe von der Verpflichtung gegen ihren Mann entbunden, so würde ihr auch ohne das Verbrechen des Ehebruches frei stehen, sich mit einem andern Manne zu verheirathen. Der Herr aber

re, nisi morte, dirumpi perspicuum est; quod quidem Apostolus [1] etiam confirmat, quum inquit: „Mulier alligata est legi, quanto tempore vir eius vivit; quod si dormierit vir eius, liberata est a lege; cui vult, nubat, tantum in Domino." Et rursus: „His, qui Matrimonio iuncti sunt, praecipio, non ego, sed Dominus, uxorem a viro non discedere; quod si discesserit, manere innuptam, aut viro suo reconciliari".[2]

Nisi iusta causa societas vitae inter coniuges non est dirumpenda.

II. Eam vero optionem Apostolus mulieri, quae iusta de causa virum reliquisset, detulit: ut aut innupta maneat, aut viro suo reconcilietur. Neque enim sancta Ecclesia viro et uxori permittit, ut sine gravioribus causis alter ab altero discedat.

Quaestio XIX.
Cur nulla ratione dissolvi Matrimonium expediat.

Ac ne forte alicui videatur durior Matrimonii lex, quod nulla unquam ratione dissolvi possit: docendum est, quae sint cum ea utilitates coniunctae. Primum enim homines in coniungendis Matrimoniis virtutem potius et morum similitudinem, quam divitias et pulchritudinem spectandam esse, intelligant; qua quidem re communi societati maxime consuli nemo dubitari potest. Praeterea si divortio Matrimonium dissolveretur, vix unquam dissidendi causae hominibus, quae eis ab antiquo pacis et pudicitiae hoste quotidie obiicerentur, deessent. Nunc vero, quum fideles secum cogitant, quamvis etiam coniugii convictu et consuetudine careant, se tamen Matrimonii vinculo constrictos teneri, omnemque alterius uxoris ducendae spem sibi praecisam esse: ea re fit, ut ad iracundiam et dissidia tardiores esse consueverint. Quod si interdum etiam divortium faciant, et diutius coniugis desiderium ferre non possint: facile per amicos reconciliati ad eius convictum redeunt.

Quaestio XX.
Per libellum repudii separati possunt rursus coniungi.

Ob adulterium dimissi, si poeniteant, in gratiam possunt recipi ab altero coniuge.

Sed hoc loco praetermittenda non erit Pastoribus sancti Augustini [3] salutaris admonitio; is enim ut ostenderet fidelibus, haud gravate faciendum esse, ut cum uxoribus, quas

---

1) 1 Cor. 7, 39. 2) Ib. v. 10, 11. 3) De adult. lib. 2, c. 6 et 9.

erklärt deutlich): „Wer immer sein Weib entläßt und eine Andere nimmt, der begeht an ihr einen Ehebruch.“ Daraus ist es klar, daß das Eheband durch Nichts, als nur durch den Tod getrennt wird; was aber auch der Apostel bestätigt, wenn er sagt: „Das Weib ist an das Gesetz gebunden, so lange ihr Mann lebt; entschläft aber ihr Mann, so ist sie frei; sie heirathe, wen sie will, doch im Herrn.“ Und wiederum: „Denen aber, welche durch die Ehe verbunden sind, gebiete nicht ich, sondern der Herr, daß das Weib sich nicht vom Manne scheide; wenn sie aber geschieden ist, so bleibe sie ehelos, oder versöhne sich mit ihrem Manne.“

Nur aus einer gerechten Ursache darf die Lebensgemeinschaft unter den Ehegatten aufgehoben werden.

2. Diese Wahl aber überließ der Apostel dem Weibe, die aus gerechter Ursache den Mann verlassen hätte, entweder unverheirathet zu bleiben, oder sich mit dem Manne auszusöhnen. Denn die Kirche gestattet dem Manne und dem Weibe nicht, ohne sehr wichtige Ursache von einander zu scheiden.

Neunzehnte Frage.

Warum es nützlich sei, daß die Ehe auf keine Weise könne aufgelöst werden.

Und damit nicht etwa Jemanden dieses Gesetz der Ehe zu hart dünke, daß sie auf keine Weise könne jemals aufgelöst werden, so soll man lehren, welche Vortheile damit verbunden sind. Die Menschen sollen nämlich erstens sehen, daß man bei Schließung der Ehen viel mehr auf Tugend und Uebereinstimmung der Sitten, als auf Reichthum und Schönheit zu sehen habe; und Niemand kann in Zweifel ziehen, daß hierdurch für die Gesellschaft im Allgemeinen am Besten Sorge getragen wird. Könnte überdies die Ehe durch eine Ehescheidung aufgelöst werden, so würde es den Menschen kaum je an Ursachen zur Zwietracht fehlen, die ihnen von dem alten Feinde des Friedens und der Zucht täglich an die Hand gegeben würden. Wenn nun aber die Gläubigen bei sich bedenken, daß sie, obgleich des ehelichen Zusammenlebens und Umganges nun ermangelnd, dennoch durch das Eheband gebunden bleiben, und ihnen alle Hoffnung abgeschnitten ist, ein anderes Weib zu heirathen, so werden sie sich auch eben deshalb gewöhnen, langsamer zum Zorn und zum Streit zu sein. Werden sie dann auch zuweilen geschieden, und können die Sehnsucht nach dem Gatten nicht länger ertragen, so kehren sie leicht, durch Freunde versöhnt, zum Zusammenleben mit demselben zurück.

Zwanzigste Frage.

Die durch einen Scheidebrief Getrennten können sich wieder vereinigen.

Diejenigen, welche wegen Ehebruchs entlassen worden sind, können, wenn es sie reuet, von dem andern Ehegatten wieder angenommen werden.

Die Pfarrer dürfen aber hier die heilsame Ermahnung des hei-

adulterii causa dimisissent, si eas delicti poeniteret, in gratiam
reducerentur: „Cur,“ inquit, „vir fidelis non recipiet uxorem,
quam recipit Ecclesia? aut cur uxor viro adultero, sed poenitenti, non ignoscat, cui etiam ignovit Christus?“ Nam quod
Scriptura[1] „stultum“ vocat, „qui tenet adulteram:“ de ea sentit,
quae, quum deliquerit, poenitere et coepta turpitudine desistere
recusat. Ex iis itaque perspicuum est, fidelium coniugia perfectione et nobilitate, tum Gentilium, tum Judaeorum matrimoniis longe praestare.

Quaestio XXI.

Quae sint bona, quae ex hoc Sacramento ad coniugatos redeunt.

Matrimonii triplicia sunt bona.

I.   Docendi praeterea sunt fideles, tria esse Matrimonii
bona: prolem, fidem, Sacramentum; quorum compensatione illa
incommoda leniuntur, quae Apostolus[2] indicat his verbis: „Tribulationem carnis habebunt huiusmodi,“ efficiturque, ut coniunctiones corporum, quae extra Matrimonium merito damnandae
essent, cum honestate coniunctae sint.

Primum Matrimonii bonum est proles.

II.   Primum igitur bonum est proles hoc est, liberi, qui
ex iusta et legitima suscipiuntur uxore; id enim tanti fecit
Apostolus, ut diceret[3]: „Salvabitur“ mulier „per filiorum generationem.“ Nec vero hoc de procreatione solum, sed de edu-
catione etiam et disciplina, qua filii ad pietatem erudiuntur,
intelligendum est. Sic statim subdit Apostolus: „Si in fide
permanserint.“ Monet enim Scriptura[4]: „Filii tibi sunt?
erudi illos, et curva illos a pueritia illorum.“ Idem etiam
Apostolus docet; eiusque institutionis pulcherrima exempla
Tobias, Iob et alii sanctissimi Patres in sacris litteris praebent.
Quae vero sint parentum et filiorum officia, in quarto praecepto latius explicabitur.

Secundum bonum est fidelitas mutua.

III.   Sequitur fides, quod est alterum Matrimonii bonum;
non ille virtutis habitus, quo imbuimur, quum Baptismum

---

1) Prov. 18, 22.   2) 1 Cor. 7, 28.   3) 1 Tim. 2, 15.   4) Ecclesiastic. 7, 25.

ligen Augustin nicht übersehen; um nämlich den Gläubigen zu zei=
gen, daß sie sich nicht gar zu schwer bereit finden lassen dürften,
sich mit ihren Weibern, die sie des Ehebruchs wegen entlassen
hätten, wenn sie ihr Verbrechen bereueten, wieder auszusöhnen,
sagt er: „Warum sollte ein gläubiger Mann sein Weib nicht wie=
der aufnehmen, das doch die Kirche aufnimmt? Oder warum sollte
ein Weib ihrem ehebrecherischen, aber bußfertigen Manne nicht
verzeihen, dem doch sogar Christus verziehen hat?" Denn, wenn
die Schrift denjenigen „einen Thoren" nennt, „welcher eine Ehe=
brecherin bei sich behält," so versteht sich dies von einer solchen,
die, wenn sie gefehlt hat, sich weigert, Buße zu thun und von der
begangenen Schandthat abzustehen. Hieraus erhellet demnach, daß
die Ehen der Gläubigen an Vollkommenheit und Ehre sowohl die
Ehen der Heiden als der Juden weit übertreffen.

Einundzwanzigste Frage.

Welches die Güter seien, die den Verehelichten durch dieses Sakrament zu
Theil werden.

Es gibt ein dreifaches Gut der Ehe.

1. Ueberdies sind die Gläubigen zu belehren, daß es drei Gü=
ter der Ehe gibt: Nachkommenschaft, Treue und das Sakrament,
durch welche jene Beschwerlichkeiten ausgeglichen und gemildert
werden, welche der Apostel mit den Worten bezeichnet: „Solche
werden Drangsale des Fleisches haben," und durch welche bewirkt
wird, daß die Vereinigungen der Leiber, die außer der Ehe mit
Recht zu verdammen wären, in Ehrbarkeit geschehen.

Das erste Gut der Ehe ist die Nachkommenschaft.

2. Das erste Gut ist also die Nachkommenschaft, d. h. die
Kinder, die von einem rechten und rechtmäßigen Weibe geboren
werden; denn dies hat der Apostel für etwas so Großes erachtet,
daß er sagte: „Das Weib wird selig werden durch Kindergebären."
Dies ist aber nicht allein von der Erzeugung, sondern auch von
der Erziehung und Zucht zu verstehen, wodurch die Kinder zur
Frömmigkeit unterwiesen werden. Darum fügt der Apostel sogleich
hinzu: „Wenn sie im Glauben beharren." Denn die Schrift er=
mahnt: „Hast du Söhne, so unterweise sie, und beuge sie von Ju=
gend auf." Dasselbe lehrt auch der Apostel, und die schönsten Bei=
spiele dieser Erziehung bieten uns Tobias, Job und andere heilige
Väter in der heiligen Schrift dar. Welches aber die Pflichten der
Eltern und Kinder sind, soll beim vierten Gebot ausführlicher er=
klärt werden.

Das zweite Gut ist die wechselseitige Treue.

3. Nun folgt die Treue, die das zweite Gut der Ehe ist;
nicht jene Gesinnung der Tugend, womit wir erfüllt werden, wenn

40*

percipimus; sed fidelitas quaedam, qua mutuo vir uxori, et uxor viro ita se obstringit, ut alter alteri sui corporis potestatem tradat, sanctumque illud coniugii foedus nunquam se violaturum pollicetur.[1] Id facile colligitur ex illis verbis, quae a primo parente enunciata sunt, quum Evam uxorem suam accepit; quae deinde Christus Dominus in Evangelio[2] comprobavit: „Quare relinquet homo patrem et matrem, et adhaerebit uxori suae, et erunt duo in carne una;" item ex eo Apostoli[3] loco: „Mulier sui corporis potestatem non habet, sed vir; similiter autem et vir sui corporis potestatem non habet, sed mulier." Quare optimo iure gravissimae animadversiones a Domino in adulteros, quod hanc maritalem fidem frangant, in veteri lege constitutae erant. Postulat praeterea Matrimonii fides, ut vir et uxor singulari quodam sanctoque et puro amore coniuncti sint, neque ut adulteri inter se ament, sed ut Christus dilexit Ecclesiam; hanc enim regulam Apostolus[4] praescripsit, quum ait: „Viri, diligite uxores vestras, sicut et Christus dilexit Ecclesiam," quam certe immensa illa charitate, non sui commodi gratia, sed sponsae tantum utilitatem sibi proponens, complexus est.

Tertium Matrimonii bonum est Sacramentum.

IV. Tertium bonum **Sacramentum** appellatur: vinculum scilicet Matrimonii, quod nunquam dissolvi potest; nam, ut est apud Apostolum[5]: „Dominus," praecepit, uxorem a viro non discedere; quod si discesserit, manere innuptam, aut viro suo reconciliari: et vir uxorem non dimittat." Si enim Matrimonium, ut Sacramentum est, Christi coniunctionem cum Ecclesia signat: necesse est, ut Christus se ab Ecclesia nunquam disiungit, ita uxorem a viro, quod ad Matrimonii vinculum attinet, separari non posse. Verum ut haec sancta societas sine querela facilius conservetur, viri et uxoris officia, quae a S. Paulo et a Principe Apostolorum, Petro, descripta sunt, tradenda erunt.

Quastio XXII.
Quae sint praecipua mariti officia.

Mariti officia praecipua. Primum mariti officium. Cur mulier ex viri pedibus vel capite non sit condita. Aug. Civit. Dei l. XII. c. 26. Hugo de S. Vict. Annot. sup. Genes. Secundum officium. Tertium.

Ergo viri munus est, uxorem liberaliter et honorifice tractare; qua in re meminisse oportet, Evam ab Adamo sociam

---

1) Gen. 2, 24. 2) Matth. 19, 5. 3) 1 Cor. 7, 4. 4) Eph. 5, 25. 5) 1 Cor. 7, 10. 11.

wir die Taufe empfangen; sondern ein Treusinn, in welchem sich der Mann dem Weibe, und das Weib dem Manne dergestalt ver= einigen, daß der eine Theil dem andern die Gewalt über seinen Leib einräumt, und verspricht, jenes heilige Ehebündniß niemals verletzen zu wollen. Dies läßt sich leicht aus jenen Worten ent= nehmen, die der Stammvater aussprach, da er die Eva als sein Weib empfing, welche darauf Christus, der Herr, im Evangelium bestätigt hat: „Darum wird der Mensch Vater und Mutter ver= lassen, und seinem Weibe anhangen, und die Zwei werden sein Ein Fleisch." Ferner aus jener Stelle des Apostels: „Das Weib hat keine Macht über ihren Leib, sondern der Mann; ebenso hat aber auch der Mann keine Macht über seinen Leib, sondern das Weib." Mit vollstem Rechte waren daher im Alten Bunde vom Herrn gegen die Ehebrecher die schwersten Strafen festgesetzt, weil sie diese eheliche Treue brechen. Es fordert außerdem die eheliche Treue, daß Mann und Weib durch eine ganz besondere und heilige und reine Liebe verbunden sind, und sich nicht wie Ehebrecher unter einander lieben; sondern wie Christus die Kirche geliebt hat. Denn diese Regel schrieb der Apostel vor, wenn er sagt: „Männer, liebet eure Weiber, so wie Christus die Kirche geliebt hat," die er gewiß mit jener unermeßlichen Liebe, nicht um seines Vortheiles willen, sondern nur den Nutzen seiner Braut vor Augen haltend, umfaßt hat.

Das dritte Gut der Ehe ist das Sakrament.

4. Das dritte Gut wird das Sakrament genannt, nämlich das Band der Ehe, das niemals aufgelöst werden kann. Denn, wie es beim Apostel heißt: „Der Herr gebietet, daß das Weib sich nicht vom Manne scheide; wenn sie aber geschieden ist, so bleibe sie ehe= los, oder versöhne sich mit ihrem Manne. Auch der Mann entlasse sein Weib nicht." Wenn nämlich die Ehe, in sofern sie ein Sakra= ment ist, die Vereinigung Christi mit der Kirche bezeichnet, so folgt nothwendig, daß, so wie Christus sich niemals von der Kirche schei= det, ebenso auch das Weib, was das Eheband betrifft, vom Manne nicht geschieden werden kann. Damit aber diese heilige Gemein= schaft leichter ohne Klage erhalten werde, so müssen auch die Pflichten des Mannes und Weibes, welche vom heil. Paulus und vom Apostel= fürsten Petrus verzeichnet sind, vorgetragen werden.

Zweiundzwanzigste Frage.
Welches die vorzüglichsten Pflichten des Ehemannes seien.

Die vorzüglichsten Pflichten des Mannes. Die erste Pflicht des Mannes. Warum die Frau nicht aus den Füßen oder dem Haupte des Mannes gebildet ist. Zweite Pflicht. Dritte.

Es ist also die Pflicht des Ehemannes, sein Weib mit Freund= lichkeit und Achtung zu behandeln; wobei man sich erinnern muß,

appellatam esse, quum inquit: „Mulier, quam dedisti mihi
sociam," cuius rei causa aliqui Patres factum esse docuerunt.
ut ea non ex pedibus, sed ex latere viri formaretur; quemadmodum etiam ex capite condita non est, ut se viri dominam
non esse intelligeret, sed viro potius subiectam. Decet praeterea virum in alicuius honestae rei studio semper occupatum
esse, tum ut ea suppeditet, quae ad familiam sustentandam
necessaria sunt, tum ne inerti otio languescat, a quo vitia fere
omnia fluxerunt; deinde vero familiam recte constituere, omnium mores corrigere, singulos in officio continere.

Quaestio XXIII.
Uxoris officium quid requirat.
Uxoris quae sint praecipua officia.

Rursus autem uxoris partes sunt, quas Apostolorum Princeps
enumerat, quum inquit:[1] „Mulieres subditae sint viris suis, ut
et si qui non credunt verbo, per mulierum conversationem sine
verbo lucrifiant, considerantes in timore sanctam conversationem
vestram. Quarum non sit extrinsecus capillatura, aut circum-
datio auri, aut indumenti vestimentorum cultus; sed qui abscon-
ditus est cordis homo in incorruptibilitate quieti et modesti
spiritus, qui est in conspectu Dei locuples. Sic enim aliquando
et sanctae mulieres, sperantes in Deo, ornabant se, subiectae
propriis viris, sicut Sara obediebat Abrahae, dominum eum
vocans". Earum quoque praecipuum studium sit, filios in
religionis cultu educare, domesticas res diligenter curare. Domi
vero libenter se contineant, nisi necessitas exire cogat: idque
sine viri permissu facere nunquam audeant. Deinde, in quo
maxime maritalis coniunctio sita est, meminerint semper, secundum Deum, magis quam virum, neminem diligendum, eove pluris
faciendum esse neminem; cui etiam omnibus in rebus, quae
Christianae pietati non adversantur, morem gerere et obtemperare summa cum alacritate animi oporteat.

Quaestio XXIV.
Quid de matrimonii ritibus sentiendum sit.
De ritibus Matrimonii.

Harum rerum explicationi consequens erit, ut Pastores ritus
etiam doceant, qui in Matrimonio contrahendo servari debent;
de quibus non est exspectandum, ut hoc loco praecepta tra-

---

1) 1 Petr. 3.

daß Eva von Adam eine Gefährtin genannt wurde, indem er sagt:
„Das Weib, das du mir zur Gefährtin gegeben;" deswegen wurde
sie, wie einige Väter lehren, auch nicht aus den Füßen, sondern aus
der Seite des Mannes gebildet, gleichwie sie auch nicht aus dem
Haupte gemacht ist, damit sie nicht etwa glaube, daß sie die Herrin
des Mannes, sondern vielmehr dem Manne unterworfen sei. Es
geziemt ferner dem Manne, sich stets emsig mit irgend etwas Acht-
barem zu beschäftigen, theils um herbeizuschaffen, was zum Unter-
halte der Familie nothwendig ist, theils um nicht durch trägen Müßiggang, woraus fast alle Laster entspringen, lässig zu werden; sodann
aber sein Hauswesen wohl einzurichten, den Lebenswandel Aller zu
bessern, und einen Jeden zu seiner Pflicht anzuhalten.

Dreiundzwanzigste Frage.
Worin die Pflicht des Weibes bestehe.
Welches die vorzüglichsten Pflichten der Frau sind.

Hingegen aber liegen dem Weibe die Pflichten ob, welche der
Fürst der Apostel aufzählt, wenn er sagt: „Die Weiber sollen ihren
Männern unterthan sein, damit auch die, welche dem Worte nicht
glauben, durch den Wandel der Weiber ohne das Wort gewonnen
werden, wenn sie euren keuschen, gottesfürchtigen Wandel sehen.
Ihr Schmuck sei nicht der äußere im Haargeflechte, in Goldgehängen,
oder in gesuchtem Anzuge, sondern der verborgene Herzensmensch
in der Unvergänglichkeit eines stillen und sanften Geistes, der vor
Gott hohen Werth hat. Denn so schmückten sich einst auch die heiligen Frauen, die auf Gott hofften, und ihren Ehemännern unterthan waren. So gehorchte Sara dem Abraham, und nannte ihn
Herr." Auch muß es ihr vorzüglichstes Streben sein, die Kinder
im Dienste der Religion zu erziehen, und dem Hauswesen sorgfältig
vorzustehen. Sie sollen sich gern zu Hause halten, wenn es nicht
die Noth erfordert auszugehen, und dies niemals ohne des Mannes
Erlaubniß zu thun wagen. Sodann sollen sie stets eingedenk sein,
worin die eheliche Verbindung hauptsächlich bestehe, daß sie nämlich,
nächst Gott, Niemanden mehr, als ihren Mann lieben, und Niemanden höher schätzen sollen, als ihn; dem sie auch in allen Dingen,
die der christlichen Frömmigkeit nicht zuwider laufen, willfahren,
und mit der höchsten Bereitwilligkeit gehorchen müssen.

Vierundzwanzigste Frage.
Was von den Gebräuchen der Ehe zu halten sei.
Von den Gebräuchen der Ehe.

Nach der Erklärung dieser Gegenstände wird es angemessen sein,
daß die Pfarrer auch von den Gebräuchen reden, die bei Schließung
der Ehe beobachtet werden müssen; doch kann man nicht erwarten,

dantur, quum a sancta Tridentina Synodo,[1] quae hac in re maxime observanda sint, copiose et accurate constituta fuerint, neque illud decretum a Pastoribus ignorari possit. Satis igitur est eos admonere, ut, quae ad hanc partem attinent, e sacra Concilii doctrina cognoscere studeant, eaque fidelibus diligenter exponant.

Quaestio XXV.

Clandestina Matrimonia rata non sunt.

Matrimonia occulte sine auctoritate Parochi contracta sint nulla.

I. In primis autem ne adolescentes et puellae, cui aetati inest maxima imbecillitas consilii, falso nuptiarum nomine decepti, turpium amorum foedera incaute ineant: saepissime docebunt, ea neque vera, neque rata Matrimonia habenda esse, quae praesente Parocho, vel alio Sacerdote, de ipsius Parochi vel Ordinarii licentia, certoque testium numero, non contrahantur.

De impedimentis Matrimonii.

II. Sed quae Matrimonium etiam impediunt explicanda erunt; in quo argumento plerique graves et doctissimi viri, qui de vitiis et virtutibus conscripserunt, adeo diligenter versati sunt, ut facile omnibus futurum sit, quae illi scriptis suis tradiderunt, in hunc locum transferre; quum praesertim necesse habeant Pastores, eos ipsos libros nunquam fere e manibus deponere. Itaque tum illas praeceptiones, tum quae a sancta Synodo[2] sancita sunt de impedimento, quod vel a cognatione spirituali, vel a iustitia publicae honestatis, vel a fornicatione oritur, attente legent, et tradenda fidelibus curabunt. Ex quibus perspici potest, quo animo affectos esse oporteat fideles, quum Matrimonium contrahunt; neque enim se humanam aliquam rem aggredi, sed divinam putare debent, in qua singularem mentis integritatem et pietatem adhibendam esse, Patrum veteris Legis exempla satis ostendunt; quorum Matrimonia, tametsi Sacramenti dignitate praedita non erant, ea tamen maxima semper cum religione et sanctimonia colenda esse existimarunt.

---

1) Sess. 24 decret. de Reform. Matr. 2) Ibid. cap. 2—4.

daß wir hier Vorschriften darüber angeben, da von dem trienter Kirchenrathe ausführlich und genau festgesetzt wurde, was hierbei vorzugsweise zu beobachten ist, und dieser Beschluß den Pfarrern nicht unbekannt sein kann. Es genügt daher, sie zu ermahnen, daß sie sich bemühen, das hierauf Bezügliche aus der Lehre des heiligen Concils kennen zu lernen, und es den Gläubigen sorgfältig zu erklären.

Fünfundzwanzigste Frage.
Heimliche Ehen sind nicht gültig.

Ehen, die heimlich ohne Beisein des Pfarrers geschlossen werden, sind ungültig.

1. Vor Allem aber, damit nicht Jünglinge und Mädchen, bei der mit ihrem Alter verbundenen sehr schwachen Urtheilsfähigkeit, durch den falschen Namen der Ehe hintergangen, unvorsichtiger Weise schändliche Liebesbündnisse eingehen, müssen die Pfarrer sehr oft lehren, daß solche Ehen für keine wahre und gültige zu halten sind, die nicht in Gegenwart des Pfarrers oder eines anderen vom Pfarrer oder Ordinarius damit beauftragten Priesters und vor einer bestimmten Anzahl von Zeugen geschlossen werden.

Von den Ehehindernissen.

2. Aber auch die Ehehindernisse müssen erklärt werden: mit diesem Gegenstande haben sich indeß sehr viele bedeutende und hochgelehrte Männer, welche über die Laster und Tugenden geschrieben, so sorgfältig beschäftigt, daß es Allen leicht sein wird, dasjenige hier anzuwenden, was sie in ihren Schriften gelehrt haben; zumal es für die Pfarrer nöthig ist, eben diese Bücher fast nie aus den Händen zu legen. Sie sollen daher sowohl jene Vorschriften, als auch die Entscheidungen des heiligen Kirchenrathes über das Ehehinderniß, das entweder aus der geistlichen Verwandtschaft, oder aus dem Rechtsverhältnisse der öffentlichen Ehrbarkeit, oder aus Hurerei entsteht, mit Aufmerksamkeit lesen, und bemüht sein, sie den Gläubigen vorzutragen. Hieraus läßt sich ersehen, in welcher geistigen Verfassung die Gläubigen sein sollen, wenn sie eine Ehe schließen; sie sollen nämlich nicht meinen, etwas Menschliches, sondern etwas Göttliches vorzunehmen, wobei man eine besondere Reinheit und Frömmigkeit des Herzens anzuwenden habe, wie die Beispiele der Väter des Alten Bundes zur Genüge zeigen, welche der Meinung waren, daß ihre Ehen, obgleich sie die Würde eines Sakramentes nicht besaßen, dennoch stets mit der größten Gottesfurcht und Heiligkeit zu verehren seien.

Quaestio XXVI.

Parentum consensus ad Matrimonii soliditatem requirendus.

Filii consensum parentum, priusquam contrahant, postulant.

Inter caetera autem maxime hortandi sunt filii familias, ut parentibus et iis, in quorum fide et potestate sunt, cum honorem tribuant, ut ipsis inscientibus, nedum invitis et repugnantibus, Matrimonia non ineant. Nam in veteri Testamento licet animadvertere, filios a patribus semper in Matrimonium collocatos esse; qua in re plurimum illorum voluntati deferendum esse, Apostolus [1] etiam videtur iis verbis indicare: „Qui Matrimonio iungit virginem suam, bene facit; et qui non iungit, melius facit".

Quaestio XXVII.

Quidnam de actu coniugali sit praecipiendum.

De Matrimonii usu.

I. Extrema illa restat pars, quae ad Matrimonii usum pertinet; de quibus ita agendum est a Pastoribus, ut nullum ex eorum ore verbum excidat, quod fidelium auribus iudignum esse videatur, aut pias mentes laedere, aut risum movere queat. Ut enim eloquia Domini, eloquia casta sunt: [2] ita etiam maxime decet, Christiani populi doctorem eiusmodi orationis genere uti, quod singularem quandam gravitatem et mentis integritatem prae se ferat.

Duo in Matrimonii usu praecipue sunt observanda. Primum, ut voluptatis causa Matrimonio non vacetur.

II. Quare duo illa maxime docendi sunt fideles: primum quidem, non voluptatis aut libidinis causa Matrimonio operam dandam esse, sed eo utendum intra illos fines, qui, ut supra demonstravimus, a Domino praescripti sunt. Meminisse enim convenit, quod Apostolus [3] hortatur: „qui habent uxores, tanquam non habentes sint", tum vero a S. Hieronymo [4] dictum esse: „Sapiens vir iudicio debet amare coniugem, non affectu; reget impetus voluptatis, nec praeceps feretur ad coitum. Nihil est foedius, quam uxorem amare quasi adulteram".

Secundo, suis temporibus a conjugii actu abstinendum esse. Israëlitae legem accepturi jubentur triduo ab uxoribus etiam abstinere. Exod. 19, 10. Fructus tori immaculati.

III. Sed quoniam bona omnia sanctis precationibus a Deo impetranda sunt, alterum est, quod fideles docere oportet, ut

---

1) 1 Cor. 7, 38.   2) Ps. 11, 7.   3) 1 Cor. 7, 29.   4) Lib. 7 contra. Iovin.

Sechsundzwanzigſte Frage.

Die Einwilligung der Eltern iſt zur ſittlichen Güte der Ehe einzuholen.

Die Kinder müſſen, ehe ſie die Ehe abſchließen, die Einwilligung der Eltern be=
gehren.

Uebrigens aber muß man die Kinder beſonders ermahnen, ihren
Eltern und denen, unter deren Obhut und Gewalt ſie ſtehen, dieſe
Ehre zu erweiſen, daß ſie ohne deren Zuſtimmung und wider deren
Willen keine Ehe eingehen. Denn im Alten Bunde kann man be=
merken, daß die Kinder immer durch ihre Väter verheirathet wur=
den. Daß man hierin das Meiſte dem Willen derſelben überlaſſen
müſſe, ſcheint auch der Apoſtel mit den Worten anzudeuten: „Wer
ſeine Jungfrau verheirathet, thut wohl; wer ſie aber nicht verhei=
rathet, thut beſſer.“

Siebenundzwanzigſte Frage.

Was vom Beiſchlafe gelehrt werden ſoll.

Von dem Gebrauche der Ehe.

1. Nun iſt noch jener letzte Theil übrig, der den Gebrauch der
Ehe betrifft. Hierüber müſſen die Pfarrer ſich in einer Weiſe
äußern, daß ihrem Munde kein Wort entſchlüpft, welches den Ohren
der Gläubigen anſtößig vorkommen, oder fromme Seelen verletzen
oder zum Gelächter Anlaß geben könnte. Denn wie die Worte
des Herrn reine Worte ſind, alſo geziemt es ſich auch gar ſehr, daß
der Lehrer des chriſtlichen Volkes ſich einer ſolchen Weiſe zu reden
bediene, die einen hohen Ernſt und Herzensreinheit an den Tag legt.

Ein Zweifaches iſt vorzugsweiſe beim Gebrauch der Ehe zu beobachten. Erſtens,
daß man nicht der Wolluſt halber der Ehe ſich hingebe.

2. Den Gläubigen muß daher dieſes Zweifache ganz beſonders
gelehrt werden, daß man nämlich erſtens die Ehe nicht der Wolluſt
und Begierlichkeit wegen ausüben, ſondern ſich derſelben innerhalb
jener Gränzen bedienen ſoll, die, wie wir oben nachgewieſen haben,
vom Herrn vorgeſchrieben ſind. Denn es geziemt ſich, der Ermah=
nung des Apoſtels eingedenk zu ſein: „Diejenigen, welche Weiber haben,
ſeien, als hätten ſie keine;“ dann aber auch, daß der heil. Hierony=
mus geſagt hat: „Ein weiſer Mann ſoll ſein Weib mit Vernunft,
nicht mit Leidenſchaft lieben; er beherrſche die Regungen zur Wol=
luſt, und laſſe ſich nicht mit Ungeſtüm zum Beiſchlafe hinreißen.
Nichts iſt ſchmachvoller, als ſein Weib wie eine Ehebrecherin zu
lieben.“

Zweitens, daß man zu gewiſſen Zeiten der Ehe ſich enthalten ſolle. Als den
Iſraeliten das Geſetz gegeben werden ſollte, wurde ihnen befohlen, ſich drei
Tage auch der Frauen zu enthalten. Früchte eines unentweihten Ehebetts.

3. Weil aber jegliche Güter von Gott durch heilige Gebete er=
fleht werden ſollen, ſo müſſen die Gläubigen zweitens belehrt wer=
den, daß ſie wegen des Gebetes und Flehens zu Gott mitunter ſich

Deum orandi et obsecrandi causa a Matrimonii officio interdum abstineant; inprimisque id sibi observandum sciant, tribus saltem diebus, antequam sacram Eucharistiam percipiant, saepius vero, quum solemnia Quadragesimae ieiunia celebrantur; quemadmodum patres nostri recte et sancte praeceperunt. Ita enim fiet, ut ipsa Matrimonii bona maiori indies divinae gratiae cumulo augeri sentiant; et pietatis studia sectantes, non modo hanc vitam tranquille et placide traducant, sed aeternae etiam Dei benignitate consequendae, vera et stabili spe, quae „non confundit", [1] nitantur.

1) Rom. **5**, 5.

der ehelichen Pflicht enthalten sollen, und sie mögen bedenken, daß
sie dies vorzüglich wenigstens drei Tage vor dem Empfange der
heiligen Eucharistie beobachten, öfters aber, wenn die feierlichen
vierzigtägigen Fasten gehalten werden, wie unsere Väter es mit
Recht und heilig vorgeschrieben haben. Denn auf solche Weise
werden sie es erfahren, daß die Güter der Ehe von Tag zu Tag
durch ein größeres Maß der göttlichen Gnade vermehrt werden,
und daß sie, eifrig nach Frömmigkeit strebend, nicht allein dieses
Leben in Ruhe und Frieden hinbringen, sondern auch die wahre
und unerschütterliche Hoffnung, „die nicht zu Schanden macht,"
besitzen, durch Gottes Güte das ewige Leben zu erlangen.